精致城市现场案例教学（上册）

中共威海市委党校（威海行政学院）
威海市社会主义学院 著
山东威海干部学院

中共中央党校出版社

图书在版编目（CIP）数据

精致城市现场案例教学 / 中共威海市委党校（威海行政学院），威海市社会主义学院，山东威海干部学院著．北京：中共中央党校出版社，2025. 3. -- ISBN 978-7-5035-7809-0

Ⅰ. F299.275.23

中国国家版本馆 CIP 数据核字第2024F7N619号

精致城市现场案例教学

策划统筹	曾忆梦
责任编辑	刘海燕　边梦飞　王新焕
责任印制	陈梦楠
责任校对	李素英
出版发行	中共中央党校出版社
地　　址	北京市海淀区长春桥路6号
电　　话	（010）68922815（总编室）（010）68922233（发行部）
传　　真	（010）68922814
经　　销	全国新华书店
印　　刷	中煤（北京）印务有限公司
开　　本	710毫米 ×1000毫米 1/16
字　　数	748千字
印　　张	58.25
版　　次	2025年3月第1版　2025年3月第1次印刷
定　　价	108.00元（全二册）

微 信 ID：中共中央党校出版社　　　**邮　　箱：**zydxcbs2018@163.com

本书编委会

主　编：尹玉翠

副主编：王绍臣　王肖杰　秦立兴　王明勇　孙宇博

成　员：王东普　王文祖　林吉爽　陈　琦　隋书卿

宋鸣艳　于进水　李进成　牛艳玲　徐　超

我一直想来这里看一看，受受教育。要警钟长鸣，铭记历史教训，13亿多中国人要发愤图强，把我们的国家建设得更好更强大。

良好生态环境是经济社会持续健康发展的重要基础，要把生态文明建设放在突出地位，把绿水青山就是金山银山的理念印在脑子里、落实在行动上，统筹山水林田湖草系统治理，让祖国大地不断绿起来、美起来。

威海要向精致城市方向发展。

——2018年6月12日，习近平总书记视察威海时的讲话

前言

历史的年轮中，有一些刻度，会被深刻铭记。

对威海人而言，2018年6月12日，就是这样一个刻度。习近平总书记亲临威海视察，一路殷殷嘱托、一路悉心指导，号召“13亿多中国人要发愤图强”，强调“把绿水青山就是金山银山的理念印在脑子里、落实在行动上”，嘱托“威海要向精致城市方向发展”。

深情似海，厚望如山。六载春秋，2000多个日夜，习近平总书记的殷殷嘱托如一幅幅真情画面，镌刻在威海发展历史上，烙印于290万威海儿女的脑海里。

沿着习近平总书记指引的方向奋勇前进，6年来，威海全市上下以“威海要向精致城市方向发展”为总目标总方向总遵循，把精致城市置于发展大局中考量，聚焦高质量发展、高品质生活、高效能治理和特色化发展，大力推进产业现代化、城市国际化、新型城镇化、发展绿色化、治理现代化，全域精致的生动画卷在威海城乡徐徐展开，美满幸福的灿烂笑容在千家万户尽情绽放。

精致城市建设的“打开方式”，可以分为宽口径和窄口径两个维度：宽口径统领全局，坚持“以人为核心的城镇化”，按照

“产城人”融合发展思路来提升城市品质，用精致理念统领各领域建设；窄口径则精雕细刻，注重精当规划、精美设计、精心建设、精细管理、精准服务、精明增长。

如今，“精致”已然成为大众认识威海的第一印象。在习近平总书记视察威海六周年之际，我们编写了《精致城市现场案例教学》一书，分为精致城市理论篇、实践篇和制度篇，目的在于进一步增强精致城市的品牌效应，让更多人系统透彻地理解精致理念的思想性与逻辑性。在编写过程中，我们充分考虑不同受众的实际需求，坚持理论性与故事性相结合、趣味性与知识性相统一，力求深入浅出、生动可读。

我们期望读者能从这本书中收获启发和思考，我们更期望大家能进一步读懂威海、爱上威海，为“精致城市·幸福威海”建言献策、鼓劲加油。

编　者

2024年6月

序 言

以精致城市现场案例教学体系服务精致城市发展

晴日暖风生麦气，绿荫幽草胜花时。6年前的2018年6月12日，初夏时节，习近平总书记莅临卫城考察指出，“威海要向精致城市方向发展”。从此，精致城市就成为威海发展的一张靓丽名片。6年多来，威海出台了全国首部以精致城市建设为主题的地方性法规和地方标准，压茬实施精致城市年度行动计划，连年获评全国最具幸福感城市，精致城市发展蹄疾步稳，精致城市品牌越擦越亮。与此同时，中共威海市委党校大力推进系统联动，一体化打造以现场案例教学为主要内容的精致教学体系，有效提升了干部贯彻落实习近平总书记重要指示精神的能力，并转化为精致城市发展的干部执行力。

中共威海市委党校的精致城市现场案例教学体系，以“育才有痕、润物无声”为核心价值，以健全基本培训机制特别是健全党的创新理论有效运行机制为根本目的，以“一平台一链四库”五根支柱为根本支撑，运行至今成效显著。

1个中心：设立精致城市现场案例教学体系研发平台

在中央党校建校90周年庆祝大会暨2023年春季学期开学典礼上，习近平总书记指出，“党校要科学设置专业课程，综合运用案例教学、情景模拟、结构化研讨、学员论坛、经验交流、实地调研等多种方式，帮助学员弥补知识缺陷、能力短板、经验弱项，不断提高专业化水平，更好胜任领导工作”，既是对全国党校以往培训经验的科学总结，也是对新时代新征程突出实践式教学提出的更高要求。为此，中共威海市委党校内设了习近平新时代中国特色社会主义思想实践案例研究中心，由一名校委委员负责，重点推进精致城市理论研究和现场案例课的师资、课程、教学、教材、制度建设。

研究中心边借鉴边摸索，积极推进精致城市现场教学体系建设。研究中心成员多次到国家干部学院、青海省委党校“两弹一星”干部学院、吉林杨靖宇干部学院和省内外党校取经学习，学习吸收先进经验，完善现场教学体系；在实践中探索这一体系，中心组织全市党校教师进行精致城市现场教学案例研究和教学研究，开发现场教学案例课程，并在校内外主体班次开展现场案例教学。通过实践反复验证这一教学体系，查漏补缺，迭代升级，不断增强体系的规范性、实效性和可操作性，深受本校和青岛、临沂、聊城、德州、云阳等外校主体班次学员欢迎。其中，潍坊市委党校在处级进修班（交换班）培训结束后发来感谢信说，“威海市委党校聚焦精致城市建设，通过精心设计，多维度展示了发展成就和典型经验做法，既有理论高度，又有实践深度，还有思维广度。让全体学员亲身感受‘向精致城市方向发展’的宏伟蓝图，近距离体悟精致为魂、匠心筑城的‘脉络’和‘穴位’，参透威海‘中国最具幸福感城市’发展的内在逻辑，探讨实干担当精神的传承与深化，受益匪浅、回味无穷。”

“1+N+1”：完善精致城市现场案例教学链

为提高精致城市现场案例教学针对性，威海市委党校重现场但不唯现场，围绕教学主题，创新教学设计，在N个现场教学前后分别增加了1个理论指导和1个学员研讨，形成了“1+N+1”教学链。不唯现场，就是在现场教学前安排理论引导课，这个引导课就是开发贯彻落实习近平新时代中国特色社会主义思想、习近平总书记指示批示回信精神的地方实践特色课程，作为精致城市现场教学链头课。近年开发了“甲午国殇与民族复兴——警醒之岛沉思”“卫城何以跻身全省科技第一方阵——以1+4+N创新体系推动新旧动能转换的威海实践”“初心不改　绿水长流　青山恒在——为了总书记的嘱托”“郭永怀、沈秀芹两位烈士与一座卫城”“双脚踏上绿色幸福路——荣成好运角何以摘得两块国字号金字招牌”等链头课、引导课。

重现场，就是打造一系列精品教学线路。非常受学员欢迎的，是甲午国殇与历史选择线路、红色胶东与民族独立线路、时代楷模与立国图强线路、奋进威海与人民幸福线路以及特色的乡村振兴线路、海洋强市线路、智慧城市线路、千里山海线路等。

精致城市现场案例教学链的一个重要使命，是通过一个个鲜活的现场案例教学，在直观展示威海各行业、各领域贯彻落实习近平总书记“威海要向精致城市方向发展”重要指示精神成果的同时，启发引导受训干部提高贯彻落实习近平总书记重要指示精神的能力。这种对指示精神的贯彻落实力，实际上就是政治判断力、政治执行力和政治领悟力。为此，威海市委党校在精致城市现场案例教学链中融入了贯彻落实习近平总书记重要指示精神的“六步方法论”，即把握方向、谋划全局、提出战略、配套政策、健全制度和营造环境。2024年6月，围绕“英雄地质队是怎样炼成的——提高贯彻落实习近平总书记指示批示回信精神的能力”专题，在引导重庆市云阳县中青班学员完成课程链的课堂讲授和现场教学环节后，把本课链的最后一环——研讨环节变成“沉浸式”案例教学，引导学员通过实地运用来掌握“六步方法论”，有效促进学员能力提升。学员李艳丽在“红岩先锋”公众号上发布《奔赴山海 沉浸体验——云阳县委党校中青班赴威海开展特色案例教学》文章。文中指出，威海市委党校教学团队在现场案例教学中，“成功营造‘人人都是发言人’的热烈氛围”，“学员们通过主动学习、积极思考获得启迪，思想在相互碰撞间迸发火花”，“学员纷纷表示，‘剥洋葱’式的教学方法，增强了大家自我反思、打破思维定式与路径依赖的能力。”这个教学链是课堂讲授、现场感悟和学员交流相结合的教学方式，有效增强了理论教育的吸引力感染力说服力和参训学员的体验性互动性参与性。

“4校联动”：精致城市现场案例教学师资库

鼓励各教研部与中央党校、省委党校对应教研部以及县级党校对应教师合作，促进央省市县四级党校师资联动、合力开发精致城市现场教学课程。建立上级校教师政策把关、本校教师实践发力、县级校教师细节雕琢的职责分工体系，建立了精致城市现场教学师资库；充分发挥上级校专家学者在理论指导、师资培训等方面主导作用，确保现场教学的典型性、指导性、先进性，特别是对上一致性。目前，威海党校系统省以上获奖、发表、推广的现场教学案例，全部由省以上党校教师把关；威海市四个县级党校，都有教师主持的现场案例教学课程进入省市党校主体班次课堂。

为了适应精致城市现场教学师资队伍理论和实践结合紧密的要求，威海市委党校深化了“双师型”教师队伍建设。一是注重师资来源，五湖四海、多样多元，重视从有实践经验、有志于从事干部教育的在职干部中选调招考老师。多年以来，先后从住建局、法院、银行、高中、基层党校以及中国矿业大学、青海民族大学、威海职业学院等选调招考了20多位教师，他们既有扎实的理论功底，又有丰富的实践经验，围绕精致城市开展现场教学磨合期短、上手快，成为承担不同领域、不同专业的精致城市现场教学课程的骨干师资。二是注重教师实践本领养成、走向社会，重视系统内外挂职锻炼和蹲点调研。威海市委党校出台了教师到上下级党校或实务部门挂职锻炼的激励办法，出台了鼓励教师为研究解决实际问题到具体部门蹲点开展专项调研的灵活坐班制度，建立了具体案例的现场教学老师与案例单位所在地教师结对子的合作机制，使教师队伍更加贴近事业、贴近干部、贴近群众、贴近生活，培养了一大批打通理论与实践结合“任督二脉”的“双师型”教师。

“5+3+1”：打造精致城市现场案例教学案例库、基地库、教材库

党的十九大以来，党校紧扣经济、政治、文化、社会、生态文明“五位一体”事业发展和党的建设这一新的伟大工程的威海实践，紧密结合习近平总书记于2018年6月在威海发表的关于警醒之岛、生态之都、精致之城的重要讲话，突出找准与精致城市发展的结合点，迭代开发打造出以习近平新时代中国特色社会主义思想为统领、由70多个现场教学基地和案例组成的“5+1”现场教学课程体系。党的二十大召开后，又按照中央最新单列部署要求，增设科教人才、法治和安全三个课程板块，最终形成了习近平新时代中国特色社会主义思想的威海实践——“5+3+1”精致城市现场案例教学课程体系，全方位展示习近平总书记亲自擘画的威海城市发展定位的贯彻落实情况。

这一课程体系由案例库、基地库、教材库构成。出台《案例开发

规程》和《现场教学规程》，明确了案例开发和现场教学的标准、规则和流程；出台了《创新工程实施办法》《案例萃取办法》，明确了案例开发团队每位成员的权利义务、奖惩条件；出台《现场案例教学基地管理办法》，明确了基地单位的准入退出条件、运行使用标准等。这些措施极大调动了案例开发积极性，目前已累计开发精致城市现场教学案例150多个、认定现场案例教学基地30多个，其中，2020年全校有《精致：绣出来的城市品质——习近平总书记亲自擘画的蓝图正在创新中成为现实》《勇攀技术高峰　点亮民族之光——威海光威集团碳纤维创新突破发展之路》等4个现场教学案例入选省委组织部编撰出版的《新发展理念新实践案例——山东贯彻落实新发展理念的实践探索》，数量位居省直部门和地市党校第一位；2021年，《化危为机　精准招商　于变局中开新局》现场案例教学课入选中组部好课程，《石窝窝里飞出金凤凰——威海和华夏集团的“两山”转化探索》等两课入选省委组织部好课程，并在灯塔网向全国录播；2022年，《为“两山”转化插上“双鸟”的翅膀》现场教学案例入选中央党校生态文明国家智库案例选；2023年，有37个现场教学案例入选全省党校系统案例库，数量仅次于省会党校，其中有15个被评为全省党校优秀案例，居全省第一位。在省委组织部组织的全省案例教学研讨班上，威海市委党校进行了典型交流，全省组织系统、党校系统、高校系统、干部学院系统给予高度肯定。

在教材库方面，《全国干部教育培训规划（2023—2027年）》在量化培训指标、坚持不懈用习近平新时代中国特色社会主义思想凝心铸魂、能力培训、课程教材建设等方面，都浓墨重彩地突出了案例教学、互动式教学等方式方法的运用。为了强化教学指导，中共威海市委组织部、党校联编在中央党校出版社出版了《学习贯彻习近平新时代中国特色社会主义思想威海实践案例》《现场教学手册》和《干而论道》研究文集，即将出版其姊妹篇《学而论道》和《精致城市现场案例教学》，形成威海实践案例＋现场教学手册＋研究成果“三位一体”教材体系，把精致城市发展实践中的最新成果、新鲜经验转化为教材、运用于教学，深受基层党校好评，近两年全国有30多家党校前来学习考察。

2023年，在联合国人居署、山东省住房和城乡建设厅联办的精致城市分论坛上，威海市委党校向国内外专家学者分享了打造精致城市课程体系的经验。

习近平总书记强调，“实践是干部教育培训最好的课堂”。接下来，威海党校将进一步从坚决拥护“两个确立”、坚决做到“两个维护”的政治高度，深入开展有组织的实践式教学，完善精致城市师资库、案例库、教材库、基地库，进一步精雕细琢教学体系、打磨精品教学线路，把基本教育的基础打牢，把“最好的课堂”办得更好，多出习近平新时代中国特色社会主义思想指导威海实践的精品课、品牌课，育才有痕、润物无声，为建设堪当民族复兴重任的高素质干部队伍、全面提高干部现代化建设能力作出新的更大贡献。

尹玉翠

中共威海市委党校（威海行政学院）

分管日常工作的副校（院）长

2024年9月10日

目　录
CONTENTS

理　论　篇

■ 第一章　牢记嘱托　担当使命 …… 3

■ 第二章　研究探索　科学定位 …… 15

■ 第三章　大胆实践　勇于创新 …… 45

■ 第四章　以人为本　全域精致 …… 81

■ 第五章　展望未来　砥砺前行 …… 119

实　践　篇

■ 统领章

精致：绣出来的新时代城市品质

——习近平总书记亲自擘画的威海蓝图正在创新中成为现实 …… 138

■ 第一章　经济建设 …… 157

化危为机　精准招商　于变局中开新局

——惠普全产业链引进中的逆转、集聚、裂变效应 …… 158

顺势而为　与时偕行　勇做行业领跑者

——迪尚集团国际化发展之路解析 …… 173

文登区党建引领三级联动

——以社会化服务提升村级集体经济发展质量 …… 191

红色 DNA“链”动产业高质量发展

——威海深化产业链党建　赋能产业高质量发展 …… 205

宜居、韧性、智慧

——威海经济技术开发区韩乐坊商圈高标准升级之路 …… 222

威高集团高质量规模扩张之路 …… 240

强产兴城，打牢“精致城市”地基路

——推动中小先进制造业内涵式发展的环翠样本 …… 259

领军曲轴大市场，驱动工业新时代

——天润工业高质量发展助推精致城市建设 …… 270

精致城市中的“工具王国”

——文登威力工具集团有限公司创新发展助推精致城市建设 …… 291

11粒种子到百亿产业的蝶变之路

——从文登西洋参产业的发展壮大谈特色产业培育 …… 305

等“风”来不如追“风”去

——乳山市打造千亿级海上风电产业集群的实践探索 …… 328

聚“蛎”发展　深耕蔚蓝

——乳山市培育牡蛎特色产业的实践 …… 345

“山东农村股改第一村”的蝶变之路

——乳山市翁家埠村集体产权制度改革助力精致城市建设的实践探索 …… 363

卫城何以跻身全省科技第一方阵

——以“1+4+N”科技创新体系推动新旧动能转换的威海实践……381

党旗引领致富路

——乳山市白沙滩镇白沙滩村发展集体经济纪实……399

坚持科技自立自强　勇担时代使命

——威海光威集团有限责任公司创新发展案例……413

优化涉企服务　打造一流营商环境

——荣成市打造山东省首个县级企业一体化综合服务平台……430

理 论 篇

一个民族要走在时代前列，就一刻不能没有理论思维，一刻不能没有正确思想指引。

——2022年1月11日，习近平总书记在省部级主要领导干部学习贯彻党的十九届六中全会精神专题研讨班开班式上的讲话

第一章

牢记嘱托 担当使命

“宜居”是威海的标签，“精致”是威海的名片。

2018年6月12日，习近平总书记亲临威海视察，提出“威海要向精致城市方向发展”，赋予了这座宜居之城新的内涵，为新时代威海城市发展擘画了战略定位，灌注了磅礴伟力，指明了前进方向。向精致城市方向发展，既顺应了城市建设发展的必然趋势，也代表了广大人民群众的热切期盼，更是威海这座城市的历史使命。威海用不负历史、不负时代、不负人民的深刻考量，准确审题、审慎落笔。6年前的命题，如今已一笔一画写满了威海贯彻新发展理念的“精致表达”。

一、城市工作新形势

改革开放以来，我国经历了世界历史上规模最大、速度最快的城镇化进程，取得了举世瞩目的成就。城市发展波澜壮阔带动了整个经济社会发展。城市是我国经济、政治、文化、社会等方面活动的中心，在党和国家工作全局中具有举足轻重的地位。城市建设成为现代化建设的重要引擎。

（一）我国城镇化发展历程

城镇化是现代化的必由之路。总体上看，我国城镇化经历了探索发展、快速发展和提质发展的过程。

1. 探索发展阶段（1949—1978年）

1949年末，我国常住人口城镇化率只有10.64%。国民经济恢复与“一五”时期，出现了一批新兴工矿业城市，大批农业劳动力转移到城市工业部门，城市数量和城市人口持续增加。1960年末，常住人口城镇化率达到19.75%，比1949年末提高了9.11个百分点，年均提高0.83个百分点；城市数量达到199个，增加了67个，年均增加6个。进入20世纪60年代，国民经济全面调整，一大批新设置的市退为县建制，一部分地级市降为县级市，人口流动受到户籍政策的严格控制，城镇化进程有所波动。1964年，三线建设开始启动，中西部地区城市数量和城镇人口有所增加，区域协调性有所改善，至1978年，常住人口城镇化率基本保持在17%～18%。

2. 快速发展阶段（1979—2011年）

1978年，党的十一届三中全会召开，作出了实行改革开放的重大决策，改革重点很快转向城市，我国城镇化进程开始加速。经济特区逐步设立，沿海城市、三个“三角”地区（长江三角洲、珠江三角洲和闽南三角地区）、海南岛和上海浦东陆续开放，户籍管理制度开始放松，农村人口快速向城镇流动，乡镇企业兴起，城市和小城镇数量迅速增加。1992年，邓小平南方谈话推动改革开放进入新阶段，大批农村剩余劳动力加速向第二、三产业转移。1993年，设市标准放宽，进一步促进了城镇化发展。20世纪90年代后期，市场经济活力持续增强，珠三角、长三角等城市群逐步成形，城市集聚效应更加明显。2001年，中国加入世界贸易组织，城市商业更加兴旺，市场更加繁荣。2002年，党的十六大提出科学发展观，要求“坚持大中小城市和小城镇协调发展，走中国特色的城镇化道路”①，西部大开发、东北振兴和中部崛起等一系列发展战略加快实施，改革开放逐渐扩展至沿边、沿江和沿主要交通干线城市，城市发展的区域协调性进一步增强。2011年末，常住人口城镇化率达到51.27%，比1978年末提高33.35个百分点，年均提高1.01个百分点。

3. 提质发展阶段（2012年至今）

2012年，党的十八大提出“走中国特色新型城镇化道路”，我国城镇化开始进入以人为本、规模和质量并重的新阶段。2013年，中共中央、国务院召开第一次中央城镇化工作会议。2014年，中共中央、国

① 《江泽民思想年编（1989—2008）》，中央文献出版社2010年版，第619页。

务院印发《国家新型城镇化规划（2014—2020年）》。2015年，召开中央城市工作会议。为积极推动新型城镇化建设，户籍、土地、财政、教育、就业、医保和住房等领域配套改革政策相继出台，农业转移人口市民化速度明显加快，大城市管理更加精细，中小城市和特色小城镇加速发展，城市功能全面提升，城市群建设持续推进，城市区域分布更加均衡。2023年末，常住人口城镇化率比2011年提高了14.89个百分点，年均提高1.24个百分点；户籍人口城镇化率达到48.3%，比2011年提高了13.6个百分点，年均提高1.13个百分点。

（二）城市建设的新要求

随着城镇化快速发展，我国城市规划建设管理工作也取得了显著成就，城市规划法律法规和实施机制基本形成，基础设施明显改善，公共服务和管理水平持续提升。同时，城市规划建设管理中也出现了一些问题：城市规划的前瞻性、严肃性、强制性和公开性不够，城市建筑贪大、媚洋、求怪等乱象丛生，特色缺失，文化传承堪忧；城市建设盲目追求规模扩张，节约集约程度不高；依法治理城市力度不够，违法建设、大拆大建问题突出，公共产品和服务供给不足，环境污染、交通拥堵等“城市病”加剧蔓延。这些问题的背后，是城市管理者的思想认识不到位，突出表现为“五重五轻”：

1. 重外延、轻内涵

部分城市注重城市面积、规模、体量、高度的增长，出现“摊大饼”式无序蔓延扩张现象。土地无效、低效使用问题突出，闲置土地、“半拉子”工程频现，通过单层建筑、花园式厂区圈地现象比较普遍，造成大量土地资源浪费。不少城市是行政、商业单中心格局，并围绕这一中心不断向外扩张，使生活区与工作区相距很远，这种扩张模式也是造成城市交通拥堵的重要原因。“规划换届”现象仍然存在，其背后折射出的是对城市发展规律的短视。这些都说明城市发展方式、发展模式亟待转变，高质量发展理念还没有在城市发展中有效落实。

2. 重建设、轻设计

在城市快速发展过程中，一些城市对空间规划设计不到位，缺少对城市自然景观、建筑风貌、公共空间的整体有效梳理，一味模仿、照搬照抄，体现不出城市特色。一些城市热衷于建设大马路、大广场、大高楼等代表城市“形象”的工程，重外在轻内在、重地上轻地下等问题比较突出，道路频繁“开膛破肚”、更换地下管线的“拉链工程”长期困扰群众生活。一些城市规划设计的科学性、前瞻性、约束性不强，“规划跟着建设走”“规划随着项目改”“规划就着违建变”等问题时有发生。

3. 重管理、轻服务

城市管理的能力与城市发展、群众需求还存在较大差距，“管得着的看不到，看得到的管不着”“真空地带”与“多重管理”并存，城管执法中的不精细、不规范问题也引发了不少社会矛盾。同时，随着城市规模快速增长，公共服务设施建设投入不断加大，很多公共服务设施都实现了全覆盖，但优质的公共服务依然紧缺，直接影响居民生活质量。

4. 重发展、轻保护

一些城市片面追求经济效益，忽视生态效益，降低城市生态环境标准，疏于城市森林、绿地、湖泊等微生态系统建设，越来越多的空气污染、河流污染、噪声污染影响城市居民的生产和生活。

5. 重硬件、轻人文

相当数量的城市甘愿放弃“个性”的康庄大道，一味涌入“共性”的逼仄通道。在旧城改造和危旧房改造中，“拆真古迹、建假古董”问题突出，一些富有文化底蕴、地方特色和历史典故的老建筑、老地名正在消失。不关注历史文物背后的文化血脉，强拆和重建，其实都是展现当代人文化强权的一种方式，最终将导致城市以远离多样性、差异性和历史文化特色的方式失去记忆。

为统一思想、提高认识、理清思路，2015年12月，中央城市工作会议在京召开。会议指出，城市是我国各类要素资源和经济社会活动最集中的地方，全面建成小康社会、加快实现现代化，必须抓好城市这个“火车头”，把握发展规律，推动以人为核心的新型城镇化，发挥这一扩大内需的最大潜力，有效化解各种“城市病”。会议提出“一个尊重、五个统筹”，即尊重城市发展规律，统筹空间、规模、产业三大结构，统筹规划、建设、管理三大环节，统筹改革、科技、文化三大动力，统筹生产、生活、生态三大布局，统筹政府、社会、市民三大主体，建设和谐宜居、富有活力、各具特色的现代化城市，提高新型城镇化水平，走出一条中国特色城市发展道路。

2021年3月，《中华人民共和国国民经济和社会发展第十四个五年规划和2035年远景目标纲要》发布，要求全面提升城市品质，转变城市发展方式，按照资源环境承载能力合理确定城市规模和空间结构，统筹安排城市建设、产业发展、生态涵养、基础设施和公共服务；推进新型城市建设，顺应城市发展新理念新趋势，建设宜居、创新、智慧、绿色、人文、韧性城市；提高城市治理水平，坚持党建引领、重心下移、科技赋能，不断提升城市治理科学化精细化智能化水平，推进市域社会治理现代化。

顺应城市发展形势变化，推动城市高质量特色发展，需要强化问题导向，以科学的理论指导工作实践。精致城市建设是一项系统工程，是未来城市发展的方向，是城市建设理念、手段、方法的重大转变。以精致城市理念指导城市发展，倡导精雕细刻，体现精巧雅致，正是治疗“城市病”的妙方良药。

二、人民群众新期待

2012年11月15日，习近平总书记在十八届中央政治局常委与中外记者见面会上说，我们的人民热爱生活，期盼有更好的教育、更稳定的工作、更满意的收入、更可靠的社会保障、更高水平的医疗卫生服务、更舒适的居住条件、更优美的环境，期盼孩子们能成长得更好、工作得更好、生活得更好。人民对美好生活的向往，就是我们的奋斗目标。

这些美好生活需要，从城市的角度，可以概括为五个需求。

（一）推进绿色低碳发展，满足生态环境需求

2005年8月，时任中共浙江省委书记的习近平在湖州市安吉县首次提出“绿水青山就是金山银山”的科学论断。2018年6月，习近平总书记在山东威海考察华夏文旅集团生态修复项目时强调，良好生态环境是经济社会持续健康发展的重要基础，要把生态文明建设放在突出地位，把绿水青山就是金山银山的理念印在脑子里、落实在行动上，统筹山水林田湖草系统治理，让祖国大地不断绿起来、美起来。

（二）保护风貌延续文脉，满足文化认同需求

2002年4月，时任福建省省长的习近平为《福州古厝》一书作序。他在序中写道：“现在许多城市在开发建设中，毁掉许多古建筑，搬来许多洋建筑，城市逐渐失去个性。在城市建设开发时，应注意吸收传统建筑的语言，这有利于保持城市的个性。”2013年12月，中央城镇化工作会议强调，城镇建设要体现尊重自然、顺应自然、天人合一的理念，依托现有山水脉络等独特风光，让城市融入大自然，让居民望得见山、看得见水、记得住乡愁。

（三）加快新旧动能转换，满足就业创业需求

我国经济由高速增长阶段转向高质量发展阶段，必须重视经济结构的优化、发展方式的转变、增长动力的转换，推动质量变革、效率变革、动力变革。加快新旧动能转换，是提升城市发展能级，满足人民就业创业需求，吸引人才聚集的必由之路。2018年6月，习近平总书记在济南考察时强调，创新发展、新旧动能转换，是我们能否过坎的

关键。要坚持把发展基点放在创新上，发挥我国社会主义制度能够集中力量办大事的制度优势，大力培育创新优势企业，塑造更多依靠创新驱动、更多发挥先发优势的引领型发展。

（四）提升公共服务水平，满足美好生活需求

党的十九大报告指出，要抓住人民最关心最直接最现实的利益问题。完善公共服务体系，保障群众基本生活，不断满足人民日益增长的美好生活需要，不断促进社会公平正义，形成有效的社会治理、良好的社会秩序，使人民获得感、幸福感、安全感更加充实、更有保障、更可持续。2018年7月，习近平总书记主持召开中央全面深化改革委员会第三次会议，审议通过了《关于建立健全基本公共服务标准体系的指导意见》，以幼有所育、学有所教、劳有所得、病有所医、老有所养、住有所居、弱有所扶等为统领，以标准化促进基本公共服务均等化、普惠化、便捷化。

（五）提升社会治理能力，满足城市管理需求

城市治理是国家治理体系和治理能力现代化的重要内容。中央城市工作会议指出，政府要创新城市治理方式，特别是要注意加强城市精细化管理。2017年全国两会期间，习近平总书记在参加上海代表团审议时指出，城市管理应该像绣花一样精细。要持续用力、不断深化，提升社会治理能力，增强社会发展活力。

新时代推进城市建设，必须深入贯彻落实习近平总书记关于“城市是人民的城市，人民城市为人民”① 的重要论述，无论是城市规划还是城市建设，无论是新城区建设还是老城区改造，都要坚持以人民为中心，聚焦人民群众的需求，合理安排生产、生活、生态空间，走内涵式、集约型、绿色化的高质量发展路子，努力创造宜业、宜居、宜乐、宜游的良好环境，让人民有更多获得感，为人民创造更加幸福的

① 《习近平关于城市工作论述摘编》，中央文献出版社2023年版，第37页。

美好生活。

以人民城市理念为指引，实现精致城市人民决策、人民执行、人民监督、人民享有。城市精致不精致、怎么改怎么建由人民说了算，精致发展成效好不好由人民来评判，精致品质由人民享有，全方位满足人民美好生活需要。精致城市建设，不仅是一个城市品质提升的过程，更是促进人的全面发展和社会全面进步的过程。

三、威海发展新担当

与全国趋势大体一致，威海城市化进程始于改革开放后，1987年地级威海市成立后步入快车道。随着城市版图的有序扩张，威海走过“环翠楼时代”，迈过“里口山时代”，跨过“昆嵛山时代”。

“环翠楼时代”（1978—1990年）：以大环境建设和改造为主，1981年至1985年，威海连续5年在全省城市卫生评比中名列第一，1990年荣获全国第一个“国家卫生城市”。至1990年末，建成区面积扩大到14.7平方千米，城市知名度迅速提升。

“里口山时代”（1991—2011年）：以外延式建设为主，威海火炬高技术产业开发区（以下简称高新区）、威海经济技术开发区（以下简称经开区）、威海临港经济技术开发区（以前称为工业新区，以下简称为临港区）先后成立，城市框架迅速拉开。威海先后获评国家园林城市、国家环境保护模范城市、联合国人居奖等一系列荣誉。

“昆嵛山时代”（2012年至今）：把威海全域作为一个整体进行谋划，打破市区与非市区、城市与农村的界限，2012年提出“中心崛起，两轴支撑，环海发展，一体化布局”的发展思路。2014年威海成功入选首批国家新型城镇化综合试点。经历了两轮快速城市扩张，2022年全市常住人口城镇化率达到71.4%。

虽然威海城市工作长期走在全国前列，但与其他城市相比，在规划建设、动力机制、社会治理等方面并没有质的不同，也走在了急需转型的时代路口。

2018年6月12日，习近平总书记提出“威海要向精致城市方向发展”。6年来，全市上下认真学习习近平总书记重要指示精神，对精致城市建设有了更为深入、更加透彻的理解和体悟。

——威海城市有特色、精致的底子。“一城繁华三面海，水光山色两相依。”威海以生态立市，以宜居扬名。碧波白沙，山海相拥，坐落在神奇北纬37度上的滨城威海，有着得天独厚的地理优势和环境资源，被称赞为“天赐福地”。从建市之初至今，威海人始终坚持“生态立市、环境优先”，把绿色融进城市建设的骨子里，把生态融进经济发展的血脉中，全市环境空气质量连续8年达到国家二级标准，在千里海岸线上描绘了一幅美轮美奂的山水画。

——威海在城市规划建设管理等方面还有潜力，要继续努力。基础厚实并不代表没有问题，过去先进不等于永远先进。和全国许多城市一样，威海在城市建设和发展过程中，也不同程度出现“五重五轻”等共性问题。调研发现，随着城市边界扩张，一些低效闲置用地开始逐步显现，用地指标紧张和土地闲置浪费的矛盾日益突出；在12345政务服务便民热线统计中，群众反映强烈的住房与房地产、物业管理、商品房开发与销售等城建领域问题居高不下；经过长时间的美丽宜居乡村建设，农村生活环境虽然整体迈上了一个大台阶，但公共服务和基础设施不完善的问题依然突出。唯有创新突破，才能让城市可持续发展。

——像威海这样规模不大、均衡发展的城市，应该把握城市发展规律，朝着精致城市方向发展。威海的中心城市、次中心城市的发展水平和基础条件差别不大，农村发展水平也比较高。特别是多年来深入实施市域一体化战略，新型城镇化成效显著，农业转移人口市民化有序推进，2020年城乡居民人均可支配收入倍差为2.16（全省2.33）；

区域间发展较为均衡，2020年设区市人均可支配收入倍差为1.54（全省2.17）。建设精致城市的过程，也是完整准确全面贯彻新发展理念的过程。对威海而言，始于精致，终于幸福，“精致”不仅是城市的鲜明标识，也是群众幸福生活的生动诠释。

——威海要积极探索，为全国同类型的城市作示范、当标杆。作为改革开放30周年全国十八个典型地区之一，改革创新是威海融入血脉的城市基因。从“按特区模式办、照特区样子干”到争当全省排头兵，从“金桥轮”打开中韩交流的大门到被确定为中韩自贸区地方经济合作示范区，敢为人先的威海人有第一就争、见红旗就扛。这种标兵意识、拼抢精神，在城市规划建设、生态环境领域体现得更为突出，威海几乎囊括了人居环境领域的所有荣誉。同时，威海还是全国唯一连续两届全国文明城市创建“全域一片红”的地级市，市域社会治理、信用体系建设都是全国先进，群众满意度调查连续多年全省第一。

精致城市的建设没有先例。在威海之前，中国从未有一个城市真正将“精致”提上城市战略，而在威海之后，“精致”的意义被放大、被赋能。建设精致城市是威海必须答好答精彩的时代课题。威海提出全面开创“精致城市·幸福威海”建设新局面，在产业现代化、城市国际化、新型城镇化、发展绿色化、治理现代化上争当排头兵。“五化”与创新、协调、绿色、开放、共享的新发展理念对应，是落实习近平总书记视察威海重要指示精神的生动体现。

产业现代化，重点培育打造产业集群、优势产业链、创新平台体系，推动数字化、智能化、工业互联网赋能，加快产业链供应链创新链“三链”协同发展。

城市国际化，实施城市国际化战略三年行动计划，进一步提升城市功能、经济和人文国际化水平，构建全方位、深层次、立体式的开放新格局。

新型城镇化，以精致城市建设为抓手，坚持全领域全要素全环节推进，大力实施城市有机更新和乡村建设行动。

发展绿色化，在坚持最严格的环境监管、最积极的生态建设、最集约的资源利用、最严厉的责任考核“四最”的同时，加快发展循环经济、绿色经济，积极探索生态价值实现机制，让生态优势不断转化为发展优势，更好架起“绿水青山”和“金山银山”之间的桥梁。

治理现代化，就是以12345政务服务便民热线平台为底座、以网格化服务和数字化城市两大管理平台为枢纽、以其他热线为补充，打造“1+2+N”社会治理和民生服务平台，以市民为医不断开展城市体检，以公民为培育对象不断拓展“信用+”应用场景，让城市公共治理无处不在、城市公共服务触手可及。

领袖嘱托言犹在耳，厚望如山催人奋进。威海始终坚持把“威海要向精致城市方向发展”作为总目标总方向总遵循，在精致城市理论研究、实践探索、制度机制等方面攻坚突破，积极探索现代化城市建设发展的威海路径，努力为全国同等规模和类型的城市作示范、当标杆。

第二章

研究探索 科学定位

德国诗人海涅曾写道："思想走在行动之前，就像闪电走在雷鸣之前一样。"[①] 精致城市建设，是一次没有先例可循的征程。威海通过理论探索推动理念转变，以思想破冰引领发展突围，推动习近平总书记殷切嘱托在威海大地开花结果。

一、认真学习习近平总书记关于城市工作的重要论述

党的十八大以来，习近平总书记在赴地方考察、召开重要会议时，始终高度重视城市工作，提出一系列新思想、新观点、新论断，是新时代做好城市工作的重要指引和根本遵循。

（一）关于城市规划建设

2018年2月10日至13日，习近平总书记在四川考察时指出，天府新区是"一带一路"建设和长江经济带发展的重要节点，一定要规划好建设好，特别是要突出公园城市特点，把生态价值考虑进去，努力打造新的增长极，建设内陆开放经济高地。

2018年4月24日至28日，习近平总书记在湖北考察时指出，棚户区改造事关千千万万群众安居乐业。我们的城市不能一边是高楼大厦，一边是脏乱差的棚户区。目前全国棚户区改造任务还很艰巨。只要是有利于老百姓的事，我们就要努力去办，而且要千方百计办好。

2019年1月16日至18日，习近平总书记在京津冀考察时指出，建设北京城市副中心要坚持规划先行、质量第一。要把公共建筑与山水自然融为一体，科学布局生产、生活、生态空间，使工作、居住、休闲、交通、教育、医疗等有机衔接、便利快捷。要把规划执行好、落

① 〔德〕海涅著，海安译：《论德国宗教和哲学的历史》，商务印书馆1974年版，第148—149页。

实好，把蓝图变为实景，使北京城市副中心成为这座千年古都又一张靓丽的城市名片。

2021年4月30日，习近平总书记在中共中央政治局会议上指出，要坚持节约集约，合理确定新增建设用地规模，提高土地开发利用效率。要继续推动城乡存量建设用地开发利用，完善政府引导市场参与的城镇低效用地再开发政策体系。要强化土地使用标准和节约集约用地评价，大力推广节地模式。

2021年7月21日至23日，习近平总书记在西藏考察时指出，生活在高原上的各族群众，长期以来同大自然相互依存，形成了同高原环境和谐相处的生活方式，要突出地域特点，引导激发这种人与自然和谐共生、可持续发展理念，以资源环境承载能力为硬约束，科学划定城市开发边界和生态保护红线，合理确定城市人口规模，科学配套规划建设基础设施，加强森林防火设施建设，提升城市现代化水平。

2022年4月26日，习近平总书记在中央财经委员会第十一次会议上的讲话中指出，要加强城市基础设施建设，打造高品质生活空间，推进城市群交通一体化，建设便捷高效的城际铁路网，发展市域（郊）铁路和城市轨道交通，推动建设城市综合道路交通体系，有序推进地下综合管廊建设，加强城市防洪排涝、污水和垃圾收集处理体系建设，加强防灾减灾基础设施建设，加强公共卫生应急设施建设，加强智能道路、智能电源、智能公交等智慧基础设施建设。

（二）关于城市治理

2018年11月6日、7日，习近平总书记在上海考察时强调指出，城市治理的“最后一公里”就在社区。社区是党委和政府联系群众、服务群众的神经末梢，要及时感知社区居民的操心事、烦心事、揪心事，一件一件加以解决。老百姓心里有杆秤。我们把老百姓放在心中，老百姓才会把我们放在心中。加强社区治理，既要发挥基层党组织的领导作用，也要发挥居民自治功能，把社区居民积极性、主动性调动起来，做到人人参与、人人负责、人人奉献、人人共享。

城市治理是国家治理体系和治理能力现代化的重要内容。一流城市要有一流治理，要注重在科学化、精细化、智能化上下功夫。既要善于运用现代科技手段实现智能化，又要通过绣花般的细心、耐心、巧心提高精细化水平，绣出城市的品质品牌。

2019年11月2日、3日，习近平总书记在上海考察时指出，要抓一些“牛鼻子”工作，抓好“政务服务一网通办”“城市运行一网统管”，坚持从群众需求和城市治理突出问题出发，把分散式信息系统整合起来，做到实战中管用、基层干部爱用、群众感到受用。

2020年3月10日，习近平总书记在湖北考察时指出，要着力完善城市治理体系和城乡基层治理体系，树立“全周期管理”意识，努力探索超大城市现代化治理新路子。

2020年3月29日至4月1日，习近平总书记在浙江考察时指出，推进国家治理体系和治理能力现代化，必须抓好城市治理体系和治理能力现代化。运用大数据、云计算、区块链、人工智能等前沿技术推动城市管理手段、管理模式、管理理念创新，从数字化到智能化再到智慧化，让城市更聪明一些、更智慧一些，是推动城市治理体系和治理能力现代化的必由之路，前景广阔。

2020年7月22日至24日，习近平总书记在吉林考察时指出，推进国家治理体系和治理能力现代化，社区治理只能加强、不能削弱。要加强党的领导，推动党组织向最基层延伸，健全基层党组织工作体系，为城乡社区治理提供坚强保证。

2021年6月7日至9日，习近平总书记在青海考察时指出，社区治理得好不好，关键在基层党组织、在广大党员，要把基层党组织这个战斗堡垒建得更强，发挥社区党员、干部先锋模范作用，健全基层党组织领导的基层群众自治机制，把社区工作做到位做到家，在办好一件件老百姓操心事、烦心事中提升群众获得感、幸福感、安全感。

（三）关于城市服务

2018年4月24日至28日，习近平总书记在湖北考察时指出，共产党是为人民服务的政党，为民的事没有小事，要把群众大大小小的事办好。要改革创新，完善基层治理，加强社区服务能力建设，更好为群众提供精准化精细化服务。

2018年6月12日至14日，习近平总书记在山东考察时指出，城市是人民的城市，要多打造市民休闲观光、健身活动的地点，让人民群众生活更方便、更丰富多彩。要推动社会治理重心向基层下移，把更多资源、服务、管理放到社区，更好为社区居民提供精准化、精细化服务。

2019年8月19日至22日，习近平总书记在甘肃考察时指出，城市是人民的，城市建设要贯彻以人民为中心的发展思想，让人民群众生活更幸福。金杯银杯不如群众口碑，群众说好才是真的好。

2021年2月3日至5日，习近平总书记在贵州考察时指出，要坚持为民服务宗旨，把城乡社区组织和便民服务中心建设好，强化社区为民、便民、安民功能，做到居民有需求、社区有服务，让社区成为居民最放心、最安心的港湾。

2021年3月22日至25日，习近平总书记在福建考察时指出，建设好管理好一座城市，要把菜篮子、人居环境、城市空间等工作放到重要位置切实抓好。福州是有福之州，生态条件得天独厚，希望继续把这座海滨城市、山水城市建设得更加美好，更好造福人民群众。

2021年7月21日至23日，习近平总书记在西藏考察时指出，城市的核心是人，城市工作做得好不好，老百姓满意不满意、生活方便不方便，是重要评判标准。要坚持以人为本，不断完善城市功能，提高群众生活品质。

（四）关于城市历史文化保护

2018年10月22日至25日，习近平总书记在广东考察时指出，城市规划和建设要高度重视历史文化保护，不急功近利，不大拆大建。要突出地方特色，注重人居环境改善，更多采用微改造这种“绣花”功夫，注重文明传承、文化延续，让城市留下记忆，让人们记住乡愁。

2019年2月1日，习近平总书记在北京考察时指出，一个城市的历史遗迹、文化古迹、人文底蕴，是城市生命的一部分。文化底蕴毁掉了，城市建得再新再好，也是缺乏生命力的。要把老城区改造提升同保护历史遗迹、保存历史文脉统一起来，既要改善人居环境，又要保护历史文化底蕴，让历史文化和现代生活融为一体。

2019年11月2日至3日，习近平总书记在上海考察时指出，文化是城市的灵魂。城市历史文化遗存是前人智慧的积淀，是城市内涵、品质、特色的重要标志。要妥善处理好保护和发展的关系，注重延续城市历史文脉，像对待“老人”一样尊重和善待城市中的老建筑，保留城市历史文化记忆，让人们记得住历史、记得住乡愁，坚定文化自信，增强家国情怀。

2021年3月22日至25日，习近平总书记在福建考察时指出，保护好传统街区，保护好古建筑，保护好文物，就是保存了城市的历史和文脉。对待古建筑、老宅子、老街区要有珍爱之心、尊崇之心。

2021年5月21日，习近平总书记在中央全面深化改革委员会第十九次会议上的讲话中指出，要着力解决城乡建设中历史文化遗产屡遭破坏、拆除等突出问题，加强制度顶层设计，统筹保护、利用、传承，坚持系统完整保护，既要保护单体建筑，也要保护街巷街区、城镇格局，还要保护好历史地段、自然景观、人文环境。

2022年1月26日至27日，习近平总书记在山西考察时指出，历史文化遗产承载着中华民族的基因和血脉，不仅属于我们这一代人，也属于子孙万代。要敬畏历史、敬畏文化、敬畏生态，全面保护好历史文化遗产，统筹好旅游发展、特色经营、古城保护，筑牢文物安全底线，守护好前人留给我们的宝贵财富。

（五）关于城市生态环境保护

2019年11月2日至3日，习近平总书记在上海考察时指出，无论是城市规划还是城市建设，无论是新城区建设还是老城区改造，都要坚持以人民为中心，聚焦人民群众的需求，合理安排生产、生活、生态空间，走内涵式、集约型、绿色化的高质量发展路子，努力创造宜业、宜居、宜乐、宜游的良好环境，让人民有更多获得感，为人民创造更加幸福的美好生活。

2020年3月29日至4月1日，习近平总书记在浙江考察时指出，要坚定不移把保护摆在第一位，尽最大努力保持湿地生态和水环境。要把保护好西湖和西溪湿地作为杭州城市发展和治理的鲜明导向，统筹好生产、生活、生态三大空间布局，在建设人与自然和谐相处、共生共荣的宜居城市方面创造更多经验。

2020年4月10日，习近平总书记在中央财经委员会第七次会议上的讲话中指出，增强中心城市和城市群等经济发展优势区域的经济和人口承载能力，这是符合客观规律的。同时，城市发展不能只考虑规模经济效益，必须把生态和安全放在更加突出的位置，统筹城市布局的经济需要、生活需要、生态需要、安全需要。要坚持以人民为中心的发展思想，坚持从社会全面进步和人的全面发展出发，在生态文明思想和总体国家安全观指导下制定城市发展规划，打造宜居城市、韧性城市、智能城市，建立高质量的城市生态系统和安全系统。

2020年11月12日、13日，习近平总书记在江苏考察时中指出，建设人与自然和谐共生的现代化，必须把保护城市生态环境摆在更加突出的位置，科学合理规划城市的生产空间、生活空间、生态空间，处理好城市生产生活和生态环境保护的关系，既提高经济发展质量，又提高人民生活品质。

2021年4月25日至27日，习近平总书记在广西考察时指出，桂林是一座山水甲天下的旅游名城。这是大自然赐予中华民族的一块宝地，一定要呵护好。要坚持以人民为中心，以文塑旅、以旅彰文，提升格调品位，努力创造宜业、宜居、宜乐、宜游的良好环境，打造世界级旅游城市。

习近平总书记关于城市工作的重要论述，从超大城市到社区街巷，从规划建设到管理服务，从文化传承到生态保护，蕴含着强烈的人民观、系统观、科学观，彰显了大国领袖的深邃历史眼光、宏阔全局视野和非凡远见卓识。

人民观：城市的核心是人，城为民建，市为民享。习近平总书记在中央城市工作会议上强调，“做好城市工作，要顺应城市工作新形势、改革发展新要求、人民群众新期待，坚持以人民为中心的发展思想，坚持人民城市为人民”①。在上海，习近平总书记看到黄浦江边的工业锈带变成了生活秀带，指出要坚持以人民为中心，“努力创造宜业、宜居、宜乐、宜游的良好环境，让人民有更多获得感，为人民创造更加幸福的美好生活”②。习近平总书记重要讲话和重要指示中，从“人民城市为人民”到“坚持以人民为中心”，“人民”二字贯穿始终。

系统观：城市不是钢筋水泥的简单堆砌，更不是社会资源的机械组合，而是一个有机而复杂的“生命系统”。习近平总书记在中央城市工作会议上明确提出“五个统筹”城市发展新要求，即统筹空间、规模、产业三大结构，提高城市工作全局性；统筹规划、建设、管理三大环节，提高城市工作的系统性；统筹改革、科技、文化三大动力，提高城市发展持续性；统筹生产、生活、生态三大布局，提高

① 《习近平关于城市工作论述摘编》，中央文献出版社2023年版，第31页。
② 《习近平关于城市工作论述摘编》，中央文献出版社2023年版，第37页。

城市发展的宜居性；统筹政府、社会、市民各方推动城市发展的积极性。习近平总书记还强调，“树立‘全周期管理’意识”[①]，其中蕴含的统筹推进论，体现了城市建设发展中的系统思维、全局思维和战略思维。

科学观：遵循城市发展规律，才能促进城市健康运行；相反，如果不能科学认识、尊重并顺应规律，城市发展就会严重地失调、失衡和失序。在规划建设方面，习近平总书记多次强调“规划先行”，在北京考察时指出“考察一个城市首先看规划，规划科学是最大的效益，规划失误是最大的浪费，规划折腾是最大的忌讳”[②]。同时，规划建设还要高度重视历史文化保护，“不急功近利，不大拆大建”“突出地方特色，注重人居环境改善，更多采用微改造这种‘绣花’功夫，注重文明传承、文化延续，让城市留下记忆，让人们记住乡愁”[③]。在城市治理方面，习近平总书记强调，“既要善于运用现代科技手段实现智能化，又要通过绣花般的细心、耐心、巧心提高精细化水平，绣出城市的品质品牌”[④]。光阴荏苒，城市风貌日新月异，但科学态度始终如一。

二、积极借鉴专家学者意见建议

威海诚邀国内外知名专家学者，探索精致城市的“威海路径”。他们站在时代前沿，立足威海特点，围绕建筑设计、文化艺术、智慧城市、品牌打造、街区运营等诸多话题，分享最新理念，提出独到见解，为建设精致城市献计献策。

---

① 《习近平关于城市工作论述摘编》，中央文献出版社2023年版，第39页。
② 《习近平关于城市工作论述摘编》，中央文献出版社2023年版，第74—75页。
③ 《习近平关于城市工作论述摘编》，中央文献出版社2023年版，第112页。
④ 《习近平关于城市工作论述摘编》，中央文献出版社2023年版，第156页。

（一）如何理解“精致”内涵？

清华大学建筑学院副院长、教授、建筑系主任，中国建筑学会常务理事张利说，精致不仅是物的精致，更是人们能够体验到的生活的精致，是城市对每个人细致入微的关怀。精致幸福的生活由很多细微的线索组成，其中一个线索对于幸福感来说很重要，就是主动的运动、主动的健康。联合国公布的城市宜居指标中特别提到，富足社会和非富足社会，已经不能简单用 GDP 或人均收入来衡量，而要看人均可支配时间，特别是用于健康休闲的可支配时间。打造主动健康型城市和运动友好型空间，可能更有利于威海建设精致城市。

浙江安地建筑规划设计、万唐建筑分院院长陈小说，第一，精致城市建设不光是物理环境的建设，更重要的是社科人文环境的建设。比如，类似“最多跑一次”等公共服务产品，也是我们的落脚点。第二，城市管理方、资方、设计方、建设方、运营方最终都要聚焦到使用者——人。城市管理方要善于倾听，资方要有社会责任感，建设方要有匠心精神，设计方要有综合能力，这样才是精致城市建设最理想化的状态。第三，近人尺度、步行空间、城市记忆、生态修复是工作重点，需要更多的开放空间和共享设施。第四，景观梳理和环境改造可以整体动，但是建筑和大型构筑物多动不如少动。第五，精致城市要为市民生活带来便利和品质提升。比如，修建夜跑跑道，鼓动大家跑步，能起到“四两拨千斤”的效果，民众拥有获得感和幸福感是当今社会发展的直接体现。

AECOM 高级副总裁张祺指出，威海是一座精致城市，给我们的感受是精致，不是惊艳。所谓“精致”就是越看越耐看，每次看总能发现不一样的东西，可以说是城市发展过程中“可持续性”的体现。对于建设精致城市来说，城市更新是重要工作或重要手段，需要慢慢打磨、挖掘、发现、展示城市的精致。我们不仅仅是为了建设一座精致的城市，而是为了使这座城市里的人们生活得更好。如何实现从“精致城市”到“精致生活”的转变，需要相关领导者、从业者认真思考。精致不是最终目的，精致的生活才是最终目的。

日本学习院大学环境艺术系博士生导师清水敏男说，说到精致，首先让人想到形式上的细腻、耐看，但这只是外在，更重要的是城市内在的文化。对于威海来说，首先要挖掘自身的城市文化，找到自己的准确定位，而后基于文化这个起点做城市规划、建筑设计、城市雕塑等，让城市管理者以文化的思想作指导，推动城市精致化的发展。

（二）如何探索“精致”路径?

全国工程勘察设计大师、中国工程院院士崔愷指出，就精致城市的要求而言，要提升的点有很多。我把精致分成两个字，一个叫“精”，一个叫“致”。“精”是小事情，把小事情做好。当前城市经济转型过程中，大规模投资可能比较困难，但是以小投资把事情做得更好，实际上是比较解渴的事，政府把小事情当成大事情做，把钱用在该用的地方，就能够提升城市的品质。从“致”来讲，主要是管理的水平问题，包括管理的精细化、体系化、综合化。城市管理应该统筹，威海基础条件很好，在管理上要更加综合化。

联想控股·佳沃集团产业综合体设计总监拾得幸福文旅联席总经理张翔说，乡村不精致，城市边缘不精致，农业不精致，谈不上是完美的精致城市范本。现代农业发展到现阶段，已经不是传统意义上解决人类食品的第一产业，现代农业，特别是现代休闲农业，一定是更精致、更多元融合、产业复合度更高。

东南大学建筑学院教授、博士生导师阳建强指出，威海更强调精致城市和幸福威海的打造，这恰恰就是城市更新最核心的东西，契合了老旧小区改造“以人为本”的核心理念。

老旧小区改造应该鼓励加装电梯，提高宜居性和适老性。威海出台了相应的补贴政策，实施过程中可以探索更加灵活的政策机制，比如将加装电梯面积分摊写入房产证面积，直接提高住宅价值，调动居民积极性。

威海老旧小区停车位和绿化地相互矛盾的问题较为突出，这也是老旧小区改造中的普遍问题。在将绿化带改为停车位时，可以选择植草砖透水铺装，或者将低矮灌木绿化改成高大树木绿化。在尽量保留绿化的前提下，通过设置立体停车楼、智慧化手段实现小区内外停车设施共享，实现便民性与生态化的双重保障。

威海正在全面打造“红色物业”品牌，把党建融入小区改造和物业管理中，这是一种非常好的机制。小区自治也很重要，应该引导小区成立业委会等自治组织，让居民发声，参与社区治理。

（三）如何放大“精致”效应?

中国传媒大学原副校长，现任校学术委员会副主任、教授丁俊杰指出，在威海精致城市的行动计划中，品牌的精致化战略应该提上日程。在战略上，要从多个层面挖掘精致威海品牌。找到“根”，明确威海战略定位和战略格局；抓住“魂”，根植城市底蕴找到精致文化之魂；确立“形”，创新形象表达，强化形象认知，让威海精致城市形象入脑入心；构建“体”，构建威海品牌工程体系、推广体系。从战术上，要“强调达”，提炼口号，构建口号体系；要“多联结”，让精致威海品牌联结产业、联结人、联结环境、联结多方资源；要“走出去”，汇聚各界信息，积极推介精致威海品牌；要“赢口碑”，进行传播、效果评估和监测；要“传播开”，进行3—5年的营销传播规划；要“聚资产”，进行品牌资产评估和品牌问题的阶段性会诊。

高部企画株式会社创始人、COAD株式会社一级建筑事务所创始人高部明敏指出，城市的打造要围绕城市的气质展开，首先确定城市的准确定位。不管是城市建筑设计，还是环境规划和设计，都需要对城市文化进行深入调研和理解，推敲后出来的作品才不会流于设计者的片面性，甚至是技术流，更不应该让城市成为建筑的试验场。

三、把准精致城市内涵和实施路径

经过深入学习习近平总书记关于城市工作的重要论述，充分听取专家建议，以及借鉴其他各地经验，在认识、尊重、顺应城市发展规律的基础上，威海对精致城市内涵和实施路径的理解和把握逐渐深入。

（一）精致城市内涵："三高一特"

1. 高质量发展

党的十九大指出，我国经济已由高速增长阶段转向高质量发展阶段，正处在转变发展方式、优化经济结构、转换增长动力的攻关期。城市也进入高质量发展、"精明增长"的新阶段，从关注增量、关注空间扩张和拉开城市框架，转向关注存量、关注品质提升和结构优化。高质量发展体现在空间集约化上，就是创造更为紧凑、高效、可持续发展的城市空间，推动城市发展由外延扩张式向内涵提升式转变。高质量发展体现在产业高端化上，就是坚持产业为先、项目为王、企业为上，进一步加大创新引领、创新驱动力度，构建全域创新生态系统，让城市成为创新"驱动器""孵化器"。高质量发展体现在发展高效化上，就是强化"亩产论英雄"理念，推动招商引资向挑商选资转变，人工制造向智能制造转变，提高亩均产出和税收。

2. 高品质生活

高品质生活是高质量发展的价值取向。高品质生活，是在经济文化、物质文明发展到一定阶段，在社会生产、生活条件和手段丰富的前提下，人们对健康、精致、休闲的生活以及情感生活等美好生活状态的追求。习近平总书记指出，城市的核心是人，关键是12个字：衣食住行、生老病死、安居乐业。[①]解决好人的问题，是城市工作的价值取向；让人民群众在城市生活得更方便、更舒心、更美好，是城市管理和服务的重要标尺。高品质生活就是坚持小切口改善大民生，推动民生设施建设、为民服务举措从“有”到“精”。高品质生活就是创优人居环境，既提供生活所需的必要空间，又为人民群众获得精神愉悦创造条件，努力让每个人都能孵化梦想、诗意栖居，把城市建设成为人与人、人与自然和谐共处的美丽家园。高品质生活就是城乡协调均衡，坚持全域统筹、城乡一体，逐步缩小城乡差距，实现城乡居民收入均衡化、基本公共服务均等化和生活质量等值化。

3. 高效能治理

习近平总书记强调，推进国家治理体系和治理能力现代化，必须抓好城市治理体系和治理能力现代化。[②]高效能治理致力于提高城市的治理能力和服务水平，让城市更有序、更安全、更干净，这是推进城市治理现代化的应有之义，也是实现高质量发展、高品质生活的重要保障。高效能治理，关键是党建引领，在精致、共治上下功夫。基层党组织是我们党全部工作和战斗力的基础，要建优建强各级基层党组织，保持战略定力，强化执行力，增强统筹能力，提升治理能力，以高水平党建引领和创新社会治理。精致是目标，就是把精细化要求贯穿城市规划、建设、管理、执法等工作各环节，覆盖城市空间的各区域，体现在时时刻刻，涵盖各类人群，做到精益求精、臻于至善、高质高效。共治是实现精致的手段，充分体现城市治理科学化、规范化、系统化的要求，凝聚各方合力，通过政府有形之手、市场无形之手、市民勤劳之手同向发力，形成政府主导、社会协作、民众参与的共建共治共享治理新格局。

---

① 《全面践行人民城市理念》，《红旗文稿》2023年第23期。

② 《习近平关于城市工作论述摘编》，中央文献出版社2023年版，第114页。

4. 特色化发展

习近平总书记强调，城市特色风貌是城市外在形象和精神内质的有机统一，决定着城市的品位。[①] 城市特色是一个城市区别于其他城市所表现出的意象，风格特色是城市的灵魂，是城市软实力的体现。特色化发展，不仅仅要看到其与众不同的“表”，更重要的是把握其背后所映射的自然、文化和社会环境的“里”，让人置身于品位与品质兼具的城市环境中。特色化发展就是让城市有根有魂，注重历史文化保护传承，延续城市文脉，打捞城市记忆，凝练城市精神，增强群众对城市的归属感、认同感和自豪感。特色化发展就是让城市有个性有品位，坚持以艺术家的眼光设计每个片区、每栋建筑，加强对建筑形式、色彩、材质等的控制，与山海环境相融合，保护城市天际线，做到疏密有度、错落有致，显山、露水、透海。特色化发展就是让城市有魅力有活力，让城市既讲规则秩序又显蓬勃活力，既可触摸历史又能拥抱未来。

（二）精致城市实施路径：宽、窄口径推进

一是宽口径。用精致的理念统领政治、经济、文化、社会和生态文明等方方面面，处理好精致城市建设与经济发展、乡村振兴、文化文明、经略海洋、对外开放、社会治理等的关系，全领域、全要素、全环节推进，城市农村一起抓、“硬件软件一起管、面子里子一起做”，不断增强全域发展的精致性、协调性、融合性。

二是窄口径。做到“六个精”，即注重精当规划、精美设计、精心建设、精细管理、精准服务、精明增长。

精当规划，就是高水平编制城市规划、指标体系等，优化精致城市的顶层设计。

① 习近平：《论坚持全面深化改革》，中央文献出版社2018年版，第228页。

精美设计，就是立足威海山、海、湾、滩、岛、泉等资源，统筹考虑区域功能、建筑布局、风格色彩、设施配套、市政服务、景观绿化等要素，像设计景区一样设计城市。

精心建设，就是近期与远期相结合、局部与整体相统筹、“面子”与“里子”相协调，建设精品工程。

精细管理，就是运用更现代的理念、更科学的方式、更管用的手段，使城市管理更细致、更人性化。

精准服务，就是以人民为中心，遵循人文关怀原则，更加注重群众和游客的感受和体验，提升城市公共服务便利化水平。

精明增长，就是理性开发城市，正确处理好保护和发展、发展和安全、当前和长远的关系，坚决走集约发展的路子，实现城市的高质量、可持续发展。

四、搭建精致城市建设的“四梁八柱”

城市建设发展到现今，不能再摸着石头过河、走一步看一步，必须加强顶层设计，强化规划的“刚性约束”，让城市从规划建设到管理服务都有章可循、有据可查。威海广泛借鉴吸收国内外先进城市做法和专家意见，坚持世界眼光、国际标准、威海特色，尊重城市发展规律，形成了从法律体系到指标体系再到标准体系的顶层设计“三部曲”。

（一）抓立法

自2015年获得地方立法权以来，威海制定地方性法规共13部，其中有关城市及生态文明建设的就有11部，主要涉及城市风貌保护、饮用水水源地保护、海岸带保护、危险废物管理等。2018年，威海着手制定全国首部精致城市条例——《威海市精致城市建设条例》，于2020年11月起施行，从城市规划设计、建设管理、服务保障等方面，提出城市建设普遍遵循的准则，把城市体检评估等制度法定化，并配套出台了物业管理办法、生活垃圾分类管理办法等地方规章，为精致城市建设保驾护航。

延伸阅读

威海市精致城市建设条例（节选）

（2020年11月1日起施行）

第七条 国土空间总体规划应当因地制宜，遵循尊重自然、传承历史、绿色低碳、安全韧性的理念，将环境容量、综合承载能力和城市安全作为确定城市定位和规模的重要依据，综合考虑城市功能定位、文化特色、产业发展、便民利民等多种因素，有序协调山、海、城的空间关系，科学规划功能区空间布局，系统保护本市城市总体风貌特色。

第十五条 城市应急避难场所规划应当符合安全可靠、交通便利、就近避难、平灾结合的要求，合理确定建设规模和空间布局，满足发生突发性灾害时的应急救助和保障避难人员的基本生存需求。

第十八条 编制街区改造方案应当因地制宜，注重文明传承、文化延续，保留街区肌理和风貌，体现街区的建筑、历史、文化和经营特色。

第二十四条 完善文化遗产管理机制。编制文化遗产保护规划，加强古遗址遗迹、特色历史建筑、非物质文化遗产以及现代文化资源的挖掘整理、保护传承和合理利用，确定保护办法，强化文化品牌创建，提升城市的知名度、美誉度和影响力。

第二十六条 城市设计应当尊重城市发展规律，坚持以人为本，保护自然环境，防控重大风险，传承历史文化，塑造城市特色，优化城市形态，创造宜居公共空间。

城市项目设计应当优先考虑地域性特征，追求美观大方、经济实用、布局精巧，不盲目求大求洋。

第二十九条 建立重大项目和重要地段建筑设计方案审核前向社会公示制度。公示内容包括项目位置、用地性质、总平面图、效果图、技术经济指标等。对反对意见比较集中的，城乡规划主管部门应当重新组织论证，论证结果向社会公开。

第四十条 新建、改建、扩建停车场，应当按照一定的比例配置电动汽车专用停车泊位和充电设施设备。鼓励在居民小区停车场所集中设置电动自行车、摩托车充电设施设备。

新建居民小区和改造老旧居民小区应当按照方便市民、便于管理的原则集中设置自行车、摩托车、电动车存放场所。

第四十六条 户外广告、门头牌匾的设置应当安全牢固、协调美观，符合设置规划、技术规范和城市容貌标准。

城市建成区不得设置立柱式大型广告牌，严格限制设置屋顶广告招牌。

第五十一条 城市绿化应当以空气清新、环境优美、生态良好、自然和谐为目标，统筹平面绿化与立体绿化、道路绿化与园林绿化、山体绿化与城区绿化，实现城市公园化。

具备绿化条件的公共建筑和公用市政设施应当实行立体绿化。鼓励屋顶、阳台、外立面等以建筑物、构筑物为载体的立体绿化。

第六十二条 市、县级市人民政府应当组织编制一刻钟社区生活圈规划导则，加强社区服务场所建设，完善公共服务设施网络，营造舒适方便、环境友好、设施完备、充满活力的社区生活圈。

区、县级市人民政府应当制定邻里中心建设规划，在城市居住区建设集教育、卫生、文化、体育、养老、居家服务等于一体的邻里中心，为居民提供“一站式”服务。

第七十五条 市、区（县级市）人民政府应当建立健全保障公众参与精致城市建设的体制和机制，为公众有效参与精致城市建设提供必要条件。

第七十六条 市、县级市人民政府应当建立城市体检评估制度，从生态宜居、风貌特色、交通便捷、多元包容、安全韧性等方面，定期对城市进行评价。

《威海市海岸带保护条例》（节选）

（2018年7月1日起施行）

第三条 本条例所称海岸带，是指海洋与陆地的交汇地带，包括海岸线向海洋一侧延伸的近岸海域和向陆地一侧延伸的滨海陆地。

向海洋一侧延伸的近岸海域的范围为自海岸线向海一侧延伸至一千米等距线。向陆地一侧延伸的滨海陆地的范围根据保护区域的实际情况，按照生态优先、应保尽保、优化结构、强化管控的原则，由市人民政府划定并向社会公开，同时设立保护界标。

第四条 海岸带的保护、利用与管理应当遵循科学规划、海陆统筹、保护优先、永续发展、严格管理的原则。

第十二条 海岸带保护专项规划应当根据海岸带自然环境保护及沿海地区经济社会发展需求，将海岸带划分为严格保护区域、限制开发区域和优化利用区域，分别制定保护目标及管控措施。

第十三条 下列区域应当划定为严格保护区域：

（一）优质沙滩；

（二）典型地质地貌景观；

（三）海滨风景名胜区的核心景区；

（四）重要滨海湿地和候鸟栖息地、越冬地；

（五）自然保护区和海洋特别保护区；

（六）沿海防护林带；

（七）领海基点海岛保护范围；

（八）其他自然形态保持完好、生态功能与资源价值显著的区域。

第十四条 下列区域应当划定为限制开发区域：

（一）水产种质资源保护区；

（二）传统渔场、海水养殖区；

（三）未列入严格保护区域的自然岸线所在的海岸带区域；

（四）其他自然形态保持基本完整、生态功能与资源价值较好、开发利用程度较低的区域。

第十五条 未被列入严格保护区域和限制开发区域的其他区域划定为优化利用区域，主要包括：

（一）城镇建设用海区；

（二）重点产业园区、产业集聚地；

（三）港口区；

（四）海洋工程和资源开发区；

（五）其他重点开发的区域。

第十八条 全市自然岸线保有率不得低于百分之四十五。在自然岸线保护范围内，禁止任何破坏地形地貌的行为。

第十九条 除国防安全需要外，在严格保护区域禁止新建、改建、扩建与保护无关的开发建设项目，在限制开发区域禁止工业生产、矿产资源开发和商品房建设。

在严格保护区域和限制开发区域禁止设置排污口、炸毁礁石等损害海岸带地形地貌和生态环境的活动。鼓励开展退堤还海、清淤疏浚、生态廊道建设等提升海岸带资源价值和恢复海岸带生态功能的整治修复活动。

在优化利用区域应当科学布局占用海岸带的建设项目，合理控制建设项目规模，提高利用效率。

第二十八条 禁止在海岸带范围内新建排污口。对在严格保护区域和限制开发区域以及重要渔业区域、盐场保护区域等需要特别保护的区域已设置的排污口，应当清理拆除。

新设置的向海洋排放的排污口，应当实施排污口深海设置，实行离岸排放。排污口距离海岸线不得少于一千米，水深不得少于七米。排污口的设置应当根据海洋功能区划、海水动力条件和海底工程设施等有关情况确定。

（二）出纲要

2019年，威海出台精致城市建设三年行动方案，以385个精致城市建设项目和68个年度重点示范项目为载体，科学勾画出精致城市建设路线图。2021年，根据《威海市精致城市建设条例》要求，编制《威海市精致城市建设规划纲要（2021—2035年）》，与全市“十四五”规划和2035年远景目标、胶东经济圈一体化发展规划相衔接，确定了“十四五”以及更长一段时期的建设目标、思路、任务、重点和举措，统筹指导精致城市中长期建设。同时，统筹整合土地规划、城市规划、主体功能区规划、海洋功能区划、乡村规划等，探索编制新的国土空间规划，努力实现“多规合一”，一张蓝图绘到底。

延伸阅读

《威海市精致城市建设规划纲要（2021—2035年）》（节选）

建设目标

到2025年，城市功能趋于完善，城市特色更加彰显，优质公共服务体系基本形成，中心城区能级不断提升，城乡融合发展体制机制进一步完善，新型城镇化建设走在全国、全省前列，牢牢站稳全省高质量发展第一方阵，初步建成绿色低碳、信息智能、宜居宜业、开放包容、具有较强竞争力和影响力、人与自然和谐共生的社会主义现代化城市。

到2035年，天蓝地绿水清的优美生态环境成为常态，共建共治共享发展格局基本形成，治理体系和治理能力现代化基本实现，城市国际化水平显著提升，在联结国内国际双循环中发挥重要枢纽作用，市民群众享有更加幸福安康的生活，基本建成绿色低碳、信息智能、宜居宜业、开放包容、具有较强竞争力和影响力、人与自然和谐共生的高水平社会主义现代化城市。

到本世纪中叶，物质文明、政治文明、精神文明、社会文明、生态文明实现新的全面跃升，城市发展更加成熟更具魅力，经济社会环境更加协调更可持续，治理体系和治理能力实现现代化，全面建成高质量高水平的社会主义现代化城市，成为新时代高质量发展的全国样板。

六大重点任务

构建科学合理的空间布局：以资源环境承载能力和国土空间开发适宜性评价为刚性约束条件，科学确定开发边界、人口规模、用地规模和开发强度，优化国土空间格局；立足推进全域精致城市建设，对中心城区、中小城市、小城镇和美丽乡村，分别提出战略重点和推进策略。到2025年，建设省级美丽乡村示范村200个以上，市级美丽乡村示范村500个以上，省级清洁村庄实现全覆盖。

塑造新时代城市风貌：建立总体城市设计、重点区段城市设计、专项城市设计层次体系，加强对城市空间立体性、平面协调性、风貌整体性、文脉延续性等方面的规划和管控，城市风貌做到景观可视、特色可辨、文脉可延、路径可游、建筑可读。

完善提升城市功能和品质：明确推动老城区更新改造、构建内畅外通交通网络、稳步推进绿色城市建设、持续升级绿化亮化美化档次等4个方面的任务。其中，实施城市更新行动，到2025年，全市421个老旧小区改造任务基本完成，达到三星级智慧小区标准；到2035年，老旧住宅小区综合整治改造率达到100%。

推动城市治理体系和治理能力现代化：明确深入推进依法治市、加强智慧化管理、加强和创新社会治理、提高社会文明程度等4个方面的任务。到2025年，城市网格化智慧服务管理覆盖率≥60%；到2035年，城市网格化智慧服务管理覆盖率达到100%。

提供优质共享公共服务：从布局优质公共服务设施、全面提升公共服务水平、打造城市国际化环境等3个方面，提高公共服务体系的现代化、普惠性、精准性，打造有温度的精致城市。进一步健全“城市—组团—社区”三级公共服务设施体系，社区层面构建社区、邻里、街坊三级生活圈。

增强城市可持续发展能力：把生态文明建设融入精致城市建设的各方面和全过程，加快建设可持续发展的绿色生态城市。到2025年，计划开展退化林修复和低效林改造22万亩[①]，万元GDP用水量保持省内领先水平，农村集中供水率达到100%，食品生产环节监督抽检合格率达到98%以上。

（三）定标准

制定《威海市精致城市评价指标体系》，从生态环境、城市特色、公共服务、发展动能、社会治理等5个方面，提出精致城市建设评价50个指标，并提出2025年和2035年目标值，用具体的数据语言回答了“精致城市究竟什么样”，各项工作可量化、可操作。围绕城市规划建设管理的每个环节，编制了道路综合整治、人行道建设、沥青及水泥混凝土路面养护、小游园建设管理、园林绿化养护等13个技术导则，导则标准比国家规范更高、更细致，确保城市建设管理全过程各环节精致精细。

① 亩，市制土地面积计量单位，1亩约含666.7平方米。

威海市精致城市评价指标体系总表

目标层	专项层	序号	指标层	指标赋值		单位	约束特性	适用范围		特色领先指标
				2025年	2035年			城区	市域范围	
生态环境	自然生态保护	1	湿地保护率	≥ 72%	≥ 75%	—	控制性		√	
		2	自然岸线保有率	≥ 45%	≥ 45%	—	控制性		√	√
		3	空气质量优良天数	≥ 310 天 / 年	≥ 310 天 / 年	—	控制性		√	
		4	森林覆盖率	≥ 27.5%	≥ 28%	—	控制性		√	
	低碳建设推进	5	碳排放达峰时间	在 2030年左右实现达峰并争取尽早达峰		—	引导性		√	
		6	新能源装机占总装机比重	≥ 50%	≥ 60%	—	引导性		√	
	绿色建筑发展	7	新建建筑中绿色建筑占比	100%	100%	—	引导性	√		
		8	装配式建筑实施比例	≥ 40%	≥ 60%	—	控制性		√	√
	固废循环利用	9	生活垃圾分类收运系统覆盖率	100%	100%	—	控制性	√		
		10	建筑垃圾综合利用率	≥ 70%	≥ 90%	—	控制性	√		
	韧性水系提升	11	年径流总量控制率	75%	75%	—	引导性	√		
		12	非传统水源利用率	≥ 15%	≥ 20%	—	引导性	√		
		13	城市生活污水集中收集率	88%	90%	—	控制性	√		
		14	完成生活污水治理的行政村占比	达到国家、省相关目标指标要求	达到国家、省相关目标指标要求	—	控制性		√	

续表

目标层	专项层	序号	指标层	指标赋值		单位	约束特性	适用范围		特色领先指标
				2025年	2035年			城区	市域范围	
城市特色	城市风貌特色	15	城市风貌保护名录保护率	100%	100%	—	控制性		√	√
	历史文脉传承	16	城市历史建筑、传统民居活化利用率	100%	100%	—	控制性		√	√
	旧城活力更新	17	背街小巷改造率	≥ 80%	100%	—	引导性	√		√
		18	老旧住宅小区综合整治改造率	≥ 90%	100%	—	控制性	√		
	旅游特色多元	19	3A 及以上景区数量	45	50	个	引导性		√	
		20	城市国内外游客吸引力	7000	9000	万人次	引导性		√	
公共服务	公交优质服务	21	公共交通机动化出行分担率	≥ 45%	≥ 50%	—	引导性	√		
		22	建成区高峰时间平均机动车速度	26	30	km/h	引导性	√		
	慢行交通便捷	23	过街设施平均间距	≤ 250	≤ 200	m	引导性	√		√
		24	城市绿道密度	约 $5km/km^2$ 建成区 5 分钟步行可达绿道网	约 $7km/km^2$ 建成区 5 分钟步行可达绿道网	km/km^2	控制性	√		
	街区舒适宜人	25	建成区道路网密度	5	6	km/km^2	控制性	√		
		26	林荫路推广率	≥ 88%	≥ 90%	—	控制性	√		

续表

目标层	专项层	序号	指标层	指标赋值		单位	约束特性	适用范围		特色领先指标
				2025年	2035年			城区	市域范围	
	配套设施完善	27	社区养老服务设施覆盖率	100%	100%	—	引导性		√	√
		28	市区级公共文化设施步行15分钟服务圈覆盖率	≥ 90%	100%	—	引导性	√		
		29	学校体育设施对外开放率	≥ 90%	100%	—	引导性	√		
		30	公园绿地服务半径覆盖率	100%	100%	—	引导性	√		
		31	公共厕所质量等级达标率	100%	100%	—	引导性		√	√
	智慧安全韧性	32	公共场所免费无线网覆盖率	100%	100%	—	控制性	√		
		33	人均应急避难场所面积	2	2.5	m^2/人	控制性	√		
发展功能	人力资本储备	34	小学生新增入学人数增长率	1.3%	1.8%	—	引导性		√	√
		35	城镇新就业人口中大学（大专及以上）文化程度人口比例	30%	45%	—	引导性		√	
	产业转型升级	36	海洋生产总值占 GDP 比重	35%	40%	—	引导性		√	√
		37	文化及相关产业增加值占 GDP 比重	6%	8%	—	引导性		√	
		38	每万元 GDP 地耗	19	15	平方米	引导性			
	扩大合作开放	39	外商直接投资占固定资产投资比重	3%	3.50%	—	引导性		√	
		40	国际交流活动数量	55	90	次	引导性		√	√

续表

目标层	专项层	序号	指标层	指标赋值		单位	约束特性	适用范围		特色领先指标
				2025年	2035年			城区	市域范围	
	科技创新引领	41	全社会 R&D 支出占 GDP 比重	2.8%	3.5%	—	引导性		√	
		42	高新技术产业产值占规模以上工业总产值比重	52%	60%	—	引导性		√	
社会治理	管理服务智慧	43	城市网格化智慧服务管理覆盖率	≥ 60%	100%	—	引导性		√	√
		44	公共数据服务系统接入智慧平台的比例	≥ 90%	100%	—	引导性	√		
	行政审批高效	45	政务服务事项可在线办理率	≥ 90%	100%	—	引导性		√	
		46	政务服务“一次办好”事项比例	100%	100%	—	引导性		√	
	规划设计健全	47	重点地段城市设计覆盖率	≥ 80%	100%	—	引导性		√	
		48	社区规划师服务覆盖率	100%	100%	—	引导性	√		
	人居环境满意度	49	城市空间特色与设施配套满意度	≥ 80%	≥ 90%	—	引导性		√	√
		50	政府公共服务满意度	≥ 90%	≥ 90%	—	引导性		√	√

威海市精致城市特色指标表

目标层	专项层	序号	指标层	指标赋值		单位	约束特性	适用范围	
				2025年	2035年			城区	市域范围
生态环境	自然生态保护	1	自然岸线保有率	≥ 45%	≥ 45%	—	控制性		√
	绿色建筑发展	2	装配式建筑实施比例	≥ 40%	≥ 60%	—	控制性		√
城市特色	城市风貌特色	3	城市风貌保护名录保护率	100%	100%	—	控制性		√
	历史文脉传承	4	城市历史建筑、传统民居活化利用率	100%	100%	—	控制性		√
	旧城活力更新	5	背街小巷改造率	≥ 80%	100%	—	引导性	√	
	慢行交通便捷	6	过街设施平均间距	≤ 250	≤ 200	m	引导性	√	
	配套设施完善	7	社区养老服务设施覆盖率	100%	100%	—	引导性		√
		8	公共厕所质量等级达标率	100%	100%	—	引导性		√
发展动能	人力资本储备	9	小学生新增入学人数增长率	1.3%	1.8%	—	引导性		√
	产业转型升级	10	海洋生产总值占 GDP 比重	35%	40%	—	引导性		√
	扩大合作开放	11	国际交流活动数量	55	90	次	引导性		√
社会治理	管理服务智慧	12	城市网格化智慧服务管理覆盖率	≥ 60%	100%	—	引导性		√
	人居环境满意度	13	城市空间特色与设施配套满意度	≥ 80%	≥ 90%	—	引导性		√
		14	政府公共服务满意度	≥ 90%	≥ 90%	—	引导性		√

城市体检

城市体检是从多个维度对城市综合发展状况进行检测评估，是推进城市更新工作的基本路径。体检指标涵盖生态宜居、健康舒适、安全韧性、交通便捷、风貌特色、整洁有序、多元包容、创新活力等8个方面。自2020年起，威海已经连续3年开展城市体检工作。2021年9月，威海入选山东省首批城市体检试点。

威海2021年度城市体检，聚焦市辖区，包括环翠区11个镇街和文登区3个街道办，收集数据截至2020年底。在指标体系构建方面，以住房和城乡建设部8个专项、65项指标为基础，对个别指标作了调换，并纳入6项上年度体检的问题指标，增加了4项特色指标，形成了“65+6+4”城市体检指标体系。综合多方面因素，把指标分为底线约束型、基础标准型、目标对标型三个类别，评价结果分为优秀、达标、预警、城市问题、“城市病”五个档次。从体检结果看，75项指标中有6项优秀、65项达标、4项预警，总体达标率94.7%，生态宜居、交通便捷、风貌特色、整洁有序、多元包容5个专项的达标率均为100%，创新活力、安全韧性、健康舒适3个专项的达标率，分别为92.3%、85.7%和80%。

第三章

大胆实践 勇于创新

精致城市需要持续不断的精雕细琢。从6年前的起步探索，到现在的雏形初显，威海坚持在实践中探索，在探索中创新，努力实现精当规划、精美设计、精心建设、精细管理、精准服务、精明增长。

一、精当规划，优化城市发展布局

精致城市，规划先行。作为市级国土空间总体规划和“三区三线”划定双试点，威海以敢为天下先的使命感，担当作为，创新性地开展相关工作，探索绘制全新国土空间规划蓝图。

（一）大山海格局的规划引领

在市域，构建“绿屏蓝带、十廊通山海”的生态保护格局。保护胶东半岛生态脊昆嵛山，打造千里生态活力海岸带，建立10条通山达海的生态廊道，串联起丘陵山脉、河流水系、海湾海岛等生态资源，构建有机联系的生态网络系统。

在中心城区，依托“山—海—城”交融的城市特色格局，凸显“大气山海、精致栖居”的新时代风貌特色。围绕里口山系构建“一环五联五纵五横”的快速通道体系，形成环山辐射、沿海组团的轴带布局结构。

（二）全要素高效配置的空间格局

构建全市“三级三类四体系”的国土空间规划体系。三级是指市、县（市、区）和镇三个层级的国土空间总体规划，三类包括总体规划、专项规划及详细规划，四体系是指编制审批体系、法律法规体系、实施监督体系和技术标准体系。

通过规划引领，进一步做大做强中心城区，提升环翠区、高新区、经开区城市能级；加快临港区、文登区与中心城区同城化发展，打造一体化发展的城市中心轴带；依托双岛湾科技城、东部滨海新城、南海新区、荣成城区、好运角旅游区、石岛管理区、乳山城区、滨海新区等重点区域，进一步强化环海发展城镇格局，因地制宜推动小城镇建设。

（三）增存并重的协同发展模式

在充分考虑人口变化、产业经济发展等趋势的基础上，坚持增量提效与存量提升并重，促进各区市协同发展。

中心城区包括环翠区、高新区、经开区，人口吸纳能力强、土地综合利用效率高，土地综合价值高，国土开发强度也具有上升空间。优先引导新增建设用地资源向中心城区投放，并按照集约节约用地、“标准地”改革等要求，进一步提升新增建设用地的利用效率和产出效益。

文登区继续做大做强主城区，新增建设用地重点保障主城区配套服务和“两区多园”产业发展。南海新区新增建设用地优先保障基础设施、民生设施项目以及化工园区的用地需求。

荣成市新增建设用地重点向主城区及东部沿海重点城镇投放，并重点保障核电产业园区建设。

乳山市以耕地保护为重点，新增建设用地重点保障城区街道、白沙滩镇、乳山口镇等主要城镇的基础设施、民生设施项目。

二、精美设计，绘就精致城市“美丽画卷”

精美设计体现在城市建设的方方面面。威海在传承城市精神、打造城市特色方面进行了更为深入的探索与研究，以精美设计更好地展现城市魅力、提升城市品质。

2016年2月中共中央、国务院印发的《中共中央　国务院关于进一步加强城市规划建设管理工作的若干意见》中提出："城市设计是落实城市规划、指导建筑设计、塑造城市特色风貌的有效手段。鼓励开展城市设计工作，通过城市设计，从整体平面和立体空间上统筹城市建筑布局，协调城市景观风貌，体现城市地域特征、民族特色和时代风貌。"城市设计发展已经走过三代范型，即传统城市设计、现代主义城市设计、绿色城市设计，目前为第四代，即数字化城市设计。

延伸阅读

威海城市设计方针

旧"48字"：碧海蓝天，红瓦绿树；矮层楼房，楼间有隙；楼楼有别，一栋一式；有进有出，高低错落；淡色墙面，白色门窗；因地制宜，随坡就势。

新"48字"：抱海环翠，精致岬湾（山海形胜）；山水掩映，生态低密（生态建设）；凭湾对眺，山海互望（景观视廊）；垂海通透，慢径顺山（都市轴线）；随坡就势，错落有致（空间形态）；红瓦白墙，以小为美（城市风貌）。

（一）多维视角下的城市设计

1. 宏观层面：以系统化城市设计彰显城市山海景观特色

2018年，威海在全国率先开展第四代城市设计，实现了从传统城市设计到数字化城市设计的转型，实现中心城区16个管理片区、63个管理单元的城市设计全覆盖，使城市显山、露水、透海，彰显城市山海景观特色。

2. 中观层面：以数字化转型助力规划设计水平持续提升

城市设计意图由二维平面转化为三维立体模型，建构起规则化、综合性、可视化的城市设计数字化平台。加强建筑高度、体量、形式、色彩、材质以及第五立面等的协调控制，从整体平面和立体空间上统筹城市建筑布局，与山海环境相融合，保护城市天际线，做到疏密有度、错落有致。

3. 微观层面：以精细化设计推动重点区域特色化发展

历史文化街区、交通枢纽、重要街道和滨海地区等能够集中体现和塑造城市文化的地区是规划设计重点区域，注重城市公共空间和环境的整体规划设计和营造，以特色街区功能为引导，激发老城区活力，构建能够吸引不同群体的城市展示平台。

延伸阅读

栖霞街改造项目

栖霞街是威海老城区内仅存的百年老街，承载着老威海记忆，具有不可替代的历史价值、文化价值以及情感价值。栖霞街改造项目位于市政府正南轴线上的核心商业区域，位置优越，周边人文商业汇聚，人气汇集，具有形象展示功能和旅游承载功能。项目规划以海洋—海权文化和胶东文化为基底、威海卫城历史风貌和民俗生活为主题、温泉文化与英租历史为补充、威海地区其他文化为点缀，通过保护、织补、活化、利用四大举措打造威海的文化会客厅、城市新名片。

（二）重点区域风貌管控

自然生态、历史人文、景观敏感等重点区域、重点地段在城市风貌塑造中占据主导地位，具有决定性作用。加强重点区域风貌管控，就是对风貌整体性、空间立体性、平面协调性、文脉延续性等方面进行深入研究论证，突出公共利益需求，对天际轮廓线、建筑高度、建筑形态、建筑体量、建筑色彩等作出科学规范。2016年出台《威海市城市风貌保护条例》，2018年，编制完成《威海市城市风貌保护规划》，在总体层面建立风貌保护体系，构建城市空间与生态空间预景，为城市空间规划提供了依据，同时建立了城市风貌保护名录，并严格监管。

延伸阅读

《威海市城市风貌保护条例》(节选)

(2016年11月1日起施行)

第三十二条 在海岸带范围内，严格控制新建建筑的高度、密度、体量和容积率。海岸带及其邻近区域内的建设项目，应当进行视线景观分析，不得对海滨形成封闭式遮挡。

在海岸带新建建筑应当按照自大陆岸线向陆地一侧基岩海岸后退不小于八十米、砂质海岸不小于二百米、堤岸等人工岸线不小于二十米的距离的原则确定。

第三十四条 城乡规划主管部门应当划定重要观景点与主要山体之间的眺望视域，严格控制眺望视域内建筑的高度、体量。临山地块高层建筑通透率不得低于百分之三十五。

第三十五条 市城乡规划主管部门应当按照不超过背景山体海拔高度三分之二的原则确定山体周边建筑高度控制线。山体周边区域新建、改建、扩建建筑的屋脊线海拔高度不得突破高度控制线。

第三十九条 历史文化名城的核心保护区、历史文化街区应当严格控制建设活动，保持特有的风貌和建筑特色。经依法批准的建设项目，其高度、体量、形态、色彩应当与整体风貌相协调。

禁止在历史文化街区的核心保护区内新建、扩建建筑物。但是，新建、扩建必要的公益性基础设施和服务设施除外。

第四十三条 具有传统文化特色的古民居、古墓葬、家庙祠堂、大礼堂、引水渡槽等乡土文化遗产，以及具有历史、科学、艺术价值的建筑物（群），列入城市风貌保护名录的，有关行政主管部门可以与管理单位或者所有权人签订保护协议，明确保护责任。

（三）释放资源环境价值

立足威海山、海、湾、滩、岛、泉交相辉映的资源优势，以空间形态特色塑造与品质提升为核心，以生态低密、景观通透、风貌延续为价值诉求，为市民提供可探索、可感知、可体验的山海城市特色风貌。

围绕里口山风景名胜区，规划建设里口山城市山地公园，通过节点打造、环境整治、功能完善、游线优化等措施，为市民提供假日休闲的“后花园”。

围绕山海特色，打造千里山海自驾旅游公路，串联起全市90%以上的文旅资源，将威海变成一个没有边界的大景区。

在孙家疃街道柳树湾原山东村地块，依托山环海嵌的地形特色，规划打造旅游度假胜地——地中海俱乐部。

在半月湾，通过铁人三项国际赛事、国际沙滩音乐节等一系列活动，打造体育+户外娱乐休闲运动基地。

在小石岛，发挥游艇制造、出海码头、休闲垂钓优势，打造水上运动中心。

围绕传统文化、卫城文化，打造栖霞街、属相街、新威附路等特色风貌街区，打造老海港城市会客厅、金线顶公园和海鲜美食广场，使其成为市民游览、休憩、健身、餐饮的新晋打卡地。

围绕海防文化、英租历史，加强老洋房等历史建筑的保护、修缮，打造刘公岛西摩尔历史文化街区，守护特殊时期的历史记忆，为市民提供了解近代历史和接受爱国主义教育的实景平台。

围绕乡土文化、渔耕文化，对海草房、龙王庙等胶东特有民居、祭祀场所进行挖掘保护，并通过乡村博物馆、乡村文化馆和文化展示墙等形式，引导市民挖掘和传承民间艺术，接续和弘扬历史文脉。

三、精心建设，提升城市内涵品质

坚持近期与远期相结合、局部与整体相统筹、“面子”与“里子”相协调，大处着眼、细处入手，把精致理念贯穿城市建设各领域、各层面，循序提升城市功能品质。

（一）提高基础设施承载力

1. 打造“三大交通圈”

威海地处山东半岛最东端，既是陆路交通的终点，也是海上运输的起点。近年来，全市谋划推进一批重大项目，城乡交通、城际交通、国际交通网络不断织密，市域一体、国内通达和联通海外“三大交通圈”加快构建。青荣城际铁路——山东省内首条城际高速铁路通车，莱荣高铁开工建设，桃威铁路电气化改造有序推进。新机场场址获民航局批复，威海机场停机坪及附属设施扩建工程完工。文莱高速、环山快速路等建成通车，公路网总规模达到7230千米。

延伸阅读

莱荣高铁

2020年10月，莱荣高铁正式开工建设。项目全线192.8千米，2023年12月建成通车。其中，威海段主线长103千米。莱荣高铁是威海市首条设计时速350千米的高速铁路，也是全省“四横六纵三环”高速铁路网的关键一环。项目建成后，威海由动车时代迈入高铁时代，对于完善区域铁路网布局，打造半岛1小时、省内2小时、北京4小时交通圈，推动胶东经济圈一体化，加速半岛地区与省内其他地区融合发展，意义深远。

乳山口大桥

乳山口大桥工程起点位于威海乳山市大乳山猫头嘴，终点接G228丹东线烟台海阳市起点，全长4.01千米，一般路基宽度25.5米，桥梁标准宽度28.5米，主桥宽度35.5米，按5万吨级船舶通航标准设计。2019年项目启动，预计于2025年通车，这是山东省首条悬索桥，也是威海最长的跨海大桥。项目的规划建设，全面联通威海、烟台南部沿海通道，打通威海市环海公路瓶颈，促进地方经济流通。

2. 完善市政公用设施网

一是供热设施。2019年，原威海市热电集团有限公司和原威海第二热电集团有限公司进行整合重组，整合后的热电集团有限公司，充分利用热源点多、互补性强的优势，科学规划设计各热源点间供热管网的相互连通，形成了供热大网可联可断的安全稳定供热环境。2022年，《威海市热源统筹、管网规划、核电供热供水一体化规划（2020—2035年）》获市政府批复，通过运用余热回收、大温差供热、水热同送等相关先进技术，优化全市热源统筹和管网布局，推动威海石岛湾核电、海阳核电供热海水淡化水热同输工程建设，保障居民供暖，降低燃煤消耗，改善冬季大气环境。

二是水利设施。威海市人均水资源占有量为573立方米，约为全国的1/4，属严重缺水地区。威海市统筹做好节约水、广蓄水、引客水、淡海水、用中水、治污水“六水共治”的文章，切实增强水安全保障能力。

近年来，威海市先后完成了米山水库增容和黄垒河地下水库、母猪河地下水库建设等10项水资源开发利用工程，拦蓄利用率提高15%，恢复和新增兴利库容2.4亿立方米，2021年大中型水库蓄水最高达到4.1亿立方米。累计完成14座大中型病险水库、227座小型病险水库、1183座病险塘坝除险加固工程和375条河道综合治理工程，水库蓄水抗灾能力稳步提升。2021年，威海市在全省率先完成大中小型水库工程标准化管理创建工作，大中型水库工程全部通过省级验收，5座水库被评定为省级示范工程。

延伸阅读

黄垒河地下水库工程

黄垒河地下水库工程位于黄垒河下游、南海新区与乳山市交界处，通过在河道内新建3座拦水建筑物，拦蓄当地雨洪资源，形成总库容4215万立方米的梯级水库。该工程主要建设项目为东浪暖挡潮闸及地下截渗墙、小观橡胶坝及地下截渗墙、庙东拦河闸及地下截渗墙，河道清淤疏浚及险工段整治，榆树底和小观生产桥改建等。工程分三期实施，于2019年8月开工建设，现已建成运行，年增加水资源可利用量2923万立方米，形成了长14千米、4000余亩的水生态景观长廊。

三是环卫基础设施。秉承“循环经济”理念，按照集约用地、整合功能、协同处置、降低成本、减少污染原则，新建、改建了一批集多种功能于一体的环卫设施。2018年8月，荣成市生活垃圾焚烧厂生产线投入使用，焚烧处理能力提升350吨 / 日；2019年10月，文登区生活垃圾焚烧处理项目正式投入运行，焚烧处理能力提升1050吨 / 日；2021年12月，威海生活垃圾焚烧厂扩建PPP项目投燃生活垃圾发电，焚烧处理能力提升500吨 / 日。2022年4月，威海市区建筑垃圾资源化利用项目完成签约。

威海市共有生活垃圾焚烧厂5座，焚烧处理能力3800吨/日，其中环翠区的焚烧处理能力为1200吨/日，文登区的为1050吨/日，荣成市的为1050吨/日，乳山市的为500吨/日，2023年全市生活垃圾焚烧处理率达到100%，几乎全部为燃烧发电处理，实现了“减量化、资源化、无害化”目标。

（二）提升绿化亮化档次

1. 扮绿城市

编制了《威海市城市园林绿化养护技术导则》《威海市园林绿化养护作业指导手册》等导则规范，构建了“一带四轴”的市域绿道网结构。

（1）城市公园

2018—2021年，建成了鲸园文体公园等14处集文化、休闲、运动功能于一体的城市公园。在设计上，突出城市特色和人文内涵，有机融合威海城市历史、地域文化、时代特征等，突出文化艺术内涵和地域特色。在建设上，注重保障新建、改建公园的健身娱乐、科普教育、文化宣传等综合功能，不断完善直饮水、婴儿护理台等便民服务设施。

延伸阅读

鲸园文体公园

鲸园文体公园位于人民广场东、鲸园小学北，占地面积约1.5公顷，是依托地下停车场工程建设的一座集文体、休闲、普法教育功能于一体的综合性公园。2021年1月8日开工建设，6月1日建成开放。公园建设本着以人为本、因地制宜的原则，打造了儿童游乐区、林下健身区、复合球场、家长等候区以及宪法主题公园五大功能区，并配备2处公共卫生间、1处管理房，通过慢行步道和健康跑道串联各个功能区，为不同年龄段人群提供高品质的休闲健身场所。天桥延伸工程将鲸园小学跨文化路过街天桥延伸至公园家长等候区，实现天桥与公园的直通，极大改善了学校周边的交通环境，也为学生家长接送提供便利。公园地下停车场分为两层，共521个停车位。

（2）口袋公园

充分利用城市的边角地、零碎地、闲置地、裸露地，结合城市更新、老旧小区改造、旧村改造等，建设一批口袋公园，实现市民“推窗即可见绿、移步就能入园”的美好愿望。2018—2021年，全市新建、改建、扩建口袋公园224个。

延伸阅读

口袋公园

口袋公园也叫小游园、游憩小绿地、小广场、小花园，面积为100平方米至1万平方米不等，是供附近居民、游人或行人休息、交流、锻炼、夏日纳凉及进行一些小型文化娱乐活动的场所，是城市公共绿地的重要组成部分，对改善居民生活环境、拓展市民生活空间、完善城市功能、提升城市品质有重要意义。

建设中，注重将“城市双修”和海绵城市建设有机结合，采用透水材料铺装，优化乔、灌、花、草配植，大量营造林下活动空间，形成生态自然的植物群落、色彩和景观效果。注重丰富功能，针对不同人群，完善配套设施，因地制宜设置健身广场、游步道、健身器材、沙坑以及网球、门球、篮球、轮滑等场地，确保既有聊天交流的开阔空间，又有私密安静、遮阴避雨的休憩空间，以满足不同人群需求。

（3）绿道建设

2018—2021年，威海市建成绿道114.7千米，累计建成绿道664

千米。绿道设计、建设依托沿线景观特征，充分利用沿线风貌，以获得公共活动空间塑造与景观品质提升的双赢。绿道两侧的绿化苗木结合其所在区域的环境进行选择，实现生态自然、四季见绿的绿化效果。路面铺装的透水混凝土，具有抗压、耐磨、防滑以及美观多彩、舒适易维护和吸音减噪等特点，同时具有综合利用雨水、缓解城市水资源短缺和城市热岛效应等功能，有效保护自然，维护生态平衡。

延伸阅读

荣成好运角绿道一号线

荣成好运角绿道一号线于2018年8月开始建设，2021年5月建设完成，西起茅子草口大桥，东至金石湾，全长22.7千米，支线长2000米，宽3米。砌筑挡浪挡沙墙2100米，建设绿道配套服务设施5处、景观桥2处、景观节点5处、生态停车场2处，安装防风玻璃围挡5000米。以自行车慢行绿道及丰富沙滩景观为主题，利用季相变化，将北环海路绿化景观、绿道景观及沙滩植被恢复相结合，打造北环海路沿线带状花海景观。

（4）山体绿化

加强城市山体保护修复，保护城市自然山体、地形地貌、植被资源，提升城市绿地生态系统的稳定性和安全性。2018—2021年，建设金线顶公园等山体公园7处，绿化修复山体76.4万平方米。山体公园设计、建设充分考虑多样化元素，贯彻生态修复的环保理念，打造城区和谐、共融的邻里休闲健身空间，构建具有生机、生力的生态山体公园。

延伸阅读

金线顶公园

金线顶公园位于威海市区金线顶山巅，北邻刘公岛码头，南接金线顶路，西靠金线顶环路，占地面积137.7亩，主要建设内容包括园林景观工程、地下停车场、金线塔以及文化艺术中心、过街天桥、人防工程改造等。公园于2020年10月初开工建设，2021年6月底基本完成，7月初对外开放。公园建设注重生态，因地制宜，合理利用多种数字技术，打造出多元素、多层次的品质空间。园内原植法桐、雪松、杨树等树木精心保留，并修建保护树池、休闲平台。新栽植乡土适生植物，春有海棠、樱花，繁花似锦，夏有流苏、绣球，胜景纷披，秋有乌桕、榉树，金黄灿烂，冬有松柏、红梅，傲雪凌霜，形成“三季有花，四季多彩”交替相映的景观效果。

2. 点亮夜景

城市空间与自然景观艺术紧密结合，注重空间感和韵律感，优化威海湾沿线公园、商业建筑亮化设计，提升刘公岛和威海湾沿海岸线城市公园及重要公共建筑景观照明效果，打造“十里夜威海”美丽时尚海岸线。同时，有序推进市内公园、大型商业区、两横两纵城市照明视廊、高速公路出入口等重要节点照明项目，构建美观、独具特色的城区照明一体化网络。

延伸阅读

威海湾暨刘公岛景观照明工程

刘公岛景观照明区［威海湾暨刘公岛景观照明工程（一期）］，主要对岛上山体、海岸线、建筑物及构筑物进行景观照明。2018年5

月开工建设，2019年12月完工并投入使用。

威海湾岸线景观照明区［威海湾暨刘公岛景观照明工程（二期）］，建设范围为威海湾沿线（合庆山庄至威海港，长约30千米）9处景观带、123栋重点建筑。2019年3月开工建设，2020年6月完工并投入使用。

威海湾暨刘公岛景观照明工程（三期）对市政府至会展中心段威海湾岸线纵深中高层建（构）筑物进行景观照明工程建设，补充湾线视角，向纵深延展。2021年10月开工建设，2022年6月完工投入使用。

3. 改造提升特色街区

特色街区彰显城市地域特色，传承地域风俗文化和城市发展理念。在精致城市建设中，以修缮为主、复建新建为辅，高标准打造了栖霞街、属相街、新威附路、火炬八街等一批特色街区，激发老城区活力。

延伸阅读

属相街

属相街是一条标志性的老街，全长315米，作为连接环翠楼公园、威高广场、威海湾的山海景观通廊，它承载着威海卫数十载的历史文化底蕴。街区改造中融入文化元素，与老卫城文化、属相文化相结合，复原十二属相，设置威震海疆、影壁墙等景观节点，延续威海卫城文脉；融入科技元素，打造炫酷3D立体光影与音乐、水幕结合的原创灯光表演，设置党史VR体验区，展现中国共产党的百年峥嵘历程以及改革开放后的辉煌建设成果；融入青春元素，与哔哩哔哩、山东省广播电视局合作，整合电视、广播频道的优势资源，将“威海记忆”与“国潮”元素融入街区歌舞演艺活动中。属相街于2021年6月29日开街，现已成为新晋的夜景、夜游、夜娱网红打卡地和文旅新IP。

（三）发展新型建造方式

制定出台关于全面推进绿色建筑发展的意见、大力发展装配式建筑的实施意见、促进建筑业持续健康发展的实施意见等一系列政策文件，以发展节能、高效、安全的装配式建筑为核心，积极推广新理念、新技术、新工艺，带动绿色建材、勘察设计、施工监理、装饰装修等上下游环节迭代升级，全市年均新增装配式建筑100万平方米，创建了2个国家级、6个省级装配式产业基地，打造了一批绿色建筑和装配式建筑示范项目。2022年，装配式建筑占新建建筑的比例达到30%以上。

延伸阅读

威海国际经贸交流中心

（山东省装配式示范项目，钢结构）

威海国际经贸交流中心项目位于东部滨海新城核心区，建筑面积约25.26万平方米，项目用钢4.9万吨，相当于5个埃菲尔铁塔的用钢量。项目采用“枕山襟海、滨水核心”的总体结构布局，融合“海、流、伸展、生命”的设计元素，是集展览、文化交流、商业服务于一体的国际性、综合性的经贸交流中心，是威海首个国际会议中心和山东省建筑设计大奖赛使用场馆。

中共威海市委党校（威海行政学院）威海市社会主义学院新校

（超低能耗建筑示范项目）

项目建设用地面积72106平方米，总建筑面积49899平方米，其中地下建筑面积3929平方米，地上建筑面积即被动房部分的建筑面积，16004平方米。这个被动房项目的关键技术是：具有高效保温、隔热、防火性能的外墙及屋面系统；具有采光、高效隔热和保温性能的门窗系统；带有高效热回收装置的新风系统，对室内废气中的热（冷）量进行回收并用于加热（冷却）新风，满足室内采暖（制冷）需求，并保持室内的理想湿度和空气质量，热回收设备的效率达到75%以上。本项目是全国最大的外围护墙采用岩棉保温干挂石材幕墙的被动式超低能耗公共建筑，玻璃幕墙系统、屋顶采光系统也为全国首例。

四、精细管理，提高城市运行效能

精细管理，就是通过智慧城市建设和精细化管理，构建权责明晰、服务为先、管理优化、执法规范、安全有序的城市管理体制，促进城市运行高效有序，实现城市让生活更美好的目标。

（一）提高智慧管理水平

2019年，威海成功入选全省首批新型智慧城市建设试点市，正式启动全域新型智慧城市建设。坚持全域化布局、智慧化发展、一体化推进，全面提升城市智慧管理水平。

开展“统云、并网、聚数、安防”行动，构建统一基础体系，实现全市571个系统全部上云，77.4亿条数据统一汇聚，完善“政务一张网”，实现全域覆盖。

以群众方便为导向，打造统一服务体系，推出“一网、一端、一码”多元化数字化政务服务模式。一网，即政务服务网，一端，即“爱山东（威海站）”App，一码，即居民码。

以优化基层治理为目标，创新性推出“六治融合、一网联动”网格治理、无人机全域巡航等应用，形成统一治理体系。

遴选打造智慧园区、阳光医保等100个数字化解决方案，创新网约房、“威救你”等100个应用场景，丰富数据应用供给。

以“一屏统观、一网统管”为目标，建成城市运行指挥平台，开展城市大脑提升工程，汇聚78个部门110个系统、11.3万个视频监控、3.3亿条数据，实现全时空动态感知、全市域精准调度、全天候协同处置。

威海市连续三年入选“中国数字政府特色评选50强”，先后荣获“2020中国领军智慧城市”“数字化抗疫暨绿色智慧城市治理优秀案例”、2020山东省第一届新型智慧城市建设“先进推进单位”和“2021数字政府管理创新奖”。

延伸阅读

城市大脑

城市大脑是在城市运行指挥平台基础上，升级搭建的“一屏统观、一网统管”综合指挥中枢，汇聚78个部门3.3亿条数据，完成大屏端、PC端、移动端三端应用，开发疫情防控、防汛抗旱、社会治理、应急资源等功能，实现全时空动态感知、全市域精准调度、全天候协同处置，为城市管理、社会治理和科学决策提供“运行仪表盘、城市体检表、风险预警器、领导驾驶舱”。创新开发移动端“政通威海”，已设置16个专题，以“掌上数字驾驶舱”的方式，为各级领导提供手机端的“一站式”数据服务，推动城市大脑向移动智脑延伸，确保随时随地数据可用、资源可调、事件可处，实现“用数据治理，用数据决策”。

（二）加强城市安全管理

1. 强化重点行业领域安全整治

2019年6月，威海市政府出台《威海市支持化工生产企业搬迁入园实施办法》，文登化工产业园等3个化工园区和三角华盛等5个重点监控点通过省政府认定。

发布《威海市城市道路交通设施技术指南》，为每个灯控路口“量身打造”信号配时方案，路口通行效率同比提高15%，主干道通行时间平均下降11.5%，停车次数平均下降43.5%。

在全省率先印发《威海市电梯按需维护保养规范》地方标准，全市共有982部电梯采用“物联网＋维保”新模式，按需维保电梯数量居全省第一位。优化威海市电梯管理与应急处置服务系统功能应用，全市26752部电梯全部实现信息化监管。

2. 提升城市防灾减灾能力

搭建市综合应急指挥平台，建立应急队伍、物资储备库、应急物资、避难场所、灾害管理等基础信息数据库，实现资源信息整合共享。建立以市级救灾物资储备库为中心，区市级救灾物资储备库为依托，乡镇（街道）、村（居）救灾物资储备点为补充的救灾物资储备网络。这一物资储备网络，能够常态化保障1万名紧急集中转移安置人口的救灾物资需要。

（三）破解物业管理难题

2019年4月17日，威海市印发《关于党建引领红色物业助力精致社区建设的意见》。经过几年的探索实践，逐步完善形成“党建引领、融合共治、行业共塑、精致共建、美好共享”的物业行业高质量发展新路径。全市住宅小区物业覆盖率、业委会（物委会）覆盖率、物业缴费率、业主满意率，分别达到100%、98%、87.2%和90.5%。2020年9月，全省“齐鲁红色物业建设”现场会在威海召开。2021年1月，威海红色物业工作被山东省委组织部授予“山东组织工作创新奖”，同年7月出台全国首部《红色物业建设规范》地方标准，11月成功举办全国红色物业建设高质量发展专家座谈会，并在住建部经验交流会上代表山东省作典型发言，“红色物业·情暖万家”成为精致城市的靓丽名片。

延伸阅读

东北村小区

环翠区环翠楼街道东北村小区地处威海市中心城区，建筑面积约3.7万平方米，现有居民514户，是威海最早的、典型的老旧开放式小区。近年来，东北村社区坚持党建引领，形成了党组织领导下的居委会、业委会、物业公司三方联动的红色物业工作机制，实现了物业从无到有、物业费收缴率常年保持在98%以上的两级蜕变。2021年，社区充分发挥党组织对物业管理工作的引领作用，在体制机制上不断创新，通过成立工作领导小组、每周工作例会等制度，全面自查论证形成活动“清单”，由小组成员联合把关活动质量，形成了工作闭环，实现了收费率及满意度100%的三级进阶之路。

五、精准服务，增强人民群众获得感

坚持人民城市为人民，从群众普遍反映的痛点、难点、堵点问题抓起，提升城市的现代化、普惠性、精准性公共服务水平，让人民群众生活得更方便、更舒心、更美好，打造有温度的城市。

（一）健全公共服务设施

围绕出行难、停车难、如厕难、公共活动场所少、老旧小区环境差等问题，实施过街天桥、停车场、公共厕所、口袋公园、老旧小区、城市书房、社区便民食堂等一批精品亮点项目。

1. 解决通行难、停车难、过街难问题

（1）打通断头路

2018年，启动断头路打通工程。先后完成了齐鲁大道（铁路桥至环山路段）、望岛河南路（统一南路以东段）、崇文路（古寨西路至古寨东路段）等26条断头路打通工程，市区基本形成了以内环快速路和城市主干道为道路网络骨架，次干道、支路为道路网基础，布局结构合理、主次衔接有序的城市道路交通体系。

延伸阅读

海滨南路—上海路环岛改造工程

海滨南路—上海路环岛改造工程北起华夏路，南至齐鲁大道，全长1.5千米，改造前是上班族的“每日一堵”。工程作业区地下管线错综复杂，施工场地靠近生活区，周边商铺林立，人流车流量大，工期紧，难度大。用4天时间完成方案设计，30天完成施工图设计，108天完成地下隧道工程，实现南北方向通车；150天完成地上辅路建设。环岛工程尽可能利用原有地貌，保留了“中间高、四周低”的地形特点，最大程度减少对周边居民生活的影响。交通按照“快慢分离化、行驶有序化、管理智能化”的原则进行优化，高峰时期根据车流量进行智能管控，通行能力提升了60%以上，海滨南路—上海路环岛成为城市干道枢纽和景观门户。

（2）新建、改建停车场

自2019年起，结合城市地下空间开发和临时土地综合利用，连续5年将停车场建设列为市级城建重点工程，在市政道路、公园绿地、商业街区等新建改造项目中，同步设计、同步施工并年均增加2000多个停车位，极大缓解了停车难问题。

（3）错时开放停车场

2019年8月15日，下发《关于错时开放机关事业单位院内停车场的通知》，积极推进机关企事业单位内部停车场向社会错时开放。目前，已全面覆盖市直部门单位，中央、省属驻威单位，环翠区、高新区、经开区机关事业单位和国有企业管理的院内停车场，实现机关内部停车资源的共享共用。

（4）建设过街天桥

2020年，在中心城区学校、商业集中区及车站等行人与机动车通行矛盾较为突出的区域，建设9处过街天桥，注重坡道、扶手等无障碍设施建设，综合考虑视线廊道、造价成本、实用性等多方面因素，配套亮化、绿化设施，缓解人车争道矛盾，打造既便捷安全，又清新亮丽的城市风景线。

2. 解决如厕难、寻厕难问题

作为城市公共服务设施的重要组成部分，公厕的“颜值”和“内涵”，直接影响市民的使用感受。按照“一厕一策划、一厕一文化、一厕一景观、一厕多功能”理念，根据居民需求及人流量合理规划新建公厕，并对部分老旧公厕的设施进行改造升级，2018—2021年，新建和改造城市公厕累计88座。

为了让“方便”更方便，2020年起，在全市范围内开展“厕所开放联盟”行动，鼓励沿街机关事业单位、商场、宾馆、饭店、加油站等符合卫生标准的厕所对外开放，共有300家单位加入“厕所开放联盟”，在工作（营业）期间对外开放其内部厕所。结合全国文明城市创建，在主次干道、商业大街等区域新安装公厕导向牌1000余个，并将全市所有环卫公厕的地址、经纬度坐标、开放时间等详细信息纳入“爱山东”App中，市民可通过App查找附近公厕，有效解决了群众“寻厕难”问题。

3. 解决老旧小区环境差问题

2020年7月，启动了第二轮老旧小区整治提升，计划利用5年时间，分期分批对全市548个老旧小区进行改造。按照统筹规划、稳步推进、多方参与、长效管理的原则，扎实推进老旧小区改造更新，补齐城市配套设施和人居环境短板。截至2024年10月，累计改造老旧小区365个，惠及几十万户家庭。

4. 解决公共文化活动场所少问题

为推动全民阅读、建设“书香城市”，于2017年启动了城市书房建设，并将其列为“为民办实事项目”。目前，已建成城市书房近50家，初步形成城市“15分钟阅读文化圈”。

威海的城市书房，更像是“没有围墙的图书馆”，点亮了城市温暖的阅读之光，提升了城市品位和文化氛围，更突破了传统图书馆的局限。目前，各城市书房开展了近千场活动，参与人数达3万人次左右。通过开展公益项目引进、文化创意产品展示等各种特色活动，实现文化产品供给的多元化，让每位市民充分享受到读书的快乐。

（二）提升公共服务水平

坚持标准化、均等化、普惠化、便捷化方向，优先发展教育事业，提高社会保障水平，加快建设健康城市，丰富群众精神文化生活。

1. 教育

认真贯彻党的教育方针，全面落实立德树人根本任务，先后承担近20项国家和省级教育改革试点工作，被评为“全国未成年人思想道德建设工作先进城市”、全省基础教育综合改革实验区，所辖区市实现“全国义务教育发展基本均衡县”创建“满堂红”。

2015—2020年，全市累计投入74.46亿元，新、改、扩建中小学校95所，新增学位9.1万余个，在全省率先实现小学每班不超过45人、中学每班不超过50人的标准班额。完成2期特殊教育提升计划，实施残疾儿童从学前到高中阶段的15年免费教育。稳步推进义务教育学校教学楼、食堂、厕所等办学薄弱环节的改善与提升，完成标准化学校建设、信息化建设、仪器设施配备更新、塑胶运动场地建设等重点项目。统一城乡义务教育生均公用经费标准，2020年小学、初中生均公用经费实际达到1426元、1872元，分别高于山东省定标准716元、962元。

延伸阅读

威海市特殊教育学校

威海市特殊教育学校位于威海市经济技术开发区峰北路85号，于2019年6月正式立项，2020年3月建设，2021年10月正式投入使用。新校占地41.3亩，建筑面积1.49万平方米，包括普通教室、游唱教室、心理疏导个训室等教学及教学辅助用房等3500多平方米，以及多功能活动室等公共活动及康复用房1400多平方米，总投入1.37亿元，学校目前有教职工72人，开设18个教学班，包括培智班8个、自闭症班6个、听障班3个、视障班1个，在校学生有144人，新校不仅能够承担全市视障听障儿童义务教育阶段教学与康复任务，而且能够满足城区智力障碍、孤独症、脑瘫和多重残疾等儿童学前教育、义务教育和职业高中教育阶段的教学与康复。

2. 就业

发挥政府引领作用，构建“政策引导＋资金扶持＋服务保障”的就业扶持体系。设立市级创业担保贷款基金2亿元／年；在全省率先设立就业风险储备金1030万元，将失业保险金标准提高到全省最高档，1890元／月／人。组织实施“春风行动”“就业援助月”“帮扶贫困残疾人就业”等多项就业帮扶专项活动，实施失业保险援企稳岗“护航行动”，实施“三支一扶”、万名大学生聚集等计划。

3. 医疗

健全基本医疗保险制度，调整完善关于职工医疗保险缴费年限、补缴方式，居民基本医疗保险等待期、集中缴费期和新生儿参保等方面的政策，扩大参保人员门诊慢特病病种数量，提高高血压、糖尿病患者门诊用药待遇，扩大政策受益面，提升严重精神障碍患者、苯丙酮尿酸症患者、脑瘫患者等特殊群体待遇水平。

提高大病保险保障水平，将全市105万名参保职工的住院费用纳入保障范围，将参保人员大病保险特药的报销比例由60%提高至80%，年度最高补偿额由20万元提高至40万元。作为国家首批长期护理保险试点之一，威海于2018年启动职工长期护理保险制度，2019年启动居民长期护理保险试点，实现了长期护理保险职工全覆盖，率先开展居民长期护理保险试点工作。2021年9月，推出首款城市定制型商业医疗保险“威你保”，全市共有66.5万人投保，投保率全省领先，填补了群众医保目录范围外费用无保障的制度空白。

延伸阅读

“威你保”

“威你保”，是由威海市医保局、威海市财政局指导，中国银行保险监管管理委员会威海监管分局监督，泰山保险等12家保险公司共同为威海人精心打造的普惠型补充医疗保险。一是扩大了费用保障范围，将群众经医保政策报销后个人自付的医保目录内和目录外费用全部纳入保障范围，解决以往群众医保目录外费用无制度保障的问题，最大程度减轻群众就医负担。二是拓宽了人群保障范围，将享受医保待遇人员全部纳入投保范围，取消了最需要保障群体的投保限制，群众不限年龄、职业、健康状况，均可自愿投保，最大程度扩大群众受益面。坚持保本微利原则，综合考虑不同年龄段群体的疾病发生率和参保积极性等因素，设置了60周岁以下89元/人/年，60周岁及以上139元/人/年的保费标准。三是活化了个人账户，开放了参保职工使用个人账户支付"威你保"投保保费，同时鼓励参保职工使用医保个人账户为其配偶、父母、子女等家庭成员购买，提高个人账户资金使用绩效，进一步提升医保电子凭证的激活率和使用率。四是简化了赔付流程，搭建信息化结算平台，通过医保数据流通实现自动报案、快速理赔。五是突出了罕见病特药保障，将治疗脊髓型肌肉萎缩症、黏多糖贮积症、非典型溶血性尿毒症等罕见病特殊药品费用纳入单独保障范围。

4. 住房

逐步建立以公共租赁住房、保障性租赁住房和住房租赁补贴为主体的住房保障体系。近年来累计建设公租房16509套（含廉租房），在省内率先实现应保尽保、公廉并轨，让公租房真正发挥惠民利民作用。2020年9月，发布并实施《威海市区住房保障家庭租赁补贴实施办法》，扩大城镇住房困难家庭保障范围，基本覆盖城市特困家庭、城镇低保家庭、低收入住房困难家庭、城镇中等偏下收入住房困难家庭、新就业无房职工以及在城镇稳定就业的外来务工人员等六类住房困难群体。2021年5月，印发《关于做好市区新就业无房职工阶段性租赁补贴发放工作的通知》，提高补贴标准，新就业无房职工最低补贴标准由240元/月调整到300元/月。加强人才公寓建设，全市已有46.7万平方米、6589套人才公寓建成并投入使用，还有11.49万平方米公寓正在建设中。

（三）优化营商环境

坚持对标最优，深化制度创新，加快流程再造，推出了1400多项便民利企措施，打造“审批事项少、办事效率高、服务质量优、群众获得感强”的优质营商环境，荣获“中国国际化营商环境建设标杆城市奖”。

1. 简政放权

按照“能放则放、权责一致、重心下移、减少层级”原则，2021年，将174项市级行政许可纳入市县同权改革范围，直接下放33项权力，其中实质性审核权20项，服务窗口前移121项，满足企业和群众就近办理需求。

打造政务服务“简易办”品牌。在全省率先建立政务服务“简易办”“不求人办”制度体系，打造“找人不找人办事一个样”办事环境，全市政务服务满意率保持在99%以上。

提升网上政务服务能力。推动审批事项网上办、一次办，汇聚全市485个单位57亿余条数据，打通218个业务系统，数据交换量达11.5亿条次。

优化完善“一链办理”系统功能。市县两级2349项“一链办理”事项实现网上申报，全市依照申请政务服务事项可网办率和可全程网办率分别达到99%和96.6%。

实施商事登记便民化改革。在全省率先实现企业登记掌上办全覆盖，2万多个市场主体实现“不见面”登记，企业群众减少跑腿1.8万人次。

深化工程建设项目审批制度改革。在全省率先推进工程建设项目审批区市全链条闭环办理模式，企业平均跑腿次数减少2/3、时限减少1/3。

2. 高效服务

企业开办更加便捷。在全省率先搭建“网上办”+“掌上办”+“智能办”三位一体企业登记信息化平台，企业可以通过网络、手机、就近的智能审批终端办理涉企登记业务，便利度和效率提升超过20%。

不动产登记更加高效。创新“自助受理 + 自助发证”模式，打造不动产登记智慧大厅，对非涉税业务实行全链条、零见面服务模式，办理查询业务最快1分钟出结果。

跨境贸易更加通畅。在全国首创中韩“四港联动”多式联运模式，打造40小时中日韩海上高速通道，比普通海运集装箱船缩短24小时，费用仅为空运的1/3。全口岸进口、出口整体通关时间分别为18.96个小时、1.27个小时，通关效率在全国海运口岸处于领先水平。

纳税体验更加优质。在全省率先建立集事项办理、涉税咨询、权益维护于一体的“纳税人之家”，实现203项业务事项全程网办，全市非接触式办税比例达95%以上，办税时间缩短30%以上。

用电更加方便。在全国率先实现10千伏电力客户接入“零投资”，为客户节约办电成本1亿元以上。

水气等市政服务更贴心。在全省率先打造供水报装零申请、零材料、零跑腿、零费用“四零”模式，办事时间缩短90%以上。

企业融资更加多元。打造全省首个线上营商环境全景式集成平台——“威海营商行”，上线“威商e达”惠企资金服务板块，收入专项资金政策3722项，运用“政务服务大数据 + 人工智能手段”，帮助企业获得银行贷款1565笔，融资金额超过92.56亿元，643家企业“免申即享”惠企资金1亿元以上。

社保服务更加完善。在全省率先构建数据动态认证为主、线上自助认证为辅、线下社会化服务认证为补充的社保待遇领取资格“ABCD”静默认证体系，认证率达到97.9%，开发上线威海“社保电子地图”，推动线上业务办理占比达92%。

3. 公平环境

全面实施“双随机、一公开”监管。将食品销售、特种设备等领域纳入系统“双随机”计划，联合抽查计划增加至118项，自主发起25项，抽查事项清单100%覆盖。“双随机、一公开”平台内抽查清单自动更新、抽查计划自动生成、检查对象自动抽取、检查人员自动匹配、检查结果录入自动公示，全程留痕，最大限度减少对企业的干扰。

推行柔性监管。拉长“首违不罚”“首违轻罚”清单，增加公安、交通运输等12个领域121个事项，“首违不罚”“首违轻罚”清单达到384项，数量居全省首位。2021年办结“不罚”“轻罚”案件9360件，减免处罚金额1112万元。

深化“互联网 + 监管”。上线公共资源交易电子监管等10多个应用系统，汇聚监管数据167万余条，监管事项数据覆盖率和及时率均达到100%，监管事项平均关联率达到97%。

探索创新消费维权机制。在全国率先建设消协、第三方平台、银行、商家、消费者五方参与的预付式消费协同服务平台，出台全国首个《消费环境共治社区建设运行规范》地方标准，打造“双亮标”阳光共治模式，创建消费维权服务站145处，消费投诉和解率达到97.56%。

全面保护企业群众权益。在全省率先增设金融互联网法庭，建立金融类案件 AI 模式，实现金融纠纷智慧、高效办理，金融案件15天内结案率达到81.9%，平均办案天数为15.5天，同比缩短10.8天，效率全省领先。

六、精明增长，推动可持续发展

坚持生态立市、环境优先，理性开发城市，在现有城市设施条件和用地条件的基础上，用足城市存量空间，减少盲目扩张，实现城市的高质量、可持续发展。

（一）推进资源节约集约利用

向存量要空间、向存量要发展，走出一条具有威海特色的存量土地挖潜利用新路子。

1. 存量土地资源底数清、数据明

针对土地要素保障政策的变化，形成“四个一”成果，即1篇《土地要素保障政策宣讲材料》、1个“项目用地合规性智能辅助查询平台”、1本《全市闲置和批而未供土地资源手册》、1套《土地要素保障政策法规汇编》。

其中《全市闲置和批而未供土地资源手册》逐宗记录了全市批而未供和闲置土地地块的全部信息，做到图、表、宗地三者一致，真正实现“一区一册，一域一图”，有效避免了信息不对称、重复上门查询等效率低、时限长问题。

2. 存量土地资源“一张图”智慧监管

充分利用人工智能、卫星遥感、实景三维等科技手段，将土地范围、面积、位置、用途、权属、供地、规划、投入产出信息落在土地集约节约利用“一张图”上，让建设用地利用情况一目了然。同时，利用卫星遥感每月进行一次智能监测，实现新增建筑物和动土变化、土地利用变化等信息的实时更新，为精准盘活存量土地提供大数据支撑和决策参考。

3. 存量土地资源向“增量”跨越转变

充分利用平台“一张图”的信息化优势，在全省率先研发并推广“项目用地合规性智能辅助查询平台”，导入全市1187宗批而未供土地和141宗闲置土地信息，将批而未供和闲置土地盘活利用与招商引资结合起来，与地方经济发展结合起来，加强存量土地供需对接，促“存量”变“增量”。

（二）化解城市“成长的烦恼”

敢于直面历史，着力解决不动产权证办理难问题，推进闲置项目和“半拉子”工程处置工作，盘活低效用地，整治不精致、不文明、群众不满意问题，逐项攻坚突破，奏响化解城市“成长的烦恼”的“四部曲”。

1. 第一部曲——解决不动产权证办理难问题

由于时间跨度大、涉及群众多、处理难度大，很多历史遗留下来的“旧账”成为城市建设领域难啃的“骨头”。2018年9月，威海市、区两级成立了解决城市建设领域矛盾纠纷问题领导小组，组成工作专班，集中办公，解决历史遗留问题。

2019年2月，制定了《关于解决城市建设领域历史遗留问题加快不动产权证办理的指导意见》《关于认定历史遗留商品房项目办理不动产证工作流程》，围绕城中村改造遗留、无法竣工验收、欠缴税费等难点问题，按照“政府主导、部门联动，尊重历史，实事求是、依据事实、分类施策，依法依规、维护公平”的原则，先易后难、急事急办、点面结合、一事一议，灵活推进，加快历史遗留的不动产权证办理。截至2022年4月底，共为16.03万套房屋办理了产权证明，全市不动产权“办证难”遗留问题得到基本解决。

2. 第二部曲——推进闲置项目和“半拉子”工程处置工作

2019年3月，依托解决城市建设领域矛盾纠纷问题领导小组原班人马，全面启动闲置项目及“半拉子”工程处置行动。

从市级层面进一步明确基本处置流程和具体优惠政策，加大统筹统管力度。2019年9月，《加快处置“半拉子”工程实施意见》和《盘活改造闲置厂房若干意见》印发实施，根据全市闲置项目和“半拉子”工程的不同成因，将项目分为过度投资、恶意投机、抽逃资金、供给失衡、借贷陷困、涉及纠纷等，分门别类制定处置措施。截至2022年4月，已盘活处置221个闲置项目和“半拉子”工程，城市“包袱”变为发展“财富”。

延伸阅读

荣成市缔景城项目

荣成市缔景城项目是荣成市鼎杰房地产开发有限公司于2011年2月开始实施的青山后丁家、青山后吕家旧村改造项目，规划占地面积567亩，已取得用地手续的为171亩，规划建筑面积21万平方米。其中安置区占地面积60亩，建筑面积7.5万平方米，建设安置楼17栋（安置村民670户），于2015年8月完成回迁。商业开发区域111亩，建筑面积13.5万平方米，建设商品住宅26栋、商业及配套设施4栋，其中18栋676户于2014年5月建成并交付，余下8栋309户2016年底因资金链断裂项目停工，仅完成主体施工。在处置过程中，一是转换角色，变管理者为经营者，主动推介项目宗地为项目注入新鲜血液，灵活运用规划设计条件通知书，合理解决规划验收核实问题。二是灵活运用“三边”政策解决问题，通过政策担保，盘活项目流动资金，既保证了项目继续运营，又解决了税费追缴问题。三是创新工作思路，妥善解决抵押、查封问题，由政府、银行、施工总承包企业、开发商四方共管担保金，通过变更抵押标的物为在建的未售商品房，撤销已销售商品房的抵押与查封，在不解除共用宗土地查封的前提下为业主办理不动产登记手续，同时保证商业银行和施工方的合法权益。

2020年9月以来，已陆续为缔景城805户群众办理了不动产登记手续。2021年11月，缔景城项目入选全省十大土地房屋产权历史遗留问题优秀案例。

3. 第三部曲——盘活低效用地

2020年3月，在全省率先启动实施中心城区低效用地三年整治行动。精心编制《威海市中心城区低效用地规划整治方案》，围绕产业转型、功能完善、商住开发、生态修复四大类，采取边调查摸底、边编制专项规划、边开发整治的模式推进整治工作，把每个地块放到片区整体功能规划中去设计，注重与城市空间规划格局相衔接，把握“局部和全局、近期和远期、静态和动态”三个平衡原则，“一地一策”制定整治方案。截至2021年底，中心城区40个片区的专项规划已全部编制完成，实际完成低效用地整治8396亩。

延伸阅读

红叶谷西片区项目

红叶谷西片区项目属于生态修复类低效用地规划整治，位于戚家庄环山路立交桥、红叶谷小区西侧，占地面积88亩，原为陶家夼村工业厂房。由于该片区在国土空间规划城镇开发边界外，需要对地上建筑物、构筑物等进行清退，恢复山体林地。截至2023年底，该项目已完成收储71亩，拆除建筑面积8800平方米，极大改善了环山路两侧景观，优化了城市环境。

天东南鑫通物流项目

天东南鑫通物流项目属于产业转型类低效用地规划整治，位于珠海路南、南曲阜小区北，占地面积668亩，现为物流市场、物资回收站等。区域内多为工业仓储用地，配套设施不完善，不仅制约了企业本身发展，还不利于区域长远发展布局。规划对该项目部分地块进行清退，恢复其生态功能；现有工业厂房在短期内完成环境整治，完善配套设施，补齐短板，远期目标是进行产业提升改造。在编制国土空间规划时，对该区域部分用地性质进行优化，为城市未来发展预留空间。

4. 第四部曲——整治不精致、不文明、群众不满意问题

2020年4月24日，精致城市建设攻坚突破行动推进会议上，通过实地督导和观看视频的方式，查看环翠区、高新区、经开区城市建设中的不精致问题，共整理出520件。按照工作项目化、项目清单化、清单责任化、责任时效化的要求，建立问题整改台账，逐一制定具体的、有针对性的、行之有效的整改措施，完成一个销号一个。

聚焦问题最为集中的房地产开发经营、工程建设、物业管理三大领域，建立清单台账，实行销号管理。2020年，全市共排查化解各类问题980件，且135件城建领域难点问题全部化解销号。围绕物业管理、商品房开发（延期交房、海景房销售等）、历史遗留证件办理、房屋交付质量等群众反映比较集中的问题，分类研究解决措施、建立长效机制。

（三）加强生态保护和修复

坚持保护优先原则，实行最严格的环境保护制度，系统推进环境污染综合治理，着力解决突出环境问题，防范和化解环境风险，建设人与自然和谐共生的美丽威海。

1.“无废城市”建设

2019年4月，威海市成功入选国家“无废城市”建设试点，成为全国入选该试点的“11+5”个城市和地区之一，同时威海也是山东省唯一入选的地级市。威海市聘请中国循环经济协会编制具有威海特色的试点实施方案，建立涵盖工业固体废物、农业废弃物、城市生活垃圾、危险废物4个“规定动作”和绿色海洋经济、绿色旅游2个“自选动作”的“4+2”试点模式，建立以市委、市政府主要领导为“双组长”的1个领导小组、6个工作专班、N个责任单位的“1+6+N”工作体系，细化分解5大类59项建设指标、4张清单81项具体任务，全领域、全方位、全过程推进，争当引领标杆。2020年9月，威海市政府在全国“无

废城市”建设试点推进会上作典型发言，2021年3月，向生态环境部提交《威海市“无废城市”建设试点工作总结报告》，顺利完成试点任务。

立足“海洋强市”战略，不断强化海陆、区域、政策三个统筹，着力解决养殖加工废弃物和船舶污染物污染防治问题，探索形成“海洋废弃物”陆海统筹综合管控模式，打造“无废景区”、“无废航区”、农药包装废弃物回收、生活垃圾计量收费、大件垃圾预约回收、机关事业单位一次性用品限制使用、多营养层次立体生态养殖模式等7项特色亮点工作。

2. 矿山生态修复

截至2020年底，顺利完成151处废弃矿山修复治理的“三年行动”计划，废弃矿山修复治理工作走在全省乃至全国前列。其中，威海华夏城利用矿坑生态修复发展文旅产业解决环境问题的治理模式，成为全国矿坑修复和生态文明建设的典型示范，并成功入选自然资源部第一批生态产品价值实现典型案例和生态环境部“绿水青山就是金山银山”实践创新基地。

在废弃矿山修复治理中，杜绝千篇一律、“一刀切”，根据废弃矿山所处地理位置、区位条件、环境功能区划等因素，因地制宜，科学合理制定修复方案。目前已探索实施废弃矿山修复治理与工矿废弃地综合利用、生态公园建设、社区基础设施打造、公园景观再造、生态恢复等相结合的新模式，实现“矿山生态修复＋”模式拓宽升级。

建立“省市级奖补资金为引导、县级投入为主体、社会资金参与为补充”的多元化资金筹措机制。2019—2021年，争取省市奖补资金7380万元，县级财政投入达4亿元，吸引社会资本6.03亿元。环翠区里口山风景区废弃矿山治理＋旅游开发项目、经开区大岚山废弃矿山修复＋冰雪小镇项目等均由社会资本投资治理，以生态修复市场化的“金钥匙”实现废弃矿山的生态蝶变。

3. 海岸带综合整治

实施海岸环境整治修复、海岸生态建设、滨海休闲带建设等八大整治修复工程，对海岸线“伤疤”“死角”和历史遗留问题进行全面清理，积极推进西海岸至成山头段的滨海步道贯通工程，将原有沿海公园、景观节点等自然人文景观串联打通，着力打造一条精致、生态、共享的滨海步道，切实提升岸线生态功能和环境秩序，恢复精致岸线生态原貌，构建“水清、岸绿、滩净、湾美”的黄金海岸线。

第四章

以人为本 全域精致

“城，所以盛民也。”城市的核心在人，只有让人民群众在城市中生活幸福、精神丰盈，得到全方位发展，精致城市建设才有意义。威海坚持“以人为核心的城镇化”，按照产城人融合发展的思路提升城市品质，用精致的理念统领政治、经济、文化、社会等方方面面，统筹推进产业现代化、城市国际化、新型城镇化、发展绿色化、治理现代化，持续推动全域精致、协调发展。

一、产城融合，处理好精致城市与经济发展的关系

城市发展和经济发展相辅相成。威海市把新旧动能转换与城市高质量发展紧密结合，深挖传统优势，创造新生优势，努力实现发展质量变革、效率变革、动力变革。

（一）构建现代产业体系

威海拥有34个工业行业大类，是全国重要的医用耗材、打印设备、碳纤维、海洋食品、特种船舶、轮胎、渔具、机电工具、地毯等生产基地，没有大化工、大钢铁，高污染、高耗能项目也很少，有基础、有条件在新旧动能转换中走在前、作表率。

1. 打造特色产业集群

坚持产业为王、项目为王、企业为王，主动对接省“十强”产业，集中力量培育新一代信息技术、新医药与医疗器械、先进装备与智能制造、碳纤维等复合材料、海洋生物与健康食品、时尚与休闲运动产品、康养旅游、新能源等八大产业集群，结合产业集群发展需求，创新构建一个行动引领、五项机制推进、四项措施保障的协调推进体系，设立“雁阵形”产业集群库，统筹整合集群内龙头企业、产业园区、重点项目、重大课题、创新平台等，形成发展资源的集中优势。截至2021年底，新一代信息技术等6个产业集群入选山东省

“雁阵形”集群，海洋生物食品、医疗器械、汽车及零部件等3个集群入选省级特色产业集群，高性能复合材料、生物医药、新一代信息技术等3个集群获批省级战略新兴产业集群，数量位居全省第二，威高集团有限公司（以下简称威高集团）、威海天润实业集团有限公司、威海光威复合材料股份有限公司等6家企业列入省产业集群领军企业。

2. 完善产业链条

坚持产业链供应链创新链协同发展，重点培植医药医疗器械、打印设备及智能服务终端、碳纤维等复合材料、海洋食品、纺织服装、汽车、船舶与海工装备、电机、轮胎、钓具十条优势产业链，扎实做好建链、强链、补链工作。

打印设备及智能服务终端产业链拥有规模以上工业企业35家，“链主”型企业主要有惠普、捷普、联想图像、富士康等4家世界500强企业，配套企业包括新北洋、华菱电子、亿和精密等130多家，激光打印机年产能达到1700万台，智能终端产品年产能达到200万台，80%以上的零部件实现本地化生产。

钓具产业链拥有规模以上工业企业38家，“链主”型企业主要有光威户外、环球渔具等，已形成预浸料、竿、饵、轮、导眼等钓具全产业链条，本地配套率达到80%以上。目前，威海贡献了全球60%以上的钓具产品，是全国最大的钓具生产加工和出口基地，被称为“中国钓具之都”。

3. 培育新兴业态

推广定制化服务、促进网络化协调制造服务，不断引导企业向价值链高端环节延伸，累计获批省级以上先进制造业与现代服务业融合发展试点单位7家，数量位居全省第一。

以智能化改造项目为抓手，大力开展智能制造服务体系建设、试点示范、标准体系建设、基础能力提升等工程。截至2021年底，累计认定15家省级、53家市级数字化车间和智能工厂，已建成的智能工厂装备数控化率达70%以上，生产效率提高20%以上，能源利用率提高10%以上。比如，威达集团在智能化技改上起步较早，已建成150多条自动化智能生产线、装配线，用工从改造前七个人一条线缩减到一个人六条线，产能从每年2000万支提高到每年6000万支。再如，成山轮胎引入物联网技术，通过为每个轮胎配备一个芯片，即时获取轮胎各项数据，为物流企业提供轮胎全生命周期管理服务，实现从“卖轮胎”到“卖服务”的转变。

深入实施“企业上云”专项行动，以工业互联网为重要抓手推动制造业数字化转型，蓝海工业互联网平台入选工信部“双跨”平台公示名单，国家级工业互联网试点示范达到17个。比如，迪尚集团有限公司打造了中国服装设计创新集成平台，已链接全球4000多家面辅料供应商，可为400多个品牌提供设计研发服务。再如，康派斯房车依托海尔卡奥斯平台打造房车行业应用项目，聚集起房车上下游企业150家。

（二）实施创新驱动发展战略

威海沿近千公里的海岸线布局了山东大学（威海）、哈尔滨工业大学（威海）等11所高校，1100多家创新平台，创新氛围非常浓厚。依托这些创新资源，威海市提出“千里海岸线，一幅山水画，一条创新链，一个创业梦”的构想，全面推进科技创新、制度创新、管理创新、商业模式创新、业态创新、企业创新、文化创新等，2022年获批建设国家创新型城市。2018年至2021年，全市高新技术产业产值年均增长4.1%，占规模以上工业总产值比重由45.1%提高到67.1%，居全省首位。

1. 搭建区域创新平台

构建“1+4+N”[①]创新平台体系，由威海市产业技术研究院（郭永怀高等技术研究院）牵头引领，推动全市高端创新平台串珠成链、握指成拳，该平台体系已纳入平台30家，延伸设立创新机构160余家，覆盖威海市八大产业集群和所有区市、开发区；先后引进15名院士领衔的高端研发团队70余个，组织实施重点研发项目200多，孵化引进企业300余家，整个创新体系产值达100亿元；打造了全省行业唯一的省级高端医疗器械创新创业共同体，采取“创新平台驱动、龙头企业引领、产业链条延伸、产业园区打造”的方式，推进“政产学研金服用”七大要素深度融合，目前已集聚核心骨干企业71家，重点攻关“卡脖子”、共性关键技术55项。同时，深入推进与“国家队”的战略合作，与中国科学院苏州医工所共同创建威海先进医用材料与高端医疗器械山东省实验室，与北京大学共建北京大学威海海洋研究院，全市各类技术创新平台已发展到1100多家，其中国家级创新平台26家、省级360家。

2. 加强科技攻关突破

深化产学研合作，与中国科学院等25家高校院所建立产学研合作战略联盟关系，与170多家高校院所建立合作关系。加快突破产业共性关键技术，实施重点科技创新项目330多项，形成了威高可降解心脏支架等一批重大创新成果。实施重大技术攻关“揭榜挂帅”机制，以“悬赏”方式集中发布企业重大技术需求18项，其中12项进入攻关阶段。与30多个国家和地区开展国际科技合作，中韩创新大赛升级为山

① “1”是威海市产业技术研究院，负责统筹全市高端平台建设；“4”是工信部威海电子信息技术综合研究中心、哈尔滨工业大学（威海）创新创业园、山东大学威海工业技术研究院、高性能医疗器械创新中心四大平台，对产业创新发展发挥关键支撑作用；“N”是围绕全市细分产业及各区市、区域创新需求，采用共建、加盟等方式建设的若干特色平台。

东省政府、韩国中小企业部共同主办，中日科技创新合作大会升级为山东省政府主办，中欧膜产业技术创新合作大会连续举办18年。

3. 推进创新创业

实施科技型企业培育工程，出台《科技型企业递进培育工程三年行动计划（2019—2021）》，打造"'千帆计划'企业—科技型中小企业—高新技术企业—瞪羚企业—独角兽种子企业—科技领军企业"培育路径，2021年，全市国家科技型中小企业发展到1870家，高新技术企业达1048家。围绕人工智能、区块链、云计算、大数据、5G等领域，启动实施新兴产业"金种子"科技型企业繁育工程，认定"金种子"企业62家。实施科技企业孵化器聚集提升工程和专业聚焦行动，引导高校、骨干企业等建设专业化孵化器、众创空间等特色孵化平台，全市共有国家级科技企业孵化器8家、省级16家，国家级众创空间14家、省级8家，在孵企业1400家。深入实施"威海英才计划"，分领域制定"产业工程特聘专家""海洋产业领军人才"等21项人才工程与13项支撑措施，全市研发人员达2万人，市级以上人才工程入选专家达1300多名。

（三）打造梯次"强企方阵"

按照"20亿、15亿、10亿、5亿"四个梯次筛选确定出100家骨干企业和100家后备企业，实施企业冲击新目标"双百工程"。2021年，全市200家冲击新目标企业营业收入突破3000亿元，同比增长16.1%，成为全市经济高质量发展的主力支撑。

二、城乡一体，处理好精致城市与乡村振兴的关系

以建设精致化城乡融合发展先行区为引领，以乡村振兴为精致城市建设的重要抓手，致力于精致农业发展、精美乡村建设、精细乡村

治理，全面推进农业高质高效、乡村宜居宜业、农民富裕富足，为实现威海全域精致擦亮乡村底色。

（一）发展精致农业

精致农业以提高农业质量效益和竞争力为目标，培育优势特色产业，生产高品质、高附加值、高市场竞争力的农产品，从而推动传统产业向精致化方向发展。2021年，在全国率先出台《关于加快推进精致农业发展的实施意见》，从市级层面支持精致农业发展，打造具有威海特色的“四化一高”精致农业发展格局。

1. 特色农业

围绕苹果、西洋参等20大优势特色农业产业，充分挖掘特色产业发展潜力，按照“六个一”标准（每个产业至少有一个行业协会、一支专家队伍、一片产业基地、一套生产标准、一群龙头企业、一批知名品牌），聚集资源要素，打造集种养生产、精深加工、品牌打造、休闲观光和文化创意等于一体的农业全产业链条。已建成苹果、西洋参、花生等特色产业基地374处，创建国家级农业产业强镇5个、省级农业产业强镇12个，荣成市成功入选山东省首批现代农业强县，乳山市成功入选全国首批农业现代化示范区，环翠区成功创建山东省现代农业产业园。

延伸阅读

20大优势特色农业产业

种植业：苹果、西洋参、茶叶、大姜、浆果（蓝莓、草莓）、食用菌、花生、无花果、甘薯、梨、樱桃、葡萄（12个）；

渔业：海参、海带、牡蛎、鱿鱼、金枪鱼、鲍鱼（6个）；

畜牧业：海鸭蛋、毛皮动物（2个）。

2. 标准引领

完善农业标准体系，推动品种培优、品质提升、品牌打造和标准化生产。在全国率先发布现代苹果、西洋参地方标准39项，积极培育绿色食品、有机食品和地理标志农产品，提高农业标准化认定比率，“三品一标”有效用标产品达到501个，位居山东省前列。推行绿色生产方式，实施耕地土壤环境治理保护，大力推行病虫害绿色防控、农药减量控害、有机肥替代化肥等生产方式。每年推广应用水肥一体化技术2万亩、测土配方施肥技术300万亩，化肥、农药施用量分别减少13.8%、13.7%。威海市农产品抽检合格率连续多年保持在98.5%以上，先后荣获国家出口食品农产品质量安全示范区、首批国家农产品质量安全市；乳山市成功入选全省首批农业绿色发展先行县。

延伸阅读

品牌发展之路

自2017年起，威海市全面开启农产品品牌建设新征程，以“整体品牌＋公用品牌＋企业品牌”的发展思路，推出“威海农产·品味自然”“威海苹果·甜蜜诱惑”两个整体品牌，通过高铁冠名、央视广告、举办会展等举措，实现品牌宣传的多渠道立体叠加效应。截至2021年，已连续举办五届威海农产品展、十二届苹果擂台赛和三届“威海农产下江南”专题推介活动。全国苹果产业品牌大会在威海召开，威海省级知名农产品区域公用品牌有6个，企业产品品牌37个，均居全省第3位，“威海苹果”“文登西洋参”“威海无花果”“威海刺参”“荣成海带”“乳山牡蛎”等农产品品牌享誉全国。

3. 生产组织

加大龙头企业、农民合作社、家庭农场等农业新型经营主体的培育和扶持力度，根据精致农业研发、示范、推广、应用不同阶段，充分发挥不同类型新型经营主体优势特点，加快形成以家庭经营为基础、合作与联合为纽带、社会化服务为支撑的立体式复合型现代农业经营体系。全市龙头企业涵盖农、林、牧、渔各行业，国家级龙头企业共11家，数量居全省第三；省级龙头企业发展到60家，居全省第九。农业社会化服务中心42处，实现涉农镇（街）全覆盖。农民合作社发展到5625家、家庭农场2060家，文登区入选全国农民专业合作社质量提升整县推进试点单位名单。

延伸阅读

农业社会化服务

2017年4月，威海市在全国率先开展农业社会化服务试点，创新“基层政府主导、农户分散承包、公司集中经营”新模式，统筹整合政府、社会、土地和农户四方面资源，开展土地半托管、土地托管、土地流转、劳务输出等多项服务，打造农业社会化服务综合体。截至2019年，威海市镇级农业社会化服务中心数量达42处，实现全市62处涉农镇街、700余个村庄服务全覆盖。威海农业社会化服务模式在服务体系上实现资源由“散”到“聚”的创新，在统筹整合上实现土地由“分”到“合”的创新，在分享机制上实现收益由“单一”到“多元”的创新，在运营管理上实现对接由“线下”到“线上”的创新。

4. 设施装备

推广使用控温控湿智能化、节水节肥等先进适用设施，广泛使用田间贮藏、运输保险、冷链物流、寄递配送等设施。大力发展“互联网 + 农机作业”，推动农机装备向数字化转型，加快推进经济作物种收机械化。推进“大数据＋畜牧”深度融合，积极开展智慧应用基地创建。全市已建成集中连片、旱涝保收、稳产高产的高标准农田43万亩，农田水利设施1426处。家禽养殖全程机械化率达90%以上，农作物耕种收综合机械化率达90.5%。建设畜牧业智慧应用基地8个、智能牧场6个、生猪数字化联合育种企业1家；建成智慧果园60亩，果园管理智能化、机械化率达到90%以上。

（二）精美乡村建设

在点上坚持抓好美丽乡村示范村创建工作，在面上坚持全域农村人居环境整治工作，以基础设施提档升级为重点，突出抓好乡村产业发展和文化内涵挖掘，努力打造“村美、民富、业兴、人和”的乡村新画卷。截至2021年，创建省级美丽乡村示范村130个，市级美丽乡村示范村300个。美丽乡村基础设施不断完善，乡村绿化、美化、净化水平不断提升，对周边村庄的辐射带动作用越来越强。

推进乡村规划编制工作，在全面分析村庄规模、资源禀赋、区位条件、经济状况及群众意愿的基础上，完成全市所有村庄的规划编制。

推进农村改厕工程，累计完成农村无害化卫生厕所改造42万户，建成农村公厕612座，农村户厕基本实现应改尽改。建成农村改厕服务站121个，惠及2200多个村庄，基本覆盖所有改厕农户。

推进农村垃圾治理工程，城乡生活垃圾一体化处理体系全覆盖，农村生活垃圾实现了日产日清，全市2064个村庄开展了农村生活垃圾分类。

推进农村生活污水治理工程，累计完成946个村庄生活污水治理任务，完成率为40%。

推进农村饮水安全工程，农村规模化供水村庄达1904个，规模化供水覆盖率达73%，单村供水村庄实现水处理设备全覆盖，全市村庄自来水普及率达99%以上。

推进“户户通”工程，全面完成2254个村庄通户道路硬化工程建设任务，实现农村通户道路硬化全覆盖。

（三）乡村振兴样板片区建设

基于地域相对集中、区域发展相对平衡、城市化基础相对较好的实际，规划建设市县镇三级示范片区80个，分类探索滨海型、山区型、城郊型乡村振兴实现路径。

1. 整体谋划

制定清晰可操作的标准体系。制定片区建设规范，明确“十个一”要求，细化40条标准，确保片区建设有章可循，同时研究制定市县镇三级片区晋升标准，片区建设更加科学有序。

制定务实易落地的规划体系。坚持规划先行、不规划不建设，按照“四区共建”理念，打破村庄界限，深度挖掘片区资源，量身定制片区规划。创新规划师团队联系分包区市责任制，选拔组建7支乡村规划师团队参与片区规划审议，蹲点指导文创设计和细节提升，使片区全域景区化、景区品质化。

制定完备有力度的扶持体系。为破解“人、地、钱”等瓶颈制约，先后出台十条激励乡村振兴政策、加快推进精致农业发展的实施意见等一系列文件，推动政策、项目、资金优先向片区安排，形成城乡要素资源流向农村的“虹吸效应”。

延伸阅读

乡村振兴规划师

2019年，威海市在全省率先探索建立乡村振兴规划师制度，由规划师参与样板片区规划审议、对样板片区节点建设提出景观化建议，并具体指导美丽乡村建设提升工作。截至2022年，全市共选聘7

支规划师团队，各团队深入一线分包指导优化片区规划编制和落实，为建设美丽宜居乡村提供了有力保障，相关经验做法多次被央视新闻、山东新闻、《大众日报》等中央级和省级媒体宣传报道。

2. 因地制宜

在推进示范片区建设过程中，坚持因地制宜、分类施策，避免眉毛胡子一把抓，重点做好“加减乘除”四篇文章。

做好“加法”，片区特色更鲜明。立足片区的资源禀赋和独特优势，突出特色引领。比如，文登区西洋参小镇片区围绕西洋参特色产业发展，先后培育和引进30多家精深加工企业，不断健全西洋参切片、饮品等系列产品体系，加工转化率达80%以上，2023年，“文登西洋参”品牌价值达到116.43亿元。

做好“减法”，坚持有所为有所不为。不搞大拆大建，在乡村原有风貌中实现提升。比如，环翠区轻户外运动小镇片区注重保留自然生态，在废弃采石场建成“可以仰望星空”的剧场，先后举办“星垂石窝”系列活动10余场，成为远近闻名的网红打卡地。

做好“乘法”，发挥聚合乘数效应。将片区作为一个有机整体进行打造，形成利益共同体，实现共赢发展。比如，临港区麓园果乡片区整合25个村庄、3家龙头企业的基层组织力量，成立现代农业综合园区党委，统筹推进片区土地流转、矛盾纠纷化解、产业发展。

做好“除法”，破除体制机制障碍。坚持用改革的思维、改革的办法激活主体、激活要素、激活市场。比如，环翠区里口山近郊休闲片区利用全省首批农村宅基地“三权分置”改革试点契机，创新实施“两清三化”行动，对片区内所有低效闲置资源统一建立电子地图，因地因村因户精准盘活。

三、人城互动，处理好精致城市与文化文明的关系

精致城市，文化为魂魄，文明为底色。建设精致城市的过程，也是一座城市内外双修的过程。威海市始终坚持外在与内在齐抓并举、物质与精神互促共进，着眼当前与长远，统筹城市与乡村，推进城乡文化一体化建设，让城市既精致在市容市貌、功能品质，也精致在文化气质、文明风尚。

（一）全域一体创建文明城市

2019年，以地方性法规形式出台实施《威海市文明行为促进条例》。2021年，把文明城市创建标准纳入《威海市精致城市评价指标体系》，确立50个核心指标，涵盖生态环境、城市特色、公共服务、发展动能、社会治理5个方面，让文明创建随着精致城市建设与全市中心工作融为一体。

以统筹城乡文明一体发展为方向，以实施乡村文明行动为动力，深入开展人居环境、文化生活、乡风民风三项美化提升工程，大力推动资源要素向乡村聚集、设施服务向乡村覆盖、“城”的文明向“乡”的文明拓展。婚事新办、丧事简办、文明祭扫、垃圾分类等文明生活方式逐渐成为农村群众共识，全市县级以上文明达标村覆盖率超过95%，位居全省前列。

以新时代文明实践中心（站、所）为依托，整合各类基层公共服务阵地资源，特别是科普、休闲、体育以及“三点半”课堂等资源，统筹打造育民惠民利民的综合体，促使不同需求的群众在耳濡目染中学习提升文化文明素养。全市新时代文明实践站（所）建设实现社区、农村全覆盖，儒学讲堂社区、农村建成率均达100%。

按照“每隔几年抓好几个小的文明行为养成、坚持不懈抓下去”

思路，在城市策划开展“精致城市·文明市民”培育工程，接续推进“三不一礼让”文明出行提升行动；在农村持续抓好乡村文明行动，不断深化移风易俗工作；在全社会推进新时代美德健康生活方式与新时代文明实践志愿服务工作，探索推行“志愿+信用”工作模式，引导广大群众在参与志愿服务中奉献他人、提升素养，文明建设不断从“外在行为”向“内在修养”拓展延伸。

延伸阅读

“志愿+信用”工作模式

在以新参评地市第一名成绩入选全国文明城市、实现全国文明城市创建“全域一片红”后，威海着眼更高层次更高水平的文明创建，探索推行“志愿+信用”工作模式，引导人人都是创城参与者、人人都在创城中受益提升。

在平台管理上，建成新时代文明实践志愿服务云平台，整合打通各区市（开发区）、市直各部门志愿服务平台以及“威海市公共信用信息平台”，实行全市一张网管理。

在激励惩戒上，为全市250万居民、11万家企业、27万户个体工商户全部建立信用档案，对好人好事、干事创业等556项行为进行加分，对破坏公共环境、司法失信等1492项行为进行扣分，并对积分等级高的个人和单位，给予贷款免担保、公交免费乘等386项激励，累计惠及50余万人次，让志愿者既有面子，也得实惠。

在日常运作上，精准对接群众需求，策划推出“美厨娘”暖心食堂、“文明实践星期六”等2000多个深受欢迎的志愿服务品牌项目，城乡群众参与志愿服务的积极性空前提高，目前，全市注册志愿者达到77.1万人，占常住人口比例26.5%，每4个威海人中就有1名是志愿者。

（二）优质均等推进公共文化服务

坚持城乡均等化、服务优质化、供给亲民化，找准群众需求，持续完善公共文化设施布局，提升公共文化服务效能，打造更加精致高效的公共文化服务体系。

在公共文化服务中引入标准化理念和管理手段，建立科学规范的标准体系，对设有国家和省级标准的场馆、事项，严格对标达标，市级群众艺术馆、图书馆全部通过国家一级馆认证。对国家和省级层面暂无标准的场馆、事项，创新订立标准规范，形成基础通用服务标准34项，服务保障标准96项，服务提供标准98项，共计228项标准。威海市成为山东省首个制定公共文化服务类省级地方标准的城市。

搭建统一的文化服务交易平台，推行“谁的节目质量高、受邀数量多、谁获得补贴就多”奖补机制，市县两级每年拿出1000万元，组织各文化企业、各社会团体发布文化演出内容，由广大群众投票决定“选谁演、演什么”，群众性文化活动热情空前高涨。威海市获评全国“歌咏之城”，群众文化生活幸福指数连续多年保持全省第一。

出台威海市公共文化服务办法等政策文件，推动形成政府主导有效供给、社会力量协助供给、公众自愿供给相结合的社会化供给模式。在市区，按照一次性补贴50万元 / 座、每年补贴5万～10万元的标准建设城市书房，打造10分钟公共阅读服务圈。在全社会，打造“文化时间银行”品牌，鼓励和支持文化志愿者提供服务，按照规则记录服务时间，存入文化时间银行账户，以换取相关免费文旅产品、信用积分等回馈激励。威海市共涌现出文化企业和服务机构3000多家，平均不到5个村庄就建有一支有一定规模的文化演出队伍。

（三）紧贴时代传承弘扬红色基因

“红色基因就是要传承。”威海以红色文化浇筑精致城市之魂，用红色精神激发各界力量。

系统整合全市红色印迹和爱国主义教育基地，编制推出“威海红色基因图谱”，精心打造胶东（威海）党性教育基地，谋划打造全国首个以总体国家安全观为主题的教育培训基地，策划举办“胶东红色基因传承的时代价值研讨会”等一批高端论坛，每年吸引十几万人次前来接受红色教育和国家安全教育。

通过文学、影视、戏剧、舞蹈等各种形式，讲好威海红色胶东故事，电影《天福山起义》、歌舞剧《烽火》、京剧《郭永怀》等在全国多地上演。加强红色宣传教育，推动红色教育与旅游、研学等结合起来，策划15条红色教育线路，打造200个别具特色、吸引力强的新时代文明实践基地，促使人们在参与中增进对红色文化的理解认同。

面向普通干部、基层群众，打造2400多个“党史学习角”，15个“学习强国”、学“四史”线下体验空间，组建由市委讲师团成员，以及革命后代、“五老”人士、威海榜样、青少年、红色讲解员构成的“1+5+N”宣讲矩阵，发展出900支特色宣讲小分队，常驻基层开展“行走的党史宣讲”，由此涌现出“银杏树下学党史”“船声筒”等一批党史宣讲品牌。

延伸阅读

“红色 + 旅游”

乳山市依托马石山红色教育基地、胶东育儿所等红色文化资源，对“两山”“两河”“两基地”区域及沿线46个村进行连片整治，打造了以崖子镇红色文旅田园综合体、冯家镇“三花”故里样板片区为代表的乡村振兴示范区，建设了红色密营下石硼、大爱无疆田家等一批红色主题美丽乡村，让马石山、东尚山等一批在大山深处沉寂了几十年的小山村，通过开发红色体验项目，发展成为红色旅游的新亮点。周边群众通过发展民宿经济，日子过得一天更比一天好。

（四）融合发展推动文化旅游产业突破升级

精致城市是诗和远方的统一。威海聚焦打造“国际滨海休闲旅游度假目的地城市”，坚持用精品旅游倒逼完善城市功能、提升城市品质，让旅游插上文化翅膀，让文化因旅游而迸发活力。

历时三年打造出串联全市90%以上核心旅游资源的千里山海自驾旅游公路，持续发力改造属相街、北山街、半月湾、新威附路等一批特色文旅街区，打造中国油画小镇等特色小镇。

建成综合信息支持、书画艺术品交易等19个服务平台，推进实施“6+1”文旅融合发展行动，届次化举办中韩（威海）文化创意产业博览交易会、国际（威海）合唱节、国际海鲜美食节等国际性文旅博览交易活动，兴建华夏文旅集团、好运角省级旅游度假区等一批特色文旅基地、企业和项目。威海全市有A级旅游景区49家、文旅企业6000多家。

策划开展“寻找精致威海最美打卡地”等系列活动，调动全社会力量把威海细节处、点滴处的美发现出来、展示出来，形成了火炬八街、新威附路、羊亭公园等一批网红景点。山东发布的首批“好品山东”中，威海市14个区域、企业的30个品牌入选。

延伸阅读

千里山海自驾旅游公路

威海市整合全域旅游资源，贯通东部环海路、西部环山路两条交通环道，创意打造总长度1001千米的千里山海自驾旅游公路，为广大游客市民提供别样风情好去处。这是一条全域旅游“示范路”，串联起全市90%以上的核心文化旅游资源，串联起全境山海相拥、岛湾相映的秀美风光。这是一条乡村振兴“样板路”，途经4个区市、46

个镇街、400个村，与全市乡村振兴80个样板片区、100个产业基地紧密结合，带动沿线百余个田园综合体、休闲采摘园、农家乐、渔家乐协调发展，是一项“旅游＋交通＋民生”的系统工程。这是一条艺术范的“网红路”，其中彩虹公路、音乐公路、“捉迷藏”公路，赋予自驾旅游新的艺术体验。首批12家高品质自驾主题驿站，既有海草房等地道威海元素，又有嗨爆潮流哈雷主题，还有弥散芬芳“书香驿站”，每一处停靠，都是别样风景，每一次驻足，都有异样体验。畅游其中，有缤纷花海引人入胜，有渔舟唱晚悠然意境，有乡间阡陌静谧悠远，有英雄足迹浮想感怀，诗和远方同在，梦想照进现实。

（五）创新创造延续城市文脉

文化遗产是城市独特的文化记忆。威海注重历史文化遗产的保护利用，努力构建人人共有精神家园。

聚焦于“传”，精心开展大规模文化调查、地域文物普查，推动建立十大博物馆集群，覆盖城乡设立儒学讲堂、尼山书院，加强非遗项目传承创新，先后登记市级以上非遗项目114项。

聚焦于“用”，出台关于扶持非遗文创产业高质量发展等系列政策文件，实施“威海手造”行动计划，引导社会资本积极参与传统文化弘扬传承。威海芸祥绣品有限公司等被评为国家级非物质文化遗产生产性保护示范基地，乳山市荣获“中国秧歌之乡”入选山东省非物质文化遗产保护十大亮点工作名单，威海职业学院非遗学院入选山东省非物质文化遗产研究基地名单。

聚焦于“活”，深入实施历史文化展示工程和乡村记忆工程，建设文化特色镇、特色村、特色街区20多处，西火塘寨、大庄许家等乡村记忆馆通过图文和实物陈列方式生动讲述乡村文化，成为广大群众接受传统文化教育的重要场所。

同时，着力激活传统节日、民俗礼仪所蕴藏的文化内涵，通过举办渔民节、母爱文化节、仙姑庙会、李龙山会等节会活动，吸引广大群众在参与体验过程中记住乡愁、延续文化根脉。

延伸阅读

海草房

靠海村庄的居民用晒干的大叶藻苫盖屋顶，俗称“海草房”。荣成市从制度建设和发展规划入手，全面抢救保护海草房这一胶东特色民居。一方面，坚持拓宽保护路径。编制《海草房传统村落（荣成市）保护与利用总体规划》，设立海草房保护专项资金，同步实施东楮岛村、烟墩角村、巍巍村、小西村、东墩村、陈冯庄6个村整体海草房修缮保护工程，先后完成海草房修缮268户。另一方面，注重做好活化文章，出台《荣成市海草房精品民宿扶持办法》，按照5万元/户的原则奖补发展海草房民宿，并结合乡村记忆工程，打造以东墩、中我岛、西滩郭家为代表的红色革命展馆和以烟墩角、东楮岛为代表的乡村博物馆，通过名人故居、民俗展等形式，记录乡村沿革变迁。目前，全市拥有海草房民宿600余户，精品海草房民宿150余间，成为文化旅游产业新的经济增长点。

四、陆海并重，处理好精致城市与经略海洋的关系

威海市现有海岸线985.9千米，约占全省海岸线长度的1/3，全国的1/18，管辖海域面积11323平方千米，是其陆域面积的2倍，主要海湾27个，大小海岛185个。威海认真贯彻习近平总书记关于经略海洋的重要指示精神，坚持“科学用海、科技兴海、产业强海、生态护海、

开放活海”五个导向，全力建设创新型国际海洋强市，2021年海洋生产总值达到1215亿元，占全市生产总值的比重超过35.1%，成为拉动全市经济增长的主力军。

（一）科学用海

坚持生态优先、陆海统筹、空间集聚、开放发展，统筹推进近海、远海和深海开发，科学配置空间资源，形成要素叠加效应，全域高标准打造国际海洋科技城。

1. 北部建设远遥浅海科技湾区

推动国家海洋综合试验场纳入自然资源部与山东省政府共建项目，这成为国内唯一部省共建的海洋试验场，与青岛海洋科学与技术试点国家实验室签订合作协议，不断丰富海上试验、对海观测、海洋定标等功能，提升海洋科研支撑能力。目前，远遥浅海科技湾区一期主体工程已经建成启用，蓝贝海洋科学中心、蓝科大厦、蓝创孵化区等总面积8万平方米的创新空间投入使用。同时，加快集聚国际国内高水平海洋研发机构和人才团队，组建含有45名知名专家的专家委员会，为打造全国海洋电子信息和智能装备产业新样板提供有力支撑。

2. 东部建设海洋生物产业引领区

威海（荣成）海洋高新技术产业园以海洋生物种业、海洋生态养殖、海洋生物制造、渔业工程装备4个高新技术产业和现代渔业物流、滨海旅游业2个延伸产业为重点，以发展高端产业、名牌产品、龙头企业为抓手，以海洋功能食品、海洋生物农用制品、生物酶制剂以及海洋化妆品等为主要产品，大力发展海洋生物与健康食品产业集群，加快推动海产品从新品种培育到精深加工全产业链一体化发展，全力争创国家农业高新技术产业示范区。目前，园区已被批准为国家级农业科技园区，打造了创新中心、创业服务中心、孵化中心和梦工厂等核心载体，累计入驻高新技术企业21家、省级以上科创服务平台10家，园区总产值达到230亿元，在2021年国家农业科技园区综合评估中取得优异成绩。

3. 南部打造海洋新经济先导区

充分发挥唐启升海草床生态系统碳汇观测院士工作站、焦念志海洋生态经济院士工作站、海洋负排放研究中心集聚辐射引领作用，开展重点养殖品种碳汇方法学制定，突破碳汇机制、碳汇计量、增汇技术、生境修复等关键技术，海洋生态产品供给能力不断加强。围绕海洋碳汇标准制定、科技研发、成果转化进行交流合作，在全国率先发放总额2000万元的“海洋碳汇贷”，成功签订全国首单海洋碳汇指数保险合同，形成全球蓝碳“策源地”。

（二）科技兴海

坚持向科技要效益，以创新谋发展，聚集创新资源，加快构建“千里海岸线，一幅山水画，一条创新链，一个创业梦”创新格局。

1. 建设海洋科技平台

引导驻威高校围绕威海主导产业和发展方向，发展涉海学科，建立哈尔滨工业大学（威海）海洋工程学院、山东大学（威海）海洋学院、北京交通大学（威海）海洋大科学中心等。合作成立北京大学威海海洋研究院、黄海渔业科技创新研究院、国家海水利用工程技术（威海）中心、威海激光与光电子信息技术研究院等，成立中国（乳山）牡蛎产业研究院、山东海洋信息技术研究院、威海海洋生物产业技术研究院等新型创新组织。目前，全市国家工程技术研究中心、省技术创新中心、新型研发机构、院士工作站等涉海创新平台已发展到367家，其中国家级创新平台有11家，省级有147家。

2. 开展关键技术攻关

聚焦海工装备、海洋生物、海洋电子信息等领域开展科技攻关，推进海洋生物、海洋高端装备等优势产业特色化发展，实施产业链协同创新和公共平台、产业孵化集聚等项目58个，海洋生物多肽提取、贝类骨科新材料、水下自主航行器、海洋工程装备碳纤维等关键技术取得重大突破，海洋战略性新兴产业年增速超过13%。海洋领域成功申报省级以上科技计划项目233项，突破了新型氟硅材料制备、高性能FRP船艇等关键核心技术，培育了“鲁海1号刺参”“爱伦湾海带”等新品种。

延伸阅读

国家海洋综合试验场

国家海洋综合试验场位于威海市区褚岛附近，最大水深达70米，60米以上水深面积约2平方千米，是我国浅海大陆架中难得的近岸深水区域，与最近的陆地远遥咀直线距离1.5千米，开展试验十分方便。区域潮流最大流速达1.2米/秒，平均流速0.4米/秒，年平均有效波高约0.7米。试验场规划建设海上试验区、岛基试验区、岸基保障区。

2014年，国家海洋技术中心与威海市政府签署了共建国家浅海综合试验场合作框架协议，试验场建设正式启动。2021年9月24日，自然资源部与山东省人民政府签署共建国家海洋综合试验场（威海）协议。2021年11月，威海市政府与青岛海洋科学与技术试点国家实验室签署共建协议。目前，该试验场是全国唯一省部共建的综合试验场，试验海域已经布放了海洋观测浮标、锚泊式测试试验平台，具备无人船、无人机、水下潜器等海洋设备测试服务能力。近两年承接国家海洋技术中心、哈尔滨工业大学（威海）、中国航天系统科学与工程研究院、中国科学院等60余家单位试验任务100多项。

3. 打造海洋人才队伍

邀请潘云鹤、唐启升、李家彪等13位中国工程院院士、专家担任威海市海洋发展院士（专家）顾问团特聘专家，规格及专家数量在全省，甚至全国都名列前茅。泰山产业领军人才31名，“万人计划”专家5名，省“外专双百”专家8名。

（三）产业强海

威海市紧扣海洋强省建设“十大行动”，即海洋科技创新、海洋生态环境保护、世界一流港口建设、海洋新兴产业壮大、海洋传统产业升级、智慧海洋突破、军民深度融合、海洋文化振兴、海洋开放合作和海洋治理能力提升，谋划实施“5+2+2”① 海洋产业提升工程，加快培育海洋经济新动能，推动渔业大市向海洋强市跨越。

1.“海洋一产”提质增效

实施种业“倍增计划”，加快建设2个国家级遗传育种中心，打造5个现代化种业园区，养殖良种覆盖率提高到70%以上。实施养殖“深蓝行动”，大力推动30米深海域开发，创新推广“桑沟湾多营养层次综合养殖模式”，建设国家级海洋牧场示范区15处、省级海洋牧场示范项目33个，海洋牧场突破135万亩，全市水产品年产量达到307.1万吨，连续30多年居全国地级市首位。实施远洋渔业“百亿工程”，获批建设北方唯一的国家级远洋渔业基地，南极磷虾捕捞加工船顺利开工，建成全国最大的远洋渔业辅助运输船、国内第一艘冷桥结构万吨级冷藏运输船，成为国内最大的远洋水产品运输船队，年运载能力达24万吨以上。2021年，全市企业实际经营的远洋渔船达到489艘，分别占全省、全国远洋渔船数量的67%、12%。

2.“海洋二产”强筋壮骨

不断延伸海带、海参、牡蛎、鲍鱼、鱿鱼、金枪鱼、低值鱼等7大

① “5”即发展海洋及临港装备、海洋生物及健康食品、海洋新材料、海上交通运输和滨海旅游五大产业，第一个“2”即转型升级海洋制造业和海上养殖捕捞业两大传统产业，第二个“2”即突破发展海洋金融服务业和涉海商务服务业两大生产性服务业。

优势品种产业链，加快开发高附加值的海洋食品、海洋保健品、生物制品，可注射骨修复材料，高品质药用海洋蛋白等新产品填补国内空白，全市聚集海产品加工企业859家，年加工量364万吨，占全省海产品加工量的57%，全国的21%，成为全国最大水产品精深加工基地之一。推动中航威海船厂与招商局集团实现战略重组，大力发展高端客滚船、多用途集装箱、远洋渔船、科考船、豪华邮轮等优势品种，高端客滚船、重吊船分别占全国市场份额的70%和80%，威海入选首批国家级船舶出口基地。

延伸阅读

"721"多营养层次渔业生态现代化养殖模式

为推动水产生态养殖的发展，建立良好的养殖模式，威海市在水深15~20米的浅海水域，构建了"721"多营养层次生态养殖模式，即按照藻类、滤食性贝类、投喂性鱼类7：2：1的比例合理搭配的养殖模式，在海水上层挂绳养海带、龙须菜，中间挂笼养贝类或放置深水网箱，底层投放人工鱼礁养殖鲍鱼、海参等经济物种，形成立体式、可循环的经济养殖模式。通过实行多营养层次综合养殖模式，实现养殖"减量增收"，同时利用海带、海参、鲍鱼、扇贝、海水鱼等养殖品种间的互补优势，控制近岸水域富营养化、生态承载超负荷的恶性态势，形成养殖生物间的相互促进和生态环境的良性循环。这种多营养层级养殖模式累计吸引了全世界30多个国家和地区的专家学者前来学习考察，成为绿色养殖样板。

3.“海洋三产”提质扩面

与青岛港深度融合、一体化发展，威海港融入国际一流港口群发展大格局，2021年威海港货物、集装箱吞吐量分别突破2700万吨和110万标箱。加快发展海洋金融服务业，在全国率先推出“养殖户承贷＋省农担担保＋银行提供授信”金融支持方案，量身打造“鲍鱼贷”、“牡蛎贷”等创新信贷产品。创建全国休闲渔业示范基地21处、省级休闲海钓示范基地8处、省级休闲海钓场23处，打造了独具特色的“中国休闲渔业之都”。

（四）生态护海

坚持绿色发展、保护优先、自然恢复为主的方针，促进海洋经济与资源环境协调发展，守护好“水清、滩净、岸绿、湾美”的美丽海洋。

1. 加强法治保护

严格实施《海洋功能区划》《海域使用规划》《养殖水域滩涂规划》等规划，在全省率先公布实施无居民海岛保护与利用规划，设立30多处海洋特别保护区，建成7个国家级海洋特别保护区、15个省级以上水产种质资源保护区，保护区总数量占全省的1/4。全面落实河长制、湖长制、湾长制，在国内率先制定《海岸带保护条例》等地方性法规，完善海洋生态补偿和生态损害赔偿制度，重点入海河流水质达标率100%，全面消除劣V类水体，近岸海域水质全省最优，是全国海洋环境最好的地区之一。

2. 加强生态修复

大力实施“蓝色海湾”“生态岛礁”整治行动，2017—2021年累计实施海洋生态修复项目50个，修复岸线100多千米，海洋功能区水质达标率100%。修复受损湿地1.2万亩，修复大叶藻海草床6150亩，恢复植被40.9万平方米，成为全国唯一连续4期获得中央财政支持海洋生态保护修复项目的城市。建设人工鱼礁4万多亩，累计放流渔业苗种160多亿单位，形成稳定的海蜇、对虾、梭子蟹等渔汛。

延伸阅读

威海市蓝碳经济发展行动

为加快发展蓝碳经济，推动海洋产业生态化、海洋生态产业化，2021年威海市印发实施了《威海市蓝碳经济发展行动方案（2021—2025）》，明确了“12356”发展体系。

“1”是打造一个研究高地。高标准建设唐启升、焦念志院士工作站，做强威海海洋生态经济研究院，开展核心技术攻关，加快标准制定，加速集聚蓝碳领域顶级专家团队，尽早形成蓝碳策源地效应。

“2”是建设两个示范基地。建设海洋生态监测示范基地，建立系统完善的碳汇数据库，为构建蓝碳标准、管理及交易体系提供科学依据。规划建设海洋生态经济示范园区，争取到2025年，园区入驻企业超过30家，实现收入超过100亿元。

“3”是构建三个创新中心。构建海洋生态种业创新中心、海洋负排放研究创新中心、海洋碳汇交易创新中心，开展储碳能力提升技术研究，尽快形成科学规范的海洋碳汇标准体系。

“5”是实施五大专项行动。实施海洋增汇行动、海洋节能减排行动、蓝碳示范企业培育行动、数据资源共享开放行动、国际合作交流行动，从政策和制度设计入手，激发全社会丰富海洋生态产品的积极性，加大资金、项目、人才等方面支持力度，培育成长性好、创新性强、发展潜力大的蓝碳示范企业50个以上。

“6”是发展壮大六大生态产业。加快海洋碳汇产业链条延伸，发展壮大绿色水产养殖业、海洋废弃物高值化利用产业、海洋监测探测装备产业、海洋节能环保装备产业、海洋生态新材料产业、海洋生态服务业等。

3. 加强环境整治

威海以“无废城市”建设试点为契机，将海洋生态绿色治理作为“4+2”模式①的“自选动作”，抓好无废渔港、无废牧场、无废海岛、无废航区、无废渔村建设。对110处渔港和自然港湾实施环境综合整治，建立覆盖全部码头的垃圾转运体系。在全国率先开展“海上生态浮漂更新”，布设550万个生态环保浮漂。率先研发海洋牧场“零排放”净化装置，利用生物降解酶技术实现海洋牧场生活污水“零排放”，创建全国唯一的国家水产养殖绿色发展示范区。

4. 加强防灾减灾

进一步完善风暴潮、赤潮、绿潮、溢油、海冰等应急预案，完善应急处置机制，加强应急演练和经验总结，成功处置“光汇616”轮危化品上泄漏、黄海“交响乐”轮溢油等应急事件。加快建设生态海洋、安全海洋、健康海洋，采取源头堵、海上捞、陆上清等措施，加大浒苔无害化处置力度，全市累计清理处置浒苔18.6万吨，其中无害化处置7.8万吨。

（五）开放活海

积极参与全球海洋资源开发，在海外成立5处省级海洋特色园区、5处渔业基地，40余家企业在20余个国家和地区投资60个项目，总额超过13亿美元。2021年，全市有水产品进出口的企业达到341家，出口业务覆盖日韩、美国、欧盟等89个国家和地区。加快建设中欧膜技术研究院、中以蓝色海洋科技孵化器、中俄海洋工程材料及深加工技术国际联合研究中心等国际海洋科技合作平台。成功吸引东北亚地区

① “4+2”模式是《威海市“无废城市”建设试点实施方案》中提出的试点模式，指在大宗工业固体废物趋零增长、农业废弃物全量利用、城市生活垃圾减量化及资源化利用、危险废物全过程安全管控4个方面补齐短板、整体提升的基础上，突出海洋经济绿色发展和绿色旅游发展2个方面，也就是从6个方面重点发力为全国探索经验。

地方政府联合会海洋与渔业专门委员会秘书处落户威海。

五、内外兼顾，处理好精致城市与对外开放的关系

威海深入实施城市国际化战略，积极融入以国内大循环为主体、国内国际双循环相互促进的新发展格局，努力实行更高水平对外开放，被确定为中韩自贸区地方经济合作示范区，获批全国服务贸易创新发展试点城市、国家跨境电商综合试验区等试点，引进了惠普、马夸特等大项目，全市实际使用外资和外贸进出口总额年均增长保持在10%以上。

（一）建设国际化城市

启动实施城市国际化战略，出台《威海市城市国际化促进条例》等文件，形成了“一三五七九”城市国际化战略框架体系。

一个定位：蓝色活力之都。

三大策略：城市功能国际化战略、城市经济国际化战略、城市人文国际化战略。

五大重点目标：开放之城、海洋之城、创意之城、生态之城、宜居之城。

七维指标体系：绿色生态、精致治理、开放高地、经略海洋、创新活力、幸福宜居、人文包容。

九大行动计划：双向开放魄力倍增行动、提升城市蓝色实力行动、激发城市创新活力行动、释放城市生态魅力行动、增强城市宜居引力行动、发掘城市人文软实力行动、升级城市精致巧实力行动、塑造城市群协同力行动、提高城市宣传营销创新力行动。

1. 城市功能国际化

打造国际化城市环境，威海市立医院、威海市中心医院成为山东省首批建设达标的国际门诊，推进公共场所外语标识全覆盖，在政务

服务窗口增加专用翻译软件，增设12345政务服务便民热线英语、韩语坐席。建成威海城市客厅，承办各类国际会议、外事活动、商务洽谈、推介路演、展览展示等活动。

汇聚国际化创新资源，与韩国、日本、俄罗斯等40多个国家和地区的高校、研究机构和组织建立合作关系，共同成立6处国际创新合作平台。出台外国专家引进支持计划实施办法、离岸创新人才引进使用实施办法等人才政策，吸引1500多名外国人才在威海创新创业，数量列全省第三位。

延伸阅读

城市客厅

城市客厅是威海市重点打造的城市国际化基础配套设施，位于海源公园内，毗邻一战华工纪念馆。以城市国际化交往的“会客厅”为主题，按照国际视野、理念和标准，突出商务洽谈、国际会议、展览展示、休闲文化等主体功能，配套设置城市国际化展示区、国际书房、多功能厅、影像厅、会见室、洽谈室、国际会议室、冷餐咖啡厅等空间，承担开放形象宣传、文化休闲、展览展示、公众参与、对外友好交往、商务洽谈、国际会议等功能。采用镶嵌、点缀的方式在建筑空间内重点展示威海老洋房、威海文化、城市荣誉、威海民俗、威海艺术、岁月威海、友城礼品、城市国际化等8项内容100余件历史文化艺术展品，立体、真实地向公众讲述威海故事，展示威海形象。同时，在海源公园内栽植友谊树、设立友城碑石。

2. 城市经济国际化

充分发挥威海对日本、韩国、东北亚的桥头堡优势，立足国内大循环，积极融入国内国际双循环。加快外贸转型升级步伐，文登区入选山东省外贸高质量发展区，环翠区入选山东省进口贸易促进创新区，外贸高质量发展势头强劲。创新招商引资体制机制，构建全球招商网络，打造专业化的招商队伍，组建完成全球合伙人事业中心。建立“要素跟着项目走”的综合保障机制，成功引进惠普、捷普、软银等世界500强企业，截至2022年9月，在威海的外商投资企业发展到1694家，数量排全省第三位。

3. 城市人文国际化

实施友好城市拓展提升计划，2022年8月，新增乌克兰尼古拉耶夫、日本大阪府泉佐野、韩国大邱广域市、马来西亚美里、白俄罗斯新波洛茨克5个友好合作城市，友城数量增至21个。

加强对俄罗斯、日本、韩国旅游宣传，开通威海至俄罗斯布拉戈维申斯克、哈巴罗夫斯克旅游航班，成立韩国“威海游”联盟，2019年接待入境游客51.88万人次。引进英国、德国、美国、澳大利亚、俄罗斯等国家团体演出40余场，举办国际乒联世界杯赛、铁人三项世界杯赛、HOBIE帆船亚洲锦标赛等各类国际交流和赛事活动百余场。

积极开展国际交流活动。建设国际学校3所，推动驻威高校与境外20多个国家和地区教育机构开展合作办学、学术交流。

设立威海市市长国际经济咨询委员会，截至2023年9月已连续举办了6届年会，每届年会都有超过10个国家和地区的20多名委员参加，威海在跨国公司高层和财经界的知名度和影响力不断扩大。

（二）国际物流大通道

抢抓中韩自贸协定第二阶段谈判开启的机遇，推动中韩地方经济合作升级，创造性地提出威海—仁川“四港联动”物流一体化的工作构想，即发挥威海对韩区位和交通优势，以及仁川通达世界各地的运力优势，推动威海海港、空港与仁川海港、空港“四港”互联互通、联动发展。

1. 完善对外交通体系

空中，威海机场加密日韩国际货运航线，目前威海至仁川货运航班每周18班、威海至大阪每周6班。海上，威海港先后开通多条国内集装箱航线，航运中转网络范围不断扩大，为“四港联动”提供广阔的市场支撑，2021年对韩航线集装箱完成28.7万标箱。铁路，中欧、中亚、中蒙班列实现常态化运行，2021年3月，至俄罗斯莫斯科的中俄班列开通。

延伸阅读

“四港联动”

“四港联动”最初的设想是在通关合作领域先行先试，建立信息互换、监管互认、执法互助的“三互”口岸合作机制，加快物流一体化体系建设，共同打造中韩及世界各地货物通过威海、仁川转至日本、欧美乃至全球的双向物流黄金通道。随着工作的不断推进，“四港联动”的内涵已经由原来的海空港联动拓展到海港、空港、铁路港、内陆港联动，由威海、仁川两地联动延伸到与韩国、日本乃至“一带一路”共建国家及欧美国家联动，由物流联动扩大到贸易流、人才流、资金流、信息流等要素自由流动，对威海经济社会发展的影响和促进作用日益凸显。

2. 优化口岸营商环境

深化“单一窗口”建设应用，稳步推进提前申报、两步申报模式，持续简化单证办理方式，设立青岛海关联网集中审像中心威海分中心，开展集装箱本地化联网审图业务，口岸整体通关时间位居青岛关区前列。进一步完善物流通道载体，威海国际物流多式联运中心一期工程建设完成，被选定为全省多式联运“一单制”试点工程。综合保税区依托全模式监管中心，大力发展跨境电商业务，开通海运快件和对日空运快件业务，吸引了一批企业在区内开展业务。

3. 促进经贸合作

推动阿里速卖通对韩跨境电商出口仓落地，建设菜鸟官方北方唯一优选仓，截至2022年初，已入驻商家4000余家。洋码头在威海综合保税区设立跨境电商保税仓，开展保税进口备货业务。顺丰国际在投资一级分拨中心的基础上，又开通了全国首条中韩海运电商专递，为两国跨境电商企业提供国内至韩国仁川等主要港口双向直航的海运物流服务。韩国汎韩物流开展跨境电商转口业务，在综合保税区内打造欧美电商货物发往韩国的中转仓。

（三）建设开放平台载体

1. 中韩自贸区地方经济合作示范区

2015年6月，中韩自贸协定正式签署，威海成为中国首个写入国际双边自贸协定的城市。出台《深化威海中韩自贸区地方经济合作示范区建设三年行动计划（2018—2020年）》，指导推动示范区建设。

在政府沟通方面，威海市与仁川市签署了加强地方经济合作议定书，约定在中韩自贸协定框架下，推进地方合作；互设城市代表处，形成互动机制，支持开展地方合作。

在经贸往来方面，举办韩国（山东）进口商品博览会、威海国际食品博览会暨中韩商品博览会等展会，规划建设中韩自贸区地方经济合作示范区产业园，吸引一批中韩优质项目入驻。

在民间交流方面，与仁川保健福祉局、仁川市棒球协会、仁川大学等仁川有关部门、机构和高校在医疗、体育、教育等领域建立合作机制，举办威海—仁川国际帆船拉力赛、威海—仁川中韩文化摄影和展示大会等活动。

在机构建设方面，威海市在仁川设立中国城市在韩国的第一个城市形象展示馆——“仁川·威海馆”，常态化举办中韩旅游文化推介、贸易洽谈、投资促进等活动；仁川市在威海市中心设立驻中国代表处和集城市宣传、商品展示、经贸洽谈等功能于一体的“威海·仁川馆”，威海馆与仁川馆形成“双馆互动”的交流模式，成为双方城市形象展示的重要窗口、经贸合作的高效平台和人文交流的有力纽带。

2. 国家服务贸易创新发展试点城市

威海市是全国首批15个入选国家服务贸易创新发展试点城市中仅有的两个地级市之一，也是山东省唯一的入选城市。此后威海又连续两次入选全面深化服务贸易创新发展试点，是山东省唯一连续三次入选的城市。全市实现服务进出口年均增长15%以上，建设服贸统计监测体系等11项经验做法被国务院服务贸易发展部际联席会议办公室在全国推广。

3. 国家级跨境电子商务综合试验区

打造“一核多区”的进口日韩食品、化妆品、日化用品集散中心、分拨基地以及义乌、广深小商品出口集散地，通过中韩日物流通道，中欧、中蒙班列，努力将威海打造为国内外商品东联日韩、西通欧亚的跨境电商枢纽城市。

依托顺丰国际开通的全国首条“中国—韩国”海运电商专递，为两国跨境电商企业提供国内至韩国仁川等主要港口双向直航的海运干线物流服务，实现每周6班高频次、常态化运营。2021年全市跨境电商进出口额271.2亿元，居全省第二位，出口额连续5年居全省第一位。

（四）推动外经贸高质量发展

牢牢把招商引资作为经济工作的生命线，持续开展产业招商、专业招商，推动全市招商引资实现新突破。组织实施全市招商引资冲击新目标行动、招商引资攻坚突破行动、招商引资优化提升行动等，推动美国惠普成功收购三星打印机业务，带动引进美国捷普、中国香港亿和精密等配套项目。引进德国马夸特开关等一批欧洲优质项目，实现对欧招商新突破。

加强政策创新、服务创新、监管创新，全力支持新兴业态发展壮大。坚持以品牌支撑核心竞争能力，截至2020年12月，省级、市级国际自主品牌企业分别达到37家、42家。国家外贸转型升级基地5个，数量居全省第三。鼓励进口贸易企业“走出去”，多点布局公共海外仓，截至2020年12月，14家企业在韩国、日本、美国等国家和地区设立25个海外仓，其中7个海外仓被认定为省级跨境电商公共海外仓。

发起成立威海市“走出去”企业斐济联盟，积极引导企业开拓“一带一路”沿线市场及新兴市场，2021年全市对“一带一路”国家和地区的进出口额为451.9亿元，占全市进出口的比重为22.2%。支持骨干企业走出去布局生产、研发、销售网络，培育壮大威海本土跨国企业，威高集团投资7.9亿美元并购美国爱琅公司，成山集团投资1.8亿美元在泰国建设生产基地。推动优势行业重点企业进入联合国采购体系，目前全市已有20多家企业成为联合国供应商。

六、共建共治，处理好精致城市与社会治理的关系

社会治理成效如何，关系社会安定有序、百姓安居乐业，是精致城市建设的重要内容。威海市坚持以共建共治共享为方向，强化系统治理、依法治理、综合治理、源头治理，打造人人有责、人人尽责、人人享有的社会治理共同体，2020年入选全国首批市域社会治理现代化试点城市名单。

（一）创新推行“六治一网”社会治理模式

学习借鉴新时代“枫桥经验”，创新提出“六治融合、一网联动”

市域社会治理思路，“六治融合”即强化政治（党建）引领、自治基础、法治保障、德治教化、智治支撑、信治引导，“一网联动”即实施网格化治理提升工程，有效整合、强化、规范城乡网格化服务管理工作，打牢社会治理基层基础。

1. 六治融合

在政治（党建）方面，主要加强社会各领域政治建设，引导广大群众提高政治觉悟、坚定不移跟党走，不断夯实社会治理的政治基础。

在自治方面，主要健全以党组织为领导、村（居）委会为主导、人民群众为主体的新型基层社会治理框架，明确基层自治权界，完善村（居）民自治制度，健全基层民主协商机制，做到民事民议、民事民办、民事民管。

在法治方面，主要构建完善的法治建设工作体系，在全省率先组建完成市、区两级法治建设议事协调机构和办事机构，大力加强“一站式”矛盾纠纷调处中心、诉讼服务中心、社会治理服务中心三个职能中心实体化建设，法治动态指数监测和法治建设考核均位居全省前列，被评为法治政府建设优秀城市。

在德治方面，主要加强社会主义核心价值观建设，推进文明健康普及、人居环境改善、文明行为养成、公筷公勺推行、心理健康促进、移风易俗深化等文明市民培育“六项专项行动”。

在智治方面，主要以“雪亮工程”建设为抓手，深入推进公共视频监控建设增点扩面，构建起城市公共服务管理视频监控资源导航图、视联网。

在信治方面，主要设立实体化的信用管理中心，深入推进信用“五进（进企业、进农村、进社区、进学校、进家庭）”工程，制定556个正面指标和1492个负面指标，打造信用超市、信用商业联盟、“信易贷”、“海贝分”等应用场景2760处，2018年威海成为全国首批社会信用体系建设示范城市之一，在全国261个地级市城市信用监测排名中稳居前列。

2. 一网联动

整合综治、应急管理等11类行业网格，按照统一标准划分城市网格2451个、农村网格2902个、专属网格725个，并在全省率先划分海上网格1486个，全部配齐配强专兼职网格员，在全市建成以82个社会治理服务（综治）中心，310余名综治干部、7564个网格、7600余名专兼职网格员为支撑，横向联动30余个部门的网格化服务管理工作体系，实现社会治理指挥调度和网格事项管理市、县、镇、村、网格“五级贯通”，分级分类高效处置化解各类安全风险隐患和群众诉求问题。特别是在全面复盘总结疫情防控工作的基础上，创新建设“超级网格”，依托网格有效汇聚社区人力资源，依照需求由网格员“编组建群”“组团服务”“联防联控”，加快形成“平 + 急”应急响应工作体系，实现网格化服务管理的跨越提升。

（二）创新推行“1+2+N”社会治理平台建设

深入推进“1+2+N”民生服务平台优化整合工作，“1”是指12345政务服务便民热线，“2”是指网格化服务、数字化城市两大管理平台，“N”是指其他热线。通过平台的优化整合，坚持受理与发现并行、治标与治本并重，进一步畅通群众诉求渠道，解决各类实际问题。

充分运用12345热线平台实时统计、大数据分析等功能，全面梳理群众反映的突出问题，分类反馈给相关区市、部门，推动工作前置、服务前移。针对群众诉求关联性、复杂性等特点，在全市上下推行“首问负责、吹哨报到”工作机制，威海市12345热线中心负责市级平台运行，各区市社会治理服务中心负责县级平台运行，按照相互吹哨、分级响应、高位统筹、协同处置、办结反馈机制，协同处置群众诉求和基层治理难题。

（三）持续夯实基层基础

深入推进党支部标准化规范化建设，实施党支部评星定级管理，2021年完成了村（社区）“两委”换届，村党组织书记、村委会主任“一肩挑”比例达99.4%，村（社区）干部年龄、学历“一降一升”，基层党组织发展到11383个，整体水平持续提升。

深入实施村党组织分类推进整体提升三年行动计划，坚持抓两头带中间，常态化摸排整顿软弱涣散村党组织，建立一名县级领导帮包、一名镇级领导帮靠、一名第一书记帮扶、一个县直以上单位帮联、一个先进村帮带的“五个一”措施和访引督述联五项机制，推动后进变先进。开展城市基层党建全域提升攻坚行动，围绕加强镇街、村居建设出台系列文件，推行社区“去行政化”改革，全面加强社区工作者职业体系建设。聚焦八大产业集群、十条产业链，在电子信息、碳纤维等产业链建立党建联盟，通过组织联建、人才汇聚、服务保障等方式，推动产学研、上下游、大中小企业党建联建共建，推动产业高质量发展。

着力建设更高水平的平安威海，深入推进扫黑除恶常态化，加强突出违法犯罪打防管控，全市社会治安满意度位居全省前列，2019—2023年连续4年保持全省第一，而且2023年威海市被中央政法委确定为“全国市域社会治理现代化试点合格城市”。加强矛盾风险防范化解，创新推行“一案一策”“一案一卷”“两见面、双签字”诉求化解新机制，健全调解、仲裁、行政裁决、行政复议、诉讼等有机衔接、相互协调的纠纷解决体系。2018年以来化解各类民间纠纷17.6万件，调解成功率达到99.69%。持续提升执法司法规范化水平，高质量建设涉案财物管理中心和执法办案管理中心。

第五章

展望未来 砥砺前行

“威海要向精致城市方向发展”是习近平总书记对威海的殷切嘱托，是全市人民持之以恒、孜孜不倦的奋斗目标。回顾过去，全体威海人民沿着习近平总书记指引的道路，振奋精神、奋发有为，齐心协力、共同努力，威海的城市品质、产业实力、创新能力、治理水平都迈上了新台阶。

展望未来，深入贯彻落实习近平总书记重要指示精神，继续推进精致城市建设，必须拉高标杆，在更高标准上踔厉奋发、笃行不怠。习近平总书记指出，“现在，已经到了扎实推动共同富裕的历史阶段”“必须把促进全体人民共同富裕作为为人民谋幸福的着力点”。[①]这些重要论述对“精致城市·幸福威海”建设提出了新的要求、赋予了新的内涵。

2024年7月11日召开的中国共产党威海市第十六届委员会第六次全体会议要求，深刻把握习近平总书记对山东工作的总定位、新要求，在全国全省大局中找准威海定位，以习近平总书记提出的“威海要向精致城市方向发展”为总目标总方向总遵循，全面落实“走在前、挑大梁”使命任务，完整准确全面贯彻新发展理念，以进一步全面深化改革为动力，打造绿色低碳高质量发展先行区、高水平对外开放新高地、市域社会治理现代化标杆市，奋力开创“精致城市·幸福威海”建设新局面，在谱写中国式现代化山东篇章中争当排头兵。

作为全省共同富裕先行区，威海如何在高质量发展、推进共同富裕的征程上当先锋打头阵？

经过多年接续奋斗，威海已经站在了较高的起点上，产业基础、创新能力都迈上了新台阶，发展优势在集成，发展动力不断增强，是全国GDP百强市、先进制造业百强市；精致城市建设也全面起势，城乡居民收入倍差连续收窄，城乡发展相对均衡，社会保障体系比较完

① 《习近平谈治国理政》第4卷，外文出版社2022年版，第41页。

善，城镇登记失业率始终保持较低水平。威海还是全国唯一连续两届全国文明城市“全域一片红”的地级市，市域社会治理、信用体系建设都在全国创出品牌，群众满意度调查连续多年全省第一……一系列卓有成效的发展成果充分表明，威海已具备打造共同富裕先行区的坚实基础和突出优势，完全能够顺势而上、率先突破。

争先、抢先、率先，敢做第一个吃螃蟹的人，是威海人民最鲜明的特质。威海市第十六次党代会提出“全力打造共同富裕先行区”，这是向全市人民作出的郑重承诺，符合习近平总书记对山东提出的“走在前列、全面开创”“三个走在前”等重要指示要求，符合省委“事争一流、唯旗是夺”的工作导向，也符合威海“争当新时代社会主义现代化强省建设排头兵”的目标定位。要把打造共同富裕先行区作为拥护“两个确立”、践行“两个维护”的现实检验，在实现共同富裕中彰显威海担当。

征途漫漫，惟有奋斗。实现共同富裕，是一个催人奋进、温暖人心的美好愿景，只有人人参与，才能人人享有。威海人民需携起手来，合力谱写共同富裕的新篇章！

一、打造更具活力的高质量发展高地

习近平总书记指出，“坚持以人民为中心的发展思想，在高质量发展中促进共同富裕”“要坚持在发展中保障和改善民生，把推动高质量发展摆在首位”。①

（一）建设现代化产业体系

始终把产业强市作为城市发展的主导战略，突出先进制造业地位，

---

① 《习近平著作选读》第2卷，人民出版社2023年版，第501、503页。

加快新旧动能转换，全面构筑以新动能为主导的现代产业体系，进一步提高发展质量效益，夯实共同富裕的物质基础。

1. 增强先进制造业核心竞争力

制造业是实体经济的主体，是城市经济发展的根基和综合实力的体现。突出先进制造业的战略地位，在特色优势产业上集中攻坚、全面发力，大力培育八大产业集群、十条产业链，加快延链补链强链拓链，推进产业基础再造工程，推动先进制造业发展提速、占比提高、效益提升。积极发展核电、海上风电、氢能等新能源产业及相关配套产业，前瞻布局生命科学、前沿新材料等未来产业，抢占制造业发展制高点。开展工业技改提级行动，以高端、智能、绿色为导向，加快应用新技术、新工艺、新设备，推动机器换人、设备换芯、生产换线，构建高效、清洁、低碳、循环的绿色制造体系，带动产业转型升级。

2. 加快海洋经济发展转型

全域建设国际海洋科技城，北部以国家海洋综合试验场为核心，加快建设远遥科技湾区，培育壮大海洋电子信息与智能装备等产业；东部以海洋高新技术产业园为核心，提升海洋食品、海洋医药与生物制品等产业发展水平，创建国家农业高新技术产业示范区，打造海洋经济隆起带；南部以蓝色碳谷为核心，促进蓝色经济新板块加快崛起。

推动海洋种业、海水养殖、远洋渔业等传统渔业提质增效，发展壮大船舶和涉渔装备、海洋休闲旅游等优势产业，促进海洋一二三产业深度融合。全面融入省港口一体化发展布局，打造以威海湾港区为龙头，南海、龙眼、石岛、乳山口等港区联动发展的现代化港口体系，推动临港产业高质量发展。

3. 优化提升现代服务业

推动生产性服务业向专业化和价值链高端延伸，做大跨境物流、冷链物流、保税物流，提升现代物流业发展水平。培育和打造展会展览品牌，吸引更多国内国际大型会展、论坛、赛事落户。统筹抓好现代金融、科技服务、中介服务、电子商务等产业，推动服务业与先进制造业、现代农业链条式组合，更好服务实体经济发展。推动生活性服务业向高品质和多样化升级，加强公益性、基础性服务业供给，更好满足广大群众美好生活新需求。探索服务业新业态新模式，立足本地特色产业发展平台经济、共享经济、线上经济，培育健康养老、高端医疗、文化旅游、信息消费等消费热点，增强发展活力，拉动内需增长。

4. 大力发展精致高效农业

全面落实粮食安全党政同责，严守耕地红线，严格落实耕地用途管制，实施高标准农田建设工程，确保稳产保供。深化提升乡村振兴样板片区，加快农村一二三产业融合发展，因地制宜培育壮大一批富民产业、特色产业，争创国家农业现代化示范区。深化农业农村综合改革，加快培育新型农业经营主体，支持村级党组织领办农民合作社，不断提高农业产业体系、生产体系、经营体系、服务体系现代化水平。探索盘活利用农村闲置宅基地和农房的有效途径，稳妥有序推进农村集体经营性建设用地入市。

5. 全力突破数字经济

加快数字化变革，推动互联网、云计算、大数据、人工智能、区块链技术与实体经济深度融合。大力发展工业互联网，推动大企业做平台、小企业上云端，打造一批行业性工业互联网平台和数字融合应用标杆企业。实施工业企业智能制造赋能行动，新建一批智能工厂和数字化车间。加快旅游、健康、娱乐、金融、商贸等服务业数字化转型，实现线上线下同步发展。推动数字产业发展，着力突破计算机外设、智能终端、智能可穿戴设备等产业。加快5G基站等新型基础设施建设，提升国家标识解析二级节点（威海）服务能力。

6. 做优做强市场主体

企业是社会财富的创造者，是以高质量发展推动共同富裕的中坚力量。要持续实施企业冲击新目标行动，支持企业专注主业、做精专业，向五十亿、百亿、千亿目标冲刺。实施中小企业梯次培育工程，推动制造业单项冠军、专精特新“小巨人”企业、瞪羚企业稳定增长。加大“个转企、小升规、规改股、股上市”力度，全市规上工业企业力争突破2000家。

（二）坚持创新驱动发展

始终把创新摆在发展全局的核心位置，集聚各类优质创新资源，促进创新要素与产业需求精准对接，充分激发全社会创新创业活力，打造“千里海岸线、一条创新链、一个创业梦”。

1. 建设高能级创新平台

深化提升“1+4+N”创新平台体系，突出医疗器械、碳纤维、海洋生物等优势领域，引进建设一批创新平台和创新创业共同体，支持骨干企业牵头构建多方参与、产学研高效协同的创新联合体，鼓励企业设立“飞地”研发机构。深化科技对外开放，办好中韩创新大赛、中日科技创新合作大会等活动，争创中国—东北亚创新合作中心，打造面向日韩的科技合作“桥头堡”。

2. 开展高效能创新合作

强化企业创新主体地位，推动创新链与产业链深度融合，聚焦高端医疗器械、先进材料、海洋、电子信息等产业，布局实施一批重大科技创新项目。开展科技成果产业化加速行动，充分发挥山东大学（威海）、哈尔滨工业大学（威海）等驻威高校创新动力源作用，推动国内外高校、科研院所与骨干企业深入合作，让更多科技成果在威海转化。深化科技体制改革，全面推广重大技术攻关“揭榜制”、首席专家“组阁制”。持续提升科技服务水平，引进高水平技术转移机构，畅通科技成果转化渠道。促进科技与金融深度融合，为科技成果转化源源不断注入金融“活水”。

3. 集聚高素质创新创业人才

紧紧围绕产业链、供应链、创新链谋划布局人才链，探索柔性引才、“人才 + 资本”引才等新模式，提升“英创会”等招才引智活动影响力，精准引进高层次科技人才、经营人才、技能人才、青年人才，聚天下英才而用之。优化人才创新创业环境，吸引更多院士、专家来威海设立工作站，建设研究生实习实践基地和更多高水平众创空间、创业街区，完善休闲娱乐、医疗保健、社交等服务保障机制，让各类人才引得进、能创业、留得住。实施国际化人才战略，加快外国专家驿站建设，开发日韩等重点国家人才资源。建立健全服务青年成长成才的政策体系，建设青年发展友好型城市，增强城市吸引力，让城市更青春、更活力，让青年更有为、更出彩。

（三）坚持改革不停顿开放不止步

注重改革的系统集成和协同高效，全面拓展开放的广度和深度，激发发展活力，增创发展优势。

1. 推进更高水平系统集成改革

坚持改革与发展高度融合，聚焦提升政府效能、激发国资国企活力、破解要素瓶颈制约、优化公共服务等重点问题，谋划实施更多具有全局性、引领性、撬动性的改革任务。坚持市县联动、协同高效，推动各层级各领域资源整合、政策联动、制度衔接，探索系统集成改革的威海路径。完善先富带动后富、推动共同富裕的体制机制。积极争取全国全省改革试点和先行先试政策，优化试点推进机制，实施改革品牌培育行动，推出更多可复制、可推广的威海经验。

2. 深入实施城市国际化战略

实施新一轮城市国际化三年行动，主动服务和融入新发展格局，推动城市功能、经济、人文与国际全面接轨。充分发挥区位、产业、通道等优势，集中力量深耕日韩，积极对接区域全面经济伙伴关系协定（Regional Comprehensive Economic Partnership，RCEP）国家，创新拓展与其他国家和地区的深度合作。深化威海—仁川“四港联动”合作，加密至韩国、日本的海空航线，加快国际物流多式联运中心及配套产业园建设，常态化开行欧亚国际班列，畅通东接日韩、西联欧亚的黄金物流大通道，打造“双循环”重要节点城市。实施产业链招商促进工程，围绕重点产业集群、优势产业链引进项目、扩大投资。做强开放平台载体，加快依托智慧谷打造韩国商品集散地核心区综合保税区、中韩自贸区地方经济合作示范区产业园、服务贸易产业园、中日产业园、中德产业园，增强功能、集聚要素、培育产业。推动外贸提质增效，引导企业优化产品结构、区域结构，大力发展服务贸易、离岸贸易、数字贸易、跨境电商等新业态新模式，促进内贸外贸、线上线下一体化发展。

3. 打造优质营商环境

实施营商环境攻坚突破行动，聚焦数字化引领、场景化应用，推动营商环境迈向更高水平。全面推行“一窗受理·一次办好”改革，最大限度精简压缩审批时限和环节，让“跑一次”为上限、“不用跑”为常态。全面推行“不见面”办事，打造“24小时不打烊”网上政府，建设“无证明城市”。深化“证照分离”改革，在生产许可、项目投资审批等领域广泛推行告知承诺制。全面推广应用“大数据+市场监管”平台，深化“双随机、一公开”监管，为各类市场主体营造宽松适度、有序规范的发展环境。

二、打造优质均衡发展的精致城市样板

坚持全领域、全要素、全环节推进精致城市建设，遵循城市发展规律，注重内涵品质提升，加快重大基础设施、新型基础设施建设，全面推进乡村振兴，推动生产生活方式绿色转型，建成高质量发展、

高品质生活、高效能治理和特色化发展的全域精致城市，努力为全国同等规模和类型的城市作示范、当标杆。

（一）推进区域融合发展

优化城市空间格局，构建山海一体、生态韧性的保护空间和中心引领、环海发展的开发空间。提升中心城市首位度，统筹布局城市产业空间、居住空间、基础设施和公共服务，提升环翠区、高新区、经开区城市能级，推动东部滨海新城、好运角旅游度假区产城融合、联动发展，加快文登区、临港区与中心城区同城化发展，推进南海新区发展成为现代小城市，打造一体化发展的城市中心轴带。推动荣成市在全国百强县中争先进位，支持乳山市加快突破、跨越赶超，全面实现市域一体化、均衡化发展。因地制宜推动小城镇建设，完善基础设施，优化公共服务，发展特色经济，不断提升镇域承载力和吸引力。认真落实《山东半岛城市群发展规划》，全方位融入胶东经济圈一体化发展等重大战略，健全跨区域合作机制，实现资源共享、优势互补、特色发展。

（二）提升城市内涵品质

优化城市设计，精雕细琢每一个街区、每一栋建筑、每一处公园，做到单体出精品、组群有风格、整体创特色，让“红瓦绿树、碧海蓝天”的城市风貌更加鲜明。扎实推进城市有机更新，常态化开展城市体检，实施城市社区精致空间建设行动，完善社区食堂、口袋公园、公厕、停车场等便民设施，全面完成老旧小区改造，持续推动“瓶颈路”打通和市政道路整治提升，有效解决交通拥堵、停车难等“城市病”，让城市更有品质、更有温度。打造更多城市地标，加快推进栖霞街、威海老港等特色街区建设，优化提升城市购物中心、城市综合体等核心商圈，推动城市商业商务、创新创业、居住休闲等功能升级，激发城市活力。加大低效用地、闲置资产整合盘活力度，腾出更多空间发展城市高端经济。加强智慧城市建设，推动城市“一网统管”，探索城市全场景智慧应用，让市民畅享智慧生活。

（三）增强城市承载能力

统筹推进综合立体交通网、现代物流网、能源保障网、市政公用设施网、现代水网、新型基础设施网、农村基础设施网“七网”建设，破解城市发展各类瓶颈制约。坚持市域一体、国内通达、联通海外，完善“两纵两横”高速路网体系，推动铁路提速运行，整合优化港区功能，加快新机场建设。统筹广蓄水、引客水、淡海水、用中水、治污水、节约水“六水共治”，加快现代水网建设，完成河库水系连通工程，积极探索海水淡化、中水利用，构建水安全保障体系。大力发展高效清洁能源，推动文登抽水蓄能电站并网发电，加快“国和一号”示范工程、华能核电项目建设，开展供热、制氢等核能综合利用。

（四）全面推进乡村振兴

扎实稳妥推进乡村建设，统筹城镇和村庄布局，科学确定村庄分类，因地制宜、有序发展。精准整治农村人居环境，探索基础设施长效管护机制，不断改善农村基本公共服务条件，加快建设精致乡村。全面推广乡村振兴首席专家制度，健全乡村人才培养机制，推动各类人才返乡创业、下乡服务。健全党组织领导的自治、法治、德治相结合的乡村治理体系，创新农村精神文明建设有效平台载体，推动形成文明乡风、良好家风、淳朴民风。

（五）推动生态文明建设

主动融入黄河流域生态保护和高质量发展战略，推进产业生态化、生态产业化，打造绿色发展示范区。把碳达峰碳中和纳入生态文明建设整体布局，实施碳达峰行动，确保实现降碳减排目标。发挥森林、湿地、海洋等碳汇资源优势，加快焦念志院士工作站等平台载体建设，探索碳汇交易模式，推动碳汇经济高质量发展。创建绿色工厂、绿色产品、绿色园区、绿色供应链，推动建设全社会资源循环利用体系。狠抓环保督察问题整改，实施新一轮“四减四增”三年行动，以更高标准打好蓝天、碧水、净土保卫战，完成“两个清零、一个提标”任务，保持生态环境质量领先优势。严守海域生态红线，实施“蓝色海湾”整治行动，确保近岸海域水质优良率、海洋功能区水质达标率保持全国领先水平。

三、打造向上向善向美的文明城市典范

围绕举旗帜、聚民心、育新人、兴文化、展形象的使命任务，实施文化软实力提升行动，提升城市内涵气质，推动文明创建迈上更高层次，繁荣文化事业和文化产业，让人文之美、文明之美充分彰显。

（一）共建精神文化家园

健全用党的创新理论武装全党、教育人民工作体系，筑牢全市人民团结奋斗的共同思想基础。巩固壮大主流思想舆论，深入推进媒体融合发展，讲好威海故事，传播威海声音，提高新闻舆论传播力、引导力、影响力、公信力。完善意识形态领域全链条工作体系，加强线上线下舆情风险防范，提升网络综合治理能力，牢牢掌握意识形态工作主动权主导权。大力选树各类先进典型，在全市上下形成崇尚先进、争当先进的良好氛围。

（二）涵养城市文化底蕴

实施文化铸魂工程，传承红色文化，“活化”传统文化，加大历史

建筑、传统村落民居和历史文化名镇、名村、名街区等保护力度，传承城市历史文脉。保护发展传统戏剧、传统技艺、民间文学等非物质文化遗产，实施乡村记忆工程，让文化遗产活起来。推动中华优秀传统文化进机关、进企业、进家庭、进社区、进农村、进校园，使中华优秀传统文化不断发扬光大。

（三）提升城市文明高度

一体推进精致城市建设与文明城市创建，完善文明城市创建常态长效机制，深入实施“精致城市 · 文明市民”培育行动，提升全域文明层次水平，争创全国文明典范城市。拓展新时代文明实践中心建设成果，广泛推行“志愿 + 信用”模式，深入推进志愿服务项目化、制度化。持续推进“君子之风 · 美德威海”建设，培育崇德向善新风尚。

（四）繁荣文化事业产业

实施文艺精品创作提升计划，推出更多体现威海文化特色的精品力作。推动国家公共文化服务体系示范区创新发展，提升公共文化服务一体化、数字化水平，为基层群众提供更加优质普惠的公共文化服务，不断满足人民群众多样化、多层次、多方面的精神文化需求。培育“文化 +”新业态新模式，大力发展书画艺术、影视制作、创意设计、数字内容等文化产业，持续放大品牌文化活动带动效应。推动文旅产业融合发展，提升千里山海自驾旅游公路辐射力、影响力，打造国际滨海休闲度假旅游目的地。

四、打造共建共治共享的城市治理现代化范例

社会治理能力是城市竞争力的重要标志。要强化党建引领，充分

发挥党的领导和制度优势，调动一切积极因素，凝聚各方智慧力量，加强系统治理、依法治理、综合治理、源头治理，发展全过程人民民主，打造人人有责、人人尽责、人人享有的社会治理共同体。

（一）以高质量党建引领高质量发展

坚守自我革命根本政治方向，增强全面从严治党永远在路上的政治自觉，坚持严的主基调不动摇，持之以恒推动全面从严治党向纵深发展。以政治建设为统领，增强对“两个确立”的政治认同、思想认同、情感认同，不断提高政治判断力、政治领悟力、政治执行力，以实际行动增强“四个意识”、坚定“四个自信”、做到“两个维护”。实施习近平新时代中国特色社会主义思想教育培训工程，发挥各级党校（行政学院）主阵地作用，推进镇街党校（党员教育中心）实体化规范化运行，加强对党员干部的教育培训。巩固拓展党史学习教育成果，用好胶东（威海）党性教育基地等资源，引导广大党员牢记初心使命、开创发展新局。建强基层战斗堡垒，分层分类推进各领域基层党建，扩大党的组织和工作有效覆盖，深化党组织标准化规范化建设，增强党组织政治功能和组织力凝聚力。充分发挥基层党组织战斗堡垒作用和党员先锋模范作用，让党员在乡村振兴、常态化疫情防控等重大任务中冲在攻坚第一线，让党旗高高飘扬在发展最前沿。

（二）发展社会主义民主

充分发挥党委总揽全局、协调各方的领导作用，支持和保证人大及其常委会开展立法、监督等工作，保障人大代表依法履职。大力发展社会主义协商民主，加强政协专门协商机构建设，让发扬民主与增进团结相互贯通、建言资政与凝聚共识双向发力。巩固和发展新时代爱国统一战线，加强同民主党派、工商联和无党派人士的团结合作，做好民族宗教、民营经济、新阶层、外事侨务、港澳台等工作，寻求最大公约数，画出最大同心圆。推动工会、共青团、妇联等群团组织增强政治性、先进性、群众性。坚持和完善基层群众自治制度，调动各方力量参与社会治理。加强党管武装工作，深化全民国防教育和后备力量建设，继续争创全国双拥模范城。

（三）推进法治威海建设

坚持科学立法、严格执法、公正司法、全民守法共同发力，推动形成全社会办事依法、遇事找法、解决问题用法、化解矛盾靠法的法治环境。落实宪法宣誓制度，弘扬宪法精神，维护宪法权威。健全完善地方立法机制，推进重点领域和新兴领域立法，以良法引领改革、推动发展、保障善治。严格规范公正文明执法，加大重点领域执法监督力度。深化司法体制综合配套改革，巩固拓展政法队伍教育整顿成果，不断提升司法公信力，让人民群众时时处处感受到公平正义。高质量开展“八五”普法工作，推进企业合规建设，让法治成为全社会的价值追求。

（四）完善社会治理体系

深层次推进“六治融合”，争创首批全国市域社会治理现代化试点合格市。巩固提升全国信用示范城市建设成果，实施信用“五进”工程，不断拓展应用场景。做优“1+2+N”社会治理平台，健全“热线+网格化”“吹哨报到”等工作机制，推动群众诉求高效、精准解决。坚持和发展新时代“枫桥经验”，完善矛盾纠纷多元化解体系，努力把矛盾化解在源头、问题解决在基层。

（五）提高安全发展水平

全面落实总体国家安全观，坚决捍卫国家政治安全。建好用好总体国家安全观刘公岛教育培训基地，持续打造国家安全宣传教育示范标杆。深入开展平安创建工作，依法严厉打击各类违法犯罪活动，巩固深化扫黑除恶斗争成果，建设更高水平的平安威海。强化经济安全意识，牢牢守住不发生系统性、区域性金融风险底线。压紧压实安全生产责任，深入开展安全生产专项整治行动，坚决遏制重特大安全事故发生。强化公共卫生安全，巩固疫情防控成果。加强应急管理体系建设，全面提升防灾减灾抗灾救灾能力，打造安全城市、韧性城市。

（六）打造人民满意的幸福城市

坚持以人民为中心的发展思想，尽力而为、量力而行，在更高水平实现劳有所得、幼有所育、老有所养、病有所医、学有所教、住有所居、弱有所扶。

健全劳动报酬增长机制，推动城乡居民收入与经济增长基本同步，持续缩小区域、城乡、收入差距。实施就业优先战略，完善终身职业技能培训体系，让每个劳动者都能通过诚实劳动、辛勤劳动、创新创业实现增收致富。

实施全民参保计划，完善分层分类社会救助体系，实现社会保险、社会救助、社会福利有效衔接，健全留守儿童、留守老人、残疾人等关爱服务体系。

坚持“房住不炒”，促进房地产业健康发展，解决好新市民、低收入群体的住房问题。

推进教育强市建设，深化义务教育“双减”试点，推动普通高中特色化多样化发展。

实施健康威海行动，加快医联体、医共体建设，推动县级医院医疗服务能力提档升级，提升中医药发展水平，全方位全周期保障人民健康。

积极应对人口老龄化，构建居家社区机构相协调、医养康养相结合的养老服务体系。多渠道降低生育、养育、教育成本，建设儿童友好城市。

完善一体化公共服务设施，打造15分钟便民生活圈、就医圈、健身圈、阅读圈，实现基本公共服务常住人口全覆盖。

实 践 篇

我们党之所以能够历经考验磨难无往而不胜，关键就在于不断进行实践创新和理论创新。

——2015年2月14日，习近平总书记在延安杨家岭瞻仰中共七大会址时的讲话

统领章

精致：绣出来的新时代城市品质

——习近平总书记亲自擘画的威海蓝图正在创新中成为现实 *

【引言】2018年6月12日，习近平总书记在威海视察期间，提出“威海要向精致城市方向发展”。2018年11月6日，习近平总书记在上海浦东新区城市运行综合管理中心考察时强调，“一流城市要有一流治理，要注重在科学化、精细化、智能化上下功夫。既要善于运用现代科技手段实现智能化，又要通过绣花般的细心、耐心、巧心提高精细化水平，绣出城市的品质品牌”①。

【摘要】精致城市的发展方向提出后，威海人民面临什么是精致城市和怎样建设精致城市的难题。威海市委多次研究认为，发展精致城市是习近平总书记交给威海的一项重大战略任务，是各具特色的新时代中国特色社会主义现代化城市体系的一大样态，也是威海必须长期坚持的城市发展方向和战略定位。经过多年的努力，威海市建立了精致城市建设的理念体

---

* 本案例由中共威海市委党校（威海行政学院）校（院）委委员、经济学教研部主任、教授王东普和讲师牛艳玲修改，牛艳玲执笔。本案例入选山东省委组织部编写的《新发展理念 新实践案例——山东贯彻落实新发展理念的实践探索（社会建设 生态文明建设 党的建设）》（党建读物出版社）。

① 《习近平关于城市工作论述摘编》，中央文献出版社2023年版，第156页。

系、标准体系，形成并实践了以精当规划、精美设计、精心建设、精细管理、精准服务、精明增长“六精”为主要内容的实施体系，创造性地贯彻落实了习近平总书记关于城市工作的系列重要讲话精神，回答了什么是精致城市和怎么建设精致城市的问题，为新时代我国城市向精致方向发展，摸索出了一条可复制可推广的新路子。2023年，威海接待游客5600多万人次，精致“红利”潮涌而来；2024年6月，住房城乡建设部通知，威海获得联合国2024年世界城市日中国主场活动承办资格，这是对精致威海的高度肯定。

【关键词】精致城市　幸福威海　“六精”　品质品牌

一、背景情况

从威震海疆的海防前哨到开放前沿的精致城市，从民族警醒之地到中华崛起之城，近代以来在所有重要的历史节点上，几乎都曾留有滨城威海浓墨重彩的一笔。如今，中国特色社会主义进入了新时代，中国城市发展也进入了新时代。习近平总书记把新时代精致城市的开篇考题，留在了中国陆地海岸线的最东端，也把莫大的关心和信任留给了280万威海人民。近年来，在威海市委正确领导下，威海人民始终牢记习近平总书记殷切嘱托，始终秉承精致是绣出来的理念，下足绣花的功夫，初步搭起了精致之城的“四梁八柱”，探索了一条新时代精致城市发展道路。

在改革开放40多年的大潮奔涌中，就威海城市发展而言，如果说1990年争得第一个国家级卫生城市是1.0版，那么2003年以联合国人居奖为标志的全球宜居城市就是2.0版，2017年全国文明城市创建“全域一片红”的现代化幸福城市则是3.0版。经过卫城“三部曲”，这个改革开放初期中心城区只有13平方千米的海防堡垒，已发展成为建成区有190多平方千米的大城市。2018年6月12日，习近平总书记视察时提出“威海要向精致城市方向发展”，标志着威海走进了城市发展新时代，也就是4.0版的精致城市发展阶段。

“改革开放以来，国家城市规划、建设、管理的很多标准都出自威海”，1987年地级威海市成立时，分管城建的一位市领导回忆说，从“规划的连续性、规划的法律性、规划的严肃性、规划的权威性”，到“规划一张图，审批一支笔，配套一条龙，管理一盘棋”，再到“统一规划、合理布局、综合开发、配套建设”的建设方针，都是威海创造的。“那时候，历次全国建设工作会议，都让威海交流经验”，时任国务院总理李鹏号召“全国学习威海的经验”；1992年7月，江泽民到威海视察，题词“红瓦绿树、碧海蓝天，扬威奋进、前景广阔”，对威海城市建设和环境保护工作给予了充分肯定。

走在城市发展前列的威海，有继续为党和国家探索新时代城市发展方向的良好基础。2015年12月召开的中央城市工作会议，确定了“建设和谐宜居、富有活力、各具特色的现代化城市”[①]的新时代目标，其中的宜居要件和现代化城市的发展目标，威海都已先行探索多年。习近平总书记对威海提出殷切嘱托，就是对威海城市发展历程的最大肯定和褒奖。

“能够成为习近平总书记现代化城市试卷库中的一份试卷，向精致城市方向发展，是威海的光荣，这是习近平总书记对威海的特别重视、特别厚爱、特别嘱托、特别期待”，威海市委政研室负责人认为，“威海必须主动担当为全国精致城市发展先行实践探索、模式定型的政治责任，毫不动摇地把精致城市作为长期不变的战略定位固定下来、接力下去，坚持以赶考精神答好精致城市的最高试卷，种好国家新时代现代化城市发展的试验田，形成在全国可推广可复制的精致城市发展

① 《习近平关于城市工作论述摘编》，中央文献出版社2023年版，第30页。

体系，让‘精致城市·幸福威海’这张崭新的名片日益绽放光芒”。

发展精致城市，没有先例。牢记领袖嘱托，探索精致城市发展体系，创造出先例，就成为威海市攻坚突破的重点和难点。

二、主要做法

威海精致城市发展体系，是理念体系、标准体系和实施体系的统一体，分别解决什么是精致城市、建设什么样的精致城市和怎么建设精致城市的问题。

（一）理念体系：精致城市是新时代高品质城市

精致城市概念一提出，立即引起了威海广大干部群众的关注。习近平总书记为什么提出的是精致而不是休闲、花园、森林、宜居等，到底什么是精致城市，这是两个层次的理念问题。中共威海市委党校（威海行政学院）的专家认为，精致背后的深意，只有跳出威海、放眼全国才能看得出来。自中央城市工作会议召开以来，特别是党的十九大以来，习近平总书记围绕各具特色的现代化城市发展目标，有选择地给不同类型的代表性城市提出了非常有针对性的考题。

具体来说，对于首都，习近平总书记要求“建设国际一流的和谐宜居之都”[①]，这一城市定位有力地推动了雄安新区建设，以承载北京疏解出来的非首都功能；对于一线城市，要求上海“着力打造社会主义现代化国际大都市”[②]，要求深圳“创建社会主义现代化强国的城市范例”[③]；对于二线城市，要求成都“特别是要突出公园城市特点”[④]；对于

① 《习近平关于城市工作论述摘编》，中央文献出版社2023年版，第88页。
② 《习近平关于城市工作论述摘编》，中央文献出版社2023年版，第37页。
③ 《习近平谈治国理政》第4卷，外文出版社2022年版，第230页。
④ 《习近平关于城市工作论述摘编》，中央文献出版社2023年版，第135页。

三线城市，习近平总书记指示“威海要向精致城市方向发展”①。

这些城市，从首都到一二三线城市，位于祖国东（威）西（蓉）南（深）北（京）中（沪），大小不同、区位各异，各具特色、各有侧重，都担负着探索新时代中国特色城市发展道路的重任。其中威海，已经率先走过休闲、花园、森林、宜居等功能城市时期，进入了品质城市时代。因此，习近平总书记亲自擘画的城市发展方向——精致，是一个品质概念，威海要为全国城市探索的是一条由功能城市向品质城市跃升的强国城市发展道路。这就要在理论上明确回答，什么是城市的精致品质。

“精致城市是以人民为中心的品质城市，这个品质主要体现在能够有效化解影响群众获得感、幸福感、安全感的‘城市病’问题”，威海市委的一位领导认为，“改革开放以来，城市快速发展带来的重外延、轻内涵，重建设、轻设计，重管理、轻服务，重发展、轻保护，重硬件、轻人文等‘城市病’问题，都是不精致问题。”这是从反面讲什么样的城市不是精致城市。

中共威海市委党校（威海行政学院）的专家研究认为，“从正面说，精致城市就是精致元素与城市治理元素的融合。在现代汉语词典中，精致意为精巧细致；城市发展元素主要包含规划、设计、建设、治理、服务和经济增长六个方面。精致城市就是通过精巧细致地规划、设计、建设、管理、服务和增长，实现高质量发展的新时代高品质城市”。这内涵，揭示了精致城市与众不同的品质。

（二）标准体系：精致城市是治理现代化城市

制度是现代城市治理的基础。精致城市由谁推进、用什么尺子衡量？“习近平总书记视察之后半个月，市委就围绕习近平总书记视察

① 《全面建成小康社会与中国城市发展》，人民出版社2022年版，第139页。

指示出台了实施意见，分解落实任务”，威海市住房和城乡建设局的一位领导介绍，“中共威海市委十五届六次全会提出，把习近平总书记指示的‘威海要向精致城市方向发展’作为总目标总方向总遵循，努力开创‘精致城市·幸福威海’全新局面。为了有效推进精致城市理论研究和实践发展，决定在市住房和城乡建设局成立精致城市建设办公室，当月挂牌”。这就形成了市委直接领导、市住房和城乡建设局靠前指挥、市精致城市建设办公室冲锋在前的精致城市建设组织领导和推进实施体系，也形成了包括《威海市精致城市建设三年行动方案》《威海市精致城市建设条例（草案征求意见稿）》等在内的制度体系。

精致城市建设办公室成立伊始，就一方面集聚群众之力，在全市组织“精致标准”大讨论和“十大精致”评选，投票总数达1亿余人次；另一方面集聚专家之智，邀请中国城市科学研究会、中国生态城市研究院和中国工程院院士等智库和专家学者把脉问策，已累计邀请院士、大师级专家23人次，组织市委理论学习中心组学习会及报告会、研讨会、沙龙角专题讲座等20余场，其中包括精致城市建设专家研讨会、威商大会、威海市市长国际经济咨询委员会年会、中国威海国际建筑设计大奖赛暨人居节等一系列高水准国际活动。通过集聚群众力、专家智，形成了精致城市是高品质城市、各项标准一定要比国家标准高、细等共识。

在充分讨论基础上，精致城市建设办公室委托中国生态城市研究院和中国城市科学研究会，以《国家生态园林城市标准》《绿色发展指标体系》《生态文明建设考核目标体系》《绿色生态城区评价标准》《美丽中国建设评估指标体系及实施方案》为依据，历时两年研发了《威海市精致城市评价指标体系（征求意见稿）》。

威海市精致城市评价指标体系（征求意见稿）

目标层	专项层	序号	指标层	指标赋值		归类
				2025年	2035年	
生态环境低碳宜居	自然生态保护	1	湿地保护率	≥75%	≥85%	精当规划 精明增长 精细管理
		2	自然岸线保有率	≥45%	≥45%	
		3	空气质量优良天数	≥310天/年	≥310天/年	
		4	森林覆盖率	≥28%	≥30%	
	低碳建设推进	5	碳排放达峰时间	在2027年左右实现达峰并争取尽早达峰		
		6	新能源装机占总装机比重	≥55%	≥65%	
	绿色建筑发展	7	新建建筑中绿色建筑占比	100%	100%	
		8	装配式建筑实施比例	≥40%	≥60%	
	固废循环利用	9	生活垃圾分类收运系统覆盖率	100%	100%	
		10	建筑垃圾综合利用率	≥70%	≥90%	
		11	一般工业固体废物综合利用率	≥90%	≥95%	
	韧性水系提升	12	年径流总量控制率	≥75%	≥85%	
		13	非传统水源利用率	≥15%	≥20%	
		14	城镇生活污水集中收集率	80%	100%	
		15	农村生活污水处理和综合利用率	90%	100%	
城市特色传承彰显	城市风貌特色	16	城市风貌保护名录保护率	100%	100%	精美设计 精当规划 精心建设
	历史文脉传承	17	城市历史建筑、传统民居活化利用率	100%	100%	
	旧城活力更新	18	背街小巷改造率	≥80%	100%	
		19	老旧住宅小区综合整治改造率	≥90%	100%	
	旅游特色多元	20	3A及以上景区数（个）	47	52	
		21	三星级以上酒店数量（个）	80	150	

续表

目标层	专项层	序号	指标层	指标赋值		归类
				2025年	2035年	
公共服务优质共享	公交优质服务	22	公共交通出行分担率	≥45%	≥50%	精准服务 精当规划 精美设计 精心建设
		23	建成区高峰时间平均机动车公里时速	26	30	
	慢行交通便捷	24	过街设施平均间距（米）	≤250	≤200	
		25	城市绿道密度（km/km^2）	约5 km/km^2 建成区5分钟步行可达绿道网	约7 km/km^2 建成区5分钟步行可达绿道网	
	街区舒适宜人	26	建成区道路网密度（km/km^2）	5	6	
		27	林荫路推广率	≥88%	≥90%	
	配套设施完善	28	社区养老服务设施覆盖率	100%	100%	
		29	市区级公共文化设施步行15分钟服务圈覆盖率	≥90%	100%	
		30	学校体育设施对外开放率	≥90%	100%	
		31	公园绿地服务半径覆盖率	100%	100%	
		32	公共厕所质量等级达标率	100%	100%	
	智慧安全韧性	33	公共场所免费无线网覆盖率	100%	100%	
		34	人均应急避难场所面积（m^2/人）	2	2.5	
发展动能创新提质	人力资本储备	35	小学生新增入学人数增长率	3%	3.50%	精明增长
		36	城镇新增就业人口中大学（大专及以上）文化程度人口比例	30%	45%	
	产业转型升级	37	海洋生产总值占GDP比重	40%	50%	
		38	文化及相关产业增加值占GDP比例	4.4%	5%	
	扩大合作开放	39	外商直接投资占固定资产投资比重	3%	3.50%	
		40	国际交流活动数量（次）	55	90	
	科技创新引领	41	全社会R&D支出占GDP比重	3.30%	4%	
		42	高新技术产业增加值占规模以上工业总产值比重	49%	60%	

续表

<table>
<tr><th rowspan="2">目标层</th><th rowspan="2">专项层</th><th rowspan="2">序号</th><th rowspan="2">指标层</th><th colspan="2">指标赋值</th><th rowspan="2">归类</th></tr>
<tr><th>2025年</th><th>2035年</th></tr>
<tr><td rowspan="8">社会治理智慧高效</td><td rowspan="2">管理服务智慧</td><td>43</td><td>城市网格化智慧服务管理覆盖率</td><td>≥60%</td><td>100%</td><td rowspan="8">精细管理</td></tr>
<tr><td>44</td><td>公共数据服务系统接入智慧平台的比例</td><td>≥90%</td><td>100%</td></tr>
<tr><td rowspan="2">行政审批高效</td><td>45</td><td>政务服务事项可在线办理率</td><td>≥90%</td><td>100%</td></tr>
<tr><td>46</td><td>政务服务“一次办好”事项比例</td><td>100%</td><td>100%</td></tr>
<tr><td rowspan="2">规划设计程度</td><td>47</td><td>重点地段城市设计覆盖率</td><td>≥80%</td><td>100%</td></tr>
<tr><td>48</td><td>社区规划师服务覆盖率</td><td>100%</td><td>100%</td></tr>
<tr><td rowspan="2">人居环境满意度</td><td>49</td><td>城市空间特色与设施配套满意度</td><td>≥80%</td><td>≥90%</td></tr>
<tr><td>50</td><td>政府公共服务满意度</td><td>≥90%</td><td>≥90%</td></tr>
</table>

这一指标体系，借鉴或应用GB3095–2012《环境空气质量标准》、GB/T 17775–2003《旅游景区质量等级的划分与评定》、GB18599–2001《一般工业固体废物贮存、处置场污染控制标准》、GB/T 18973–2016《旅游厕所质量等级的划分与评定》、GB21734–2008《地震应急避难场所场址及配套设施》、GB 50220–95《城市道路交通规划设计规范》、GB/T 50378–2019《绿色建筑评价标准》、GB/T51255–2017《绿色生态城区评价标准》、GBT51345–2018《海绵城市建设评价标准》、HJ633–2012《环境空气质量指数（AQI）技术规定（试行）》、DB37/T 5097–2017《山东省绿色建筑评价标准》、DB37/T 5127–2018《装配式建筑评价标准》、T/CSUS 04–2019《城市旧居住区综合改造技术标准》等国家或地方标准，从生态环境低碳宜居、城市特色传承彰显、公共服务优质共享、发展动能创新提质、社会治理智慧高效5个方面，提出了50个核心指标，作为精致城市标准化建设的指挥棒，这是全国首个精致城市评价标准，奠定了城市治理体系和治理能力现代化的基础。

（三）实施体系：精致城市是绣出来的高品质城市

威海市委认为，精致城市等不来要不来，必须下足鲁绣的功夫绣出来，把精巧细致细化为精当规划、精美设计、精心建设、精细治理、精准服务、精明增长的实施体系，努力打造精致城市威海样板。

1. 绣出城市轮廓：经得起人民、历史检验的精当规划

精致城市，规划先行。“新时代的城市规划要求，是习近平总书记在2013年12月中央城镇化工作会议上提出来的，一要保持连续性，不能政府一换届、规划就换届；二要多听取群众意见、尊重专家意见；三要实事求是确定城市定位，科学规划和务实行动，避免走弯路”，威海市精致城市建设办公室的一位工作人员介绍说，“习近平总书记特别强调，要体现尊重自然、顺应自然、天人合一的理念，依托现有山水脉络等独特风光，让城市融入大自然，让居民望得见山、看得见水、记得住乡愁；要融入现代元素，更要保护和弘扬优秀传统文化，延续城市历史文脉；要融入让群众生活更舒适的理念，体现在每一个细节中”。

在此指导下，威海突出城市精当规划，在确定城市轴带和产业隆起带基础上，秉承“做百年规划，建精致城市”理念，坚持总规、控规一并审议，市、区（市）规划一并把关；坚持一张蓝图绘到底，决不允许各类规划“迈过锅台上炕”；坚持衔接顺畅，法治保障，未经人大审议不能改变规划，从而形成了精当规划的刚性制约机制，使精致可以行远。

2. 绣出城市特色：契合成长坐标的精美设计

文登区大水泊镇初家村，一个看似普通的胶东山村，竟然是一个博士、专家和设计师扎堆的地方。自从2017年一位清华大学的建筑系博士到初家村创业以来，这里已经聚集了16名博士、教授级专家和400多名设计人才。他们把这个恬静的小山村变成了创意设计谷，每天冥

思苦想，设计城乡、设计产业、设计产品……他们的口号是“设计一切”。大水泊镇党委的一位领导说，“精致城市一定是精美设计的城市，精美设计的城市一定是高水平设计师设计的城市”。这里集聚了国际国内很多优秀设计师，他们为精致城市精心设计，整个威海都是全国优秀设计师的大舞台，也是全国优秀设计师的大本营。

这首先得益于城市设计法定化，让城市有根有魂。早在2016年，威海出台了第一部实体性地方性法规《威海市城市风貌保护条例》，实施城市设计技术控制，在土地招拍挂时附带详细城市设计。像设计景区一样设计城市，让城市有魅力有活力。作为全省首批城市设计试点，威海将历史城区、历史文化街区及城市中心地区、交通枢纽地区等能够集中体现和塑造城市文化的地区，划定为城市设计的重点地块，塑造景观特色，提升艺术品位。同时，加强对建筑形式、色彩、材质等的控制，与山海环境相融合，保护城市天际线，做到疏密有度、错落有致，显山、露水、透海。

3. 绣出城市细节：下足绣花功夫的精心建设

在威海经济技术开发区石家河畔，有一片占地百亩的中西结合设计风格的建筑群，这里是中共威海市委党校（威海行政学院）新校所在地。新校建筑面积比老校大一倍，但制冷供热的费用却与老校持平，也就是节省了一半的能源供应。“这是目前完成综合验收的国内最大的单体被动式超低能耗绿色建筑”，中共威海市委党校（威海行政学院）的一位领导说，“被动式超低能耗绿色建筑又称‘被动房’，是一种高标准的节能建筑，以最大限度地节约利用资源、减少能源消耗为理念，通过超强的保温性能和极好的密闭性来实现被动式超低能耗，近零能耗建筑在注重节地、节能、节水、节材、室内环境与健康的基础上，将更加节能、更加舒适、拥有更好的空气品质及更高的质量保障”。

这种绿色循环低碳的节能建筑，如今在威海已经成为一种时尚。近年来，威海已治理黑臭水体6条，建成海绵城市37.7平方千米，地下综合管廊累计建成40.6千米，主干道及重要节点持续提升，海滨绿化亮化工程稳步实施；栖霞街与生肖街、韩乐坊、新威附路等历史文化街区和特色街区一起，随着精致“微建设”涅槃重生。

城市要尽显精致范儿，乡村也要美起来，精致城市要留下记忆、记住乡愁，也要精心建设精致乡村。威海扎实开展农村改厕、污水处理、生活垃圾分类、饮水安全等“七大专项行动”，不做表面文章、不搞假把式，全力打造美丽宜居家园。同时，集中建设80个乡村振兴样板片区和田园综合体，覆盖所有涉农镇街、29%的行政村，“三生三美”加快融合，2023年威海城乡居民的人均可支配收入缩小到2∶1，共同富裕建设取得显著成效。可以说，精致的画卷在希望的田野上全面铺展，遍布威海、各具特色的现代版“富春山居图”正徐徐展开。

4.绣出城市智慧：天眼看得见的精细治理

精致城市，不仅靠建，还要靠管。威海市公安局特警支队领导说：“自从一个跑到山上的小偷被无人机追得无处藏身束手就擒后，威海的小偷基本上绝迹了。以前工地施工方施工时，一旦有建设局和执法局来检查，他们就覆盖裸土、喷淋阻灰；等检查的人一离开就裸土扬灰。现在只要坐在无人机大队指挥中心内，城市各处什么状况，一目了然，根本造不了假，我们这里现在成了市委、市政府主要领导的第二办公室。”

作为国家智慧城市试点，威海较早实现了数字化城管全覆盖，率先启动智慧城市运营中心建设，搭建“城市大脑”平台；实体化的市、县、镇三级网格化治理中心实现常态化运转；划分城市、农村、企业、园区等网格，配专兼职网格员6090名，梳理制定18类240余条网格事项清单；建立网格事项发现、受理、分流、处置、跟踪、督办、反馈、评价闭环运行机制，实现“大事全网联动，小事一格解决”。威海共建共治共享的城市管理经验在全国推广，政府从“划桨人”转变为“掌舵人”。人人争当城市管理“啄木鸟”志愿者，上线城管“市民通”App，市民可以随手拍、随时传、快速反映解决13大类234小类城市管理方面的问题，这成为市民参与城市管理的新渠道。

威海有近千公里海岸线，海上治理一直是老大难问题。为此，2023年，威海市委托哈尔滨工业大学（威海）发射了“威海壹号”卫星，威海成为国内首个拥有面向海洋目标探测识别的通遥一体化卫星星座城市，实现了实时监控。

除了天眼，威海的信用体系建设成效尤为显著，信用中国网站发布的2019—2020年全国261个地级市综合信用指数排名中，威海市位列全国第一，这是精致城市建设进程中在精细管理单项上的领先突破。2019年6月，威海市的社会治理创新经验在全国第二次政法工作创新交流会上推广。

5. 绣出城市民心：市民口碑才是最好丰碑的精准服务

2019年11月2日，习近平总书记在上海考察时指出，“城市是人民的城市，人民城市为人民。无论是城市规划还是城市建设，无论是新城区建设还是老城区改造，都要坚持以人民为中心，聚焦人民群众的需求，合理安排生产、生活、生态空间，走内涵式、集约型、绿色化的高质量发展路子，努力创造宜业、宜居、宜业、宜游的良好环境，让人民有更多获得感，为人民创造更加幸福的美好生活”[①]。威海市委领导在学习习近平总书记关于城市工作重要讲话时多次强调，“市民口碑才是城市最好的丰碑，要把以人民为中心的发展思想融入精致城市建设的每一个细节中”，以“小切口”改善“大民生”，坚持“百姓点单、政府办事”，“围绕办证难、出行难、停车难、如厕难、公共活动场所少、老旧小区环境差等群众的痛点难点问题，实施一系列微改造工程”。

精致城市建设以来，威海研究出台了《关于解决城市建设领域矛

① 《习近平关于城市工作论述摘编》，中央文献出版社2023年版，第37页。

盾纠纷问题加快不动产权证办理的指导意见》，全市达到分户办证条件的10.4万套房屋全部办证，群众“办证难”的历史遗留问题得到解决，242个闲置项目及“半拉子”工程全部盘活；威海市区科学布局城市口袋公园、绿道、停车场，打通市区全部的断头路，新增9个过街天桥，建设首批具有扫码取纸、感应出水功能的“星级厕所”，形成“15分钟公厕服务圈”；全面推行“一窗受理”“一链办理”“一网通办”，企业开办当天完成，工程建设项目审批流程全省最优，不动产登记效率全省最高，高频便民服务事项网上“秒办”；2019年8月，威海市发布《关于错时开放机关企事业单位院内停车场地便利市民停车的通告》，全市105处机关企事业单位院内停车场地共7213个停车位正式错时对公众开放；全市中小学体育设施全部向社会开放；建设45处“社区便民食堂”、100处农村老年餐桌，让老年人吃上热乎饭。

6. 绣出城市品位：从外延式向内涵式提升的精明增长

中央城市工作会议提出“要坚持集约发展，树立‘精明增长’‘紧凑城市’理念，科学划定城市开发边界，推动城市发展由外延扩张式向内涵提升式转变”[①]。“精明增长”成为威海精致城市建设指标体系中，分量最重的经济建设核心指标。“精明增长旨在理性开发城市，在现有城市设施条件和用地条件基础上，用足城市存量空间，减少盲目扩张，走节约紧凑的城市发展路子”，威海市委政研室负责人说，“从感性的外延式扩张增长，到理性的内涵式精明增长，用最少的要素、资源产生最大的经济和社会效益，主要标志就是集约发展、转型发展和绿色发展”。

在集约发展、转型发展上，威海重点精打“三仗”。

一是精打产业仗。威海积极对接省“十强”产业，出台了《威海市人民政府关于培育壮大千亿级产业集群的实施意见》，打造新一代信息技术、新医药与医疗器械、先进装备与智能制造、碳纤维等复合材

---

① 《习近平著作选读》第1卷，人民出版社2023年版，第421页。

料、海洋生物与健康食品、时尚与休闲运动产品、康养旅游、新能源八大产业集群，坚持不懈推进产业集群化、链条化、智能化发展。以八大产业集群为基础，威海梳理了医药医疗器械、碳纤维等复合材料、船舶与海工装备等10条优势产业链，建链补链延链强链，培育了“中硼硅玻璃 + 预灌封注射器”“碳纤维 + 航天装备”“稀土 + 电机”等产业链。威高集团、威海光威集团有限责任公司（以下简称光威集团）、迪尚集团、有研稀土（荣成）有限公司、中国玻璃控股有限公司5家企业成为省级产业链“链主”。

二是精打土地仗。威海出台《关于加强节约集约用地的意见》《关于开展“亩产效益”评价改革工作的实施意见》，明确投资3000万元以下的项目不单独供地，国家和省开发区土地投资强度分别不得低于每亩360万元和280万元；近几年处置闲置土地8000多亩、批而未供土地6300多亩，为八大产业集群备足土地供应。

三是精打创新仗，围绕“千里海岸线，一条创新链”的国家（威海）区域创新中心建设，建立了以威海市产业技术研究院为龙头，以工信部威海电子信息技术综合研究中心、哈尔滨工业大学（威海）创新创业园、山东大学威海工业技术研究院、高性能医疗器械创新中心4个重大创新平台为骨干，以若干特色平台为支撑的“1+4+N”创新平台体系。目前，产业技术研究院已成功获批山东省高端医疗器械创新创业共同体，电子信息技术综合研究中心正与工信部产业发展促进中心共同建设工信部创新成果产业化中心，并设立工信部产业发展促进中心威海分中心，在威海打造由工信部部属7所高校院士及专家团队引领的高端科技创新平台和科技成果产业化平台。威海在全国率先突破碳纤维国产化、热敏打印和图像传感技术、树枝状聚合物等技术，特别是医疗器械与生物医药产业集群培育企业150多家，医用高分子材料等21大系列高端医疗器械打破国外垄断，已涵盖从医用材料到医疗装备的完整产业链条，医疗器械与生物医药产业园以621亿元品牌价值，连续两年居全省制造业园区品牌价值第一位，入围国家四星级工业化产业示范基地、国家创新型产业集群试点。

在绿色发展上，威海牢固树立和践行“两山”理念，一方面将海岸线修复、山体修复、河道治理、河库绿化等支出比例提高到17.3%，2017—2020年威海环境空气质量连续四年稳定达到国家二级标准，2019—2020年全市接待游客年均增长9%以上，旅游总收入年均增长12%以上，入选全国“无废城市”建设试点城市、国家生态文明建设示范市，这两项荣誉都是全省唯一。另一方面通过开展“亩产增效”评价、实施智能化改造等，发展壮大绿色、低碳、循环经济，在产业支撑作用不断增强的同时，全市万元GDP能耗连年下降、新能源代替煤电连年上升，提前超额完成“十三五”“十四五”能耗下降目标。

威海人民正在创造性地播种新时代城市发展的试验田，致力打磨精致城市的“六个精”标准体系，正在通过勤劳智慧的双手把习近平总书记亲自擘画的新时代城市发展蓝图变成现实。

三、经验启示

威海精致城市的发展历程表明，坚持科学思想指引是确保城市发展方向和发展道路正确的根本。习近平总书记提出的“人民城市”重要理念，是精致城市规划、建设、治理的根本指导，把精致城市发展过程变成了全过程人民民主的过程。

（一）创新理念：坚持人民城市为人民

向精致城市方向发展，是习近平总书记提出的新发展理念在中小城市领域的实践要求，要破解土地财政、产城分离、表里不一等难题。习近平总书记所强调的人民城市为人民，是科学的世界观和方法论。在人类城市建设与规划的发展史上，从1933年《雅典宪章》倡导的产城分离，到1977年《马丘比丘宪章》倡导的产城融合，尽管都有技术上的合理性，但其见物不见人、人是城市的依附而不是主人、城市为人民服务等的理论均存在理念缺失，西方的分散之城为人际交往和市场成熟带来了巨大障碍。习近平新时代中国特色社会主义思想中的“人民城市为人民”的城市发展理念，是中国创造的以人为中心的城市发展的3.0版。在其指引下，威海牢固树立“城市为了人、一切为了人”的核心理念，不断从功能型城市向品质型城市迈进，主打舒适宜居的精致品牌，舒适这一品牌价值是对全球来客的最大吸引力。

（二）创新模式：坚持人民城市人民建

习近平总书记指出，人民城市人民建。城市的山海自然、建筑构造，从整体到局部，从大观到细节，如同生物体一样，这些城市元素是有机联系、和谐共处的。卫城的有机更新，在大数据的支撑下，广泛践行全过程人民民主，把人民城市人民建引入规划、设计、建设之中，在威海人人都是规划师、设计师、建筑师、管理师、监督员和服务员，实现了城市规划、设计、建设、治理和服务的大众化。按照城市内在的秩序和规律，推行全要素一体化设计、全要素微改造、城市公共开放空间的塑造模式，顺应城市的肌理，采用适当的规模，合理的尺度，使得城市改造区的环境与城市整体环境相一致，物无巨细、皆为精品，相辅相成、浑然一体，探求城市可持续地更新发展。

（三）创新机制：坚持人民城市人民管

威海坚持和发展新时代“枫桥经验”，创立了“海上枫桥经验”，充分发挥党组织领导的自治、法治、德治相结合的城乡基层治理体系，完善共建共治共享的社会治理制度。创新城乡治理机制，实现城乡网格全覆盖、5G网络无盲区，奠定善治基础。人民群众正在运用这些智慧资源，通过12345政务服务便民热线等，广泛参与城市日常管理。人人都是城市治理的“啄木鸟”，实现了人民城市人民管，有效推进了城市治理体系和治理能力现代化。

习近平总书记的殷殷嘱托催人奋进，一张精致蓝图科学指引开启未来。发展精致城市是一项庞大、复杂的系统工程，涉及方方面面，必须步步为营、久久为功、扎实推进。威海精致城市奋进的实践证明，沿着习近平总书记指引的方向，威海完全有条件、有能力、有信心把城市建设得越来越精致，完全有能力为新时代品质城市探索出一条可推广可复制的发展道路，为建设和谐宜居、富有活力、各具特色的现代化城市贡献威海智慧、威海力量。威海将再接再厉、全力以赴、只争朝夕，加快将各类规划宏图变为施工蓝图和现实版图的进度，打造不负习近平总书记嘱托、不负时代、不负人民的精致城市样板。

思考题

1. 关于习近平总书记对威海的重要指示，作为地方干部，如何深刻理解并提高政治站位？
2. 威海精致城市标准的设定有哪些特点？
3. 威海充分发挥现代科技手段在城市管理中的作用的实践做法，给我们带来哪些启示？

第一章

经济建设

化危为机　精准招商　于变局中开新局

——惠普全产业链引进中的逆转、集聚、裂变效应*

【引言】2020年7月30日召开中央政治局会议，习近平总书记强调，“增强机遇意识和风险意识，把握发展规律，发扬斗争精神，善于在危机中育新机、于变局中开新局”，抓住机遇，应对挑战，趋利避害，奋勇前进。加快“形成以国内大循环为主体、国内国际双循环相互促进的新发展格局”。①

【摘要】三星电子（山东）数码打印机有限公司因集团产业结构调整，重新布局全球产能，2014年欲将打印机业务迁移到越南。然而，一旦迁移，威海每年就将损失4亿多元税收、近20亿美元进出口额，全市117家配套企业将遭受极大冲击，近2万名职工将面临下岗失业，而且全省最大的韩资工业项目撤资，不仅影响威海中韩自贸区桥头堡的形象，还将影响全省对外开放大局。因此山东省市各级领导高度重视，要求必须留住三星

* 本案例由中共威海市委党校（威海行政学院）经济学教研部副教授付晓梅、讲师胡静、讲师徐超撰写。本案例相关课程获评中央组织部2022年度“全国干部教育培训好课程”，2021年度山东省“干部教育培训好课程”。

① 《习近平的2020·七月：“育新机”“开新局”》，新华网，https://www.xinhuanet.com/politics/xxjxs/2020-08/06/c_1126330966.htm，访问日期：2024年2月14日。

电子（山东）数码打印机有限公司。

威海高新区把“留住三星”作为“一号工程”，成立由商务局等部门组成的专业招商团队。招商团队先后拆分多台激光打印机8000多个零件，整理链式招商“目录”和“地图”，结合本地现状，聚焦产业链条，对接全球100多家供应商，有针对性地开展攻坚。最终，不仅留住了三星电子（山东）数码打印机有限公司，还引进了打印机全球龙头企业美国惠普及配套企业，将威海高新区打造成为具有世界影响力的千亿级全球激光打印机基地，对保稳定、促发展、惠民生产生不可估量的影响。

“逆转、集聚、裂变”的发展历程，为新形势下育新机开新局，加快打造区域战略性产业链集群提供了鲜活样本，高新区人专业、进取、执着、拼命的品质是贯穿始终的成功的关键因素，也是推动威海精致城市建设的重要助力。

【关键词】化危为机　精准招商　产业链集群

一、背景情况

三星电子（山东）数码打印机有限公司（以下简称三星），坐落于高新区，1993年3月，由山东省邮电管理局、威海北洋电气集团、韩国三星电子株式会社三方共同出资2980万美元兴办而成，早期主要从事通信设备生产销售，后来逐步转变为专门从事打印机及相关电子产品研发和生产销售的韩国独资企业。公司自1993年7月正式投产，经过多年发展，规模不断扩大，产销量快速增长，逐步发展成为带动高新区电子信息产业发展的龙头企业。与此同时，因业务发展需要，三星打印机在威海拓延了117家相关配套企业，产业链工人达到2万人，形成了较为完整的打印机产业体系，产业集聚效应显著。2010年产业链总收入就已达130多亿元，占当时高新区工业收入的31%，累计纳税40多亿元。

2008—2009年全球金融危机爆发以后，受各种因素影响，三星集团开始调整产业结构，重新布局全球产能。2014年在越南投资80亿美元的产业园基本建成，集团总部计划将威海A4、苏州A3打印机业务全部转移，并开始对管理层人员进行越南语培训，部分配套企业也已经开始选址搬迁。

严峻的形势引起山东省领导高度关注。分管副省长专程到威海，要求想尽一切办法留住三星，否则将产生巨大影响：在经济层面上，将会影响全市117家配套企业的生产经营，每年将减少至少4亿元的税收，20亿美元的进出口额，同时会影响物流、商贸等领域的发展；在社会层面上，将会影响全市近2万名职工的就业，造成巨大的社会隐患；在政治层面上，全省最大的韩资制造业项目撤资，不仅影响威海中韩自贸区桥头堡的形象，也将影响全省对外开放大局。

二、主要做法

在三星集团计划重新布局全球产能的变局中，威海高新区专项小组攻坚克难，历经逆转、集聚、裂变三部曲，化危为机，于变局中开新局。

（一）逆转：发挥综合优势留住三星

威海市委、市政府高度重视。高新区更是把“留住三星”作为全区头号工程，“从开发区发展大局来讲，为了117家配套企业、2万多名职工，我们有责任也有义务将三星留住，我们没有退路。只要有1%的希望，我们就得付出100%的努力”。

知己知彼，方能百战不殆。要想“留住三星”，就必须对下面几个问题有清晰的认识：第一，企业的需求是什么；第二，高新区面临的竞争对手有哪些，它们的优势和劣势分别是什么；第三，即使暂时能够留住三星，但若三星既定的战略整合方针并没有改变，三星苏州A3打印机业务迁到越南，那威海的A4打印机业务早晚还是会走；第四，A4打印机的市场均价不足1500元/台，附加值相对较低，而A3系列打印机技术水平处于世界领先地位，其价格是A4打印机的10倍甚至几十倍，技术含量更高。从长远发展看，只有想方设法将A3打印机业务也引进高新区，才能确保三星（威海）的稳定和发展。

为此，高新区成立了由主要领导任组长，商务局、经济技术开发区经济发展局、税务局等多部门精兵强将共同参与的联合攻坚专项小组，到三国四地蹲点收集信息。一方面，工作组与三星（威海）及主要配套企业形成“统一战线”，随时召开高层会议，第一时间掌握信息。另一方面，工作组积极争取三星打印机总部和核心配套企业总部支持，多次赴韩国三星总部谈判，其间韩国暴发中东呼吸综合征疫情，人人对韩国避之不及，但是高新区工作组冒着感染的风险连续多次前往对接洽谈，研究解决问题，靠上推进。在短短两个月时间里全面掌握了各地情况：越南人工成本低，但配套不全；苏州原有厂房无法满足扩大生产需求，异地扩建将导致距配套企业较远。经过反复调研，高新区最终敲定了一套最佳方案：以三星现有A4厂房为中心，就地扩建10万平方米厂房，以承载A3打印机产能；在1.2千米半径内配套A3智能复合机供应链，实现“产业全链条、产品零库存、配套零距离”；在1千米内引进工信部威海电子信息技术综合研究中心、赛宝实验室，以满足打印机产品检测认证需求。

高效的服务和精准的解决方案最终打动了三星决策层。2015年10月22日，高新区与三星签订合作协议，保留威海原有的A4产能，将苏州的A3打印机项目转移过来，并约定了具体的落地条件。

随后，由威海市委、市政府主要领导指挥调度，高新区管委专门成立项目推进办，挂牌督办，根据时间倒推、工期倒排，全区上下形成“共同会商、联合办公、迅速解决”的高效工作模式。从征地、拆迁、清障到建设，只用了3个月的时间，10万平方米的A3打印机定制车间就竣工了，配套工厂也全部完工投入运营。靠着这种超常规操作，高新区化危为机，不但留住了三星A4产能而且把投资过亿美元的三星电子A3打印机项目从苏州转移过来，使三星打印机业务在威海完成了整合，实现了大逆转。

三星电子副社长金基镐眼中的“天方夜谭”变成了现实，面对此情此景，金基镐给予高度评价：“这是三星历史上建设速度最快、质量最好的厂区！”“威海在关键时刻，行动最迅速、措施最专业、服务最周到。”

2016年7月初，苏州A3打印机第一批设备进厂，当月27日，A3打印机车间首条生产线调试运行。几天后，100台A3高端打印机产品实现量产，发往印度！三星威海A4与苏州A3的整合终于完成。

（二）集聚：巧用“战术”引进惠普

实现三星留住提升的阶段性目标后，高新区管委领导在交流中敏锐地捕捉到一个重要信息：美国惠普公司（以下简称惠普）急需掌握激光打印技术、扩大A3打印机市场份额，但由于与原来的代工方合作不愉快，惠普期望拥有自己的制造基地。

惠普是世界500强企业之一，全球打印机市场占有率超过40%，稳坐行业头把交椅。高新区敏锐地捕捉到信息背后蕴藏的巨大商机，针对两大国际巨头潜在的合作机会，立即谋划以三星代工为契机逐步引进行业龙头惠普。

如何吸引惠普入驻，纵观近年来全球产业链发展大趋势可以发现，一个区域的产业集群效应是关系投资者是否投资的关键因素，产业链配套越完善，企业的集群效应就越大，对投资者的吸引力就越大。因此，高新区着手提升产业链配套。鉴于惠普打印机市场占有率为40%，是三星的近10倍，原有的117家配套企业规模太小，满足不了惠普的产能需求，高新区深度剖析全球打印机配套行业，列出了中国香港亿和、中国台湾正崴、韩国大振、美国捷普等顶尖配套企业名单，决定用“惠普即将入驻威海”来撬动这些配套企业入驻威海。在配套企业答应入驻威海后，再用“全球顶尖配套企业入驻威海”坚定惠普入驻威海的决心。

思路明晰后，高新区利用惠普激光打印机全球供应链总裁玛丽亚·廷德尔到威海A3打印机新厂与三星探讨为惠普代工事宜的契机，积极向其推介高新区。在了解到眼前这座10万平方米的现代化厂区是在短短3个月之内建起来的之后，这位惠普打印机业务领域的“铁娘子”直呼：“威海有魄力，了不起！太棒了！”原本想方设法争取到的5分钟交流时间变成了30分钟，原因就是高新区展示出了自身的优势并拿出了足以吸引惠普的方案。

首先，两大国际巨头需求互补；其次，高新区自身产业生态优良：第一，工信部电子信息技术综合研究中心、工信部电子信息产品试验检测中心、国家暖温型海洋大气自然环境试验站等一系列“国字号”研发检测服务平台的落地，让高新区成为整个电子信息行业的“高光地带”；第二，威海打印机产业链具有强大的配套能力，110多家配套企业就地形成完整的产业链条；第三，撬动“全球顶尖配套企业入驻威海”可形成强大的配套能力，未来可打造惠普全球激光打印机基地、千亿级电子信息产业集群、建设“中国制造2025”示范基地等。

玛利亚总裁听后直言：“没想到你们的产业生态这么好，对产业研究得这么透，惠普非常看好威海的发展环境！”由此，惠普萌生了并购三星，直接入驻威海的想法……

经过几十次、上百次的沟通交流，2016年12月8日，一场具有决定性意义的三方会谈在威海举行。会谈时，高新区以惠普此前有业务布局的马来西亚，越南，中国的广州、苏州、重庆等地为参照，罗列了威海在人工、配套、交通等方面20多项、60多个精准到部件、涵盖全要素的分析数据，全面展示了威海的综合优势，为惠普落地威海打下了坚实的基础。

引进惠普，初战告捷。可要使惠普真正入驻威海，要走的路还很艰难。

1. 争取惠普直营威海工厂

最初，惠普想并购三星打印机业务看好的是三星A3打印机技术和工厂（包括三星总部研发、中国威海和巴西的工厂），对威海工厂制定了两套方案：由第三方经营代工（已考虑由富士康经营代工），或迁至大城市（此前惠普在重庆已经设立了笔记本电脑工厂和喷墨打印机工厂）。在两套方案面前，威海并不占先机。

如何突出重围？招商团队兵分多路，并联推进五个方面的工作：一是争取三星的配合。由于三星原高管对威海有深厚的感情，招商团队多次赴韩国与三星打印机总部沟通，争取他们的全力配合，向惠普推荐："威海是三星的全球最佳合作伙伴"。二是稳定威海工厂。由于惠普即将并购三星打印机业务，工人们担心下岗失业，一天深夜，2000多名职工准备一起罢工，管委得知后在第一时间平息，确保了工厂的平稳运转，这给惠普留下深刻印象。三是提前完善配套。充分发挥威海本地优势，引导本地配套企业恒科精工有限公司提前布局，增加配套能力。四是巧用"时间差"，以惠普即将入驻为抓手，成功引进中国香港亿和、韩国大振、中国台湾正崴等5家配套企业，总投资12亿美元，其中中国香港亿和总投资5亿美元，是"2017年香港山东周"现场签约投资额最大的科技产业项目。具有先进技术水平的胶辊、硒鼓、注塑件等新的配套企业加速聚拢，产业链条进一步完善，增强了引进惠普公司的筹码。五是获得工信部支持。惠普要求拜访工信部，高新区立刻上报争取及早会见，工信部领导被威海高新区的执着、拼命精神所感动，会见惠普高级代表时表示，威海是"一带一路"的重要节点（中欧班列、港口优势）；工信部研究中心在威海，部里依托中心提高北方检测检验能力，可以为惠普就地提供检测服务；希望惠普将威海作为海上丝绸之路的重要节点，融入中国“一带一路”建设。

威海激光打印机优良的产业生态，国家、山东省市领导的大力支持，各部门精准专业的服务，坚定了惠普直营威海工厂的信心和决心。

2. 克服重重困难通过国家部委审核批准

进入2017年，在美国、韩国审批顺利完成的情况下，收购案在国家审批时遇到巨大困难，几度陷于停滞。

2017年1月初，惠普通过美国总部律师团提报中国商务部审批，工信部应国内行业协会的要求，提出对收购案反垄断调查意见，由于涉及部门多、影响面广，该项工作一度陷入停滞，很快半年期限到达，商务部退回惠普申请，原定7月1日的收购交割失败。

得知惠普的情况后，高新区迅速开展行动，就在惠普准备放弃威海工厂、派代表第二天到重庆谈合作的关口，高新区管委领导第一时间赶赴北京，向工信部领导汇报争取，促成了部领导与惠普代表的会见，给惠普吃了定心丸。

在此后的审批过程中，一波三折，惠普两度推迟整合时间节点（7月1日、9月1日），从6月到9月，工作组先后10余次跑省进京，向工信部、商务部等汇报。9月底，惠普提出10月9日前通过审批的最后期限，否则将彻底放弃收购威海工厂。

除去十一黄金周，所剩时间屈指可数，必须分秒必争，否则所有的努力，都将前功尽弃、功亏一篑！

接到消息后，高新区主要负责人在患有严重卡喉炎的情况下打着吊瓶第一时间跑省进京，在北京成立专门指挥部，连续奋战三天三夜，“白加黑”现场办公，白天向商务部和工信部汇报，晚上利用时差与惠普总部协调，沟通审批事宜。正是这种为了事业敢于拼命的精神感动了国家部委的领导，也感动了外商。商务部反垄断局在十一放假期间加班审批，最终在10月5日（也就是惠普设定的最后期限前4天）发布了批准收购案公告。

惠普总部致函："商务部在节日期间加班加点发布公告，是因为威海的工作做得太到位了！一是感谢大家，没有你们的帮助不可能这么快得到批准，二是我们决定在威海加大投资力度，共同开创更好的未来。"惠普全球副总裁狄峤安诚挚赞誉威海高新区是带着真情、激情和感情与他们合作，为惠普提供了卓越的服务。

2017年11月，惠普宣布以10.5亿美元并购三星打印机业务！惠普收购三星电子打印机业务圆满收官，收购交割仪式如期举行，引起了社会各界的广泛关注，得到了各级领导的高度肯定和赞扬。

原三星电子及相关配套企业2万多名员工更是欢欣鼓舞，他们为自己非但没有失业，反倒成为打印机行业巨头惠普的员工而兴奋。工人们纷纷表示，一定要好好珍惜这份来之不易的工作，以最好的业绩回报社会。

（三）裂变：聚焦优势打造全球打印机基地

惠普打印机项目的引进，对威海电子信息产业加速新旧动能转换产生了深远的影响。

1. 惠普的入驻助推威海电子信息产业转型升级

惠普的到来，以其在设计、品牌、市场等领域优势，推进了威海电子信息产业的转型升级，在A4激光打印机产能不断扩大的同时，惠普先后发布了近40款"智"系列、20款"彩"系列和10款轻系列A3复合机，完成产品整体布局，实现了产品的更新换代。惠普以A3智能复合机整合了三星的激光打印技术优势和惠普的智慧系统优势，单品最高售价20多万元，是原A4打印机的130多倍，核心部件的技术含量达到了世界一流水平。在产品结构升级的同时，产业集聚效应开始显现：

三星电子（威海）多年集聚了117家配套企业，单厂投资大多不超过1000万美元，2017年之前，最大的配套企业年主营业务收入不足3亿元，呈现规模小、布局散的特点。而引进惠普后，总投资过亿美元的美国捷普、韩国大振、韩国奎科、中国香港亿和、中国台湾正崴、中国香港群力等一批打印机知名配套企业纷纷入驻，无论是在企业规模还是在产品技术含量上都有了大幅度的提升。

一批威海本土企业也纷纷借助惠普进驻实现了提档升级。

2016年3月，高新区管委与三星配套企业成宇硒鼓有限公司达成整体搬迁协议，并为其在园区另外择址，新建一处2万多平方米的厂房，生产配套能力提高了30%。

威海恒科精工有限公司得知惠普即将入驻高新区，提前排兵布阵：投资3亿元，引进一批高技术人才，改造厂房，新增11台冲压机和8台注塑机，产能提升50%。

威海天力电源科技有限公司凭借自身技术优势和区域优势，成为惠普打印机、亿和精密等新引进项目配套合作伙伴，有效降低物流成本和库存成本，取得了较好的经济效益。

2. 拆解八千零部件，按图索骥，打造全球激光打印机基地

惠普及相关配套企业的成功入驻并没有使高新区有丝毫懈怠，他们清醒地认识到，文化的差异、市场环境的变化等仍可能导致合作摩擦或产业转移等，从而制约进一步的发展。只有形成全球最佳的发展环境、最低的营商成本，才能立于不败之地。为此，高新区决定充分发挥激光打印机产业基础优势，深化与惠普的战略合作，共同打造惠普全球激光打印机基地，并以此为依托，提出进一步打造拥有多家全球打印机品牌和核心零部件供应企业、产业配套最齐全、技术水平最高、营商成本最低的全球打印机基地。

为实现这一目标，高新区提出了“产业集群化、园区专业化、发展差异化”的工作思路，集中优势资源，在双岛湾科技城量身打造4平方千米的惠普 OA 产业园。招商团队深入研究惠普供应链，拆解了激

光打印机8000多个零部件逐一研究，整理出一套链式招商目录和“地图”，“按图索骥”对接全球范围内100多家供应商。2018年一年，招商团队飞行距离超过70万千米，相当于绕地球17.5周，形成各种材料2000多篇，发送邮件1000多封，打通了项目所需的各个环节和关卡，先后引进了总投资达12.4亿美元的产业链项目。与此同时，加强与国内外其他知名打印机品牌沟通联络，推动全球知名打印机品牌入驻加盟与研发合作，不断拓展产业链的广度和深度，在威海形成了全球打印机基地“多极”引领的发展格局。

在园区的规划中，高新区不但重视生产环节的完善，更注意向生产环节两侧高端发力，实现产业高端化发展。通过“一体化”布局产业链项目，使各环节物流距离以“米”计算（捷普一楼是恒科配套，二楼是捷普组装），衔接时间以“分秒”计算，实现了园区内的“全链条、零库存”，大大降低各项成本、提高企业效益。在吸引企业入驻的同时就近配套引进布局工信部威海电子信息综合研究中心、威海市产业技术研究院、惠普3D打印中心等研发服务平台，在检测认证、标准制定、知识产权服务等方面提供便利化高端服务，协助企业升级技术、扩大市场份额。以前打印机的检测、认证至少需要7个工作日，现在不出园区30分钟内即可全部完成。在园区建设中，高新区站在投资者的角度，为其提供了周到细致的专业化配套服务。以惠普产业园为中心，3千米半径内布局了2所国际医院、1所国际学校、3所职业学院、17万平方米的人才公寓，并积极协调工信部、青岛海关、济南铁路局、青岛港等，为惠普产业链提供标准制定、通关便利、中欧班列、航运保障等专业服务，赢得了企业的好评。

2019年4月20日，惠普在济南分别与山东省人民政府、威海市人民政府签署了全面战略合作框架协议，共建惠普全球激光打印机基地合作协议。这是惠普第一次直接与地方政府签署合作协议，开创了历史性的纪录，标志着威海成为全球唯一的惠普直营的制造业基地。

在发展惠普全球激光打印机基地的基础上，高新区积极加强与头部打印机品牌企业开展全方位合作，坚持国际国内融合发展，持续优化打印机产业布局，2023年由中国电子信息行业联合会主办，高新区管委、市工业和信息化局、工信部威海电子信息技术综合研究中心承办的中国“印”实力高峰论坛暨中国电子信息行业联合会打印机产业分会成立大会在高新区成功举办。

目前，威海全球打印机基地已集聚了以美国惠普、美国捷普、中国香港亿和、中国联想图像等10个整机品牌企业为核心，韩国帝吉可、韩国QSI、中国台湾正崴等各细分领域领军企业为支撑，110多家配套企业协同发展的产业集群，拥有产业链工人3万多名，产品覆盖激光、喷墨、热敏三大品类，涵盖从硒鼓、半导体激光器等核心零部件生产到整机研发设计、组装整个产业链条的全部环节，并实现93%的部件本地化生产。2023年整机产量突破1600万台，营收增长30%以上，新增外贸进出口20亿元以上。在不久的将来，威海必将成为名副其实的全球打印机之都。

三、经验启示

高新区成功撼动了两大世界500强企业既定的战略决策，化危为机，于变局中开新局，打造区域战略性产业链集群，成为国内国际双循环相互促进的鲜活样本。

（一）案例展现的“逆转、集聚、裂变”的发展历程，提供了于变局中开新局的生动范例

从三星欲向外转移至越南到不仅留住三星威海产能又整合三星苏州产能，再到惠普并购三星，既保证了原产业链的稳定发展，又进一步促使产业链现代化、集群化发展，由原来的一个三星制造工厂，升

级为打印机研发、制造、销售于一体的全球基地，进而整合国内外产能，形成裂变效应，打造具有世界影响力的产业链集群。通过产业链承接创新链，扩大物流、研发设计、数字经济、服务业的开放，促进产业链、供应链、价值链更加完整、高效，更具韧性，更有竞争力。

（二）打造区域战略性产业链集群，推动形成了国内国际双循环相互促进的新发展格局

案例是对习近平总书记提出的构建国内国际双循环新发展格局的最好诠释。由于近年来世界经济低迷，贸易保护主义抬头加之新冠疫情在全球蔓延，全球产业链供应链面临着断裂、脱钩的严峻形势。产业链集群化成为全球产业链重构的重要特征。打造区域性产业链集群，在区域内形成全球供应商的水平分工及产业链内的垂直整合，有助于强化产业链的抗风险能力。

产业链集群是在一定地域内的全球化水平分工。它不是由一个企业大而全或小而全地构建整个产业链体系，也不是一个地区自力更生让本地企业做整个产业链。产业链集群是全球优秀的企业分别生产产业链上的零部件、半成品以及最后的产品集成总装等，产品收益由各个参与国企业共享，所以产业链集群是更深层次的全球化。

与传统水平分工不同，产业链上的企业不是广泛分布在世界的各个角落，而是选择合适的地区，在1～3个小时车程、50～200千米半径内形成整个上中下游70%以上的零部件、半成品的集群化生产基地。

威海高新区坚定不移地发展产业链集群，扶持引入全球龙头企业成为产业链集群的核心。建链补链，打造一批空间上高度集聚、上下游紧密协同、供应链集约高效、规模达千亿的战略性产业链集群，从而形成既是水平分工又是垂直整合的开放式产业链集群，构建了国内国际双循环相互促进的新格局。通过产业链集群，最大限度地降低运输成本，缩短物流时间，提高物流调度效率，最大程度地避免疫情灾

难的冲击，极大地强化了产业链的抗风险能力。比如在我国疫情最严重期间，高新区完善防控链、畅通物流链、优化服务链。通过本地“链”动，使惠普打印机产业链早在2020年2月8日就全线复工，成为惠普在中国最早复工的基地，保住了威海基地原有订单，保障了惠普全球产能供应。不仅加快了产业链配套项目落地进程，还新引进了总投资3.85亿美元的4个打印机供应链外资项目，产业链集群健康发展，带动全球产业链大循环。

（三）高新区人专业、进取、执着、拼命的干事态度展现了新时代山东（威海）精神，是威海精致城市建设的重要助力

2018年，习近平总书记视察威海，提出“威海要向精致城市方向发展”的殷切嘱托，多年来威海市委、市政府牢记习近平总书记嘱托，将其作为总目标、总方向、总遵循，全力打造“精致城市·幸福威海”。惠普全产业链招商在“吸引外商投资、优化营商环境”方面做到了精当规划、精美设计、精心建设、精细管理、精准服务和精到保障，不仅展现了新时代山东（威海）精神，也为威海精致城市建设提供了强大助力。

在整个案例中，高新区人专业、进取、执着、拼命的干事态度展现了新时代山东（威海）精神，是其能取得成功的关键因素。在惠普全产业链引进过程中高新区招商团队先后拆分多台激光打印机8000多个零部件，整理链式招商的“目录”和“地图”，结合本地现状，对接全球范围100多家供应商，有针对性地开展攻坚。以专业、进取、执着、拼命的精神，想企业之所想，急企业之所急，实现了地方政府与企业的无缝对接，靠上服务，构建了新型政商关系。威海高新区招商精准到部件，传递的是实干的作风，体现的是专业的精神，展现的是最好的营商环境。专业、专注，是实现高质量双招双引的法宝。

思考题

1. 在全球产业链重构背景下，企业如何在危机中育新机、于变局中开新局？
2. 如何优化山东营商环境，加快构建山东区域战略性产业链集群，形成国内国际双循环相互促进的新格局？
3. 高新区招商团队先后拆分多台激光打印机8000多个零部件，按图索骥展开链式招商的专业精神，对你的工作有何启示和借鉴？

顺势而为　与时偕行　勇做行业领跑者

——迪尚集团国际化发展之路解析 *

【引言】习近平总书记在党的二十大报告中强调要推进高水平对外开放，特别提到要“推动货物贸易优化升级，创新服务贸易发展机制，发展数字贸易，加快建设贸易强国”①。贸易强国建设离不开“走出去”的企业，迪尚集团披荆斩棘走过的国际化之路，可以为各级领导干部、企业家及相关经济工作者拓展海外事业提供借鉴。

迪尚集团的创立与发展，可谓乘改革东风之天时，借开放前沿之地利，得奋发创业之人和。经过30年积累沉淀和改革创新，迪尚从一家小型外贸公司发展到今天，产业涵盖服装进出口、研发设计、生产加工、品牌销售、供应链服务等多个领域，是一家工贸一体、产研结合、市场多元的跨国型集团公司，也是全国最大的服装出口企业和职业工装生产前列企业。

“在每一个时代，要想干好，就必须对这个时代的主旋律把握好，对

---

* 本案例由中共威海市委党校（威海行政学院）科社教研部教授徐丽卿撰写，经济学教研部讲师徐超和科研处讲师崔若伟参与。

① 《中国共产党第二十次全国代表大会文件汇编》，人民出版社2022年版，第27页。

这个时代的政策理解好，对这个时代所赋予我们的使命想明白。”迪尚集团党委书记朱立华在山东省纺织服装行业协会青年企业家联盟会议上的这段发言，既是一个企业家自我成长的经验之谈，也是对迪尚集团30年国际化发展之路的精准阐释。威海市自2018年实施城市国际化战略以来，已经历两轮“三年行动”。

【摘要】2024年是中国改革开放46周年，这些年来，中国经济实现跨越式发展，离不开对外开放的走深走实。梳理迪尚集团创立与发展的历程可以发现，迪尚集团的成功集中体现在其国际化发展之路，而这条路是与中国改革开放的时代大势和世界经济全球化潮流同频共振、互动共生的。30年国际化之路，迪尚见证了时代变迁所催生的巨大机会，感受到改革开放释放的巨大经济活力，遭遇到逆全球化潮流下新的困难和挑战。本案例从创新、决策、管理、人才、风控等不同方面，分析总结迪尚集团认识时代、把握时代，抓住时代机遇，直面时代挑战进行国际化发展的实践探索和成功经验，不仅可以为“精致城市·幸福威海”建设提供助力，更可以为更多企业走出国门，进一步推进贸易强国建设提供借鉴与启示。

【关键词】国际化　对外开放　贸易强国

一、背景情况

（一）迪尚国际化发展历程简述

1. 创立——起步伊始就是国际化

20世纪90年代初，经过十多年改革开放，我国经济建设取得了显著的成就，政治上经受了重大考验，城乡人民生活明显改善，但也积累了很多矛盾和问题，经济社会运行尚不平衡，姓“资”姓“社”争论不休，外加国际政治风云的影响，人们对改革开放之路要不要走下去、怎样走下去产生诸多疑问。

1992年初，邓小平视察南方，一路和政府官员、企业家以及基层群众深入交流探讨，解答人们的疑问，阐述他对“什么是社会主义、怎样建设社会主义”的思考。南方谈话在舆论纷争中一锤定音，强调发展才是硬道理，要坚持走有中国特色的社会主义道路，抓住有利时机，加快改革开放步伐，集中精力把经济建设搞上去，提出了“三个有利于”标准，打破了“姓资姓社”“计划市场”等束缚生产力发展的观念枷锁，坚定了改革开放的道路选择，成为推动改革开放步入新阶段、建立社会主义市场经济体制的强大动力。1992年10月，党的十四大召开，明确提出加快经济改革步伐，进一步扩大对外开放，提出建立社会主义市场经济体制的目标模式，这是我们党的一个伟大创举，因此1992年一度被视为中国“现代经济元年”。

“东方风来满眼春”，那是一个激情澎湃、机会遍地的创业时代。1993年，威海市纺织工业公司响应上级政策兴办实体，成立了威海市纺织工业集团总公司，并下设10个分公司，其中之一便是威海纺织工业集团服装分公司，也就是迪尚集团的前身。由于地处威海这个开放前沿城市，依凭靠近韩国的地理位置优势，迪尚自创立之初业务就具有外向型特征。最初的生产经营模式是为国外厂商“代工”，主要客户来自韩国，原料和市场，产业链的两端都在韩国，中间加工环节在威海，这种模式虽然利润微薄，但由于管理上主动与国际接轨，公司成立第二年就拿到了外贸大单，营业额达100多万元，成功赚到了第一桶金，这是一个令人欢欣鼓舞的开始。因为站在了时代的风口，选准了航道，迪尚在此基础上一步步发展壮大，逐步实现了在其行业领域内由市到省再到全国的超越和领先。

2. 拓展——形成全方位国际化格局

2001年底，经过15年的艰苦谈判，中国终于成功加入世界贸易组织，打开了一个更为广阔而开放的发展平台，中国经济开始深度融入世界。伴随经济全球化的发展和“一带一路”倡议的推进，国际纺织服装市场向中国敞开了大门，迪尚的业务体量逐步增加，海外市场不断扩大，从以韩国为主到进一步拓展到日本、美国、欧洲等国家和地区，逐步探索形成全方位的国际化格局。一方面，通过本土化的兼并和扩张，实现生产的规模化；另一方面，致力于开疆拓土，推动国际化战略，实现生产基地的全球化。

第一步：推动生产基地本土化扩张

1994年，兼并威海市服装三厂，成立威海爱华凯尼服装有限公司；

1998年，股份制改制完成，威海纺织集团进出口有限责任公司成立，亚洲金融危机后，开始拓展日本市场；

2002年，威海服装工业园正式投入使用；成立威海迪尚华绮毛纺织有限公司、威海迪尚华梅毛衫有限公司；

2004年，成立迪尚国际经济合作公司、北京美亨达服装公司、迪尚集团房地产开发公司、临沂迪尚服装工业园，开创一主多辅的多元化新格局。

第二步：推进企业国际化发展战略

2005年，成立迪尚·欧洲公司，国际化战略迈出突破性一步；

2006年，成功并购青岛绮丽集团公司，成为山东省最大的服装进出口企业；引进日本资金和技术，成立迪尚华蔚、迪尚冈本两家专业牛仔生产厂，生产基地建设进一步加强；

2008年，成功收购美国威高利集团公司，设立美国市场桥头堡，威海迪尚华茂实业有限公司成立，“国际化战略”迈出新步伐；

2009年，成立迪尚绮丽日本东京事务所；与中国服装设计师协会签订十年之约，联合举办“迪尚杯”中国时装设计大奖评选，推动中国本土服装设计师队伍的成长。

目前，迪尚集团的设计工作室和贸易公司已经扩大到日本、韩国、英国、西班牙、德国、意大利、美国等国家，先后成立、收购、兼并

20多个欧美、日韩等发达国家品牌、设计公司及可用于国内公司发展的新材料、新技术公司，与全球1000多家公司保持着密切的贸易往来，年出口服装超过1亿件（套），沿着全球化布局稳步前行。

第三步：推动生产基地全球化布局

2010年，董事长朱立华率队赴孟加拉国、朝鲜考察，初步确立“生产基地全球化”战略；成立迪尚品牌服装有限公司，与美国最大服装集团之一PVH公司战略合作，签约成为其男装品牌IZOD中华区总代理。

2011年，成功收购大连住衣时装有限公司，建立大连高端女装生产基地大连迪尚华盛时装有限公司。

2011年，孟加拉国第一个工厂开建并投产。

2012年，成功收购韩国上市公司AVISTA公司；自主品牌“Indigo Rein”牛仔裤成功进入美国市场；在孟加拉国建立迪尚毛衫生产厂，“生产基地全球化”战略迈出第一步。

2014年，成立迪尚柬埔寨华蔚服装有限公司，“生产基地全球化”战略取得新进展；成立中国服装设计创新中心，汇集起国内外优秀设计师资源和面辅料供应商。

2015年，绮丽时装越南有限公司成立，迪尚缅甸工业园项目启动，“生产基地全球化”战略提速；创建服装设计师众创空间，配备版型师、工艺师和样衣制作人员，建设小批量生产线，推动公司ODM业务发展。

2016年，孟加拉国第二个工厂投建。

2018年底到2019年，缅甸工业园正式建设并投产。

截至2022年，迪尚集团在国内外拥有11个生产基地，在欧洲、美国、日本、韩国等国家和地区设有20多个子分公司，为全球500多家品牌客户提供优质产品和完善的供应链服务。2022年，集团营业收入达到185亿元，2023年达到203亿元，先后获批国家级工业设计中心、国家双创示范基地、工信部纺织服装创意设计示范园区（平台）等。

（二）国际化发展历程中的问题与考验

迪尚在国际化发展历程中并非一帆风顺，其面临的问题和考验在外向型企业中极具代表性，深入认识与解析这些问题具有借鉴意义。

1. 对外贸易易受境外经济政治形势影响

一方面，对外贸易容易受到外部经济形势波动的影响，比如1998年亚洲金融危机爆发，外贸订单大幅减少、服装出口急速下滑，服装代工企业大量倒闭，外资企业也出现“跑路”情况，迪尚同样面临市场缩小的生存压力。另一方面，对外贸易也容易受国际局势和贸易政策的冲击，近年来逆全球化思潮抬头，单边主义、保护主义明显上升，如何保持市场和订单的稳定性成为直接挑战，特别是对于下游市场过于单一的企业而言，如缅甸军政府执政之后，以美国为首的西方国家以民主、人权为由对其实施制裁，不允许从缅甸进口服装，且一部分欧洲品牌不允许在缅甸生产，这直接影响到迪尚在缅甸的生产秩序。如何拓展发展领域，增强应对复杂形势变化的韧性？

2. 处于国际产业链的中低端，附加值低、可替代性强

20世纪末21世纪初，西方发达国家是经济全球化的引领者、推动者和获益者，占据着先发优势，处于国际生产链的顶端，知识经济、信息时代、高端制造、高额利润已是它们的发展常态，而后发的中国企业处于生产链的底端，外向型企业主要承接来自客商的“来料加工业务”，只能以艰苦劳动换取微薄利润，没有话语权，动辄被中间商压价、扣款，甚至赖账，这是当时包括迪尚在内的服装外贸企业的痛点。如何打造企业核心竞争力，提升企业经营利润，同时增强在国际分工中的话语权？

3. 海外生产经营存在诸多地区差异，容易“水土不服”

为了降低原材料、运输成本，为了应对国内劳动成本上升，或者为了规避贸易壁垒、高额关税，众多中国企业开始在海外布局生产工

厂，迪尚集团也在其中。2010年迪尚就已确定生产基地全球化战略，但国外的语言、地理环境、经济、文化、政治、宗教信仰等都与国内有较大差异，处理不当可能引发激烈矛盾，甚至会引发罢工等，给项目运营、企业管理带来巨大挑战。如何实现企业在海外的本地化经营，最大限度减少区域差异带来的冲突和损失？

4. 企业拓展需要解决人才培养、管理效能等问题

一方面，企业要成功走向国际化，人才问题是重中之重。跨国公司的经营发展需要大量高端的外向型人才，而威海作为一个中小城市，并不具备这样的资源条件。从哪里去寻找人才？怎样培养和使用人才？另一方面，随着企业的规模不断扩大，员工的数量越来越庞大，机构的设置越来越复杂，如何理顺机制、提升管理效能？

5. 宏观形势影响下的不确定性因素和挑战不断增加

当今世界正经历百年未有之大变局，中华民族伟大复兴正处于关键时期，我国发展所面临的战略机遇和风险挑战并存，不确定、难预料因素增多，各种“黑天鹅”“灰犀牛”事件随时可能发生。对于出海企业而言，各种不确定性尤为难测，从买家的商业风险到东道国的政治风险、从法律风险到财务风险、从生产风险到航运风险，各种风险无处不在，怎样做好预判、妥善处置？

二、主要做法

机遇与挑战总是相伴而生，迪尚的发展历程恰与国内国际两个重要的时代转折同频共振，一是中国改革开放的时代转折，二是世界百年未有之大变局。前者要求适应国内思想解放、制度变革、政策转向等新变化，后者要求应对国际局势、市场规则、文化差异等新情况。迪尚集团的国际化发展之路，建立在准确把握时代脉搏的基础上。迪尚集团顺势而为，与时偕行，坚持创新，始终致力于做行业的领跑者。

（一）创新：产业升级，科技赋能

迪尚集团以提升核心竞争力为宗旨，推动生产模式不断迭代，实现了从OEM代工到ODM设计到OBM品牌再到DDM数据模式的演进，以不断创新掌握发展的主动权，为企业国际化之路提供不竭动力。

1. 第一次飞跃：从OEM代工模式到ODM设计模式

所谓OEM（Original Entrusted Manufacture），即“代工”，主要承接来自客商的“来料加工业务”，后发国家工业化在国际分工体系中通常以此为进阶起始点。1998年亚洲金融危机爆发，迪尚的海外业务受到冲击，这让迪尚下决心摆脱中间商，打通自主贸易渠道。经过曲折艰辛的探索攻关，迪尚先后在美、英、德、意、日、韩等国设立了贸易公司，形成了覆盖欧美和亚洲主要国家的直通渠道，对接下游客户。从1993年到2007年，迪尚完成了第一次国际国内布局，集团有了自己专门的研发设计公司，实现了从OEM代工到ODM设计的第一次飞跃。

所谓ODM（Original Design Manufacturer），是指承接客商的“设计制造业务”，因为增加了研发设计的业务环节，大大增加了利润空间。为此迪尚对服装全供应链服务进行拓展，在国内外设立了100多个设计师工作室、设计公司和研发中心，建立了涵盖国内外4000多家面辅料供应商30万份电子档案的服装面料库，配套50多个专业服装生产厂、800多家协作企业、卫星工厂，这个庞大的系统支撑起迪尚对潮流和订单的快速反应，形成了强大的设计制造能力。

目前迪尚生产的不仅有Zara、GAP等相对大众的服装，也有杰尼亚、阿玛尼、麦丝玛拉等较高端品牌的产品。ODM自主研发设计制造业务占出口业务的95%。

2. 第二次飞跃：从ODM设计模式到OBM品牌模式

ODM只是解决研发设计附加值问题，但没有自己的品牌就没有核心的产品竞争力。从2008年到2015年，迪尚集团通过海外合作与并购，走出了一条自主品牌建设的捷径——通过收购外国公司，获得世界一流的设计和研发能力，为打造自主品牌奠定基础，实现了从ODM设计模式到OBM品牌模式的演进。

所谓OBM（Original Brand Manufacturing），是指供应商有研发设计能力，且有自主品牌，生产、销售拥有自主品牌的产品，除OEM的加工利润和ODM的设计利润之外，增加了品牌效应的利润空间。

掌握新产品设计开发的两端是企业制胜的关键，一端是通过市场调研，研发设计出满足消费者需求的新产品，另一端是通过行销和品牌来创造产品的价值，处在中间段的组装制造生产等工序则是利润空间最小的。在品牌塑造和品牌经营过程中，企业必然会选择沿着价值链从低附加值端向高附加值端攀爬，区别就在于对时机的判断以及行动是否果决。

2008年，全球金融危机爆发，我国服装出口严重下滑，迪尚危中抢机，利用国际研发设计资源价格大幅下滑的有利时机，前往海外聘请设计师、收购服装设计公司，直接吸收全球前沿设计资源。早在2019年，就已在英国设立了迪尚欧洲服装研发中心，在爱尔兰、西班牙、德国、比利时等6个国家设立了分会和工作站，在欧洲招募聘请行业信息收集人员，紧盯全球时尚前沿的最新潮流。

2014年，迪尚集团成立“中国（威海）服装设计创新中心”，大批优秀设计师进驻成立设计工作室，自主研发、原创设计水平达到新高度；入选山东省首批电子商务示范企业名单，自主电商品牌“LILITH”“BLUESKY”“粉蝶恋”等销售额突飞猛进；旗下拥有的韩国G-Revive品牌女装进入中国市场，自主男装品牌STANDARD&GRIND进入美国市场。另外，迪尚在美国拥有5家服装公司、10个自主设计品牌，将自主品牌推进国际市场。

自主创新的研发设计是企业拥有核心竞争力、掌握话语权的核心密码。截至2019年，迪尚集团生产的产品几乎全部含有自主设计元素，每月可推出大约1万个新款服装设计，在中高端服装加工领域形成了毋庸置疑的影响力。

3. 第三次飞跃：从 OBM 品牌模式到 DDM 数据模式

“让科技创新在实施创新驱动发展战略、加快新旧动能转换中发挥重大作用”，是迪尚走向引领者的嬗变之路。迪尚对传统的服装产业进行“互联网 +”改造，通过将大数据、智能制造、物联网等新技术与服装制造相结合，使这个传统产业转变为数字生态产业。以科技化、信息化手段整合服装产业链上下游资源，实现“互联网 + 设计”“互联网 + 面辅料”以及智能制造、客户大数据中心等方式、环节的互联互通，构建服装高度专业化服务平台，截至2022年，已链接100多个设计师工作室、4000多家面辅料供应商、800多家服装加工企业、400多个国内外服装品牌。在此基础上构建的高度专业化服务平台，就是迪尚集团独创的 DDM 模式。

所谓 DDM（Digital Design Manufacturer）模式，就是在服装的设计研发阶段，利用数字化和3D 影像技术，将原先的实物化服装样品变为数字化服装，从而在整个服装的信息传递、流转过程中形成数字流，打破了原来现场定制时间空间的双重局限，实现全球各地实时同步沟通交流，最大限度地降低了交流成本、样衣制作成本，增强了客户参与度，从而颠覆了传统的服装产业中的订单来源与处理、研发设计、品牌打造、产品制造、批发零售、物流和管理沟通等一切环节。

经过近几年的科技研发与业务模式提炼，迪尚集团整合应用数字化设计、3D 扫描人体建模、智能制造、虚拟试衣等先进科技手段，以创新为全球用户“量体裁衣”，成为引领优雅时尚审美文化风潮的服装智能定制专家。

（二）决策：运筹帷幄，决胜千里

一个企业要成功走向国际化，对领导者的综合素质要求极高，既要具备前瞻眼光、开放精神和全球化视野，又要在危机面前冷静分析、沉着应对，机遇面前当机立断。迪尚集团董事长朱立华就是这样一位企业家，迪尚的国际化发展与其敏锐的市场触觉和强烈的忧患意识是分不开的。

“迪尚走上国际化之路，首先要感谢国家的改革开放政策。威海处于开放前沿，城市外向化发展有着地域优势，尤其是威东航运公司中韩航线开通，对开展国际贸易起到了至关重要的作用。”1993年，正是朱立华的而立之年，回忆起30年前这个创业起点，他感慨万千。

机会总是青睐有准备和有勇气的人。2006年，朱立华得知青岛绮丽集团（原山东省服装公司进出口公司）要进行股份制改革，顿时心动。但当时两个公司的体量极不对称，迪尚集团年出口额仅有9000万美元，而绮丽集团的年出口额是4亿美元，以蛇吞象，岂非笑话？但朱立华果断决策、多方筹谋，最终成功并购了绮丽集团，在做大做强的道路上迈出跨越性的一步，“笑话”变成了“佳话”。

“危”与“机”往往是相伴相生的，对危机的辩证认识使迪尚获得了宝贵的拓展契机。2020年2月10日，新冠疫情之下医用防护服紧缺，迪尚集团果断决定暂停所有业务，建设医用防护服生产线，全力支援抗疫。在社会各界大力支持下，迪尚创造了“24小时建成一条防护服生产线、3天时间达到日产防护服1万件”的奇迹，保质保量完成了30万件防护服调拨任务。一个月后，国内防护服不再紧缺，朱立华立刻将目光转移到国际市场，着手防护服出口认证，最终取得了进入海外市场的资质。迪尚的防护服、隔离衣、口罩等源源不断销往20多个国家和地区，在危机中辟出一条新路。

（三）管理：创新机制，优化生态

一个企业要成功走向国际化，必须有一支能打硬仗敢于负责的团队。一方面，“将在外，君命有所不受”，遇到情况需要当机立断，来回请示汇报可能贻误时机；另一方面，随着企业的发展，组织架构越来越庞大，职工数量越来越多，需要科学与完善的管理机制。

迪尚用5—8年的时间，系统进行了组织体系和分配体系的变革，形成了一整套完善通畅、简洁高效、富有活力的管理机制，集团总部在对部门负责人高度信任的基础上充分授权，部门负责人可以独立处置自己部门的大多数事务，既提高了团队的创造活力与管理效率，又便于与国际管理规范对接，形成通畅合作。这让迪尚成长为一只“会跳舞的大象”，体量庞大却能做到身段灵活、运转自如，为在更广阔的舞台上开拓发展打下了良好的基础。

迪尚缅甸工业园项目负责人回忆当年决策的过程时讲道：“当时跟我们一起去考察的威海企业有好几家，但是他们还在研究要不要投资设厂的时候，我们的工厂已经投入生产了。我们公司的一贯作风就是这样，前期充分调研论证，一旦确定就快速行动。”集团领导的高度信任和充分授权，极大地激励了管理者，既提升了决策和执行的效率，又可以形成紧密融合的协作氛围。

（四）人才：兼收并蓄，系统培养

一个企业要成功走向国际化，人才问题是重中之重。跨国公司的经营发展需要大量高端的外向型人才，迪尚经过不断探索形成了自己的人才战略。

瞄准国际前沿，向世界要人才。迪尚在西班牙、德国、韩国等国家通过并购国际知名企业聚拢世界设计人才。依托海外的服装创意设计机构，加强与亚洲时尚联合会、美国时装设计师协会等行业权威协会合作，建立海外高层次人才信息库，引进高层次人才，提升公司的全球竞争力。

强化资源整合，建平台聚人才。与中国服装设计师协会共同打造中国服装设计创新中心、服装设计创新中心公共服务平台，集聚了一批有潜力的新锐设计师，孵化了一批生活时尚消费品自主品牌。

激发创新活力，用事业留人才。创新人才使用方式，为高层次人才提供平台支撑并给予个性化支持，不限定其工作方式、地点和研发过程，通过股权激励、新产品开发奖励等政策调度人才创新积极性，帮助解决高层次人才落户、子女教育、配偶工作、医疗保健和住房等实际问题，为人才创新创造优越环境。

聚焦梯队培养，以孵化育人才。设立众创空间专项创投基金，采用“成果孵化 + 设计服务”模式，链接设计师创客和服装产业资源的线上服务平台；与中国时装设计师协会合作，冠名举办“迪尚杯”中国时装设计大赛，挖掘吸纳各类优秀设计人才、设计师团队；与威海职业学院合作共建“威海职业学院迪尚学院”，有针对性地开设所需专业，培养本土高素质技能人才。

（五）风控：料事机先，防患未然

一个企业要成功走向国际化，还必须有风险防控意识。企业在海外从事生产经营活动往往会遇到意料之外的问题，甚至是危机。迪尚的做法是区分不同类型的风险，提前预判，果断处置。

第一类是政治局势带来的风险。政治风险往往来自国际局势的变化，“企业必须要有政策解读功能，有风险预判能力，如果只是闷头做业务，很可能会受到致命打击”。迪尚有专门的风控团队，负责各类政策研读，对时事保持高度关注，及时进行研判，为整个公司运作提供预警和指导。

第二类是文化制度差异带来的风险。提高适应能力、更好地融入当地是外向型企业的必修课。比如东南亚国家有些工人常想少劳多得或不劳多得，罢工停产时有发生。面对这种情况，迪尚的策略是实现管理人员本土化，聘请当地人加入管理层，有过政府工作经验的人优先。一方面他们更熟悉当地情况，可以减少沟通障碍和文化差异产生的矛盾；另一方面可以借助其背景资历和对制度的熟悉优势，以当地人的方式解决当地人的问题。

第三类是交易信用风险。迪尚集团成立了风控对外投资部，健全风险预警和筛查制度，从源头减少风险概率。一方面，做好客户甄别，通过识别身份、了解背景，调取资信报告，与客户信息进行匹配，以排除非正常客户；另一方面，进行风险转移，公司95%以上的应收账款都在信用保险保障范围内，最大程度地规避海外买家的违约风险。

第四类是宏观经济波动风险。迪尚集团海外市场业务以外币结算为主，面料则主要使用人民币从国内采购，盈利情况很容易受汇率波动影响。对此，迪尚坚定风险中性理念，一方面，聚焦主责主业，积极拓展国际国内两个市场，以收入多元化对冲汇率波动风险；另一方面，合理规划资金，科学使用外汇远期、期权等金融衍生工具，以此分散风险。

三、经验启示

30年国际化发展之路，从一家小型外贸公司发展到今天工贸一体、产研结合、市场多元的跨国型集团公司，迪尚的成就令人骄傲也令人鼓舞。分析总结迪尚国际化发展的实践探索和成功经验，可以为更多企业走出国门、推进贸易强国建设提供有益借鉴。

（一）善于把握时代特点，坚持全球视野布局

"弄潮儿向涛头立"，时代风云激荡、趋势变幻多端时，谁能最早发现风起之势，最先做出预判并躬身实践，勇于打破舒适圈，挑战新领域，谁就掌握了发展的主动权。

首先要有对时代趋势的准确判断。改革开放40多年来，全球化的潮流趋势提供了广阔舞台，改革开放的方针政策提供了指导方向，国

家的日益强盛提供了强大后盾，这是所有企业共享的基础。能不能把握住这些机遇，是一个企业能否成功实现国际化的关键。历经30多年的创业史，迪尚董事长朱立华见识过国内外多次经济大潮跌宕起伏，经历过白手起家的困窘艰难，看到过世界市场的广阔机遇，积累了丰富的经验，具有过人的胆识和敏锐的洞察力。这使迪尚自成立伊始就选择了外向型的发展频道，而且在生产基地布局、品牌创立、数字化转型等方面，坚持与世界接轨，向世界水准看齐，一直走在行业前列。早在15年前，预判到大国博弈可能带来的贸易限制，迪尚就开始在海外建设生产基地、设计公司和贸易公司，降低经营风险，拓展发展空间。正是这种前瞻性眼光和运筹帷幄能力，让迪尚在顺时能抓住机遇开疆拓土，逆时又屡屡化危为机、逆势上扬。

当今世界处于新的动荡变革期，新情况新变化层出不穷。一是疫情过后国内市场回暖缓慢，国际市场需求减弱；二是近年来国际局势变化多端，大国竞争带来贸易摩擦、技术壁垒、生产链条外移等问题。针对这些时代大潮的变化与挑战，迪尚集团积极响应国家“一带一路”倡议，继续拓展海外市场，在东南亚继续打造生产基地，在发达国家持续开展市场收购、兼并或成立设计、品牌、销售及新材料公司，优化海外布局，调动全球资源要素，规避贸易壁垒，整合国外设计、贸易力量、海外工厂优势，以“走出去”的方式打破围堵之困。

其次要有国际化视野和思维方式。一要尊重国际规则，“每个公司的发展都有自己的业务体系，但想要推进国际化，特别是在全球供应链高度融合的今天，必须接受全球贸易体系、管理体系的标准和规则”。“多站在对方的角度考虑问题，主动了解对方的文化、习惯、需求，才能为客户提供满意的服务。”这不是高深的道理，但大道至简，难的是知行合一。迪尚始终秉持开放、信任的精神，按照国际标准和客户要求建立和改进自己的管理体系，包括质量管理体系、人权管理体系、安全管理体系、环保管理体系等，使双方的合作更加高效顺畅。

二要遵守契约精神。迪尚集团的核心理念中，“信誉”排在首位。2018年，大连工厂出现意外造成欧洲客户订单的工期延误，如果欧洲客户坚持要求按照约定时间送达的话就必须加急空运，为此要额外增加上百万元的运费。但因为长期累积的良好信用，这次失误得到了客户的谅解。迪尚的一个竞争对手跟欧洲客户理论，“为什么我们工期耽误的时候必须加急空运，而迪尚却不用这么做？这不公平”。客户把迪尚和其竞争对手的信用记录摆出来做对比，迪尚一向信誉良好，这次工期延误是唯一一次例外，而对方工期延误是常态，这怎么能比？正是坚持“内诚于己、外信于人”的理念，迪尚才积累了极高的业界声誉，在国际市场上站得住、立得稳、走得快。

（二）突出技术创新优势，打造产业链条新生态

创新是企业发展的不竭动力，迪尚集团官网首页上写着：“迪尚致力于成为最具竞争力的国际化服装企业。”多年来，迪尚重视研判行业发展趋势，不断追求新技术、新市场、新业务、新模式，走变革创新的高质量发展之路，把主动权牢牢抓在自己手里。多年来，迪尚深入与高校的产学研合作，联合建设了国际一流的服装创新研究院及生产实验室，不断提升服装设计和面料研发能力；全力打造中国服装设计创新集成平台，建设十大高端创新中心，以独立制作和快速反应形成了自己的比较优势；设立高级时装中心、运动中心、牛仔中心等，实现对不同市场、不同产品的专业化经营；打造工厂店、高级定制品牌DCCM等自主内销品牌，针对不同消费群体，积极推动消费升级。通过不断创新做精做细服装外贸主业，持续提高盈利能力和抗风险能力。

作为纺织服装产业链“链主”企业，迪尚将大数据、互联网和新技术与传统产业高度融合，打通了从服装创意设计、面辅料资源协同到成衣研发的各个产业链节点，形成了协同、敏捷、柔性的产业供应链体系。今天的迪尚已经发展为集全产业链业务和资源于一体的中国

服装龙头企业，被《人民日报》称为中国服装全产业链的隐形冠军。

除自身生产链条贯通之外，迪尚还致力于发挥“链主”企业引领作用，在打造平台型企业的路上持续投资，围绕集聚资源、便利交易、提升效率的目标，建设工业互联网平台，实现产业链上下游环节的整合，推动上下游企业配套整合发展，带动整个传统纺织服装行业的数字化转型升级，实现了效率倍增、价值倍增，带动产业上下游企业增收超10亿元。未来迪尚将对平台进行管理赋能，对客户、业务单元、供应商等进行标准化评级管理，打造快速响应的资源数据中台、垂直供应链中台和财务管理中台，提供数字化金融服务，吸引更多上下游企业和业务前台加入，推动服装行业协同发展。

（三）研判国内经济格局，开辟行业发展新局面

国际化发展的战略选择，是基于多方面因素的综合考量。既要看到全球化大潮下广阔海外市场的吸引力，也要看到疫情后国际市场需求减弱的客观事实；既要看到海外市场伴随“一带一路”倡议实践的拓展，也要看到大国竞争带来的贸易摩擦和技术壁垒；既要看到我们国内产业体系完整的相对优势，也要看到国际生产链条“去中国化”的严峻形势。

针对时代大潮的变化与挑战，迪尚未雨绸缪，从优化产业环节入手，塑造自己的价值高地，把发展的主动权牢牢抓在自己手里。比如日本近年来出现一种趋势，即由商社直接对接品牌，商社兼具设计、贸易功能，这就在部分环节上和迪尚形成了同质竞争。相比较而言，迪尚的优势在于自己拥有工厂，既可以纯加工，也可以加工叠加设计，操作起来更为灵活。因此迪尚一方面在日本成立办公室，配置商社功能，与品牌方做直贸，对抗日本商社竞争；另一方面充分发挥自己的产业链优势，按进一步去中间化的思路，为客户提供特色设计、质量工期管控、面料采购的系统服务，通过优化管理效能，缩短产业链条，

为客户减少成本，也为自己减少业务外溢的概率。

针对消费结构变化和购买力下降的趋势，迪尚打造迪尚精选等自主内销品牌，积极参与推动消费升级。此外，迪尚还顺应时代潮流，开通抖音等网络直播的营销平台，实现了相当可观的直播效益，小场营业额达四五十万元，大场营业额可达上千万元，知名度在杭州直播界稳居前列。

针对国际政治局势和经济逆全球化的暗潮涌动，迪尚提出在保持海外开放市场的基础上，对国内市场集中发力，积极加入国内大循环为主体、国内国际双循环相互促进的新发展格局。据迪尚研判，我国校服和工装市场蕴藏着巨大潜力，预计校服市场规模达8000亿元，工装市场规模达10000亿元，可谓服装产业的最大蓝海。为此，迪尚提出了明确目标——聚焦工装蓝海，打造中国工装第一品牌，推动山东省成为全国乃至全球工装发展高地。自2019年下半年起，迪尚全面进军国内工装、校服、职业装市场，目前已承接港口、电力、交通、海关、海事等多领域工装项目，成为国内工装市场的主要供应商。

迪尚的国际化发展之路，体现了一个企业对社会发展和时代脉搏的精准把握，因时而动，乘势而上，随机应变，与时偕行。正是这样的不懈奋斗和主动作为，使迪尚成为时代的解读者，更成为服装行业的领军者。

思考题

1. 企业在“走出去”过程中还会遇到哪些常见问题？
2. 针对上述问题企业有哪些好的做法？
3. 政府可以采取哪些举措为企业“扬帆海外”保驾护航？

文登区党建引领三级联动

——以社会化服务提升村级集体经济发展质量*

【引言】近年来，威海市坚持以人为本、全域统筹、共建共享，全域推进精致城市建设。办好农村的事情，实现乡村振兴，关键在党，要加强党对“三农”工作的全面领导，发挥好农村基层党组织战斗堡垒作用，落实好富民政策，发展多种形式适度规模经营，培育新型农业经营主体，健全农业社会化服务体系，实现小农户和现代农业发展有机衔接，巩固拓展好脱贫攻坚成果，拓宽农民增收致富渠道，不断提升农民获得感幸福感安全感，为新时代全面推进乡村振兴汇聚更强大力量。

【摘要】针对普遍存在的农民老龄化，耕地碎片化等突出问题，以解决地怎么种、谁来种、集体经济怎么发展、农民怎么增收为重点，文登区充分发挥各级党组织的政治功能和组织优势，积极谋划区镇村党建引领三级联动的农业社会化服务体系，极大促进了小农户与现代农业的有机衔接，以社会化服务极大地提升了村级集体经济发展质量。

【关键词】党建引领　三级联动　高村镇　农业社会化服务 乡村振兴

---

* 本案例由中共文登区委党校高级讲师张辉撰写。

近年来，威海市深入践行习近平新时代中国特色社会主义思想，以习近平总书记提出的“威海要向精致城市方向发展”为总目标，牢牢把握共富共美的价值追求，坚持以人为本、全域统筹、共建共享，全域推进精致城市建设，全力打造共同富裕先行区，全方位彰显“精致城市·幸福威海”的品质魅力。随着现代农业的快速发展，农业小生产与大市场、分散承包与规模化经营、全产业链发展与专业化分工之间的矛盾日渐凸显，农民一家一户办不了、办不好、办起来不划算的事越来越多。作为国内最早实施农业社会化服务的区县之一，威海市文登区围绕地怎么种、谁来种的问题，谋划出区镇村三级联动的农业社会化服务体系，推动生产再组织、资源再整合，有力促进了村集体和农民双增收，为乡村全面振兴奠定了坚实基础。2019年全省农业社会化服务工作现场推进会、2022年“百校联百县兴千村”行动启动仪式暨全国乡村建设现场培训会在威海市文登区召开，文登区高村镇农业社会化服务中心作为观摩点迎接现场观摩，相关工作做法得到各级领导的一致肯定。

一、背景情况

威海市文登区高村镇因农业效益比较低等原因，出现了土地撂荒现象。农村老龄化趋势加快，出现无人种地现象。传统的种植结构适应不了市场需求，收入情况难以满足群众对富裕生活的渴望。为此，高村镇党委根据上级党建引领农业社会化服务工作要求，创新镇域农业社会化综合服务体系建设。

高村镇是一个传统农业大镇，总面积为96.36平方公里，下辖46个村，人口为3.24万人，耕地总面积6万亩。高村镇自然风光秀美，拥有呼雷汤温泉、青龙河美景、梁氏庄园、二甲柳编、脉田糖瓜等众多资源。

但是一方面，随着城镇化和农业现代化的快速发展，高村镇的土地产出效益正在逐步减少，青壮年劳动力大量外流，土地撂荒问题严重。“外面的人进不来，村里的人搞不动。”土地细碎化，流转难度大，吸引不到社会资本；村集体经济薄弱，村民老龄化程度高、组织化程度低，也无力推进规模化经营。农村空心化、农民老龄化现象日益突出。另一方面，随着就业机会的多元化，农户有了更多的选择，其中半工半种、弃耕从工成为农户的优先选择。城市里更丰富的生活、更广阔的天地吸引了大批有梦想、想干事的年轻人，年轻人口的流失客观上造成了越来越多的纯老家庭，据统计，高村镇空挂户人口达30%以上，半工半种劳动力占50%左右。高村镇现有务工人员中，60周岁以上的占80%。

不仅如此，耕地相比其他产业来讲，风险系数更高，受气候、肥料价格等因素的影响很大，再加上粮食生产周期长，投入大而收益小，导致务农的机会成本大大增加。村里很多年轻人都出去打工了，很少有人愿意面朝黄土背朝天地在家种地，但是若没人种地，吃饭都成了问题，还谈什么经济发展呢?

农业种植收益低加上劳动力大量流失，导致高村镇土地撂荒情况日益严重，高峰时全镇撂荒面积达到7000多亩，占全镇总耕地面积的12%。并且大多数耕地是一家一户分散经营、广种薄收，社会上的农机、农资等资源也各自为战、无序竞争，使用效率低下，既不利于扩大投入和推广应用先进适用技术，更不能形成主导产业和具有地方特色的拳头产品，高效现代农业的发展严重受阻，急需“有形之手”引导发展现代化农业。

二、主要做法

务农重本，国之大纲。针对普遍存在的农民老龄化、耕地碎片化等突出问题，文登区以谁来种地、怎么种、集体经济怎么发展、农民怎么增收问题为重点，充分发挥各级党组织的政治功能和组织优势，积极谋划区镇村三级联动的农业社会化服务体系。

（一）健全“三级联动”运行机制

文登区委主要进行顶层设计，主抓统筹和总体工作，并搭建起区级农业综合服务平台。这一平台，与市级、镇级服务平台联网运行，为全区农业生产提供政策扶持、金融保险、品牌运营、人才引进、技术培训保障等服务。高村镇党委、政府本着突出问题导向的原则，按照文登区委、区政府的总体部署，在市、区两级农业部门的指导下，立足高村镇实际，以提高农业生产的组织化程度为主线，以培育新型农业经营主体为重点，以土地资源要素整合、汇聚农业发展合力为发力点，以各级主体全参与、土地托管全服务、生产过程全参与为目标，积极推动小农户与现代农业发展的有机衔接，积极架构农业社会化服务体系。

时任高村镇党委书记姜宗浩，参与了服务中心的模式设计，并细数了其中的创新要义：“在农村劳动力老龄化日趋明显、农业机械化日趋普及、土地规模化日趋扩展的时代背景下，党建如何引领体制机制创新、基层党组织如何发挥战斗堡垒作用来推动生产力发展，我们党委一直在探索寻找答案。经过广泛调研、群策群力，我们党委清楚地认识到，要把农业发展起来、农民组织起来、土地流转起来，必须跳出舒适圈，以创新的眼光看问题，必须由党委政府带头干，也只有党委政府才有能力和公信力干好这件事，党委政府必须承担起主体责任。”

2017年11月，高村镇作为试点，打造镇级农业社会化综合服务中心，探索出一揽子解决上述问题的方案：

高村镇党委政府提出目标要求和发展思路，保障党建贯穿工作始终。具体的工作方法：党建引领，产业布局，按工业模式招商，争取上级政策。达成目标：完成三产融合、农民富裕、乡村振兴任务。高村镇党委根据产业规划了休闲农业产业园区、中药材产业园区、蔬菜产业园区、花卉苗圃园区、粮食主产区。

职能部门配合指导。具体的工作方法：政策性项目科技等扶持支持。达成目标：形成部门工作新突破和新亮点。例如承接农业部门的秸秆还田、千亿斤粮食项目，土壤改良项目，粮食部门的粮食产后体系建设项目，财政部门的高标准产田改造项目。

农业服务中心具体落实。以服务和管理为总抓手，农业服务中心负责协调土地、劳务、市场、产品、技术、信息的相互关联，融合所有与农业有关的要素。具体的工作方法：整合部门职能（科技、人才、市场、党建），上下协调，公益服务。达成目标：农业提质增效、绿色环保，实现小农户与现代农业的有机衔接，促进科技成果转化。例如含有硅元素的有机肥对土壤重金属的吸附作用，可以加快有机农业的发展进程。

集体股份合作社提供服务。在村党组织领导下，集体股份合作社由村级劳务合作社、土地合作社构成，负责制定章程，组织土地流转和托管，开展劳务输出和管理。具体的工作方法：对接服务中心和高田农业发展有限公司（以下简称高田公司），流转土地和劳务输送。达成目标：实现村集体经济组织的增收。

高田公司龙头引领。高田公司作为高村镇投资建设的国有控股企业，是整个运行体制中最重要的中转环节、整个社会化服务体系中的龙头企业，负责劳务派遣、项目招商、农业经营、产品研发和深加工、市场开发、旅游资源推介，发挥着关键联结作用。具体工作方法：规模土地招商、专业劳务派遣、土地规模经营、粮食加工体系建设、农业和旅游融合。达成目标：构筑高田大地、高田劳务、高田农业、高田粮油、高田农旅五大品牌。

农业社会化综合服务中心得以运行的逻辑起点是村党支部领办的

土地股份合作社能把土地流转起来。但实际上，由于存在自然灾害、价格波动等风险，土地流转工作推进得比较慢。自2017年高村镇建立农业社会化综合服务中心以来，发展过程一波三折。“政府想方设法地弄走我们的地。”各村村民议论纷纷。“土地是农民的‘命根子’”，“没了土地就没了底气”，“手中有粮心中不慌”——传统思想成为推广农业社会化服务的最大阻碍，不少农民对出租土地、购粮度日心存顾虑。

之所以产生这个问题，主要是因为机制不健全、服务不到位。

姜宗浩说：“要想把规模化经营的路子走下去，必须发挥好党委的引导作用、基层党组织的堡垒作用，建立健全农业社会化服务体系，让群众得到看得见、摸得着的实惠，真正做到两相情愿。为了消除农民顾虑，我们下了不少力气。经过大量的走访调研，我们发现，多数农民其实是有想法、没胆量，于是我们决定在呼声较高的几个村进行试点，取得经验后再实现以点带面辐射发展。”

高村镇的农业产业基础较好，且有一定的农资、农机基础。在此资源条件下，要实现乡村振兴，就要在向土地要效益上做文章。只有把土地等资源要素整合起来，走规模化经营的路子，才能实现产业大发展，进而引领乡村全面振兴。

例如：墩后村将195亩土地交由镇农业社会化综合服务中心对外招商。村集体的收入就包括“增量”和“增值”两部分。“增量”就是农户的195亩土地连片成方后，增加了35亩土地，每亩地年租金600元，每年集体收入增加2.1万元。“增值”就是经过招商后，原流转价格300元 / 亩，招商价格600元 / 亩，增值的300元 / 亩按照村集体和个人3：7的比例分配，集体收入增值1.76万元，加上增量的2.1万元，村集体收入合计为3.85万元。依托土地资源的整合，激发内生动力，这是一条可复制、易推广的集体经济发展新路子。农户每亩土地享受300元的租金收益以及增值分成210元，合计每亩收益能达到510元。农民在实现富余劳动力的情况下还可获得土地收益。

（二）打造“一三”运作模式

农业社会化综合服务中心的重点是解决谁来种地、怎么种地，农民怎么增收，经济怎么发展的问题，带着问题找方法，高村镇党委政府探索建立了“搭建一个平台、实施三化运作”的运作模式，也就是“一三”模式。

1. 搭建一个平台：搭建镇级农业社会化综合服务中心平台

高村镇党委主动作为，投资2000万元，规划建设了农业社会化综合服务中心，总占地面积22亩，总建筑面积6400多平方米。

姜宗浩说，“为了方便信息管理，我们镇党委同步建立了‘高田大数据’信息平台，集土地流转、土地托管、土地经营、农产品交易、技能培训、旅游推介、检测服务、信息咨询、信息管理等功能于一体，这不仅可以进一步整合各类为农服务资源，而且可以确保信息透明，相当于给咱们的老百姓吃一颗‘定心丸’。信任度上去了，我们的工作也就好做了”。

但要想实现这些功能，就需要一批专业的人来具体实施。

因此，镇政府成立了高田公司，采取开放性、平台式运作方式，统筹村级土地股份合作社、劳务合作社、农旅合作社等经营组织开展农业生产经营活动，从而搭建起新型“三农”社会化服务平台，并且选聘农业经验丰富、具有较高威信力和号召力的南产村党支部书记刘玉海担任公司负责人。

“有刘书记给我们作保障，我们很放心！”选聘一位口碑好的负责人可降低村民的抵触感。百姓从抗拒到支持的转变，为农业社会化综合服务中心的运作奠定了坚实的群众基础。

2. 实施三化运作：实施规模化经营、社会化服务、多元化投入

（1）规模化经营

规模化经营就是按照农村土地所有权、承包权、经营权“三权”

分置的要求，采取土地流转、托管半托管的方式，促进农村土地适度规模化经营，提高产出效益。

实施乡村振兴战略，广大农民是主体。能否把农民有效组织起来，关键靠村级党组织。

在土地流转方面，高村镇先期筛选了10个村进行试点，在推进农村集体产权制度改革的基础上，成立了10个土地股份合作社。

“土地股份合作社到底是干什么的啊？”在成立土地股份合作社的党员村民代表大会上，高村镇南产村村民于桂礼问道。

南产村党支部书记、村委会主任刘玉海说，土地股份合作社，就是把村民的自有土地以入股的形式将土地的经营权流转给村里，村里再把土地放到农业社会化综合服务中心的平台上统一对外招商，让零散的闲置土地连方招商，走适度规模化经营的路子。

初期，为进一步提高招商成功率，农业社会化综合服务中心对从事粮油生产的种植大户，采取提供担保、财务监管、签订购销合同等方式，允许种植大户在完成农作物销售后，再支付土地租金，从而降低其资金压力和生产经营成本。

试点工作启动后不到一个月，该中心就从10个试点村流转闲置土地3600亩，并通过招商发展了1000亩的丹参中药材种植园、150亩的黑小麦新品种培育基地等项目。对暂时没有完成招商、实现社会资本进入的土地，中心将土地委托给高田公司，高田公司利用自身资金优势和设备优势，联合现有的文登市永丰农业专业合作社、威海青藤农业服务有限公司、威海市文登区高村镇游园地农机专业合作社从事生产经营，最终入股农民和村级集体都可有一个稳定的收入。

对于农民不愿流转的土地，由村集体通过农业社会化综合服务中心，联系农机专业合作社开展土地托管、半托管服务，为农民提供耕、种、管、收、储、加、销等全过程服务。

试点村的成功给党委、政府、农民以鼓舞和信心。在有了前期成功经验的前提下，目前，全镇46个村全部成立了土地合作社，累计流转土地4.77万亩，占总耕地面积的78.6%，促进了农业规模化经营。

（2）社会化服务

发挥镇政府的职能优势，进一步整合各类为农服务资源，创新开展了“流转式”“全托式”“入股式”等土地托管服务，上述服务中心将农业种植流程细化成“服务菜单”，明码标价，并给予低于市场价格10%的优惠，彻底打消农民顾虑、降低农业经营成本。农户可根据菜单内容向服务中心下达购买服务意向，服务中心根据农户购买服务内容进行分类后，组织服务经营主体与农户签订购买服务协议，推动实现从测土配方、机耕、施肥、用药到收获、运输等农业生产全过程可追溯监管，并配套建立农业空中讲堂、电商营销、金融保险等服务平台，彻底打通农业产前、产中、产后的服务链条，引导小农户集中连片接受社会化服务。目前，该服务中心托管耕地面积5.8万亩，占全镇总耕地面积的95%，高村镇传统的一家一户耕种模式基本消失，取而代之的是规模化的农机作业，是上述中心提供的耕、种、管、收、储、销全链条服务。

发挥农业站所的技术优势，聘请农业技术专家长期为农民、种植大户提供新品种新技术推广、病虫害防治等农业技术服务。同时，对于从土地中释放出的劳动力，以村为单位登记造册，成立劳务合作社，由农业社会化综合服务中心通过线上线下相结合的方式，免费为其进行技能培训、经营管理培训、职业道德培训，为其提供政策解读和专家指导，提升市场劳务竞争力。对于继续经营土地的农民，依托远程教育视频会议系统、农广校等平台，提升其职业技能，培育新型职业农民；对于从事种植业、养殖业的农民，引导加入专业合作社，实行统一管理服务，提高其组织化程度和抵御市场风险能力。截至2023年底，全镇46个行政村全部成立了劳务合作社，对农村劳动力实行技能分类、定级管理，吸纳农民7000多人，年人均增收5000多元。

农业社会化综合服务中心建立了农业信息大数据库，将镇域范围内的土地档案、测土配方、招商信息、专家人才、农产品销售价格等内容都纳入其中，为农户和经营主体提供免费查询服务，并即时发布市场供求信息和招商信息，搭建信息交流平台。

服务中心与文登供销合作社、威海市烟农供销农资连锁有限公司、文登区佳禾种业公司等农资龙头企业签订了入驻协议，开设农资交易市场，采取集中竞价、集团服务的方式，为在服务中心签约的农户和大户提供低价优质的农药、种子、化肥、地膜等农资供应服务，进一步降低农业生产成本。

服务中心设立了检测中心，按照农业标准化生产和农产品质量安全管理的要求，为农户和生产经营者提供土壤化验、农药残留、重金属含量等检测服务。同时，大力推进农产品质量安全追溯体系建设，确保农产品安全放心。目前服务中心已向高田公司下达了300亩的绿色小麦收购订单，逐步引导绿色农业发展。

服务中心借鉴淘宝的运营方式，在农业综合社会化服务中心开设了在线交易功能，农户、龙头企业或者外来投资者可以通过服务中心进行产品交易、买卖以及劳务输出，用工单位可通过服务中心查找合适的劳动力、技工等，同时各村的资源、资产、项目工程也可进行在线招标、线下竞标，实现交易公开化、公平化。高村北产村流转的150亩黑小麦种植就是在平台上与南北产农机合作社签订了购买服务协议，全程由南北产农机公司按照标准化的流程经营管理。

“自从建了这个中心，买农药、用农机再也不用货比三家啦，政府直接给咱们低于市场价10%的优惠，还提供粮食销售的路子，给咱省了钱更省了心！”高村镇虎山村党支部书记孙显武有感而发。

（3）多元化投入

由农业社会化综合服务中心牵头，整合各方资金，集中投向重点领域、重点园区，确保最大限度地发挥资金的使用效益。

在推进现代农业园区建设过程中，农业社会化综合服务中心积极争取涉农部门支持，承接各类涉农财政资金，并将其按一定比例转化为公益性股权，授予村级集体，对于因财政资金投资产生的土地增值部分，由村级集体按比例进行分成，确保村级集体真正享受到财政资金投入产生的效益。目前，农业社会化综合服务中心已承接千亿斤粮食项目、秸秆还田项目、节水灌溉项目，覆盖土地6.4万亩。

统筹规划省定贫困村的精准扶贫资金和经济薄弱村的参股资源，将镇政府规划建设的社会化服务中心门市房分配给贫困村，每个村60平方米，统一对外租赁，确保贫困村有稳定的租金收入。

说到省定贫困村，就不得不提村党支部书记孙显武。自农业社会化综合服务中心建成以来，这位村党支部书记的腰杆挺得越来越直了，逢人就讲村里的脱贫致富经。

“我们村土地合作社流转土地170多亩，通过服务中心的平台对外招商，引进了100多亩的虎山大樱桃项目。光是地租这一项，村里就增收5万多元。得益于农业社会化服务，村集体的经济终于有了起色。”孙显武算起了村里的“增收账”。

高村镇农业社会化综合服务中心通过开展招商引资，积极引导社会资本集中投向高村镇规划的农业园区，进一步完善园区的道路、灌溉、石砌方塘等基础设施，提高农业园区的整体配套水平。截至2023年底，高村镇已吸引社会资本投资6000多万元投入基础设施建设。

“投资之前我还在担心厂房的土地问题，没想到最让人头疼的问题这么快就得到了解决。”优艾斯生物科技清洁剂项目的负责人如是说。

通过农业社会化服务，高村镇提高了土地流转效率，打消了资本投资的后顾之忧，形成了“农业社会化为资本流入进行兜底、资本流入为社会发展提供保障”的良性循环。

一是实现了土地规模化经营。全镇已实施全托管服务5600亩，半托管服务81000亩（包括其他乡镇），流转式服务15000多亩，解决了土地如何耕种的问题。

二是实现了村集体和村民收入双增加。全镇26个经济薄弱村，21个村通过社会化服务，年收入达到5万元以上，26个村年增加总收入200万元。村党支部通过集中经营和组织劳务输出，实现了集体经济的增加，解决了集体经济薄弱村增收问题。2100户农民通过土地流转人均亩增收200元以上。在服务中心参加培训的农民达到2200人次，通过服务中心为7000人次提供务工服务，人均增收3000元，解决了农村劳动力务工难问题。

三是实现了农业高质量发展。集中经营的土地，亩均投入成本降低200元左右，解决了农业生产成本偏高问题；通过上马粮食烘干项目，日烘干量可达到500吨，解决了粮食晾晒难问题；通过统筹机械服务土地85000亩，全部机械化作业，亩均作业成本降低100元左右，解决了农机作业效率不高的问题。

四是实现了粮食安全保障。通过委托经营，复耕面积达6000多亩，增加粮食300万公斤，解决了种植面积减少，粮食产量无法保障的问题；通过集中经营，亩均农药使用量减少40%，节省肥料30%～40%，解决了因为农药、化肥使用不规范而产生的粮食质量问题。

五是实现了传统农业与大市场无缝对接。通过引进新型经营主体，成功招商农业项目16个，新品种、新技术实现了全覆盖，产品订单越来越多，一、二、三产业得到有机融合，解决了信息不对称，产品有量无市问题。

三、经验启示

（一）加强组织建设，打造坚强堡垒

在推进现代农业社会化服务体系建设过程中，文登区委进行顶层

设计，主抓统筹和总体工作，并搭建起区一级农业综合服务平台。这一平台，与市级和镇级服务平台联网运行，为全区农业生产提供政策扶持、金融保险、品牌运营、人才引进、技术培训保障等服务。镇党委始终坚持把基层党建贯穿始终，坚持党建带社建，充分发挥好基层党组织和党员的引领作用。镇党委成立了农业社会化综合服务中心党总支，领导和指导下设的土地股份合作社、劳务合作社全部建立起合作社党支部，以党支部为核心，指导制定合作社章程和发展规划，引领合作社做好土地托管入股、劳动力转移等工作。党员主动亮身份、处处做典范，明确党员的岗位职责，发挥党员的特长优势，带领合作社成员共同致富。

（二）紧抓创新发展，助力乡村振兴

文登区党建引领三级联动，紧抓创新发展第一动力，以农业社会化综合服务中心为载体，着力构建产前、产中和产后全过程综合配套的农业社会化服务体系，积极探索创新农业社会化服务模式，走出了一条具有文登特色的乡村振兴高村镇模式。实施乡村振兴战略，要坚持农业农村优先发展，按照产业兴旺、生态宜居、乡风文明、治理有效、生活富裕的总要求，建立健全城乡融合发展体制机制和政策体系，构建现代农业产业体系、生产体系、经营体系，完善农业支持保护制度，发展多种形式适度规模经营，培育新型农业经营主体，健全农业社会化服务，实现小农户和现代农业发展有机衔接。深入学习贯彻习近平新时代中国特色社会主义思想，聚焦农业农村发展面临的问题，以改革为动力、以创新为支撑，加快推动乡村振兴，着力打造“良田集中连片、农业绿色生态、农村整洁安宁、农民富裕富足”的宜居宜业和美乡村。

（三）推进产业建设，壮大集体经济

强化特色产业支撑。结合乡村振兴样板片区规划，推进建设民俗

度假、田园游乐、温泉养生等特色团体，共同打造集民宿、休闲、拓展、观光、采摘等于一体的原生态院落式田园综合体。优化农业经营体系。以“土地流转”为基础，依托镇党委领办联合社，因地制宜集约土地，探索农业生产社会化服务体系，整合全镇资源成立国企高田公司，负责对各村党支部领办合作社资源进行统一运营和对外招商，形成“片区 + 合作社联合社 + 农户”的新模式。拓宽村庄发展路径。以各村党支部领办合作社为依托，由包片委员、包村干部、村“两委”成员、致富能手结合各村村情、特色产业按照“一村一策”要求，制定各村发展壮大村集体经济思路，转变传统村庄发展思路，拓宽村集体致富渠道。

党建引领农业社会化服务助力乡村振兴，高村镇以农业社会化服务体系为依托，系统破解了“地往哪转、人往哪走、钱从哪来”三个共性问题，为“三农”发展探出了一条新路径。乡村振兴作为一项长期性的历史任务，贯穿于推进中国式现代化建设全过程，这需要我们有足够的历史耐心，以长远眼光做好制度安排和路径选择。从这个维度上看，文登区党建引领三级联动，高村镇以社会化服务提升村级集体经济发展质量、带动乡村振兴的探索是颇有示范价值的。

思考题

1. 如何更好地发挥党建引领农业社会化服务助力乡村振兴?
2. 如何更好地利用农业社会化这一服务体系发挥本土的资源优势，创造更大的价值?
3. 如何更好地延伸农业社会化服务链条，促进农业与二、三产业进一步交融?

红色 DNA“链”动产业高质量发展

——威海深化产业链党建　赋能产业高质量发展*

【引言】产业发展作为经济发展的重要基础，如何实现精明增长为城市发展增添动能，是威海市在推进精致城市建设中面临的现实问题。党建工作是党抓好一切工作的根本，党建红色 DNA 的注入更是“链”动产业高质量发展的一大利器。习近平总书记在党的二十大报告中指出：“把基层党组织建设成为有效实现党的领导的坚强战斗堡垒……加强混合所有制企业、非公有制企业党建工作，理顺行业协会、学会、商会党建工作管理体制。加强新经济组织、新社会组织、新就业群体党的建设。”[①] 为发挥党建对经济发展的引领作用，切实为实体经济提供“硬核支撑”，2022 年 5 月 28 日，山东省第十二次党代会报告明确提出，要推进两新组织党建提质增效，深化产业链党建。

【摘要】威海，地处山东半岛最东端，是全国第一个卫生城市，第一

---

* 本案例由中共威海市委党校（威海行政学院）党史党建教研部副主任、讲师宋鸣艳，讲师左真真，讲师王云撰写。

① 习近平：《高举中国特色社会主义伟大旗帜　为全面建设社会主义现代化国家而团结奋斗——在中国共产党第二十次全国代表大会上的讲话》，人民出版社2022年版，第67—68页。

个写入自贸协定的中国城市，同时也是省、国家各项经济改革发展的“试验田”。目前，全市拥有规模以上工业企业1100多家，工业产品种类达3000多种，形成八大产业集群和十条优势产业链。2022年，全市规模以上工业企业实现营业收入2806.47亿元，营业收入利润率达到8.1%，高新技术产值占比位居全省第一。十条优势产业链营业收入突破2000亿元，利润约210亿元，占比接近80%。威高集团、光威集团等企业分别被确定为全省医疗器械、碳纤维产业链的“链主”。

为了把产业链这个实体经济的“硬核支撑”上的党组织和党员“串”起来，把产业链内外的各种资源“统”起来，让红色DNA“链”动产业链上的上中下游企业，实现协同高效发展，威海市积极贯彻落实上级部署要求，结合自身实际，自2021年2月，先后在八大产业集群和十条优势产业链上，成立各具特色的综合党委（党建联盟），探索党建引领企业抱团合作、互促共赢，赋能产业高质量发展的新路子。

为了给产业链上的企业提供精准服务，实现精准赋能，威海市委以精致理念为统领，坚持“围绕产业抓党建、抓好党建促发展”的原则，先后探索出“园区 + 产业链党委”“行业协会 + 产业链党委”“龙头企业 + 产业链党委”等党建工作模式，以党组织作为“通关密码”，通过“五共”党建运行机制、四个平台，打破链上企业各自为阵、封闭自锁的局面，打通链上企业、政府部门、科研机构等之间的体制壁垒，使链上企业成为党建共同体和利益共同体，实现企业抱团合作、互促共赢，赋能产业高质量发展。截至2022年底，全市成立产业链综合党委（党建联盟）15个、企业党支部780个，党员共1.2万名。2022年，威海市深化产业链党建、赋能产业高质量发展的创新实践荣获“山东组织工作创新奖”。

【关键词】威海　红色DNA　产业链党建　高质量发展

一、背景情况

2018年6月12日，习近平总书记亲临威海视察，提出“威海要向精致城市方向发展”的殷切期望，为威海城市发展指明了前进方向。2020年威海市制定出台《威海市精致城市建设条例》，并以地方标准的形式印发了《威海市精致城市评价指标体系》，自此威海精致城市进入制度化、标准化建设轨道。

推进精致城市建设一方面要坚持用精致的理念作统领，另一方面要注重在具体推动过程中精当规划、精美设计、精心建设、精细管理、精准服务、精明增长。经济发展是精致城市建设的动力源，如何以精细管理和精准服务保障其实现精明增长，是威海在发展产业助推经济增长过程中必须解决的问题。

将企业组织起来，是我们党的强大优势，也是产业强链的必由之路。坚持党建引领，为产业注入并激活红色 DNA，“链”动产业高质量发展是威海市聚焦时代新命题、面对变化新形势、发挥产业新优势、破解面临新问题，适时应势作出的现实考量和有益探索。

（一）推进产业链党建是落实党中央和上级决策部署的必然要求

党的十八大以来，以习近平同志为核心的党中央高度重视基层党组织建设工作，习近平总书记更是围绕基层治理发表了一系列重要论述。

2017年10月，习近平总书记在党的十九大报告中指出，“要以提升组织力为重点，突出政治功能，把企业、农村、机关、学校、科研院所、街道社区、社会组织等基层党组织建设成为宣传党的主张、贯彻党的决定、领导基层治理、团结动员群众、推动改革发展的坚强战斗堡垒”[①]。

① 《习近平著作选读》第2卷，人民出版社2023年版，第53页。

2018年11月，习近平总书记在上海考察时指出："党建工作的难点在基层，亮点也在基层。随着经济成分和就业方式越来越多样化，在新经济组织、新社会组织就业的党员越来越多，要做好其中的党员教育管理工作，引导他们积极发挥作用。"[①] 2022年10月，在党的二十大上，习近平总书记又进一步指出，"加强新经济组织、新社会组织、新就业群体党的建设"，"加强混合所有制企业、非公有制企业党建工作"[②]。2023年6月，习近平总书记对党的建设和组织工作作出重要指示，强调指出"实现党在新时代新征程的使命任务，党的建设和组织工作要有新担当新作为"[③]。

与此同时，山东省第十二次党代会提出，推进两新组织党建提质增效，深化产业链党建。2023年山东省加力提速工业经济高质量发展大会也明确提出，全省11条标志性产业链是工业经济高质量发展的重中之重，"链长"要发挥好统筹协调作用，做好强链补链稳链延链等工作，决不能"掉链子"。围绕贯彻落实习近平总书记的重要指示精神以及上级部署要求，威海结合自身实际，明确提出，要强化党建引领，在产业链供应链创新链"三链"协同发展上争先，此举对于加强党对产业链的领导，提升党在产业集群和链条中的组织力、引领力和带动力，具有十分重要意义。

（二）推进产业链党建是夯实党的执政基础的内在要求

党的建设作为夺取中国革命胜利的重要法宝，必然随着时代的发展而发展。当前百年变局加速演进，新兴行业和新型市场主体不断出

---

① 《习近平关于全面从严治党论述摘编（2021年版）》，中央文献出版社2021年版，第240页。

② 《习近平著作选读》第1卷，人民出版社2023年版，第55页。

③ 《习近平对党的建设和组织工作作出重要指示强调　深刻领会党中央关于党的建设的重要思想　不断提高组织工作质量》，《人民日报》2023年6月30日。

现，不同领域的经济和社会组织交流融合越发频繁，在为经济增长注入强大活力和动力的同时，对党的建设也提出了新的要求。

传统的基层党组织建设大都局限在组织内、区域内或者领域内，而产业链党建作为全领域基层党建的融合发展样态，以“产业”为媒，以解决产业发展问题为导向，通过将产业链上的不同经济和社会组织在空间上聚集、在业务上融合，构筑起覆盖机关、企业、科研院所、农村、镇街等不同领域和单位的组织网络和治理体系，使基层党组织的优势得以充分转化，形成以党建引领为新样态的“链”式机制，进而盘活资源、提升效益、凝聚人心、汇聚力量。

产业链党建以党组织的“链”式建设有效突破了基层党建“条”“块”的限制，不仅使其结合成为新的组织，也结出新的成果，不仅提升区域发展水平、领域协同能力，而且激发基层党组织创造力，同时有效开阔党员视野、拓展工作格局，让党员能够突破自己原有的“圈子”，打破思维和行动的惯性，走好党的群众路线，践行以人民为中心的发展思想，在服务人民中增强党组织的凝聚力、在攻坚克难中增强党组织的战斗力，从而夯实党的执政基础。

（三）推进产业链党建是推动产业高质量发展、实现精致城市建设目标的重要途径

产业链是实体经济的“硬核支撑”，是经济循环畅通的关键，也是党的工作的重要领域。但是随着产业链不断发展，全链条上党组织和党员人数不断增加，产业链高质量发展路径上出现了一些难解之题。

首先，党组织有效覆盖不充分，一条产业链不可避免地会涉及众多企业，而企业性质、规模等的不同，会不同程度地影响党组织的建立及其作用的有效发挥，抑或是有些链条虽然聚集了大量企业，但它们往往是单打独斗谋发展、关起门来搞研发和运营，面临“五指难成拳”的窘境。

其次，产业链条联动机制不健全。由于企业规模不一、文化理念各异、发展需求多样等原因，出现不同程度的企业间沟通困难、阵地资源闲置浪费、党群活动形式单一、人才流动受限等情况。

最后，产业链内外循环不畅通。由于政企信息不对称，惠企政策传递不及时，校企联动不强，产学研平台作用发挥不明显，协同发展的供应链、人才主导的创新链“链”动不畅等问题依然突出。

但以精致理念推动产业发展要求各生产要素的配置更高效，内含的科技创新成色更足，发展态势更加绿色可持续。推进产业链党建恰恰可以有效解决上述问题、满足这些要求。产业链党建通过发挥产业链党委总揽全局、协调各方、聚合资源作用，注入并激活红色 DNA，推动链上企业从单打独斗向协同作战转变、从各自为政向融合发展转变，从而畅通经济循环，凝聚发展合力，提高产业链企业的协同性、协调性，助力产业高质量发展。

正是在这一背景下，威海市创新组织工作思路，通过抓党建，提高和增强产业链上企业的协同性、协调性，开创了党建赋能产业高质量发展的新路径。这种基层党建创新实践，创造性地将产业链发展的优势与党建有机融合，通过将党组织的政治优势、制度优势嵌入产业链发展的运行模式，以党组织作为“通关密码”，打破链上企业各自为政、封闭自锁的局面，打通链上企业、政府部门、科研机构等之间的体制壁垒，使链上企业成为党建共同体和利益共同体，为推动产业高质量发展赋能。

实践证明，产业链党组织建设并不影响产业自身运行，而是与其相互融合，相互促进，产业链企业通过党组织解决自身发展中遇到的各种问题，从而实现高质量发展，获得党建“红利”，反过来，又会推动产业链企业进一步重视党组织建设，重视党建工作，最终实现党建与产业发展的“双向奔赴”。

二、主要做法

威海市创新组织工作思路，以精致理念为统领，坚持“围绕产业抓党建、抓好党建促发展”的原则，聚焦八大产业集群和十条优势产业链，运用党建这一红色DNA，激发产业链延链补链强链效应，着力把战斗堡垒建在“链”上、把运行机制嵌在“链”上、把服务保障抓在“链”上，切实将党的政治优势和组织优势转化为发展优势，引导产业链企业抱团合作、互促共赢，走出一条党建引领高质量发展的新路子。

（一）健全组织体系，建强“桥头堡”聚魂

产业链党建一头连着党组织，一头连着产业链，是党建工作的新延伸，更是经济领域党建工作的新课题。威海市围绕党组织和产业链“双元主体”，着力破解产业链企业各自为政的局面，按照“公转带自转”思路，强化党建引领，着力健全组织体系，建强“桥头堡”，推动链上企业聚力发展。

一是市委高位定方向。2020年9月8日威海市政府出台了《威海市人民政府关于推进产业链供应链创新链协同发展的实施意见》，要求建立“政企协”协同推进机制，同时将产业链党建作为市委书记突破项目，出台推进产业链供应链创新链协同发展的意见，十条优势产业链分别设立工作专班，威海市领导担任“链长”，实施工作专班推进、龙头企业带动、行业协会促进、示范项目引领、产业基金支持、产业链党委保障提升工程，推动“政产学研金服用”要素向优势产业聚集。

二是部门联合抓落实。威海市委组织部将产业链党建纳入基层党建重点任务清单，会同威海市工业和信息化局、市发展改革委等部门分析研判每条产业链，形成10篇调研报告，在“工作专班＋产业链党

委”基本架构上，构建党建引领发展的路径，切实将组织优势转化为产业发展效能。

三是精准分类建组织。威海结合产业链发展的实际情况，因地制宜推行“园区+产业链党委”“行业协会+产业链党委”“龙头企业+产业链党委”模式，推动链上企业协同发展。

“园区+产业链党委”模式，是依托园区建立产业链党委。2021年，高新区以高新控股集团党委为主导组建了激光打印机产业党建联盟。2022年12月，此联盟正式更名为“威海高新区打印机产业链综合党委”。在运行机制上，打印机产业链综合党委搭建了“1+4+7+N”组织架构，“1”即“链主”，由高新控股集团党委委员、园区运营公司总经理担任，“4”即1名副书记和3名委员，副书记由“链主”企业富士康党组织负责人担任，委员由威海天力电源科技有限公司、捷普电子（威海）有限公司、威海恒科精工有限公司3家骨干配套企业的党组织负责人担任，“7”是包含山东大学威海工业技术研究院、威海市产业技术研究院、工信部威海电子信息技术综合研究中心等在内的共建单位，“N”是覆盖产业链的120余家核心配套企业。产业链综合党委采取实体化运行，组织搭建后，党的工作覆盖率由43%提升到100%。

“行业协会+产业链党委”模式，以纺织服装产业链、乳山牡蛎产业链等为代表，实现了园区资源的有效聚集。2023年迪尚集团董事长当选为山东省纺织服装行业协会当值会长，以此为基础，威海市委工业工委作为行业主管部门，以“行业协会+产业链党委”模式推动建立纺织服装产业链党委。乳山牡蛎产业链也是推行“行业协会+产业链党委”模式的代表。乳山市是“中国牡蛎之乡”，现已形成集育苗、养殖、加工、销售、文化旅游等功能于一体的全产业链。其在推行党建工作中，先依托行业主管部门海洋发展局和牡蛎协会，成立行业党委，再配合属地牡蛎小镇综合党委的域内管理，由市委组织部牵头成立牡蛎产业党建联盟，同时将支部建在牡蛎产业的七大关键环节上，从而纵横联动全面覆盖全市牡蛎一二三产业以及关联的上下游大中小企业。

“龙头企业+产业链党委”模式。发挥行业龙头企业示范引导作用，以“龙头企业+产业链党委”模式推进产业链党建工作是威海的一大创新。比如，医疗器械与生物医药产业链综合党委就是以威高集团为代表，以山东吉威医疗制品有限公司、山东杰瑞医疗科技有限公司等骨干企业为支撑，一大批中小企业合聚共生的党建共同体。乳山市黄金产业链在成立黄金产业党建联盟的基础上，还搭建了全覆盖、立体式的组织体系，配套制定了《黄金产业党建联盟章程（试行）》等规范性文件。党建联盟在乳山市委“两新”工委指导下，由产业链驻地下初镇党委书记担任联盟综合党委书记，从威海恒邦化工有限公司、金洲集团有限公司、泰山石膏股份有限公司3家“链主”企业党组织书记、镇级党政班子成员中选拔出担任综合党委班子的成员，团结链上46家上下游企业，同时乳山市工业和信息化局、发展和改革委员会、科学技术局等职能部门辅以服务保障工作，齐抓共管。

产业链上建堡垒，是发挥党建领航作用，把党的政治优势和组织优势转化为发展优势的重要步骤。截至2022年底，威海全市成立产业链综合党委（党建联盟）15个，企业党支部780个，党员共1.2万名。产业链上的党组织“链”动起来，为产业高质量发展奠定了扎实的组织基础。

（二）健全运转体系，激活“内循环”聚势

威海市在推动红色DNA“链”动产业高质量发展上，聚焦产业配套、人才引进等难点问题，建立了“五共”党建运行机制，有效推动产业融合发展，赋能增效。

一是建立议事共商机制。威海市产业链党建在运行中始终坚持大事合议、难题共解，通过建立产业链“红色直通车”机制、动态收集

企业问题、每月召开联席会议等方式，真正兼顾各方利益，实现共融发展。在高新区，打印机产业链综合党委着力破解企业沟通壁垒，开设“书记论坛”，每季度组织党组织书记座谈交流，集中研究党组织和党员干部队伍建设等问题。同时，建立产业链议事厅，负责人实行成员单位“轮值书记”制，由党委成员担任主持人，负责每季度组织召开议事会，集中商议企业在融资、土地、技术等方面的问题，为企业出谋划策、破解难题。在临港区，碳纤维产业链党委主要通过定期收集企业需求的方式来解决企业难题，通过建立需求、资源、政策、服务等“四张清单”，组建“红色帮办团”，建立“日常问题‘红色帮办团’协办、重点问题联系领导领办、专业问题职能部门承办”等制度，帮助解决企业原材料保障等难题150余个。

二是建立党群共建机制。威海市力推产业链党委品牌、班子、运行、活动、示范点建设“五统一”管理，依托链上工青妇等群团组织，组织企业开展各种主题活动，有效促进企业员工交流融合。此外，产业链综合党委还推行“党员五联动”工作机制，即党员攻关联动、党员业务联动、党员互助联动、党员基层联动、党员爱心联动，并广泛开展“党员先锋岗”“党员亮岗践诺”等活动，做到关键岗位有党员、关键时刻靠党员，党员的先锋模范作用逐渐彰显出来。在乳山市，黄金产业链就聚焦一个“和”字，通过推行党建带工建、党建带妇建、党建带团建三个方面，建立起联盟党群共建体系。黄金产业链推动40家链上企业全部成立工会组织，创新工会建设，比如以庆祝五一劳动节为契机，全面开展各项致敬榜样的活动，大力宣传全国劳动模范宫福祝、“乳山工匠”宋志勇等先进典型，在车间、矿井等设立党员先锋区12个，党员责任岗49个，引领职工在一线建功立业。同时，开展各具特色又主题鲜明的妇女节和母亲节活动，切实为女性职工送去联盟的温暖；推进“青春党建”和“先锋共青团”建设，在百亿项目攻坚、抗疫、安全环保应急等重点工作中，开展“青年突击队”活动，努力用党建力带动青春力。

三是建立阵地共享机制。威海在推进产业链发展的过程中充分发挥龙头企业、产业园区、职能部门等资源优势，高标准建设园区党群服务阵地26处，形成“10分钟党建服务圈”，为企业和党员职工办实事解难题。高新区打印机产业链按照“功能完善、一室多用、党群共建”原则，在园区建立了1处3000平方米的党群服务中心，此服务中心是集“党务、政务、群团、事务”于一体的综合服务平台，涵盖书吧、健身房、会议中心等，为产业链职工提供业余文化生活服务。同时，以园区党群服务中心为主阵地，结合捷普党群服务中心和天力电源党群服务中心两个分中心，建立了以“初心驿站”等党群服务阵地为核心，多点支撑的“一核两圈多点”10分钟党建服务圈，满足了全产业链党员职工需求，受到园区内党员群众的一致好评。临港区碳纤维产业链实体化运行产业链党委办公室，高标准打造5800平方米集政务、党务、服务于一体的碳纤维产业链党群服务中心，不仅配备3名专职党务工作者提供精准服务，还专门设有主题党日政治生活馆、工会之家、人才之家、统战之家、妇女职工之家等功能板块，将党群联动、学习教育、人才交流、沙龙展会、运动休闲融为一体，实现了对链上企业党员、群众职工、人才服务的全覆盖。

四是建立文化共融机制。威海产业链党建通过企业精神培育、文化活动开展、党建品牌打造等方式，强化产业链上的文化认同，继而促进产业高质量发展。针对链上外地外资企业较多的实际，指导产业链党委组建各类兴趣社团120多个，开展红色书友会、下午茶等活动2400余次，强化对各类人群的思想价值引领。乳山市牡蛎产业链党建联盟也在全链条上实行文化联兴，即通过建立节会活动常态化协同机制，立足七环节产业特色，举办牡蛎文化节、牡蛎产业高峰论坛，组织参加国内外知名渔博会、展销会，推动威海市牡蛎产业向更广维度、更深层次、更高目标发展；而在文登区，西洋参产业链联合党委则是通过实施特色产业链党性教学基地建设，将口子李村参源馆打造成红色研学基地，邀请全国劳动模范王文水担任基地导师，组织西洋参产业链上党组织党员寻根溯源，提升党员队伍凝聚力的同时，叫响了“参源”文化品牌。

五是建立人才共享机制。人才是产业高质量发展的关键。在各个党群服务中心，基本都设有“两新党校”、“工匠夜校”、党员教育中心等教育培训机构，驱动人才供给。高新区打印机产业链着力实施产业链红色领军人才计划，建立党小组联系新产品、党员认领攻关项目等机制，成立惠普学院等6个高校二级学院，“订单式”输送高技能人才1万多人，共享员工模式调剂输送2万余人，实现“人才链上转、企业共发展”。临港区碳纤维产业链更是聚焦创新，由产业链党委牵头，深入“链主”企业拓展纤维进行调研，开展高精尖人才需求大摸底，不仅实施“急需紧缺人才集聚计划”，举办国际树枝状大分子峰会等，引进美国诺贝尔奖提名者托马利亚、法国科学院院士皮埃尔，以及国内包括杜善义、蹇锡高等院士在内的50多名行业顶尖专家担任顾问，还先后组织产业链骨干企业与复旦大学等42所高校建立党建联盟，培养市级以上高层次人才24人，占全区的1/3，同时，依托威海职业学院建立双向对接机制，“订单式”培养专业技术人才530余人，强有力地促进了产业的创新与发展。

（三）健全服务体系，打通“双循环”聚能

威海市在推动红色DNA“链”动产业高质量发展上，以服务企业、助推发展为根本，有效搭建了“四个平台”，主动靠前服务，以精细的管理和精准的服务推动了党建与产业发展的互融互促。

一是搭建“政企对接”服务平台。“政企对接”服务平台是密切政府与企业关系，精准开展产业项目对接、需求对接，协同解决各种问题诉求的重要渠道，有利于项目的快速落地和矛盾问题的及时解决。

威海市立足“一链一策”，研究出台了打印设备及智能服务终端、碳纤维及复合材料等9个细分产业政策，通过建立企业困难问题、技术需求、资金需求、配套需求“四张清单”工作机制，切实解决企业发展难题。同时，实施“支部联企”行动，结合全市企业大走访，31名厅级干部、914名处级干部到企业走访问需，所在单位党组织联系帮扶企业，建立“三张清单（企业‘信息清单’‘问题清单’‘建议清单’）”联系服务机制，解决各类问题3600多个。高新区立足全链条产业发展需求引入“国字号”平台，即工信部电子信息产品检验检测中心。临港区碳纤维产业链党委坚持“院内的事情企业办，院外的事情党委办”的原则，不断健全吹哨报到机制，建立与行政审批局、商务局等政府部门的长效对接，比如产业链党委联合行政审批局优化项目开工极速办理机制，对用地规划、工程规划、施工许可等开工手续实行“一条龙服务、一站式受理、一链条通办、一揽子解决”。

二是搭建“信息共享”联动平台。强化产业链党委信息集聚功能，打造面向全产业链的信息开放、共享、互通平台，推动产业链高效运转。临港区碳纤维产业链党委搭建了供需对接平台，定期收集企业需求，统筹调配链上资源，有效破解企业间沟通不畅的难题，推动产业链企业建立合作共享机制，助力新增产值2亿元，威海光晟航天航空科技有限公司等重点企业业绩实现30%以上高位增长。乳山牡蛎产业链党建联盟则立足“信息多跑路，企业少跑腿”的原则，探索“党建+电商+园区+直销配送”模式，整合微信群、公众号、网站、App等信息平台，打造覆盖三产七环的“全域党建微矩阵”，及时向企业传递党建动态，招商引资、岗位招聘、法律援助等信息，真正实现有效信息的普及与利用，产业带动渔民年均增收12亿元。

三是搭建“银企对接”融资平台。产业链党委牵头组织企业与银行对接，开通金融服务“绿色通道”，助力企业解决资金问题。2023年7月12日，由高新区财政金融局、高新控股集团、医疗器械与生物医药产业链综合党委联合主办的银企对接会在威海医疗器械与生物医药产业园举办。会议现场，来自园区的20多家企业代表和3家银行人员，就企业的需求和发展规划进行了深入交流和探讨。银行专业团队针对医疗器械与生物医药产业链特点，提供了定制化的科技信用贷、专精特新贷等金融解决方案。此外，银行还靠前服务帮助企业解决各类问题。比如文登西洋参产业链联合党委组建了金融服务帮帮团，会同地方金融服务中心、中银富登村镇银行以及中国建设银行，主动接受和处理链上企业的各项诉求；纺织服装产业链党委则协调银行开通金融服务“绿色通道”，助力企业解决资金问题，而且成立了总规模5亿元的威海智尚产业投资基金，考察投资9个产业链项目，有效推动了延链补链。

四是搭建“校企合作”创新平台。产业的发展离不开人才和技术的支撑。威海通过健全互动培养机制，用活高校、科研院所等资源，吸引青年高层次人才到产业链企业就业，为产业链发展提供智力支撑。碳纤维属于技术密集行业，研发周期长，技术壁垒高。临港区充分发挥威海市“1+4+N”创新平台体系作用，先后组织威海光威集团有限责任公司、威海华展装备科技有限公司等企业与复旦大学、北京化工大学、中国科学院化学所等20多家高校院所，常态化开展产学研合作。通过先后与22所高校建立产学研合作关系，与40所高校建立稳定的人才引进机制，与烟台大学、山东科技大学共建2处技术研究中心，助力碳纤维产业链企业引进青年人才500余人，解决用工需求2000余个。高新区引导打印机产业链综合党委与区内高校签订共建协议，常态化开展创新平台走进企业、企业走进创新平台“双走进”活动，每年遴选10名科研能力强、有合作基础的青年教师到重点企业挂任“科技副总”，聘请10名青年企业家担任高校的校外导师，开展关键技术“揭榜挂帅”，促成20家企业与高校科研院所“联姻”，解决“卡脖子”技术需求60余项。

红色DNA“链”动之下，威海产业链发展汇聚起了高强的发展合力，取得了显著的发展成绩。2022年，全市规模以上工业企业实现营业收入2806.47亿元，营业收入利润率达到8.1%，高新技术产值占比位居全省第一。十条优势产业链营业收入突破2000亿元，实现利润约210亿元，占比接近80%。2022年，威海以全国第42名、全省第5名的位次再次入选先进制造业百强市名单。

三、经验启示

如何更好地抓住产业链党建这根红线，注入和激活红色DNA，不断在产业链企业中“穿针引线”，下足“绣花”功夫，让链上企业更协调、更和谐、更共赢，让产业发展更高效、可持续，这既是威海继续努力探索的方向，也是全国各地基层党建创新的热点问题。威海以精致理念、以“链”的思维推进非公企业党建工作，“链”动产业高质量发展，不论是理念上，还是方法上，都是一次变革、一次飞跃，威海的做法无疑是重要的参考，具有宝贵的借鉴意义。

第一，系统谋划、加强顶层设计是基本前提，必须树立“大党建”工作理念。在精致城市建设与产业发展的关系处理上，必须树立“大党建”工作理念，以“大”为核心，以“建”为基础，以“融”为关键进行全面操盘和系统谋划。产业链党建是推进非公企业党建、推进产业高质量发展的一项系统工程，能否顺利推进，关键在于对党建客观规律把握得准不准，对存在的问题掌握得透不透，提出的实施路径能否行得通、推得动等。要始终强化党建主业意识，由过去的点状思维变为系统思维、链式思维，产业链延伸到哪里，党建工作就跟进到哪里。通过组建联合党委或党建联盟，统筹和优化党建各方资源，充分激活和整合红色DNA的功能，将部门、园区、企业、科研院所等串起来、并起来、联起来，有效打破条块分割、领域限制，做到以点带链、以链促面，以面增能，营造党建与产业融合发展的共治生态圈。

第二，因地制宜、突出分类实施是重要原则，必须将务实创新作为第一动力。务实是推进事业的重要基础，创新是引领发展的第一动力。数字技术重塑产业生态和产业链格局的背景对产业链党建工作提出新要求，推进产业链党建是一个既规范又开放的创新体系，既要有不折不扣贯彻落实上级要求的严肃性、一致性，又要有能够适应链上企业量大、情况复杂的包容性。所谓“百里不同风，十里不同俗”。产业链与产业链之间情况各异，产业分布情况各有不同，各企业之间也是千差万别，因此，必须以创新思维引领创新实践，在系统性、全局性创新组织设置方式、活动载体、服务平台的基础上，结合自身发展实际因时、因地制宜，分类实施，绝不能简单划一，搞一个标准、一种模式。

第三，激发内在活力、赋能企业发展是根本目的，必须把推动产业发展作为关键任务。深化产业链党建，根本目的在于筑牢坚强堡垒、激活红色 DNA，让产业链上的每个企业党组织都强起来，企业里的每名党员都干起来，利用党组织这个“通关密码”切实打通链上企业之间、链上企业与其他部门、科研院所之间的体制壁垒，切实解决企业在发展中遇到的各种困难以及需求，为产业发展集聚资源要素，激活内在动力，发挥实效作用，尤其是非公企业差异性大、经济成分多元、规模大小不一、职工流动性强，党建基础相对薄弱，要做到这一点就更为重要。因此，要注意把产业链党建工作的基点放在企业发展的现实需求上，推进党建工作与产业发展的深度融合，要把组织创新与功能发挥嵌入产业链企业发展的全过程，在党的政治逻辑与产业链企业运行逻辑的有效契合过程中，实现力量共融、资源共融，党建创新与产业发展的协同共进。同时，还要注意防止不论实效论包装、过于强调“痕迹管理”等情况，避免出现党建干扰企业发展的情况，真正做到为产业发展服务，为产业发展赋能，以“作为”赢“地位”。

第四，真抓实干、完善落实机制是根本保证，必须加强党建工作长效机制建设。搭建起覆盖广泛、动态开放的组织体系是推进产业链党建的前提，在此前提下，还需要建立起规范有序、协同高效的运行机制保证产业链党建工作落实到位。产业链党建不单是链上互通有无，链内外共享资源，更重要的是取得发展实效，推动党建与产业的双向质量提升。因此，加强党建工作长效机制建设是题中应有之义。威海通过多种方式组织党员积极参与产业链上的党建工作，把链上企业中的党员有效地凝聚于党的组织系统中，其中，使党员身份、党建红色元素在产业链上亮起来的做法就是一个典型体现。长效机制还包括建立产业链文化引领企业文化的协商机制、关心和团结企业员工方面的沟通协商机制、产业链内民主协商机制等，目的就是以“共享”求“实效”，夯实党组织堡垒的根基。

思考题

1. 党建如何与产业链发展形成相互融合、相互促进的有机体系？
2. 党建是如何引导产业链企业抱团合作、互促共赢，赋能产业高质量发展的？
3. 党建赋能产业高质量发展的经验启示有哪些？

宜居、韧性、智慧

——威海经济技术开发区韩乐坊商圈高标准升级之路 *

【引言】2018年6月，习近平总书记在山东考察调研期间亲临威海视察，提出“威海要向精致城市方向发展”。2022年10月16日，习近平总书记在党的二十大报告中指出，“推进以人为核心的新型城镇化……坚持人民城市人民建、人民城市为人民，提高城市规划、建设、治理水平，加快转变超大特大城市发展方式，实施城市更新行动，加强城市基础设施建设，打造宜居、韧性、智慧城市”[①]。2023年11月28日至12月2日，习近平总书记在上海考察时再次指出：“要全面践行人民城市理念，充分发挥党的领导和社会主义制度的显著优势，充分调动人民群众积极性主动性创造性，在城市规划和执行上坚持一张蓝图绘到底，加快城市数字化转型，积极推动经济社会发展全面绿色转型，全面推进韧性安全城市建设。”[②]

---

* 本案例由中共威海市委党校（威海行政学院）统战教研部副主任、副教授于进水撰写。

① 习近平：《高举中国特色社会主义伟大旗帜　为全面建设社会主义现代化国家而团结奋斗——在中国共产党第二十次全国代表大会上的讲话》，人民出版社2022年版，第32页。

② 《在推进中国现代化中开创人民城市建设新局面》，《人民日报》2023年12月8日。

【摘要】“城市是人民的城市，人民城市为人民。”威海经开区在建区之初，倾听民声，顺应民意，谋划建设了韩乐坊商圈，极大方便了辖区群众的日常生活。随着经济社会发展和人民的生活水平日益提高，商圈原有的建设和功能越来越不能满足人民的需求。主题元素不突出、特色不鲜明、配套设施标准低、功能不完善等问题日益凸显。为此，威海市委、市政府和经开区管委决定按照习近平总书记关于城市工作的重要论述和“威海要向精致城市方向发展”的重要指示精神，从特色化发展、高品质生活、高标准环境、高质量发展四个方面，运用创新的思维和理念，对韩乐坊商圈进行高标准的精致升级改造。升级后的韩乐坊商圈主题鲜明，迅速叫响“中国的韩国城·威海的不夜城”品牌，成为威海最靓丽、最集中、最火爆、最地道的韩式“夜生活”首选地。

【关键词】特色化发展　高品质生活　高标准环境　高质量发展　创新发展

一、背景情况

（一）理论背景

城市是推动高质量发展、创造高品质生活、全面建设社会主义现代化国家的重要载体。党的十八大以来，习近平总书记站在统筹中华民族伟大复兴战略全局和世界百年未有之大变局的高度，科学把握城市发展大势，深刻洞察城市发展规律，就城市工作作出一系列重要论述，深刻揭示了中国特色社会主义城市发展规律，明确了城市发展的价值观和方法论，科学回答了城市建设发展依靠谁、为了谁的根本问题，以及建设什么样的城市、怎样建设城市的重大命题，为我们做好新时代城市工作指明了前进方向、提供了根本遵循。

在领导力量上，要加强和改善党对城市工作的领导。习近平总书记指出，城市是我国经济、政治、文化、社会等方面活动的中心，在党和国家工作全局中具有举足轻重的地位；做好城市工作，必须加强和改善党的领导。

在价值指向上，要坚持人民城市人民建、人民城市为人民。习近平总书记指出，城市的核心是人。无论是城市规划还是城市建设，无论是新城区建设还是老城区改造，都要坚持以人民为中心，聚焦人民群众的需求；更好推进以人为核心的城镇化，使城市更健康、更安全、更宜居，成为人民群众高品质生活的空间。

在目标路径上，要走中国特色城市发展道路。习近平总书记指出，建设和谐宜居、富有活力、各具特色的现代化城市，提高新型城镇化水平，走出一条中国特色城市发展道路；打造宜居、韧性、智慧城市。

在思路方法上，要“一个尊重、五个统筹”。习近平总书记指出，尊重城市发展规律；统筹空间、规模、产业三大结构，提高城市工作全局性；统筹规划、建设、管理三大环节，提高城市工作的系统性；统筹改革、科技、文化三大动力，提高城市发展持续性；统筹生产、生活、生态三大布局，提高城市发展的宜居性；统筹政府、社会、市民三大主体，提高各方推动城市发展的积极性。

在格局形态上，要促进大中小城市和小城镇协调发展。习近平总书记指出，要构建科学合理的城市格局；从全国看，大中小城市和小城镇、城市群要科学布局，与区域经济发展和产业布局紧密衔接，与资源环境承载能力相适应；因地制宜推进城市空间布局形态多元化；推动城市组团式发展，形成多中心、多层级、多节点的网络型城市群结构。

在底线要求上，要把生态和安全放在更加突出的位置。习近平总书记指出，城市工作要把创造优良人居环境作为中心目标；让城市融入大自然，让居民望得见山、看得见水、记得住乡愁；要把人民生命安全和身体健康作为城市发展的基础目标；无论规划、建设还是管理，都要把安全放在第一位，把住安全关、质量关，并把安全工作落实到城市工作和城市发展各个环节各个领域。

在文化根基上，要统筹历史文化保护、利用、传承。习近平总书记指出，城市是一个民族文化和情感记忆的载体，历史文化是城市魅力之关键；要本着对历史负责、对人民负责的精神，传承历史文脉，处理好城市改造开发和历史文化遗产保护利用的关系，切实做到在保护中发展、在发展中保护；处理好传统与现代、继承与发展的关系，让我们的城市建筑更好地体现地域特征、民族特色和时代风貌。

在治理模式上，要推进城市治理体系和治理能力现代化。习近平总书记指出，城市治理是推进国家治理体系和治理能力现代化的重要内容；既要善于运用现代科技手段实现智能化，又要通过绣花般的细心、耐心、巧心提高精细化水平；使政府有形之手、市场无形之手、市民勤劳之手同向发力；真正实现城市共治共管、共建共享。

（二）政策背景

2018年6月，习近平总书记在山东考察调研期间亲临威海视察，对威海城市建设给予充分肯定，提出威海要向精致城市方向发展，这既是对高质量推动城市建设的殷切希望，也是对威海建设体现新发展理念的重大要求，为威海深化改革开放、加速推进新旧动能转换、实现高质量发展提供了重大历史机遇。为深入贯彻落实习近平总书记视察威海的重要指示精神，顺应城市工作新形势、改革发展新要求、人民群众新期待，解决制约城市发展的突出矛盾和深层次问题，探索具有威海特色的城市发展新路子，提升城市品质和国际化水平，打造精致城市威海样板，建设现代化幸福威海，威海市出台了《“精致城市·幸福威海”三年行动方案（2019—2021）》，2020年出台了《威海市精致城市建设条例》。

（三）实践背景

威海经济技术开发区，简称经开区，是1992年10月经国务院批准成立的山东省威海市所辖的一个经济功能区，位于威海市中心城区南部，环翠区境内。经开区在建区之初，由于远离市区，各种功能区匮乏，尤其缺少商圈，百姓日常生活极不方便。家住经开区凤林街道的王先生就曾经感叹，就连买个针头线脑也得往市里跑，来回一趟，一天就过去了，啥事也干不了。“城市是人民的城市，人民城市为人民。”百姓有所呼，管委有所应。针对人民群众的呼声，经开区管委想群众之所想，决定建立自己的商圈，满足辖区群众日常生活的需求。

在这个背景下，韩乐坊商圈于2006年开始启动，2011年全面完工，总占地面积117万平方米，规划建设特色餐饮、服务贸易、家居建材、教育文化等四大商业区。韩乐坊商圈自运营以来，迅速成为威海市中韩两国文化、艺术、商品、旅游、信息及友谊的交流平台。

但随着经济社会的发展和人民生活水平的日益提高，商圈的建设和功能越来越不能满足人民的需求。主题元素不突出、特色不鲜明、配套设施标准低、功能不完善等问题日益凸显。2019年3月，威海市委、市政府和经开区管委围绕习近平总书记关于城市工作的重要论述和“威海要向精致城市方向发展”的重要指示精神，从特色化发展、高品质生活、高标准环境、高质量发展四个方面，运用创新的思维和理念，开始对韩乐坊商圈进行精致升级改造，最终共投资9300万元，仅用120天就高标准完成。升级后的韩乐坊商圈主题鲜明，迅速叫响“中国的韩国城·威海的不夜城”品牌。

二、主要做法

（一）特色化发展

建一个什么样的商圈，是摆在经开区管委面前的首要问题。早在1990年，威海与韩国仁川就开通了中韩首条海上航线。经过多年的发展，威海已经成为中国对韩经贸往来最密切、交流最频繁的城市之一。大街小巷到处可见韩文、韩国人和韩货，威海人甚至外地游客都对韩货的认可度颇高。就此，经开区管委决定建一个既能满足辖区群众日常生活、又能带动经开区经济发展、集日常消费和休闲娱乐为一体的商圈——韩乐坊特色商圈。经过三年的筹划，2006年韩乐坊项目开始建设，2011年全面完工，2012年陆续开放投入使用。自此，经开区商圈完成了从无到有的转变。这期间，凤林街道的王先生也从个体户变成了老板，有了自己的公司。王先生高兴地说："现在好了，买东西、吃饭、休闲、喝茶，再也不用往市里跑了。"更让王先生愉悦的是，琳琅满目的韩国小食品满足了他的嗜好。

韩乐坊商圈运营以来，迅速成为威海市中韩两国文化、艺术、商品、旅游、信息及友谊的交流平台，集购物、金融、商务、培训、居住、休闲、餐饮、旅游、娱乐于一体的大型城市综合体。2013年1月韩国非物质文化遗产"河回假面"进入韩乐坊，2014年韩国仁川亚运会火炬在韩乐坊传递，同年8月中韩文化交流会盛大开幕，2016年6月"韩乐坊杯"威海至仁川帆船拉力赛正式启航，2018年9月14日中国威海韩国经济文化周开幕，等等。这些标志性大事件记录着韩乐坊的发展历程。不论白天，还是晚上，韩乐坊都很热闹，商家集聚，人来人往，熙熙攘攘，俨然成为威海的新地标，也是外地游客必到之地。凤林街道的王先生也说，住在经开区，不次于住在市里。韩乐坊的各种聚集效应，几年的时间，就让它完成了从有到好的转变。

也许是要求越来越高，也许是韩乐坊本身对韩国文化挖掘得不足，经常往来于中韩两国的王先生不久后便觉得韩乐坊离韩国本身的文化还有一定距离。经开区管委工作人员在调研中也发现韩乐坊商圈文化过于强调韩国文化中传统的一面，鲜有韩国当代文化和流行时尚元素，对年轻人缺乏吸引力。另外，商圈活动缺乏大型韩国文化主题体验项目、品牌化演艺项目等。风格特色是一个商圈的灵魂，是商圈软实力的体现，一座别具特色的商圈可以给人归属感、认同感和自豪感。推动商圈特色化发展，不仅仅要看到其与众不同的“表”，更重要的是把握其背后所映射的自然、文化和社会环境的“里”。

针对韩乐坊特色不足的问题，经开区管委于2019年3月开始对韩乐坊进行升级改造，在提升商圈“颜值”的同时，更加注重纯韩风格“内涵”的塑造，突出“韩风、韩流、韩韵——一韩到底”风格，将更多韩国元素和载体融入商圈，让国内游客体验韩国风情，让韩国游客想起家乡味道。

一是硬件环境凸显韩风。商圈以韩国文化为基调，山门、精神堡垒、仁川公园、丽水门等主体建筑全部采用韩国建筑风格，商圈建筑物墙体外立面采用韩国绘画艺术制作成韩国民俗展示墙，商圈内道路、街头绿地选种丛生榉树、木槿、韩国杜鹃等具有韩国特色的苗木，灯光融入韩国国鸟喜鹊、国花木槿花、太极鼓及高科技通电发光玻璃等元素。“这些细节处处彰显地道的韩国元素，切实让外地游客能够享受到韩国风情”，来威海旅游的北京人张先生由衷地说道，“我相信，就是韩国人来到威海也能够体会到熟悉的味道”。

二是业态布局凸显韩流。瞄准培育纯正韩国业态，出台商圈专项扶持政策，加大韩式文化旅游、商贸流通、康养医美等业态精准招商力度。投资2.2亿元的以太坊贸易、8000万元的韩多多梦幻城、5500万元的明圆电子商务、2000万元的韩国免税商品体验店等5个新项目签约入驻。商圈累计入驻各类商户1500多家，成为全市最集中的韩国商品集散地和韩式商业集聚区。

三是文化风情凸显韩韵。商圈建有韩国庆会楼、乐天艺术城等韩国民俗景点和文化体验区近20处，并定期举办各类中韩文化艺术交流活动。2019年成功举办“韩乐坊之夜”中韩经济文化周，组织中韩歌舞晚会、中韩国际美术交流展等系列活动，让韩乐坊更有文化味儿，成为国内最地道的韩文化商业街区。

（二）高品质生活

停车问题，是一个商圈好坏的晴雨表。凤林街道的王先生表示，有一次他跟客户约定在韩乐坊的一个酒吧见面，结果起了个大早赶了个晚集，原因是光停车就等了半个多小时。

问题召唤忧患意识。经开区建设局在调研的基础上向管委提交了一份《建设局关于韩乐坊商圈停车场存在问题及整改建议等情况的报告》，该报告显示，韩乐坊商圈商户众多，人员密集，随着商业的发展，停车需求日益加大。目前商圈存在车位少、沿街乱停乱放、管理混乱、消防车通道被占用等问题。通过对问题查摆分析发现，主要原因有以下几点：

一是项目规划车位标准满足不了现状要求。一方面由于当初配建标准低等原因，早期规划批准的地上车位较少，相较于现行配建标准，缺少600个左右；另一方面项目在建设过程中由于规划变更等原因，实际地下车位相比方案阶段减少近500个。

二是地下停车库未能充分利用。乐天家居、特乙甲、双子星等地下车库仅有部分业主使用，有大量空余车位，但未对社会开放，而且乐天家居、特乙甲有200多个车位被占用；韩国风情街B区地下停车库尚未投入使用。另外，商圈内的商户或业主常常长期将车停在地上，地上车位被严重占用。

三是商圈物业公司众多、管理混乱。韩乐坊商圈涉及的项目开发公司有6家，停车场管理单位涉及12家，导致停车场管理系统不统一，管理区域权限交叉，且存在监管盲区。各物业公司均将地上停车位出租给商户，商户在自己承租的停车位上安装了车位锁，导致停车难问题愈来愈严重。同时，地上停车位存在产权归属不明确问题，特乙甲商场前地上停车场曾因封闭收费被群众投诉而停止。

四是停车场收费管理未审批。乐天世纪城开发早期规划的地上车位数量少，一期（乐天家居）、二期（特乙甲）、四期（韩乐坊）的车位分别为31个、94个、127个，但实际建成的地上车位数量为232个、215个、266个，另外韩国风情街、乐天双子星等的地上车位都有增加。建设使用的车位未经批准造成收费管理一直未能审批。

停车难仅仅是冰山一角，群众的不满意体现在方方面面。城市的核心是人，解决好人的问题是城市工作的价值取向。让人民群众在城市生活得更方便、更舒心、更美好，是城市管理和服务的重要标尺。商圈要按照精致城市理念充分体现以人民为中心的城市观，立足现有矛盾，更加注重人的舒适度，通过不断提高治理能力、提升城市品质，更好地满足人民群众的高品质生活需求。2015年12月20日，习近平总书记在中央城市工作会议上的讲话中指出：“全心全意为人民服务，为人民群众提供精细的城市管理和良好的公共服务，是城市工作的重点，不能见物不见人。抓城市工作，一定要抓住城市管理和服务这个重点，不断完善城市管理和服务，彻底改变粗放型管理方式，让人民群众在城市生活得更方便、更舒心、更美好。”[①] 为此，管委坚持精益求精的理念，将商圈升级改造为精致城市建设示范工程，坚持世界眼光、国际标准、韩国特色、本土优势，突出“精致、精细、精美”导向，高标准实施美化、净化、绿化、亮化、国际化、智能化“六化”工程，进

① 《习近平关于城市工作论述摘编》，中央文献出版社2023年版，第82页。

一步提升商圈环境、档次、形象，使其成为全市崭新的地标景观和城市名片。

改善人性化硬件设施。突出问题导向和人性化需求，累计整修路面8.6万平方米，局部路面铺设陶瓷透水砖，最大程度减少路面积水；新建垃圾压缩站1处、垃圾收纳房11处，分类收集处理生活垃圾与厨余垃圾；修缮公共卫生间6处；设置韩式导视牌100个；改造地下停车场10处，增加车位1657个，保留地上停车位800多个，增设大巴停车位7个，有效解决路面破损、垃圾桶遍布、环境脏乱差、停车难、如厕难等突出问题，商圈容貌秩序焕然一新。“吃饭一小时，停车一小时”，这不仅是王先生而且是以前经常到韩乐坊的市民普遍反映的头疼事。现在，按照国际标准打造的智能停车系统，不但解决了停车难的问题，增强了便利性，提升了停车体验感，还提高了道路通行效率。

搭建智能化管理系统。搭建智慧商圈平台，布设120个AP点位（无线信号接入点），实现中心商圈Wi-Fi全覆盖。搭建智能停车引导系统，与智慧商圈平台实时对接、数据共享，实现智能停车导引、车辆无感支付、车流量统计等功能。搭建智能监控系统，在原有51个监控探头的基础上，增设37个高清摄像头，拥有视频智能分析、人脸识别等功能，并与公安系统监控系统联网，为广大游客织就“智慧安全网”，致力打造国际化智慧商圈。

（三）高标准环境

高品质生活离不开高标准环境。凤林街道的王先生在工作之余，经常约几个亲朋好友，到韩乐坊逛逛，享受舒心的环境带来的愉悦。这得益于在韩乐坊升级改造中，管委所打造的标志性特色景观。管委坚持“突出特色、点面结合”，注重从整体风格和细微之处入手，增加山门、夜市牌坊、精神堡垒、情人巷、彩虹桥、异形路灯等韩国特色景观，与丽水门、仁川公园、庆会楼等原有景观融为一体，提升商圈独特魅力。

累计栽植韩国特色乔木450株、灌木3.6万株、地被类9000株，增设花箱、座椅等设施557套，既美化了环境，又实现了人车分流，满足了行人休憩的需求。努力实现“诗意栖居”，把商圈建设成人与人、人与自然和谐共处的美丽家园的理念，正飞入韩乐坊百姓的寻常生活。

（四）高质量发展

韩乐坊在升级改造前，与商圈原本的国际化定位并不协调，创业环境不理想，凤林街道的王先生一度有“逃离”韩乐坊的想法。资料显示，韩乐坊在升级改造前仅韩国商品的经营状况就存在以下几个问题：

进销货台账不健全，中文标签不规范。经营者购货没有严格履行索证索票制度，自行建立的进销货账本比较混乱，没有按照供应商、供货品种、供货时间等进行分类管理。所售商品信息与相关批文、入关手续、报关数量、进货量、销货量等很难一一对应。部分商品未贴中文标签，而已贴中文标签的，或标注信息不全，或外文内容与中文表述不一致。如某款眼霜，其中文标签只标注了产品名称、净含量、产品功效、进口商、地址和联系电话，没有标注原产国、备案号或批准文号。

来源渠道不明，商品真伪难辨。检查发现，现场能提供相关批文、入关手续、检验检疫证明的经营单位仅有1家，而这1家还存在提供的资料与商品批次不一致的问题，其余的声称有手续但提供不出来。在资料不全的情况下，如果检查不深入，仅凭部分入境货物单、检验检疫证明或中文标签，很难辨别商品的真伪。

如果不严格规范经营，韩乐坊岂不成了韩国假货集中地？不但如此，那时走在韩乐坊的大街小巷，还会发现：商业业态繁杂、主题元素不突出、“韩”式特色不鲜明；路面破损、墙面开裂严重，垃圾桶遍布；停车难、如厕难、绿化差、配套设施不完善等。另外，在商圈布局方面，街区外高内低，主街韩乐坊居中、内陷，不利于对外招徕；在商圈景观方面，韩国特色景观多为点缀性小品，缺乏系统性，不具有视觉冲击力。在商圈街区业态方面也存在诸多问题：缺乏中心性商圈主力店、支柱产业及一线支撑品牌，商业业态与休闲体验结合得不够紧密，商业业态没有形成产业生态价值链等。

这种种情况都极大降低了商圈的商业竞争力，更影响了商圈的认可度、信誉度和知名度，结果就是商户想着跑，客户不愿意来，严重制约了商圈的可持续发展。

商圈要按照精致城市理念体现出集约化发展的城市观。为此，在韩乐坊升级改造中，管委按照“紧凑城市”要求，在既定的条件下创造更为紧凑、高效、可持续发展的空间，推动商圈发展由外延扩张式向内涵提升式转变，实现商圈高质量发展。

一是进一步开发智慧韩乐坊线上平台，实现街区管理、停车、购物、旅游智能化。推进通信平台建设，全面实现无线网络覆盖，构建“网络＋顾客＋商家”型智慧商圈公共服务体系。同时发挥韩乐坊品牌及地域优势，围绕餐饮、商品交易、旅游、医疗康养、文化、创业孵化等现有商业资源，对原有布局进行重新整合和优化。

二是进一步围绕创建中韩技术贸易基地，建设集韩品展示、销售、技术交流、创业孵化、资源共享等于一体的综合性公共服务平台，打造技术转移、企业成果转化高地。搭建中韩医学交流平台，促进中韩传统医学与现代医学融合发展，形成以医美产业为龙头的高附加值的文化旅游产业集群。定期举办中韩文化、体育、旅游等领域的各类交流活动或庆典，提升韩乐坊商圈融合度、知名度，增强社会开放性，加速文化认同，促进交流互动，推动中韩商贸、文化、科技等领域的交流与合作。

三是进一步点亮夜间经济，打造独一无二的不夜城。聚焦发展“夜经济”，精准营造“夜生活”浓厚氛围，打造全市第一个夜间集中消费休闲娱乐场所。首先，增加炫彩灯光秀。结合商圈建筑空间层次，累计设置光亮节点36处，增设庭院灯、投光灯、挡车柱灯、埋地灯等各类灯饰，建成全市首个楼体灯光秀，营造商圈夜景灯光体系，为游客带来震撼的视觉盛宴，让韩乐坊越“夜”越美丽，真正成为一座不夜之城。其次，发展多元消费空间。商圈共有韩式餐饮72家、酒吧10家、咖啡馆28家，营业到凌晨2点以后的近30家，胡桃里音乐酒吧等一大批“夜经济”业态汇集，各类夜间消费丰富多彩，真正形成集食、游、购、娱、体、展、演等于一体的多元消费空间。

四是进一步加大宣传推介。以商圈升级改造为契机，依托20多家省、市级传统媒体，10多家主流网络媒体和微信、微博、网络大V等新媒体，加大宣传推介力度，商圈知名度和影响力明显增强，日均客流量突破3万人，带动商铺出租率和出租价格双增长，商圈经济效益和社会效益双提升。

商圈营商环境的优化，各种聚集效应的爆发，让商户们的经营如鱼得水。王先生公司的发展也是顺风顺水，业务遍及海内外。

三、经验启示

（一）创新理念是韩乐坊商圈升级改造成功的先导

仅用120天就高标准完成的韩乐坊商圈升级改造工程，在威海市四个改造街区中是规模最大、速度最快、效果最好的，从此结束了威海人没有夜间消费休闲场所的历史，韩乐坊商圈成为威海最靓丽、最集中、最火爆、最地道的韩式“夜生活”首选地，也迅速叫响了“中国的韩国城·威海的不夜城”品牌。

有一次，王先生碰到韩乐坊所在街道的宋副书记，连连竖大拇指，对韩乐坊的改造升级点赞。宋副书记感慨万千。回头看韩乐坊商圈的升级改造，可谓苦辣酸甜，百味杂陈。韩乐坊商圈的升级改造是对一个成型的商圈进行提档升级，涉及商户1300户、住户近4000户，不仅工程分项多、涉及问题广、工期要求紧、施工标准高，还要最大限度保障商户正常运营和居民生活秩序，比新建一个商圈复杂得多。

问题摆在眼前，如何升级改造？唯一的出路就是创新理念。2015年10月29日，习近平总书记在党的十八届五中全会第二次全体会议上的讲话中强调指出：“发展理念是否对头，从根本上决定着发展成效乃至成败。”[①]精致商圈建设作为一项系统工程，既要抓大、抓新、抓高，也要落细、落小、落实，如果没有改革创新的理念，势必寸步难行。对此，经开区管委按照“工作项目化、项目清单化、清单责任化、责任时效化”的要求，成立工作专班，设立项目推进指挥部，明确责任分工，挂图督导作战，以实际行动诠释了习近平总书记到山东视察时倡导的“挑山工”精神。

一是科学规划设计。聘请业内领先的中外建工程设计与顾问有限公司科学编制规划设计方案。管委先后召开8次专题会，反复研究论证，最终报经威海市委、市政府批准，确保符合精致城市建设要求。

二是高效督导推进。建立组织有力、协调顺畅、联动高效的推进机制，实行日小结、周调度制度，按照工程逐项明确工作目标、推进计划和时限节点，所有参建人员坚守项目阵地，盯现场抓进度、盯问题抓落实、盯施工抓质量、盯责任抓安全，指挥部每天1次碰头会，每周1次调度例会，累计召开各类会议130次，协调解决问题1200多个，最大限度争取任务前移、进度前赶。同时，加强工程现场管理，及时优化施工方案，审减不必要工程量，比原方案节约资金近4000万元，实现了花费更少、效果更好的目标。

① 《习近平著作选读》第2卷，人民出版社2023年版，第403页。

三是聚力攻坚破难。改造区域涉及多家开发商产权，物业管理错综复杂，矛盾问题非常棘手。对此，坚持政府主导、企业协助、居民代表参与，全面梳理难点、堵点、焦点问题，逐项跟踪落实，为工程顺利实施扫清障碍。破解停车难问题是本次升级改造的最大难点，商圈10个停车场、3000多个车位涉及6个产权方、11家物业公司，协调难度难以想象。项目指挥部坚持疏堵结合，一方面反复组织各方及业主代表集中讨论，不厌其烦做各方工作，确保1657个停车位对外开放。另一方面协调交警部门加大执法力度，对违规乱停车辆先提示后处罚，逐步引导车辆进入停车场停车，有效缓解停车难、乱停车问题，真正管出好秩序、管出好形象。

彩虹总在风雨后。土建工程、市政工程、光亮工程、绿化景观工程、智能交通工程、智慧商圈系统建设工程、中心广场商亭改造工程……120天高标准完成，经开区管委以实际行动创造了“工作落实攻坚年”的“经开区速度”。

（二）创新机制是韩乐坊商圈升级改造成功的保证

韩乐坊商圈现辖非公企业217个、社会组织14个、商铺1369个。如何让商圈正常正规运转？韩乐坊商圈所在皇冠街道于2013年成立韩乐坊社区，又于2016年4月成立商圈联合党委，商圈联合党委现有党支部15个，党员162名。如何让商圈治理服务于商圈发展？2013年8月，习近平总书记在全国宣传思想工作会议上的讲话中指出：“积极探索有利于破解工作难题的新举措新办法，把创新的重心放在基层一线。”[①] 韩乐坊社区和韩乐坊商圈联合党委创新机制，秉持“党建引领、党群共建、区域联动、聚力发展”的理念，以“四新促四力”的工作法，推动商圈健康发展。

---

① 《习近平著作选读》第1卷，人民出版社2023年版，第149页。

一是开辟商圈发展“新”阵地，以党建引领促组织力提升。首先，开辟商圈主阵地。皇冠街道党工委投资100多万元对商圈党群服务中心进行提档升级，打造了一个集会议、休闲、阅读为一体的服务空间。自党群服务中心启用以来，已有30余家单位使用了场地，同时商圈红色影院的开播，为“两新”党组织提供了免费的电影点播服务。其次，扩大“红”阵地。以商圈党群服务中心为依托，在商圈内设立“商圈驿站”“皇冠红港”“小哥驿站”等服务阵地。最后，建立先锋阵地。推出党员先锋指数评选活动，以悬挂“党员店”的方式，鼓励党员亮身份、践承诺、优服务。其中在美乐家居中评选出党员示范店12家，提高了消费者对商家的信任度，促进了商场的良性发展。

二是构建商圈发展“新”版图，以机制创新促发展力提升。首先，实施商业网格化管理。按照商圈规划情况划分“四纵一横”的商业网格5个，由商圈工作人员担任网格长，物业人员等13人担任联络员，每个网格建立一个微信交流群，与商圈企业保持密切联系。其次，全面推广诚信经营。由商圈党委牵头，各单位共同参与，开展“诚信商户”红色评级活动。根据信用“五进”的要求，在商圈推广“海贝分”信用体系。截至2023年底，已组织25家商户提供了相应的信用优惠政策，同时，对于提供优惠政策的商家，商圈联合党委将通过公众号推送其信息，加大宣传。以商圈诚信建设，助力商圈可持续发展。

三是释放商圈发展“新”动能，以资源共享促成长力提升。首先，成立商圈“红色联盟”。“红色联盟”定期召开议事会，邀请管委组织部、市场监督管理局等12家单位参会，就商圈环境、交通秩序等方面的问题进行协商讨论，形成解决方案。其次，党群联手，在工会和商会的支持下开设商圈职工餐厅，为商圈员工提供实惠可口的三餐。最后，职能联合，成立由执法、交警、物业等部门共同组成的“夜间首席执行官”，守护商圈“夜经济”健康发展。

四是培育商圈发展“新”力量，以人才汇聚促创新力提升。首先，建立商圈人才库。将商圈内的各类业态人才分类建立台账。每月17日开展“益企得”公益课堂，帮助商圈从业者拓宽视野，提升能力。其次，引入新媒体力量。积极推动威海文旅商盟入驻商圈，联合威海日报社进行商圈夜经济直播，加大对商圈业态的推广力度。开设商圈自己的抖音账号，为商圈内商家宣传，并进行有关法律、税务等方面的知识讲课直播。最后，引入专业社会组织，协助商圈党委从专业、专能的角度开展中韩文化交流、语言培训等项目，让商圈服务更精准、更长效、更国际化。

城市善治的破题关键是依靠广大市民的智慧和力量，通过政府“有形之手”、市场“无形之手”、市民勤劳之手同向发力，集聚促进城市发展的正能量。韩乐坊社区和商圈联合党委正是通过“党建 + 商圈服务”“党建 + 商圈治理”，以组织融合、力量融聚、资源融通为工作着力点，推动商圈发展向国际化、智慧化、生态化迈进。作为一名党员，王先生现在不但要忙于自己的工作，还积极参加商圈联合党委的活动。谈到两者之间的关系，王先生说，最初觉得有时会有冲突，参加活动的次数多了，发现二者其实是相辅相成的。他说，这些活动不但对整个商圈有利，对自己的事业也有大大的促进作用。

“潮平两岸阔，风正一帆悬。”动能的转型是韩乐坊商圈升级的核心。经过十几年的发展，从初建阶段的“商业综合体（韩国生活主题）”，到“商业综合体和产业综合体（韩国商品集散产业）并行”到“产业综合体主导的复合型商业综合体（含文化旅游产业、商贸流通产业、医美康养产业等）”，韩乐坊商圈已经是中韩自贸区的重要组成部分，在三个方面发挥着重要功能：韩国生活社区主题综合体、中韩商品集散地中心、中韩产业综合体，目标是打造具有高附加值的文化旅游产业集群，有特色、有价值的复合型高端国际化商业街区和中韩FTA服务贸易产业示范园。

思考题

1. 2018年6月，习近平总书记在山东考察调研期间亲临威海视察，提出“威海要向精致城市方向发展”。此案例如何体现这一思想？
2. 2023年11月28日至12月2日，习近平总书记在上海考察时指出：“要全面践行人民城市理念，充分发挥党的领导和社会主义制度的显著优势，充分调动人民群众积极性主动性创造性，在城市规划和执行上坚持一张蓝图绘到底，加快城市数字化转型，积极推动经济社会发展全面绿色转型，全面推进韧性安全城市建设。”此案例如何体现这一思想？

威高集团高质量规模扩张之路*

【引言】党的二十大以来，高质量发展成为全面建设社会主义现代化国家的首要任务；实现高质量发展，必须推动经济实现质的有效提升和量的合理增长，也就是追求有质量的规模、有效益的增长，实现经济的高质量规模扩张。习近平总书记在党的二十大报告中强调，“坚持面向世界科技前沿、面向经济主战场、面向国家重大需求、面向人民生命健康，加快实现高水平科技自立自强”[①]，首次将“四个面向”这一创新驱动发展战略方针写进党代会报告。

2018年6月12日，习近平总书记视察威海时指出“威海要向精致城市方向发展”。威海牢记习近平总书记的殷切嘱托，以“威海要向精致城市方向发展”为总目标总方向总遵循，完整准确全面贯彻新发展理念，经济社会高质量发展呈现良好势头，“精致城市·幸福威海”建设迈出坚实

---

* 本案例由中共威海市委党校（威海行政学院）校（院）委委员、经济学教研部主任、教授王东普，讲师徐超、牛艳玲和科研处副教授李瑞敏撰写。

① 习近平：《高举中国特色社会主义伟大旗帜　为全面建设社会主义现代化国家而团结奋斗——在中国共产党第二十次全国代表大会上的讲话》，人民出版社2022年版，第35页。

步伐。以威高集团为代表的本土企业，秉持企业家精神，善抓机遇，准确把握市场规律，开拓创新，攻坚克难，屡屡打破国外垄断，新技术、新产品、新模式、新业态快速迭代，以科技创新引领高质量发展，不断开创精明增长新局面。

【摘要】面向人民生命健康的医疗器械产业，何以实现高质量规模扩张？医疗器械产业面广链长、资金密集、技术集中、需求旺盛，长期被国际医疗器械巨头垄断。打破垄断、替代进口、强化自研，事关民生福祉、健康中国，事关科技强国、质量强国。坐落于威海火炬高技术产业开发区的威高集团，1988年5月靠着国家支持的2.5万元税务周转金成立，36年来，始终聚焦医疗器械主责主业，通过原始创新和引进消化吸收再创新，扎扎实实从进口替代出发，一步一个脚印，每十年迈上一个新台阶，闯出了一条高质量规模扩张之路。

威高集团生产的产品中，有100多种打破了国外垄断，36年来累计为国家减少医疗器械进口支出和为国民减少医疗开支3000多亿元。新时代，威高集团接续奋斗再出发，提出从“国内一流”走向“国际一流”新的高质量规模扩张目标，继续在高端医疗器械领域冲击国际赛道、布局焦点竞争、做强民族产业，打造全球化企业和国际医疗器械品牌，服务国民医疗减支和健康中国建设。

【关键词】医疗器械　高质量规模扩张　自立自强

一、背景情况

党的十八大以来，以习近平同志为核心的党中央，始终把科技创新摆在国家发展全局的核心位置，推动中国制造不断向中国创造迈进。特别是在党的二十大报告中明确中国式现代化的中心任务后，科技创新已经成为新时代新征程推动我国从制造大国迈向制造强国、实现高质量发展的强大动能和根本引擎。

生物医药产业是我国科技创新的短板。2020年9月11日，习近平总书记在科学家座谈会上发表重要讲话指出，“我国人口老龄化程度不断加深，人民对健康生活的要求不断提升，生物医药、医疗设备等领域科技发展滞后问题日益凸显”[①]。生物医药产业在国家经济发展中始终占据重要地位，按照产品类型，主要分为生物制药和医疗器械两大类。新冠疫情后，生物医药行业已然成为新一轮科技革命和产业革命创新中最为活跃的领域之一，欧美德日等发达经济体都把生物医药产业作为战略性产业，生物医药产业成为各国竞争的焦点领域。2021年国家发展改革委发布的《“十四五”规划和2035年远景目标纲要》中，明确提出“加快发展生物医药、生物育种、生物材料、生物能源等产业”的要求，突出了生物医药行业发展的重要性。

生物医药行业是与生命健康息息相关的行业，哪里人多哪里就是资本争夺的主战场。因此，国际生物医药头部企业都把人口密集的新兴市场当作主战场重点开拓，中国首当其冲。只有民族企业扛起替代进口的大旗，才能最大可能地维护中国病人的利益。

如今，威高集团拥有专利1700多项，攻克技术壁垒21项，30种产品列入国家火炬计划、国家“863”计划等国家项目，高科技含量和高附加值产品达80%以上，在多数无源医疗器械领域都能做到“人有我优”，实现了高质量发展。全球临床医疗器械产品线共有300多个大类，威高集团一家就占到1/20，其涉足有1000多种医疗器械、20多万个规格，药品近100个品种，在同行业中均居首位；公司占地面积600多万平方米，是国内规模最大的医疗器械产业园；集团旗下有3家上市公司，下辖50多个子公司，拥有总资产400多亿元，员工3万多人，实现了规模扩张。

---

① 《习近平重要讲话单行本（2020年合订本）》，人民出版社2021年版，第122页。

2022年，主营医疗器械的威高集团，以511.10亿元的营业收入，位列“2022年山东民营企业100强”第21位，“2022年中国民营企业500强”第197位，“2022年山东综合百强企业”第43位，“2022年中国企业500强”第423位，被评为山东医疗器械产业链的全省“链主”企业、全国自主创新示范企业和全国实施卓越绩效管理先进企业，荣获中国工业大奖。威高集团之所以能取得成功，就在于其在国际国内市场中，一直专注于主责主业，掌握一手绝活，闯出了一条高质量规模扩张之路。

二、主要做法

在威海市高新区田村办事处世昌大道南的楼宇之间，有两排很不起眼的红砖瓦房，是威高集团的“产房”。在20世纪80年代，这里是田村镇福利院（如今是威高集团旧址纪念馆）。为了让老人们生活得更好一些，福利院在1988年成立了镇办小厂威高医用高分子制品有限公司，这就是威高集团的起源。

（一）忠诚主业：咬定青山不放松

“创业之初，我们选择组装一次性输液器，就是为了让福利院的老人们过年过节能多吃几顿肉，便选了这么个没啥技术含量、冷门上手快的活儿。”让福利院的老人可以多吃几顿肉，不是什么豪言壮语，却是威高人的初心使命；这个初心使命很小，道理却很大很深。当时谁也不会想到，这个不起眼的小作坊会长成参天大树；更不会想到，它竟然深刻地影响了中国医疗器械的发展历史！

1. 医疗器械资质突破

战略决定方向，方向决定命运。威高明确一次性输液器的生产目标后，发现国家严格控制此设备生产准入，实行许可证管理。这样，获取国家资质必备的医疗器械专用净化厂房和生产设备，就成为横亘在威高人面前的第一座大山。

福利院的4间房和小作坊式的生产设备根本不达标。但盖厂房买设备，钱不够怎么办？当时，国家正在进行产业结构调整，很多乡镇企业都因产品落后、缺乏竞争力而成为僵尸企业，镇里正在考虑这些企业的市场出清。而同为乡镇企业的威高集团（当时为威高医用高分子制品有限公司），却因产品冷门，现金流和成长性都非常好。田村镇党委、政府果断重新统筹规划，支持威高集团以承担380万元债务为代价，迅速兼并了田村地毯厂、鞋帮厂、针织厂等5家镇办企业，把厂房改造成为国标十万级医疗器械净化生产车间。之后，威高集团严格要求、高效完成设备的安装调试。1989年7月1日，国家医药管理局通过了合格认证，向其颁发了一次性输液器生产许可证。自此，威高集团成为全国首批获颁此证的“元老级”企业，为其腾飞奠定了坚实的基础，威高集团是中国医疗器械发展的同步起飞者、全程见证者和新时代领跑者。

2. 八年跻身亿元销售俱乐部

在市委、市政府和高新区管委会的大力支持和帮助下，威高以其过硬的产品质量和技术，于1994年4月被山东省科委授予省级星火骨干企业。这个软资质的突破，使威高集团能够享受国家星火项目的专项补贴和税费优惠。威高集团乘此东风、顺势而为，到1996年就实现了三个飞跃。一是实现从生产单一产品向医疗器械多元产品的飞跃。公司不断研发新品种，集团业务从一次性输液器，向注射器、输血器、输液针、PVC料、齿科器材、卫生材料等产品领域大力拓展。自此，医疗器械成为集团主业、立企根基。二是实现从威海向全国生产布局的飞跃。威高集团扎根威海、立足省内、面向省外，在全国开拓建立了6个分厂，完成了国内生产力的一次布局。三是实现了从千万元级向亿元级销售的飞跃，首次迈上1亿元台阶。

这是一个具有里程碑意义的大事件，建厂不到十年的威高就完成了首次国内布局，进入了亿元销售俱乐部。它使威高人认识到，这是一个朝阳产业、市场“富矿”，具有极其光明的发展前景。从此以后，一代一代威高人，无论面临什么样的困难和问题，都始终坚守医疗器械这个主业，咬定青山不放松，专注而持久地向着百年企业的方向努力。销售收入过亿元这一量变，为威高集团下一步的质变创造了条件。

3.“10000-1=0”的严苛质量管理

威高集团于1991年就建立了质量检测中心，对质量的坚守是其不变的初心。在质量管理方面，威高有一个知名理念“10000-1=0”，即：1万个产品中1个质量不过关就等于0。威高人深知，企业的万分之一即患者的百分之百。在这一理念指引下，威高集团建立了科学、精细和严格的质量控制体系。在威高信息控制中心，每个产品从原料采购到生产过程、检测灭菌，再到出厂运输，每个环节都记录在案，一目了然。在威高检测中心，每天数以万计的产品接受检测，不允许一支次品进入市场。一次，一名车间质检员在抽检时发现一支血袋装量稍有不足，而这批产品第二天就要交付客户。威高集团负责人立即组织工人通宵加班，将已装好的400箱血袋重新进行称量。结果发现，称量有问题的只有这一支血袋。

几十年来，即便在资金断流最困难时期，威高集团也坚守着“宁可停产，也要诚信”的底线，务必用一流原材料生产一流产品。凭借过硬的产品质量，1998年，威高集团在同行业中率先通过ISO9000质量管理体系认证；1999年，又在同行业中率先通过欧盟CE标准认证；输血器材产品生产通过了GMP认证；注射器、抽注器、喂食器等产品通过了FDA认证。

2005年6月，威高集团的“洁瑞”商标被国家工商行政管理总局（2018年改为国家市场监督管理总局）认定为中国医疗器械行业第一个中国驰名商标；“威高”商标近年也被评为中国驰名商标。如今，威高的产品不仅畅销国内市场，而且远销美国、巴西等约100个国家和地区。

（二）自立自强：扭住牛鼻子不撒手

改革开放头20年，我国的进出口战略侧重点是出口导向型而不是进口替代型。于是，外国企业抓住我国不能生产的短板和开放商品市场的大好时机，赚取高额利润——当时在外国很便宜的东西，出口到我国就卖到十倍甚至百倍的天价，医疗器械更是这样。为此，威高集团紧紧扭住科技自立自强这个“牛鼻子”，建立领先的医疗器械研发生态体系。

1. 被人“卡脖子”太不好受

威高集团的进口替代战略，就源于这一背景下的原材料“卡脖子”。1996年，迈上了亿元销售台阶的威高集团，反而步履维艰、愁云惨淡，因为受行业大环境影响，销售过亿元的威高集团连续两年都没有利润。这种有量无利的境况令人难以接受，成为困扰威高人的“哥德巴赫猜想”。经分析发现，当时国内生产一次性输液器使用的原材料医用聚氯乙烯，都需要进口；大部分利润，都被外国企业凭借对原材料的控制权赚走了。国外垄断原材料，成为横亘在威高人面前的第二座大山！

面对看似高不可攀的大山，当时威高集团有两种选择。第一种是搞来料加工，就是与国际原材料供应商结成战略伙伴，对方提供材料，我们出人力厂房，生产一次性输液器贴对方的牌子生产，卖给国内外客户赚取加工费。在20世纪90年代，这是国内很多企业的标准操作，比如威海的绝大多数渔具生产企业就是这样做的。第二种是搞进口替代，也就是自主创新。选择第一种，会成为跟在人家后面的附庸，但可以维持生存，何况当时正是“造不如买、买不如租”甚嚣尘上的时候；而选择第二种，若成功就会一片坦途，失败则可能一无所有！

在多年跑市场、跑医院的过程中，威高人较早体会到了技术窒息感，深知被人“卡脖子”的滋味真的不好受；威高集团也较早洞察到技术落后会给老百姓带来痛苦，深知就医者之民生多艰。正是基于这两个方面的感受，威高人挺起民族脊梁，服务人民健康的使命感、责任感，战胜了风险未知的恐惧。“不能一直被人‘卡脖子’”“大不了从头再来”，没有太多犹豫，威高集团果断选择了打破原材料垄断、实现进口替代的自主创新之路。1998年威高集团遵循政府安排从乡镇企业改制为民营公司，次年就与中国科学院长春应用研究所等开展合作，不久后便研发出聚烯烃材料。这是集团在原材料领域的一次大突破，实现了对高分子材料的进口替代。这一技术突破，使原本需要支付给外国公司的巨额原材料费用直接转化为威高集团的丰厚利润，成为这个民营公司掘到的大金矿。

2. 建立医疗器械创新体系

36年来，威高集团建设了国家级企业技术中心、植入器械国家工程实验室、院士工作站、博士后工作站、省级工程技术研究中心、泰山学者实验室等研究实体；与中国科学院、中国工程院、军事医学科学院等单位开展产学研合作，建立了30多家研发中心或联合实验室；在北京、天津、长春、深圳设立研发机构，拥有各类科技研发和管理人员2000多人。加强与国际先进技术对接，在美国、日本、德国、英国、法国建立了国际研发机构，构建了消化吸收再创新前沿关键技术、研发行业领先产品的国际平台。

3. 实现新技术新产品的规模扩张

威高集团有100多种产品打破了国外垄断。从心脏支架到人工肺，从3D打印个性化距骨假体到种植牙，从高档留置针到预冲式注射器，从避光输液器到TPE输液器，从压延膜血袋到血液净化设备，从聚砜膜透析器到全自动化学发光分析仪，从便携式彩超到DRX光机，从人骨全科材料到微创手术机器人，威高坚持啃硬骨头、砸硬核桃，攻下一个又一个山头。之前，这些高端产品中的90%以上都是由跨国公司出口中国的。威高集团生产的上述产品，是从外国进口同类产品价格的1/3～1/8，有的甚至是1/10，这就迫使跨国公司的同类产品不得不大幅降低在华售价，从而减轻了患者负担。据不完全统计，威高集团累计为国家减少医疗器械进口支出和为国民减少医疗开支3000多亿元。

其中，最有代表性的是，十几年前，我国心脏搭桥手术全部依赖进口支架。当时，一个进口的心脏支架高达5000美元。为了制造出国人用得起的产品，威高集团研发拥有自主知识产权的心脏支架，目前国内的心脏支架有的低至千元以下。

2009年聚砜膜透析器上市。这个产品的国产化标志着中国由此成为世界上第四个掌握透析器核心技术的国家，这是肾病患者的福音。使用威高设备透析，每次的费用不到300元，比使用进口设备节省30%；一般尿毒症患者每周需要透析3次，在威高的血液净化中心，每个病人每年可以节省2万多元治疗费用；仅这一个产品，每年就为全国患者节省医疗开支200多亿元。

2014年，威高集团首次应用输注与介入类医用耗材灭菌新技术，与此同时，第一条医疗耗材产品辐照消毒灭菌生产线成功建成并投产，为我国医疗器械行业消毒灭菌技术的升级换代提供了新技术和新材料，实现了医疗耗材产品灭菌技术新突破。

2018年，威高集团的“一种医用耐辐照聚丙烯合金材料”获得山东省专利二等奖。这是一种可用于制备耐辐照注射器的聚丙烯材料，实现了国内医疗器械耗材辐照灭菌，解决了医疗器械传统的环氧乙烷灭菌方式污染环境、灭菌周期长、灭菌能耗大、存在灭菌死角、灭菌后需要解析、灭菌残留含有对人体有害的化学物质等缺陷。这项技术是威高集团打破国外垄断的最新技术，提高了注射器产品的竞争力。

威高人，从让福利院老人吃得上肉到让中国人看得起病，实质就是为中国人民谋幸福、为中华民族谋复兴的初心使命的蝶变与升华！

（三）瞄准500强：不破楼兰终不还

由于拥有强大的医疗器械研发体系，威高集团在输注耗材、骨科材料和血液净化等领域，也是能与国外医疗器械强企抗衡的骨干民族企业。目前，威高集团的“威高”“洁瑞”两个商标被评为中国驰名商标；威高集团的骨科材料系列、血液净化系列、心内耗材系列、留置针、冲管注射器等产品在国内市场的占有率，均达到30%左右；高端输注耗材、血液设备及耗材、药用包装材料等产品在国内市场的占有率，均达到70%左右；彩超、微创手术机器人、全自动化学发光分析仪、种植牙、3D打印骨科器械、电动病床、监护仪及输注泵监护仪等高端医疗产品，在国内市场的占有率稳步提升，部分产品还销往国外。公司总资产达600亿元，近10年累计纳税180多亿元。从2015年起，威高集团成为中国企业500强、全国自主创新示范单位，获得中国工业大奖、全国五一劳动奖状、中国质量奖提名奖等多项荣誉。

但是，威高人清醒地认识到，中国在医疗器械领域国际地位不高的现状仍然没有从根本上改变；跨国公司主导中国高端医疗器械市场的状况，仍然没有从根本上改变。我国医疗器械占全球市场份额只有3%左右，与我国的大国地位极不相称，特别是在高端医疗设备领域，比如通用诊疗设备、彩色超声波诊断仪、弥补生理缺陷的康复用具、X线断层检查仪、内镜、医用导管、核磁共振成像装置等高附加值产品，80%被美敦力、上海东松、概腾、强生、金佰利、罗氏诊断等跨国公司垄断。

面对医疗器械原始创新这第三座大山，2018年2月，威高集团在2017年年终工作总结表彰大会上，提出了二次创业的目标：威高前30年打造了四个中国一流，后30年要打造四个国际一流，通过打造国际一流的管理团队、国际一流的专家工程师团队、国际一流的销售服务团队、国际一流的企业文化，实施全球化战略，建设国际企业，树立国际品牌，打造百年企业。

要实现打造全球化公司的目标，必须按照国际医疗器械品牌企业的标准干。

第一，具有全球化思维和视野。心中有数，脑中才能有思路。威高集团专门组建“技术观察小组”，作为战略行动，搭建通往国际前沿的桥梁。每年安排100多人次出国参加国际理论研讨会、产品展会，学习技术、考察产品、调研市场，了解国际最新理念、最新技术、最新产品和最新市场形势，保持对前卫概念、前沿理论、前端技术和前期市场的超强敏感性、把控度与研判力。技术观察小组每年都要作医疗器械前沿研究报告，始终做到国外有而中国没有的，我都知道；国外先进而中国落后的，落后在哪，我都了解；国外的哪些技术我们急需突破，哪些可以暂缓，我都掌握……这就是威高人二次创业的赶超态度：跟紧了，别丢了。知道差距在哪里，不一定能赶超；但不知道差距在哪里，就永远也赶超不了！

第二，加强引进消化吸收再创新。威高每年投入十几亿元，先后从欧洲、美国、日本等国家和地区引进了30多条世界先进的生产线，成立了自动化设备公司、模具公司，详细测绘、创新国外设备、重新优化生产公司及工装管理，消化吸收再创新，基本做到制造第一台时国产化率50%，制造第二台时国产化率80%，最终掌握核心技术，实现国产化。其中骨科材料、血液净化等生产装备，输注耗材、输液器、留置针、采血器、注射器等生产线，拥有360度旋转作业台的全自动留置针组装机，都代表国内最高水平。

第三，健全原始创新攻坚体系。为攻下原始创新这个山头，在技术供给上，威高与中国科学院等20多家单位共同建立了医疗器械技术创新联盟，成立了山东省高创医疗器械国家研究院有限公司，作为联盟承载平台。这个平台建有数字影像设备研发中心、临床检验设备研发中心、先进治疗装备研发中心、健康监测设备研发中心、高值医用耗材研发中心和综合检验检测中心，重点开展前沿技术研发及转化扩散，以突破产业链关键技术、掌握核心技术、原始创新为己任，提供医疗器械全产业链的全方位技术创新服务。

在技术需求上，威高集团作为国内同行业中首家实施ERP信息化的企业，加快实施“互联网+战略”，打造了集交易、物流、工业、金融、健康、监管等服务于一体的医疗器械工业互联网云平台，推动了医疗行业中同类企业基于价值链的数字化、网络化、在线化、服务化转型升级，推动了制造及服务资源的动态共享；加快数字化转型，通过改进生产流程、投入自动化设备及引进MES系统，搭建了税控管理、财务共享、质量管理、数据分析等平台，提高了全流程智能化水平。威高以健康服务为核心，拓展了健康管理平台、医院内部信息化服务、医院智能物流系统等智慧医疗和面向医疗机构的信息化服务，打造了健康服务生态体系，扩大了医疗服务领域业务深度，推动了互联网与传统制造业深度融合，为医院提供了专业的信息化整体解决方案。

第四，筑牢威海全产业链根据地和国内战略飞地。目前，威高在医疗器械上已经成功打造由8个产业集团、80多个生产子公司共同组成的比较完整的医疗器械产业链和辐射全国全球的供应链，建成了威海产业园以及其他各地产业园。威海已经建设成为全国最大的医疗器械产业聚集基地，拥有初村工业园、马山工业园、血液净化工业园、骨科材料工业园、临港工业园等园区，占地1万多亩，其中骨科材料工业园、血液净化工业园为国内最大的骨科、血液净化生产基地。威海市委、市政府看到威高产业集群的潜力，把医疗器械列为全市八大千亿元级产业集群之一。威海高新区管委会以威海产业园为基础，高标准规划了医疗器械与生物医药产业园，整个园区各类建筑面积500万平方米，入驻率已超过95%，其中很多是威高集团的配套企业，产业规模超过1500亿元，成为国内规模最大、产品规格最多、研发实力最强、产业链最齐全、供应链最顺畅的国家级医疗器械产业基地，也是威高集团的根据地。此外，威高集团已在天津、上海、四川等地建立医疗产业园，正计划在其他省市建立新产业园。威高集团依托这些战略飞地，最大限度地吸纳当地人才搞原始创新。

第五，强势融入国际医疗器械体系。威高集团加快国内外收购、建厂步伐，大力挺进国际市场，参与国际收购兼并，成功收购了美国爱琅公司、拉德索斯公司、苏黎世公司，其中仅美国爱琅公司收购资金就达56亿元，此外还收购了10家国内的公司。通过跨国跨地并购，为原始创新创造条件。

第六，加强资金链供应体系建设。高端制造来自高投入，原始创新需要真金白银。自主创新让威高抢占行业制高点，尝到创新甜头的威高，确定了一项硬指标——每年拿出销售收入的5%搞研发，中国没有什么就研究什么，确保投入力度，实现自主创新叠加累进。同时，为确保创新资金链供应充足与安全，实现投资多元化，威高集团作为最大股东发起成立了山东省首家民营银行——威海蓝海银行，同时建立了财务公司、资产公司、融资租赁公司、股权投资公司、小额贷款公司，推动产业资本和金融资本深度融合发展。

（四）以文化人：润物细无声

正是由于威高集团给职工以优厚的福利待遇，职工才用自己的行动回报企业、回馈社会，造就了威高的伟业。而究其本质，则是威高集团始终坚持以习近平新时代中国特色社会主义思想为指导，创造性地把以人民为中心的发展思想落实到企业文化之中，用行动鲜活地证明了只有以职工为中心的企业才能够以人民为中心！

1. 支持公益事业，以责任之心回报社会

威高主动承担社会责任，大力支持社会公益和慈善事业，开展了光明行动、爱心工程、无障·爱活动、生命接力工程等多项公益活动，为国防、教育、助残救灾等累计捐款捐物10亿多元。威海被称为“中国雪窝”，雪季清洁工的工作环境十分艰难，威高集团为威海所有的清洁工提供羽绒服和防滑鞋；2004年，威高集团发起“威高光明行动”，专门为白内障患者免费实施复明手术，并将受益人群由贫困患者扩大到市内所有患者，确保发现一例手术一例；2006年起，威高与中华慈善总会联合开展“威高爱心工程”，每年捐助700万元的骨科器械，资助100名脊柱侧弯的贫困患儿实施手术，使他们挺直腰板；2008年，四川汶川大地震时，威高集团第一时间抗震救灾，组织捐献医疗器械和捐款，累计价值3500多万元，并为15名四川籍地震灾区职工发放慰问金20多万元；2014年8月威高启动威高助学基金，每年出资500万元，对威海市应届贫困高校新生实施“爱心助学”、对市直普通高中在校生实施“就餐补助”和“学费补助”。其中，资助应届高考本科新生每人每年10000元、专科新生每人每年3000元；就餐补助为每人每年2000元，特困学生学费补助为每人每年1600元，资助比例均为在校生人数的5%；尽最大可能地接收各类残疾人和失业职工就业，使1500多名残疾人和3000多名失业职工在威高重新走上工作岗位，并加强对他们的培训教育，帮助他们树立自信心、维护自尊，使其自食其力。

2. 坚持关爱职工，以慈爱之心发展企业

“威高需要的人才，要有德有才，德才兼备；德才两者，以德为先。选拔人才，首先看德行，其次看才能。德才俱佳，是人才尤其是干部选拔的基本标准。同样是能力强的干部，谁在德行方面表现更加突出，就提拔重用谁，真正把那些品德好、又有真才实学、能力突出的干部选拔上来。”正是在这种用人观的指引下，威高集团用36年的时间，打造了一流的管理团队、一流的专家工程师团队、一流的销售团队和一流的企业文化。这支3.6万多人的一流队伍中，本科以上的达6000多人。威高建立了威高大学，大力加强人才培养；把人才送到中国人民大学、美国相关高校进行培训，为威高集团与下一个30年的强国时代融合对接打下基础。威高集团把让职工过上富足、踏实、有尊严的生活作为企业的奋斗目标，出台《威高集团激励机制管理办法》《威高集团薪酬管理办法》《威高集团新产品开发的奖励办法》《威高集团合理化建议制度》等，对有突出贡献的人才给予奖金、股份期权；每年出资1亿元，免费提供一日三餐；为职工办理补充医疗保险，设立威高基金，救助贫困职工，每年资助职工应届大学生子女……

把职工当作一家人，首先要给职工安个家。威高集团持续投资职工安家工程，建成了5000多套住房，分给普通员工。很多员工都说，“你给我分房子，我还你一辈子”，这里包含着财散人聚、人聚财来的深刻辩证法。

善意的传递是相互的。2001年1月16日，威高集团因电缆故障发生了火灾，大火造成直接损失8000多万元，职工们前一天刚领的工资也大多被烧毁在宿舍里。集团统计大家损失，但没有一位职工上报；集团多方筹措资金给每人补发1000元，也没有一位职工来领。一位老职工含着眼泪说：“我们不要钱，这些钱拿去重建厂房吧，有工作才是对我们最长久的帮助。”车间没了，订单还在，威高集团迅速寻找并租赁了寿光市一家企业的生产线，600多名原本准备好回家过年的职工，由党员带头放弃春节休假，到寿光开工复产。因为没有宿舍，他们只能借住在四面透风的砖窑工棚里，冰凉的床上还带着冰碴，大家便用破布和麦草堵上窟窿，三四个人挤在一个被窝里抱团取暖。就是在这样艰苦的环境中，大家齐心协力奋斗了4个月，最终威高顺利渡过了难关，重新站起来。

善待职工就是善待企业未来，善待职工就是在未来的灾难中善待自己。“你用良心对待员工，他就用良心对你，你对他诚心，他就对你忠心”，灾难是企业文化的试金石，诚心、良心、忠心，威高集团的“三心”文化，在这次大灾中得到了完美的诠释。这就是老一辈企业家的企业观、人才观，也是威高集团的核心价值观，企业家全心全意为职工服务，职工就会全心全意为企业卖力，上下同心就没有发展不起来的企业、没有迈不过去的火焰山。

三、经验启示

将习近平新时代中国特色社会主义思想在威海落实落地，是一条根本经验和启示，主要体现在以下三个方面。

（一）听党指挥，时代先锋

威高人始终牢记“威高的一切，都是党给的、国家给的”。的确，从1988年一个以2.5万元税务周转金起家的不起眼的乡镇小厂，到如今成长为国家医疗器械行业的“巨无霸”，在世界500强排名中稳步上扬，威高集团一路蜕变的历程、发展史上的每个节点，都是国家政策及改革开放的真实缩影，这让威高人很早就明白了一个最朴素的道理：听党话，跟党走，错不了！

时势造英雄。威高走向辉煌的时代，正好是中国改革开放的黄金时代。然而时势到了，未必人人都是英雄。马克思曾说：“人们自己创造自己的历史，但是他们并不是随心所欲地创造，并不是在他们自己选定的条件下创造，而是在直接碰到的、既定的、从过去承继下来的条件下创造。”[①] 威高抓住时代浪潮，勇做时代先锋，创造了辉煌的业绩。改革开放的时代主题是解放生产力、发展生产力。开发产品、技术攻关、企业上市、走向世界，每一步都踏在中国市场经济发展的节点上，每一步都代表了先进生产力的发展方向，这是威高走向成功的根本原因！

---

① 《马克思恩格斯选集》第1卷，人民出版社1995年版，第585页。

（二）微小变量，宏大趋势

改革开放之后，我国的大多数企业实行的都是跟进战略，从美国引进生产线，日本引进管理模式，欧洲引进先进的管理经验，跟在美国人、日本人、欧洲人的后面，亦步亦趋，绕过他们踩过的坑，然后利用规模优势和成本优势完成一次超越。但是今天国内的很多企业已经成为全球第一，在世界上可能已经找不出对标公司了。中国的经济规模越来越大，企业的体量也越来越大，我们已经冲到了自我创新、自我革命的境地。在企业发展的新时代中，在产业转型升级的关键当口，急需自主研发、自主创新的能力。

目前，美国的科技力量在世界上处于第一梯队，科研投入、高校教育、人才质量、学术文章和专利申请相对中国都有压倒性优势，尤其是基础科学领域，可谓一骑绝尘。依靠强大的科技力量，以美国为代表的发达国家可以轻易地在高科技领域对我们设置层层关卡障碍，芯片、新材料和种子、医疗行业无一例外。

在密不透风的压制下，我国的企业和经济暂时受到了损害，但从长远看，中国科技的崛起是大概率事件。在经济学界流行这样一种说法，只要一个国家同时具备两样东西，一个是最大市场，一个是最大供应链，那它就可以主导这个产业。就市场而言，无论是我国的政府还是民众，对技术创新的欢迎程度都远超西方，都会更大胆地拥抱新技术。这种积极的态度为新技术、新产品、新模式创造了广阔的市场。这一点很关键，为“创新—规模循环”的实现创造了基础条件。就供应链而言，我国已经拥有41个工业大类，207个工业种类，666个工业小类，成为全世界唯一拥有联合国产业分类中所列全部工业门类的国家。

拥有最大市场和最大供应链两大铠甲，中国企业正在各个领域打破欧美的工业霸权和技术封锁，解决“卡脖子”的问题。无论是华为、京东方等国际知名企业；还是威高、光威集团这样的行业翘楚，他们都是时代的微小变量，定能汇聚成宏观层面的大趋势。相信中国成为科技强国的那一天并不遥远。

（三）行善赚钱，基业长青

2020年11月12日，习近平总书记到南通博物苑参观张謇生平展陈时指出，张謇在兴办实业的同时，积极兴办教育和社会公益事业，造福乡梓，帮助群众，影响深远，是中国民营企业家的先贤和楷模。张謇是楷模，那当代的企业家具体应在哪方面向他学习，学习什么呢？社会责任和实业救国的情怀。党的十九大报告把2020年到本世纪中叶分两个阶段来安排，每个阶段的总目标和具体目标都强调了“现代化国家”“共同富裕”，这说明，接下来，国家要做的就是四个字“国强民富”。这也就彰示着，新时代，企业的社会责任是国强民富。让福利院的老人多吃几顿肉，从这个小愿出发，威高走上了发展壮大的道路，一路走来，系列研发产品打破国外垄断，把昂贵的医疗产品价格打下来，福泽广大患者；多年来，威高投身福利事业，福泽老人、青年和孩童；威高更没忘记身边的人，企业职工不仅有丰厚的物质收获，还有多元化的成长机会……如今，威高成为全国最大的医疗器械企业。作为一个企业经营者，要做好、做大、做强企业，为社会提供更好的产品、更好的服务，创造更多就业，这是企业家的本分。在这个基础之上，如果能主动承担起更大的社会责任，这是企业家精神的体现。企业家精神不但能推动企业文化，甚至会影响企业的基业长青。就像现代管理学家德鲁克说的，“行善赚钱”是21世纪企业社会责任的新内涵。企业所承担的社会责任符合社会民众的预期，市场自然会给予回馈。筚路蓝褛、以启山林，栉风沐雨、砥砺前行，威高人投之以木桃，民众报之以琼瑶；威高人给民众以实惠，民众就给威高人以感激和尊重。心有所信，方能行远！

思考题

1. 为何说威高集团的发展历程深刻验证了改革开放“干中学”决策的正确性?
2. 威高集团三次腾飞的基础是什么，它反映了怎样的科技创新发展观?

强产兴城，打牢“精致城市”地基路

——推动中小先进制造业内涵式发展的环翠样本 *

【引言】近年来，威海市牢记习近平总书记的殷切嘱托，把“威海要向精致城市方向发展”作为总目标、总方向、总遵循。制造业是兴国之基、强国之本，是“精致城市·幸福威海”建设的重要基础，制造业的转型升级对于威海加快融入山东绿色低碳高质量发展先行区具有重要作用。《威海市精致城市建设规划纲要（2021—2035年）》的建设目标中指出，到2025年，“初步建成绿色低碳、信息智能、宜居宜业、开放包容、具有较强竞争力和影响力、人与自然和谐共生的社会主义现代化城市”。为此，推动先进制造业高端化、智能化、绿色化发展是关键。环翠区加快培育和发展新质生产力，多措并举推动中小先进制造业内涵式发展，走好绿色低碳高质量发展之路，推动精致城市建设，四次蝉联县域经济“高质量发展先进县”。

【摘要】“精致城市”建设既要面子，更重里子。环翠区作为中心城区，城市建设是城市上下必须扛牢扛实的政治责任。在做好颜值建设的同时，环翠区坚定不移走绿色低碳高质量发展之路，积极推进产业转型升

* 本案例由中共环翠区委党校理论教研室教师王静撰写。

级。立足区域内中小微企业占比多的实际情况，深入探索在先进制造业中增加中小微企业的贡献率，通过进行技术改造、注重科技兴区、实行品牌战略、改革产权制度、加强园区建设、优化营商环境、加大招引力度、夯实科技创新基础等方式，走出一条中小先进制造业的内涵式发展之路，有力推进“精致城市”建设高质量发展。针对市场拓展、资金需求、土地能源、政策扶持等问题，环翠区积极做好企业梯次培育、推动企业集群发展、数字赋能提升产品含金量、持续优化营商环境等工作，着力解决发展难题，打牢精致城市建设地基，形成了“雁阵集群”“精致运营”“新老结合”“要素保障”等有益启示。

【关键词】先进制造业　精致城市　产业集群　绿色低碳

一、背景情况

环翠区是我国近代工业萌芽较早的地区之一，早在19世纪末，区域内民族工业就陆续出现；新中国成立后，通过“厂队挂钩、产品扩散”和以“老”养“新”、建设新企业，形成镇村工业雏形。1978年10月20日，《人民日报》以《部分工业产品扩散到农村加工好处多》为题，在头版的位置对环翠区的工业发展进行了深度报道。从改革开放到地级威海市成立前，环翠区培育出了造船、汽车、电子信息、食品、医药、新材料、生物技术等重点工业板块。我国加入世界贸易组织后，环翠区通过实施品牌战略、改革产权制度、加快园区建设，蓄足制造业的新增长点。

党的十八大以来，环翠区集中精力推动了产业集群发展。一是优化企业发展环境，持续开展以联系服务企业、项目、人才为主要内容的“三联三服”活动，把资源向工业倾斜，提高服务质量。二是加大招商引资力度，建立重点项目库，健全激励机制。三是夯实科技创新基础，突出抓好共建研发机构、共同开发项目、共克技术难题三大重点，夯实联盟平台、研发平台、承载平台三大平台，突出高新技术企业培育、高端新产品开发、高层次人才引进培养三大环节，加快构建以企业为主体，产学研相结合的技术创新体系。

党的十九大以来，世界经济低迷、外需疲软，环翠制造也遇到了四大难题：一是市场拓展难题，主要集中在外贸订单不足、企业拓展市场难等方面；二是资金需求难题，主要集中在资金紧张、拖欠账款回收难等方面；三是土地能源难题，主要集中在土地指标申请和办理、土地证和房产证办理、蒸汽、供电、暖气供应等方面；四是政策扶持难题，主要集中在加大企业扶持力度，优化、加大减免税费力度等方面。

难题是时代的声音，破解难题是时代的使命，破解制造难题的环翠路径应时而生。目前，环翠区规模以上工业企业中，制造业企业占比97.48%，其中约有2000家是工业中小微企业，占规模以上工业企业的98.27%，贡献了63.93% 的产值，在解难题中实现了大发展。

二、主要做法

环翠区立足中小微制造企业多的实际，以难题为导向，逐步走出了以梯次培育、集聚提质、动能转换、优化服务为支撑的解难题、促发展的内涵式发展路径。

（一）梯次培育，壮大优质主体规模

根据工信部印发的《优质中小企业梯度培育管理暂行办法》，环翠区强化优质中小企业梯度培育。

1. 深化梯次培育

动态调整小微企业库、“小升规”库以及冲击新目标企业库，对不

同规模和发展阶段的企业实施分类培育。科技、发改、工信等部门人员不定期同企业沟通，了解企业现状，向企业宣传最新政策，为企业提供精准的帮助。发展中有哪些环节需要帮助，有什么需要改善的地方……环翠区每年都会开展走访企业的活动，各镇街、部门工作人员深入一线，精准对接重点企业、重点项目，问其所需、知其所盼、解其所难，帮助企业稳预期、纾困难。“今年我们企业打算申报省级企业技术中心，能不能具体指导一下，希望能一次性通过。”“企业经营发展、创新能力建设等核心指标是审查的关键，回去后我们马上联系相关科室工作人员，指导咱们企业提前研究准备申报材料，争取提高申报成功率。”在山东华素制药有限公司内，环翠区发改局的工作人员在收集企业诉求后，商讨解决方案。最终在各方面的努力下，山东华素制药成功获评“山东省企业技术中心”。

2. 明确培育方向

把专精特新作为优质中小企业的培育方向。到2023年底，全区拥有国家级和省级制造业单项冠军7家、国家级专精特新“小巨人”企业4家，173家规上企业中省级以上专精特新企业45家。

（二）集聚提质，推动集群化发展

2023年1月31日，习近平总书记在中共中央政治局第二次集体学习时强调，优化生产力布局。[①] 环翠区通过打造三个集聚区优化中小企业空间布局。

1. 打造要素共享集聚区

针对企业对专业人才、市场、技术和信息等要素的共享需求，环翠区在特定空间打造要素共享产业集聚区。在 2023年度山东省特色产业集群名单中，威海市环翠区钓具及休闲运动产品特色产业集群成功

① 《习近平主持中共中央政治局第二次集体学习并发表重要讲话》，中国政府网，https://www.gov.cn/xinwen/2023-02/01/content_5739555.htm，访问日期：2024年2月14日。

入选。到2023年底，该集群的钓鱼竿全球市占率达60%。环翠区共有钓具生产及配套企业260余家，年产鱼竿2000万支以上，年产值达23亿元以上；钓具产业链中，已培育省级以上专精特新企业17家、省级以上制造业单项冠军企业3家、“一企一技术”研发中心6家。

由威海渔具的龙头企业——山东环球渔具股份有限公司建设的环球钓具共享平台将环翠区大量微型渔具生产企业集聚起来。过去，这些微型企业生产渔具的过程存在污染，通过共享平台将各个环节串联起来后，不仅实现了低碳生产，还节约了运输成本。伽玛（威海）户外用品有限公司销售总监葛颜良在采访时讲道：“这里的厂房太便利了！”他看着标准化的厂房止不住地赞叹：“厂房内，各种生产所需的硬件设施一应俱全，消防、环保等条件都已达标，我们只需把生产设备搬进来就行了，真正实现了‘拎包入住’！”对葛颜良来说，共享平台基地不仅解决了中小企业面临的成本压力，也让分散的钓具生产上下游企业在空间上实现集聚，使生产环节的衔接沟通时间大幅降低，整个产业链条结合得更紧密，从而使区域的产业发展更具韧劲和活力。入驻共享平台基地后，伽玛（威海）户外用品有限公司的产值将实现大幅提升。“我们计划把生产线增加至25条，实现每年生产台钓鱼竿100万到150万支、路亚鱼竿80万支。”葛颜良说，在此之前，他们的年产量只有30万支。

2. 打造产业关联集聚区

环翠区以骨干企业为园区龙头，吸纳关联企业入园结链，相继建成了魏桥（威海）铝精深加工产业园、联东U谷等6个高端工业园区。6个园区与浅海科技湾区、威海创新园一起，聚集了铝精深加工、碳纤维新材料等多个领域的多家企业，使项目聚点成链、抱团成群，为中小企业发展提供了不可或缺的发展平台。

3. 打造产业链招商集聚区

近两年，围绕以威海海鑫新材料有限公司、威海广泰空港设备有限公司为“链主”的新材料及高端装备2条产业链，环翠区通过产业链招商，推动上下游配套企业园区集聚、发展和壮大。

（三）动能转换，激发发展活力

习近平总书记在党的二十大报告中强调，推动制造业高端化、智能化、绿色化发展。习近平总书记的讲话为环翠制造的动能转换明确了方向，也为精致城市的可持续发展提供了路径。

1. 推动环翠制造高端化发展

环翠区增强扶持政策的精准性，对当年首次通过和重新通过高新技术企业认定的企业，扶持金额最高分别为20万元、10万元，2021年至2023年，累计为企业提供科技资金支持7956.63万元，助力企业争取上级无偿资金2.12亿元。同时，依托众创空间、省级以上科技企业孵化器、威海创新园、中欧水处理及膜技术创新产业园，不断完善“众创空间—孵化器—加速器—产业园区”的链条孵化体系，优培育强科技型企业。截至2023年底，全区累计建成省级以上孵化载体7家（其中国家级孵化器2家，国家级众创空间1家），打造了威海创新园，设立1处综合服务中心和7处专业分中心，累计招引175家科技创新机构和企业，为科技型企业发展壮大提供了优越条件。截至2023年底，全区入库国家科技型中小企业达到619家，推动全区高新技术产业产值占规模以上工业总产值比重达到82.08%。

2. 推动环翠制造智能化发展

环翠区在全市率先出台《环翠区推进工业互联网加快发展实施方案》，规模以上企业应用信息技术的比例达到80%以上，“两化融合”（工业化和信息化深度融合）工业应用指数位居全市第一，在全市率先完成规模以上工业企业100%上云。累计建设1052处5G基站，打造16个市级以上工业互联网平台试点示范项目，21处市级以上智能工厂/数字化车间、智能制造场景，13个市级以上绿色工厂（产品）。2023年

7月，环翠区成功获批山东省首批数字经济“晨星工厂”试点县（市、区）和山东省DCMM贯标试点县（市、区）。

3. 推动环翠制造绿色化发展

环翠区制定绿色发展“惠企政策包”，为57家规上企业量身打造三年扶持计划。同时，筛选企业建立国家级、省级、市级三级绿色制造体系培育库，分级培育、动态管理，积极推进绿色技术改造。截至2023年底，环翠区共有国家级绿色工厂2家、省级绿色工厂5家、市级绿色工厂7家，位于全市前列。

（四）优化服务，营造良好环境

营商环境反映的是一个地区重要的软实力，是吸引优质发展要素的强力磁极，也是精致城市建设的重要一环。一直以来，环翠区以“打造国内一流营商环境”为总体目标，多措并举，推动营商环境全面提标提速提质提效，通过努力营造行为规范、服务主动、廉洁高效的惠企氛围，全面提升对企业、项目、人才的承载力和吸聚力，使环翠区真正成为企业发展的舞台、投资创业的热土、人才聚集的高地。

1. 提升政务服务品质

环翠区在威海市率先开展无窗口服务模式，进一步提升线上“双全双百”① 专区和线下“全省通办”“跨省通办”专窗服务，成功加入全国跨域通办“百县联盟”。走进环翠区政务服务大厅，整个大厅格外安静，看不到扎堆、排队办理业务的人，在无窗口受理区，办事群众在自助服务终端前有序自助下单，工作人员穿梭其间，为大家解答疑惑。“我们正努力打造‘无窗口’大厅，让群众不排队、不等待、不跑腿，就能迅速办成事。”环翠区行政审批服务局相关负责人说。同时，环翠

① 2021年4月20日，山东省政府提出实施政务服务“双全双百”工程，即围绕企业和个人两个全生命周期，各推出不少于100项高频事项极简办、集成办、全城办。

区还形成了区级政务大厅和镇级便民服务中心全域通办模式，实现全区217个村（社区）网上站点和便民服务全覆盖，打造“15分钟便民服务办事圈”。“平时我们上班，没空过来开发票，等我们下班了，大厅的工作人员也下班了。现在好了，有了24小时自助服务区，我们在自助办理机上就能处理很多事务。”一位刚刚在自助办理机上开完发票的企业会计有感而发。环翠区在山东省率先实行施工许可类审批九证合一，跑腿次数由最少6次变为“零跑腿”；开创了“交地即交证”+“拿证即开工”创新服务模式，极大缩短了施工办理时限。

2. 精准优化营商环境

环翠区加强直接面向民营企业和个体工商户的政策发布和解读引导。2022年，创新开展“营在环翠”上门惠企行动，累计走访各类市场主体5000余家次，问访各类市场主体8万余家次，加强了政府同小微企业的沟通交流，对区内企业的现状、困难和需求有了更清晰的认知；量身定制涵盖国家和省、市各级政策的“一企一册”政策包，惠及企业7890家，解答咨询、解决问题1147个；针对民营中小微企业和个体工商户建立支持政策“免申即享”机制，获评全省深化“放管服”改革优化营商环境工作先进集体；成立山东省首家跨区域金融审判庭，在全省率先运用区块链技术审结线上贷款纠纷，实现法院审判平台与金融机构区块链电子存证系统的数据对接和信息共享；针对预付式消费市场短板，在国内首创多方共治、社会共享的预付式消费协同监管机制，并按照量化标准、综合评价、分级管理的方式，将信用监管融入各行业、各领域。

3. 加强融资服务供给

环翠区基本形成了条块分明的新型区域性金融中心区，截至2023年底，中心区已拥有金融机构88家，其中银行23家，占全市的74%；构建“1+2+N”基金产业集群，拥有基金管理公司7家，基金总数23支，总规模233亿元。

三、经验启示

环翠区坚定不移走绿色低碳高质量发展之路，推动精致城市建设，立足中小微企业多的实际，探索出符合自身特色的内涵式发展路径，可以为推动中小先进制造业发展带来如下经验启示。

（一）组织起来，在“雁阵集群”上下功夫

中小微企业由于自身规模小，人、财、物等资源相对有限，既无力经营多种产品以分散风险，也无法在某一产品的大规模生产上与大企业竞争。但中小微企业也有自身的长处，它们可以利用细小市场、细小产品来提高效率、增强竞争，并随着时间的增长，走出以专补缺、以小补大、专精制胜的成长之路，形成“小而专”“小而活”的优势。因此，环翠区的路径给出的启示是，先进制造业不一定非要走大而全、小而全的路子，完全可以利用中小微企业的优势，加快培育一批专注细分市场、聚焦主营业务、创新能力突出、成长潜力较高的优质中小企业，培育更多的专精特新中小企业、瞪羚企业①、专精特新“小巨人”企业、制造业单项冠军企业，补齐重要产业领域和产业链关键环节短板，保障产业链畅通，逐步形成“头雁效应”。在此基础上，以“头雁”为带动，通过延链补链强链，加大中小微企业特色优势产业集聚区和园区建设，形成抱团经营的特色雁群，提高中小微企业的市场竞争力，减少个体势单力薄的弱势。

（二）前卫起来，在“精致运营”上下功夫

由于受自身条件的影响，中小微企业运营成本高，提高经济效益

① 指创业后跨过死亡谷，以科技创新或商业模式创新为支撑，进入高成长期的中小企业。

的任务艰巨，抵御经营风险的能力差，所以不顾一切地片面追求膨胀做大，对中小微企业发展不一定是优选之路。从另一角度看，中小微企业小、灵、快的特点，决定它们能够始终走在市场最前沿，以最小的成本、最小的风险来做好专业化、精细化、特色化和新颖化的功课，内涵发展、精致运营。因此，环翠区的路径给出的启示是，在当前经济下行的环境下，推进以中小微企业为主体的先进制造业发展需要前卫起来，在大力培育企业家精神的基础上，实施智能制造专项行动，加快推动企业数字化改造、信息化建设和智能化生产；瞄准“四新经济”（指新技术、新产业、新业态、新模式）等前沿领域，培育更多的科技型中小企业，大力培育数字经济，因地制宜，构建先进制造业产业集群；深化校地、校企合作，帮助企业攻克“卡脖子”技术等，让中小微企业通过自我改造、自我提升的量变，逐步完成整体素质和整体能力的质变，实现由弱到强的蜕变。

（三）链接起来，在“新老结合”上下功夫

多年来，随着各级党委政府的政策引导、决策推进、全方位保障，中小微企业的老企业和新企业都有了长足发展。但也应看到，它们在发展过程中也存在着一些问题和不足：比如，老企业大都以传统产业为主，由于多年的经营沉淀，形成了自己的流程习惯和思维定式。很多新企业都是新兴产业，他们有新的发展思路、发展理念，但不是很成熟。如何让“老树发新芽”“新树长强枝”，环翠区的路径给出的启示就是业务链接、优势互补，兼顾增强传统产业竞争力、促进高技术产业做优做强以及培育做强战略性新兴产业、布局未来产业。依托新兴产业，着力做好传统优势产业智能化、绿色化、高端化升级改造以及跨界融合，把新老企业的业务链接起来，同步促进老企业做强、新企业做大，双向发力、相生相长。在此基础上，通过产业链的链上合作、产业集群的点上合作、特色园区的面上合作，实现新老企业、新

老产业的优势资源共享、经营经验共享、发展成果共享，有效推动“工业制造”向“工业智造”转变、“生产型制造”向“服务型制造”跨越。

（四）融通起来，在“要素保障”上下功夫

中小企业大都生产规模小，存在着资源薄弱和筹资能力差的问题。特别是企业自有资金，如公积金和留存利润被大量用于扩大再生产、资本建设和其他投资，导致高度依赖银行的流动性，而由于资信程度不高，筹措资金十分困难。因此，各级党委政府在中小企业扶持保护促进等方面都出台了多项措施。在这一方面，环翠区的路径给出的启示是，推进以中小微企业为主体的先进制造业，必须确保关键要素与企业融通起来，在要素保障上下功夫。加强土地要素融通，全力保障中小微企业特色产业集群和园区的用地、用能要求，满足好水、电、暖等个性需求。同时，在加大中小微企业转贷引导基金的规模和政府引导基金的扶持投入力度的基础上，按照政府搭平台、银企促合作的思路，依托全国中小企业融资综合信用服务平台，推动信用良好的企业登录平台发布融资需求，鼓励金融机构入驻平台开发“信易贷”产品和服务，破解中小企业融资难问题。加大当地产业共性研究投入，引导企业向技术含量和附加价值高的产品领域攀升。

思考题

1. 环翠区在产业集群方面都做了哪些努力？
2. 良好的营商环境是精致城市建设的“里子”，对于吸引投资和促进企业的发展起决定性作用，环翠区以“打造国内一流营商环境”为总体目标对区内环境进行优化，主要做了哪些工作？
3. 你认为在新旧动能转换的过程中，还有哪些可借鉴的思路和办法？

领军曲轴大市场，驱动工业新时代

——天润工业高质量发展助推精致城市建设 *

【引言】2018年9月，习近平总书记在东北考察调研时指出："制造业高质量发展是我国经济高质量发展的重中之重，是一个现代化大国必不可少的。"① 2024年9月，习近平总书记给中国一重产业工人代表回信指出："我曾两次到一重，大家对科技创新和产品质量的执着追求给我留下了深刻印象。这些年，你们聚焦重大装备制造关键核心技术难题奋力攻关，取得不少新突破，展现了新时代中国产业工人的爱国心、创造力。"他强调，"制造业是立国之本、强国之基。新时代新征程，希望你们坚守技能报国初心，弘扬劳模精神、劳动精神、工匠精神，苦练内功、提高本领，继续为建设制造强国、推动东北全面振兴贡献智慧和力量。"②

---

* 本案例由中共文登区委党校经济理论教研室主任、正高级讲师杨建文，培训管理处副主任、讲师苗其翔，办公室科员郑安然撰写。

① 《习近平在东北三省考察并主持召开深入推进东北振兴座谈会时强调 解放思想锐意进取深化改革破解矛盾 以新气象新担当新作为推进东北振兴》，共产党员网，https://www.12371.cn/2018/09/29/VIDE1538173500601149.shtml?from=singlemessage&isappinstalled=0，访问日期：2024年2月27日。

② 《习近平回信勉励中国一重产业工人代表》，中央纪委国家监委网站，https://www.ccdi.gov.cn/toutiaon/202409/t20240928_378402_m.html，访问日期：2024年2月27日。

【摘要】在威海有这样一家企业，它成立于共和国诞生之初，崛起于改革开放之后，多年来为我国、为世界制造国际一流的系列内燃机曲轴产品，拥有全国同行业唯一的曲轴工程技术研究中心、国家级技术中心，是中华人民共和国工信部认定的制造业单项冠军企业，这家企业的名字叫天润工业技术股份有限公司。

这是一家全国最大的专业发动机曲轴及连杆制造商，它的各类曲轴加上毛坯年制造量世界第一，其产品是众多国内外发动机制造巨头的整机配套产品，主机配套率达95%以上，随同主机远销20多个国家和地区。另外，它的中、重型曲轴市场占有率也达48%。在“精致城市·幸福威海”的建设热潮中，天润工业技术股份有限公司以其强大的品牌影响力向世界述说威海人民勤劳智慧、富于创新的天资禀赋，它生产的精致优良的产品是对精致威海的另一种表达，它所追求的产业高质量发展新境界昭示着威海精致城市建设新的时代内涵。这是一个动力转变的故事，更是一个动力聚变的传奇。

【关键词】时代之变　市场之问　竞争之机　使命之重

一、时代之变——机遇与挑战

天润工业技术股份有限公司（以下简称天润）生产内燃机曲轴开始于20世纪70年代。早在计划经济时代，天润作为地方国有企业，便是山东省重要的农机曲轴生产厂家，主打产品是拖拉机等农机用曲轴。在整个山东省的发动机产业规划中，文登生产曲轴，荣成生产连杆，乳山生产活塞环，滨州生产活塞，临朐生产缸套，济南生产气门，每个县都布局生产一种汽车零部件。天润就是这一格局中的配套环节，安稳地等待生产计划的下达，给牟平发动机厂和莱阳发动机厂做配套。

（一）时不我待，市场机遇不等人

如果没有时代的变化，可能就不会出现今天的天润了。因为它没有生存之忧虑，没有竞争之危机，企业的中心工作就是完成上级下达的生产指标。然而时代打破了这个节奏，颠覆了人们熟悉的运行模式，单一的指令性生产体系随着改革开放呼啸而来的潮水冲击而不复存在，计划经济开始向社会主义市场经济转变，几乎所有的企业都被无情地推向市场，从“等米下锅”到“找米下锅”，生存与毁灭存乎一念之间。这究竟是挑战还是机遇？当企业被赋予了自主经营的权利之后，它们还能主宰自己的命运吗？

走向市场的每个企业都需要凭借实力到市场上去争夺属于自己的机会，时代在赋予企业机遇的同时也给了它挑战，市场的放开也意味着企业将从风平浪静的内陆湖驶向风高浪急、暗流汹涌的大海。此时的天润虽然有着几十年生产曲轴的经验，但并不意味着就能够在发动机市场上分一杯羹。走进市场的汪洋大海，文登的曲轴厂到底能不能生存下去？

开弓没有回头箭，在市场竞争的大潮中，从来就没有准备好的万全之策，视市场为机遇的天润人要在市场竞争的海洋中学会游泳。凭借着作为地方国企多年来积累的技术实力，以及在质量控制和成本管控方面所具备的优势，天润进入市场之后，独自研发出几款颇受欢迎的拖拉机曲轴产品，成功迈出了从计划经济向市场经济进发的第一步。天润生产的曲轴需求火热，在农机市场上供不应求，很多客户排队上门提货。天润首战告捷，大获成功。

（二）主动迎战，机遇垂青有备者

对于1990年刚刚走上领导岗位的邢运波来说，是不是继续守着农业机械原有的“一亩三分地”舒服地过下去，是他作为企业掌舵者不得不考虑的问题。看着雪片般飞来的订单，邢运波本能地问自己：眼前的红红火火能持续多久？市场的需求是变化的，变化的方向在哪里？企业的“下一顿饭”在哪里？邢运波提醒团队：“我们不能因一时的小胜而裹足不前，必须居安思危，开辟新的方向。”要解决“企业的‘下一顿饭’在哪里”的问题，就得到市场上去找机会，到政策中去找方向。在进行大量的市场调研和深入的政策研判后，邢运波得出了结论：农机市场未来发展空间有限，汽车领域前景广阔。于是，他果断决策：公司必须从农业机械领域转向汽车领域，实现产业转型升级。

放着当下火热的农机市场不做，去烧未知的汽车市场的冷灶？很多人表示不理解，有人甚至冷嘲热讽等着看笑话。在大家的质疑和不安中，邢运波力排众议，将35万支农机195曲轴全部下线，快速切换成轻型卡车的汽车发动机曲轴。这就是市场的速度。市场的机遇稍纵即逝，犹豫不得。转型后，他们首先拿到了为重汽（原济南黄河发动机厂）6130曲轴配套的订单；到1991年底，新组建年产8000支的大柴6100曲轴生产线，生产大柴6100曲轴、锡柴6110、牟平发动机6102QA曲轴；到1992年，开始生产玉柴6105曲轴，为广西玉林柴油发动机配套。天润曲轴抓住了市场的机遇，为需求而生产，再次出现产品供不应求的状况，老职工眉开眼笑，新职工欢欣鼓舞。天润的产值和利润开始成倍增长。

机遇留给有准备的人，市场从不等待犹豫不决的参与者。1992年，党的十四大召开，汽车工业被列为国民经济支柱产业，国家开始重点发展汽车工业，汽车市场开始爆发。由于天润提前进行产品转型，进入轻型卡车的汽车发动机配套领域，因此在市场竞争中赢得了先机，实现了一次关键性的转变。进入汽车行业之后，公司发展速度迅猛，年销售额从2000万到4000万元，再到6000万元、8000万元，几乎每年一个台阶，到1997年左右，销售收入就开始超过亿元。随着研发能力和知名度的提升，天润同时开始为诸多企业进行配套。

（三）跟随时代，主业向纵深推进

随着我国经济的快速发展，国土建设的大潮全面展开，大规模基础设施建设的投入，以及远距离干线重载物流的发展，对运输工具提出了新的需求，重卡行业迎来了春天。邢运波和他的团队敏锐地看到属于自己的机会来了。从2001年开始，天润决定转向技术门槛更高、利润也更丰厚的重卡市场。这是一个天润熟悉的领域，技术的共融性达到90%以上；这也是一个天润可以主导的领域，依据强大的运营体系，只需要市场时机到来，天润就可以大显身手。截至2023年底，天润在全球重卡曲轴行业成为全球第二大曲轴生产公司，如果加上毛坯成品，就是全球第一大生产制造商。

在做大做强曲轴产品的同时，围绕汽车这个主阵地，天润又盯上发动机系统中的另一个部件——连杆。涨断连杆是天润新的技术路线，被全球高端发动机普遍采用，代表全球该领域的技术前沿，属于精密度更高的高端技术。天润在追求高新技术革新方面总是非常果断，从2007年第一条先进的涨断连杆生产线投产到目前，天润大手笔投入9条涨断连杆生产线，2021年底，天润的涨断连杆业务实现年生产740多万支，成为全球最大的涨断连杆生产基地，这也是天润营收的重要板块。

（四）进退有据，把握先机看大局

2001年，我国加入世界贸易组织，全球制造业巨头们大举进军我国市场。在众多的跨国公司中，全球最大的发动机曲轴制造商——德国蒂森克虏伯公司十分看好我国广阔的市场发展空间，开始加大在我国的投资力度，全面开拓中国市场。2006年1月6日，蒂森克虏伯与美国美林证券公司、山东曲轴总厂、天润曲轴有限公司及本地两家曲轴配套企业共同签署了资产购买协议。

天润又走到一个发展的关键节点上了。此时，天润年产曲轴50多万支，主导产品在我国市场占有率为60%左右，天润的技术和产能代表了我国曲轴生产技术的最高水平，合资计划成功就意味着中国曲轴生产、供应的市场被控制，蒂森克虏伯的收购成了名副其实的“掐尖”行动。其时，包括蒂森克虏伯在内的一众跨国公司在我国装备制造行业开展大规模的收购，目标直指各行业的头部企业，犹如“斩首”行动。

面临新的选择，邢运波意识到，天润曲轴已经今非昔比，经过共和国30多年的精心哺乳和自身在市场20多年的摸爬滚打，天润的一举一动都有着影响全局的意义。原中国机械工业部部长何光远非常关心天润的发展，邢运波向老部长汇报了天润所面临的情况。联系到全国正在发生的并购浪潮，他们有着共同的担忧：外商并购投资的着力点都是装备制造领域各个行业的排头兵企业，他们拿走优质资产，相当于把我国工业的根基与未来都掏空了。这不是简单的合资问题，而是涉及国家产业安全的大问题。

由于天润的行业地位，其合资事项引起国家相关部委的关注，时任国务院副总理曾培炎则亲自过问天润合资的事情，表达国家对产业安全的关切。邢运波详细汇报了相关情况，并说道：“我以一名共产党员的党性为保证，天润是国家和人民的，在涉及国家产业安全、发展利益的问题上，坚决站在国家和人民的这一边！”

很快，国务院颁发了《关于加快振兴装备制造业的若干意见》的文件，文件指出，大型重点骨干装备制造企业控股权向外资转让时，应征求国务院有关部门的意见。而大功率柴油机等配套设备属于重点发展的16个关键领域之一。

2006年11月3日，美国美林证券公司向中方发出了终止资产购买协议的书面通知。蒂森克虏伯与山东曲轴总厂的本次合资事项自动终止。在这场涉及战略产业和重要企业的并购重组中，天润坚持国家战略利益至上的原则，使企业的经济利益服从国家战略利益，坚决地杜绝了以牺牲战略利益、长远利益为代价换取短暂利益。

（五）强势崛起，挑战也能变机遇

2008年，美国爆发金融危机并快速波及全球，世界经济陷入萧条。到2010年，受到全球金融危机、国家宏观政策调整和市场需求严重下滑等多重因素影响，全国汽车行业业绩整体大幅度下滑，天润的车用曲轴订单也随之下滑。这是天润进入市场化之后遇到的第一次行业系统性的危机。面对市场发生的新变化，天润要如何应对？

天润没有退缩，而是迎难而上，敢于亮剑。当时，在邢运波的大脑中酝酿着一个更大的计划——上市。2009年8月21日，在各级政府部门的全力帮助下，天润经过一番充分准备，以优异的表现成功登陆资本市场，在深圳证券交易所A股上市，开启天润发展的新纪元。资本市场回报了天润一个大惊喜，为企业规模扩大计划提供了巨大的支持。对于当时募集到的8亿多元资金，天润决定将其全部投入到技改升级的计划中，不断夯实企业在市场竞争中的优势地位。

在上市融资力量的加持下，2010年，邢运波领导董事会经过详细的调查研究，果断拍板，再次扩大业务领域，使天润向行业高端产品——船用大曲轴市场进军。天润的目标转向了高附加值的船用曲轴、工程机械用曲轴的开发，意在抢占高端主机市场，开辟产业发展新空间。

大型船用曲轴可谓发动机之心，一般造价能占到发动机总造价的1/3。是否具备曲轴制造能力，某种程度上代表了一个国家的造船工业水平。当时，在我国造船产业火热的背后，我们不得不面对一个尴尬的事实：大型单体船用曲轴的研发、生产一直被欧美、日韩等发达国家和地区垄断，特别是日韩，他们本身就是造船大国，所生产的曲轴优先供应本国，我们得看人家的脸色。

打破垄断，进军船用曲轴领域，对一直专注于车用曲轴的天润来说，在技术上是一个新挑战，可谓困难重重。但是突破船用曲轴制造困境、实现船用曲轴国产化意义重大，于国有利于企有利。天润抽调精兵强将组成100多人的研发团队，开辟自主研发之路。经过四年多的努力，天润成功掌握了大型船用曲轴核心技术并且自主研发生产工艺，技术达到国际水平。

党的十八大以来，以习近平同志为核心的党中央作出了建设海洋强国的重大战略决策，我国造船产业迎来了新一轮发展机遇，拥有船用曲轴核心制造技术的天润扬帆起航。根据2023年财报，天润曲轴2023年营业总收入为40.06亿元人民币，其中发动机及船用曲轴占比超过六成半，成为天润的最核心业务，也证明了当年天润选择进军行业高端产品的远见。

（六）智能制造，追赶工业互联新时代

21世纪是产业发展大变革的时代，科技进步和新技术带来的变化冲击着每个产业。天润敏感地捕捉到了时代的变化，密切关注智能制造和工业互联网的发展动态，在行业率先构建自己的智能工厂和数字化车间。2013年，邢运波决定在天润新成立一个自动化推进办公室，专门研究生产线的自动化、信息化和数字化改造。

今天，在天润的曲轴车间里，气吞山河的万吨压力锻造机、高度智能化的机器人、上千万一台的精密磨床、赤红金黄的铁锭带来新型工业化的震撼。数百台形形色色的设备通过天润的工业互联网系统融为一体，实现了人、机、物的全面互联，打通了天润的全要素链、全产业链、全价值链，成为天润全新的工业生产和服务体系中的一部分。

随着经验的积累和力量的壮大，天润成立子公司——威海天润智能科技有限公司，主要负责智能化改造。现在，天润整个自动化平台已经搭建完毕，公司70%以上的生产线全部是自动化、智能化、数字化，包括产品的质量、设备、在制品、人员、刀具、物流等的管理，

全部在系统平台的监控之内，每一个点在后台都能够被实时监测。现在的一线工作人员每个人手上都有腕表，通过腕表操作键进行设备管理，当机床、刀具或者产品发生故障时，会自动通过软件推送到手表上，可以实时发现问题。

在实现工厂生产智能化的过程中，天润构建了自己的平台支撑体系，形成了企业内部的工业互联网。工业互联网首先实现了公司所有要素全部联网，使大数据平台集生产、物流、智能运输、智能控制、监控调度等于一身，也使车间所有的生产数据、质量状况、设备运转数据、库存状况等一目了然。其次，天润以工业互联网系统为中心，整合并全面接入上游主机厂业务数据，包括订单、产品库存、质量水平，实现数据共享；同时围绕汽车、配件、铸造、原材料采购、新产品发布等的一系列产业活动都在这个平台上展开，实现天润与下游供应商在采购管理平台 SRM 的采购交易。

目前，内部工业互联网让天润的各项业务插上科技的翅膀，天润正以工业互联网为支撑，进一步加快推进智慧工厂建设，逐步形成天润特色"黑灯工厂"。以科技的最新成果支撑管理、驱动业务、提升决策，天润实现了管理方式的转变和高质量发展。

二、市场之间——生存与发展

当年，在整个山东省的发动机产业规划中，生产连杆、活塞环、活塞、缸套、气门等的一众兄弟企业，今天还能存活下来的，已经为数不多了，而如天润一般在我国汽车产业的版图上独当一面、生机勃勃的企业更是凤毛麟角。天润在当时的国内曲轴行业里并不是最优秀的企业，为什么却能笑到最后？为什么天润的主导产品在国内市场占有率能够超过80%，并且能够成功打入各大国际厂商的配套供应链之中？市场做了什么？天润又做了什么？

（一）质量是企业的生命

到底什么才是决定企业在市场生存发展的根本因素？早在1991年，邢运波就认识到这个问题的答案，他将“质量第一”的提法改为“质量是企业的生命”，以此来提升全体员工的质量意识。没有可靠的质量作保证，产品就不会有市场。市场不会宽容投机者，纵容劣质产品进入供应体系就等于自砸饭碗、自我毁灭。从那时起，天润就展开了长达几十年的质量管控升级之路。

在有限的条件下，天润通过制度化的培训学习不断提升员工的专业素养和技术水平，使工人的生产操作能力大幅度提高；同时加强质量检测，让每一件出厂产品必须合格，即使在供不应求的情况下，也绝不牺牲产品质量。

（二）技改赢得竞争优势

1996年，东风汽车与美国康明斯合资成立东风康明斯发动机有限公司（以下简称东风康明斯）。当时，该公司使用的是从德国蒂森克虏伯进口的曲轴，一支大约1.3万元，远超当时国内市场价格。天润希望能够进入东风康明斯的供应链之中。为了实现这一目标，天润邀请了大众汽车公司的专家前来指导，专家调研一番之后，认为以东风康明斯的技术标准，天润当时的设备和加工水平为东风康明斯配套简直是不可能的。如果想要为其配套，就需要配备高端生产线，一旦配套成功，将为天润打开通向国际高端市场的通道。

邢运波召开高层会议讨论到底值不值得花费几千万元来投资一条高端生产线？讨论非常激烈，问题集中在：天润当时的全部家底不够买人家一台设备，数千万的投资实在承压很大；而投资高档生产线后并不一定能够保证打入东风康明斯的供应链之中，如果入链失败，企业的下一步经营将会陷入困境。

经过一番激烈的讨论，在邢运波的坚持下，大家最后达成一致的认识：天润不能永远只做低端产品，如果想要打入高端市场，就必须具备高端生产线，品质保证这是硬杠杠。最终，天润决定投资8000万元引进全国第一条德国原装进口的kw铸造线。引进生产线后，东风康明斯看到了这家胶东企业的诚意，多次磨合后决定与天润进行合作，并派外国专家驻厂3年进行系统的技术指导。最终，天润达到了东风康明斯的供货要求，天润曲轴顺利进入康明斯的供货体系中。在这一过程中，天润也虚心学习，成功地掌握了欧美先进的生产管理经验，为日后开拓国际市场打下了坚实基础。

围绕这一工程，天润又先后投入资金12.85亿元，规划实施了康明斯轻型发动机曲轴生产线、重型发动机曲轴生产线、轿车发动机曲轴生产线等六大技改项目。从此，天润开始持续实施大规模技术改造，不断引进世界最先进的生产和检测设备，组建了包括中重卡曲轴、轻卡曲轴、乘用车曲轴、船机曲轴、连杆、铸造、锻造七大业务板块的自动化生产线，年产300多种型号的曲轴、连杆及10万吨铸件、12万吨锻件，走在了中国制造的最前沿，产品直接出口德国、英国、意大利、美国、韩国等国外著名公司。

（三）精益管理胜人一筹

邢运波和他的天润团队有一个共识：建设国际一流水平的企业，必须加快技术装备与管理水平的现代化步伐。他们认为，要提升公司的核心竞争力，管理水平必须提升，这是一个公司最重要的竞争力，不管是生产方面、技术方面还是市场等其他方面，最终都体现在管理上。

天润总经理徐承飞认为，管理是一种软实力，别人是学不到的。天润从人员技能的管理，到薪酬管理、人才培养管理、内部质量管理、设备管理，都有非常完整的流程和制度要求。管理是天润非常强的核心竞争力。

早在1998年，天润就开始了国家“863”计划项目的推广应用，创建起集产品设计开发、综合管理、生产制造与市场营销数字化于一体的高效集成化平台。通过学习借鉴丰田TPS、康明斯COS、卡特CPS的管理体系，并结合多年来的管理经验，天润依靠自身已有的精益生产管理、现代人力资源管理、国际质量保证体系三大管理平台，创新企业管理方法，在精益六西格玛管理的基础上构建独有的TRPS管理体系，全面控制整个生产经营过程，使管理更加标准化、规范化、精益化。从此，天润整个管理的科学化水平再上一个台阶，与其国际化品质追求相得益彰，迈出了挺进国际市场的坚定步伐。今天，世界主要发动机生产商如康明斯、戴姆勒–奔驰、卡特彼勒、约翰迪尔、印度利兰等国际知名厂家相继进入天润的配套体系，天润的国际化战略随着“天”牌曲轴以优质产品走向世界得以实现。

（四）创新是制胜的法宝

创新能力是决定企业核心竞争力的关键因素，是把握市场主动权的制胜法宝。2014年5月24日，习近平总书记到上海汽车集团技术中心考察调研，在参观汽车造型设计、样车试制和新能源联调试验后强调，“谁牵住了科技创新这个‘牛鼻子’，谁走好了科技创新这步先手棋，谁就能占领先机、赢得优势”[①]，同时要求，要牢牢把握集聚人才的举措，加强科研院所和高等院校创新条件建设，完善知识产权运用和保护机制，让各类人才的创新智慧竞相迸发。今天，回顾天润的创新之路，可谓其深得总书记重要讲话的精髓和要义。

邢运波坚持与外商合作，强调自主品牌，不搞贴牌生产。在竞争激烈的国内外市场上，要实现这个目标，企业必须要有自己的看家本

① 《习近平关于科技创新论述摘编》，中央文献出版社2016年版，第26页。

领、拿手好戏，因此，天润坚持以自主创新为动力，积极抢占技术高地。一方面，天润通过完善激励机制，充分调动员工创新创造的积极性和主动性，按照月度立项、形式多样、全员参与、培养人才、专家领衔、及时评价、适时激励的技术创新管理方式，鼓励员工开展新技术、新工艺、新材质的创新。另一方面，天润加强科技攻关，依托创新体系，布局产业高端领域。天润通过发挥公司的国家级企业技术中心、博士后工作站、院士工作站和山东省曲轴工程技术研究中心、重点实验室、泰山学者特聘岗位等的研发优势，积极追踪和引领行业技术发展方向。在球墨铸铁新材质的研发与应用领域，公司先后攻克了球墨铸铁抗拉强度、延伸率和提高疲劳强度等世界性技术难关，获得120多项国家专利。其中，自主研发的“微锡高强韧性球墨铸铁关键技术及动力机械核心部件产业化”荣获国家科技进步奖二等奖；“以锡代钼高强韧性球墨铸铁曲轴制造系统工程开发与应用”项目荣获中国机械工业科学技术进步奖一等奖。强大的技术研发创新能力为公司在行业中赢得了绝对话语权，实现了配套高端市场的目标。

三、竞争之机——人才与文化

天润的兴旺来自对人才的重视，天润的发展来自对人才的尊重。天润对人才的渴望可谓与生俱来。1999年4月4日，时任中共中央政治局委员、山东省委书记吴官正到山东曲轴总厂（天润）调研，当吴官正问及企业有什么需求时，邢运波表示请省领导帮助企业引进50名大学生。吴官正高兴答应并称赞道：“曲轴人不简单，别人见我要物、要钱，而你们不要钱财要人才。”“不要钱财要人才”，邢运波很清楚，钱财可以解决一时之需，而人才才是企业发展的长远之要。

2015年3月5日，习近平总书记在参加十二届全国人大三次会议上海代表团审议时强调指出：“人才是创新的根基，创新驱动实质上是人才驱动，谁拥有一流的创新人才，谁就拥有了科技创新的优势和主导权。”① 进入工业新时代，掌握技术就意味着把握竞争先机，而技术则通过掌握技术的人产生价值。邢运波早在上任之初就认识到企业的兴衰关键在于人，力主在天润要构建“人人是人才”的用人机制，在公司内部营造出一种尊重人、信任人、关心人、理解人的文化氛围，让各类人才尽展才华。

（一）自有模式“育”人才，挖掘人才潜在力量

天润建立起与企业持续发展相协调的动态人才培育机制，分类、分层培养用好自有人才。

分类培养。天润将现有人才划分为经营管理人才、专业技术人才、基层管理/储备人才三大类，根据人才的不同适用领域搭建培训渠道。经营管理人才的培养重点侧重在经营管理、生产管理、技术管理、人力资源管理等专业领域；专业技术人才的培养重点侧重在工程技术、质量、IT等序列；基层管理/储备人才的培养重点侧重在一线生产、组织、指挥等。

分层培养。高端人才方面，天润实施人才引进与培养的“蓝天计划”，面向中层干部、专业技术人员、主管干部、新入职大学生分层次制定培训方案，搭建由“蓝天领航计划”“蓝天远航计划”“蓝天护航计划”“蓝天启航计划”四个部分组成的人才培养体系。以高薪作为主要手段，及时填补现有高端人才漏洞，引进市场营销、财务管理、质量监控、人力资源管理等领域的高端人才，对其委以重任，鼓励其参与企业经营决策和管理。技能人才方面，按需培养，采用定向培养和委培等多种形式，实行校企合作，创建山东省企业实习实训基地，先后与清华大学、哈尔滨工业大学（威海）、烟台大学、山东大学（威

---

① 《习近平关于科技创新论述摘编》，中央文献出版社2016年版，第122页。

海）、威海职业技术学院等省内外院校建立合作关系，斥资1.5亿元投资建设科研技术大楼和职工培训中心，为理论型人才提供丰富的实践资源，打造天润特有高技能人才。

到跨国公司学习交流是天润职工的必修课，在制度设计上，天润根据职工的外语熟练程度设置三档补助，激励入厂职工快速掌握外语技能，适应公司国际化需求。另外，天润大力支持入厂大学生学历再提高，全额报销职工考上研究生的学费与差旅费，全力为职工提供便利的学习条件。目前，天润自主培养研究生50余名，组成了一支天润独有并且与企业发展适配度极高的智囊团。

（二）分类管理“用”人才，发挥人才智慧优势

管理和技术两条职业发展通道并行，激发各类人才在岗位成才。专业技术岗位设总工程师、首席工程师、主任工程师、副主任工程师、助理主任工程师，工资收入分别享受副总级、处级、副处级、科级、副科级待遇。从事工程技术、研发、设备、质量、IT等的专业技术人员可竞争相应专业技术职务。在评选职称工作上，天润本着“谁知情，谁考核”的原则成立专业人员绩效管理小组，对专业技术人员的考核进行管理，统一平衡。

天润决策层认为，人才最希望从企业获得的就是帮助、信任和支持，因此企业要真诚对待人才，让人才不必为其他琐事而挠头，可以集中精力攻关和研发。在天润工作了23个年头的主任工程师邵诗波说：“同事都熟悉，业务也明白，我们做技术的，就是希望能在自己的领域‘钻’下去。”目前，天润已有30多人获得高级职称，大大提高了技术研发人员的工作积极性。

一线技术工人是企业之“手”，企业各项任务的落实落地靠的就是这双“手”。为了让一线技术工人充分发挥自身价值，天润出台《聘任高中级操作工及考核的规定》，划分初级技师、中级技师、高级技师三

个晋升等级，为一线生产操作者铺设了一条成长成才之路。目前，已有 50 多位普通一线员工凭借丰富的实际工作经验成长为高级技师，享受部门经理待遇。天润所有职务的聘用实行动态管理，不搞终身制。

（三）多重激励"留"人才，激发人才创新活力

早在20世纪90年代初，邢运波便顺应改革潮流，进行公司内部管理改革，大胆试点推行岗位技能工资和计件工资。1992年7月，天润从企业管理体制上开始进行"砸铁饭碗、铁交椅和铁工资"等一系列改革，打破身份和地位的差异，极大增强了企业活力。

天润设置技术中心统筹技术创新工作，按照既定的技术创新管理流程，鼓励职工开展公司内重大攻关、技改、设备改造、专业研发、业余研发、个人研发及管理等方面的创新，涉及内容广泛。创新成果可以是有形的利润价值，也可以是无形的劳动效率的提高、工人劳动强度的降低，包容多种创新形式。技术创新随时立项，各单位随时申报，只要将进行的技术创新项目书面上报技术中心办公室并得到认可后，中心就为其提供资金、厂房、人员的支持，全力保障职工创新环境。在跟踪评价和成效验证后，按照效益和贡献大小给予成果命名和重奖，如"××× 工作法"，口口相传间，涌动着职工的自豪感和荣誉感，也激发起更多职工立足岗位创新的热情。

2021年5月28日，习近平总书记在中国科学院第二十次院士大会、中国工程院第十五次院士大会、中国科协第十次全国代表大会上强调："要更加重视人才自主培养，更加重视科学精神、创新能力、批判性思维的培养培育。要更加重视青年人才培养，努力造就一批具有世界影响力的顶尖科技人才，稳定支持一批创新团队，培养更多高素质技术技能人才、能工巧匠、大国工匠。"[①] 天润用自己的实际行动很好地诠

① 习近平：《在中国科学院第二十次院士大会、中国工程院第十五次院士大会、中国科协第十次全国代表大会上的讲话》，人民出版社2021年版，第15—16页。

释了这一精神主旨，保持了在行业中的领先优势。企业发展依靠创新，创新依靠人才队伍，人才需要制度保障，制度需要文化支撑。目前，天润拥有各类专业技术人才800多人，优秀的企业文化让企业的每个员工都能找到自己的位置，实现自己的价值，这是天润作为具有国际竞争力的一流公司的精神动力和价值支撑。

四、使命之重——未来与希望

今天，汽车制造业已经成为国家制造业的基础行业，众多企业围绕汽车制造展开布局，形成了庞大的产业生态体系。在科技的推动下，21世纪的汽车产业正在面临革命性的调整，汽车产业体系也将面临革命性重组。如果看不到产业转型的必然性，今天汽车产业的佼佼者们可能重蹈伦敦马车夫的历史覆辙。

（一）新世纪新挑战

进入新时代，随着新旧动能转换的实施，在国家“双碳”目标的影响和催动下，新能源汽车发展非常迅速，传统内燃机行业面临新的机遇和挑战。以特斯拉进军中国为里程碑，电动汽车在新能源汽车领域的发展达到新的高度，随着与新能源汽车相关的技术不断突破，汽车产业的格局演变得越来越快，路线越来越明晰。那么，作为产业体系重要环节的曲轴生产，未来生存与发展的空间在哪里？天润作为民族工业可持续发展的道路在何方？

（二）企业家的思考

天润的领导层很早就在研究发动机行业的未来走向，站在国际视角深刻分析汽车行业的发展趋势，结合国家产业政策整体走向和瞬息万变的市场动态，研判企业当前所处的时代方位，布局企业未来。作为上市公司的董事长，邢运波在公司高层的战略分析会议上明确提出，虽然目前企业市场空间状况良好，但必须提前做好产业和产品布局，这样才能确保企业未来长期可持续发展。他说："习近平总书记在上海汽车集团考察调研时就提出了汽车行业乃至整个中国工业'要牢牢把握科技进步大方向，瞄准世界科技前沿领域和顶尖水平，力争在基础科技领域有大的创新，在关键核心技术领域取得大的突破。要牢牢把握产业革命大趋势，围绕产业链部署创新链，把科技创新真正落到产业发展上'①。时代要求我们对产业发展的时代之问必须作出正面回应。"他明确提出，天润未来要肩负起自己应有的责任，积极开辟产业发展新道路。

邢运波带领团队研究回答关于公司未来发展的三个战略性问题："我们在哪里？"天润公司在现有产业体系中拥有强大优势，但我国纯电驱动的技术转型战略大势不可逆转。"我们向何处？"今天市场竞争是产业链、供应链的团体赛。要解决企业长远可持续发展的问题，必须全力推进产业链、供应链、创新链协同发展，增强企业发展后劲，打造未来发展新优势。"我们怎么做？"围绕商用车发动机、零部件产业智能化和产业链现代化，全面部署创新链；围绕科学新发现、技术新发明、产业新方向、发展新理念，从源头创新来全面布局产业链；促进创新链与产业链深度融合，更好促进新业态不断培育壮大，不断深化拓展企业多元化发展通道。

（三）勾画希望之路

清晰的战略必须通过具体的行动计划来实现，天润为实现自己的目标制定了明确的路线图，具体实施路径有三：

一是升级主业做到极致，完善产业链架构，巩固既有优势。天润

① 《习近平总书记对上海的要求：三个"牢牢把握"》，上海市人民政府，http://www.shanghai.gov.cn/nw32899/，访问日期：2024年2月14日。

顺应第四次工业革命趋势，加速推进智慧工厂建设，打造产业新动能。全面启动智慧工厂建设，充分利用AI视觉、5G、大数据、云计算等技术，构建集生产、物流、智能运输、智能控制、监控调度于一身的智慧工厂管理平台，以数字化、网络化、智能化为核心，带动公司转型升级。未来，天润将进一步深化与国际知名汽车制造商的合作，开拓高端曲轴、连杆制造项目，实现从对标国际到引领国际。在实现企业自身高质量发展的同时，通过上下游产业的高度协同合作，反哺内燃机行业产业链，提升生态体系内企业的生产效率，完善产业链架构，赋能产业链转型升级。

二是拓展第二主业，提高产业链、供应链的稳定性，塑造竞争新优势。天润为了挺进更广阔的市场、瞄定更高远的目标，设立天润智能控制系统集成有限公司，正式进军商用车减震系统、车辆悬架系统、控制系统软件设计等领域。悬架系统属于国家重点支持的高新技术领域，拥有广阔的应用市场，目前欧美发达国家的商用车空气悬架匹配率约为85%，国内只有少量高端车型采用空气悬架系统，市场前景令人期待。将空气悬架业务作为天润公司打造百亿企业的重要支点，承载企业转型发展的重任。不断提升产业链、供应链的稳定性和竞争力，完善产业生态支撑，以协同合作谋求互利共赢，形成多元化发展合作新格局。

三是产学研协同攻关，打造创新链，提升价值链，赋能企业扩大升级。继续深化以创新作为企业发展原动力战略，深耕科技创新，努力成为行业发展的领跑者、前沿交叉领域的开拓者，保持企业核心竞争力。在加强自身创新能力建设的同时，扩宽产学研共建之路，夯实企业创新链条，增强企业发展后劲。探索新的前沿技术和产业，向控制阀、电子控制单元等汽车电子产品“卡脖子”工程领域拓展，在商用车领域的控制系统及关键零部件方面，为解决“卡脖子”难题贡献民族品牌自己的力量。成立新能源汽车研究院，探索前沿技术，拓展汽车电子产品，在汽车电动化、智能化、轻量化方面进行研发布局，以产品技术为引领，重点在新能源汽车零部件领域进行技术创新。

（四）坚守阵地的胜利者

邢运波曾经告诉团队，“坚守阵地的永远都是胜利者”，这句话激励着每个天润人。曾经有人动员他们去搞房地产，那里有诱人的巨额利润；也有人鼓动他们去做金融投资，那里有令人心动的快钱……但邢运波的大脑非常清醒，他和他的天润团队知道自己的阵地在哪里，“坚守阵地的永远都是胜利者”时刻鼓舞着他们向“打造天润百年基业，营造国际化动力零部件基地”的愿景奋力远行。

目前，天润正在积极布局未来产业发展新空间，在加快推进第二主业的进程中，全面布局第三主业，逐步形成一、二、三主业梯次分布、良性互动、互为补充的产业主阵地，在自己熟悉的领域向下生根，向上生长，做坚守阵地的胜利者。综合考虑行业情况和公司内部需求，天润工业聚焦 BN-EPS 电控转向器这一汽车行业新领域，先期与韩国万都汽车零部件有限公司进行战略合作，着手布局汽车底盘系统产品。已建成国内先进的 MTS 空气悬架实验室，业务范围涵盖乘用车电控悬架系统、商用车底盘橡胶悬架、底盘空气悬架、半挂车空气悬架、驾驶室空气悬架、底盘零件等。以空气悬架系统为主导，天润 2023 年共完成 27 款新产品开发，实现了对我国重汽、中集车辆、大运、江淮、华菱汽车等客户的批量供货。天润将先进技术和成熟的研发设计能力同高效的生产能力、完善的管理体系以及在国内零部件生产领域累积的影响力结合，逐步形成一、二、三主业梯次分布、互为补充的产业主阵地。

2020 年 7 月 21 日，习近平总书记在全国企业家座谈会上充分肯定了广大企业家在促进经济社会发展中的重要作用和贡献，他指出：“企业家要带领企业战胜当前的困难，走向更辉煌的未来，就要在爱国、创新、诚信、社会责任和国际视野等方面不断提升自己。”[①] 在2019上市公司高质量发展论坛暨“金质量”奖颁奖典礼上，天润获得“持续成长奖”。董事长邢运波在获奖感言中表示，“没有创新，就没有出路，保持创新，就是把握企业发展命脉”。2019年，天润获得山东省省长质量奖，成为威海市唯一一家两次获得山东省省长质量奖的企业。

在天润成立60周年庆祝大会上，董事长邢运波感慨道：“回顾天润60年的光辉历程，我最深刻的感受是：天润的诞生，是党和政府造福社会、富强国家的结果；天润的成长，是党和政府大力支持的结果。为社会服务，为国家分忧，这是天润与生俱来的基因和传承，是天润成长的生命和灵魂，是我们天润人要永远坚守、不断发扬光大的核心价值观。”

今天，天润已经在自己的领域蓄积起强大的实力，在企业创新发展的征程中所创造出来的物质财富和精神财富无不构成这个时代伟大精神的精彩篇章，丰富着“精致城市·幸福威海”的精神内涵。普通工人的工匠精神、工程技术人员的创新精神、企业家的创业情怀一起汇集成宏大的精神乐章，让天润阔步走向充满希望的未来。对于天润工业来说，正所谓：岁月淬炼，锻造坚韧品质；时代赋能，开创锦绣未来。

思考题

1. 天润成为曲轴行业龙头企业的根本启示是什么？

2. 天润推进产业数字化转型的根本抓手是什么？

3. 天润的发展历程体现了什么样的企业家精神？

---

① 《习近平著作选读》第2卷，人民出版社2023年版，第321页。

精致城市中的“工具王国”

——文登威力工具集团有限公司创新发展助推精致城市建设 *

【引言】精致城市建设产业是基础，而制造业是立国之本、兴国之器、强国之基，更是精致城市建设最持久的推动力。习近平总书记在徐工集团考察时曾指出：“发展实体经济，就一定要把制造业搞好，当前特别要抓好创新驱动，掌握和运用好关键技术。”① 在威海制造业南向版图上，有一颗耀眼的明珠——工信部认定的制造业单项冠军企业——文登威力工具集团有限公司。公司多年来聚焦主业创新发展，把人们日常可见的活扳手做成全球第一，用小扳手撬动大世界，为威海市精致城市建设贡献自己的力量。

【摘要】用50多年的时间，从一个只有13人、只能生产简单小农具的小五金厂，发展成如今全球最大的活扳手制造企业、中国最大的五金工具制造和经营企业，文登威力工具集团用创新打开了工业世界的大门。以质量求生存，以创新求发展，紧跟时代步伐，通过产品创新、技术创新、制度创新、经营创新、联合创新，缔造每个工作日都会诞生一个新产品或新专利的创新传奇。今天，文登威力工具集团站在了行业的制高点，成为国

* 本案例由中共文登区委党校经济理论教研室主任、正高级讲师杨建文撰写。

① 《人民时评：让实体经济壮筋骨　上台阶》，《人民日报》2017年12月14日。

际标准、国家标准、行业标准及团体标准的制定者、修订者，被工信部确定为制造业单项冠军示范企业，成为世界工具王国的隐形冠军。

【关键词】制造业创新　标准制定

工具是人类文明进步的标志，“工欲善其事，必先利其器”，说的就是工具之于良工须臾不可或缺。马克思主义认为，制造和使用工具是人类区别于动物的根本标志。今天，人类创造发明的数不胜数的工具助力人们丰富多彩的生产和生活。文登威力工具集团有限公司（以下简称威力工具集团）接续传承先贤精神，为天下精工，锻造成功之利器。2019年9月，习近平总书记在第四十五届世界技能大赛上对我国技能选手作出指示，“要在全社会弘扬精益求精的工匠精神”[①]。威力工具集团在50多年的发展历程中，专注于工具领域，以创新、敬业、精益求精的职业精神全力诠释着总书记所倡导的工匠精神。

2017年12月，工信部授予威力工具集团“制造业单项冠军示范企业”，这个中国工具领域的“隐形冠军”跃然而出。

一、历史发展

（一）成长基于对质量的坚守

威力工具集团的前身是文登县五金厂，建立于1968年，当时只有13位来自各个乡镇铁匠社的匠人和三间瓦房，主要生产小农具和一些插销、木锉等小工具。早期的创业者可能并没有打造百年名企的念头，但他们坚守和传承的一些东西却造就了这个小企业后来有志于成为百年名企的基因。1973年，文登县五金厂改名为文登县工具厂，开始生产8寸

① 习近平：《论党的青年工作》，中央文献出版社2022年版，第92页。

规格的活扳手。靠着过硬的质量，厂里生产的活扳手成为国家统购统销的产品。到了1976年，活扳手开始出口到国际市场，产品第一次走出国门。这让早期的创业者对产品质量有了深刻的认识，也为企业此后视质量为生命的发展理念奠定了基础。1985年，文登县工具厂生产的活扳手产品获得国家轻工业部最高荣誉“银质奖”。这是对产品质量的最大认可，更为企业不断攀登高峰注入动力。到1987年，文登县工具厂的活扳手类工具产品出口量竟然做到了国内同行业之首，并被中国机械工业建设总公司定为全国重点活扳手生产企业之一。

市场的变化是随时代而动的，对企业而言，生存与毁灭，取决于对市场的感知。如果当年按照这样的节奏发展，可能就没有以后的威力工具集团了。为什么呢？因为这一时期，全国有100多家从事五金工具制造的企业，实力强大的企业大有人在。然而在以后的十多年间，这100多家企业大多都从市场上消失了。聚光灯下，威力工具集团凭什么还在舞台中央呢？答案就在这份《知耻而后勇》的考察报告中。

（二）壮大起于《知耻而后勇》

企业家是企业的创建者，同时也是企业精神的缔造者，一个企业的特点总是与它的缔造者有千丝万缕的联系。1990年，时任文登威力工具集团总经理的于性江在国务院机电办的组织下，与全国同行一起赴美国考察学习。考察期间，于性江在进行活扳手市场调研时，有件事情让他很震惊——他们的质量行评全国第一的活扳手，在美国的大型商场根本看不到，而在跳蚤市场的地摊上被以一元一支的价格廉价出售！于性江一百个不甘心，怎么会这样？美国客户说，“中国的产品价格最便宜，质量最差，用起来最不可靠，买下来最不划算”。现实与内心的反差如此巨大，于性江的脸上火辣辣的，暗下决心：回去后一定要做出全球高档产品。在美国余下的学习时间里，于性江省吃俭用，一天8美元的生活费就吃1美元，把省下的钱全都买了国外的扳手样品。

回国后，他把在美国的所见所感汇集成一份考察报告：《知耻而后勇》。这份报告见证了一个中国企业家的勇气与决心。于性江与同事们一起把从美国带回来的产品拿出来反复研究，研究外国的产品到底高档在什么地方，研究他们的材料，试用普通结构钢，然后是合金钢、高端钢；研究他们的工艺，一点一点去钻，每个细节都不放过。

成功没有捷径，成功的背后是汗水和努力。在此后一年多的时间里，于性江的团队深入研究探索，反复试验寻求突破，先后把新产品送到美国和日本的检测机构检测了8次，次次被否定，到最后，工友们都失去了信心，大家都在嘀咕：我们的产品挺好销的，市场很看好，企业的产能也逐步上升，产销都没问题，有没有必要上什么高档？费这个劲儿干吗？

但在于性江看来，看不到差距是能力与格局的问题，看到差距而不解决差距则是责任与担当的问题，他所做的事是国家的需要，更是企业自身的需要，闯不过这一关，企业就不会有将来。为了鼓舞大家的斗志，于性江组织大家开会，主题是“胜利往往是在坚持下的努力之中”。他鼓励大家不要灰心，坚持做下去，坚持住了可能就成功了，坚持不住就前功尽弃了。

两年后，在于性江的带领下，经过无数次失败和反复改进，产品终成大器。当于性江将打着中国首字母“C”标志的产品送去日本和美国做检测时，所有项目全部通过。面对一系列检测数据，日本人和美国人都惊讶地说：“这么好的产品不可能是中国制造！”但这确定不移就是中国制造！他们哪里知道，那份一直陪伴在中国企业家身边的考察报告——《知耻而后勇》就是历史的见证者。

这款高档产品先卖到美国，后卖到欧洲、日本，还有世界其他地方，卖价很高，是普通产品的两三倍。今天回看这段历史，深感产品品质的飞跃正是企业飞跃的关键，相对于不复存在的100多家同行，这一飞跃的重要性不言而喻，而此后又兴起的100多家同行，至今仍难以望其项背。威力工具集团精心铸造的产品终于有实力与国外产品一较高下，高品质成为公司驰骋国际工具市场的通行证。威力工具集团创下了我国五金行业高端工具产品领域的一个奇迹。

二、发展启示

在威力工具集团发展壮大的过程中，基于对质量的执着追求形成了企业独有的“质量文化”。董事长于性江提出一个朴素的道理：“能赚一块赚九毛，拿出一毛保品质，然后去赚更多的九毛。”这个理念的核心就是把利润拿出来保品质，宁肯少赚点钱，也要把品质做得更好。虽然成本高了，看起来利润少了，但客人多了，订单多了，利润自然就更高了。优胜劣汰的市场法则提醒着企业的每一名员工：要始终把质量放在第一位，要做就做到精益求精。当质量成为一种信念，质量文化就会在企业生根发芽，让企业获得持续发展的动力。凭借过硬的质量，威力工具集团很快就跃升到全国第一，并且在世界工具领域有了自己的地位。凭着关键技术的突破，1991年，威力工具集团荣获了“第二届法国国际博览会金奖”，威力工具集团站到了世界质量大奖的颁奖台上。

1996年，威力工具集团成为全国同行业首家通过ISO9001质量管理体系认证的企业。这一认证确保企业能持续稳定地提供合格产品，为中国手工工具打入国际超级市场奠定坚实基础。其可靠的质量保障体系让企业在2013年荣获“威海市市长质量奖”；2018年8月，公司主导产品活扳手产品荣获首批“泰山品质认证”。

2017年12月，中华人民共和国工信部把“制造业单项冠军示范企业”的头衔授予文登威力工具集团，于性江和他的团队所追求的“隐形冠军”的梦想终于实现了。今天的威力工具集团已成为中国五金工具行业的领军企业，是全球工具市场重要的供应商。

（一）从贴牌到品牌：对“中国制造”的核心追求

品牌是一种信任。威力工具集团在国际市场打拼的过程中无时不在感受品牌的力量。从贴牌到品牌，威力工具集团的品牌之路起于“中国制造”产品标识之争。

当年，威力工具集团的高档活扳手研发成功后开始走向国际市场，在同合作客户洽谈的时候，威力工具集团坚持一定要打“中国制造”字样，但合作方坚决不让，他们担心如果打上“中国制造”的话，那就和普通产品一样，卖不上高档产品的价钱。经过谈判，客户最后只同意打上“CW”，“C”是“中国”的首字母，“W”是“文登”的首字母。

合作虽然谈成了，但对于性江和他的团队刺激非常大：我们生产的高档产品明明是中国的，却不让打“中国制造”，为什么？中国品牌在世界工具市场没有地位啊。怎么办？既然是贴牌，全世界谁最厉害我们就去找谁。为占领市场制高点，他们把目标锁定当时全球工具行业翘楚、全球最大的手工工具公司——美国史丹利公司。威力工具集团把自己的产品几次送到史丹利公司进行检测，对方都非常满意。想不到的是他们要求必须在产品上打“中国制造”，史丹利公司认为，消费者认可的是品牌，不是产地，即使卖到美国也必须这样。什么是品牌？这就是品牌。名牌产品不会因为产地而改变品质，品牌背后是品质，消费者选择品牌实际上是一种信任，就是质量保证。由此，借助品牌的力量，威力工具集团生产的高档产品名正言顺地打上了“中国制造”，通过史丹利公司卖到美国的各大超级市场、工厂，威力工具集团名声大噪。

品牌意味着产业平台。贴牌是工业准备的开始，威力工具集团很清楚，要撬开国际市场的大门，开始的时候只能做贴牌，通过给国外大工厂做贴牌，让自己的设计水平、质量水平、管理水平提上去。受贴牌公司“管道直径”的限制，贴牌做到一定程度就再也不能做大。一个企业真正想要做大，不做自己的品牌是不行的。可以说，做贴牌就永远是一个工厂，而做成品牌的时候，就几乎可以做一个行业了。于性江说：“我们20年前能给国外做贴牌，是我们的荣幸，20年以后还是给国外贴牌，就是我们的悲哀。”

做自己的品牌，是工业准备的完成阶段。要做自己的品牌就要从设计、质量控制、管理上下功夫，把质量体系、仓储运输、服务等各个环节研究透，这时候，展现在企业面前的是一个平台。平台无边界，有品牌的平台，做任何产品都可以做到无限大。威力工具集团开始只做活扳手，现在可以做包含18大类7000多个品种的各种产品，成为国家级的技术中心，生产的工具在全世界的大工厂包括生产原子弹的、航空航天的工厂中被广泛使用，全球的核电站都使用的法国设备安装调试维护工具就是威力工具集团生产的。今天，威力工具集团终于有了自己的平台，经营范围逐步扩大，实力也与日俱增，他们全力打造“MAXPOWER”自主品牌，全面提升品牌含金量。

“MAXPOWER”自主品牌是威力工具集团的发奋之作。自开始做自主品牌起，威力工具集团就逐步走向世界工具制造舞台的中央，成为聚光灯下的主角，用实力告诉世界，中国制造可以成为世界名牌。2014年9月，国家工商行政管理总局商标局认定“MAXPOWER”商标为驰名商标。2015年，集团决定成立威海市力钰实业有限公司，策划新的高端品牌系列工具“力钰”，通过实业公司控股威力工具集团，为企业实现多领域、多品牌发展搭建广阔平台。“力钰”旗下的三款产品在山东省第三届“省长杯”工业设计大赛中全部入围获奖。2018年，威力工具集团被选为中国五金制品协会工具分会会长单位。

（二）经济的冬天是企业发展的春天

每一家优秀企业在发展过程中都会遇到企业扩大、规模膨胀的问题，这个问题处理得如何，对企业的发展生死攸关。于性江对此有着自己朴素的认识：一个企业如果无限度地扩张发展，那是找死；但如果没有扩张发展，那是等死。威力工具集团从一个小作坊成长到今天拥有5个厂区、占地1500亩、职工2200人的跨国公司，一路不断地扩张壮大，但不论做什么，都在尊重客观规律。在于性江看来，经济的冬天是企业发展的春天，遇到经济的冬天时，要加大投入，那个时候什么东西都便宜，是低成本扩张的黄金期；当经济好转的时候，企业就开始盈利了，就可以实现低投入高回报。

2008年，一场前所未有的国际金融海啸席卷全球，国际市场一片哀鸿，众多企业都面临着前所未有的考验，作为出口型企业的威力工具集团也未能幸免。但危与机是并存的，关键是如何抓住危中之机。面对危机，于性江敏锐地意识到企业发展的春天来了。在他的主导下，威力工具集团迎难而上，开启企业转型升级发展战略。集团先以低廉的价格收购了原文登市风机厂，使之成为全资控股的子公司，将公司业务拓展到非工具领域，步入了跨界经营模式。2009年6月，集团果断与美国史丹利公司开启新合作模式，联合成立了史丹利（文登）工具有限责任公司，实现了强强联合、优势互补，进一步拓展了高档产品在国际市场的销售。同年7月，根据国家环保产业的布局需求，威力工具集团成立了文登市威力环保设备有限公司，在文登市南海新区开建占地500亩的第四个厂区，主要生产罗茨风机以及环保设备等。11月，子公司文登威力高档工具有限公司成为国家高新技术企业。12月，与中国物理研究院合作，成立山东中物南海投资有限公司。2011年9月，成立了以威力工具集团为母公司，以文登威力迈泊工具有限公司、文登威力高档工具有限公司、文登市威力风机有限公司、文登环保设备有限公司为子公司的企业集团。

俗话说，“机不可失，时不再来”，于性江抢抓机遇，在经济低谷中大胆开拓，使威力工具集团在危机中不断开辟新领域，拓展新业务，实现低成本扩张，形成今天以工具生产为主产业，以技术创新为支撑的跨界经营局面，奠定未来企业发展的新基础。现在，威力工具集团根据国家“一带一路”建设布局，在韩国设立了海外生产基地。

（三）创新是一种习惯

可持续发展比大发展还重要，这是威力工具集团在不断发展壮大过程中的深刻体会。在于性江的笔记本上，写着这样的警示：“只有夕阳工厂，没有夕阳产业。”一个产业能够持续不断地保持生机活力的关键在哪里？答案就是创新。威力工具集团有一个口号——“创新是一种习惯，成功是一种坚持”。威力工具集团的开拓者们相信，只要创新与时代同步，工具制造行业就永远不会走进夕阳。

威力工具集团形成的创新文化被概括为“四异”精神。一是“异想天开”，鼓励大家要敢于想、善于想，只有异想，天才能开。二是“标新立异”，鼓励员工不要局限在老办法里，倘若一直按照既往的成功的路走，到最后往往就是灭亡，昨天很成功，今天很一般，明天就是落后。三是“见异思迁”，就是鼓励大家自我突破，在外部看到好的东西，要虚心学习，迅速重新调整思路，实现自我突破。四是“日新月异”，每天都有进步，每天都有新产品，最后落实到每天都有新变化。在“四异”精神的鼓舞下，大家会经常互相询问：“今天你创新了吗？”

一个创新型的企业，文化是其灵魂，制度则是其保障。威力工具集团提出两个承诺以激发创新的原动力：第一个是对客户的承诺：不会因为国内劳动力价格的提高而提高产品的价格。那么劳动力价格上涨、成本增加怎么办？用技术创新、技术改造来提升效率，让效率的提升比劳动力涨价的速度还要快，确保卖同样的价格，企业还能赚到钱。这一承诺的核心就是技术创新、产品创新、管理创新。第二个是对工人的承诺：企业通过创新改造后，不能因为技术改造、设备改造带来的效率提升而使工人单价降低。威力工具集团推出职工“自己给自己涨工资”的技改方案，怎么涨？就是通过技术创新和改造，将所有省下来的材料、煤、水、油、电等一切消耗，采用“四六分成法”（工厂拿六，工人拿四）来增加员工的收入。这样一来，工人时时刻刻都在精打细算。

（四）建立人人都想学习的试航员制度

威力工具集团的试航员制度让每个工人都想学习。公司现在技术更新快、新设备多，谁来驾驭新设备？即谁来试航？试航员制度就是选拔那些学得好、水平高的人来试航，以此为基础，将来所有要提拔的干部，从检验员、工艺员、班组长到工段长，都从试航员里选拔。试航员的背后第一是荣誉、第二是地位、第三是收入，因此极具吸引力。现在，公司每周都组织学习、考试，并给成绩优异者发奖。大家逐步养成学习的习惯，形成学习的氛围。在今天的威力工具集团，一批普通的工人正如饥似渴地学习新知识、新本领，成为企业创新的生力军。

在此基础上，威力工具集团开设创新工作室平台，在班组内采取一对一传帮带的方式，使技术骨干与青年工人结对子，确立师徒关系，技术骨干通过传授经验技艺，对优秀青年工人进行批量培养，让技师巧匠们的看家本领变成公司的技术资源。第十四届“全国技术能手”获得者尹伟宁是锻造领域的复合型高技能人才，他不仅在锻造技术革新与研发方面具有突出贡献，同时还依托“尹伟宁创新工作室”开展形式多样的带徒育人、职工技术培训和指导工作。2019年初，威力工具集团多名骨干被授予全国荣誉奖项，为企业传承发扬工匠精神发挥了重要作用。

（五）高层次领军人才既要引进来还要留得住

2020年10月14日，习近平总书记在深圳经济特区建立40周年庆祝大会上明确指出："发展是第一要务、人才是第一资源、创新是第一动力。"① 对于各类企业来说，怎么留住人才是面临的难题之一。威力工具集团董事长于性江说了两点：要让人才有事干，有创业的平台；要让人才了解企业的文化，融入企业。公司的管理者在调动普通职工创新积极性的同时，采用培育、晋升、激励和福利等人才激励机制，构建了一支工程技术人才带动、高技能人才广泛培养的人才队伍，形成了老、中、青年龄结构合理，技术专业覆盖面广、专业精湛的创新队伍。公司先后引进两名上海交通大学博士、三名海归硕士，其中，公司领军人物于金汕不仅有海外留学经历，还有在世界五百强公司的工作经验；总工程师苗文明是上海交通大学机械与动力学院博士研究生，也是威力工具集团智囊团中集团中坚力量，在公司新产品开发和技术改造方面取得了令人瞩目的成绩。苗文明主持改造研发的RFID 射频打印贴标机是物联网产业的重要产品之一，广泛应用于仓储、物流等行业。通过刻苦攻关，该产品已经发展到五大系列、二十多款机型，每年可为公司增加 2000 多万元的收入。此外，苗文明主持开发的新产品地铁风机项目——"基于 ISIGHT FLUENT 的地铁可逆射流轴流风机的开发及优化"达到国际先进水平，通过山东省科技厅的成果鉴定，并获得2013年威海市科学技术三等奖。

如苗文明一样，威力工具集团引进的高层次人才都找到了自己的事业平台，积极投身企业建设和创新发展中。现在，很多高管和工程师每次从国外开会和考察回来，带回的不是奢侈品，而是各个国家生产的先进工具产品，他们以自己的专业眼光瞄准工具生产的世界前沿，结合自身优势，为公司的技术创新提供丰富化、样本化的"实体教材"。2019年9月，威力工具集团被工信部评为"国家技术创新示范企业"。

---

① 习近平：《在深圳经济特区建立40周年庆祝大会上的讲话》，人民出版社2020年版，第7页。

（六）走联合创新的可持续发展之路

如何跟上科学技术发展的时代步伐，让创新成果为自己所用，对企业的可持续发展非常重要。联合创新是威力工具集团解决这个问题的重要途径。他们通过各种渠道和平台同国内外一批聪明的大脑联系在一起，让公司拥有强大智力支撑。目前，威力工具集团拥有我国手工具行业唯一的国家级企业技术中心，拥有 CNAS 国家认可实验室和院士工作站，先后与中国工程物理研究院、中国科学院、北京航空航天大学、哈尔滨工业大学和上海交通大学等高等院校建立了广泛的对接合作关系。这些院校定期、分批地派遣以教授、在职博士为领队，在读硕士、博士为骨干力量的技术队伍深入企业的各个部门，在实践中不断调研、总结、分析企业在生产管理等方面所存在的问题，将他们在军工制造、汽车、钢铁等行业的成功经验运用到公司实际中。公司以产学研项目为载体，全面加大技术联合和自主创新的深度、宽度和广度，借助外力联合开展技术攻关，加快企业研发速度，提高产品附加值。

强大智力的注入让公司的产品能够与时俱进，在新材料新工艺的运用下，目前各大系列产品正在向多功能高效化和互联网智能化方向发展。公司自主研发的具有多项专利的智能工具系列产品，通过智能系统实现对自身的状态、环境的自感知，具有故障自诊断功能，目前已经应用到我国的飞机制造和轨道交通行业。另一项高科技创新产品——高效智能扭矩扳手正应用于高铁、航空等高精尖领域，该产品在数显扭力扳手的基础上开发了 Wi-Fi 模块，利用互联网和现代技术，使每个扭矩的信息都能实时传输到后台管理系统，极大地方便了专业维修技师对每次作业进行管理及追踪。这是我国手工具行业的第一款高效智能工具，打破了国际垄断。今天，威力工具集团平均每个工作日都可以创造出一个新产品或专利产品。

（七）制定标准就是掌握话语权

威力工具集团是用“隐形冠军”的理念来指导自身发展的，让很多人意想不到的是，正是文登的这家企业，掌握着国际标准、国家标准、行业标准及团体标准的制定权，是真正的世界级玩家。

众所周知，当今世界，一流企业定标准，二流企业做品牌，三流企业做产品。自2009年9月1日十字柄套筒扳手开始执行GB/T 14765-2008这项由威力工具集团制定的国标开始，包括公司全程参与的由我国专家团主持起草的工具五金行业ISO棘轮扳手国际标准制定，威力工具集团完成了107项国家标准、行业标准和国际标准的制定，大大地提高了我国在国际标准体系中的话语权和影响力。在世界工业的殿堂中，五金工具行业中的中国企业已经是规则的制定者了，当年外商不许我们打上“中国制造”标识的时代已经一去不复返了。现在，很多外国企业包括德国、日本的企业给威力工具集团做贴牌。在威力工具集团内部质量管理中，其执行的内控标准要高于国际标准30%~50%，以确保企业在国际市场中的领先地位。威力工具集团由传统普通工具向高效工具、再向智能工具转变，用标准引领我国五金工具行业发展潮流，依托“中国制造2025”的发展契机，让中国创造引领全球制造。

威力工具集团董事长于性江曾说过：“站在过去与未来的交叉点上，我们既要创新，更要回归。创新让威力工具集团迸发出持久的生命力和创造力，回归则让威力工具集团永葆初心，向着专注工具制造经营的方向坚实前进。”今天，威力工具集团在“精致城市·幸福威海”的建设大潮中，以创新促品牌，以品牌带创新，以新型工业智能化为引领，领跑世界工具行业，以自身的影响力和创造力丰富着精致城市建设的内涵，续写“建百年威力，铸长青伟业”的宏伟梦想。

思考题

1. 作为传统制造业企业，威力工具集团成功的因素有哪些？其中最重要的是哪一方面？
2. 威力工具集团创新体系由哪些部分构成？分别都是什么？
3. 传统制造业在我国未来的发展方向是什么？威力工具集团的发展给我们哪些思考？

11 粒种子到百亿产业的蝶变之路

——从文登西洋参产业的发展壮大谈特色产业培育 *

【引言】习近平总书记在党的二十大报告中指出："全面建设社会主义现代化国家，最艰巨最繁重的任务仍然在农村。坚持农业农村优先发展，扎实推动乡村产业、人才、文化、生态、组织振兴。"① 实施乡村全面振兴，产业振兴是基础，要建设产业兴旺的活力乡村，推进农村一、二、三产业深度融合发展，构建具有地方特色的乡村现代产业体系，推动农业特色高效发展。2018年6月12日，习近平总书记亲临威海视察，殷切嘱托威海要向精致城市方向发展。威海切实学习贯彻习近平总书记重要讲话精神，系统谋划精致城市建设，颁布全国首部精致城市建设条例，编制精致城市建设规划纲要，首创精致城市评价指标体系，其中"发展动能创新提质"是精致城市五大发展目标之一。文登西洋参特色产业培育是以产业转型升级促进发展动能提质的创新实践。

【摘要】文登西洋参作为文登区的特色拳头产业，有着40多年的种植

---

* 本案例由中共文登区委党校校委委员、政治理论教研室主任李莉撰写。

① 习近平：《高举中国特色社会主义伟大旗帜　为全面建设社会主义现代化国家而团结奋斗——在中国共产党第二十次全国代表大会上的报告》，人民出版社2022年版，第30—31页。

历史，品牌价值达到116.43亿元。文登是全国最大的西洋参主产区，种植面积已稳定在5.5万亩左右，年产鲜参7500～8000吨，占全国总产量的60%以上，1.5万多人从事西洋参相关产业。百亿产业的发展经历了引种、推广和提质三个阶段，这其中离不开政府有作为、国企有担当、参农有勇气，多方形成合力推动西洋参产业在曲折中永续发展，为新时代发展特色产业提供了有力的借鉴和启示。

【关键词】产业振兴　特色产业培育　有为政府　新农人　三产融合

回望西洋参产业40多年的发展，特别是党的十八大以来，围绕落实习近平总书记关于乡村振兴发展的指示精神，文登区各级党委政府精心扶持培育，使文登西洋参从11粒种子起步，成长为产值百亿、带富一片的区域特色产业。这一乡村产业振兴实践折射出了习近平新时代中国特色社会主义思想的真理光芒，释放出习近平总书记关于乡村振兴重要论述的思想伟力，展现出强大的、有说服力的真理力量。

一、背景情况

通过名字就可以看出来，相对于人参、沙参等本土物种，西洋参是一种舶来品，原产于加拿大与美国，对温度、湿度、土壤等环境都有特定要求。西洋参产业在文登的发展经历了引种、推广和提质三个阶段：

（一）引种阶段：1981—1989年

1. 西洋参本土化：从11粒种子到8棵苗，外来物变成本地苗

张家产镇口子李村是怎样与西洋参结缘的呢？这还得从20世纪70年代说起。由于良好的生态地理环境，文登一直有种植中草药的传统，

中草药种植有着一定的群众基础、技术基础。当时，口子李村有一位农业技术员、老党员，名叫王继振，他带着几个农业“土秀才”先后引进了沙参、黄芪等几十种中草药，并培育出了黄芪新品系——“文黄11号”，被收录进《中国技术成果大全》，因此，口子李村包括王继振都是在省药材公司挂了号的，这是一个很重要的前提。1981年4月，省药材公司生产科长俞春生到北京开会时，拿到了一些西洋参种子，就专门托人送给王继振11粒，让他试种。为了让西洋参适应本地的气候环境，王继振按照接近原产地的环境进行选址，专门选在了海拔220米的半山坡上播种。为了保护这些珍贵的种子，他还在周围建了玻璃罩，旁边搭起了草棚，日夜看护，每2小时就要记录气温、光照、湿度等数据，一个月后，终于长出了8棵参苗，实现了落地的第一步，口子李村成为全省9个西洋参种植点中唯一成功的一个。当年，口子李村又分到了4.5千克西洋参种子，王继振和王文水等人就在双顶山上盖起了四间简易小平房（参源馆），开垦出一块集体田进行育苗。

2. 西洋参试点化：从实验棚迈向林下田，小参苗成为致富苗

从实验棚到林下田，不仅面临着单纯的技术关，而且还赶上农村分田到户改革，村民不敢领种。就这样，在分不下去的情况下，村里的6名党员和村干部带头认领，全部接盘。这6户党员家庭每家留三分地移栽西洋参，倘若需要更多的林下田，就要在盘根错节、土石混杂的山上开荒。开荒并不简单，得先将灌木杂草除去，再把石头一块块搬运到山凹处。山上土薄，还需从山沟里运来更多杂土，用筛子一点一点地筛，筛出来的石头用篓子运到地边，垒起了一道道石头长城；没有水，就从山下一担一担地往上挑，他们手上、脚上的层层血泡磨成了厚厚的茧子。1986年，西洋参终于迎来了第一次收获，每户可以增收5000多元。当时的5000元可是一笔不小的数目，相当于普通职工10年的工资收入。村民们看到种植西洋参这么赚钱，不少人跃跃欲试。但在王继振一班人看来，西洋参单靠山上开荒、林下种植是不现实的，

得走大田种植、规模化的路子。

3. 西洋参大田化：从林下种植走向大田种植，小试点变成大规模

这时，种植西洋参的接力棒已经交到了王继振的女婿——王文水手里。为了攻克大田种植，王文水先是自己做实验，但没有成功，后来听说吉林农业大学的教授在研究农田种植西洋参，便跑去请教，得到的结论是“大田里种不了西洋参！”这时，美国大田种植西洋参成功的消息传入王文水耳中，虽说技术高度保密，但说明西洋参是可以进行大田种植的，这又让王文水燃起了希望。王文水不甘心，人家能成，我们就不行？于是找了好几本关于名贵中药材栽培技术、土壤肥料学的书。王文水晚上学习，白天在参田测地温、湿度等环境要素，每隔一小时就记录一次温度，研究对比从不同地块取回的9种不同土样，通过将其放在9个花盆里一一测试，最终找到了适合西洋参生长的含磷风化土。王文水将土用铁锨挖出来，再用小推车推到农田里进行土壤改良。一亩地要推三四百车土，推了3000多车，硬是“拼”出8亩大田参地。通过4年多的反复试验摸索，王文水终于掌握了西洋参农田移栽的整套技术。1989年，省药材公司召集业内专家在口子李村召开现场鉴定会，宣告探索大田种植取得成功。

（二）推广阶段：1990—2016年

大田种植成功后，西洋参走进了每一户农民家里。王继振、王文水无偿向村民传授西洋参种植技术，主动到地头手把手地指导。对于个别贫困户，他们甚至倒贴种子或参苗，帮助贫困户整池子起垄，发动大家通过种植西洋参走上致富路。西洋参产业就是依靠亲戚连亲戚、户连户、村连村、镇联镇逐步发展起来的。

1. 自发带动

20世纪90年代初期，西洋参产业依然是以户带户、以村带村的自发推广带动模式，王文水带动王文召，口子李村带动山阴沟村、告驾

口村。自发推广随意性大、偶然性强、辐射范围较小。此时，党委政府已经看到文登区具有种植西洋参的优势。

2. 政府推广

为有序有组织地开展西洋参种植推广工作，文登区在农业农村局率先成立了威海市第一个药材技术服务站，同时在葛家镇、蔄山镇、大水泊镇和侯家镇建立了四个西洋参示范种植基地，聘请王继振作为技术顾问，全面推广种植技术。此外，在20世纪90年代兴起的机关干部搞实体的大潮中，时任张家产镇党委书记颜祥布、李世宁号召张家产镇的所有机关干部和涉农各部门的人都要种植西洋参。机关干部纷纷响应号召，回到老家所在的乡镇，在父母兄弟和同村人的帮助下种植西洋参，这一举措也变相推动了西洋参种植技术的推广，产生了遍地开花的效应。

特别是2013年、2014年，市场行情较好，鲜参每斤100～120元，亩产1000～2000斤，亩收入10万～20万元，激发了很多参农大量种植西洋参的积极性。经过短短几年的发展，文登西洋参的种植面积从2013年的3万亩增加到2016年的5万亩，文登成为与吉林长白山林区、北京怀柔区并称的全国三大西洋参主产区之一。与文登相比，怀柔地区受京郊土地资源短缺的限制，种植面积严重缩减，产量基本忽略不计；长白山地区目前是全国西洋参的主要产区，但由于传统的毁林种参方式，近几年受林地保护政策的影响，种植面积日渐萎缩，产量逐年减少，在这种情况之下，文登成为全国最大的西洋参主产区。

（三）提质阶段：2016年至今

1. 种植规范化

为适应国内大环境的发展需要，随着2015版《中华人民共和国药典》（以下简称《药典》）的修订，文登区严格按照《药典》对中草药农残、重金属超标等把控很严的标准对西洋参种植和产业发展进行提质。新版《药典》实施后，文登西洋参有30%～40%不达标产品，这会严重影响参农的收入和文登西洋参的品质和口碑。2016年3月，西洋参产业发展办公室（以下简称产业办）成立，张家产镇时任党委书记刘新伟兼任产业办主任，张家产镇时任纪检书记谷召俊任专职副主任。文登区通过成立一个部门和专人负责的方式推进西洋参产业提质发展。产业办从种植环节开始把关，先对参地进行取样检测，各项指标合格后，还要在种参之前先养一年地，调整土壤酸碱值和肥力配比。在此过程中，产业办提倡用羊粪和猪粪，不用肉食鸡粪和牛粪（重金属超标）；提倡化肥减量，多用有机肥，推广生物菌肥；监管农药使用，确保农残达标。到2023年，保守数字是95%达标，实则99%达标。

采取“龙头＋基地＋农户”的模式，形成集繁育、栽培、病虫害防控等于一体的综合技术产业科技示范体系，提高西洋参的产量和品质。制定的《西洋参无公害生产技术规程》成为省推荐性地方标准。区域标准化育苗种植面积占总面积的80%，绿色认证基地面积达到1万多亩。

建立西洋参全生命周期的质量追溯体系。在4000余亩1—2年生根西洋参种植园安装摄像头、传感器等，通过GPRS远程数据传输技术、串口通信、云服务等手段，在西洋参种植领域率先实行信息可追溯化。消费者只要扫描产品包装上的二维码，就能知道从种子到成品每个环节的详细信息，不仅保证了消费者的知情权，也避免了企业夸大宣传，一旦商品出现问题，可以方便快捷地找出问题。

2. 发展产业化

西洋参的产量上来了，就要想着怎样卖出好价钱。西洋参有干参、参片等加工产品，价格比鲜参翻了好几番，所以不能只走鲜参销售这条老路子，还要在实现初加工的基础上，做精深加工，延伸产业链条。文登区广泛筛选国内外中药材龙头企业，与其主动对接，精准招商，先后引进建设了天士力中医养生馆、颐阳西洋参深加工、威登医药科技、继振参业、齐国参业等一批西洋参深加工项目，又新开工了西洋参仓储物流项目，打造具备深加工、检验检测、仓储等功能的西洋参加工聚集区。目前，文登区西洋参加工企业发展到30多家，形成了初加工、切片、含片、精膏、破壁粉、口服液、营养早餐等系列产品体系，对于拉长西洋参产业链条、推动西洋参产业振兴具有重要带动作用。

此外，文登区建设了集电子商务、孵化培训、检测化验、文化旅游等功能于一体的西洋参交易中心，通过开展技术培训和创业孵化，提高种植加工标准化水平，逐步形成西洋参产业的文登标准；通过与国家级电子商务示范企业天府商品交易所合作，建设大宗商品交易平台，实时提供全国各大中药材市场的价格行情，引导本地乃至全国的西洋参来此交易，做到“收天下货、通天下货、控天下货、销天下货”，逐步掌控西洋参的市场定价权；通过交易带动加工项目集聚，有力提升产业规模化水平，有效解决过去小、散、乱的发展局面，加快打造种植有组织、质量有控制、产品有增值、市场有竞争力的西洋参产业集群。

推动西洋参文化产业发展，建立西洋参文化馆、科普馆、参源馆，传承西洋参精神，从而完善全产业链条。

3. 扶持制度化

文登区委、区政府连续出台一系列相关文件，以保障西洋参产业的顺利发展。

在综合领域方面，出台《关于振兴西洋参产业的意见》，重点围绕建设标准化生产基地、培育壮大龙头企业、强化科研开发和成果转化等方面，加大政策扶持力度，着力构建政府引领、市场主导、参农和企业为主体，稳健、系统、共享的产业体系，力争到2025年，西洋参产品普遍达到绿色标准，精深加工占总量比重达到60%以上，开发“文登西洋参”系列产品50种以上。

在专项资金方面，出台《关于西洋参产业高质量发展的扶持意见》，有效引领产业发展。自2018年起，文登区每年从财政争取到800万元西洋参产业发展专项资金，以补贴的形式鼓励参农和企业种植4年生鲜参、按《药典》标准加工软枝、对统货进行分拆，促进西洋参产业高质量发展。

在金融扶持方面，设立了总规模1亿元的西洋参产业发展基金，为西洋参收购加工企业提供供应链融资，为企业做大做强提供资金支持和保障。为降低参农的种植风险，保护参农的种参积极性，文登区在全国率先推出了西洋参种植保险，财政给予参农60%的保费补贴，构建了政府+保险+参农“三位一体”的西洋参产业保险长效机制，开创了地方财政扶持特色农业发展的先河，参保面积达1万多亩。探索推出了“参农贷”金融创新产品，凡是种植西洋参2年以上的参农，均可根据当年出参量获得一定额度的授信，以此解决西洋参种植户的资金瓶颈问题。

在品牌推介方面，出台《关于推进实施品牌战略的扶持意见》，加强品牌培育。为把“文登西洋参”这一金字招牌擦亮打响，文登区坚持质量为重、认证管理，准许产品符合标准的企业生产、加工和经营“文登西洋参”品牌产品，形成以“文登西洋参”品牌为主体，以龙头企业自有品牌为子系列的品牌模式。到2023年底，文登绿色食品协会授权8家西洋参加工企业使用“文登西洋参”农产品地理标志，文登西洋参协会授权道地参业发展有限公司等3家公司使用地理标志证明商标。颐洋参、御龙旗、李传福、双绅等一批企业品牌和产品品牌在市场上崭露头角，让市场更直观地认识体验好参。深入挖掘文登西洋参的文化元素，加大品牌宣传推介力度，建设了西洋参文化馆和产品展示中心，连续举办了七届西洋参文化节，使文登西洋参的知名度和影响力不断扩大。目前，文登西洋参成功入选100个“最具影响力中国农产品区域公用品牌”和全国名优特新农产品目录，以116.43亿元的品牌价值位居中国地理标志产品区域品牌价值榜中药材类第3位，荣膺2020第105届美国巴拿马万国博览会金奖。

出台《关于支持西洋参“药食同源”试点加快构建西洋参产业互联网的扶持意见》等文件，有力保障产业提质发展，以可操作、可量化的标准促进西洋参产业高质量发展。提质发展实现了从卖原料向卖产品，进而向卖品牌转变，延长了产业链和价值链。

二、主要做法

（一）政府有作为

在文登西洋参产业发展的过程中，威海市积极发挥各级地方党委政府的作用，一级有一级的担当，一级有一级的作用，重点在领种参苗、市场交易、技术攻关、资金投注、政策扶持、设立推进机构（药材站、西洋参产业办）、延长产业链条、高端品牌推广等方面发力，进一步加快了产业化步伐。

1. 村级党组织

林下种植正赶上农村分田到户改革，原本都是村集体的西洋参苗分给谁？谁能接盘？西洋参虽然出了苗，但毕竟是新生事物，大家都没种过，技术不成熟，种植成本很高，一亩地需要1000元（在当时能盖四间房），还得四年成，大家心里都没底儿，没人愿意、也不敢领回去种植。如果没人种，刚刚成功的8棵苗就会“夭折”。几次开会都没成功，在这时候，一名在新中国成立前就入党的老党员——王继振站了出来：“我有技术的底子，而且是党员，我不上谁上？”时任村党支部书记的王文智多次召开支部会议：“不管这事是得便宜还是吃亏，只要有希望改变农民收入的，咱村干部就得带头！”就这样，在参苗分不下去的情况下，村里的6名党员和村干部带头认领，全部接盘。今天看来，没有基层党组织和党员干部带头领种，就没有西洋参今天的百亿产业。

近年来，村级党组织在为种参大户统一流转土地方面发挥了重要作用。为让种参大户能够连片成方地租到几百亩地，村级党组织积极发动村民流转土地，并为村民协调置换，确保种参大户能够在最短的时间内流转出自己所需的土地。

2. 镇党委政府

在西洋参种植的推广阶段，以葛家镇、侯家镇、大水泊镇和茼山镇四个示范基地为范本，文登区全面推广西洋参种植技术；同时，张家产镇发动机关干部搞实体种西洋参。

在西洋参提质阶段，镇级合作社联合社为广大参农和种参大户提供土地流转、农资服务和农村劳动力服务等项目。

3. 区党委政府

在提质阶段，文登区成立西洋参产业办，由专门机构和专人专职专责推进西洋参产业发展，并将其列入本区重点工作，从财政拨付专项资金，并整合涉农资金，实现资金集中化，避免碎片化，用于产品研发、质量把控、产业链延伸和品牌推介。同时，文登区巧用补贴、税收等杠杆，引导参农和企业在遵循市场经济规律的基础上实现高质量发展。为克服参农急于把钱落袋为安的思想，文登区鼓励参农种植4年生鲜参，每公斤鲜参补贴1元；鼓励参农按《药典》标准烘干鲜参，每公斤干参补贴4元，还可以使用文登西洋参地理标志证明商标；对企业和合作社投资、创新研发、品牌推广等活动，按“一事一议”原则给予物质奖励。齐国参业投资4000万元，奖励30万元；传福参业完成西洋参标准化种植项目，奖励10万元；东旭参业探索无土栽培技术，奖励10万元；继振参业“御龙旗”荣获全国驰名商标，奖励10万元。参加展会或举办文化节都有物质奖励。

基层实践中，政府在党委的领导下有效联结市场，具有强大的组织优势，可以形成强大的资源调配能力。党委通过把方向、作决策、搭框架、攻重点，发挥好自身优势作用，对资源配置的方向进行引导。政府作为后天资源干预经济发展，可以将自然禀赋、区位优势、要素结构等先天资源转化为产业发展资本来推动产业发展，改变原有的发展进程和效果。

习近平总书记指出："我们最大的优势是我国社会主义制度能够集中力量办大事。这是我们成就事业的重要法宝。"[①] 产业振兴、乡村振兴是一个全局性、系统性工程，需要发挥社会主义集中力量办大事的优势。这个优势的根本在于坚持和加强党的集中统一领导，坚定拥护"两个确立"，坚决做到"两个维护"。坚持党的领导前提下的集中力量办大事是一个显著的政治优势。

（二）国企有担当

西洋参产业发展过程中，党委政府遵循经济规律，在社会主义市场经济大潮中，不以行政命令强制扰乱市场秩序，而是发挥市场在资源配置中的决定性作用，成立道地参业发展有限公司（以下简称道地参业）作为不同于参农和民企的新型经营主体，积极发挥国有龙头企业的引领作用，承担了民企和参农无法承担的任务，为参农提供产品交易、免费检测、深细加工、产品研发、科技创新等社会化服务。道地参业在西洋参产业的发展进程中发挥着不同的作用：

1. 产业补位（接二连三）

文登区现有一产种植、二产初加工，道地参业补位了西洋参交易、加工、分拆和研发。2016年9月23日，文登区投入6000万元建设了1.1万平方米的西洋参交易中心，由国有控股运营的道地参业负责发展运营，打造集西洋参加工、检测、展览、培训、现货交易、旅游产品交

① 习近平：《为建设世界科技强国而奋斗——在全国科技创新大会、两院院士大会、中国科协第九次全国代表大会上的讲话》，人民出版社2016年版，第14页。

易等于一体的西洋参专业交易平台。同时，与国内知名企业天府商品交易所达成合作意向，联合建立西洋参大宗商品交易平台，逐步打造集现货交易、电商及中远期现货交易于一体的市场体系。道地参业建立利用电能空气能的智能化烘干厂，聘请全国知名工匠进行技术指导，按照最高烘干标准加工干参。为延长销售终端，道地参业设立分拆车间，把统货按粒头、参段，长枝、短枝，3克、5克、7克、9克等规格进行分拆后销往广东、四川、浙江等地。与中国医学科学院药用植物研究所、山东省农业科学院、山东农业大学、青岛农业大学、吉林农业大学、绿叶集团等知名高校及科研院所建立长期合作关系，组建了山东省西洋参产业研究院、山东省西洋参工程技术研究中心等多个研发平台，成立了“西洋参产业技术创新战略联盟”。

2. 错位发展

道地参业以“不与民企争利”为原则，让位于民企的发展领域，涉足于民企无法企及的高端发展领域，如公共仓储平台，一期在建7200平方米，二期计划建设10000平方米，为参农提供集中仓储服务，便于把货集中拢在手中，实现优质优价，掌握价格话语权。每年11月份是卖参和种参的时节，销售不畅会造成参农资金紧张，道地参业推出仓单质押业务，解决融资难问题。此外，道地参业致力于打造医养综合体项目，开展中医药配送、中医理疗和美容业务。

3. 产业退位

西洋参全产业链条健全完善后，国企完成了历史使命，将股权全部转让给民企，完全由民企在全产业链和价值链中运营，进而总结出模式和经验，推广至粮食、苹果等产业。

国企在补位、错位和退位的全生命周期里，都必须以新型经营主体的市场主体资格进入产业发展全过程，发挥市场在资源配置中的决定性作用，更好地发挥政府的作用，既遵循市场经济规律又坚持社会主义的本质属性，把经济发展方式与政治制度创新结合，在新发展格局中实现高质量发展。

（三）参农有勇气

文登西洋参产业的发展离不开老党员王继振、王文水等广大参农扎根一线、火种相传，让11粒西洋参种子发育成苗、聚力成业。

1. 一个人

在文登种植西洋参是前无古人的事业，王继振被称为“西洋参之父”，作为老党员、“土专家”，他依靠多年种植中草药的经验，带着女婿王文水进行艰辛育种，把11粒种子成功地培育成8棵参苗，让西洋参的“金种子”在文登大地上扎了根、落了户，实现了从无到有。在引种阶段，文登口子李村是全省9个试种点里唯一试种成功的。

2. 一代人

王文水被称为“西洋参大王”，从跟着岳父王继振开垦林下田干起，40年历尽艰辛、百折不挠，实现了由林下实验到大田种植，真正让西洋参变成了由有到优，真正接过了西洋参产业发展的接力棒。

在没有任何现成经验，也没有教科书，甚至大学教授都宣告“大田里种不出西洋参”的情况下，王文水坚信美国大田能种植成功，我们中国人也一定会成功。经过反复实验，他终于发现含磷风化土是适合西洋参的土质，经过反复试验最终宣告大田种植成功。

王文水在部队入党，接受了军队大熔炉的淬炼，从部队复员返乡后，满怀对家乡和农村的热爱，勇挑带领全村人致富的重担，一头扎进西洋参里尽情地挥洒汗水，凭着一股痴心不改、乐于钻研的啃劲，一步步攻克西洋参的加工、销售等难关，开启了西洋参的产业升级之路。在此过程中，被蛇咬、摔断肋骨、两次心脏支架手术，都不能阻挡他前进的脚步，他既有着专业人员的拼搏执着，也有着共产党员干则必成的坚定信念，是新时代的奋斗者、真正的平凡英雄。从他身上，我们看到了农村致富带头人的品质，这是实现农业现代化和乡村振兴的关键主体。

从1981年至今的15000多天里，他只干了一件事——种参，种出了一个产业，种出了一方富裕，诠释着勇智恒的创业精神、精深专的工匠精神、仁义信的大爱精神，担当起为人民谋幸福的使命。2020年，王文水获评“全国劳动模范”；2021年，获评“全国最美退役军人”。

3. 一帮人

通过王文水的带领和技术指导，整个参农群体积极种植西洋参，提高了种植水平，拓展了市场眼光，具备了一定的新型农民素养。文登参农一直是产业发展的领路人，没有前人蹚路，自己就是开路先锋。以种参大户田明国、李传福为代表的参农自主研发起垄机、打帘机、洗参机、铁质筛盘等机器设备，自行探索烘干技术进行初加工。在政府引导和国企带动下，文登参农积极参与西洋参精深加工，涌现出李传福、孙立军等一批领军人物和继振参业、齐国参业、东旭参业等一批优秀民企，成为西洋参产业发展的主体力量。同时，组建的西洋参产业协会和绿色产业发展联盟等社会组织在行业发展中发挥着重要作用。如今，第三代西洋参人——王文水的女儿女婿辞职返乡加入公司的运营，李传福的儿子儿媳从农业大学毕业后选择回乡创业，为产业的发展注入了新鲜的血液。除了本土人才，威海市人民政府还大力实施“借智”，与山东省农业科学院合作签约成立文登区西洋参研究院，积极推动西洋参优良品种培育、标准化种植、精深加工、质量安全控制技术等领域的科学研究。

历史唯物主义认为，人民群众是社会物质财富和精神财富的创造者，是社会历史发展的鲜活实践主体和最高价值主体，是社会历史发展的真正推动者。习近平总书记在纪念中国人民抗日战争暨世界反法西斯战争胜利75周年座谈会上的讲话中指出：“人民是历史的创造者，是决定党和国家前途命运的根本力量。”① 在西洋参产业发展道路上，我

① 习近平：《在纪念中国人民抗日战争暨世界反法西斯战争胜利75周年座谈会上的讲话》，人民出版社2020年版，第11页。

们看到了事业的代际传播，看到了优秀代表——广泛群体——参农后代传承的力量。广大参农敢教日月换新天，用自己的实际行动诠释了团队精神、文登学精神和质朴肯干的工匠精神。

（四）永续发展中

西洋参产业发展是一个不断发现问题、不断解决问题的动态过程。40多年的发展中，陆续遇到过试点推广、鲜参烘干、精深加工、市场交易、技术研发等问题。当前，西洋参产业发展的问题在于：

第一，参农老龄化严重。60岁以上的参农占比50%以上，导致参农接受新事物的能力弱，产业机械化程度低。参农的组织化程度有待提高，从全区范围看，种植面积超过50亩的大户有200多户，150亩以上的有30多户，西洋参种植专业村有18个，其余都在各镇散种。

第二，重茬和育种技术存在瓶颈。西洋参忌地性极强，种过一茬后（一茬参一般是3—5年），土地需要休整15—20年才可重新种植，否则就会大幅减产，因此大约每4年就要更换土地种植。另外，参农目前普遍采用自然选育方式留种，即筛选一批优良参苗用来育种，这种方式风险很高，很难选育出性状稳定、品质优良的种子。

第三，品牌推广力度不够。据农业农村部鉴定，文登西洋参中有效成分皂甙含量最高可达8.8%，高于进口花旗参3.3个百分点；硒元素含量达0.08%，是进口参的8倍。文登西洋参的营养价值高于加拿大西洋参、美国花旗参，但在知名度、消费者认可度方面却与后两者相差甚远，“酒香不出巷”的问题比较突出。

面对问题，需要具有前瞻性眼光，理性制定规划。

第一，用好药食同源资质。借助西洋参药食同源在山东试点契机，鼓励指导威海金颐阳药业有限公司、道地参业、山东文登继振西洋参产业有限公司等有精深加工实力的龙头企业创新发展，争取在此次试点范围内的酒类、饮料、方便食品、蜂产品、代用茶五大品类上均有突破，将20个以上的文登西洋参药食产品推向市场，积极开发新技术、新产品、新品种，积极申报发明专利，抢占先机。

第二，推进产业集聚发展。结合文登省级科技园、农高区总体规划，打造以西洋参产业为核心，集温泉旅游度假、养生养老、综合配套、商业地产等多功能于一体的新型特色园区。在西洋参（文登）交易中心附近，规划了占地面积约800亩的文登西洋参产业加工区。加工区由两部分组成，一部分为昌阳河以东占地约300亩的西洋参绿色初加工、仓储物流产业区，另一部分为昌阳河以西占地约500亩的西洋参精细加工产业区。截至2023年底，辽宁秘参堂药业有限公司的秘制参项目、浙江天皇药业有限公司的西洋参饮料加工项目、江中食疗科技有限公司的西洋参食品加工项目、恒利康生物科技股份有限公司的西洋参酵素项目和状元西洋参等9家精深加工的项目已经投产洽谈。通过西洋参产业链精准招商，促进西洋参产业发展，推动文登省级科技园区发展壮大。接下来，可继续围绕西洋参产业进行精准招商，引进西洋参产地初加工、饮片厂以及涵盖西洋参片、滴丸、口服液、提取品、食品等的生产企业入驻园区；同时，以西洋参研究院和新品种研发培育基地为载体攻克产业发展难题，提升研发创新和智能制造能力。

三、经验启示

从西洋参百亿产业发展中，可以提炼出特色产业培育可借鉴的经验启示。

（一）立足特色选准产业

突出自身优势。乡村振兴要靠产业，产业发展要有特色。产业是否有特色，直接关系到能走多远的问题。各地情况不一，发展产业不能眉毛胡子一把抓，必须立足当地自然禀赋，挖掘地方特色资源，按照宜种则种、宜养则养的原则，注重发展符合自身实际的特色产业，学会“靠山吃山唱山歌，靠海吃海念海经”，谨防产业生搬硬套、“拉郎配”。文登西洋参产业发展最重要的基础，就在于当地良好的自然生态环境和40多年的中药材种植历史，为种植西洋参提供了适宜的生长环境，积累了丰富的种植经验和技术基础。

尊重客观规律。我国农村情况千差万别，基层实践反复证明，产业发展应实事求是，尊重客观规律。要尊重经济规律。不能违背市场经济规律，通过政策堆砌打造一些盆景式的发展典型，没有生命力，只会一扶就好、一走就倒。要尊重社会规律。村与村，不能千村一样；城与村，不能城乡同质，农村不是城市，都要立足实际。要尊重生态规律。乡村是整个国家生态的最后阵地，生态也是文明发展的最后底线。

（二）立足产业统筹要素

从文登西洋参产业发展可以看出，人才、资金、土地、技术、品牌是推动产业发展的重要因素。

1. 人才

乡村振兴，人才是关键。2018年3月8日，习近平总书记在参加十三届全国人大一次会议山东代表团审议时指出：“要推动乡村人才振兴，把人力资本开发放在首要位置，强化乡村振兴人才支撑。”[①] 文登西洋参产业的发展离不开老党员王继振、王文水等人薪火相传、聚力成业。从一个人到一代人、一群人，越来越多的人选择回乡创业，为产业的发展注入了新鲜的血液。

除了关注“人”，文登区还关注“人才”。乡村的产业发展，要想方设法创造条件吸引更多人才参与，就要做好本土人才培养、人才回

---

① 《习近平关于“三农”工作论述摘编》，中央文献出版社2019年版，第150页。

流和人才倒流三篇大文章。首先是就地培养，全面建立职业农民制度，培养一批扎根农村、爱农业、懂技术、善经营的“土专家”“田秀才”和农业职业经理人；其次是引导外出农民工、退伍军人、农村大中专毕业生返乡创业创新，让各类人才在农村的广阔天地发挥作用；最后是筑巢引凤吸引人才倒流。享誉全国的“博士小镇”“耕读小镇”——大水泊镇汇聚了20多名国内外知名博士教授，吸引了400多名高层次人才作为“新村民”入驻，打造出近20个特色村，这些均得益于大水泊镇党委首创乡村振兴的“首席专家制度”和“新村民计划”。

2. 资金

包括800万元专项资金，文登区的涉农资金集中起来共计2000万元，这也不足以支撑产业发展，要解决“钱从哪里来”的问题，就需要多条腿走路。

第一，要内向用力，鼓励各地大胆创新，深化农村综合改革，用活用好农村土地、劳动力、资产、自然风光等要素资源，把闲置集体建设用地、闲置宅基地、撂荒土地等盘活，通过组建土地股份合作社、农民专业合作社等形式，大力发展集体经济，实现资源变资产、资金变股金、农民变股东，以“三权”促“三变”，解决发展资金不足和集体经济不强两大难题。

第二，要外向借力，积极引入社会资本，将吸纳到的企业和社会上的钱投入到农村的产业发展（慈口观田园综合体）中，敏锐捕捉国家扶持资金（省定贫困村的扶贫资金）等利好政策为我所用。

第三，金融赋能，体制创新整合资源形成支撑。文登区将“金融活水”注入西洋参发展的“希望之田”，把政策性银行——中国农业发展银行融资作为突破口。根据文登西洋参产业发展实际，农发行看准产业前景，截至2023年底，共向西洋参产业融合发展项目审批中长期贷款4.3亿元，支持建设西洋参优质种苗培育基地、西洋参种植区域、西洋参加工产业区、西洋参研发及科技创新综合服务中心等四个区域，助力形成集产、供、加、销于一体的产业链，推动文登实现小生产与大市场的对接、生产要素的流动和组合。目前，文登具有我国最大的西洋参特色产业基地。

3. 土地

局限于土地政策对耕地的保护，乡村产业的发展还需要解决“土地怎么用”的问题，在这方面，泽头镇土地托管是一个有益的尝试。泽头镇发挥基层党组织“统”的功能，引导村党组织领办土地合作社，将农民分散的、无力耕种的或低效利用的土地集中起来，统一对外招商或集体经营。目前，全镇已成立43个党组织领办合作社，规模流转土地1.5万亩，年带动集体增收20万元、群众户均增收1500元。为解决合作社等单一经营主体抗市场风险能力弱、对接市场难度大、社会化服务效益水平低等问题，文登区通过搭建农业社会化服务平台，整合各类涉农服务资源，为农民提供涵盖耕、种、管、收、售等全链条土地托管服务。在此基础上，引进了威海金农会农业科技有限公司，由公司运营管理农业社会化服务平台，提升农业社会化服务的专业化、市场化水平。目前，该平台粮食作物全托管面积达到8430亩，半托管面积达到4万亩。

此外，不断进行技术研发和品牌推广，只有不断推出迭代产品和高附加值产品，才能拥有竞争力。

（三）系统把握五大振兴

产业振兴离不开人才振兴、文化振兴、生态振兴和组织振兴。其中，产业振兴是物质基础，必须让农业经营有效益，成为有奔头的产业；让农民增收致富，成为有吸引力的职业；让农村留得住人，成为安居乐业的美丽家园。人才振兴是关键所在，必须培养造就一支强大的人才队伍，解决农村缺人手、少人才、留不住人的问题，最终要依靠产业引人、留人，否则产业发展就是无源之水、无本之木。文化振兴是重要基石，必须坚持既要“富口袋”又要“富脑袋”，大力挖掘乡村文化功能，提升乡村文化价值，增强乡村文化吸引力，不断提升乡村社会文明程度。生态振兴是内在要求，必须推进乡村自然资源加快增值，实现乡村绿色发展。组织振兴是根本保障，必须加强农村基层党组织建设，通过基层党组织把广大农民群众凝聚起来，形成强大合力。实践中，乡村五大振兴相互联系、相互作用、相互促进，不可割裂地看，不能顾此失彼，必须注重协同性、关联性，整体部署、协调推进。

人才是第一资源。文登区组建西洋参“三产”专家团队，重点解决西洋参新品种培育、新产品研发以及种植、管理等技术难题，已聘请专家12人。文化是基因。文登西洋参，胶东又一珍。文登区是我国著名的长寿之乡，药食同源的参补传统对文登人的长寿功不可没。文登因秦始皇曾在这里召集文人登山问政而得名。据记载，2000多年前，秦始皇来胶东寻找的长生不老仙药就包括海上仙山始祖——文登昆嵛山上的野山参。2000多年过去了，文登野山参已基本绝迹，直到40多年前，文登农民在我国首次试种西洋参成功，才使文登人的参补健康文化得以传承。参补健康，使发展西洋参产业赋能乡村振兴具有了优良文化基础。生态是底线。西洋参对空气、水土的质量要求极端苛刻，因此，文登区大力推进颗粒物和臭氧协同控制，环境空气质量连续8年达到国家二类标准，空气质量常年排名全省前五。此外，文登区坚持陆海统筹、河海共治，科学实施流域水质提升，高标准开展入海、入河排污口整治，落实总氮削减措施，流域水环境持续改善；统筹高质量发展战略，稳步实施能耗双控和煤炭消费压减，落实总量控制，推动实现环保工作和环境质量“双领先”；在环保督察中从严查处触碰生态红线的行为，严防生态“灰犀牛”“黑天鹅”事件的发生。2023年，文登区荣获山东省生态文明强县。组织是保障。党建引领产业发展，组织保障更加坚强有力。要充分发挥农村基层党组织的领导作用，促进产业发展。威海市昌洋实业有限公司建立西洋参产业链党建联盟。2020年9月，成立威海市昌洋实业有限公司党总支，将道地参业、省级农业科技园和西洋参协会的党员纳入统一管理，实现党建红色引领，政府、企业、协会捆绑一体，“三驾马车”齐驱并进，推动西洋参特色产业全产业链提质增效，一二三产融合发展。其中，充分发挥省级农业科技园的公信力优势及产业政策的扶持、指导作用，不断推动产业规范化、科学化发展；发挥国企领军作用，聚焦全产业链条，补齐产业短板，推动产业品牌化、融合化发展；发挥协会组织的带动作用，推动产业标准化、规模化发展。

（四）全面贯彻五大理念

立足新时代，着眼新格局，要满足高质量发展新要求，就必须在产业发展中坚定不移地贯彻创新、协调、绿色、开放、共享的新发展理念。

创新驱动。创新是第一动力。创新是一个国家、一个民族发展进步的不竭动力。惟创新者进，惟创新者强，惟创新者胜。创新是多方面的，包括理论创新、实践创新、制度创新、文化创新以及科技创新、人才创新、产业创新等。习近平总书记对山东工作提出“三个走在前”的要求，其中一条是在增强经济社会发展创新力上走在前。具体到基层、农村、产业，需要在技术产品、体制机制等方面进行创新，如西洋参林下的恢复性种植、人大常委会主任主抓西洋参产业发展的举措等，就是勇于推进改革，准确识变、科学应变、主动求变。

协调推进。协调是内生特点。西洋参作为农业经济作物、工业加工原料和健康养生服务业的拳头产品，在城乡协调、城乡融合发展和区域协调方面，具有显著的平衡缩差作用。

绿色发展。绿色是普遍形态。绿色主要是解决人与自然和谐共生问题。习近平总书记指出：“环境就是民生，青山就是美丽，蓝天也是幸福。”[①] 绿水青山就是金山银山，保护环境就是保护生产力，改善环境就是发展生产力。文登有山、有海，有泉，生态资源十分丰富，要在实践中找到将绿水青山转变为金山银山的途径。

开放格局。开放是必由之路。在文登区西洋参人工种植技术突破之前，人们只能使用燥性较大的中华参，温补的西洋参制品只能依赖进口、量小价高。文登区人工种植西洋参成功之后，实现了进口替代，使西洋参走进寻常百姓家的同时，也开始走出国门走进国际市场。

共享成果。共享是根本目的。共享的实质就是坚持以人民为中心的发展思想，体现的是逐步实现共同富裕的要求。要在产业发展中探索找到一些带、帮的具体途径，落实好习近平总书记强调的“先富带后富、帮后富”。

（五）科学树立多种思维

要树立有解思维，就是相信任何问题都是有办法解决的。有解思维是一种在困难面前勇往直前的积极思维。文登西洋参产业的发展历程，就是一个不断想办法解难题的过程。办法总比困难多，从11粒种子怎样发芽，到8棵参苗如何成长，再到林下参怎样活移到大田，直至重茬如何破解，就像不断列方程、解方程，最终成就了参业大树。

要树立互联网思维，就是一种万物互联思维。小小的西洋参将一产的种植业、二产的加工业、三产的健康服务业互联融合发展起来，将城市的资金、顾客与农村农业互联融合发展起来，将线上线下参与世界互联融合发展起来，体现了大数据、零距离、趋透明、慧分享、便操作、惠众生等互联网特点。

要树立系统思维，就是要跳出本行业看其他行业，跳出文登看文登，跳出威海看文登，跳出山东看文登。如何科学定位产业发展阶段，

① 《习近平生态文明思想学习纲要》，学习出版社、人民出版社2022年版，第35页。

产业如何选择，前景如何？科技创新的路径如何突破？人才从哪里来？这一系列的问题都需要站在全国的角度全面看待问题寻求答案。

要树立审辩思维。要客观分析产业发展的优势和劣势，既要看到全球化给产业发展带来的机遇，又要看到挑战和危机；既要有序推进产业现代化，又要坚持精耕细作、匠心制作等传统精髓。

思考题

1. 如何立足于自身的资源禀赋选取合适的特色产业？

2. 在新形势下，基层干部如何统筹多种要素提升乡村产业发展水平？

等“风”来不如追“风”去

——乳山市打造千亿级海上风电产业集群的实践探索 *

【引言】威海牢记习近平总书记“威海要向精致城市方向发展”的殷切嘱托，聚焦高质量发展这个首要任务，把绿色低碳与城市高质量发展紧密结合，将新型能源体系建设作为实现“双碳”目标的重要支撑，把新能源产业集群列为第八大产业集群，以实现产业绿色化，提高经济含金量。

【摘要】新能源是国家扶持发展的战略性新兴产业，也是山东省“十强产业”之一，更是“双碳”目标大背景下构筑发展新优势的绿色低碳产业。乳山市立足海上风力资源优势，抢抓山东半岛南海上风电基地建设的机遇，招引龙头企业，培育本土产业，将相关企业串珠成链，实现了海上风电产业从无到有、从有到优的突破。海上风电产业异军突起，为乳山市高质量发展蓄能助力。

本案例展现了乳山市“向海争风”的历程，为新形势下发展新能源产业提供了一定的参考价值。乳山凭借着敢为人先、敢闯敢试的精神，抓住机遇，乘势而上，最终成为山东省三大海上风电基地之一。

---

* 本案例由中共乳山市委党校校委委员、教务处主任、高级讲师任刚，政治理论教研室副主任、讲师邵欢欢，教务处讲师刘玉超撰写。

【关键词】海上风电　绿色低碳　全产业链条

一、背景情况

2018年6月，习近平总书记亲临威海视察指导工作，提出“威海要向精致城市方向发展”的殷切期望，为威海城市高质量发展指明了前进方向。威海全市始终牢记总书记的殷切嘱托，把“威海要向精致城市方向发展”作为总目标总方向总遵循，探索精致城市建设的模式和路径，努力打造精致城市威海样板。

建设符合高质量发展要求的精致城市，是威海面临的重大发展机遇，也是总书记交给威海的历史性课题。海洋是威海最鲜明的特色，经略海洋向海图强、打造现代海洋经济发展新高地，是威海推动高质量发展的中心任务之一。威海把绿色低碳与城市高质量发展紧密结合，将新型能源体系建设作为实现“双碳”目标的重要支撑，把新能源产业集群列为第八大产业集群，成立能源建设工作专班、新能源产业专班，出台《威海市新能源产业集群高质量发展三年行动计划（2023—2025年）》，依托规划建设的乳山海上风电、荣成核电等基地，在新能源发电项目建设中，同步开展产业链招商和产业培育。

乳山市乘着山东半岛源源不断的海风，依托得天独厚的港口、海洋、生态和文化等资源优势，抢抓绿色能源及相关产业快速发展的战略机遇，大力发展海上风电，建设以海上风电为核心的高端装备制造产业，为乳山市乃至威海市带来前所未有的战略发展机遇，在大力响应国家绿色低碳产业发展号召的同时，打造带动地方产业和经济加速发展的新引擎。

二、主要做法

山东半岛南黄海离岸大约20千米处，4.7平方千米的海平面看似风平浪静，实则“潮流涌动”：一台台风电机组拔海而起，展翅飞旋间，徐徐海风化为清洁电能送入千家万户。山东半岛南海上风电基地U场址项目是威海海域内开工的首个海上风电项目，也是国内目前在建单体容量最大的海上风电项目。一期89台海上风力发电机实现并网发电，日发电量620万千瓦时，整个项目设计总发电机组177台，2025年可实现全容量并网。项目全容量并网之后，年可发电45亿千瓦时，相当于每年节约标煤140万吨，减少灰渣排放约45万吨，减少烟尘、二氧化硫、一氧化碳等废弃物排放约380万吨。

风从海上来，电送千万家。乳山面朝大海，199.27千米的海岸线不仅为乳山带来旖旎的风光，也是乳山发展的最大动能和潜力所在。在这里，作为山东“十强产业”之一的新能源，被这座城市视为培育发展新动能、实现绿色低碳发展的重要突破点，成为这座城市向海图强、经略海洋的有益探索和生动实践。

（一）“风起心动”抓机遇

1. 抓风口、抢名额

乳山海上风电产业的发展离不开广东明阳新能源投资控股集团有限公司（以下简称明阳集团）的大力支持。明阳集团是国内风电整机制造三大龙头企业之一，尤其在海上风电整机制造方面，是国内行业翘楚。明阳集团的总部坐落在广东省中山市，因为当时海上风电的布局尚未涉及长江以北，所以明阳集团计划在长江以北投资建设整机制造基地，作为将来开拓北方市场甚至面向东北亚的重要战略支点。基于这个战略规划，明阳集团当时在山东设立了山东明阳新能源有限公司。2020年3月，公司的一位副总主动联系乳山市发改局时任局长徐忠波，表达了明阳集团想来乳山投资海上风电的意向。不久后，明阳集团组织人员来乳山考察，发现乳山不仅地处半岛南海上风场核心区域，海上风能资源丰富，而且港口优势明显、区位交通便利、要素保障齐全，是发展风电装备制造产业的宝地。

为了解海上风电产业的发展现状，推动海上风电产业项目尽快落地，2020年5月份，乳山市委主要领导带领相关部门负责人到广东调研，并参观考察了明阳集团总部。这次调研令考察团备受震撼，并达成一个共识，那就是要抓住行业风口，加快布局海上风电项目。一段时间以来，乳山的工业相对来说比较薄弱，也没有特别突出的亮点，主导产业不明确、产业层次不高成为阻碍乳山工业发展的一大难题。如果能将海上风电产业引进来，对乳山的经济发展，特别是工业发展能起到提档升级的作用，而且也能填补威海海上风电装备制造的空白。

在省委、省政府的支持下，山东省出台《山东省海上风电发展规划（2019—2035）》，规划布局了渤中、半岛北和半岛南三大海上风电基地。当时，渤中的东营基地和半岛北的蓬莱基地已基本定下来了，只剩下半岛南的基地还不知花落谁家。除了乳山，与乳山相邻的海阳市也在极力争取这个项目。海阳市发展海上风电产业比乳山早，有一定的产业基础，2019年，远景科技集团（以下简称远景）在海阳投资建设的远景能源风电装备制造产业园是山东省第一个海上风电产业园，山东省第一台海上智能风机就是于2021年1月在海阳这个产业园正式下线的。可以说，海阳市既有家底又有技术，竞争优势非常强。

与海阳相比，乳山有哪些优势呢？乳山最大的优势就是拥有国家一类开放口岸——乳山港。2020年底，乳山港完成了口岸通关验收，具备发展海洋能源产业的独特优势，目前货物装卸主要利用两个20000吨级泊位，相对于海阳港两个10000吨级散杂货泊位，具有明显的比较优势。此外，海阳港受制于泊位吨数、航道深度、军事用途等不利因素，即便是在海阳生产的大型装备也要经乳山港下水转运。相比之下，在乳山建设海上风电产业基地更具备得天独厚的优势条件。

机会稍纵即逝，乳山必须抓住机遇抢下这个名额。说干就干！借着山东省大力发展海上风电产业这一千载难逢的机会，乳山开启了“向海争风”之路。

乳山市制定了《乳山市打造海上风电装备制造产业基地实施方案》，把乳山发展海上风电产业的优势、潜力、发展前景做了详细的分析。拿着这份方案，乳山相关部门的负责人一趟一趟地往济南、威海跑，主动对接，努力争取上级部门的支持。当时，市里的主要领导领着发改局的相关负责人跑遍了省发改委和省能源局等多个部门，拿着方案找相关的领导汇报，向他们介绍乳山发展海上风电的优势，也表达了乳山发展海上风电的强烈愿望。在这个过程当中，市发改局向乳山市时任市长宫本杲做了详细汇报。宫本杲当时正在美国学习，学习的内容就与新能源产业发展有关。他认为，未来全球的能源将以清洁能源为主，核电、光伏、风电都是未来发展的重要方向，所以非常重视这件事。2021年，宫本杲利用到省里的机会，把方案带了过去。会议间隙，他先是向参会的威海市领导汇报了这个方案，威海的领导又向省政府分管领导做了汇报，最后方案得到了省领导的认可和肯定。

一番努力终究没有白费！2021年4月，省发改委基本确定把第三个基地落在乳山。回顾整个过程，乳山真的可以说是白手起家，凭着一股子韧劲和不放弃的精神抢下了这个宝贵的名额。

2. 边学习边“交作业”

海上风电基地是争取下来了，但争取下来之后怎么干？乳山人心里也没有底儿，可以说完全是白纸一张。2021年上半年，省发改委、省能源局组织三大基地的相关负责人一起去江苏、广东等地调研了一圈，借着这个难得的机会去学习先进经验。回来之后，市发改局组织人员开始编写《山东海上风电装备制造产业乳山基地规划》。

海上风电装备制造产业对乳山来说是完全陌生的领域，不懂怎么办？那就边研究边做。当时主要是跟着明阳集团学，明阳集团除了生产风电主机，还生产叶片、电控系统等部件。乳山怎样去布局？怎样利用港口、海岸线？当时明阳集团给乳山做了一次科普，乳山相关部门的工作人员则是一边学习一边“交作业”。后来，相关部门又聘请山东电力工程咨询院对基地规划进行进一步修订，明确“以海上风电整机研发与制造为核心，立足山东、面向全国、辐射东北亚，践行海洋强国，持续推进深远海风电场技术研发”的发展目标，规划了9000亩专业园区，布局了主机及核心零部件片区、涉海大型装备片区、科技创新及运维片区、商务会展及储能片区四大功能片区，集中用于海上风电产业发展，特别是充分发挥港口资源优势，按照塔筒、单桩、叶片、海缆、主机等大部件运输优先级，引导产业链条科学布局、错位发展。

到这个时候，海上风电基地项目才算真正落了地。

（二）“捕风捉能”寻项目

作为行业新秀，海上风电装备制造产业乳山基地有着强大的感召力，吸引了越来越多的重量级企业竞相扎根乳山。中车同力单桩制造、中天科技海缆制造、海力科技塔筒制造……这些项目的签约、落地、开工，按下了海上风电装备制造产业乳山基地建设的加速键，使乳山迎来风电项目的集中投产期，发展动能正在蓄积，后劲将更加充沛。

这样一份漂亮的成绩单来之不易！前期基地规划的编制工作结束之后，乳山市就开始紧锣密鼓地进行全员招商、全市招商，市里开始给各招商部门分派任务。

具体怎么干？需要引进什么样的企业？这就需要细分产业链条。当时，乳山市政府组成了一个海上风电工作专班，后来在此基础上成立了乳山市新能源产业发展服务中心。因为整个“大风车”的构造非常复杂，所以需要做大量的摸底工作。当时，乳山市的基本思路是由主机企业，如明阳集团、远景等龙头企业来招引相关的配套企业，由大部件去招引那些给大部件配套的零部件。沿着这条思路，工作专班最后梳理出了15条产业链和144家企业，然后把这140多家企业全部分给几个主要的招商部门，如发改局、商务局、科技局、工信局、招商促进中心等，由分管市领导牵头，带着各招商部门按照名单逐个去对接。

1.“地毯式”拜访

企业名单梳理出来了，那如何与企业对接？这项工作的难度不亚于大海捞针。最初的操作方式也是最原始的操作方式，就是对照着企业名单，通过官网或其他渠道找到企业的联系方式，打电话、发邮件，开始陌生拜访。但这种对接刚开始的时候并不顺利，有些企业接通电话后还未等招商部门介绍完情况就婉拒了。

只要有百分之一的希望就不轻言放弃！就这样，各招商部门把这140多家企业基本上筛了一遍之后，马上开始上门对接。通过初步对接基本确定了一批有合作意向的企业之后，工作专班把招商清单又重新整理了一遍，留下有明确合作意向的企业，然后继续与其沟通联系。就这样，到了2021年下半年的时候，基本确定了最终要集中攻坚的30余家龙头企业。这期间，乳山招商人可谓尝遍了酸甜苦辣，有对接成功后的喜悦，也有登门拜访不受待见的委屈，但所有招商人员始终发扬“厚脸皮，薄鞋底”的精神，百折不挠，一路风雨地走了过来。

2022年1月24日，乳山市海上风电装备制造产业招商推介会在济南召开，7家企业签署产业合作协议，为乳山市海上风电产业蓝图再添强力一笔。“2022年，我们要进一步提振抓招商、上项目的精气神。从年初开始就筹备的这一场‘大动作’，由乳山市委领导带队，由发改、工信、科技、商务等部门主要负责同志组成‘尖兵队’赴济南招商推介。”乳山市发展和改革局党组书记、局长张新龙介绍道。

为了更有针对性地进行招商，推介会现场，乳山市邀请了39家海上风电装备制造企业相关负责人与会。会上，已开工建设的明阳集团、远景两大整机制造龙头企业成功觅得“良缘”，与上下游配套企业完成“牵手”；湖南南方宇航工业股份有限公司、洛阳新强联回转支承股份有限公司等26家重点企业与乳山达成合作意向，随后，杭州普威新能源有限公司、唐山文丰重工有限公司、苏州希倍优辊轮有限公司等18家企业在乳山完成公司注册。一企带一链，一链成一片。海上风电产业的“朋友圈”越来越大，产业链越来越长。

多少次碰壁才换来今天的成绩！这中间，吃闭门羹是家常便饭。在所有接触的企业中，最难啃的“骨头”就是中天科技海缆股份有限公司（以下简称中天科技）。

2. 靠真心留下企业

中天科技是国内海缆的龙头企业，是中国海缆第一品牌、中国500强企业、全球领军企业，企业实力雄厚。

在与中天科技联系的过程中，有一家小型的海缆企业主动要求来乳山投资，并开出诱人的条件，承诺只要乳山同意合作，可交5000万元保证金并立马到账。为了引进龙头企业中天科技，乳山婉拒了这家企业。为什么这样做？主要是乳山看中了中天科技在行业内的领军地位，以及将来落地之后这种龙头企业对乳山海上风电基地的带动作用。

当时，由于受长江大保护政策影响，中天科技想要对战略布局进行调整。中天科技比较看好山东市场，认为山东发展海上风电具有很大的优势，可帮公司实现产业重心转移，但是在哪儿布局并不明确。中天科技考察了多个地方，东营、蓬莱、乳山三个基地都看过，而且考察了多次，但一直举棋不定。后来才知道，中天科技当时比较倾向于在东营建厂，因为东营在项目用地、产业配套、扶持政策等方面都给出了极具诱惑力的条件，而且东营省管海域的风场要比乳山多，资源量比较大，对中天科技来说，这意味着未来有比较大的产能空间。

相比较而言，山东半岛南国管海域的风场比较多，海上风电装备制造产业发展的可持续性强。所以，中天科技在东营和乳山这两个地方摇摆不定。

为了争取到中天科技，乳山一直在不断地沟通，做着大量的准备工作。乳山市发改局党组副书记、副局长栾频讲道："为了争取到中天科技这家企业，我当时天天跟中天科技两位持不同意见的负责人打电话联系。他们一个是中天集团的副总裁，他偏向于投资乳山；另一个是中天海缆的董事长，他更偏向于在东营投资。这两位负责人的工作时间不同步，一个习惯早起，一个习惯熬夜，于是我就每天早上给那位早起的副总裁打电话，然后半夜再给那位习惯熬夜的董事长打电话。每天先熬到半夜给这个领导打完电话之后，赶紧睡两三个小时，然后凌晨起来再给另一个领导打电话，天天如此，前前后后大约持续了一个月。"栾频为了最大程度地争取到中天科技，还采取了"曲线救国"的方式，经常跟海力科技的总经理保持联系，让海力科技帮忙牵线搭桥。但中天科技的态度一直模棱两可、犹豫不决。

2022年7月，省发改委出台了窗口指导政策，窗口指导范围主要包括风电主机、发电机、叶片、塔筒、大型铸锻件、导管架、基础桩、海缆、施工船、核电压力容器、仪控仪表，以及光伏压延玻璃、光伏组件等投资项目。这一政策要求所有拟落地的项目必须先经过窗口指导，通过之后才能落地。

要报窗口指导，中天科技还需要大量烦琐的手续。因为中天科技还没有落地，没公司、没注册、没立项，什么都没有，而省发改委也知道中天科技一直在东营和乳山之间摇摆不定，所以只给了中天科技两天时间，要求两天内务必完成所有项目申报，确定布局地点。两天！这几乎是一个不可能完成的任务，但是乳山没有放弃！在得知这一消息后，发改局的领导第一时间电话联系了中天科技，把省里的政策分析给他们听，并向他们保证如果项目在乳山落地，省里的工作由乳山政府去做！

时间紧，任务重！接下来的48小时里，所有相关人员全力以赴，废寝忘食，白天夜里连轴转，不敢浪费一分一秒。其间，乳山发改局的工作人员和中天科技的相关人员全程保持电话联系，中天科技的人员在电话那边指导着，乳山发改局的工作人员在电话这边抓紧时间填报注册系统。在接到通知的当天下午，发改局立即协调相关部门，各部门全力配合，一路绿灯，仅用22个小时就完成了公司注册、项目备案，这也是目前为止乳山第一家，也是唯一一家在这么短的时间内完成相关手续办理的企业。剩下的20多个小时，乳山方面协同中天科技全力准备报送的相关材料，最终在规定时间内把中天科技落户乳山的承诺函和相关的报审材料一并送到了省发改委。就这样，在规定期限的最后一刻，省发改委批准了这个项目。这48小时真可谓惊心动魄。从省发改委回来之后，中天科技的相关负责人专门来到乳山表示感谢，更加坚定了在乳山投资的信心！

“大鹏一日同风起，扶摇直上九万里。”作为行业新秀，海上风电装备制造产业乳山基地有着强大的感召力，吸引了越来越多的重量级企业竞相扎根。上游的开发企业为发电领域的央企，中游涵盖主机、塔桩、海缆、叶片、轴承等11个装备制造产业链，下游有多个海上运输、运维检修项目及企业。其中，主机生产企业为全球排名前三的明阳智能和远景能源，明阳高端海洋装备智能制造产业园项目规划建设高端海洋装备智能制造产业园和新型海上资源立体化开发试验场，投产达效后，生产规模将达到200万千瓦 / 年的装机能力。远景乳山零碳产业园项目主要建设零碳大兆瓦绿色智能风机制造、绿色低能耗电化学储能电池制造及配套产业链和海上风电、光伏等纯水制氢项目及运维服务中心、漂浮式海上风电研发中心等。塔筒、管桩生产企业为全国两大支柱企业海力科技和中车同力，海缆生产企业为全球领军企业中天科技，其他装备制造企业也都是行业技术领先企业。

实际上，福建、江苏、广东是海上风电发展比较早的省份，但在发展过程中出现了同一个问题——潮起时一拥而上，潮落时一地鸡毛。比如江苏的几个县城也曾搞过海上风电，但各自为政，一哄而上，很多项目都是重叠的。由于后期订单数量减少，造成了资源的大量浪费。

如何避免“潮起时一拥而上，潮落时一地鸡毛”的现象？如何避免同质化竞争造成的资源浪费？如果乳山当地的海上资源开发完了怎么办？这些问题乳山都深入思考过。海上风场的开发不能仅仅局限于半岛南的资源，还要放眼整个威海的海域资源。未来，乳山基地生产的大功率海上风电整机，向东可联动威海荣成900万千瓦国管海域风场资源，向西可辐射青岛即墨600万千瓦国管海域风场资源，海上风电装备制造产业发展具备极强的可持续性。

2021年8月23日，时任威海市委书记张海波到乳山调研海上风电产业规划发展情况，强调要将海上风电装备制造产业的发展重心放在乳山，全产业链打造山东海上风电装备制造乳山产业基地。2022年2月23日，时任威海市市长闫剑波在威海市第十八届人大一次会议政府工作报告中明确指出，大力发展高效清洁能源，支持乳山市推进海上风电装备制造基地建设。有了上级党委政府的支持，乳山进一步坚定了发展海上风电产业的信心和底气。

（三）“乘风而起”强保障

1. 主动作为，优化服务

好的营商环境为乳山市海上风电产业发展按下加速键。“海力风电是国内领先的海上风电配套设备制造供应商之一，我们选择乳山市，原因之一是这里拥有良好的营商环境。”江苏海力风电设备科技股份有限公司总经理沙德权说。

经过千辛万苦，乳山终于与各方企业达成了合作意向。好的项目不仅要“引进来”，还要“落下地”。为了尽快让项目落地，乳山推行

“要素跟着项目走”机制，提出了一切围着项目转，把精力向项目集中，把资源向项目聚集，把政策向项目倾斜，以啃“硬骨头”精神持续放大“链式”效应，全力做好项目服务保障工作，推动风电产业跑出“加速度”。

2. 征地拆迁

豪迈集团是国内大型高端装备制造企业，是全球海底采油设备、风电变速箱零件等多个领域的“隐形冠军”。大块头装备对外运输需要便利的出海口，为此，豪迈集团在国内寻找了十多年适宜的厂址。当得知豪迈集团的需求时，乳山相关部门的负责人当即叩开了企业大门，与集团建立起良性互动关系，并选定一处紧靠乳山港的厂址，为企业提供了一处名副其实的码头工厂。豪迈重工一二期项目都涉及征地拆迁的问题，涉及乳山口镇2个村子235亩土地的征地、226户的拆迁，可谓拆迁任务艰巨。乳山市委主要领导现场办公，亲自调度，将拆迁任务分解到部门和乡镇，由主要负责人与市委签订“军令状”。最终，仅用了2个月的时间就基本完成拆迁任务，保证了豪迈重工的正式投产，也刷新了乳山当年签约、开工、投产的最快纪录。

3. 一波三折“换房”

明阳智能最先选择的厂房靠近乳山口港1号泊位，后来，海力科技也看中了这个地方。乳山新能源产业发展服务中心副主任宋志超介绍说：“相比较而言，明阳智能发运的装备载重量在500吨到600吨，而海力科技生产的单桩、塔筒的装载量在1500吨以上，为了高效利用港口码头，我们就同明阳智能进行协商，看他们能否让出1号泊位。但是明阳智能也是国内风电整机制造的龙头企业，当初决定落户乳山，看中的就是这里的港口优势，现在让人家离开这个泊位，换到另一个地方去，对方肯定不愿意；况且用地也批了，手续基本上都办好了，都要准备施工了。这种情况下，我们反复上门做工作，也给出具体的方案进行托底补偿。”在带着对方看了其他很多地方之后，明阳智能终于在离码头7000米的地方找到了满意的位置。当时，明阳智能已经拿到了国电投的订单，马上要开工生产，工期短、任务重，各个部门通力合作，各种手续一路绿灯，自2023年2月项目开工，5月第一台风机就正式下线，创造了明阳智造的“乳山速度”。

4. 为大部件运输保驾护航

厂房盖起来后，其他的问题也随之出现了。因为之前在技术设施方面没有经验，因此在工程设计时没有考虑周全，只是考虑了路面的承载能力，结果明阳智能的产品——乳山的第一套风电装备下线后，问题来了——由于设备体积和载重量都比较大，要运到港口，道路两边的电线杆、路桥、交通灯、信号塔等都可能会影响到大部件的运输。

为此，市里紧急召开了专题会议，分管副市长要求相关部门立即回去论证这个问题，保证设备运输通畅。很多部门包括交通、电力、交警、电信部门一起行动，从明阳、远景、海力、中车这四家企业开始重新论证运输路线，对沿线涉及加固改造的风险点进行摸排。

这些企业中距离港口最远的是经济开发区的远景。当时做了很多种方案，各家的技术人员都在想办法。为了更好更快更安全地运输，需要一遍一遍地跑线路。发改局多次召开线路改迁协调会予以解决。陪同企业跑线成了工作人员那段时间的常态，基本上一天跑一趟。道路沿途都有什么影响运输，比如说电线，现有的高度是多少，需要抬高多少，还是需要下地，白天跑完晚上回来整理资料，然后第二天接着开会调度，然后再下去接着跑……就这样，在各部门的积极配合和共同努力下，远景生产的风电大部件终于可以顺利运到码头了。

“用水、用电是施工中让人头疼的问题。在相关工作人员的协调帮助下，问题第一时间得到了解决。”山东明阳高端海洋装备智能制造项目负责人许阳春说。新能源产业发展服务中心工作人员的“店小二”精神打动了企业。为动态协调跟踪解决企业在发展中的困难和问题，乳山市建立了政企联席会议机制，与企业同向而行、同向发力，确保项目顺利建设，加速推进海上风电装备制造产业基地的建设步伐。

5. 人才赋能，打造科创高地

庞大的海上风电产业体系离不开人才和科技的支撑。2022年8月，“2022中国威海·国际英才创新创业大会”期间，乳山分会场以“聚智汇能·逐梦深蓝”为主题，举办中国（威海）海上风电创新发展交流会。会上，启动了“中国乳山·海上风电人才集聚高地”人才项目，与国家能源投资集团（济南）新能源有限责任公司、北京鉴衡认证中心、山东电力工程咨询研究院有限公司、上海玻璃钢研究院有限公司举行揭牌仪式，分别成立新能源实训基地、风电叶片技术创新示范基地、海上新能源实证实验基地和海上风电叶片研发中心。

四大创新平台的落户搭建起乳山与国内外海洋产业高层次人才对接、交流、合作的专业化平台，为乳山海上风电产业高质量发展奠定了人才科技基础，推动海上风电实现产业链、创新链、人才链融合发展。同时，针对海上风电创新创业人才团队发展需求，乳山市在市级人才工程设置海上风电项目配额，专项支持海上风电创新人才团队引育，并新设立1处人才驿站和50套人才公寓，以满足外地人才来乳居住需求，努力营造亲才、爱才、敬才的良好氛围。乳山计划用3—5年时间将乳山打造成为国内一流、国际领先的海上风电产业人才集聚高地。

山东海上风电看半岛，半岛海上风电看乳山。今天，海上风电产业已成为乳山助推经济高质量发展的优势主导产业。乳山已成为省内在建项目最多、投资规模最大、建设速度最快、产业链条最全的海上风电装备制造产业基地，基地建设经验被省政府办公厅和省发改委发文推广。未来几年，乳山将迎来海上风电项目的集中投产期，预计到2026年，年产值将超400亿元，可带动形成千亿级海上风电产业集群。未来，乳山还将引导渔业企业和风场开展企业合作，打造“海上风电＋海洋牧场”创新融合模式，在风机周围建设海洋牧场、休闲垂钓和海上救助平台等，提高风场的综合开发效益。

三、经验启示

（一）乘“风”起势，要善于抓住政策机遇

随着全球气候变化的加剧，各国纷纷提出低碳、环保的发展战略。我国作为全球最大的能源消费国，也积极响应并制定了国家“双碳”目标，即碳达峰和碳中和的目标。这一目标的实现需要依托清洁能源的发展，特别是可再生能源的广泛应用。海上风电是一种利用海洋风能发电的技术，与陆地风电相比，海上风电具有更为丰富的资源储备和更少的环境制约，具有清洁、可再生的特点，发展潜力巨大。在国家“双碳”目标的背景下，发展海上风电产业在推动能源结构转型、减少碳排放、保护生态环境等方面具有重要意义。

为了实现国家“双碳”目标，我国政府加大了对海上风电产业的支持力度。通过制定相关政策、推动产业升级、加强国际合作等方式，我国海上风电产业得到了快速发展。乳山市充分利用自身资源优势，及时转换角色定位，抓住海上风电产业发展的风口，将海上风电作为新能源发展的重点，坚持高标定位、规划先行，加快海上风电产业发展步伐，推动新旧动能转换，调整优化能源结构，实现高质量发展。

（二）御“风”而行，发扬敢想敢干的精神

2016年3月7日，习近平总书记在参加十二届全国人大四次会议黑龙江代表团审议时指出：“干部干部，干是当头的，既要想干愿干积极干，又要能干会干善于干。”[①] 这句话深刻诠释了“干部干事”“为官有为”的真谛。

---

① 《习近平关于全面建成小康社会论述摘编》，中央文献出版社2016年版，第209页。

“敢”，靠的是胆气，我们背靠党和人民，无所畏惧；“干”，凭的是责任，我们牢记使命，永不懈怠。时任乳山市发改局局长徐忠波说过这样一句话：“当初我为什么对乳山发展海上风电这么着急？因为作为一名土生土长的乳山干部，对乳山工业基础薄弱、经济发展滞后的现状感到着急，后来跟明阳集团、国电投山东院的专家接触后，对海上风电产业发展有了更深刻的认识，所以当时就有一种强烈的愿望，希望乳山能抓住海上风电发展的机遇，把我们的装备制造产业发展起来，让乳山发展起来。”朴素的话语蕴含着党员干部的初心使命和责任担当。

海上风电为何能落地乳山并开花结果？一是省、市两级政府的大力支持；二是乳山市抢抓机遇、不等不靠、积极争取的结果；三是主动作为、靠前服务，打造和谐营商环境，以“店小二”精神打动企业，以啃“硬骨头”的精神持续放大“链式”效应，走出一条以资源引项目、以项目带装备、以装备成配套的发展之路。

（三）追“风”逐电，产业链引领是抓手

党的十八大以来，我国风电产业海陆并举、不断优化，风电全产业链创新步伐不断加快，我国成为全球最大的风电装备制造基地。产业链引领是加快构建现代产业体系的切实措施。乳山市以整机龙头企业吸引一批海上风电制造上下游企业，做优产业链，增强创新链，提升价值链，优化保障链，打造从整机制造到核心零部件的海上风电全产业链。坚持“引龙建链、链成一片”，强化配套服务，延链强链，实现要素资源科学配置、高效组合。通过市场共享、分工协作、技术扩散等手段，引领中小企业融入产业链分工体系，构建产业生态，实现协同发展、合作共赢。

思考题

1. 政府制定产业规划的过程中，如何吸引企业参与？
2. 乳山“向海争风”的历程，对于党员干部落实乳山市提出的“大抓经济”工作带来哪些启示？
3. 乳山海上风电产业未来发展可能会遇到哪些瓶颈？如何解决？

聚“蛎”发展　深耕蔚蓝

——乳山市培育牡蛎特色产业的实践 *

【引言】党的二十大报告提出，发展海洋经济，保护海洋生态环境，加快建设海洋强国。同时也强调要发展乡村特色产业，拓宽农民增收致富渠道。

2019年9月18日，习近平总书记在黄河流域生态保护和高质量发展座谈会上提出：“要支持各地区发挥比较优势，构建高质量发展的动力系统……积极探索富有地域特色的高质量发展新路子。”①

2018年3月8日，习近平总书记在参加十三届全国人大一次会议山东代表团审议时强调，海洋是高质量发展战略要地，要加快建设世界一流的海洋港口、完善的现代海洋产业体系、绿色可持续的海洋生态环境，为建设海洋强国作出贡献。②

【摘要】乳山市作为威海乃至山东省海洋经济板块的重要组成部分，

---

* 本案例由中共乳山市委党校教务处副主任、讲师王永涛，科研处副主任、高级讲师杨绍平，科研处讲师王晓玉、冷颖超撰写。

① 《习近平：在黄河流域生态保护和高质量发展座谈会上的讲话》，新华网，http://www.xinhuanet.com/politics/leaders/2019-10/15/c_1125107042.htm，访问日期：2024年2月28日。

② 参见中共中央党史和文献研究院第七研究部：《新时代　新发展　新成就——从党的十八大到二十大》第2册，人民出版社2024年版，第964页。

近年来充分发挥海域资源优势，以政府引导机制为保障，以科技创新和培育人才为支撑，以品牌战略为路径，以推进共同富裕为目的，通过培育牡蛎产业，将“小海产”做成“大品牌”，拉长了产业链，迈向了高质高效的发展轨道。乳山市先后被授予“中国牡蛎之乡”“山东省特色农产品优势区”，并获准筹建乳山牡蛎国家地理标志产品保护区。2022年，乳山牡蛎区域公用品牌成功入选农业农村部农业品牌创新发展典型案例；2023年9月，中国地标节组委会、品牌观察研究院、品牌观察商学院、中国品牌日报联合发布《国家地理标志牡蛎品牌价值排行榜》，其中，乳山牡蛎的品牌价值以193.85亿元在全国5个省份上榜的18种牡蛎中荣登榜首。目前，乳山牡蛎产业带动2万余从业者年均增收近12亿元，走出了一条特色产业高质量、可持续发展之路，为新时代海洋经济创品牌、谋发展提供了乳山样板。

【关键词】乳山牡蛎　特色产业　品牌建设　海洋经济

一、乳山牡蛎产业发展背景

（一）条件得天独厚

乳山位于北纬37度，是著名的“水产之乡”。海岸线长达199.27千米，拥有“天下第一滩”和“中国最美海岸线”的美誉；秋冬季气温较低，高度契合牡蛎喜欢冷温水域的特点，使牡蛎生长周期可达200多天，能够吸收更多的矿物质；同时，乳山河与黄垒河对乳山湾呈两河夹抱之势，大量营养物质汇入海湾形成170万亩一类养殖海域，造就了世界顶级牡蛎产区。

资源的不可复制性使乳山牡蛎的肥满度达到18%至20%，较国内其他地区同类产品高5到8个百分点，成品牡蛎壳可达到15厘米至18

厘米。经山东省水产品检测中心检测，乳山牡蛎中蛋白质、牛磺酸、锌、铁、硒等主要营养指标均明显优于国内其他地区的牡蛎。截至2023年，乳山牡蛎养殖面积60万亩，产量50万吨，产值60亿元，养殖面积、产量和产值均居全国县级单位首位，成为名副其实的中国北方牡蛎第一市。

（二）养殖历史悠久

靠山吃山，靠海吃海。从20世纪70年代初期开始，乳山部分渔民便开始人工投放石块进行牡蛎的滩涂试养。

20世纪80年代初期，渔民们开发了立柱养殖模式。80年代中后期，逐渐发展到滩涂插苗养殖模式，这种养殖方式加快了牡蛎苗的生长，使牡蛎养殖的产量和效益得到了极大提高，渔民养殖热情高涨。到80年代末，滩涂养殖面积达到4000多亩。

20世纪90年代初期，渔民们又探索了插壳养殖的方式。由于滩涂资源有限，无法再扩大生产，渔民们又把眼光瞄向了大海，探索了浅海吊笼养殖的方式，这样，牡蛎养殖从滩涂走向海里，养殖面积进一步扩大。然而，产业发展这时候遇到了瓶颈。浅海吊笼养殖方式导致牡蛎生长期主要在夏季，养殖周期长，且成活率不高，产量较低，特别是七八月份台风季节，养殖区内的牡蛎很容易被海浪卷走。1994年，乳山市前海养殖公司尝试在南泓北村3000亩海域进行浅海吊笼牡蛎养殖，但赶上台风，导致牡蛎笼、筏架、浮漂等全部被海浪卷走，损失2000万元左右，前期投入血本无归。这让广大养殖户看到了浅海养殖的风险，都没有信心扩大生产，部分渔民甚至放弃养殖开始外出打工，牡蛎产业发展停滞不前。

2000年，乳山市尝试进行秋播春收的方法，组织科技人员进行技术攻关，对投苗时间、养殖密度、养殖深度等问题反复探索和实践，到2005年，终于成功探索出一种全新、绿色、高效的浅海筏式育肥养殖模式。这种养殖模式降低了养殖风险，缩短了养殖周期，提高了牡蛎的成活率和品质，而且为海区提供了半年的休整时间，有利于海区自我净化，将海区自然环境方面的劣势转变为优势，开辟了牡蛎养殖新途径。此后，乳山市牡蛎养殖面积迅速扩大，年增万亩以上，乳山开启了牡蛎规模化养殖快速发展的进程。

乳山牡蛎虽然品质好，但是由于缺乏宣传和销售渠道，市场认可度不高，卖不出好价钱，陷入“好品无好价”“酒香也怕巷子深”的尴尬局面。

二、主要做法

为了摆脱“酒香也怕巷子深”的尴尬局面，乳山市在2009年以“乳山牡蛎”注册为中国地理标志证明商标为契机，大力实施品牌创建行动。2020年之后，针对产业发展出现的新问题，实施乳山牡蛎品牌保护与提升行动，取得了可喜的工作成效。

（一）“三驾马车”齐驱动，一朝成名天下知

1. 政府聚力，推动乳山牡蛎规范化发展

过去，乳山牡蛎养殖由于缺乏科学的整体规划和分工，布局不合理，近海水域管理松散；对近海海域宜养区、限养区和禁养区的划定及海域的承载能力缺少官方大数据予以支撑和引领；相关制度不健全，政策导向性作用发挥不明显；相关公共平台建设滞后，一定程度上影响了海水养殖业的可持续发展。为此，乳山市采取一系列措施助推乳山牡蛎规范化发展：

第一，规划引领。本着多规合一、统筹结合的原则，2015年，乳山市在与土地利用总体规划、城市建设总体规划、旅游发展规划充分衔接的基础上，按照“十三五”海洋经济发展规划的总体要求，进一

步修订完善了海域使用、海洋牧场建设、海岸带生态整治修复、海岛保护与利用、休闲渔业产业发展、乳山牡蛎品牌建设等多个专项规划，从自然资源和人文资源出发，依据三大产业特色，错位发展，打造海渔产业特色品牌，提升海洋产业整体发展的规模、层次和水平。在充分调研的基础上，又先后出台了《关于印发乳山市保护提升乳山牡蛎品牌工作的通知》《关于开展“乳山牡蛎”地理标志证明商标市场整治行动的实施方案》《关于乳山牡蛎全产业链建设的实施方案》《乳山牡蛎产业发展规划（2018—2022）》《乳山市海洋强市建设三年行动计划（2022—2024年）》等多个指导性文件，成立了现代渔业产业领导小组，加强对现代渔业产业发展的考核，凝聚乳山市上下发展渔业产业的工作合力，明确了海洋牧场的发展方向、发展重点、扶持政策及保障措施，对不同类型的海洋牧场示范区建设主体给予奖励。探索实施了水产养殖保险制度，针对牡蛎等水产养殖业面临的生产和自然双重风险，尤其是夏季台风、浒苔、赤潮对水产养殖的较大影响，最大程度地保护养殖户的积极性。

第二，基金撬动。为了解决产业发展所需的资金，乳山市按照政府引导、市场运作、防范风险、滚动发展的原则，采用“母基金+子基金”的运作模式，先由乳山市政府与基金管理人共同发起设立母基金，再根据具体项目的投融资需要，陆续设立若干子基金，母基金通过小比例投资针对项目成立的子基金，吸引社会资本出资。按照这一模式，2018年，乳山市组建了总规模60亿元的清科母基金及海洋牧场等7个子基金，撬动社会资本。其中，组建的海洋产业投资基金由乳山市国有资本运营有限公司主导设立3.3亿元产业基金作为引导基金，按照1：9的比例撬动社会资本，吸引了大银行、大集团参与建设基金，用于购置牡蛎养殖台筏及配套物资等，解决了现代海洋牧场需要先进养殖配套设施支撑的问题，为海洋经济搭建金融服务平台，推动牡蛎养殖转型升级。

第三，平台助推。为了解决牡蛎养殖面临的技术难题和发展瓶颈，乳山市积极打造牡蛎技术研发平台，结合海阳所镇的牡蛎小镇建设，成立由国家贝类产业技术体系首席科学家张国范教授任院长、地方专业技术人员参与的乳山牡蛎研究院，重点开展牡蛎养殖环境变化与规模死亡的预警预报，以及牡蛎养殖安全监测与市场准入标准建设等相关课题研究。时任山东省科技厅副厅长李乃胜认为，要充分利用牡蛎技术研发这一平台，组织核心企业与牡蛎研究院共同开展研究，不断提升牡蛎产业的养殖加工技术，将成熟的科研成果转化为现实的生产力，实现产学研结合，将乳山牡蛎产业做大做强。

改进养殖技术的同时，乳山市抢抓中韩自贸区建设的重大战略机遇，构建总面积200多平方千米的中韩（威海）合作健康产业园，与韩国健康产业全方位对接，着力打造中韩自贸区先行区。加快升级滨海新区的食品和生物科技产业园、科技产业园，依托滨海新区创建省级蓝色特色产业园，提升经济开发区的临港产业园区、装备制造产业园区，不断增强园区的产业承载能力。加快建设物流产业园区，推进威海久业仓储物流有限公司等的保税仓库建设，积极对接企业来乳建设保税仓库，引进大型仓储物流企业，健全仓储物流体系，完善海产品储运供销网络。

为了在苗种选购、生产调度、产品销售上协调一致，乳山市成立了牡蛎协会。协会共有理事会成员11人，设会长1人、副会长1人、秘书长1人、副秘书长1人、监事3人，并聘请专职工作人员4人。截至2023年底，会员单位已发展到77家。“自成立以来，我们协会在协调会员关系、开展技术交流、组织相关培训、建设和完善乳山牡蛎质量追溯体系、保护乳山牡蛎品牌等方面作出重大贡献，受到广大会员单位和基层渔民群众的一致好评，也得到上级政府和有关部门的肯定。”协会会长刘海军感慨地说。

2. 科技赋力，推动乳山牡蛎产业化发展

受传统习惯影响，乳山牡蛎养殖过去走的是春播秋收的路子。据乳山市海阳所镇姜家庄村养殖户姜成竹回忆，2000年以前，和所有牡蛎养殖户一样，他的牡蛎养殖一直是春播秋收，即每年的2月放牡蛎苗，9月收获上市，牡蛎的生长期主要在夏季。而乳山市外海岛屿少，夏季风浪较大，遇上台风很容易将牡蛎卷走；再加上受夏季海水附着物多等因素的影响，乳山牡蛎的成活率一直不高，产量较低，渔民收入上不去，大家都没有信心扩大生产，乳山牡蛎产业发展一直停滞不前。为此，乳山市通过科技赋能，推动乳山牡蛎产业化发展：

第一，创新养殖技术。

2000年，原乳山市渔业局到烟台、荣成等地考察后发现，虽然当地夏季风浪小，对牡蛎生长危害小，但因为水质的原因，牡蛎长到半成品的时候就只长壳不长肉，肥满度不高。受此启发，乳山市决定反其道而行，采用秋播春收的方法，每年9月采购外地半成品牡蛎投入养殖，11月到次年4月收获，既避开了夏季风浪，又缩短了养殖周期。姜成竹率先响应号召，经过3个多月的育肥，牡蛎口味变了，肥度也增加了，收入也提高了。“少养几个月，反倒多赚钱呢，产量与以往相比提高了20%，每千克批发价达到1.6元，每亩比往年增收了2000多元，你们也赶快试试吧！”尝到甜头后，姜成竹开始动员亲戚和朋友。如今，这种养殖模式已经在乳山得到了全面推广。

尝到科学技术甜头的乳山人没有停止对养殖技术的创新与探索。自此，他们更加注重新技术的推广和应用。首先，摒弃“规模越大越好、产量越高越好”的思路，充分考虑海区养殖生产可承载力，合理规划养殖海区，推广“生态疏养”模式。为此，乳山市鼓励养殖户将牡蛎养殖筏架间距从6～8米改为8～12米，每台筏架上的牡蛎养殖笼数量由80～100个减为60～80个，合理安排养殖密度，提高牡蛎的成活率和肥满度。通过采取疏养模式，牡蛎上市时间可提前15~30天，肥满度可提高10%～15%，销售价格提高近40%，同时降低了人工、物资、燃油等费用，虽然亩产减少，但综合经济效益不减反增，实现了减量增收、提质增效。目前，该模式累计推广面积近5.2万亩。其次，在秋播春收筏式吊笼养殖技术的基础上，乳山又积极推广牡蛎魁蚶立体养殖及贝藻类生态间养、混养技术。立体养殖技术使牡蛎养殖海区的饵料资源得到充分利用，变“单打”为“双打”，海域产值得到较大增长。生态间养、混养技术利用牡蛎和海藻两个养殖物种间的生态互补功能，有利于提高养殖产量，更有助于养护、修复、提升海洋生态环境，维护海域生态平衡。

第二，创新养殖品种。

常言道，“冬吃蛎子夏吃蛤”。乳山牡蛎养殖品种以太平洋牡蛎为主，每年的5月至8月是牡蛎的繁殖期，此时的牡蛎肉不肥、味不美，市场上会出现断档期。同时，随着二倍体牡蛎累代养殖，种质退化现象日趋严重，造成苗种生长速度减慢，抗病能力降低，制约了乳山牡蛎养殖的进一步发展。针对乳山本地企业新品种繁育能力不足的问题，2016年，乳山市通过与青岛前沿海洋种业有限公司以及黄海水产研究所等企业院校合作，打造三倍体牡蛎苗种供应研发中心，开展产学研合力攻关，培育三倍体牡蛎新品种，掌握市场主动权。

从事牡蛎养殖近20年的王志刚是远近闻名的“牡蛎大王”。作为土生土长的乳山人，他不仅亲历了牡蛎当年的“赔本赚吆喝”，更是一路见证了“乳山牡蛎”品牌从无到有、从小到大的全过程。如今，王志刚养殖的牡蛎已经从最初的150亩发展到现如今的近万亩，年产值更是达千万元。说起其中的变化，王志刚觉得这都多亏了养殖技术的优化。“受品种和地理因素限制，普通牡蛎一般在每年9月到次年4月上市，5月到8月没有新鲜牡蛎上市，而三倍体牡蛎具有一年四季都可以上市的优点，而且肉质更肥美，个头更大，大的能长到成人手掌这么长，基本都是论只卖，一只新品种牡蛎抵得上一斤普通牡蛎的价钱。”

王志刚还说，新品种三倍体牡蛎较普通牡蛎生长速度可以提高30%，单体价格能卖到几十块。

除了三倍体牡蛎良种，近年来，乳山市还重点推广“贝隆”“海大1号”“海大2号”“海大3号”等新品种，以改善乳山牡蛎的卖相，提高乳山牡蛎的品质。新品牡蛎“贝隆”的市场售价高达80元一只。看着刚刚打捞上来的“贝隆”，乳山市海阳所镇西黄岛村养殖户王欢欣喜地说：“这款牡蛎新品种是我们外出考察市场时发现的高端产品，后来通过外贸渠道引了进来。它的特点是个头较大、肉体丰满、咬感脆爽，有特殊的香气，营养价值较高。”王欢说，从“贝隆”牡蛎引进那天开始，不少牡蛎经销商不远万里专程前来抢购乳山牡蛎，这款牡蛎新品上市后，收益非常可观。

第三，创新作业模式。

随着牡蛎养殖主体增多，牡蛎养殖低、小、散等问题开始显现。2017年，乳山市提出离岸化、规模化、标准化的导向，以牡蛎合作社形式集中确权养殖区，实现了改小为大、改散为合、改原始为现代三个养殖模式的转变。发挥龙头企业的示范带动作用，淘汰传统扇贝网笼和木制作业船只，选用澳大利亚潮汐塑性滚动网笼和日本新型玻璃钢工船，采用水泥砣代替原有打橛的台筏固定方式，采用新机械化养殖设备替代过去老旧的养殖设备，并融合发展人工鱼礁、网箱养鱼和底播增殖，促进经济效益可持续增加。

为了满足市场对高品质牡蛎的要求，乳山华信食品有限公司着力打造牡蛎全产业链战略发展模式。从产业源头做起，依托乳山“中国牡蛎之乡”得天独厚的自然环境，打造集技术研发、高端育种、科学育苗、绿色养殖、精深加工、仓储物流、内外贸易、产品销售和品牌推广于一体的全产业链化“航母”集群，实现产、供、销一体化经营，确保了牡蛎安全可追溯，牡蛎的产品价值更是提高了数倍。借助乳山建设“海洋牧场”的契机，2018年，乳山华信食品有限公司还投资900

多万元，以田园型筏式养殖观光区为轴心，离岸建设可升降式海洋牧场安全多功能平台，配套以牡蛎、栉孔扇贝、魁蚶、紫菜、龙须菜等养殖为主的海上养殖区和集采收、垂钓、餐饮娱乐等为一体的海上观光区，并融合海钓运动、采摘体验、滨海休闲、文化传播等。除乳山华信食品有限公司，乳山岳海水产有限公司、乳山市润丰牡蛎养殖农民专业合作社等4家龙头企业或合作社的养殖面积达到6万亩，形成了较高的产业集中度。产业集中度带来了产业聚集，吸引了大量牡蛎加工企业落户乳山。

3. 营销助力，推动乳山牡蛎品牌化发展

过去，尽管乳山牡蛎品质较好，但由于缺少品牌带动，只能作为“大路货”进入农贸市场或加工车间，陷入“优质不优价、好货不好销”的怪圈。2007年，乳山市申请注册了“乳山牡蛎”商标；2009年，“乳山牡蛎”注册为中国地理标志证明商标。但长期以来，乳山牡蛎的销售一直以散装批发为主，每年到了牡蛎上市的季节，一些商贩便陆续来到乳山市海阳所镇、徐家镇等牡蛎养殖区内收购牡蛎，刚打捞上的牡蛎直接过磅装车往外销售。时任山东省商检局副处长刘勇说：“目前来看，‘乳山牡蛎’的商标价值没有挖掘出来，品牌战略任重道远。”针对这种情况，乳山市坚持“品牌就是生产力”的理念，以地理标志证明商标为抓手，实施品牌战略。

第一步，创牌。

近年来，乳山积极打造品牌化之路，通过“乳山生蚝节”“牡蛎品鲜季”“舌尖上的乳山牡蛎”“牡蛎争霸赛”等一系列品牌活动和相关举措，让乳山牡蛎走出“酒香也怕巷子深”的困境。乳山市先后成功举办了八届“乳山牡蛎文化节”活动。2018年4月，由中国科学院海洋研究所和乳山市人民政府联合主办的中国牡蛎产业国际高峰论坛在乳山举办，本次论坛确定乳山为永久会址。论坛将致力于提高中国牡蛎产业的国际影响力，推动乳山牡蛎特色小镇建设和蓝色经济发展，助力海洋经济新旧动能转换，全力做好经略海洋大文章。乳山市海洋、旅游等相关部门定期组织牡蛎、大菱鲆、海参等海产品养殖加工生产单位参加知名渔博会、展览会和展销会。在乳山市旅游部门的引导下，多家旅行社策划了“乳山牡蛎体验之旅”线路，推出“牡蛎美食一条街”“牡蛎+干白”“牡蛎+温泉”等系列产品，广泛吸引了大众眼球。同时，乳山市还借助网络、电视和平面媒体等多种渠道进行广泛宣传，“乳山牡蛎”的金字招牌如今已成功打响，成为街头巷尾的抢手货。乳山牡蛎与大姜、茶叶并称“乳山三宝”，已经形成成熟的产业链，市场份额也越来越大。乳山人通过牡蛎发家致富、安居乐业。牡蛎，这一乳山耀眼的城市名片，无形中提升了乳山的城市知名度，叫响了乳山之名。

第二步，网售。

互联网经济的快速发展打破了乳山牡蛎传统的销售模式，乳山牡蛎积极扩展线上销售渠道，发展了金谷之园、智创孵化器、九鼎电商等牡蛎网上销售平台，牡蛎电商经济得到了长足发展。从2014年乳山牡蛎正式“触电”，目前淘宝上的乳山牡蛎卖家就有400多家，乳山市的牡蛎电商销售人员达到0.5万人，电商销售每年可达上亿斤。

每年春节临近，乳山牡蛎的养殖户们便忙于抓紧捕捞、清洗、选拣牡蛎，发往全国消费者的餐桌。搭乘了电商的快车，如今乳山牡蛎可在48小时内从产地直达全国200余城。目前，乳山牡蛎销售覆盖北京、上海、杭州、广州、西安等国内大中城市，在高端市场的占有率居国产牡蛎第一位。

通过多年的努力，“乳山牡蛎”探索出培育牡蛎高端品牌的新模式，将“小海产”做成了“大品牌”，拉长了产业链和价值链，走出了一条高端高效之路。乳山牡蛎已在全省全国形成了品牌领先优势，成为我国牡蛎产业一张亮丽的名片。

2016年，乳山市被授予“中国牡蛎之乡”，“乳山牡蛎”荣获

"2016年最具影响力水产品区域公用品牌"；2018年，"乳山牡蛎"荣获"山东省优秀地理标志产品"，乳山市入选"首批山东省特色农产品（牡蛎）优势区"；2019年，"乳山牡蛎"荣获"中华品牌商标博览会金奖"。

（二）"创业艰难百战多"，"踏平坎坷成大道"

随着乳山市牡蛎产业的发展壮大，成名后的烦恼也随之而来，如管理较松散、假冒产品增多、养殖分散导致海岸带脏乱差等，这些问题制约了产业的高质量发展。为维护来之不易的品牌声誉，乳山市采取一系列举措对牡蛎产业进行规范管理、品牌保护提升和全产业链条打造。

1. 进行园区化管理

绿水青山就是金山银山。乳山牡蛎的高品质与乳山良好的生态环境是分不开的，乳山人在"两山"理念的指引下，加大了对海岸带和海域的生态保护。过去，乳山市部分涉海单位和个人为了追求短期经济利益非法占地、非法围填海、非法养殖、乱搭乱建，破坏了海岸带生态环境。2019年，《问政山东》栏目曝光了乳山银滩海岸带环境脏乱差的问题，主要是牡蛎养殖户为了方便，直接在沙滩上搭建作业大棚进行牡蛎加工，养殖垃圾随意丢弃。诸多因素促使政府决定下大力气从根本上解决这一问题，为此，乳山市政府决定规划建设6大牡蛎产业融合发展示范区，将零散分布的牡蛎养殖加工主体就近集中到园区统一管理。

现在，乳山市已经建成了南泓北村、西浪暖、南唐家村3处示范区，170多家分散经营的牡蛎养殖户以及加工企业就近集中搬迁到园区。园区内提供生产、加工、销售一条龙服务，并且有专门的物业公司负责日常管理，统一处理各类垃圾，一体化运营。这样既有效降低了养殖户的生产经营成本，实现了集约化发展，又维护了水清、岸绿、滩净、湾美的生态环境，实现了经济效益、社会效益和生态效益的统一。

2. 实施护牌行动

第一，建立制度支撑体系。乳山市通过修订《乳山牡蛎证明商标使用管理规则》，制定《“乳山牡蛎”地理标志产品包装印刷规范》，在《中国商报》发布《品牌保护法律声明》，在协会网站及各媒体发布《关于正式实施乳山牡蛎地理标志产品防伪溯源的通告》等举措，形成了完备的乳山牡蛎品牌管理保护制度支撑体系。

第二，规范商标使用。在加强品牌保护宣传的同时，组织各类生产加工销售主体签订《乳山牡蛎证明商标许可使用合同》，发放证明商标和防伪溯源体系双授权证书。目前，已授权牡蛎加工销售企业300家，分销商29家，包装及辅料生产企业18家。获授权企业须严格遵守《乳山牡蛎证明商标使用管理规则》《乳山牡蛎地理标志产品包装印刷规范》等规定的商标使用范围、方式和印刷规范。未获得协会地标使用授权的主体，不得在牡蛎系列产品及其包装、容器、商品名称标牌，以及线上网站商品链接，或者广告宣传、展览以及其他商业活动的宣传材料中使用乳山牡蛎地理标志证明商标图案、文字以及乳山牡蛎、乳山海蛎子、乳山蚝、乳山生蚝、产地乳山等突出使用“乳山”地名的字样或拼音用于证明原产地和特定品质。

第三，打假维权。在国家级报纸发布品牌保护法律声明，向全国县级市场监管部门和电商平台、生鲜连锁商超、物流快递等3000多家有关单位发送品牌保护函告信，聘请专业知识产权保护机构合作开展打假维权，开展全媒体、全渠道的品牌保护宣传，营造品牌保护氛围和声势。防伪标签在部分线上销售平台和连锁超市应用较好，违规冒用乳山牡蛎品牌的行为得到了有效遏制，牡蛎销售实现了量价齐增，增幅均达20%～30%，部分企业在抖音等平台直播销售单日发货量突破万单，高端产品价格更是开创新局面，单只售价30～40元。

第四，实施防伪溯源。在统一形象标识的同时，建好品牌溯源体系。为有效提高产品的市场辨识度，维护消费者权益，乳山市聘请专业机构设计乳山牡蛎品牌Logo，作为乳山牡蛎宣传和产品包装的统一品牌形象标识。同时，引进国际首创的先进液体可变色标识防伪技术，建设全国首个牡蛎数字化防伪溯源体系，将防伪标签指标按照核定的养殖产量核发给养殖户，实现来源可查询、去向可跟踪、真假可辨识、责任可认定。自2021年11月正式实施防伪溯源管理以来，截至目前已推广至260余家企业。

品牌保护是品牌打造的重要内容，是品牌发展与创新的基础。乳山牡蛎品牌提质升级抓住了品牌保护这一关键点，将自我保护和法律保护相结合，强化品牌运营管理，利用现代信息技术搭建溯源体系，提高品牌防伪能力，广泛利用各种传播媒介传递品牌保护理念，有力提升了品牌形象和声誉。

3. 打造全产业链条

源自大自然先天的馈赠，加上政府后天的“养成”，乳山牡蛎的名声越来越响，朋友也越来越多，大量牡蛎产业的上下游企业来乳落户安家。目前，乳山现有牡蛎苗种生产企业7家，年育苗量约2.1亿片、53亿粒；养殖主体600余家，养殖合作社40余个；初加工企业300多家，年加工量35万吨；粗加工和精深加工企业12家，产值达到16亿元；平台销售电商600多家，全市从事电商销售人员达到0.5万人，2022年和2023年年均线上销售量均在2.3亿斤以上，占全国线上市场比例超70%。威海温喜生物科技有限公司以牡蛎壳为原料生产土壤调理剂和饲料添加剂，通过将牡蛎壳等废弃物变废为宝，实现产业链条末端的再延伸。牡蛎产业的发展也带动包装辅料加工业的成长，包括纸盒包装箱、泡沫箱、包装袋、胶带、手套、蛎刀、冰袋、标贴等，15家生产加工企业年产值约2亿元。现在，乳山牡蛎产业已形成育苗育种、养殖、加工、销售、文化旅游、包装辅料、废弃物利用七大关键环节产业链，全产业链产值达百亿元，有效带动2万余名从业者年均增收近12亿元，牡蛎产业俨然成为乳山市海洋经济的支柱产业、富民产业。

更可贺的是，历经2年多的准备完善，乳山牡蛎地方标准——《地理标志产品 乳山牡蛎》已于2020年4月由山东省市场监督管理局发布为山东省地方标准，乳山牡蛎掌握了行业的发言权。2021年，“乳山牡蛎”荣获“国家地理标志保护产品”“中国自主品牌博览会山东上榜品牌”“山东省知名农产品区域公用品牌”“山东地标名片”；乳山市获准筹建乳山牡蛎国家地理标志产品保护区。2022年，“乳山牡蛎”荣获“全国名特优新农产品证书”，入选“农业品牌精品培育计划名单”“好品山东”品牌名单；乳山牡蛎区域公用品牌成功入选农业农村部2022年农业品牌创新发展典型案例。2023年9月，中国地标节组委会、品牌观察研究院、品牌观察商学院、中国品牌日报联合发布《国家地理标志牡蛎品牌价值排行榜》，全国5个省份共18种牡蛎上榜，其中乳山牡蛎以193.85亿元的品牌价值荣登榜首。

通过打造全产业链条、保护“乳山牡蛎”品牌等举措，乳山市形成了牡蛎产业集聚效应，将“小海产”做成“大品牌”。但成就属于昨天，面向未来，乳山市牡蛎产业将迈步从头越，踏上新征程。

三、乳山市培育牡蛎特色产业的经验启示

纵观乳山市培育牡蛎特色产业的发展历程，可以了解各个因素在产业发展中的作用和相互关系，对于推动其他特色产业发展、加快乡村振兴步伐、促进共同富裕，提供了可复制可推广的经验。

一是政府引导机制是产业发展的保障。乳山牡蛎产业的发展是乳山市委、市政府精准把脉牡蛎产业发展的实际，强化规划引领、政策扶持、基金驱动、精准引导的结果。乳山市先后编制出台了《乳山牡

蛎产业发展规划》等多个专项规划，为牡蛎产业乃至海洋产业发展提供科学的指导。同时，积极争取上级资金，加大地方财政的扶持力度，建立海洋产业发展基金，助力牡蛎产业做大做强。牡蛎产业跨越式发展的每一个关键节点，乳山市委、市政府都能够敢为有为，当产业发展停滞不前的时候，政府组织人员进行技术攻关，探索了新的养殖模式，促进产业规模进一步扩大；当养殖规模太大影响到生态环境时，政府又进行统筹规划，建设示范区进行统一管理……正是一系列恰如其分的操作才让这个产业实现了跨越式的发展。那么如何处理政府和市场的关系呢？党的十八届三中全会有一个重要的理论突破，那就是使市场在资源配置中起决定性作用和更好发挥政府作用，习近平总书记也在党的二十大报告中强调“充分发挥市场在资源配置中的决定性作用，更好发挥政府作用”①。在产业发展中，市场要起决定性的作用，而政府要做好引导，做好服务，要通过具体的政策凝聚力量、组织攻关、提升品质，而不是直接干预市场经济。

二是科技和人才是产业转型升级的支撑。习近平总书记在党的二十大报告中指出：“必须坚持科技是第一生产力、人才是第一资源、创新是第一动力。”②乳山牡蛎产业的发展是主动培育利用高端人才、开展技术创新的结果。一方面，多方联手搭建平台。建立“政府牵线、院所支持、平台运作”模式，与中国科学院海洋研究所、中国海洋大学、鲁东大学等高等院所合作，聘请国内外牡蛎行业的顶级专家担任专家咨询委员会的特邀专家，为产业发展提供决策咨询，有效提升乳山牡蛎的品质。通过与青岛前沿海洋种业有限公司以及中国水产科学

① 习近平：《高举中国特色社会主义伟大旗帜　为全面建设社会主义现代化国家而团结奋斗——在中国共产党第二十次全国代表大会上的报告》，人民出版社2022年版，第29页。

② 习近平：《高举中国特色社会主义伟大旗帜　为全面建设社会主义现代化国家而团结奋斗——在中国共产党第二十次全国代表大会上的报告》，人民出版社2022年版，第33页。

院黄海水产研究所等院校合作，共同建设三倍体牡蛎苗种研发中心，投资建设深远海育苗育种基地，联合培育“海大1号”“海大3号”“前沿1号”等牡蛎新品种，有效破解季节性上市技术瓶颈。另一方面，引进专家与企业合作。面向牡蛎重点研发企业，推动牡蛎加工技术迭代升级，引进中国海洋大学王鹏教授团队、李琪教授，广东海洋大学秦小明教授等一批技术人才与乳山市华隆生物科技股份有限公司、华信食品山东集团有限公司、灯塔水母海产品加工（乳山）有限公司等企业合作，开展牡蛎净化项目研究，创建威海市海洋贝藻及精深加工重点实验室，开发冻干牡蛎、牡蛎精华素、牡蛎肽等系列产品。

三是实施品牌战略是产业发展的主要路径。习近平总书记高度重视品牌建设，多次提出“强化品牌意识”“推进特色农产品产业化、品牌化”。乳山牡蛎产业做大做强是质量铸就品牌、品牌带动产业的结果。乳山在实施牡蛎品牌战略过程中，积极开展“创牌”“护牌”“用牌”行动，多次举办乳山牡蛎文化节、海洋经济论坛、中国牡蛎产业国际高峰论坛等，打响了乳山牡蛎的品牌声誉。“乳山牡蛎”先后荣获“山东省优秀地理标志产品”“山东地标名片”等多个称号，乳山市被授予“中国牡蛎之乡”，并入选“国家地理标志产品保护示范区”等。在品牌保护方面，乳山制定了“乳山牡蛎”保护十条意见，构建了全国首个牡蛎质量安全追溯体系。乳山牡蛎品牌监管保护经验被列入农业农村部农业品牌创新发展典型案例。借鉴牡蛎的成功经验，乳山市围绕本市25个国家地理标志品牌，集中培育优势特色农产品，放大高质、安全、名优品牌效应，逐渐改变了乳山大姜、绿茶等产品“有名品、无名牌”的困境。

四是实现共同富裕是产业发展的最终目的。我们推动经济社会发展，归根结底是要实现全体人民共同富裕，要让发展成果更多更公平惠及全体人民。乳山市在发展牡蛎产业的过程中，始终坚持以人民为中心的发展思想，把人民普遍关心的增收、“乳山牡蛎”标准、品牌保护、渔民转产等敏感问题作为工作重点，让更多的乳山人享受到牡蛎产业发展所带来的经济红利。目前，乳山牡蛎产业上下游有效带动2万从业者年均增收近12亿元，实现了党建联建、渔业增效、渔民增收，共同富裕的基础更加坚实，真正实现“一粒牡蛎”致富一方。

思考题

1. 针对牡蛎养殖规模扩大带来品质下降这一难题，政府和企业应该如何做？
2. 乳山牡蛎产业的发展壮大带给我们什么启示？
3. 结合乳山牡蛎产业的发展历程，谈谈如何推动农村多产融合发展，助推乡村振兴。

“山东农村股改第一村”的蝶变之路

——乳山市翁家埠村集体产权制度改革助力精致城市建设的实践探索*

【引言】2022年12月23日，习近平总书记在中央农村工作会议上指出：“农村集体产权制度改革重点是适应社会主义市场经济要求，构建产权关系明晰、治理架构科学、经营方式稳健、收益分配合理的运行机制。”①

【摘要】山东省乳山市白沙滩镇翁家埠村由一个集体资产纠纷不断、党群关系比较紧张的落后村，发展成“山东农村股改第一村”“全国农村综合性改革试点试验村”；从一个传统单一种植业的小穷村，发展成初具三产融合格局的田园综合体富裕村，这些变化都源自深化农村集体产权改革。翁家埠村通过“公开化运作，扫除产权制度改革障碍”“产业化共富，三招做大村集体资产”“规范化管理，推动村干部作风根本转变”“精致化建设，铺开村容村貌美丽蝶变路”实现了村集体不断增值、村民个人收入连年增加、公共服务能力显著提升，初步实现了和美乡村的建设目标。该案例为新时代

---

* 本案例由中共威海市委党校（威海行政学院）教务处四级主任科员王可欣，中共乳山市委党校经济教研室教师孙越芹、刘伟成、刘静撰写。

① 《习近平：加快建设农业强国　推进农业农村现代化》，共产党员网，http://www.12371.cn/2023/03/15/ARTI1678868053940695.shtml，访问日期：2024年2月15日。

农村改革和美丽乡村建设，甚至当前的威海精致城市建设，提供了参考经验：选好带头人，建强党组织，依靠老百姓，拓展产业链，美丽新农村。

【关键词】集体产权制度改革　三产融合　精致城市

一、背景情况

翁家埠村位于山东省乳山市白沙滩镇西南端4A级银滩旅游度假区内，现有村民465户，常住人口1124人，村“两委”成员4人，党员55人。翁家埠村先后荣获“山东省明星村”“山东省美丽宜居村庄”“威海市党建示范点”等荣誉称号，是山东省股改第一村。

自2013年以来，村“两委”班子积极顺应基层服务型党组织建设、农村产权制度改革新形势，通过集体资产股权量化、注册股份合作组织，让村民做股东，把集体变实体，大大地提升了村级发展潜力和村民自治水平。2017年7月，翁家埠村成为全国农村综合性改革试点实验村。

翁家埠村以前班子散、经济弱、环境差，属于典型的村不强民不富，大量集体资产缺乏有效管理，产权不明，收益不清，村民没有享受到集体经济发展的成果。农民依靠零散土地获得的收益少，持续增收难度大，只得外出打工增加收入。

2011年，在商界打拼了大半辈子的单成炜在上级党委和全体党员群众的期盼中，回村高票当选新一届党支部书记。为了全村的发展振兴，2012年开始，翁家埠村新一届党支部充分发挥坚强战斗堡垒作用，逐户走访村民征求意见，统一思想，重新制定发展规划，决心走壮大集体经济、全体村民共同参与、村民共享改革发展成果的路子。借银滩房地产开发的东风，村里利用流转土地成立了占地20亩的水泥制品厂和100亩的苗木基地，为房地产行业做配套工程建设，水泥制品厂当年就有26万元的纯利收入。

但是，房地产大潮终有退去的那一天，就在单成炜和翁家埠村“两委”成员继续苦苦思索持久壮大集体经济的路子的时候，这一年的11月8日，党的十八大召开，把“推动城乡发展一体化”列为加快完善社会主义市场经济体制和加快转变经济发展方式的五大任务之一，并提出“坚持和完善农村基本经营制度，依法维护农民土地承包经营权、宅基地使用权、集体收益分配权，壮大集体经济实力，发展农民专业合作和股份合作，培育新型经营主体，发展多种形式规模经营，构建集约化、专业化、组织化、社会化相结合的新型农业经营体系”①。2012年12月31日，《中共中央　国务院关于加快发展现代农业　进一步增强农村发展活力的若干意见》中进一步明确指出：“改革农村集体产权制度，有效保障农民财产权利”“建立归属清晰、权能完整、流转顺畅、保护严格的农村集体产权制度，是激发农业农村发展活力的内在要求。”“大力支持发展多种形式的新型农民合作组织。农民合作社是带动农户进入市场的基本主体，是发展农村集体经济的新型实体，是创新农村社会管理的有效载体。”“鼓励具备条件的地方推进农村集体产权股份合作制改革。”②同年5月，乳山市出台了《农村集体经济组织产权制度改革实施方案》，选定了20个试点村，沿着“一村一策、稳步推进”的原则稳步推进。

作为试点村之一，翁家埠村党支部对中央与乳山市的这些关于农村改革发展的政策文件反复学习，在不断学习中，他们领会精神，深受鼓舞，看到了新时期农村进一步发展的努力方向。他们决定乘着这股东风，顺应改革大势，以农村集体产权改革为突破口，以股权改革

① 胡锦涛：《坚定不移沿着中国特色社会主义道路前进　为全面建成小康社会而奋斗——在中国共产党第十八次全国代表大会上的报告》，人民出版社2012年版，第23页。

② 《中共中央　国务院关于加快发展现代农业　进一步增强农村发展活力的若干意见》（2012年12月31日），人民出版社2013年版，第16、16、12、18页。

推动发展集体经济，走培植新产业、共同发展、共同富裕的路子。

方向明确了，决心下定了，翁家埠村党支部勇敢地开始了集体产权制度改革的探索，成立了翁家埠村股份改革领导小组，仔细研究产权制度改革实施方案的五个核心步骤，即股东资格界定、资产清查审计与评估、集体资产股份量化、股权设置与管理、成立股份经济合作社，制定了实施方案，细化了工作方法以及工作细节，并上报镇政府审批、市农村改革工作领导小组办公室备案。

实施方案在落实中并没有那么容易。翁家埠村此时面临着思想认识不统一，村集体组织成员身份界定难，清产核资难，集体经营性资产归属不明、经营收益不清等突出问题。这些问题都是制约翁家埠村集体产权改革的主要障碍。

（一）思想统一难

产权改革对许多村民来说是新生事物，超出其认知范围，难以辨其好坏；对于相关政策、具体要求不知道或不明晰，有畏惧心理、抵触情绪。部分村民，甚至村干部对于增人不增股、减人不减股的静态管理有异议，他们倾向于动态管理或者半动态管理，即在规定时间段内，增人增股，减人减股。理由有两点：一是村民去世或者外嫁，自动丧失村集体经济成员资格，股权必须收回；村集体新增人口获得了村集体经济组织成员身份之后，必须给予股权，以保障其基本权益；二是静态管理规定的股权可以继承可能导致村集体资产流失。去世者的股权必然被继承人合法继承，若继承人的户口不在本村，股权及其衍生收益必然被村集体之外的人获得，就会造成本村集体资产流失。

（二）资格界定难

党支部书记单成炜说："谁有享受资产收益的资格，是改革中最复杂、最敏感、最易引发矛盾的环节。"村民对于静态管理的异议，其指向就是谁有享受资产收益资格的问题，实质就是村集体经济组织成员身份界定的问题。涉及村集体经济组织成员身份界定的类型有外来户、外嫁女、“农转非”等。一是外来户户口问题。依据相关规定，外迁户口成为本村集体经济组织的成员，须经村民代表大会2/3以上人数同意方可。但是，由于历史问题，很多外来村民在迁入本村时，并没有经过法定程序，因此，在能否成为集体经济组织成员的问题上产生了纠纷。二是外嫁女儿户口问题。部分外嫁女因为本村福利待遇较好，在外嫁时并没有将户口迁出本村，甚至将丈夫及子女的户口都迁到了本村。此次改革涉及股权及相关权益，这部分村民能否分配股权也是一个问题。三是特定人群的身份问题。如“农转非”的村民，土地被收回，但户口和人在村里，对于村里也有贡献，身份该如何认定？

（三）清产核资难

清产核资的对象一是集体资产，二是农民土地确权。集体资产方面，土地等部分集体资产没有入账，没有确权，导致集体资产存在产权主体模糊、决策独断、监督不善、分配随意等问题。农民土地确权方面，此次股权改革涉及土地资源入股的问题，土地入股就涉及土地确权问题，具体而言，首先是农民私下流转土地问题。部分村民在没有经过村同意的情况下，私自将土地流转给他人，导致确权纠纷。如，某村民将土地私下流转给两个承包户，在进行土地确权时，权属归承包户，但该村民想取得土地确权证，一个承包户不承认私下流转这事，双方因发放确权证产生纠纷。其次是农民主动放弃土地问题。过去部分村民为躲避征收“三提五统”①，主动放弃土地。此次股权改革涉及土

① “三提五统”中的“提”是村提留，“统”指的是乡统筹。所谓“三提”，是指农户上交给村级行政单位的三种提留费用，包括公积金、公益金和行管费。“五统”是指农民上交给乡镇一级政府的五项统筹，包括教育费附加、计划生育费、民兵训练费、乡村道路建设费和优抚费。

地资源入股和福利发放的问题，这部分村民又想从村里要回土地，而村里已无地可分。

为打破上述思想不一、身份不清，产权不明的局面，不断做大村集体经济的“蛋糕”，让群众长期有收益、见红利，翁家埠村实行“股改四步走”的战略，即宣传发动统思想、清产核资量股权、审核资产齐入社、健全机制明收益。特别是前期发动思想难以开展，村党支部书记带着村“两委”干部挨家挨户地走访，跟村民唠家常谈股改，讲解产权改革的好处，收集村民的意见和疑惑，先缓解村民的抵触心理，进而召集全体村民召开村民大会、村民代表大会为大家一个一个地解惑，对于个别仍然不同意股改的村民，村支书单成炜单独与他们一对一地座谈、沟通。最后，村集体产权改革的决定在全体村民大会上通过。

二、主要做法

（一）公开化运作，扫除产权制度改革障碍

一是宣传发动统一思想。为增强改革的透明度，最大限度地保证群众的知情权、参与权和决策权，翁家埠村坚持公平、公正、公开的原则，逐一解决群众关心的焦点问题，争取大多数群众的理解和支持。党支部和村委会先后召开“两委”会、全体党员会、集体经济组织成员代表会、村民大会，把深化集体产权改革的目的、原则、步骤、方法原原本本地向村民讲清楚，引起了热火朝天的大讨论，得到了村民的一致同意，最终实现了人人签字。

二是清理核算村级资产。翁家埠村成立以镇干部、党员代表、村民代表为主的清产核资工作小组，对村内账目和资产进行逐一核实登记，分类张榜公示。经过统计，共核实净资产1816.7万元，包含实业公司800万元，居民楼396万元，苗圃137万元，固定资产125万元，

在建工程156万元，货币资金185万元。

三是明确资产收益分配资格。村党支部书记单成炜说：“充分尊重民意是最大的原则。”在工作推进过程中，翁家埠村列出具体情况和具体事例，分别召开党员代表大会和村民代表大会，按照以户籍管理为基础、以政策法规为依据、以村规民约为补充、以民主议定为结果的原则，确定了股东资格界定标准，将2013年6月10日确定为村民享受股权的户口截止时间，并对结果进行了入户征求意见和为期7天的公示。最终，享受股权资格的对象规定为6种：本村出生且户口未迁出的现已享受村民福利待遇的；与本村村民结婚且户口迁入本村的；解放军、武警部队的现役义务兵和符合国家有关规定的士官回村定居的；高等院校、中等职业学校在校学生；没有落实工作单位的大中专院校毕业生回村落户居住的；已注销户口且刑满释放回本村的人员。不享受股权待遇的人员为4种：户口空挂于本村的人员；外部迁入落户本村的人员；户口在本村，但与外村村民结婚的女性及其子女；其他性质的人员（属于非农业户口的离退休人员及非农业户口人员）。

四是规范集体资产运行模式。2013年7月9日，乳山市白沙滩镇翁家埠村股份经济合作社在工商管理部门注册成立，注册资本1816万元人民币。该合作社为山东省首家农村经济股份合作社，翁家埠村也成为山东省也是我国江北农村集体产权股改第一村。随即，翁家埠村配套出台了《翁家埠村股份制改革实施方案》《翁家埠村集体资产股份制改革量化方案》《翁家埠村经济股份合作社章程》。

通过集体产权制度改革，翁家埠村将村集体资产全部并入合作社，实行企业化经营，“集体变实体、村民变股东、干部变董事”，实现了个人与集体、分配与发展的有机统一，建立健全了符合市场经济发展需要的农村集体资产管理机制和运营机制。

管理机制上，股权实行静态管理。召开第一届股东代表大会，发放了股权证书，选举了32名股东代表，讨论通过了股权分配方案。按照每人1股，每股10640元的标准，把村集体资产的60%分给符合条件的1024名村民。并规定，股权实行静态管理，不随人口增减变动而调整；股权可以在家庭内部继承，可以在本集体经济组织内部流转或者由集体经济组织赎回，流转必须经集体经济组织同意。村集体所有资产60%的收益由全体股东平均分配，40%的收益作为村集体的公益基金。

运营机制上，三会协作，风险共担。在第一届股东大会上，通过了股份经济合作社章程，选举了理事会、监事会，形成了股东大会（股东代表大会）、理事会、监事会三会协作的运作机制，真正建立了一个风险共担的利益共同体。

实行企业化经营，推动“村委领导、干部拍板”向“民主理财、股东决策”转变。一是决策上依靠股东。全体股东选举产生了包括4名村委成员、1名会计和2名股东代表组成的合作社理事会，确保股东的声音在领导层中充分表达。理事会拟定合作社发展目标、投资计划、人事任免、财务管理等事项，经股东大会表决通过后方可执行，让决策权力牢牢掌握在股东手中。二是管理上取信股东。按照《中华人民共和国公司法》和合作组织管理规定，经全体股东选举产生只由股东代表参加的监事会，负责审查合作社账目，每一笔收支确认签字后才能正式入账。三是利益上惠及股东。在全力抓好水泥制品厂、苗圃等经济实体经营运行的基础上，按章程规定结算分红，2013年每股每人分红600元，2014年分红900元，2015年分红1200元，2016年分红1200元，2017年分红1500元，2018年分红1600元，2019年分红1800元，2020年疫情下，翁家埠村积极组织抗疫自救，2024年底将迎来疫情后的首次再分红。

（二）产业化共富，三招做大村集体资产

1. 土地入股办实业

为了做大集体资产的“蛋糕”，翁家埠村决定充分利用好自己的土

地资源优势，用足村集体经济改革的政策红利，在办科技型实业上费尽心思，下足功夫。

“土地是有限的，我们要用有限的资源换取长远的发展。”抱着科技兴未来的想法，单成炜和村干部怀揣诚意，踏遍大江南北，奔走考察招商。2014年，村股份经济合作社瞄准乳山市南部沿海连年持续数月暴发大面积浒苔的商机，与青岛海大生物集团股份有限公司（以下简称海大生物集团）一拍即合，决定变废为宝、化害为利，进行以浒苔为主要原料的综合加工利用合作。4月8日，威海市翁家埠实业有限公司与海大生物集团合作成立威海温喜生物科技有限公司，注册资金5800万元，翁家埠村以整合闲置的138亩土地入股，占股比例为30%。公司主营业务是海洋生物工程技术开发、新型海洋生物制品的研发、生产及销售。公司依托中国海洋大学在海洋生物技术领域的科研优势和母公司海大生物集团在海洋生物资源开发利用领域的产业优势，投资1.2亿元建设了海洋生物资源产业化示范基地，利用威海地区各种丰富的海洋资源，制造海洋生物有机肥和海藻饲料、新型海洋生物农用制品，生产高端动物营养产品和人体营养保健产品。

目前，公司已陆续建设了2条浒苔生产线、2条牡蛎壳加工生产线、鱼蛋白肽提取车间、圣水宫矿泉水车间、蓝莓冷链配送车间等，经济效益、社会效益和环境效益都很可观。“他们在这里用我们的土地建厂，我们就用土地入股。”单成炜说，这是一种以前从没尝试过的方法。土地入股以后，威海温喜生物科技有限公司这只“金凤凰”就成了翁家埠村的占股企业，而村民则可以按股份享受企业分红。这是在集体产业里开了个大厂子，每年都有六七十万元的红利，村里一下子有了底气。

2.“三权分置”拢资源

股份经济合作社用土地入股与外来资本合作成立温喜生物科技项目的成功，给单成炜以极大的启发，他决心把全村由于零散、劳力缺乏而效益不高的土地全部流转激活。2014年9月29日，习近平总书记在中央全面深化改革委员会第五次会议上指出：“我们要在坚持农村土地集体所有的前提下，促使承包权和经营权分离，形成所有权、承包权、经营权三权分置、经营权流转的格局。”[①]根据中央关于全面深化农村土地制度改革的一系列指示精神，翁家埠村党支部乘势而上，开始以土地“三权分置”为切入点，进行土地经营权流转的新探索，开展闲置宅基地使用权收储流转盘活，将村庄整治和土地整理后的新增土地集约经营，推动土地资源优化配置。随后，翁家埠村利用流转土地发展乡村旅游项目，建设凤凰山田野公园，集休闲垂钓、观光采摘、农家乐、亲子游和民俗展于一体，使村集体收入大幅提升。

翁家埠村集体产权制度改革的成功经验引起各级重视，2017年，翁家埠村被列为全国首批农村综合性改革试点试验村。在市里的指导和扶持下，翁家埠村建立了村社一体、抱团发展的集体化道路新格局，以深化改革激活乡村发展活力。在集体产权制度改革的基础上，村“两委”通过广泛宣传引导和入情入理地算账分析，逐步解开部分村民心里的疙瘩，赢得了村民的普遍信任和支持，将村民的土地经营权全部吸收到股份经济合作社中，变“小块田”为“大块田”，由村集体统一经营管理，为集聚资源谋划发展提供了可靠保障。现在，翁家埠村将近千亩有承包权的土地加入经营流转中，纳入集体资产经营统筹范围，用于村里的产业发展，实现了村集体和农民的双增收。

“三权分置”改革改变了“划田埂而种”的碎片化模式，村里利用“大块田”建起了水泥制品厂、肥料厂，苗木、旱稻、红薯、苹果等基地，以及智慧果蔬采摘园等多个村办集体实业项目。集体产权制度改革为翁家埠村带来了源源不断的活力。2018年5月，股份经济合作社又成立威海市龙泽苑农业科技开发有限公司，利用流转土地独立核算农

① 《习近平主持召开中央全面深化改革领导小组第五次会议强调　严把改革方案质量关督察关　确保改革改有所进改有所成》，《人民日报》2014年9月30日。

业板块，以经营性红利助力解决村内老龄化及人口流失后的土地撂荒问题，加快土地“三权分置”进程，为实现农业生产组织化和进一步探索土地产权交易平台夯实基础。

3. 三产融合助发展

作为山东股改第一村，翁家埠村一直在优化产业结构，拓展产业链条，下好农村三产融合“一盘棋”。2017年起，在初具一、二、三产业融合发展格局的基础上，翁家埠村结合乡村振兴战略总要求的五个方面，整合现有农业资源，把握文化、旅游两个要点，从优质农产品供给上取得突破，打响农业品牌，从循环农业、创意农业、农事体验一体化方面进一步促进三个产业的融合发展，构建“农业＋文化＋旅游”的田园综合体发展模式。翁家埠村充分利用翁家埠贝丘文化遗址（山东省第五批省级文物保护单位）、凤凰山公园以及百年传统民房等资源，规划建设集遗址复建公园、民宿旅游、休闲农业于一体的翁家埠村千年古邑田园综合体，拓宽了村集体增收渠道，让村民吃上了“旅游饭”。2018年起，翁家埠村坚持绿色发展理念，大力发展“品牌农业”，从调优产业结构入手，投资550万元规划建设了占地面积5300平方米、依托物联网技术的智慧农业示范园，种植各类有机蔬果，注册“翁家埠”品牌。除了建立自己的电商销售平台，翁家埠村还与海大生物集团合作，搭建电商网销平台，统一在线上线下销售旱稻、果蔬等有机产品，增加了产出效益，不断把集体资源变成集体资产。

（三）规范化管理，推动村干部作风根本转变

以集体产权制度改革为契机，翁家埠村从健全完善民主参与和民主决策机制入手，改变传统的“村务书记管、决策班子定，村委干事业、村民看热闹”的管理机制，畅通民意诉求渠道，让集体的事集体议、集体管，为稳定发展奠定牢固基础。

一是建立村级事务集体决策制度。在坚持“四议两公开”[①]决策制度的基础上，坚持党小组例会制度，每月集体评议村级日常工作，各党小组根据各自工作实际，灵活多变、随时随地组织党小组会议，探索增加吸纳群众参与的党小组会环节，真正把重大村务的决定权交给村民，把党内重大事务的决定权交给党员。采用小组例会征求民意、支部会议提出建议、“两委”会议共同商议、党员大会集中审议、村民会议全体决议，不定期“一事一议”的方式，用更民主、更规范的方式来决定村级重大事务及发展方向，避免“一言堂”、脱离群众等情况发生，让群众更加有归属感和主人翁观念，缓解因胡乱替民做主造成的干群矛盾。

二是建立村级财务集中报审制度。翁家埠村规定凡重大费用开支，必须经村民代表大会、全体党员大会讨论后才能实施；将每月20日定为理财日，每季度由监事会和村级理财小组就生产、经营、收入和支出等情况向全体股东汇报，实现对财务状况的全程监督，确保集体财产的安全使用。

三是建立干部工作考核激励制度。翁家埠村率先实行干部任期工作业绩考核机制，要求支部成员每年年初在党员和村民代表大会上作年度工作目标公开承诺，每季度对承诺事项完成情况进行汇报，年终召开全体村民大会，对干部工作业绩完成情况进行逐人评议，对完成考核指标的按比例给予奖励，对未完成的按比例扣减基本工资直至其提出辞职，切实保障群众对班子成员的监督。

（四）精致化建设，铺设村容村貌美丽蝶变路

集体产权改革的成功让翁家埠村走上了经济蝶变之路。村集体资产连年增值，2012年改革前，村集体资产是1089.5万元，2013年1856万元，2014年2554万元，2015年2651万元，2016年2796万元，2019

① “四议”指村党支部会提议、村“两委”会商议、党员大会审议、村民代表会议或村民会议决议；“两公开”指决议公开、实施结果公开。

年达到3726万元，年均增长速度为19.2%。村民（股东）分红收入逐年增加，由2013年每股600元增加到2019年1800元，年均增长速度为20%，全村共分红901.12万元，累计每股分红8800元。2024年底将进行疫情后首次分红。

经济基础决定上层建筑，翁家埠村集体经济的蝶变，必然会带来乡村建设的美丽蝶变。

一是积极推进美丽乡村建设。自2015年开始，翁家埠村以硬化、绿化、净化为重点，共投资560万元对全村进行环境卫生整治，对道路两侧及村内房前屋后进行环境整治和绿化景观建设，浆砌花墙5000米，栽种红叶石楠、月季、樱花及其他观赏性乔木花卉，打造绿色生态氛围。2016年，翁家埠村被评为省级美丽乡村。

二是改善农民生产生活条件。翁家埠村从2015年开始实施棚户区改造工程，计划开工25栋住宅楼和1栋办公楼，当前，办公楼和25栋住宅楼已完工，全村465户村民已经整体搬迁至新村。

三是加强精神文明建设。翁家埠村积极探索"星级文明户"评选工作，深化村民自治，将建设乡村法治与推进乡村德治有机结合，在全村范围内形成人人讲美德、户户树先锋的良好风尚。对星级文明户，在文明户星级榜进行公开展示，挂牌上岗，号召村民争当文明人、家庭争当文明户。

四是建立农村环境保护长效管理机制。对垃圾清运、道路养护、绿化管护等建章立制，配备专职管理员和保洁员；对禁养区的规模化养殖场全部搬迁或取缔；在收割农作物期间，组织力量进行巡查，严禁焚烧秸秆，用制度来约束不文明行为。

三、经验启示

翁家埠村集体产权制度改革的成功实践对推进新时代农村改革，

实施乡村振兴战略，让农业强起来、农民富起来、农村美起来，有以下经验启示：

（一）选贤任能——愿干能干是导向

2017年12月28日，习近平总书记在中央农村工作会议上指出："办好农村的事，要靠好的带头人，靠一个好的基层党组织。"[①] 翁家埠村由乱到治的经验也告诉我们，选好带头人是做好农村产权改革、做强集体经济的关键。2016年3月7日，习近平总书记在参加十二届全国人大四次会议黑龙江代表团审议时强调："干部干部，干是当头的，既要想干愿干积极干，又要能干会干善于干，其中积极性又是首要的。"[②] 好的带头人就是"既要想干愿干积极干，又要能干会干善于干"的人。

单成炜是"想干愿干积极干，能干会干善于干"的带头人。叹息村中乱象，暮年当选，逐户调研，规划家乡未来，说明他"想干"；不满足水泥制品厂与苗木基地的小打小闹，苦思壮大集体经济的持久之路，说明他"愿干"；成立合作社后，带领村干部怀揣诚意，踏遍大江南北，奔走考察招商，说明他"积极干"。经商成功，高票当选，说明其"能干"得到了村民、党员以及上级党委的认可，水泥制品厂当年获利26万元也是其"能干"的证明；带领班子钻研、学习关于农村改革发展的文件，看到了新时期农村进一步发展的努力方向，说明他"会干"；"借东风"——成立股份合作社，用足政策红利，抓商机——成立威海温喜生物科技有限公司，解决南部海域浒苔大面积暴发的问题，说明他"善于干"。

新时代新征程，我们必须切实把握正确的用人导向，把像单成炜这样有能力、会干事、懂政策的人选拔任用到合适岗位上，为那些用

① 《习近平著作选读》第2卷，人民出版社2023年版，第94页。

② 《习近平关于全面建成小康社会论述摘编》，中央文献出版社2016年版，第209页。

心干事、主动干事者提供施展才华和抱负的舞台，让他们实实在在地为老百姓办好事、办实事。

（二）强基固本——能上庸下无弱将

2013年12月23日，习近平总书记在中央农村工作会议上强调："无论农村社会结构如何变化，无论各类经济社会组织如何发育成长，农村基层党组织的领导地位不能动摇、战斗堡垒作用不能削弱。"[①] 如何保证战斗堡垒作用不能削弱？坚持党建引领，做强班子建设！

在班子的建设上，单成炜在2012年提出"能者上庸者下"的农村干部管理理念。依据这一理念，建立了村干部任期工作业绩考核评价制度，确定了每一名干部任期内的经济指标。最初的时候三年一届，在三年任期内，如果一分钱不为老百姓创造，这样的干部就叫作庸，就要下。三年内，先后有两名支部班子成员被免职，有效解决了农村班子不担当、不作为的问题。这种没有先例的改革，让翁家埠村以党建为引领，重新凝聚起了人心。事实证明，翁家埠村的干部管理方法相当有效，这是其基层党建的亮点，也是农村基层党建的可资借鉴之处。

新时代新征程，我们要扎实开展党建引领基层治理行动，着力增强基层党组织的政治功能和组织功能，把党的领导贯穿到基层治理全过程，充分发挥基层党组织战斗堡垒作用和党员先锋模范作用，为各项事业发展提供坚强保证。

（三）依靠群众——共商共享为良方

习近平在地方工作时就经常告诫同事："改革戏必须大家唱，依靠

① 《习近平关于"三农"工作论述摘编》，中央文献出版社2019年版，第185页。

群众是搞好改革的基本方法。”[①]农村集体产权改革也要相信群众，依靠群众。

翁家埠村在推进产权制度改革的过程中遇到了一系列障碍，如前文所述的思想统一难、资格界定难、清产核资难等。如何解决这些“拦路虎”，当时各试点村的处理方法不一样，比如外嫁女的福利待遇问题，有的村不给发福利，有的村就给发；比如股权静态管理，有的村反对，有的村执行得挺好。如何找出一个合理合法且服众的解决之道？时任镇党委副书记宋国强说：“这项改革的核心环节是‘明身份’，即集体资产成员认定。这项工作不能‘一刀切’，要在按照程序原则的基础上，最大程度地尊重民意，让群众知情、参与、决策、监督。”上述各种类型的问题，翁家埠村坚持共建共治共享的原则，召开村民大会或者村集体经济组织成员大会讨论决定，一一化解。

新时代新征程，我们要做到始终坚持人民至上，就必须更加坚定自觉地坚持党的群众路线，将其贯彻到治国理政全部实践活动之中，凝聚广大人民群众的智慧和力量，为实现中华民族伟大复兴而团结奋斗。

（四）拓展产业——三产融合新方向

要把产业振兴作为乡村振兴的重中之重，积极延伸和拓展农业产业链，培育发展农村新产业新业态，不断拓宽农民增收致富渠道。

翁家埠村成立了股份经济合作社，让农民当上了股东，只是迈进了农村集体产权制度改革的门槛，更重要的是要想方设法让集体资产不断增殖，让群众长期有收益、见红利，这才是集体产权制度改革的初衷和党中央推行此决策的目的。对此，党支部书记单成炜一语道破：“改革的最终目的，就是要让资产为股民多挣钱。要达到这个目标，就

① 《让群众过上好日子——习近平正定足迹》，人民出版社、河北人民出版社2022年版，第80页。

必须把村民组织起来，把土地集中起来，实行产业化经营，让村民当上产业工人。所以，我们接下来最关键的是要再解放思想，想法子增殖集体资产，让老百姓真正能享受到改革成果。”思路决定出路，从注册成立村股份经济合作社，到成立威海温喜生物科技有限公司，翁家埠村实现了科技和改革的双轮驱动，培育发展了新产业新业态；从成立乡村旅游项目村办集体实业项目，到构建“农业 + 文化 + 旅游”的翁家埠村千年古邑田园综合体发展模式，翁家埠村依靠改革延伸和拓展了农业产业链，形成了三产融合发展的新格局。

农业强国是社会主义现代化强国的根基，推进农业现代化是实现高质量发展的必然要求。要强化科技和改革双轮驱动，深化农村土地制度改革，巩固和完善农村基本经营制度，发展新型农村集体经济，发展新型农业经营主体和社会化服务，发展农村适度规模经营，为农业农村的发展增动力、添活力。

（五）美丽乡村——精致城市之先响

2018年6月12日，习近平总书记亲临威海视察，殷切嘱托“威海要向精致城市方向发展”。翁家埠村村容村貌美丽蝶变之路，可以视为威海市精致城市建设的探索先声。

为何这样讲？翁家埠村的个别做法与《威海市精致城市建设条例》的一些规定有内在的一致性。《威海市精致城市建设条例》是2020年9月25日由山东省第十三届人民代表大会常务委员会第二十三次会议批准的，其中第二十三条规定：“市、区（县级市）人民政府应当统筹规划精致城市与美丽乡村建设。美丽乡村建设应当保持和延续传统格局和历史风貌，兼顾乡村风土民情和居民生活习惯，合理配套建设生活服务设施。”

翁家埠村建设美丽乡村的做法，体现了《威海市精致城市建设条例》第二十三条的内容。翁家埠村构建“农业 + 文化 + 旅游”的田园综合体发展模式，既是农村产业发展模式的探索，也是美丽乡村建设的一部分。该项目保存了贝丘文化遗址、凤凰山公园以及百年传统民房等的传统格局，将其改造成千年古邑田园综合体，可以说，该项目在《威海市精致城市建设条例》出台之前，已经体现了第二十三条的“保持和延续传统格局和历史风貌”的原则。翁家埠村美丽乡村建设和棚户区改造工程，则体现了二十三条中的“兼顾乡村风土民情和居民生活习惯，合理配套建设生活服务设施”。

先富不忘带后富，当前的翁家埠村正在带动周边村致富，助力威海精致城市建设。当前，威海精致城市建设的思路之一就是以乡村建设行动为抓手，因地制宜培育精致镇、特色村，构建起支撑全域精致城市建设的完整体系。具体做法是把48个小城镇（村）因地制宜地分为城郊融合型、区域带动型、工业主导型等5个类型，推动小城镇（村）在现有基础上实现错位发展、特色发展。翁家埠村属于区域带动型村，带动效果已现端倪。截至2023年12月，翁家埠村带动周边5个村发展生态地瓜1000亩，探索建立统一种植、统一加工、统一品牌、统一销售的生产模式，初步构建起集育苗、加工、销售于一体的产业格局，带动周边村共同致富增收500余万元。未来，在各级党委政府的关心下，翁家埠村会发展得越来越好，带动周边更多的农村致富，为乳山市的城市发展和威海市的精致城市建设增砖添瓦。

思考题

1. 有人说“背靠大树好乘凉”，翁家埠村的发展离不开银滩房地产的助力，你如何看待这一观点。
2. 结合翁家埠村的改革案例，思考党的二十大报告提出的“深化农村土地制度改革，赋予农民更加充分的财产权益”的实现路径。

卫城何以跻身全省科技第一方阵

——以“1+4+N”科技创新体系推动新旧动能转换的威海实践*

【引言】创新是引领发展的第一动力。2014年5月，习近平总书记在上海考察时强调：“谁牵住了科技创新这个‘牛鼻子’，谁走好了科技创新这步先手棋，谁就能占领先机、赢得优势……老是在产业链条的低端打拼，老是在‘微笑曲线’的底端摸爬，总是停留在附加值最低的制造环节而占领不了附加值高的研发和销售这两端，不会有根本出路。块头大不等于强，体重大不等于壮，虚胖不行。我们在国际上腰杆能不能更硬起来，能不能跨越‘中等收入陷阱’，很大程度取决于科技创新能力的提升。”[①] 作为人口少、基数小、底子薄的威海，怎样去牵科技创新的“牛鼻子”、下科技创新的先手棋，从而占先机、赢优势呢？

【摘要】党的十九大以来，威海全力打造“1+4+N”的创新平台体系，为深入推进科技创新创造了良好体制机制基础。其中，“1”是威海市产业技术研究院，“4”是工业和信息化部威海电子信息技术综合研究中心、哈工大（威海）创新创业园、高性能医疗器械创新中心、山东大学威

---

* 本案例由中共威海市委党校（威海行政学院）校（院）委委员、经济学教研部主任、教授王东普，讲师徐超、牛艳玲撰写。

① 《习近平关于科技创新论述摘编》，中央文献出版社2016年版，第26页。

海工业技术研究院四大平台，“N”是围绕全市细分产业及各区市、开发区区域创新需求的若干特色平台。在这些平台的加持下，威海探索了“企业出题、平台居间、科研机构答题”的科技创新模式。2022年，威海获批建设国家创新型城市。2023年，全市规上高新技术产业产值占比74.2%，居全省第1位；综合科技创新水平指数仅次于青岛、济南，排名全省第3位；位居科技部科学技术信息研究所公布的全国城市创新能力百强榜第35位、一般地级市的第11位（去掉35个城市中的24个直辖市、省会城市和副省级城市），省内仅次于青岛、济南、烟台排在第4位，小城威海的科技创新跻身全省第一方阵，走上了创新型城市的金光大道。

【关键词】“1+4+N”创新平台体系　国家创新型城市　全量要素集聚

一、背景情况

威海市常住人口有291.5万人，排名山东省第15位；陆地面积5822.52平方千米，排名全省第14位；2023年GDP为3613亿元、财政收入237亿元，均排名全省第11位。因此，无论是以前还是现在，总体来看，威海市的人地规模、经济体量在全省排名相对靠后，要在数量上争当走在全省前列的排头兵，总体不现实。可以说，城市的量级能级决定威海除了向质量要动能，别无他途。

同时，疫情加速了百年未有之大变局，国际产业链供应链出现剧烈分化与分裂、调整与重构，经济全球化面临严峻的挑战。以美国为首的西方国家逆全球化而行，构筑新型贸易壁垒，试图以“脱钩断链”将中国制造排挤出国际市场，试图以“小院高墙”将国际技术控制在中国之外。在这种形势下，包括威海在内的沿海开放型城市，传统制造业出口产品面临着被替代的风险，这就是加快构建新发展格局的现实所在。可以说，严峻的国际政治经济环境决定威海除了加快转型升级，别无他途。

无论是向质量要动能，还是加快转型升级，归根到底都要靠科技支撑。“科技是国家强盛之基，创新是民族进步之魂。自古以来，科学技术就以一种不可逆转、不可抗拒的力量推动着人类社会向前发展。”①正如习近平总书记在《努力在新一轮科技革命和产业变革中占领制高点》中批示的一样：“在新一轮科技革命和产业变革大势中，科技创新作为提高社会生产力、提升国际竞争力、增强综合国力、保障国家安全的战略支撑，必须摆在国家发展全局的核心位置。”②

怎样推进习近平总书记关于科技创新的重要论述落实落地？威海有11所大学，是全国唯一同时拥有“985”“211”大学的地级市，形成了以哈尔滨工业大学（威海）和山东大学（威海）为代表的顶级高校、以北京交通大学（威海校区）和哈尔滨理工大学（威海）为代表的重要高校、以山东外事职业大学和山东铝业职业学院为代表的职业学院以及威海职业中专、各类技校和不同类型企业所组成的完整科技创新和成果转化主体方阵，具有融合高校院所资源打造创新链的良好基础。威海敏锐地把着眼点放在建设区域创新中心上，放在集聚各类高端创新资源、提升要素配置能力上。

二、主要做法

早在2016年5月30日，习近平总书记就在全国科技创新大会、两院院士大会、中国科协第九次全国代表大会上提出：“加快打造具有全球影响力的科技创新中心，建设若干具有强大带动力的创新型城市和

① 习近平：《在中国科学院第十七次院士大会、中国工程院第十二次院士大会上的讲话》，人民出版社2014年版，第3页。

② 《习近平关于社会主义社会建设论述摘编》，中央文献出版社2017年版，第175页。

区域创新中心。”[①] 按照这一要求，基于前述背景分析和山东省委、省政府关于加快新旧动能转换的部署，2017年10月，威海市委、市政府印发了《关于建设国家（威海）区域创新中心的意见》，启动国家（威海）区域创新中心建设。作为中心建设的核心基础设施，就是打造“1+4+N”创新平台体系。

（一）打造“1+4+N”创新平台体系

“1+4+N”是将政府引导类创新平台有效积聚，形成区域性、链条式、多元化的综合性创新平台体系，成为威海市关键核心技术策源地、科技成果转化孵化基地、产业人才深度融合发展高地。这个平台体系由三个方面构成。

1. “1”：威海市产业技术研究院

国家（威海）区域创新中心的体制机制和相关制度基本成型后，在具体运营中出现了因缺少事业单位属性，对人才吸引力不够、享受政策支持不充分等问题。威海市通过结合国家相关政策对省内外先进地区的学习研究和对比分析，同时听取高校院所及新型研发机构的意见，在创新公司的基础上，设立事业单位性质的研究院，使其兼备两种属性，有利于扬长避短、优势互补。作为研究机构，公益性事业单位更容易得到社会认可，更有利于招引到高水平研发人才及团队。

突破体制。2019年1月30日，威海市委、市政府印发了《关于完善国家（威海）区域创新中心体制机制设立威海市产业技术研究院的实施方案》，按照“立足现有基础完善提升，借鉴别人所长消化创新”的基本思路，针对国家（威海）区域创新中心建设中的一些不足和问题，将研究院和创新公司一体设计、两翼齐驱、有机融合，布局组织架构，深化功能定位，拓展职责任务。具体路径是实行“两块牌子、

---

① 习近平：《为建设世界科技强国而奋斗——在全国科技创新大会、两院院士大会、中国科协第九次全国代表大会上的讲话》，人民出版社2016年版，第16页。

一套人马”，把研究院登记为事业单位法人，不纳入机构编制管理，实行“事业单位+公司制”的运营模式，全部人员实行聘任制，与创新公司市场化运营取长补短、相互补充、相得益彰。威海市产业技术研究院（以下简称产业技术研究院）于2019年3月29日注册成立，5月19日举行揭牌仪式，加挂“郭永怀高等技术研究院”牌子。产业技术研究院统筹全市高端科技创新平台建设，开展产业技术战略和规划研究、产业关键技术攻关、科技成果转移转化、科技企业孵化、创新人才团队培养与引进。

优化组织。成立理事会，由市政府分管领导任理事长，成员由市直有关部门、创新公司（研究院）以及科技界、经济界等相关人士组成。理事会负责研究、审议发展规划、年度重点工作计划和经费预决算，制定、修订研究院章程，审议专家咨询委员会名单，研究审定创新公司（研究院）建立工业技术研究院、研究所、双创平台，培养与引进创新人才及团队等重大事项。设立专家咨询委员会，由国内外相关产业、技术和经济、金融、管理等领域的专家学者组成。专家咨询委员会负责对技术方向、成果、重大项目、重大投资等进行决策咨询、评估和指导，提出产业技术发展政策建议，同时开展相关规划咨询和技术论证，推荐优秀人才和创新成果，指导开展各类学术交流活动等。

健全机制。产业技术研究院实行理事会领导下的院长负责制，与威海区域创新中心有限责任公司构成“事业单位+公司制”，采用“两块牌子，一套人马”的运行模式。产业技术研究院下设区域创新中心公司，负责产业技术分析预测、产业技术发展战略和规划研究；科技人才、成果、机构等产业优势创新资源的引进培育；科技成果转移转化，科技型企业孵化；产业技术研发组织管理和专业管理人才培养；产业技术研发应用等方面科研设施、科技信息服务的提供；专业研究所投资建设、技术交易平台建设与运营、科技与金融结合等。

2.“4”：四大综合创新平台

四大创新平台即工业和信息化部威海电子信息技术综合研究中心、哈工大（威海）创新创业园、高性能医疗器械创新中心、山东大学威海工业技术研究院，四者均是国内国际顶尖的创新平台。

工业和信息化部威海电子信息技术综合研究中心是工业和信息化部直属的正司级科研单位，依托部属创新资源，开展技术研究与产业化应用。目前，研究中心已经建成建筑面积24万平方米的国家暖温型海洋大气自然环境威海试验站，其中包括1万平方米的电子产品检验检测中心，2023年底已正式投入使用。

哈工大（威海）创新创业园由威海市人民政府、高新区管委和哈尔滨工业大学（威海）共同创办。创新创业园依托哈尔滨工业大学的学科优势和校友资源，打造实体经济、科技创新、现代金融和人力资源等核心要素有机融合的现代产业体系。项目位于哈尔滨工业大学（威海）校区，2019年6月25日正式开园。

高性能医疗器械创新中心按照“企业＋联盟”方式组建，联合8家不同行业领域的企业单位注册成立了山东高创医疗器械国家研究院有限公司，与20家企业和科研单位共同发起成立了中国高性能医疗器械产学研创新联盟。目前，创新中心已经获得了山东省高性能医疗器械创新中心和山东省高端医疗器械技术创新中心两个省级创新中心的牌子。

山东大学威海工业技术研究院是山东大学与威海市政府共建的新型研发机构，于2019年11月30日揭牌成立。工业技术研究院以新材料、智能制造和电子信息三大板块为主攻方向，以需求为导向，以项目为牵引，建设多个创新中心，构建“1平台＋3板块＋N中心＋N团队”的科研布局，形成创新创业生态体系。

3.“N”：若干专业创新平台

企业专业创新平台的不断接入，使创新平台体系日益根深叶茂。2022年，体系新纳入4家平台，延伸设立161家创新机构，覆盖全市主导产业和所有区市、开发区。这批企业技术中心、工程实验室、技术创新中心等省级及以上平台是整个平台体系的创新终端，采用共建、加盟和自建的方式接入上述平台后，实现终端与前端的无缝对接，科技创新核心支撑力和承载力大幅提高。

（二）发挥“1+4+N”创新平台功能

打造“1+4+N”创新平台体系，基本功能是激活创新主体、盘活创新要素、搞活创新机制，把创新真正摆上“精致城市·幸福威海”建设全局中的核心位置，使科技自立自强真正成为威海发展的战略支撑。具体体现在以下三个方面：

1. 聚集创新要素，释放创新活力

围绕威海市委、市政府部署，产业技术研究院联合市科技局共同指导各平台分批召开专题会议，推动各平台按照威海市科技发展的规划目标、发展方向，依企联校推动建设科创平台、高端智力入企、资本助力创新，精准聚集创新要素，释放创新活力。

（1）推动建设科创平台

产业技术研究院与180家高校院所建立合作关系，与25家高校院所建立产学研合作战略联盟，使一大批高校院所在威海设立研发机构。目前，全市有各类科技创新平台1136家，其中省级以上科技创新平台386家。围绕高端医疗器械、碳纤维、先进核能等重点行业，建设了威海先进医用材料与高端医疗器械山东省实验室、山东省高端医疗器械创新创业共同体、山东省碳纤维技术创新中心、山东省先进核能技术创新中心等一批高端创新平台，创新动能持续迸发。

在山东省科技厅公布的“2023年度省级新型研发机构名单”中，威海激光通信先进技术研究院、武汉理工大学威海研究院榜上有名。截至目前，体系内省级新型研发机构达19家，其中9家平台获评省绩效评价优秀等次，占全市100%。

（2）推动高端智力入企

加大平台与产业契合力度，搭建产才对接、链上用才平台，持续打造平台走进企业、企业走进平台“双走进”品牌，不断推动平台与企业常态化精准对接。通过“1+4+N”创新平台体系智库专家座谈会、创新平台促青年企业家发展圆桌会、2023仿生学科创新发展大会等，实现“双走进”。仅2022年，产业技术研究院就组织包括40多位院士在内的1000余名专家学者和企业负责人来威洽谈交流，发布科技成果100余项。2023年底，“1+4+N”创新平台体系迎来“高光时刻”，在第二届全国博士后创新创业大赛总决赛中，威海2人取得金牌，全部来自平台体系。“1+4+N”正加速成为威海密度最大、增长最快、创新最活跃的人才高地。2022年以来，体系内新引进合作院士4人，国家级、省级领军人才27人，海外高端人才4人，硕士研究生及以上学历人才87人，获批省级以上人才项目17项，人才高地效应日益凸显。

针对企业不知创新点、高校专家不知企业需求以及研究生实训基地欠缺的实际，2022年，产业技术研究院联系全国高校院所的23名专家教授带着技术、成果、团队到企业兼任科技副总，数名硕士、博士进驻企业“打卡”上班，参与30多个科研项目，直击企业技术痛点，探索出柔性引才、带动科研成果与项目同步转化落地的新机制。2022年以来，科技副总累计到企服务2000多天（次），诊断技术难点300余处，提出技术突破方向50多项，解决关键难题10多项。

产业技术研究院先后与哈尔滨理工大学、吉林大学共建专业学位研究生联合培养基地，推行“双导师”制。基于企业对相关技术和人才的需求，精准匹配对口专业的研究生进入当地企业进行为期半年到一年的专业实践，有效实现“论文写在产品上、研发做在工程中、成果转化在企业里”。目前，已选派近20名研究生到6家本地企业开展专业实践活动，参与企业高科技研发项目10余项。

（3）推动资本助力创新

围绕资金链与产业链协同发展，发挥专项资金的牵引和撬动作用，与银行等金融机构对接设立引导基金，引导各类资本投资创新平台体系孵化企业。2022年以来，产业技术研究院围绕企业贷款需求，联合浦发银行、鲁信创投等10多家金融机构开展17场金融“双走进”活动、3场产业专题对接活动，对接平台企业90多家，宣讲科技信贷、科技担保、科技保险、创业投资等金融惠企政策，促成4家企业累计获批2800万元银行信贷资金。

资本的澎湃引擎，为企业在研发攻关、扩大生产、开拓市场等方面注入源源不断的动力，拓宽挖深了企业的技术“护城河”。走进威海威硬工具股份有限公司，紧张忙碌的生产气息扑面而来，3个生产工厂的几百台设备全部负荷运转，2万多只刀具在加紧生产。在产业技术研究院参与设立的子基金——鲁信知欣基金2500万元的投资加持下，威海威硬工具股份有限公司的研发能力大幅提升，产品越来越硬气。

专项基金的加持让企业得以放开手脚，在技术创新的大路上越跑越快。目前，产业技术研究院推动省医疗器械创新创业共同体配套基金齐韵基金完成续期，引导推动基金实缴至4.4亿元，进一步支持血液透析产业发展，已累计带动产业链企业新增销售收入超过10亿元。

2. 推动协同合作，提升服务能力

推动创新平台体系与各部门、区市的协同，提升服务能力，赋能经济高质量发展。

（1）强化协同工作机制

深入开展大走访大调研，对平台存在的问题和意见建议全面汇总、分类梳理、列出清单，会同有关部门就问题逐个分析研判，逐个找准破解办法。深化与市科技局、工信局等市直部门及各区市、开发区的横向互动、上下联动，建立企业创新主体需求清单，在产业、人才、金融等方面争取专门政策支持，支持创新平台体系快速发展。健全体系内平台沟通交流工作机制，实行月调度、季座谈、年总结，推动平台间互通有无、人才共用、资源共享。不断完善体系协同机制，紧扣产业需求导向，持续拓展“1+4+N”创新平台体系，推动体系成型起势。目前，纳入体系的机构达23家，覆盖全市所有区市、开发区及八大产业集群。

一是强化平台协同。在山东省率先实行创新平台打分评级机制，设置成果转化、引进人才等五大类评价指标，对纳入“4”和“N”的平台进行绩效考核、动态管理，评价结果与扶持资金直接挂钩，已兑现扶持资金1.38亿元。通过定期座谈、双向对接等方式，推动各个平台加强沟通、增进了解、互通有无，实现优势互补、资源共享，先后共用共享研发设备206台套，联合开展关键核心技术攻关11项，申报重大创新项目37项。

二是强化企业协同。针对“1+4+N”创新平台体系与威海市企业之间信息不对称、对接不精准的问题，采用点对点、面对点等方式，组织开展平台走进企业、企业走进平台的“双走进”活动，适时汇总发布平台创新成果清单和企业技术需求清单，建立起平台与企业精准匹配、有效对接的常态化机制。比如2022年，组织光威集团等108家企业走进吉林大学威海仿生研究院等12个创新平台，达成合作意向33项。

三是强化部门、区市协同。通过一对一走访对接，与市科技局、工信局等部门及各区市、开发区建立起横向互动、上下联动的工作机制，共同推动“1+4+N”创新平台体系建设。加强政策供给，梳理汇总各级关于创新、人才、产业、金融等方面的政策，编制形成“政策包”，通过线上线下相结合的形式，系统宣讲、逐一解读、精准推送，服务企业知晓政策、掌握政策、运用政策。定期会同各区市、开发区走访调研平台和企业，发布平台技术成果，解决企业创新需求。

（2）健全“三一”工作机制

发挥各平台特色优势，实行“一平台一方案、一产业一专题、一区市一活动”的工作机制，建立成果供给、平台问题、企业需求、产业链需求“四张清单”，推动平台与企业、产业、区市间开展多领域、精准化对接，加强科技成果转化供需沟通，切实解决平台与企业“两张皮”、专业服务能力不高的问题，让更多科技成果迅速转化为有效生产力。

轮胎是橡胶在模具中硫化形成的，模具反复使用后，型腔中会存有橡胶、脱模剂等污染物，传统的清洗方式需用工人消耗大量干冰，在高噪声、高污染环境中花费数小时完成。如何提高清洗效率，成为令企业头疼的难题。随着“1+4+N”创新平台之一的武汉理工大学威海研究院与企业共同突破了激光器、清洗头、视觉引导技术等多项核心部件与工艺，国内首套硫化机全自动激光清洗设备正式落地投产，一台表面附着污染物的硫化机在45分钟内就被自动洗净，能耗降低70%，效率提升30%。目前，这款设备在手订单已超20台，为企业新增销售收入2000万元，第二代产品、第三代产品正在研发中。

如同播下的种子肆意生长，创新的力量也在威海蓬勃生长。“1+4+N”创新平台递出的一张张崭新名片就是最好的证明——一个深冷车载气瓶，山东大学威海工业技术研究院填补该领域的国际空白；一台材料原位测试设备，吉林大学威海仿生研究院实现材料试验机国产替代；一条电源线全自动生产线，天智研究院为制造业企业提质增效……据不完全统计，2023年，体系平台共承担国家级项目19项、省级项目24项，获批研发资金支持超过1亿元。

3. 强化企业培育，加大引资补链

围绕实体经济发展和区域优势产业延链、拓链，协同各区市联合引进高成长性企业，培育本地优质企业。

一是助力冲击新目标企业培育。引进创业黑马（北京）科技股份有限公司打造威海黑马独角兽企业加速中心，每年遴选40家“双百”工程企业纳入黑马加速计划，邀请一线企业家、投资家专家担任导师授课，帮助威海市企业提升理念、对接资源、开拓市场，促进企业快速发展壮大。

二是培育新增长点赋能产业链。围绕产业链补链、延链、强链，以创业黑马（北京）科技股份有限公司为依托，强化科技项目引进。积极与国内外高校、科研院所、龙头企业加强产业化合作，重点对接引进卫星激光通信、中医智能诊断设备、光纤陀螺等优质项目。聚焦解决行业共性问题开展产学研活动，2022年重点围绕专用汽车、船舶与海工装备、医疗器械产业链开展30多场“解链”“融链”行动，解决企业需求234项，其中，聚焦医药医疗器械产业关键共性“卡脖子”技术难题，精心绘制医疗设备、生物医用材料、骨科植入器械、介入医疗器械、体外诊断5个细分领域的产业创新图谱，梳理产业急需的关键共性“卡脖子”技术达到116项，组织攻关突破31项，形成新产品138个。聚焦海洋生物产业核心技术攻关，平台合力支持建设山东省海洋养殖创新创业共同体，体系内天智创新技术研究院的鱼类自动开片机的研发及产业化、哈尔滨理工大学威海研究院的整条海带淡干（熟干）数字化装备研制及产业化等4个项目获山东省专项资金支持。

（三）“1+4+N”创新平台体系的主要成效

1. 建立了一套专业化的科技创新管理机制

依托产业技术研究院这个“1”，建立覆盖“1、4、N”的能力生成机制、要素集聚机制、平台对接机制。能力生成机制就是在开展好“产研大讲堂”“人人都是讲解员”“人人讲项目”等活动的基础上，通过专题培训、对标学习、实地考察等灵活形式，不断提升管理团队和平台人员的专业匹配度、产业熟识度、技术识别度、项目承载度。要素集聚机制就是围绕科技创新及其成果转化的各类要素，聚力构建

“科创 + 产业 + 投资”的科技发展生态。科技创新，要素联通是第一位的，平台对接机制，就是把政府的科技创新政策精准投放到企业，把企业的创新需求精准对接高校院所和专家学者，把企业的科技创新融资需求精准传送给政府和金融机构，有效解决了政府干不了、市场干不动的科技创新体制性问题，有效弥补了政府专业化程度不足的短板。

2. 形成了一个人才覆盖全球、产业覆盖全市的创新平台体系

充分激发“1+4”创新平台体系的资源供给优势，不断对“N”拓展延伸、连线扩面，推动企业建立“一企业一技术”的研发机构、创新平台，力争承担省级、国家级科技项目、“卡脖子”攻关项目，申请发明专利，交易知识产权。聚焦全市电子信息、智能制造、医疗器械、新材料等八大重点产业领域，“1+4+N”平台向上链接与产业适配的院士、国内顶尖高校院所、国内外专家，向下链接以十条重点产业链为主的企业，形成人才覆盖全球、产业覆盖全市的创新平台体系。这个创新终端平台体系使顶尖人才和知识产权与企业和项目实现了靶向对标、精准匹配，企业的科技含量激增。仅2022年，创新平台体系内就有11家单位获评省级新型研发机构，占全市总数的55%；年孵化高科技企业百家以上，年形成新增产值以百亿基数叠加。

3. 布局了一系列优势产业创新链条

以八大产业集群、十条重点产业链为重点，威海市沿着产业链布局创新链，以科技创新延链、补链、强链，不断提升产业发展的科技贡献度，布局一系列产业创新链条，特别是医药医疗器械、打印设备、碳纤维、专用汽车、海洋食品、船舶、纺织服装、电机、轮胎、钓具10条优势创新产业链，年总营收突破3000亿元。其中最有代表性的是依托医疗器械产业领域的全省“链主”企业威高集团，威高集团打造了全省行业唯一的省级高端医疗器械创新创业共同体，在上海闵行区设立了威高（上海）国际研究院，吸纳行业骨干企业70家，引进建设威高苏州研究院等高端创新平台3个，配套投入3000万元扶持资金、

6.5亿元股权投资基金，组织实施关键共性技术攻关20项，引进创新项目40个，其中16个实现产业化，年新增销售收入3亿多元。同时，对接引进迈途医疗科技（山东）有限公司、国珑智能科技（威海）有限公司等高科技企业17家，不断强化威海医疗器械板块的产业支撑、科技赋能。

4. 打造了一个全国百强、全省前列的创新城市

依托“1+4+N”创新平台体系，威海于2022年获批建设国家创新型城市，培育壮大了一批科技创新企业。全市的国家科技型中小企业由2017年开始认定时的114家增加到2023年的2680家，5年增长了23.5倍；高新技术企业从2011年的113家增加到2023年的1700家，规上高新技术产业产值占比从2011年的35.5%提高到74.2%，居全省第1位；有研发活动的规上工业企业占比57.2%，“四新经济”增加值占比达到32.5%，其中，新培育省级以上制造业单项冠军、瞪羚企业、专精特新“小巨人”企业454家，这些企业创新活力强劲，大部分企业都有“撒手锏”产品，市场占有率在全国乃至全球领先。

威海的综合科技创新水平指数仅次于青岛、济南，排名山东省第3位，居科技部科学技术信息研究所公布的全国城市创新能力百强榜第35位、一般地级市的第11位（去掉35个城市中的24个直辖市、省会城市和副省级城市），省内仅次于青岛、济南、烟台排在第4位。小城威海，已跻身科技创新的全省第一方阵，走上了创新型城市的金光大道。

三、经验启示

（一）坚持以习近平经济思想指导创新型城市建设

习近平经济思想是立足新发展阶段、贯彻新发展理念、构建新发展格局的规律和实际，回答新时代新征程发展什么样的经济、怎样发

展经济的世界观和方法论。这个世界观和方法论，围绕经济建设这一中心工作和高质量发展这一首要任务，把创新明确为发展的第一动力，把科技创新摆在发展的核心位置，调整校正了新时代新征程的经济建设航向，标志着经济建设拼数量向拼质量的时代变迁。其蕴含的深层次逻辑，是拼科技的时代业已来临。中国式现代化是最大的政治，而高质量发展的经济现代化是中国式现代化的基础，这个基础靠科技加持，因此，层层逆推的逻辑链条告诉我们，过了量的积累的时候，是否拼科技决定了是否讲政治，是否同党中央保持高度一致。

小城大道，威海市委、市政府认真贯彻落实习近平经济思想和习近平总书记对山东、威海的重要指示批示精神，把打造国家创新型城市作为奋斗目标，紧紧抓住高校院所在威海聚集的优势，用一系列支持科技平台体系建设的好使管用的制度支撑和真金白银的政策支持，把拼科技落到实处，使科技创新真正成为全市经济发展的核心，以实际行动把习近平经济思想贯彻落实在威海、在平台、在产业、在市场主体。

（二）坚持以政策体系支持科技创新平台建设

逐步建立和优化威海科技创新政策体系。威海先后出台了《关于加快创新型城市建设的意见》（威发〔2015〕3号）、《关于深入推进科技创新发展的实施意见》（威发〔2016〕19号）、《关于加快科技创新支持新旧动能转换的实施意见》（威政发〔2018〕20号）、《关于建设国家（威海）区域创新中心的意见》等系列重大政策文件，各级各部门配套出台相关政策20余项，基本搭建起支撑科技创新发展的政策体系，有效营造了支持平台发展的良好环境。

以“三有”赋能。深入推进“放管服”改革，为“1+4+N”平台体系赋能，使之有用、有钱、有权。在优化科技计划体系、完善科技资金管理、减轻科研人员负担、下放科技管理事务等方面持续探索，使

“1+4+N”平台体系有用；进一步整合科技资金，实行更加灵活的科技平台资金使用机制，更加突出普惠性政策支持，使“1+4+N”平台体系建设有钱；加速推进科技治理体系和治理能力现代化，探索有利于“1+4+N”平台体系的灵活的用人、薪酬、税费、接待等政策，持续优化平台创新创业生态环境，使“1+4+N”平台体系建设有权。

让知识值钱。有钱不一定能搞成科技，没钱一定搞不了科技，因此必须扫清“1+4+N”平台体系进行科技融资的障碍，使知识值钱。威海加快推进科技与金融融合发展，不断扩大科技支行试点，获批全省首批科技成果转化贷款风险补偿资金合作市，加大知识产权质押融资政策的实施力度，出台《威海市专利权质押贷款项目管理办法》，扩大开展质押融资业务的银行范围，设立市级科技成果转化风险补助基金，发挥政府基金的引导作用，助力中小微企业创新发展。

（三）坚持以集聚全量要素形成合力为平台目标

全量创新要素既包括人才、资金、项目等创新投入要素，也包括高校、平台等创新主体要素，还包括成果孵化、知识产权保护、检测认证等创新环境要素，而集聚这些创新要素的存在形式在于科技平台。从国内外实践来看，科技平台包括了国家实验室、省实验室、大科学装置、高等院校、孵化器等，如第二次世界大战之后美国等发达国家布局的国家实验室。近年来，我国也明确布局京津冀、长三角和粤港澳大湾区3个国际科技创新中心和北京怀柔、上海张江、安徽合肥、大湾区等四大综合性国家科学中心。在北京、上海、广东、安徽等省市推进国家实验室建设，正是以科技平台集聚全量创新要素的生动体现。

但是，当代科技创新的最大特点是不受时空限制，一个镇可能有一所全球领先的大学、有若干全球领先的技术。威海作为高校院所集中的中等城市，科技创新的全量要素充分，但企业基础研究投入不足，技术“拿来主义”多；高校、科研院所的创新资源开放度低，企业利用和整合的外部资源有限，因此，打造“1+4+N”创新平台体系的根本目标就是集聚全量要素形成创新合力。

（四）坚持以绩效评价为据实现平台动态管理

创新平台术业有专攻，但没有竞争就意味着缺少压力动力，必须建立动真格的考核“指挥棒”。为此，产业技术研究院持续完善创新平台绩效评价机制，建立包含平台退出机制在内的考核激励机制。针对平台的不同特点科学设置绩效评价指标，重点突出“N”平台体系的成果转化、企业孵化、经济效益等评价，并与各平台逐一签署年度目标绩效任务书，将年终评价结果作为支持各平台项目资金的重要依据。对“N”平台体系中的企业研发机构实行动态管理，其中对评价不合格的企业予以退出创新体系，形成奖优淘劣、比学赶超的良好氛围，推动“1+4+N”创新平台体系释放更大活力。

此外，对于专项资金支持的项目，由产业技术研究院建立月调度、季考核等机制，实行全程跟踪管理，切实让专项资金用到刀刃上。对于违规使用的资金问题，建立符合标准的追回机制和若干年禁入的惩戒机制。

（五）坚持以企业为创新主体推进平台建设

目前，企业已成为推动科技创新的重要力量和创新要素的汇聚地。相关数据显示，企业的专利申请和授权量超过国内专利申请授权总量的60%，一批科技型骨干企业相继涌现。但也要看到，在国家重大攻关项目和重大科技决策中，企业的话语权和研发主导权不强，甚至出现了没有国家扶持企业自行突破的现象。比如，光威集团在没有国家支持的情况下，耗时10年，先后投入40亿元研发出应当被永久写入共和国科技史的威海碳纤维制备技术，完成进口替代。因此，地方科技创新平台必须聚焦国家战略和产业发展重大需求，尊重企业的创新主体地位，服务企业在关键核心技术创新和重大原创技术突破中发挥作用，探索“企业出题、平台居间、科研机构答题”的新模式。平台以企业为支点打通产学研、上下游，打造关键技术自主创新的“核心圈”，构筑技术和产业的“朋友圈”，形成带动广泛的“辐射圈”，推动创新链、产业链、资金链、人才链深度融合。

思考题

1. 为何要创新科技创新平台体系？
2. “1+4+N”科技创新体系的内涵是什么？
3. 如何有效推动科技成果转化？

党旗引领致富路

——乳山市白沙滩镇白沙滩村发展集体经济纪实 *

【引言】《中共中央　国务院关于学习运用“千村示范、万村整治”工程经验有力有效推进乡村全面振兴的意见》中指出，要坚持和加强党对“三农”工作的全面领导，打好乡村全面振兴漂亮仗，绘就宜居宜业和美乡村新画卷。2022年10月16日，习近平总书记在党的二十大报告中指出，要全面推进乡村振兴，加快建设农业强国，扎实推动乡村产业、人才、文化、生态、组织振兴；并强调要发展乡村特色产业，拓宽农民增收致富渠道。2018年6月14日，习近平总书记亲临济南市视察，强调“要加快构建促进农民持续较快增收的长效政策机制，让广大农民都尽快富裕起来”①。

【摘要】集体经济是农村经济的重要组成部分，发展壮大村级集体经济是“办好农村的事”“打好乡村全面振兴漂亮仗”的重要举措。白沙滩村是白沙滩镇的驻地村，2011年以前，该村仅有3家集体企业，均亏损经营，其中房地产公司负债1000多万元。新班子上任后，坚持党建引领发展

---

* 本案例由中共乳山市委党校科研处讲师冷颖超、王晓玉，校委委员、科研处主任、高级讲师单华伟撰写。

① 《习近平关于“三农”工作论述摘编》，中央文献出版社2019年版，第151页。

理念，依靠党建凝聚人心、汇聚合力，带领全体村民在发展集体经济上破冰前行，不但有效推动村办企业扭亏为盈，还使其发展成为涉及房地产、白酒生产、农业开发、机动车驾驶培训等多个领域的集团公司，形成全产业的发展布局，走出一条“社区共建、村企一体、融合发展”的乡村振兴新路径。2022年，村集体经济总收入4.7亿元，人均分红1200元/股。凭借良好的产业基础和逐步壮大的集体经济实力，白沙滩村被列入全国首批农村综合性改革试点试验村，先后荣获国家级社会主义新农村建设示范村、全国妇联基层组织建设示范村、威海市乡村振兴示范培训基地等称号，2023年入选山东省乡村旅游重点村名单。

【关键词】党建引领　集体经济　乡村振兴

一、背景情况

2018年，习近平总书记亲临威海视察指导工作，提出了“威海要向精致城市方向发展”的殷切期望，为威海城市发展指明了前进方向。为深入贯彻落实习近平总书记视察威海重要指示精神，顺应城市工作新形势，威海市出台《威海市精致城市建设三年行动方案》《威海市精致城市建设规划纲要（2021—2035年）》等文件，对精致城市建设进行统筹规划指导，并提出“全域精致　共富共美”的奋斗目标。

乡村作为城市的延伸，是“全域精致”建设的基层单元，如何让乡村全面振兴，打造出自己的精致范儿，故事在白沙滩这里另有开端。

白沙滩村位于威海乳山市白沙滩镇，始建于明永乐初，因南部海边有大片的白沙海滩而得名。“白沙”早期是这片区域的统称、地理标志，现在是这个沿海小乡村的美丽名字。

白沙滩村紧邻银滩旅游度假区，凭借先天的自然、地理区位优势，2004年搭乘银滩旅游度假区开发建设的东风，成立了乳山市松海房地产开发有限公司。但是受封闭保守思想的影响，公司初期经营管理不善，产业效益不佳，到2011年，公司负债已达1000多万元。除此，多家村办企业如松海驾校、松海预制件厂、松海加油站等也由于缺乏好的带头人、经营机制不健全、管理方式落后、驾驭市场经济能力不足等，均处于亏损濒临倒闭的边缘。一边是银滩旅游度假区开发的“高歌猛进”“艳阳高照”，一边却是村办企业、集体经济亏损不断、阴雨连绵，好似守着金砖要饿死，白沙滩村的前路迷茫又迷茫。

现在，白沙滩村的村办企业不仅扭亏为盈，还发展成为涉及房地产、白酒生产、农业开发、机动车驾驶培训等多个领域的集团公司，形成全产业的发展布局，走出一条“社区共建、村企一体、融合发展”的乡村振兴新路径。2022年，村集体经济总收入达4.7亿元，总资产达13亿元。

白沙滩村究竟是怎样做到华丽精致转身的？话从该村新带头人说起。

二、主要做法

（一）扛起一面旗，带动一班人

火车跑得快，全靠车头带。要实现农村繁荣壮美发展，选出讲政治、有能力、肯担当的优秀带头人是关键。白沙滩村村容村貌、集体经济发展较以往有显著提升，关键在于选出了许大林这个带头人。

1. 公心赢信任

故事要从2011年说起。那时，经商有成的许大林怀揣“反哺家乡”的念头，离开了一手创办的春华建筑工程有限公司，回到白沙滩村担任村党支部书记兼村委会主任。尽管家人对此多有抱怨，但许大林从未后悔：“我是这个村出来的，为村子做事是应该的，让村民过上好日子本来就是我的心愿。”但许大林的一腔热血当时并没有赢得村民的完全信任。因为白沙滩村90%的户姓孙，所以很多人对许大林这个外姓书记持怀疑态度。

如何盘活这样一个村？是抓经济，还是上项目？许大林认为都不是。他将目光首先投向党建领域，他说：“发展村子其实和发展企业是一样的，要想走得远，首先要有一个强有力的好班子和一套完善的管理体系。”他没有立即抓经济，急于上项目，而是扛起党建这面大旗，带领村干部凝聚人心、汇聚合力。按照“书记带班子、班子带党员、党员带村民”的思路，白沙滩村每月雷打不动地至少召开2次村“两委”会议，每月28日召开党员和村民代表大会。凡事拿到面上来说、讲民主讲公开，把道理说透了、大家理解了再去做，尤其是关于集体经济的事项，没有十二分的把握不说不做。为了打消党员与群众的疑虑，他带领村“两委”班子成员经常利用晚间闲暇时间深入党员与群众家中，倾听乡亲们关于村庄治理的建议与呼声，在掌握第一手资料的同时，也拉近了与乡亲们的距离。走访中，许大林对不同的村民坚持“一软一硬”有区别的态度，对德高望重的老人，放低身份，按辈分称呼，到家里拜访；对扰乱村级发展、欺压村民的地痞流氓、“社会大哥”，坚决硬碰硬、不怕得罪人，通过树立想干事、敢干事的形象，有效消除了谣言和杂音，赢得了群众的信任。

2. 实干树威信

“地基”打好了，“高楼”该如何建？在商场打拼过的许大林熟知百姓最讲实际。他利用自己敏锐的商业触觉，带领新班子坚持问题导向，对村里的亏损企业逐个进行分析，通过对症下药、纾解难题，找到了盘活村办企业的突破口，树立了威信。针对村办加油站经营不善、连年亏损的问题，通过组织开展现代企业管理培训、规范企业管理制度、严格执行工勤考核奖惩等举措，使加油站在当年就实现盈利70多万元。针对松海驾校离市区远、报名人数少的问题，推出学员跟踪服务、上门服务等特色服务，增设教学内容，加强吸引力，渐渐地使企业重新焕发生机，仅2011年，松海驾校就培训学员4000多人，为集体经济增收300多万元。针对村里几个“钉子户”想多占多得、坚持不拆迁的问题，新班子发动周边党员群众及其亲戚朋友轮番到其家里做工作，村干部上门软磨硬泡讲道理，以心换心、以诚换诚，最终顺利完成拆迁工作……一系列组合拳打下来，让村民看到新班子不仅想干事、敢干事，而且能干事，可以干成事，新班子渐渐树立了威信，打开了工作局面。

3. 带头聚民心

俗话说，“村看村，户看户，群众看党员，党员看干部”。在配备完村“两委”班子成员后，班子成员根据职责分工，身先士卒，第一时间投入工作，在面对危、难、险、重、脏等工作时，不计个人得失冲到最前面，让党员与群众看到了希望。

白沙滩村是沿海村，夏季时有台风光顾。2011年7月25日，一场百年一遇的暴雨袭击乳山大地，许大林带领村“两委”成员冒雨四处巡视。当发现一名60多岁患有精神疾病的老人还在低洼的房子中没有搬出时，许大林立刻带领村“两委”成员对老人及家中财物进行了“强制搬迁”，之后不久，老人的房子坍塌了。正是由于他们的坚守，村里才没有任何人员伤亡。暴雨虽冰寒，但人心却在雨后更暖了。

有段时间，该地区周边区域地震频发，每次地震时，村干部不论白天黑夜，第一时间组织排查险情，党员和村民代表自发到周边村民家中看望。村干部和党员的带头冲锋、舍小家顾大家之举，渐渐温暖了人心，凝聚了民心。让许大林感触颇深的是：“有一年村集体争取了一个300亩果园种植项目，原本让党员带头去种，号召村民参加义务劳动。当天早晨，村委会门口早早就来了100多人，到地头果园一看，还有更多的村民已经在地里忙活起来了。结果仅用一天就完成了300亩果园的种植！”不仅如此，现在组织打扫卫生、召开全体会议、开展爱心公益活动、举办社区联欢晚会等，村民也都是一呼百应。村干部和党员的带头示范，既发挥了党支部的旗帜引领作用，更暖了人心，赢了民心，增强了全体村民听党话、跟党走的信心和决心。

（二）铆足一股劲，闯出一片天

乡村精致范儿的建设，也离不开乡村经济增长的支撑。在赢得民心后，为让老百姓过上更好的日子，许大林带领新班子凭借干事创业的热情和对经济形势的精准把握，坚持因地制宜、多元发展的原则，采取六种方法发展集体经济，增进民生福祉。

因地制宜，就是有效挖掘利用特色资源，这是发展集体经济的重中之重。白沙滩村主动放大作为镇驻地村、沿海村等自身的区位和资源优势，抓住政策和市场机遇，不断发展壮大优势产业。

多元发展，就是“不能把鸡蛋放在一个篮子里”。发展集体经济，应当把抵御风险、长盛不衰作为一贯目标，把握住战略机遇期，经常性进行市场研判，及时转型或多元化发展，增强集体经济发展的后劲。在优势产业取得成功的同时，注重带动其他产业的发展，形成结构合理、互为补充、联动共进的产业格局。

具体而言，白沙滩村发展集体经济的六种方法如下：

盘活资源法。针对村办企业经营机制不健全、管理方式落后、亏损严重甚至濒临倒闭的问题，村党支部积极转变经营思路，通过组织有关人员外出参观学习、参加现代管理企业培训、引进管理人才等措施，建立规范化的企业管理规章制度，强化督导考核奖惩，有效盘活闲置和低效运行资产，使得驾校、加油站等村办企业迅速扭亏为盈，逐步走上了良性发展的轨道，年增加集体经济收入600多万元。

借势用力法。以银滩旅游度假区开发为契机，白沙滩村在2004年初就成立了乳山松海房地产开发有限公司，但是初期公司效益不佳。为扭转房地产开发困境，村党支部巧借旧村改造优惠扶持政策的东风，分四期自主投资开发了总建筑面积10万平方米的盛世滩家园小区，首期安置村民320余户，不仅圆了村民的“上楼梦”，也让房地产开发公司转危为安。目前，该小区整体销售率达90%，年可增加集体经济收入5000万元。

固定收益法。为避免房地产开发结束后村里出现坐吃山空的现象，白沙滩村结合旧村改造，将60% 的商业店面划归村集体所有，不对外销售，每年由村集体统一对外出租，在店面升值的同时，保证村集体获得长久稳定的租赁收入。同时，该村规定今后兴办产生固定收益的产业时，优先保证村集体所得部分。

服务增收法。为利用村里闲置的劳动力资源，白沙滩村通过提供服务实现增收，2012年成立松海物业公司，在承担住宅小区、道路养护、绿化等物业服务的同时，引进兴建有偿养老养生服务机构，提供居家服务，同时独创“打包”物业服务模式，配套建设垂钓区、采摘园和开心家庭农场，供业主免费垂钓、采摘和有偿耕种，畅享田园乐趣，年可增加集体收入300万元。

市场研判法。在房地产开发取得成功后，白沙滩村意识到以房地产为主体的村级经济存在抵御市场风险能力差、发展后劲弱等致命问题，因此居安思危，积极探寻发展集体经济的多元化途径。2014年，白沙滩村瞄准乳山市没有白酒生产厂家的商机，通过多种方式对本市及周边区域、饭店进行调研，对数据进行统计分析，最终决定成立山东鲁酱酒业有限公司。公司聘请中国高级酿酒师担任企业技术总工，主打酱香、浓香以及清香三个香型的白酒，生产的圣仙酒获得“山东省轻工名牌产品”荣誉称号，鲁酱酒获得“山东白酒创新品牌产品”等荣誉称号，产品深受社会好评，为村级集体经济的可持续发展注入了更强劲的动力。

三产并进法。按照“优势突出、多元发展”的战略思路，白沙滩村依据滨海新区大健康产业定位，打造高效农业、实体工业、现代服务业三大功能板块，努力形成全产业的发展布局。高效农业板块占地1000亩，种植二产实体工业所需的苹果、大姜、旱稻、高粱等原材料，同步开发农业旅游产品，对接三产服务业。实体工业板块在原有山东鲁酱酒业有限公司的基础上，建设一个现代化酵素生产工厂——乳山三宝酵素有限公司，开发酵素饮品、酵素粉剂等健康保健品；同时建成两大科技研发中心，打造多元化产品生产经营工业体系。现代服务板块主要营销一产、二产中的农业产品、工业产品、旅游产品，同步配套相关设施对接产业发展，如建设一个文化体验中心，搭建一家乳山寰海电子商务有限平台，设立一家乳山碧海银沙旅游服务有限公司，促进农业与旅游、文化、康养等深度融合。

在三产融合发展的同时，近年来，白沙滩村又抓住了夜间经济这一商机，成立银沙农业农民专业合作社，打造集烧烤美食、儿童游乐、演艺娱乐及网红打卡于一体的银滩海鲜城大型露天夜间经济集聚区。如今，海鲜市场为合作社年增收118万元，其他餐饮娱乐项目旺季每天为村集体增收5000元，通过“入股分红+打工收入”，村民年增收2万元。

（三）绷紧一根弦，下好一盘棋

显然，白沙滩村集体经济的发展离不开党的领导，所以在集体经济取得显著成效的同时，白沙滩村始终绷紧一根弦——坚持党建引领是发展集体经济的基础和保障。在集体经济发展之初，白沙滩村靠抓党建树立威信，打开工作局面；在工作取得成效后，白沙滩村更要在党的领导、监督下进行精细管理，这样才能汇聚合力，保证科学决策，实现持久健康发展。

1. 优化党组织设置

随着集体经济的不断壮大和企业数量的不断增多，村民对集体资产的归属和保值增值问题愈发担忧。如何理顺村集体与企业的关系，保障企业发展不偏离党的领导，让村民真正放得下心、睡得好觉，成为当前的首要难题。村党支部书记许大林主动请示上级，要求优化组织设置，加强党的领导。2017年，白沙滩村党支部正式升级为白沙滩村党委，隶属于白沙滩镇党委，将所有集体企业党组织全部纳入管辖，健全组织生活制度，同时针对旧村改造开发小区外来人口较多的情况，成立流动党支部，定期开展组织生活会和丰富多彩的活动，公开和通报区域内的要事大事，坚持正面宣传为主，树立正确舆论导向，推动文明和谐村庄建设。

2. 健全科学决策机制

为保证企业经营决策科学合理、符合民意，白沙滩村将党建工作写入企业发展章程，明确将党组织研究讨论作为董事会、经理层决策重大问题的前置程序。建立三级决策议事机制：一般性生产经营决策由企业法人和董事会负责，同级党组织参与研究和监督；重要性生产经营决策由企业董事会和同级党组织研究决定后，报上级董事会和党组织研究决策，提请村党委研究讨论；重大性生产经营决策在重要性生产经营决策程序的基础上，执行村级“四议两公开”程序。所有决策均要形成会议纪要，留有影像资料，实行痕迹管理，让决策更科学、阳光、透明，杜绝暗箱操作。

3. 建立监督激励机制

为保证企业的经营发展始终在党组织和党员群众的监督之下，白沙滩村建立村党委委员分包联系企业制度，保证每个企业都有村党委成员的监督；各级党组织每半年召开一次民主生活会或组织生活会，在全体党员中广泛开展批评和自我批评，倾听党员意见，理清问题、抓紧整改；每半年举行一次由同级党员和上级党组织成员参加的述职述廉报告，邀请村民代表参加，开展无记名投票评议，评议结果作为企业管理层任用的重要依据；每月通过“松海工作动态”公众号向党员、村民代表通报村集体和企业的生产经营情况，接受监督。通过党员和村民代表的监督管理，既避免违法违规行为，也激励企业经营者奋力拼搏、提高业绩，保证集体资产健康运营。针对党员和党组织推行双“十星级”评定管理，制订完善《农村党员和党组织双“十星级”评定管理办法》，激励党员干部比学赶超，对落后党员干部进行劝诫谈话，不断增强党组织在农村的凝聚力、向心力、战斗力。

4. 完善民生保障措施

为让村民充分共享发展成果，解决上楼村民的后顾之忧，白沙滩村在精准服务、保障民生上下功夫，探索建立失地补助、社会养老补助、医疗补助、求学补助、全民节日福利等保障机制，把以人民为中心的发展思想融入乡村建设的每一个细节中。如对流转土地的村民每亩每年给予800元补偿；村股份经济合作社成员每人每年发放1200元分红；医疗保障方面，村民住院治疗在各种报销后余额超过10000元的，村里再给报20%；凡是本村学生考上大学本科、硕士研究生、博士研究生，分别给予2000元、3000元和10000元的奖励。

随着村民老龄化加剧，为解决居家老年人“一餐热饭”问题，2019年，许大林自掏腰包，用自己这些年记在村里账上的工资，建设了1处标准化爱心食堂，为村里140多位80周岁以上的老人免费提供一日三餐，通过引入“信用＋志愿服务”运行机制和开辟专属种植蔬菜区，不仅解决用人问题，还让老人吃得好、吃得健康、吃得营养。在此基础上，为方便群众点餐，白沙滩村还开发新时代文明实践入户云平台，设立电视端和手机端智能点餐功能，如果老人行动不便，志愿者可提供送餐上门服务，让老人在家也可安心就餐。

丰富的精神文化生活也是村民的诉求，为此，白沙滩村用活新时代文明实践站进行文艺活动阵地建设，投资修建舞蹈排练厅、健身广场，购买文艺器材和舞蹈演出服装等，自编、自导、自办“村晚”等多场联欢晚会，开展“我们的中国梦”“母爱乳山”“党在我心中　永远跟党走——庆祝建党100周年”等大型文艺汇演活动，创编的节目多次参加省、市级演出并获奖。不仅如此，村里还建起了图书室、老年活动室、民俗展馆等，村民在寓教于乐和潜移默化中接受传统文化、传统道德和社会主义核心价值观的熏染，精神文化生活也得到了提升，心更往一处想，劲更往一处使，美好的日子越过越有滋味。

白沙滩村自明永乐年间建村以来，风雨沧桑已600余年，勤劳淳朴的白沙滩人在新任书记的带领下，将其由负债的落后村逐步打造成远近闻名的、富强的“明星村”。白沙滩村的蝶变之路，是许大林发挥党员干部先锋模范作用、助力乡村振兴的真实写照，更是习近平总书记强调的“办好农村的事情，实现乡村振兴，关键在党”[①]的生动实践。

云天气象更新，彰一园画境，四序诗怀；文苑声名丕振，蔚百里风情，千年底蕴。如今的白沙滩村，领导有力，民风清正，百业兴旺，经济繁荣。勤劳勇敢的白沙滩人乘着时代的东风，再接再厉，再创辉煌，白沙滩村的未来会更加美好。

三、经验启示

白沙滩村党建引领发展壮大集体经济，打造“精致乡村”，让乡亲们过上好光景的做法，是威海市“全域精致　共富共美”理念在基层的生动实践，有力论证了建强基层党组织对于发展集体经济、振兴乡村的重要性，也带给我们更多发展壮大集体经济、助力乡村精致建设的思考。

（一）坚持党建引领是发展集体经济的基础和保障

集体经济发展只有始终在党的领导下进行，才能汇聚人心合力，

① 《习近平关于“三农”工作论述摘编》，中央文献出版社2019年版，第190页。

实现持久发展。白沙滩村的成功之处在于，村党组织不仅把党建举在头上、说在嘴上，而且把党建抓在手上、落在实处。在发展集体经济之初，就靠抓党建树立威信，靠党员和村民代表破解难点问题；在集体经济取得显著成效时，更是树起党建大旗，依靠党的领导理顺村集体与企业经营的关系，破解了村民担心集体资产流失的问题，推动集体经济在良性轨道上持续健康发展。因此，发展集体经济应当把加强党的领导贯穿始终，靠党建引领明确企业发展方向，靠党建机制保证科学决策，靠党内教育培育骨干、凝聚合力。

（二）选出好的带头人是发展集体经济的关键

在集体经济发展初期，带头人个人的眼光和能力往往起决定性的作用。白沙滩村集体经济较以往有显著提升，关键在于选出了许大林这个带头人。乳山市目前这种类型的村级带头人比较少，一方面，受市场经济和打工潮的影响，在村干部待遇偏低、村集体基础差的现实下，很多年富力强、懂经济、有头脑、有闯劲的人纷纷外出务工或创业，导致很多村干部年龄偏大，且思想保守、观念落后，驾驭市场经济的能力不足；另一方面，部分村干部小农意识严重，缺乏长远眼光，认为发展集体经济费力不讨好、吹糠不见米、风险自己担、利益集体享，不敢担当，担心发展集体经济搞砸了会新增债务，还会遭到斥责和埋怨，甚至会丢选票、被起诉，因此存在“不求有功、但求无过”的思想。因此，发展集体经济应把加强带头人队伍建设放在重要位置，更加注重对村干部的培训和对后备干部的培育，更加尊重“两委”换届中的群众话语权，选出讲政治、有能力、肯担当的优秀带头人。

（三）有效挖掘利用资源是发展集体经济的重中之重

每个村都有自身的资源禀赋，有的比较优越，有的因为地理位置、交通条件、历史欠账等原因，可利用的资源较少。从白沙滩村的案例看，一些项目固然是依托村级资源兴建的，但也有山东鲁酱酒业有限公司、松海驾校、寰海电子商务平台等项目是通过市场研判挖掘发展的。乳山市与白沙滩村资源禀赋相近或更优越的村为数不少，但在发展成效上差距很大，甚至有的负债累累、积重难返，因此，资源禀赋虽是发展村级集体经济的重要因素，但并非决定性因素。资源禀赋好的村应当借鉴白沙滩村的经验，放大资源优势，抓住政策和市场机遇，不断发展壮大；资源禀赋差的村，应当深挖本村的特色资源、本地的能人资源，依托大企业、大村的发展辐射带动及好的政策、能人帮助等因素，抓住机遇，从小做起，逐步积累，发展壮大。

（四）坚持多元化发展是集体经济长盛不衰的有效途径

最大化地降低风险是发展集体经济的首要难题。白沙滩村在发展集体经济的过程中，注重一二三产联动发展，在房地产取得成功的同时，注重大力发展鲁酱酒业、三保酵素等实体经济，带动发展农业和旅游业，形成了结构合理、互为补充、联动共进的产业格局，具有较强的市场风险抵御能力。相比之下，有的村虽抓住了房地产开发的机遇，但在发展壮大后没有及时转型，发展的其他产业也均为房地产链条产业，形势好时一荣俱荣，形势差时加速亏损，容易被市场拖垮。因此，发展集体经济应当把抵御风险、长盛不衰作为一贯目标，把握战略机遇期，经常性地进行市场研判，及时转型或多元化发展，增强集体经济发展的后劲。

（五）建立有效制度是保证集体经济健康发展的必由之路

发展集体经济的过程中，往往会面临传统陋习的冲击和人情世故的挑战。白沙滩村就面临这样的问题，比如在企业打工的村民要特权、磨洋工、说“风凉话”；有的村干部的亲戚朋友要求村干部帮忙安排工作、捞点好处，等等。对于这种情况，如果放之任之，企业必然弊病丛生、隐患多发，逐渐被腐蚀掏空。另外，村干部必然面临新老更替，若新班子成员不能坚持原则，企业很难保持健康发展。白沙滩村意识到这些问题，未雨绸缪，依靠建立完备的党建工作机制、现代化的企业管理制度和监督激励机制，把村干部和企业经营者的权力关进“制度的笼子”，为企业健康发展注入“强心剂”。因此，发展集体经济，必须坚持抓企业发展与抓制度建设“并驾齐驱”，推动集体企业由粗放到精细转变、由“人说了算”到“制度说了算”转变，保障集体经济步入良性发展轨道。

思考题

1. 党组织在村庄精致建设中应具备什么能力？
2. 新时代，党组织如何适应环境变化，领导群众发展好新型集体经济？
3. 谈谈在乡村全面振兴的过程中如何进一步缩小城乡差距、实现共同富裕。

坚持科技自立自强　勇担时代使命

——威海光威集团有限责任公司创新发展案例 *

【引言】2018年6月12日，习近平总书记视察威海时作出“威海要向精致城市方向发展”的重要指示。威海市以此为总目标总方向总遵循，用精致的理念引领政治、经济、文化、社会和生态文明建设，处理好精致城市建设与经济发展、乡村振兴、生态环境、经略海洋、对外开放等之间的关系，奋力开创“精致城市·幸福威海”新局面。

【摘要】城市的建设与发展，群众幸福指数的提升，离不开产业支撑。威海市聚焦八大产业集群、十条产业链，开创精致城市高质量发展新局面。碳纤维产业作为威海市八大产业集群之一，入选山东省特色产业集群，成为山东省碳纤维产业崛起的重要推动力。

碳纤维有几个特点，细如发丝、轻如鸿毛、强如钢铁、贵如黄金、难比芯片。碳纤维被称作“新材料之王”，重量是钢的1/4，强度是钢的7～9倍，同时具有导电、导热、耐腐蚀、耐疲劳、耐高温、膨胀系数小等一系列优良性能。目前，碳纤维广泛应用于航空航天、风电叶片、体育休闲、

---

* 本案例由中共威海市委党校（威海行政学院）科研处副教授孟新玲、谷俊杰，讲师崔若伟撰写。

压力容器、碳/碳复合材料、交通建设、海洋等领域，是国防军工和国民经济发展不可或缺的重要战略物资。

我国碳纤维的诞生与发展和威海市的一家民营企业——威海光威集团有限责任公司密不可分。威海光威集团有限责任公司从一家生产渔具的乡镇企业起步，为支持国家战略，坚持科技自立自强，勇担时代使命，开展碳纤维核心技术攻关，经历了资金、技术、人才、装备等方面的重重考验，打破了国外对我国碳纤维“卡脖子”的局面，实现了碳纤维的自主生产，为国防安全作出了重要贡献。

【关键词】碳纤维　科技创新　矢志报国　科技自立自强

一、背景情况

光威集团成立于1987年，起步于钓鱼竿生产，仅用10年便发展成全球最大的钓具生产企业。历经30多年的发展，如今的光威集团形成了以户外钓具、碳纤维及复合材料、装备制造为核心的产业集群，成为世界钓具生产领域的重要成员和碳纤维全产业链发展的综合性企业，入选威海市八大产业集群和十大优势产业链，是山东省碳纤维产业链“链主”企业。

光威集团的前身是田村镇的一个乡镇企业——威海石化科研器材厂，因经营不善，器材厂到1987年已经是濒临破产了。此时的陈光威是田村镇工业办公室副主任，曾经任过王家钦村的党支部书记，有乡村工业发展的经验和丰富的管理才能。陈光威被镇政府安排接手这个濒临倒闭的乡镇企业。

20世纪80年代，各行各业都在接受改革开放大潮的洗礼，就是在这样的时代背景下，陈光威开启了带领企业转型发展、开拓创新之路。1988年，陈光威通过大刀阔斧的改革，引进管理人才、技术人才，带领企业转型生产鱼竿，成立威海鱼竿厂，这是光威集团的雏形。鱼竿厂自主研发的鱼竿生产设备和制造精良的钓竿，让威海鱼竿厂从寂寂无名的初创企业迅速进入钓具行业主赛道，钓竿产品迅速打开国内、国际市场。1995年，威海鱼竿厂更名为光威集团。到20世纪90年代后期，光威已经稳坐国内钓具行业头把交椅。如今的威海市也因为光威集团这个龙头企业的带动作用，出现了大批钓具制造及配套企业，威海发展成为全球最大的钓具发展基地，年产钓竿4000多万支，被冠以“中国钓具之都”的美誉。

光威集团围绕钓具行业不断向上下游纵向领域和钓具横向领域发展。1998年，光威集团克服重重困难从国外引进了国内首条宽幅预浸料生产线，并生产出真正意义上的第一卷国产的碳纤维预浸料。通过对此进口预浸料生产设备的探索研究，光威集团逐步迈上高端装备制造和碳纤维复合材料领域的自主创新之路。

2000年以后，日本等国际碳纤维巨头开始对我国采取“通知性涨价，赏赐性供给”的歧视性政策。一方面是企业供应链面临断裂威胁，另一方面是国家的战略需要，坚定的爱国情怀和不屈的民族精神，让陈光威下定决心要打破国外封锁，做出中国人自己的碳纤维。但是碳纤维产业是困扰我国40年的“卡脖子”难题，研发起来投资大、周期长、见效慢、风险高，当时国内没有一家民营企业愿意涉足。

2002年，光威集团成立了威海拓展纤维有限公司（以下简称光威拓展），开始国产碳纤维的研发。2003年，光威拓展的产品通过相关测评，随后入选“国家队”，承担国家“863”计划研发碳纤维。2005年，光威拓展生产的碳纤维通过专项验收，达到了国际同类产品（T300）水平，实现国产碳纤维的从无到有，打破了国外封锁垄断，改变了世界碳纤维格局。

2005年，国外对我国国防军工亟须的碳纤维材料实行全面封锁。面对国防军工战略需要，强烈的家国情怀促使陈光威率领科研团队毅然转向军用碳纤维的研发，光威拓展正式参军报国。2012年，光威拓展生产的碳纤维通过了相关验收，我国国防军工领域迎来了使用国产碳纤维及复合材料的全新时代。我国在碳纤维领域的“卡脖子”难题终于被破解，我国军工领域对碳纤维材料的需求实现了自主可控。

在碳纤维研发的路上，光威集团前后投入40多亿元迟迟不见回报，甚至到了抵押自家房产的地步，但是为了支持国家战略，光威集团展示了壮士断腕的豪情和置之死地而后生的坚毅！陈光威带领企业职工勇敢地担起了时代重任，挺起了民族的脊梁。中国科学院和中国工程院两院院士师昌绪赞扬光威人“为中华民族争光”，为光威集团写下了“发扬威海精神，创建中国碳纤维基地”的期盼。

二、主要做法

光威集团在发展历程中不止一次地站在改革发展的十字路口，不止一次地面临企业的生死选择。危机面前，光威集团始终不忘初心使命，坚持科技创新、攻坚克难，不断开创产业发展新局面。

（一）坚守初心使命，梦想照亮前路

光威集团的发展紧跟我国改革开放的步伐，是我国经济大潮推动下民营企业发展的典型代表。光威集团两代董事长带领4000多名企业员工经过30多年的砥砺奋斗，从产业转型到蓬勃发展，从带领群众致富奔小康到勇担社会责任实业报国，在伟大梦想的引领下，脚踏实地，继往开来。

一个企业的管理理念、企业文化、精神内涵与企业带头人的成长经历、个人素养有很大关系。光威集团创始人陈光威年少时曾经有三个梦想：读书、入党、参军报国。秉持对梦想的坚守与执着，陈光威通过不懈努力，逐一实现了梦想。

陈光威在青年时期就展现出了干一行钻一行、善于研究的才能。他自家致富后不忘村民，主动带领村民发家致富，向村民传授种植技巧、养猪经验。村民信服他，他在村里也逐步树立起威信。1980年，38岁的陈光威光荣地加入了中国共产党。1983年，受到村民信任与崇敬的陈光威被推选为王家钦村的党支部书记。陈光威以更高的热情投身建设村办企业、带领村民致富的工作中。“走到群众中、带着群众干”，陈光威以实际行动践行了一个基层党员干部对群众的郑重承诺，践行了忠诚的共产党员对党组织的庄严承诺。1987年，陈光威从田村镇工业办公室副主任的位置上转任到乡镇企业当厂长，接手了一个濒临倒闭的乡镇企业——威海石化科研器材厂，走上带领企业改革发展的道路。

20世纪80年代，是“摸着石头过河”改革的时代。1988年下半年，威海鱼竿厂正式成立，这是光威集团的雏形。陈光威秉持共产党人的初心使命，不为个人考虑，一心只为解决农村人口就业问题，带领群众致富，解决企业发展难题。90年代，光威集团迎着改革开放的春风，大胆地试、大胆地闯。到1999年，光威集团的钓具畅销国内31个省、自治区、直辖市与世界68个国家和地区。2000年至今，光威集团始终稳坐世界钓具生产企业冠军的宝座。

光威集团在钓具行业发展过程中不断“跳出院墙，围着院墙转”，从鱼竿、渔具的研发生产，到生产设备的研发，再到碳纤维预浸料生产、碳纤维研发，生产业务不断向上游拓展。碳纤维作为军民两用的战略物资，制备技术受到日本、美国等发达国家的封锁，想要进口需要接受严格审查。不能自主掌握碳纤维制备技术，不仅阻碍了光威集团的主业发展，更制约了我国航空航天事业的发展，国家的国防安全也受到威胁。

在这样的时代背景下，光威人坚决扛起时代使命，不计成本地投入碳纤维研发。光威集团以民营企业的身份加入国家“863”计划项目组，研发碳纤维支持国防军工事业的发展，以这种特殊的方式参军报国。光威集团总部的办公楼大门口写着16个大字——“天道酬勤，不忘初心，牢记使命，强军报国”，这16个字是光威集团企业文化的核心，体现着光威人坚持为我国国防事业作贡献的不变初心和坚持实业报国的不变信念。

（二）坚持问题导向，发扬斗争精神

坚持问题导向，就要在调查、掌握实际情况的基础上发现问题、思考问题、解决问题。问题是时代发展过程中无法避免的，解决问题是创新发展的起点，也是创新路上的动力源泉。光威集团的发展历程，就是不断发现问题、解决问题的过程，并通过实践创新开创新的局面。

从濒临倒闭到转产钓鱼竿，是为解决企业的生存问题；引进进口碳纤维预浸料生产线，是为了打破原材料依赖进口的局面；通过自主创新，实现碳纤维预浸料及生产装备自主生产，是解决市场需求和拓展产业链的问题；主动投身碳纤维研发，是破解技术被国外封锁，保障供应链安全；继续研发军用标准碳纤维，是支持国家战略需要，将国防安全与企业长远发展紧密联系。

“没有技术自己学，没有设备自己造，别人能做成的事情，我们也一定能成功。”这是陈光威经常对企业职工说的话。自主研发、科技创新成为光威集团一路走来最亮丽的底色。

光威集团生产的碳纤维预浸料在国内市场热卖，原材料碳纤维需求量激增。由于美、日等国长期对我国实施严格的高性能碳纤维材料及相关设备的禁运与封锁，碳纤维对我国来说成了典型的“卡脖子”难题。解决原材料供应问题，就是保障供应链、产业链安全的大问题。我国只能自力更生，走自主研发、自主创新之路。

碳纤维研发过程中，从工艺流程，到设备操作，再到技术突破，问题一直不断。光威人凭着顽强的拼搏精神和不屈的斗争精神，自主

研发和制造碳纤维全套设备，实现了装备、原丝、碳化、织物、预浸料、复材制品、检测的碳纤维全产业链布局，形成了在高性能碳纤维产业化道路上的领先优势。

在光威集团的宣传片中，我们看到了陈光威晚年留存的珍贵的影像资料，陈光威说："光威集团能有今天，一靠党和国家的好政策，二靠我们这代人的拼命精神。"光威人在困境中敢于拼搏、敢于拼命，敢于坚持不懈地与困难做斗争，就是为了全力以赴攻克碳纤维核心技术，扭转被人"卡脖子"的局面。这是新时代共产党人发扬斗争精神、带领群众推进社会主义伟大事业的生动实践，是习近平新时代中国特色社会主义思想理论指导社会实践的有力印证。

（三）崇尚科学，众志成城，突破核心技术

光威集团走自主创新之路突破核心技术，依靠的是一支崇尚科学、众志成城、敢打敢拼的研发团队。

追求科学、崇尚科学，是光威人刻在骨子里的。光威集团用积极向上、崇尚科学的企业文化聚拢人心，鼓舞士气。集团早期建立了图书馆、阅览室、职工夜校等，鼓励职工进行学习提升。在职工中组织开展"哥德巴赫猜想"，研究讨论碳纤维研发中的问题。陈光威带领科研团队研发碳纤维时，废寝忘食地盯在研发一线，甚至到了痴迷的程度。中国工程院院士杜善义到光威集团考察期间，陈光威向他咨询了一些碳纤维相关的技术问题。杜善义说他的问题非常专业，甚至让人怀疑他是科班出身，不像个农民企业家。

碳纤维研发需要耗费大量的人力、物力、财力和时间。正如杜善义所说，在碳纤维的研发过程中有将近30项工艺过程，哪一项出了问题都不行。从聚合、纺丝、碳化等生产工序到溶剂、废料回收等辅助工序，必须反复尝试、不断更正。碳纤维研发的核心是设备和工艺，光威集团没有设备就自己造，工艺永远在优化的路上。设备和工艺的

吻合是通过无数次的失败得来的，每一次失败的教训都成为光威集团碳纤维研发史上最为宝贵的无形资产。没有严谨的科研态度、严苛反复的试验、众志成城的决心，是无法攻克碳纤维关键技术的。

高水平研发平台的建设和持续的资金投入是科技创新的必要保障。威海光威复合材料股份有限公司（以下简称光威复材）的研发投入占销售收入比长期保持在10%左右。公司拥有国家级工业设计中心、国家企业技术中心等多个国家和省级研发平台，取得各项专利800多项。公司先后主持起草《聚丙烯腈基碳纤维》《碳纤维预浸料》两项国家标准和多项行业标准，参与制定《碳纤维测试标准》等国家标准，奠定了光威集团在行业中的龙头地位。多年来，光威集团荣获国家技术发明二等奖、国家专精特新“小巨人”企业、中国质量奖提名奖、全国质量标杆企业、国家高技术产业化十年成就奖、中国轻工体育用品行业十强企业等荣誉奖项。

有了创新平台、科研资金的保障，加上科研人员的积极努力，光威集团的科研工作结出累累硕果。光威复材与山东大学（威海）、哈尔滨工业大学（威海）等高校的多项产学研项目成功落地转化，研发成果获得国家技术发明二等奖。光威复材常务副总经理王文义拥有21项授权发明专利、14项实用新型专利，获得山东省科技进步二等奖、国防科技进步奖二等奖等多个奖项；此外，光威复材（碳纤维方向）总工程师张大勇、光威复材（复材方向）总工程师林凤森等科研人员在科技创新方面也都获得了众多奖项。

技术创新显著提升了光威集团的竞争力，为光威集团带来跨越式发展，传奇式缔造了几个行业“第一”：自主研发国内第一条国产钓竿生产设备；自主研发第一条国产碳纤维预浸料生产线；引进国际著名品牌上州屋，开设第一家渔具全国连锁店；第一家把国产碳素钓竿卖到欧美市场的渔具企业；第一家引进日本宽幅碳纤维预浸料生产线的企业；我国第一家从事碳纤维研发生产的民营企业，打破国外垄断；

我国第一家供应军品碳纤维的民营企业；我国第一家实现碳纤维装备国产化的民营企业，核心装备实现自主保障；我国第一家 A 股上市的碳纤维企业。

（四）聚焦产业链，开放合作，抢占新赛道

随着新一轮科技革命和产业变革的加速演进，产业链条不断延伸，企业必须在竞争中善于发现产业竞争新赛道。光威集团在发展中把握机遇，掌握行业主导技术，拓展市场应用，抓住发展新优势，赢得塑造行业未来的主动权。

向产业链上游延伸，建立自主可控、安全可靠的生产供应体系，能够提升产业链、供应链的完整性、稳定性和竞争力，确保在关键时刻不“掉链子”。向产业链下游延伸，是提高附加值的重要举措。在产业链中，附加值更多体现在研发端和市场端。向产业链下游延伸，进入市场拓展环节，瞄准最新的消费升级和市场需求，以创新促应用，以应用促发展，向市场要利润。

1998年10月，光威集团首条进口碳纤维预浸料投产成功。第二年，碳素部门的盈利就超过3000万元，一年时间就收回了此预浸料生产线的投资。光威集团向产业链上游延伸，一方面解决自身原材料供应，保障供应链安全，另一方面碳纤维预浸料在市场上热卖，赢得另一个巨大盈利空间。

从一根钓竿到一条产业链，到一个产业集群，光威集团围绕产业链做大文章，占据行业先机与主动。如今，光威集团已经发展成为一个以钓具、户外休闲、精密设备、新材料为主要产品的省级“链主”企业，带动威海市形成钓具、新材料两大产业集群。

实践证明，产业集群具有明显的群体竞争优势和规模效益，能有效提高区域经济竞争力。具有影响力的“链主”企业是带动产业链延伸的关键，“链主”强，产业链就强。如今，威海市积极建设首个国家

级碳纤维及复合材料产业基地，依托光威复材，围绕碳纤维产业链条，集聚科研—孵化—加速—生产等完整服务链企业和原丝—碳纤维—织物—预浸料—下游复合材料制品等完整产业链企业，形成产业链上下游企业协同发展的创新生态体系。

企业缺乏核心技术，没有自己的拳头产品，就无法在国际市场上具备核心竞争力。同行业无差别的产品竞争容易造成产能过剩，引发急功近利的价格战，形成恶性竞争。为避免上述问题，光威集团逐渐转向高端市场，将部分低端的生产环节外包给小型的生产加工企业，将更多时间投入到新产品、新技术的研发中。光威集团把目光转向技术创新、机制创新、管理创新和营销创新，开发高新技术项目，把高科技含量、高附加值的高精尖产品推向市场，让光威集团从传统的劳动密集型模式中走出来，变成一家高附加值的技术增长型现代企业。这就是光威集团业务板块逐渐分化，走向精密仪器制造、碳纤维及复合材料研发制造的起因。

（五）聚才兴业，矢志报国，长远谋划

经济的快速发展必须坚持以科技创新为引领，由人才强、科技强促进产业强、经济强。现代企业的管理归根结底还是如何引进人才、培育人才、激励人才、留住人才。光威集团真心爱才、悉心育才、倾心引才、精心用才，求贤若渴，不拘一格，把各方面优秀人才集聚到推动碳纤维发展的事业中来。

光威集团每一次转型升级的背后，都有当时行业中的重量级人物坐镇。在起步生产钓竿时，创始人陈光威邀请了苗丰课、梁日信等行业专家。在决定研发碳纤维时，邀请了行业领军人物陈光大。苗丰课是威海工业系统的机械技术专家，是环球渔具的技术负责人，在20世纪60年代就获得过科技进步奖。梁日信是一位管理高手，是将钓具产业引进威海的关键人士，1985年曾出任环球渔具总公司总经理，并通

过短短两年时间使这家原本负债1000多万元的企业扭亏为盈，成为利润过千万、产值过4000万元的行业明星。陈光大是教授级高级工程师，曾担任吉林石化公司研究院总工程师，“六五”国家重点科技攻关项目的技术负责人，早在1966年就开始从事碳纤维的研发工作，曾经获国家科技进步奖三等奖。

光威集团注重技术交流，广泛开展产学研合作。先后与北京化学工业集团有限责任公司、中国科学院、山东大学、复旦大学、哈尔滨工业大学、北京航空航天大学、天津工业大学、武汉理工大学等科研院所和高校开展广泛技术合作，同时聘请数十位行业专家和院士担任公司技术顾问。

光威集团关注每一位员工的切身利益，为他们排忧解难，实施的各类人才保障措施解决了职工的后顾之忧，让光威集团的人才队伍多年来保持高度稳定。

光威集团建立了完善的人才培养体系，为员工提供了管理、技术、工匠三条职业上升通道，为各类型员工施展才华提供平台。根据专业领域分类，光威集团联合当地人社部门向上级争取了碳纤维专业技术人才职称评定办法。光威集团现有员工4000多人，其中科研人员900多人，取得各项专利800多项。光威集团培养了轻工行业“大国工匠”、全国五一劳动奖章获得者、齐鲁首席技师、齐鲁工匠谷大伟，山东省青年海洋科技奖获得者丛庆；光威拓展丛宗杰获评杰出青年工程师奖、山东省重点产业链尖端人才。光威集团培养的人才数不胜数。

碳纤维材料自身的特殊性以及战略性，决定了碳纤维研发技术攻关和产业化推进需要庞大的研发资金支撑，一般企业是难以承受的。为支持国家战略需要，走军品应用路线，光威集团的盈利时间无法预计地延后了很多。光威集团放弃眼前利益，不计成本地投入碳纤维研发，支持国家战略，矢志报国，以实业支撑国之重器，这是光威人无可替代的精神财富。

如今，光威复材T1000级碳纤维于2019年形成工程化技术和量产能力，M40J级碳纤维作为募投项目产品随着2020年建成生产线已实现量产，两个产品工艺成熟、质量稳定，主要应用于航空航天领域，成为军工市场的主力材料。光威复材与中国航空工业集团有限公司联合开展了国产碳纤维航空应用技术研究和工程化验证，碳纤维及阻燃预浸料产品通过了我国商飞C919大型客机的PCD验证并获得批准，与大连船舶重工集团有限公司深化船海装备复合材料领域的研制与应用工作。目前，光威复材的碳纤维复合材料广泛应用在航空航天、风电叶片、体育休闲、压力容器、车辆、建筑、船舶等领域。

三、经验启示

党的二十大报告在总结新时代十年的伟大变革时指出，我国经济实力实现历史性跃升。一些关键核心技术实现突破，战略性新兴产业发展壮大，我国进入创新型国家行列。这些辉煌成就的背后，离不开我国企业的坚守与努力。以光威集团为代表的企业是全面建设社会主义现代化国家的重要参与者、实践者和推动者，在推动企业创新发展、提升企业竞争力、推动经济社会高质量发展方面发挥了重要作用，积累了宝贵经验。

（一）把握时代大势，不断破局成长，为精致城市发展聚能

20世纪80年代末90年代初，我国从计划经济体制向市场经济体制转变。大部分乡镇企业因管理不善、技术落后、资金匮乏、缺乏市场竞争力和核心技术等倒闭，只有少部分通过改革转型成功，发展壮大，成为新的私有制企业、民营企业。陈光威就是在这一时代背景下，通过业务转型、提高管理水平、重视人才培养、建设研发团队、注重自主创新、提升产品竞争力、逐步扩大市场和延伸产业链等措施，使企

业逐步做大做强，成长为钓竿行业龙头。

90年代，改革开放“引进来”和“走出去”的战略极大地促进了经济的全球化发展，我国的经济发展如万马奔腾奋勇向前。光威集团通过积极引进国外先进的技术设备、经营理念、管理经验，逐步发展成为钓具行业龙头。光威集团开发高端产品，丰富横向产品，引进日本钓具品牌上州屋，布局全国连锁经营，开拓国际市场，让光威钓具具备了国际竞争力。引进的碳纤维预浸料生产设备为光威集团带来新的市场、新的盈利模式，更让光威集团走上了自主创新之路。

光威集团为自主研发碳纤维持续投入资金，使资金链多次面临断裂风险。上市融资可以为企业带来大量资金，提高企业净资产，降低负债率，改善资本结构，提高抗风险能力。2017年，光威复材顺应改革大潮，在深圳证券交易所创业板上市，成为我国第一家A股上市的碳纤维企业。

光威集团是我国改革开放大潮中典型的企业代表，是大潮中的一朵浪花，是改革大潮的推动者，也是受益者。如今，光威集团形成了原丝—碳纤维—织物—树脂—预浸料—复合材料制品—装备制造—检测分析—技术设计的一体化全产业链发展模式。2023年，光威集团实现营业收入46.5亿元，入选威海市年度地方纳税50强企业第六名。

光威集团把握时代大势，打破国外封锁，攻克核心技术，逐步成长为对标国际碳纤维巨头的中国企业。新时代，光威集团发挥科技创新的主体作用，积极开辟发展新赛道，走上自主创新发展之路。光威集团不断发挥省级产业链“链主”企业的示范引领作用，整合行业资源，推进碳纤维产业链供应链升级，带动产业链上下游企业成长，推动区域产业崛起和经济高质量发展。

威海市委、市政府立足碳纤维产业发展需求，积极对接资源，依托光威纤维招引产业链配套企业，聚力高水平科技自立自强，培育了一批具有国际竞争力的战略性新兴产业。威海市在临港区建立碳纤维产业园，打造千亿级碳纤维产业集群。威海市加速推动形成“产业链+创新链+金融链”服务组织平台，突出企业主体地位，推进重点领域和关键环节改革，全面提升技术、人才、资金等资源的供给水平，营造有利于战略性新兴产业发展壮大的服务环境。光威集团发挥龙头企业的支撑引领作用，为威海精致城市经济增长赋予澎湃动能。

（二）用好科技创新引擎，完善科技创新体系，为精致城市发展聚势

进入21世纪，新一轮科技革命和产业变革加速进行，全球科技创新呈现出蓬勃发展态势。科技兴则民族兴，科技强则国家强。党的十八大以来，以习近平同志为核心的党中央把科技创新摆在国家发展全局的核心位置，坚持走中国特色自主创新道路，大力建设创新型国家和科技强国，我国成功进入创新型国家行列。

改革开放初期的光威集团如市场上大多数的企业一样，属于劳动密集型企业，缺乏核心技术，缺乏竞争力。从要素驱动转向创新驱动，成为企业实现跨越式发展的新引擎。从玻璃纤维钓竿到碳纤维钓竿的更新换代，从碳纤维预浸料生产到碳纤维技术研发的提档升级，从生产装备进口依赖到生产装备自主研发，光威集团依靠科技创新不断突破技术瓶颈，抓住市场机遇，破除发展障碍，迎来了科技创新带来的红利。

光威集团在发展中引进国外技术设备，并将其改良国产化，逐步走上科技创新之路。科技创新的时代大潮下，光威集团以市场需求、国家需求为牵引，以技术作推动，抓住机遇，投入了大量的时间、人力、物力、财力，经历了艰苦卓绝的研发过程，最终突破技术难题，最先登上碳纤维领域科技创新高峰，赢得发展主动权。如今，光威集团秉承科技报国、实业报国的初心，全力推进碳纤维全产业链研发生

产升级，用科技创新敲开迈向高端产业的大门。

碳纤维作为21世纪的“新材料之王”，是支撑高端装备和重大工程不可或缺的物质基础。近年来，关键材料上的一个个突破有力支撑了我国轨道交通、载人航天、能源工程、电子信息、生物技术等新一代技术的发展，并对上下游产业形成了有力推动。科技创新夯实了自主可控的产业基础，增强了国内产业的竞争力。

随着碳纤维及复合材料的研发升级，光威集团广泛开展产学研活动，建设高水平科研平台，促进行业专家、高端人才在产业链集聚，建立产业联盟，组织召开碳纤维产业链大会，创建中国碳纤维基地，不断夯实威海市碳纤维产业集群优势。近年来，威海市以光威集团为依托，聚焦碳纤维产业链，加强人才政策保障，实施“产业领军人才引领计划”，先后培育国家海外高层次人才、泰山产业领军人才等40余人，在产业链节点上形成人才集聚和项目集群优势，形成以产业集聚人才、以人才引领产业的良性循环。依托光威集团的龙头带动作用，完善威海市碳纤维产业科技创新体系，不断延伸产业链，构建完善的产业体系，提升产业竞争力，为威海精致城市建设注入了创新发展活力。2023年，威海市综合科技创新水平指数位列全省第三，入选全国创新型城市百强名单。

光威集团积极推进产业链、供应链的进一步创新升级，向产业高端化、智能化、绿色化发展，深入践行绿色发展理念，成功获评“国家级绿色工厂”“国家级绿色供应链管理企业”“山东省新旧动能转换综合试验区建设先进集体”“山东省绿色低碳高质量发展先行区建设试点企业”等荣誉称号。光威集团为威海精致城市建设提供了企业高质量发展的样本，提供了创新发展的经验，提升了威海“宜居宜业”的城市品牌影响力。

（三）主动融入国家战略，践行党的创新理论，为精致城市发展聚魂

纵观光威集团30多年的发展历程，光威集团由党的乡镇领导干部创立，全体光威人坚持党的领导，坚持问题导向，发扬斗争精神，面对“卡脖子”困局，坚持科技自立自强，敢于斗争，敢于碰硬，自主攻克核心技术，打破碳纤维国际封锁，展现出的光威精神与习近平新时代中国特色社会主义思想的深刻内涵一脉相承，息息相通。

光威集团在改革发展中经历的产业转型升级、股份制改造、资本市场运作、产业链协同等一系列生动实践，为我国改革发展理论提供了最基础、最普遍的经验，使其成为我国改革发展理论指导下的受益者。光威人是国家政策理论的坚定践行者，是融入国家战略的不懈奋斗者。

回望历史，无论是新中国成立之后“两弹一星”的成功发射，还是改革开放之初推出的“863”计划，都是中华民族打破国际垄断和封锁，迈向科技自立自强的坚定践行。当前，我国仍有许多核心基础零部件、关键技术设备、关键基础材料严重依赖进口，在复杂的国际形势面前，产业链、供应链随时面临受阻和断裂的风险。产业缺乏核心竞争力，就会被别人“卡脖子”，就会被封闭在低端。光威集团是千千万万坚定践行者中的普通一员，凭借坚定的家国情怀和矢志报国的决心，冲破了国外的技术封锁。

一个国家需要拥有伟大的民族精神，一个城市同样需要有自己的城市精神。威海自古是海滨卫城，素有“威震海疆”之意。甲午海战、天福山起义等展现了威海人自立自强、为国奋斗的爱国精神和坚定信念，展现了这座城市厚重的爱国精神和奋斗底色。

自立自强、矢志报国，是光威人的底色；攻坚克难、勇攀科技高峰，是光威人的追求。光威集团的发展史是一部中国民营企业凝聚民

族精神、反击国外技术封锁、扭转碳纤维国际局势的斗争史，是中华民族高举习近平新时代中国特色社会主义思想伟大旗帜应对复杂国际局势、推进中国式现代化的社会缩影和生动实践。光威集团不仅为威海精致城市建设提供了企业创新发展的样本，更赋予了精致城市更深层的精神内涵。

传承干事创业精神，担当新时代使命，建成社会主义现代化强国，实现中华民族伟大复兴，是一场接力跑。光威集团在新任董事长陈亮的带领下，将继续传承发扬光威人攻坚克难的精神，坚持科技创新，迈向更高水平科技自立自强。新时代的光威人将牢记总书记的嘱托，为精致城市建设添彩，为现代化强国建设书写新篇章！

思考题

1. 企业转型升级需要的必要支撑是什么？
2. 建设现代化产业体系如何保障供应链、产业链安全可控？
3. 科技自立自强背后依靠的是什么？

优化涉企服务　打造一流营商环境

——荣成市打造山东省首个县级企业一体化综合服务平台 *

【引言】党的十八大以来，习近平总书记围绕“放管服”改革、优化营商环境发表一系列重要论述，提出一系列新思想新观点新论断。2020年12月的中央经济工作会议强调：“要深化重点领域和关键环节改革，推进‘放管服’改革，不断优化营商环境。”① 2021年4月27日，习近平总书记在听取广西壮族自治区党委和政府工作汇报时指出：“要继续深化改革，坚持‘两个毫不动摇’，优化营商环境。”② 党的二十大报告指出，要营造市场化、法治化、国际化一流营商环境。

【摘要】良好的营商环境是经济高质量发展的助推器，是区域竞争力和影响力的综合体现，也是精致城市建设的重要组成部分。为进一步优化营商环境，荣成市深入贯彻落实中央及省市关于深化“放管服”改革的决

---

* 本案例由中共荣成市委党校政治教研室高级讲师刘玲玲，教务处高级讲师王青撰写。

① 《中央经济工作会议在北京举行　习近平李克强作重要讲话》，中国政府网，https://www.gov.cn/xinwen/2020-12/18/content_5571002.htm，访问日期：2024年2月15日。

② 《习近平在广西考察时强调　解放思想深化改革凝心聚力担当实干　建设新时代中国特色社会主义壮美广西》，中国日报网，http://cn.chinadaily.com.cn/a/202104/27/WS6087e8a8a3101e7ce974c6c2.html?ivk_sa=1023197a，访问日期：2024年2月15日。

策部署，以“双试点”改革为契机，坚持问题导向、需求导向、目标导向、效果导向，从体制机制入手，按照系统集成的思路，打造了山东省首个县级企业一体化综合服务平台，集成线上线下要素资源，为企业提供全链条、全天候、全过程、全生命周期一站式服务，完善各项配套制度和服务机制，不断提升平台的运行效能和政府的服务效能，优化了营商环境，为全市高质量发展增添了新动力。

【关键词】企业服务平台　营商环境

一、背景情况

营商环境是精致城市软实力的重要体现。大抓经济，拼的是营商环境。荣成市始终坚持将营造一流营商环境作为稳增长、稳预期、促发展的先手棋，努力打造与精致城市建设相适应的市场主体发展生态，以营商环境之“优”搏企业发展之“势”，提升精致城市之“品质”。

优化营商环境与推进“放管服”改革紧密相关。近年来，荣成市在山东省率先启动行政审批改革，实现政务服务1.0向审批服务2.0的转型升级，从行政审批制度改革着手优化营商环境，并积累了重要实践经验。但随着经济社会的加速发展和转型升级，政府为企服务方面仍存在瓶颈，亟须以统筹的理念、融合的思路、集成的办法进一步深化改革创新，推动审批服务向3.0跨越提升。

第一，优化营商环境是优化服务流程、提升服务效率的必然选择。由于顶层设计的原因，改革之前，荣成市政务大厅使用的上级业务系统有49个，其中包括25个国家部委系统、20个省级系统，且相互之间大多不兼容，还有一些政务服务资源则分散在其他部门，由此造成涉企平台众多、操作界面各异、服务功能不完善的局面，企业办理各种事项经常需在多个部门、多个系统间不断切换和跑动，既费时又费力。

系统的多样和资源的分散性增加了制度性交易成本，也成为优化服务流程、提升营商环境质量的瓶颈。要克服原有的弊端，提升服务效能，集成式一体化改革就成为必然选择。

第二，优化营商环境是落实“双试点”改革任务的内在要求。2021年，荣成被确定为山东省对标建设中国特色社会主义先行示范区综合改革、系统集成改革“双试点”区市。作为山东省唯一的改革“双试点”，荣成市应紧紧抓住发展机遇，积极探索系统集成改革的方法路径，“压茬”式拓展创新的广度和深度，以政务服务作为改革的切入点和着力点，先行先试、大胆探索，加快推进“放管服”改革，优化提升营商环境，促进社会投资、就业创业，为市场主体减负，增进群众福祉。

第三，优化营商环境是落实好“荣归故里”计划、推进“双招双引”的现实需要。2022年，围绕更好地服务企业、服务企业家，荣成市委、市政府旗帜鲜明地提出“荣归故里·成就未来”，全面实施“荣归故里”计划，设立“荣成企业家日”等，真心实意地服务企业家，全力以赴地支持企业做大做强，先后出台《关于加快推动产业高质量发展的若干政策意见》《关于全面推进“荣归故里”计划的实施意见》等一系列政策措施，成功举办首届“荣成企业家日”座谈会，成立高质量发展咨询委员会，颁发荣成市企业家服务保障卡等，为企业发展增添了新的活力。落实好“荣归故里”计划，需要以优质高效的服务礼遇人才，以合作共赢的姿态成就人才，需要促进制度集成创新和服务效能的优化，在为企服务时第一时间响应、反馈企业诉求，让服务“多跑路”，让企业“少跑腿”，唯其如此，才能真正体现出对企业和企业家的关心关爱，营造近悦远来的“强磁场”，进而在更高层次和水平上推进“双招双引”，赋能经济高质量发展。

二、主要做法

为持续优化营商环境，真心实意地为企业办好事，为项目落地解难题，荣成市整合全市涉企服务要素资源，创新打造山东省首个县级企业一体化综合服务平台（以下简称平台）。线上层面，整合工信、商务、科技等部门原有平台的功能，打造集政策服务、事项办理、诉求解决等功能于一体的服务企业样板工程。线下层面，打造一处企业服务专区，聚力服务产业强市、工业带动，发展海洋经济，为招商引资、项目建设和企业发展提供全链条、全生命周期一站式服务。

同时，围绕平台打造，借鉴浙江改革的经验做法，引入升级版“政务中心”模式，使企业办事诉求由平台统一受理，分派给相关部门限期办理、跟踪反馈、开展评价，倒逼流程优化、规范标准、提速提效，形成对外一口化受理、对内全链条处置的闭环，做到“一件事一次办”；同时逐步探索与社会治理平台的联动，打造解决民生和企业诉求的双核平台。

平台自2022年9月上线运行以来，共受理企业诉求4000多件，平均办结时限压缩在2个工作日内，办结率为100%，企业满意度为100%，有效提升了政府服务效能，优化了区域营商环境。

（一）整合系统平台，实现服务“一网通”

通过专业技术集成，全面打通威海市政务云、威海市工程建设、省企业开办平台及市内工信、商务、科技等涉企服务平台，统筹政务服务、招商引资、诉求调处、融资担保、产学研合作、科技成果转化等各类要素资源，搭建涉企综合服务平台，编织助企服务“一张网”。一方面，当好政府服务企业的“总代理”。按照“直办转办、分类办理、全程督办”模式，将企业诉求分派给相关部门限期办理，同时进行跟踪反馈、开展评价，变“企业找部门”为“平台督部门”，倒逼平台优化流程、规范标准、提速提效，形成对外一口化受理、对内全链条处置的闭环。另一方面，当好企业诉求的“代言人”。统一汇集、分析企业反映的和部门在办理过程中遇到的难点热点问题，为政府决策提供支撑。通过这两个角色的相互转换，实现服务供给和服务需求的有效衔接，当好服务企业的“总枢纽”。

创新整合之后的企业一体化综合服务平台主要包含四大板块，分别是办事服务、政策诉求、智慧招商和专属空间。平台一体化主要体现在四个方面：

1. 实现了平台功能的一体化

以前，企业办事要逐一登录不同的系统，操作烦琐，耗时较长。为解决这一难题，荣成市通过专业技术集成，全面打通威海市政务云、威海市工程建设、省企业开办平台、工信局的涉企服务平台、商务局的招商引资平台，以及其他各部门的涉企服务平台，并在原有部门平台功能的基础上，开发政务地图、智慧导服、项目管家等12项在线服务。通过资源整合，实现“一端受理”。企业登录这一个平台，就可在线享受事项办理、政策推送、诉求调处、项目申报、帮办代办等多项服务，改变了过去涉企平台多、操作界面各异、服务功能不完善等实际问题，打造了便捷、高效的企业服务“线上管家”。

2. 实现了企业办事的一体化

企业要办事，就可进入“办事服务”板块。企业可以按热度、部门等搜索要办理的业务，之后点击“申报”按键，可以选择自己办，也可以联系“智慧导服”申请平台帮着办。企业还可以在栏目下查询办件进度、结果公示等相关信息。由于项目建设阶段的手续较为烦琐，平台为此设置了“工程建设”专区，企业进入“工程建设”专区后，如果不知道如何使用和办理，可以先通过办事流程图、政策指引等了解办理流程以及相关的政策法规，之后再进入“我要申报”进行立项、用地等事项的办理。

为进一步优化整合办事流程，突出“一链通办”，荣成市以争创企业全生命周期市场准营省级改革试点为契机，全面梳理高频政务关联链条，整合不同部门单位分散办理的多个事项，将企业从注册开办到清算退出全过程涉及的15项关联性强、高频发生的事项进行系统集成，全新打造“我要办幼儿园”“我要开饭店”等60多个“一件事一次办”集成化服务场景，实现涉企事项集成化、场景化服务，做到“一套材料、一次告知、一表申请、一条龙服务”，审批时限平均压缩90%。例如，办理注册药店，改革前申请人要去7个不同的部门单位提交40余份申请证明材料，改革后，经营业户申领1张行业综合许可证即可准入准营，审批时限由法定的30个工作日压缩到3个工作日以内，审批环节精简70%，审批时限大幅压缩90%以上。

3. 实现了各类诉求办理的一体化

为进一步提升涉企类问题反馈的及时度和精准度，平台为企业在线交流提供了两种沟通方式。

企业如果在办事过程中出现疑问，就可以点击“我要咨询”栏目获取帮助。平台通过“7×24智能+人工”的方式，为企业快速提供政策、流程、咨询等方面的服务。常识性问题通过系统建模入库，由智能机器人自动答复，例如，咨询一个企业设立的问题，智能机器人会自动回复企业设立的办事指南，申请人通过打开办事指南，就可以获取企业设立的办理流程和办理材料。疑难问题转入人工服务模式，为企业提供一对一线上咨询和帮办服务。

企业如果有任何的需求、诉求，都可以点击“我要留言”栏目，对于企业提出的一些较为复杂和专业性强的问题，通过“发起留言”生成“办件表单”，由工作人员通过后台的“留言分配”将其分派至相关部门限期答复，对快要超期的办件通过后台进行催办督办。同时，企业可以对办事的结果进行评价，通过评价倒逼部门限时整改、优化流程、提速提效，实现咨询—回复—评价—整改—提升的迭代升级。

4. 实现了各类资源要素的一体化

为满足企业的个性化需求，方便企业查找办理过的证照和审批材料，方便企业办事，平台为每家注册企业都量身打造了一套专属功能系统——“专属空间”，进入“专属空间”后，企业可以看到“我的办件”“我的项目”等栏目。进入“我的办件”栏目，企业可以查看自己在政务云平台上的所有办件信息。进入“我的项目”栏目，企业可以查看建设项目信息、企业服务管家信息。平台为全市所有重点项目都配备了项目管家，通过联系项目管家，免费享受立项、用地、规划、施工等全链条工程建设类28项服务。进入“我的证照”，企业可以查看办理过的电子证照、营业执照及企业服务专员信息。平台为全市重点企业、成长型企业、产业链企业、新注册企业配备了服务专员，通过联系服务专员，还可以免费享受证照换发、年报提醒、档案查询等7大类120余项市场准入类服务。进入“我的政策”，包括“我的政策”和“所有政策”，其中“我的政策”是根据企业的产业类型、经营范围的业务区分，通过平台云计算、大数据分析等手段，向企业推送的精准信息；而“所有政策”是所有涉企服务政策，比如登录山东通泰橡胶股份有限公司，可以在“我的政策”栏目下查找到精准服务政策，在“所有政策”栏目下查找到全市所有涉企服务政策。进入“我的留言”，企业可以查看到所有留言信息，以及每条留言对应的回复情况。进入“我的招聘”，企业可以在此发布招聘信息，解决用工问题。进入“我的融资”，企业可以在此发布融资信息，解决资金短缺问题。

平台配套制定管理办法、运行机制等文件，对所有纳入平台管理的服务事项，按照能简则简、能容则容、能免则免的原则，重新进行流程再造、要件优化，平均压缩流程45%、减少材料67%，服务全流程始终处于平台的监管之下，自动生成考评结果。

从企业全生命周期看，项目建设阶段是最烦琐的环节。为此，荣成市在平台又专门设置了“投资建设专区”，集中办理项目建设涉及的住建、自然资源、行政审批等7大类25项审批事项，做到“一站式”办结。为了更好地服务企业项目，平台对业务受理布局进行了重新调整，打破柜台阻断，使企业与项目管家由传统的“面对面”交流改为紧密度更高的“肩并肩”协作，双方可以共同坐在电脑、图纸前会商项目，完善方案。旁边还设置了商务沙龙，兼顾功能性和私密性，企业可以在此独立办公或者进行商务洽谈。

（二）优化办事流程，助力服务“加速度”

荣成市把满足企业诉求作为提升政务服务的出发点和落脚点，下力气减事项、减环节、减材料、减时限，着力提高办事效率和服务效能。

一是打造“无差别”窗口。荣成市行政审批中心成立之初，划转的人员大多是原单位的驻窗口人员，划转后干的基本还是原来业务领域的工作，存在人员忙闲不均、服务能力单一等问题。为此，荣成市打破人员、窗口、科室、职能界限，在全省率先探索建立“无差别”综合受理服务模式，统一编制零基础模板，统一组织业务培训，对营业执照、卫生许可、食品证、普通货运证、对外贸易经营备案等6大类的64项高频事项和食品经营、医疗卫生等15大领域的86项勘验事项实行全员通办，使企业到任何一个窗口都可办理所有流程。同时，针对招商引资、项目落地手续烦琐、周期长的实际，集中项目建设准入涉及的7大类29项审批事项，设立企业服务专区，提供管家式一对一服务，帮助企业制定个性化审批菜单，审批时限由27个工作日压缩到10个工作日以内，简易低风险项目实现1个工作日办结。

二是深化“无证明”办理。结合实施山东省首批告知承诺改革试点，荣成市在减材料、减时间、减成本等方面持续发力。为有效清理奇葩证明、重复证明等各类无谓证明，打通高频政务事项涉及的自然资源、住建、发改、生态环境等部门的数据信息库，平台通过数据共享、内部提取、告知承诺等方式，使证明材料由群众自行提供改为窗口内部提取，首批梳理的297项证明材料取消253项，整体审批资料精简85%以上。通过信息的“内部流转”代替企业的“跑腿办事”，最大限度地方便了企业办事。比如，若要办理公共场所卫生许可，改革前需提交营业执照、公共市场所平面图、健康证等10份申请材料，改革后申请人只需签订一张承诺书，审批部门通过内部流转和数据共享，即可当场办理卫生许可证，审批时限由原来的3个工作日压缩到现在的即时秒批，且免于事后核查。目前，相关“无证明”事项已办理2000余项，累计服务企业800余家。

三是提升“智能化”水平。通过大数据建模，归集政策咨询、流程办理等2570项高频事项，建立处置信息库，由人工智能自动答复、即时办理。打造“云勘验”审批新模式，申办人参照“标准模板”提前准备现场设备和申请材料，核查人员通过实时视频连线完成“不见面”审批，勘验时限平均压缩到2个工作日以内。采用“屏对屏”的形式，780项依申请政务服务事项可全部实现网上办理，依申请政务服务事项一次办好率和可网办率保持100%，可全程网办率达99.2%，高出全省平均水平5~10个百分点。在全市3个政务大厅和22个镇街便民服务中心配备26台“商事登记自助服务终端”，在镇街巡回开展上门指导和业务培训40余期，可秒批办理各类证照，压缩办件时限超75%。

（三）破解障碍难题，开启服务“直通车”

荣成市直面企业面临的急难愁盼问题，推出“不打烊”“零距离”“无障碍”服务，切实为企业纾困解难，打通服务企业“最后一公里”，以扎实的工作举措搭建为企服务直通车。

一是创新“不打烊”服务。为有效解决“上班时间没空办，下班时间没处办”的困境，荣成市推出周末“不打烊”事项清单，综合运用现场服务、预约服务、延时服务、24小时自助服务等方式，通过增设税务、社保、银行自助服务机，组建周末错时服务机动队，实现个体登记、企业开办、不动产登记以及水、电、气、暖缴费等44项高频民生服务事项不间断办理，有效延长政务服务时限，填补节假日、休息日服务空白，有效解决“上班没空办、下班没处办”的难点问题，构建全时段政务服务体系。如：荣成市住宅开发有限公司因项目验收需办理地表水、地下水取水许可事项。企业于12月31日在平台上咨询相关政策要求，因企业申请急切，平台第一时间转办水利局，主管部门利用元旦假期开展不打烊现场验收，对其位于观海中路171号的两处取水口位置进行核查登记，短短1个工作日便完成许可证核发工作，较平均审批时限大幅提升67%。

二是实现“零距离”服务。构建多功能、立体化的服务网络，实现涉企事项就近能办、多点可办。打造政务服务“流动驿站”，与大型商业综合体、工业园区、商超等市场主体密集场所合作，通过驻点指导、业务委托、远程共享等方式，定期组织为企业现场办事，将政务服务送到家门口。加强镇街便民服务中心建设，针对镇街便民服务中心场所标准化建设有待提升的问题，因地制宜打造5个标杆型、17个标准型基层便民服务场所，将养老金领取、社会化保险待遇资格认证等157项公共服务事项纳入镇街便民服务中心办理，进一步提升基层便民中心的服务功能；同时，全市所有社区服务中心均可受理最低生活保障、特困人员供养等28项公共服务事项，所有村级代办点均可受理小麦“一喷三防”补助、困难残疾人生活补贴等21项公共服务事项，构建起10分钟便民服务圈，推动基层政务服务从“能办”到“快办”“易办”“好办”转变提升。在完善镇街便民服务中心、村级代办点功能的基础上，荣成市充分发挥农商行的网点优势和农商行客户经理的专业优势，将50项涉企服务事项纳入全市28个政银合作网点办理，把农商行网点改造升级为涉企服务代办点，把农商行代办员培训升级为政务服务帮办员，推动“金融+政务”一站式办理，全面打造“一镇双中心、两员相融合”的服务模式。

三是提供“无障碍”服务。针对特殊群体和涉外企业的办事需求，与特殊教育学校、外事服务中心、驻荣高校等部门开展合作，建立专业人员微信群，通过指尖交流、在线交流等形式，提供手语、英语、韩语、日语等多种真人翻译及视频交流服务，有效解决残疾人、涉外企业的办事困扰。

（四）突出服务品牌，当好企业“贴心人”

荣成市打造精细化服务品牌，不断提升服务精度、深度和温度，切实当好服务企业的“贴心人”，为企业高质量发展持续赋能。

一是打造“服务专员”服务品牌。过去企业来办事，通过叫号系统，每次面对的都是不同的工作人员，服务企业缺乏连贯性。为此，荣成市在全省首创了企业全生命周期跟踪服务机制，对新注册企业，自企业设立之日起，窗口负责办理注册的工作人员自动升级为该企业的服务专员，负责办理企业全生命周期的业务；对全市重点企业、成长型企业、产业链企业，配备服务专员一对一跟踪服务，帮助协调解决各类涉企事项，推动企业服务精准化、常态化、高效化。组织32名科室负责人及业务骨干精准对接全市166家重点企业，常态化开展见一次面、留一次联系方式、征求一次意见、送一次政策的“四个一”活动，每周汇总更新企业反映的问题台账，限期督办反馈。

二是打造“项目管家”服务品牌。一直以来，工程建设项目都是审批服务领域最烦琐、最复杂的环节，企业办事要付出大量的人力和时间成本。为此，荣成市组建了一支13人的“项目管家”服务团队，主动对接全市99个重点产业项目，所有项目管家都能熟练掌握从企业注册到项目立项、用地、规划、施工等的全链条事项，做到施工许可类“七证合一”、市政设施类“六证合一”、工程规划类“三证合一”，简易低风险项目1个工作日全部办结。有工程项目的企业都可以直接联系管家上门服务，审批流程、审批材料分别同比压减75%、67%。

三是打造“证照预警员”服务品牌。围绕食品经营许可、民办非企业单位登记等9大类高频事项，通过电话、短信、微信、上门等方式对证照临期的企业和个人在证照到期前30日进行换照或延续提醒，避免因证照逾期而影响市场主体的日常经营，有效降低重复办证的时间和经济成本，为服务对象节省时间50%以上，减少材料60%以上。

（五）集成问题化解渠道，推动诉求办理协同高效

按照12345市民服务热线模式，打造企业版接诉即办处置平台，进一步畅通企业的诉求表达渠道，推动涉企诉求“一体化”办理。

一是在诉求处置上，推行“智能+人工”双重服务，对常规问题，通过大数据建模，归集政策咨询、流程办理等2570项高频事项，建立处置信息库，由人工智能自动答复、即时办理；对疑难问题，实行“企业吹哨、部门报到”机制，统一派单、部门认领，从机制上提高办理效率和质量。如山东龙眼港控股有限公司在办理经营人变更手续上遇到了问题，影响了外籍船舶停靠龙眼港。企业将诉求反馈至平台后，平台针对疑难问题实行“企业吹哨、部门报到”，市交通运输局接单后立刻派专人对接，使问题快速解决。

二是在责任落实上，健全首接负责、协调督办、考核评价、信息公开等工作机制，对承接部门实行限期督办、跟踪反馈，全方位压实职能部门的工作职责，变“企业找部门”为“平台督部门”，倒逼流程优化、标准规范、提效提速。同时，对企业线上的服务诉求，引入大数据分析，定期归集事项办理过程中的难点热点问题，对企业运行进行动态分析，及时研判企业的生产经营风险，为政府科学决策提供精准支撑。

三是在贴心服务上，开通企业“专属空间”，企业可随时查询申报项目建设信息、证照办理情况、诉求处置进展等信息。平台可根据企

业的产业类型、经营业务等要素，通过大数据分析、自动比对，将与该企业相关的涉企政策信息精准推送，方便企业自主查询。比如，建筑施工领域的企业可通过平台即时查询所参与建设的项目信息，查看可免费享受的立项、工地、规划、施工等工程建设类的28项服务，以及46条涉工程领域政策。

三、经验启示

（一）加强改革顶层设计，统筹协调高位推动

以党委政府为主导是平台建设成功的关键因素。为保障平台建设的力度和成效，荣成市专门成立了由市政府分管领导任组长的全市企业综合服务平台筹建领导小组，制定出台了《荣成市企业一体化服务平台管理办法》，确立了200万元财政专项资金。领导小组以持续深化行政审批领域服务创新、提高营商环境软实力为总目标，组织专班先后到济南、青岛、雄安、深圳、浦东学习审批改革的先进做法，对标国际国内一流服务平台，高起点、高标准进行整体规划。全面整合全市涉企服务资源要素，协调各行业、各部门统筹推进工作落实，并以上率下，构建起强有力的组织制度保障。

（二）聚焦企业发展需求，精准破解服务痛点

坚持问题导向、需求导向、效果导向，不断优化服务方式、推动线上线下服务融合是提升平台服务效能的根本所在。荣成市把用户思维融入平台建设全链条，从群众和企业的视角去想服务、定平台。线上打造集政策服务、事项办理、诉求解决等功能于一体的服务企业样板工程，线下打造企业服务专区，围绕企业服务难点、痛点、堵点，不断创新完善服务方式。通过线上线下服务融合，做到系统化联动服

务、闭环式全程服务、滴灌式精准服务。

（三）深化数字技术支撑，助力智慧城市建设

数字技术和信息化建设是支撑和构建平台的核心基石。为汇聚共享“超能力”，荣成市深耕互联网、大数据，深化数字技术与管理的有机结合，不断推动以数据共享、业务协同和智能服务为代表的数字治理创新，以先进的服务理念和数字化手段科学分析企业的运行特点和实际诉求，开展个性化、差异化服务，提高服务企业的精准性、便利性和有效性，不断为优化营商环境赋能增效。“不见面审批”“秒批”等使涉企服务事项实现“一窗通办”“一网通办”，让惠企政策“一键直达”，实现市场主体对办事进程可视化、可跟踪、可预期，政府管理和服务的精准性和有效性大大提高，企业的办事成本持续降低，获得感和满意度明显提升。

（四）强化运行保障机制，全面提升工作效能

良好的管理体制、运行机制是平台有效、长效发挥作用的重要保证。为发挥平台的实用效能，荣成市健全接诉即办、首接负责、协调督办、考核评价、信息公开等工作机制。建立平台信息发布工作考核、责任追究和通报制度，定期对各部门有关工作的开展情况进行监督检查、考核评议和公开通报。根据平台运行过程中各部门服务企业的情况，定期进行通报。对于未按要求及时更新的政策、信息，有关平台管理机构要进行定期清理。对于不按时答复企业诉求、未完成企业申请事项办理、互相推诿、处理问题简单、诉求企业不满意、督办件落实不及时等情况也纳入考核范围。

（五）加大宣传培训管理，促进工作稳步推进

荣成市对平台进行多渠道宣传推介，组织22名镇街管理员、50名

服务专员和项目管家、60名农商行客户经理实地走访500多家企业，帮助企业在平台注册账号，宣传平台功能，推荐企业使用。印发2万份《致全市广大企业的一封信》，通过镇街平台管理员、企业注册登记窗口、镇街便民服务中心窗口、政银合作网点等途径面向全市企业发放，累计通过电视、报刊、抖音、微信等全媒体渠道发布信息80余条。2022年12月16日，《威办督查》17期刊发《荣成市创新打造一体化企业综合服务平台系统》，威海市委主要负责同志批示“各区市开发区学习借鉴，加快推进经济增长力度”。分层面完成专业化培训，先后举办三期培训班，对全市3个区、22个镇街、45个市直部门的110余名平台管理人员进行专题培训。培训班对平台的功能板块以及办件处置流程进行系统讲解，指导平台管理员全面掌握平台功能和操作流程，确保平台能够有序高效运行。零延误实现企业诉求接诉即办，安排专人专岗受理企业诉求，所有办件当天分派至相关部门限期答复，对快要超期的办件通过后台进行催办督办。诉求处理完毕后，企业对处理结果进行满意度评价，倒逼部门限时整改、优化流程、提速增效。

思考题

1. 创新打造企业一体化综合服务平台对优化营商环境的作用有哪些？
2. 在企业一体化综合服务平台的建设中，如何推动有效市场和有为政府更好地结合？
3. 如何进一步完善体制机制和相关配套服务，使企业一体化综合服务平台更好地发挥作用？

精致城市现场案例教学（下册）

中共威海市委党校（威海行政学院）
威海市社会主义学院 著
山东威海干部学院

中共中央党校出版社

图书在版编目（CIP）数据

精致城市现场案例教学 / 中共威海市委党校（威海行政学院），威海市社会主义学院，山东威海干部学院著. 北京：中共中央党校出版社，2025. 3. -- ISBN 978-7-5035-7809-0

Ⅰ. F299.275.23

中国国家版本馆CIP数据核字第2024F7N619号

精致城市现场案例教学

策划统筹 曾忆梦
责任编辑 刘海燕　边梦飞　王新焕
责任印制 陈梦楠
责任校对 李素英
出版发行 中共中央党校出版社
地　　址 北京市海淀区长春桥路6号
电　　话（010）68922815（总编室）（010）68922233（发行部）
传　　真（010）68922814
经　　销 全国新华书店
印　　刷 中煤（北京）印务有限公司
开　　本 710毫米×1000毫米 1/16
字　　数 748千字
印　　张 58.25
版　　次 2025年3月第1版　2025年3月第1次印刷
定　　价 108.00元（全二册）

微 信 ID: 中共中央党校出版社　　**邮　　箱**: zydxcbs2018@163.com

目录
CONTENTS

■ **第二章　政治建设** …… 445

英雄地质队是怎样炼成的

——深入学习习近平总书记给山东地质六队的回信精神 …… 446

平安社区的守护人

——记威海市环翠区竹岛街道塔山社区片警戚恩雨 …… 460

■ **第三章　文化建设** …… 475

胶东育儿所"乳娘精神" …… 476

红色胶东天福山起义 …… 491

永远的怀念

——"两弹一星"元勋郭永怀 …… 504

推动交、文、旅深度融合　打造高质量发展新引擎

——威海千里山海自驾旅游公路火爆出圈的成功密码 …… 522

聚焦群众文化获得感　打造公共文化服务特色品牌

——环翠区打造"5·23歌咏会"公共文化服务品牌的创新实践 …… 541

立德树人　打造"精致城市"的文化内核

——威海市统一路小学高质量推进优秀传统文化融入的实践探索 …… 557

■ 第四章　社会建设 …… 573

从"暖心"到"暖社会"

——以荣成市新时代文明实践"暖心食堂"为例 …… 574

以志愿服务推进精致城市精神文明建设高质量发展

——威海长城爱心大本营的探索实践 …… 589

一任接着一任干　守得一方百姓安

——威海市环翠区东北村社区的共建共治共享之路 …… 606

首善之区的"法律之家"

——威海市环翠区公共法律服务中心打造"一站式"公共法律服务的实践探索 …… 626

"民情夜会"　谱写基层善治新篇章

——乳山市育黎镇的实践探索 …… 644

■ 第五章　生态文明建设 …… 659

一张蓝图绘到底

——威海缘何荣膺全国首个"美丽城市"建设试点 …… 660

从矿山修复到文旅腾飞

——华夏集团对"两山"理念的实践探索 …… 678

以绿色生产力赋能精致城市建设

——荣成市好运角旅游度假区践行"两山"理念的生动实践 …… 693

创新首席专家制度　引来人才外源活水

——威海市文登区大水泊镇以"耕读小镇"模式引领乡村振兴 …… 709

■ 第六章　安全稳定 …… 727

织密扎牢渔业安全"防护网"　为高质量发展保驾护航

——威海市海洋渔船综合管控的实践探索 …… 728

小事不下船、大事不出港、矛盾不上交、平安不出事

——威海市孙家疃街道“海上枫桥工作法”的探索实践……746

■ 第七章 党的建设……763

夯实党建引领底板 点燃商圈“红色引擎”

——环翠楼街道商圈党委打造党建引领商圈发展新模式……764

“红色朋友圈” 共走乡村振兴路

——乳山市党建联建助推强村富民的实践探索……782

制 度 篇

威海市精致城市建设条例……799

案例教学工作规程（试行）……815

案例萃取办法（试行）……826

现场教学规程（试行）……839

现场教学基地管理办法（试行）……848

附 录

精致城市建设相关媒体报道……855

精致城市建设相关重大事件……883

跋

落笔山水间 城市焕新颜

——山东威海以高品质生态环境支撑高质量发展的实践探索……889

第二章

政治建设

英雄地质队是怎样炼成的

——深入学习习近平总书记给山东地质六队的回信精神*

【引言】2022年10月2日，习近平总书记在给山东省地矿局第六地质大队的同志们的回信中强调："矿产资源是经济社会发展的重要物质基础，矿产资源勘查开发事关国计民生和国家安全。希望同志们大力弘扬爱国奉献、开拓创新、艰苦奋斗的优良传统，积极践行绿色发展理念，加大勘查力度，加强科技攻关，在新一轮找矿突破战略行动中发挥更大作用，为保障国家能源资源安全、为全面建设社会主义现代化国家作出新贡献，奋力书写'英雄地质队'新篇章。"①

【摘要】金属矿产资源是国家的战略资源，其中黄金的地位尤其重要，它不仅是货币储备和战略投资的特殊通货，而且是电子业、航天航空业、现代通信业等部门的重要材料。新中国是从"零黄金"开始经济建设和金

* 本案例由中共威海市委党校（威海行政学院）校（院）委委员、经济学教研部主任王东普，教师牛艳玲、徐超、杨光，地质六队张丽辉开发，王东普、徐超担任教学主持人AB角。

① 《习近平给山东省地矿局第六地质大队全体地质工作者的回信》，中华人民共和国司法部，https：www.moj.gov.cn/pub/sfbgwapp/jryw/202210/t20221005_464684.html，访问日期：2024年2月27日。

融建设的，那时，西方国家不仅炮制中国贫油论，而且还有中国贫金论。要打破贫金论，就必须打破金成矿理论。山东省地质矿产勘查开发局第六地质大队不信邪，在近70年的找金实践中，破除了大断裂带不生金矿的西方理论，建立了深部找盲理论，以金成矿原始创新的基础理论为指导，在理论上不可能的地方寻获2810吨黄金，用占全国1/5的找金成就，实现了寻金报国的理想和向地球深部进军的宏愿，成为李四光精神和新质生产力的模范践行者。

【关键词】习近平总书记回信　英雄地质队　新质生产力　原创成矿理论

一、背景情况

党的二十大召开之前，习近平总书记给山东省地矿局第六地质大队的同志们回信，对其工作给予了高度肯定，并勉励其奋力书写“英雄地质队”新篇章。

山东省地矿局第六地质大队的同志们：

你们好！来信收悉。建队以来，你们一代代队员跋山涉水，风餐露宿，攻坚克难，取得了丰硕的找矿成果，展现了我国地质工作者的使命担当。

矿产资源是经济社会发展的重要物质基础，矿产资源勘查开发事关国计民生和国家安全。希望同志们大力弘扬爱国奉献、开拓创新、艰苦奋斗的优良传统，积极践行绿色发展理念，加大勘查力度，加强科技攻关，在新一轮找矿突破战略行动中发挥更大作用，为保障国家能源资源安全、为全面建设社会主义现代化国家作出新贡献，奋力书写“英雄地质队”新篇章。

习近平

2022年10月2日[①]

总书记在回信中指出，“矿产资源是经济社会发展的重要物质基础”，明确了矿产资源的基础地位。就如农作物是人的粮食一样，矿产资源也是工业不可或缺的“粮食”，关系着国民经济的命脉。我国是世界上少数矿产资源种类齐全、储量丰富的国家之一。《中国矿产资源报告2021》显示，截至2020年底，我国已发现矿产173种。其中，能源矿产13种、金属矿产59种、非金属矿产95种、水气矿产6种。

同时，我国也是全球第一大矿产品生产国和消费国。2020年，我国的煤炭、黄金、铅、锌、钨、稀土等多种矿产资源产量排名世界第一，36种矿产消费量居全球第一，22种矿产消费量占全球比例超过一半。从1949年到2022年，我国煤炭产量从32万吨增长至45.6亿吨，石油由7万吨增长至2.05亿吨，天然气从700万立方米增长至2201亿立方米，黄金从4吨增长至372吨。矿业已成为国民经济中的基础性、支撑性产业。我国2023年126.06万亿的GDP，是靠这些能源资源喂养起来的，没有这口“工业粮食”，我们的制造业根本就长不大、玩不转。可以看出，从新中国成立初期、社会主义建设时期到改革开放和社会主义现代化建设时期，能源和矿产资源作为我国经济社会发展物质基础的支撑地位一直没有变。

总书记在回信中指出，“矿产资源勘查开发事关国计民生和国家安全”，明确了找矿工作的战略地位。从地球系统科学的角度出发，全球矿产资源禀赋分布不均，资源品质有优有劣，没有任何一个国家能够

① 《习近平给山东省地矿局第六地质大队全体地质工作者的回信》，中华人民共和国司法部，https://www.moj.gov.cn/pub/sfbgwapp/jryw/202210/t20221005_464684.html，访问日期：2024年2月27日。

实现所有矿产资源的自我供给。我们同样不能例外，我国大宗矿产短缺，从2021年的数据看，能源和金属矿产资源尤其缺乏。

比如石油，大家都知道石油的三个70%，第一个是我国70%多的原油是进口的，也就是对原油进口依赖度超过70%，具体来说，我们的汽车每烧百升汽油，就有70升是从外国来的，这一个数据就让我们足以震惊吧？第二个70%，是进口的原油中有70%多是走海运过马六甲海峡的，这直接关系国家能源安全。一旦台海爆发战争，美国就将切断马六甲海峡的中国海油通道，也就切断了我国的能源供应。第三个是我们所开的汽车70%多是燃油车。

此外，还有天然气，气态天然气还好，只有20%多的进口依赖度，但液态天然气的进口依赖度超过了83%。

金属矿产资源呢？情况也不容乐观。我国三大类金属都存在巨大的缺口。一是黑色金属铁矿石，我国的原料进口依赖度为80%。二是五大基本金属铜、铝、铅、锌、锡，我国对这些原料的进口依赖度全部超过50%，其中铜矿石的进口依赖度为72%，铝土矿为60%，铅矿为55%，锌矿为51%，锡矿为69%。三是三大能源金属锂、钴、镍，我国的产品进口依赖度更是十分惊人，其中锂产品的进口依赖度为82%，钴产品的进口依赖度达到惊人的98%，镍产品的进口依赖度也达到95%。

此外，我国大宗金属原料进口来源过于单一，2021年，我国的铝土矿进口约有51%来自几内亚，铜精矿进口60%来自智利和秘鲁，80%的镍和钴资源分别来自印度尼西亚（镍）、菲律宾（镍）和刚果（钴）。

尤其需要高度重视的是，过去5年至10年中，得益于降耗增效等政策的刚性实施，我国每万元GDP的上述金属矿产资源的消耗量在不断下降，但由于经济基数大，其进口量还在逐年升高，金属矿产的进口依赖度没有降下来。所以能源资源事关国家安全，这丝毫不是什么夸张之词，而是实实在在的冰冷现实。我国只有钨、钼、镁等小金属和金、银等贵金属没有进口依赖，另外还有一项战略性矿藏——稀土矿可以制约西方的战略性资源，是可与西方平等交换的大筹码。但遗憾的是，西方已经在蒙古国发现了超大规模的稀土矿，只差加工厂，留给我们的回旋空间不大、回旋时间也不多了。

正因如此，我国确立了战略性矿产资源预警制度，2020年统计的战略依赖产品进口行业分布中，57.3%是工业金属，其次是主粮占13%，然后是能源化工、电子信息、医疗器械，分别占约8%、7%、6%；进口区域分布中，来自澳大利亚的占比为52.1%，其次是美国22.4%，接下来的韩国、日本分别占比9.3%、6.3%。对发达国家矿产极高的进口依存度，使我国的安全发展面临严峻挑战。2021年11月18日，中央政治局召开会议审议《国家安全战略（2021—2025年）》时提出要确保能源矿产安全，矿产安全首次上升到国家战略高度，与粮食安全一起被纳入国家安全的总体格局中。随后，2021年12月8日至10日召开的中央经济工作会议强调要正确认识和把握初级产品供给保障，要增强国内资源生产保障能力，加快油气等资源先进开采技术的开发应用。党的二十大报告中则将确保粮食安全、能源资源安全、产业链供应链安全一起作为增强维护国家安全能力的重要方面。在全面建设社会主义现代化国家新征程中，更要站在国家安全的战略高度，大力提升矿产资源的保障能力，确保“工业粮食”的饭碗牢牢端在自己手中。

二、基本情况

1958年，国家对黄金需求凸显，山东省地质矿产勘查开发局第六地质大队（以下简称地质六队）的前身——八〇七队在胶东大地诞生。1966年，全国第一个特大型蚀变岩型金矿床——三山岛金矿被发现；1977年，地质六队探获的“焦家式”金矿被正式命名确立，打破了大断裂带只导矿不储矿的金科玉律；1985年，《焦家式新类型金矿的发现及其突出的找矿效果》荣获首届国家科技进步奖特等奖，摘得了地质科学界的最高桂冠；1992年，国务院隆重召开命名表彰大会，授予地质六队“功勋卓著无私奉献的英雄地质队”光荣称号，地质六队成为全国地矿系统迄今唯一获此殊荣的单位。

新世纪以来，在黄金“攻深找盲”的趋势中，2006年，地质六队探获莱州寺庄51.83吨特大型金矿，率先实现全国“攻深找盲”战略突破，受到时任国务院总理温家宝的亲笔批示祝贺。建队以来，地质六队累计探获金2810吨，约占全国黄金储量的1/5，助力胶东地区一跃成为世界第三大金矿集区。其间，在“焦家式”金矿成矿模式和找矿理论研究的基础上，地质六队提出了胶东金矿“热隆—伸展”成矿理论和“阶梯式”成矿理论，为胶东乃至全国进行深部找矿提供了理论技术支撑。

面对日新月异的变革与挑战，地质六队加快走出去的步伐，在内蒙古、青海、新疆等20多个省份和美国、澳大利亚、苏丹、塔吉克斯坦等10余个国家地区开展地质勘查工作，取得非凡的成绩。与此同时，围绕服务国家和山东省重大战略，积极开展环境地质、城市地质、农业地质、旅游地质、海洋地质调查等工作，推动地质工作与国土资源、城建、规划、交通、海洋、农业、环保、旅游等产业的深度融合，不断开辟地矿事业发展新境界。

三、发展经过

地质六队的历史，是一部大力弘扬爱国奉献、开拓创新、艰苦奋斗优良传统的英雄史诗。这部史诗分别以一个名字、一个批示、一封回信为标志，我们称为英雄地质队的史诗三部曲。

（一）一个名字：焦家式破碎带蚀变岩型金矿

新中国成立之初，国家面临的首要任务就是从落后的农业国向工业国迈进。面对一穷二白的现实，快速推进工业化的唯一道路就是大量进口工业成套设备；同时，基于抗美援朝的需要，也必须进口大量的武器装备。无论进口工业设备还是武器装备，都需要大量的外汇支付给出口国或援助国。但是，由于受到西方阵营的全面封锁，我国当时可获得的主要外汇——美元十分稀缺：1952年至1958年的7年间，我国每年全部的外汇储备只有两三亿美元的规模，用美元作为进口支付这条路根本走不通。而同期，黄金作为硬通货币在国家外汇储备中的比例平均接近60%，成为当时偿还外债的主要手段，也是当时增加储备货币的唯一希望。

到了"一五"计划末期，由于"一五"计划期间进行的大量支付，国家出现了黄金储备不足的情况。在这样的时代背景下，国家改变了黄金生产政策。1957年在新中国黄金产业发展史上是一个具有历史转折意义的年份。这一年的9月14日，周恩来总理亲自签发了新中国第一份发展黄金生产的国家级文件——《国务院关于大力组织群众生产黄金的指示》，提出今后"必须把黄金生产作为一项重要的事业来领导，按期完成黄金生产任务"①。这个指示使黄金生产正式成为具有政治属性的重要事业，释放出空前的生产积极性。1957年，我国产金5.541吨，1958年猛增到了6.885吨，增长了24.26%，达到了新中国成立10年来的最高水平，产金省区由13个增长到了16个，增长了23%。

在这场产金热潮中，地质六队顺势而生。1958年1月，山东组建了胶东第四地质队，为保密需要对外称为八〇七队，这就是地质六队的前身，他们的任务只有一个：为祖国找黄金。

胶东招远素有"金城天府"之称，那里遍布中国最古老的矿硐群，自春秋时期开始，历朝历代的金矿硐都能在这里找到。文献记载，北宋景德四年，也就是1007年，宋真宗派大臣潘美来督办玲珑金矿，这

① 国务院法制局、中华人民共和国法规汇编编辑委员会：《中华人民共和国法规汇编（1957年7月—12月）》，法律出版社1958年版，第403—404页。

说明早在1000多年前，玲珑金矿就已经是官矿了。历朝历代的规模化开采，特别是日本侵华期间的掠夺式破坏性开采，使玲珑金矿已经千疮百孔。地质六队的先驱们就是在这种情况下走入深山老林，摸进百年老硐，在古往今来被那么多人翻来覆去找过几千年的玲珑金矿中又发现了48条含金石英脉，让这里再现生机。然而，从1958年到1964年的7年间，地质六队在这些石英脉型金矿中只找到了十几吨黄金，每年平均还不到2吨，这远远不够。1964年，他们改变策略，开展了700多人参加、历时2年的“九曲会战”，于1965年一举探获20吨金，创造了新中国成立以来全国地质队的年度采金纪录。

地质六队这次历史上著名的“九曲会战”，最大的意义不在于找到了大金矿，而在于它让地矿管理部门看到了群众的力量。“九曲会战”告捷后，1965年，山东省地质矿产勘查开发局局长带着地质部关于“山东地矿要再上层楼”的指示，来到了地质六队。他们共同研究总结“九曲会战”的经验，做出了在探索阶段放手发动群众、打一场寻金报国人民战争的决定，让地质队员们在没有明确矿区的地方放开手脚、大胆探索，八仙过海、各显神通！这被称为地质六队历史上最为重要的战略决策。按照这一决策，六队的一支支地质小分队自己选定方向，奔向了广袤的胶东大地。

在渤海之滨、莱州湾畔，有一座三面环海的小岛——三山岛。三山岛虽小，在地质六队的历史上却至关重要，因为决定命运的发现就来自这里。1962年12月11日，毕业于长春地质学院的李宏骥和杨文玉、李言山、盛宝田等8名地质勘查队员组成的小分队来到三山岛开展矿点普查。在一块冬麦田中，他们发现有一块足球场大的田里不仅冬麦长势好，而且土壤颜色与其他地方不一样，那里的土壤黑黢黢的，跟铁锈似的。他们认识的石英脉都是白色的，因此这不是玲珑式石英脉。非石英脉，能有金子吗？他们心里也没底。地质队员们在争论中硬着头皮干起来，挖了一条30米宽、300米长的槽沟，完成2.3米的露头爆破，采得105个矿样。经过化验，1/3的样品达到工业标准。这是一个石破天惊的发现！三山岛金矿是蚀变岩型矿，与传统理论的石英脉矿，根本不是一回事儿。

将矿点普查情况上报后，1966年1月，地质六队开始派人对三山岛金矿进行普查评价，年轻的地质队员们则继续在大断裂带上找矿，以验证三山岛的发现。1966年初，青年技术员张志敏和黄德业在玲珑金矿的普查中，也发现了大断裂带的蚀变矿化与相邻石英脉型金矿有可比性，就偷偷地在大断裂带上开凿了一个探矿浅井，但由于太浅没能打出矿来。当时，“文化大革命”刚开始，有些无中生有的人把这次找矿实践探索说成“阶级斗争新动向”，将这口井称为“阶级斗争井”，组织全队到现场参观批判。1967年2月，李宏骥带领的地质组通过民间探访发现，在招远市焦家村一带有明显的蚀变矿化显示，他们马上赶到焦家村挖槽、钻探，详查焦家村矿床的地表地质情况。奋战月余，3月14日终于发现了焦家村金矿。再经半个月的发掘，矿区延伸了四五百米，于是他们调来钻机，两个月连轴转一口气打了五个孔，最终确定这是一个厚度大、品位稳、储量超过20吨的大金矿。与此同时，因闯禁区而遭受过批判的黄德业率领的另一个小组，也在“阶级斗争井”旁边布施了一个新钻孔，结果一开钻就找到了工业钻体，发现了一个“大金娃娃”，这就是著名的台上大金矿。

1967年5月13日，这是一个历史性时刻，在全队地质工作会议上，李宏骥详细汇报了焦家村金矿的发现过程，重点剖析了这个金矿的地质特征。结合三山岛、台上两个金矿的地质发现，地质六队断定，与石英脉金矿有着本质区别的破碎带蚀变岩也有金矿，因此果断决定不再把主要精力放在过去传统的石英岩脉上，而是转向破碎带蚀变岩这个长期踩在脚下的采金禁区，开辟了新的采金方向。其后，地质六队在招远北部1400多平方千米曾被清晰地标记没有金矿的大断裂带上顺藤摸瓜，向北摸到了新城这个特大“金瓜”，往南又摸到了马塘、东季两个“金瓜”，事实上推翻了长期束缚地质人思想的全世界成矿理论、苏联专家成矿定论，拓展了找金空间。

发现破碎带蚀变岩型金矿，发现大断裂带可以成矿，是找矿实践的伟大飞跃。根据这一发现所蕴含的原理，地质六队从胶东西部普查到东部，从鲁中进军到鲁西，不管断裂形成的时代和性质，一见断裂带就取样，结果却收效甚微。问题出在哪里？根本原因就是对成矿控制因素、区域成矿规律、石英脉金矿与破碎带蚀变岩型金矿的成因联系等的研究不够。为此，地质六队决定成立综合研究组。1960年毕业于山东大学地质系、退休前任地质六队高级地质工程师的李士先成为其中一员。综合研究组翻遍了山东地质资料，勘查了大量矿区矿体，十年磨一剑，于1976年终于完成了研究报告，得出了至关重要的控矿结论：石英脉金矿与破碎带蚀变岩型金矿的物质来源、控矿构造体系、成矿时代、矿石建造都是相同的，不同之处在于控矿断裂的性质和规模，从而完成了金矿成因类型理论的原始创新。综合研究组与矿区地质组的老地质人一道，参考美国卡林型、霍姆斯塔克型和南非的兰德式命名方法，将其命名为“焦家式破碎带蚀变岩型金矿”。这一重大地质理论一经问世，就引起了世界地质界的瞩目，美国、加拿大、苏联、澳大利亚等国的专家接踵而来，到地质六队和胶东考察并邀请我国地质人员去他们国家指导找矿工作。

1977年，在全国第二次金矿地质会议上，“焦家式”金矿被正式命名确立，打破了大断裂带只导矿不储矿的金科玉律。改革开放的春风，使我国发展到了更加急需黄金硬通货的新时期，全国各地纷纷运用“焦家式”金矿成矿理论指导找矿，实现了黄金储量、产量的跳跃式发展。到1985年，我国黄金储量由名不见经传跃居到全球第四位，黄金产量跃居全球第五位；其中，全国新发现的四处特大型金矿中，储量规模位居前三位的都是“焦家式”金矿。

1985年，《焦家式新类型金矿的发现及其突出的找矿效果》项目以最高分荣获首届国家科技进步奖特等奖，摘得了地质科学界的最高桂冠。评委们说："这个项目不仅仅是新发现、新类型的问题，其最大的贡献是在关键时期向国家财政提供了大量硬通货，是一场国家财政的及时雨，为国家作出了历史性的贡献。"1958年到1992年，地质六队从三山岛突围，从焦家式突破，转战齐鲁大地，足迹遍布整个山东省，硬是完成了将近80万米的钻探工作量，相当于钻透了80座珠穆朗玛峰。30多年间，地质六队提交了200多份地质报告，其中一半是金矿地质报告；探明5处特大型金矿、28处大中小型金矿，提交的黄金储量约占全国已探明储量的1/3，生产的黄金年销售量占全国的1/4，胶东地区成为全国最大的黄金生产基地。

1992年，国务院隆重召开命名表彰大会，授予地质六队"功勋卓著无私奉献的英雄地质队"光荣称号，地质六队成为全国地矿系统迄今唯一获此殊荣的单位。

（二）一个批示：向地球深部进军的重大理论突破

"焦家式"金成矿理论主要适用于地下500米以内的浅区域，矿脉到400多米深就消失了。运用这一理论，到世纪之交，胶东地区地表以及浅部金矿资源已经基本开发完毕，深部找矿是唯一的出路。2006年，国务院在《关于加强地质工作的决定》中提出了"东部攻深找盲"的方针，拉开了向地球深部进军的找矿序幕。地球内部看不见摸不着，浅层500米的矿藏找完了，深部矿藏有没有、向哪里找、怎样找，是极具挑战的世界性矿产勘查理论和技术难题。和我们想当然地认为地下金矿就是一个金疙瘩不同，很多金矿体的分布都只是薄薄一层或一条线。深部找矿，如大海捞针一样难。还有成本问题，找矿深度达到1000米乃至2000米时，开一次钻最少要40万元，打一个2000米深的钻孔，更要花费数百万元，见不到矿就叫打了白眼，钱白花了。

深部找矿首先要解决的就是找矿方向查不明、矿体位置探不清的难题。这个难题历史性地落在了第七届全国优秀科技工作者、地质六队前总工程师宋明春的身上。宋明春课题组勇敢承担了山东省地矿局重大科技攻关项目——胶东金矿深部找矿研究。

研究发现，从成矿机制上来说，地球表层金矿主要是沉积作用成矿，而地球深部主要由地球内部热能导致矿床的形成。经过大胆探索、科学实验，宋明春课题组提出了胶东型金矿“热隆—伸展”成矿理论和“阶梯式”成矿理论。人类利用的矿产资源很大一部分是由地球内部的热流体活动形成的，属于热液成矿作用。胶东地区的金矿就是流体成矿，在岩浆活动强烈导致地下热量较高的情况下，含金量较高的流体会沿断层由地下深部向浅部迁移，当压力、温度降低到一定条件时，流体中的矿物质就会沉淀，形成金矿。宋明春课题组通过进一步研究发现，在断层延展的过程中，往往出现一系列倾角陡、缓交替变化的台阶，含金流体易于在断层倾角较缓的部位富集成矿。随着对断裂控矿规律认识的加深，深部成矿空间、赋矿位置的神秘面纱逐渐被揭开。就像河流携带的泥沙在陡的地方不易沉积，在缓的地方容易沉积一样，地下流体在陡的地方运动比较快，不易沉淀，在缓的地方运动比较慢，就容易沉淀成金矿。以往探明和开采的金矿只是成矿阶梯的第一个台阶，其下还会有第二、第三个台阶。这一理论认识反映了断裂控矿的自然规律，解决了深部成矿空间、赋矿位置、找矿方向的问题，揭示了断裂缓倾段赋矿、陡倾段无矿的规律，开辟了深部“第二找矿空间”，再次实现理论突破。

在这一科学理论的指导下，2005年，地质六队拉开了莱州寺庄会战的序幕。2006年，地质六队探获莱州寺庄特大型金矿，探明黄金储量51.83吨，率先实现全国“攻深找盲”战略突破。

2006年9月19日，时任国务院总理温家宝亲笔批示：“请国土资源部转告山东六队职工，祝贺他们在金矿勘探中取得重大发现，向大家致以亲切的问候。”①

在总理的批示鼓舞下，载誉奋进的地质六队又连续探获了四大金矿：焦家深部矿区，黄金储量105吨；朱郭李家矿区，黄金储量126吨；纱岭矿区，黄金储量389吨；前陈矿区，黄金储量60吨。加上寺庄矿区的51.83吨，2006年五大矿区的黄金总储量达到惊人的731.83吨！这意味着，仅凭一个地质六队，就撑起了全国黄金储量的半壁江山！其后，地质六队又探获了水旺庄等8个大型、特大型金矿。在2011年至2020年全国找矿突破战略行动期间，地质六队运用深部成矿理论，在胶东地区累计查明黄金资源量2958吨，占全国同期的36%。地质六队建队以来，累计探获金2810吨，约占全国找金成就的1/5，助力胶东地区一跃成为世界第三大金矿集区，创造了黄金找矿的新辉煌，有力支撑了我国黄金战略的储备保障。

（三）一封回信：奋力书写“英雄地质队”新篇章

习近平总书记回信要求地质六队的同志们“大力弘扬爱国奉献、开拓创新、艰苦奋斗的优良传统，积极践行绿色发展理念，加大勘查力度，加强科技攻关，在新一轮找矿突破战略行动中发挥更大作用，为保障国家能源资源安全、为全面建设社会主义现代化国家作出新贡献，奋力书写‘英雄地质队’新篇章”。

奋力书写新篇章主要突出了两点：

一是积极践行绿色发展理念，这是新时代找矿工作的指导原则。地质勘查和环境保护一直被视为发展方向背离的两项事业，但在习近平生态文明思想的指导下，通过绿色勘查就可以有效破除二者矛盾。绿色勘查作为绿色矿山建设的组成部分，是地勘行业在建设美丽中国、

---

①《岁月峥嵘　天地金魂——记全国英雄地质队山东省地矿局第六地质大队》，山东省地质矿产勘查开发局第六地质大队，http://www.sddkjly.com/art/2009/9/14/art_194848_1742.html，访问日期：2024年2月27日。

绿色发展的大背景下做出的一种必然选择，也是我国地勘行业对地质工作可持续科学发展的一种可贵探索，是生态文明建设在地勘行业的具体体现和成功实践。作为整个矿业的基础和上游产业，实现绿色勘查，将直接影响整个行业的绿色发展，乃至生态文明建设的整体大局。传统的地质勘查多采用槽探技术工程，对生态环境的扰动较大。破解槽探施工和环境保护之间的难题，有利于创建和谐林地关系，破解地质勘探林地占用的难题。

二是加强科技攻关，这是新时代找矿工作的重点。关键核心技术是要不来、买不来、讨不来的，必须走自主创新的路子。只有把关键核心技术掌握在自己手中，才能从根本上保障国家经济安全、国防安全和其他安全。矿产资源是经济社会发展的重要物质基础，矿产资源勘查开发事关国计民生和国家安全，要始终瞄准前沿、着眼长远，潜心钻研、孜孜以求，下大气力做好科技攻关，不断取得新突破、抢占制高点，以科技赋能推动地质工作高质量发展，让开拓创新的精神标识在保障国家能源资源安全上充分彰显。

思考题

1. 通过了解地质六队的发展历史，研讨新质生产力发展的必要条件有哪些。
2. 从方法论视角讨论如何贯彻落实习近平总书记重要指示批示回信精神。

平安社区的守护人

——记威海市环翠区竹岛街道塔山社区片警戚恩雨*

【引言】2018年6月，习近平总书记在山东考察调研期间亲临威海视察，对威海城市建设给予充分肯定，并作出“威海要向精致城市方向发展”的重要指示。2021年，威海市精致城市建设工作领导小组办公室印发了《威海市精致城市建设规划纲要（2021—2035年）》，指出要坚持精细管理，治理模式创新突破，创造性提出“六治融合、一网联动”模式，成立实体化的市、县、镇三级网格化治理中心，划分城市、农村、企业、园区等网格，实现“大事全网联动，小事一格解决”。2023年12月14日，习近平总书记在广西南宁市良庆区蟠龙社区考察时，深刻指出社区是基层自治的基本单元，是国家治理体系的基层基础。通过社区这个平台，办好“一老一小”等民生实事和公共事务，积极回应群众关切，是中国特色基层治理的显著优势，要把这一优势发挥好。

【摘要】本案例描述了威海环翠区竹岛街道塔山社区民警戚恩雨扎根社区、服务群众的感人事迹。戚恩雨干一行、爱一行、专一行，从穿上警服的那天起，就怀揣着一颗为人民服务的赤子之心，在平凡的岗位上同社

---

* 本案例由中共环翠区委党校办公室讲师孙新撰写。

区群众同呼吸共命运，坚守着警徽闪耀下的那份初心。他把社区警务“小岗位”当成建功立业的“大舞台”，以干事创业的信念和为民服务的真情全身心地投入到社区警务工作中，生动展示了一名共产党员忠于职守、无私奉献的公仆本色和淡泊名利、任劳任怨的宽广胸怀。10多年里，他先后获得全国公安机关爱民模范、全国政法系统优秀党员干警、全国特级优秀人民警察、全国公安系统二级英雄模范、全国先进工作者、全国优秀共产党员等许多荣誉称号。

【关键词】社区治理　平安社区　戚恩雨

一、背景情况

20世纪90年代，我国启动了社区建设的步伐。当时，在经济体制转轨过程中，政府不能再像实行计划经济体制时那样完全靠行政权力垄断所有的资源，社会中出现了自由流动的资源和自由活动的空间。在基层治理方面，单位制受到了很大冲击，逐渐解体，个人从“单位人”转变成了“社会人”，而原有的主要管理社会闲散人员的街道和居委会体制在新形势、新问题面前出现了很多不适应；与此同时，社区中也逐渐产生了一些社会中介组织、民间团体等，居民越来越重视自己所居住的社区，开始参与一些公共事务。加上城市化进程不断加快，大量农村人口进城，城市人口不断增加，居民身份、生活方式、生产方式复杂多变，基层管理体制由“单位制管理”到“社区制管理”再到“社区治理”转变，城市管理重心逐步下移。改革开放以前，城市管理的重心主要集中在市一级的政府；改革开放以后，随着社会形势的变化，城市管理的重心逐步向区和街道的层级下移。

2012年，威海提出“全域城市化、市域一体化”的发展战略，城市化进程逐步加快。2019年，威海的城市化率达到68.72%，作为中心城区的环翠区，城市化率更是达到了92.97%，对城市建设与管理有了新的要求。2020年，威海市制定了《威海市精致城市建设条例》，指出市、区（县级市）人民政府和镇人民政府、街道办事处应当按照科学合理、方便治理的原则，对城市管理事项实行网格化管理。之后，加强城市基层治理，推动基层社会治理创新，就成为威海尤其是环翠区工作的重中之重。但是与大城市相比，威海的城市化进程起步较晚，比如主城区的竹岛街道办事处直到2017年才整体完成了村集体经济的改制工作，撤销了原来的村，辖区才完全被城市社区覆盖。

塔山警务区隶属于竹岛街道办事处，辖文昌、同心两个社区居委会，有居民楼162栋，常住人口4240余户12600余人，暂住人口3000余人，出租房屋1700余间，经营场所500余家，是个名副其实的“大杂院”。按照公安部1000户3000人配备一名社区民警的标准，目前警务区的任务是公安部标准的5倍，并且由于社区位于老城区，居民小区多为开放式，出租房屋和各类场所密集，流动人员多，还有两所学校和一个市区最大的早市，治安情况复杂，管理工作量非常大。

从一名部队副团职干部，到一名社区民警；从一名社区民警，到一名督察；再从一名督察，重回社区民警——这是戚恩雨十多年来工作岗位的变迁。十多年间，民警是他最喜爱的岗位。1999年8月，戚恩雨从部队副团职岗位转业后成为威海市公安局环翠分局的一名人民警察；2000年，他到城里派出所做社区民警。怀着对人民群众的无限深情，他在社区民警的岗位上干得有声有色，很快就赢得了居民的认可。因为工作出色，2002年7月，戚恩雨被调到环翠分局警务督察大队从事警务督察工作。然而在社区工作中与群众建立起来的深厚感情已经使他与社区割舍不开了，他多次主动向分局领导请示回社区工作，2007年，他终于如愿以偿，被组织安排到塔山警务区重新成为一名社区民警。在社区，他以“民有所呼、我有所应”的自我要求，化解矛盾，处置事务，全心全意为人民服务，积极帮助居民解决烦心事、操心事、揪心事，被居民亲切地称为“老戚”。他在工作中总结形成的“一访、二巡、三防、四助”的“戚恩雨工作法”在山东省全省推广，被誉为新时代的“枫桥经验”。无论是“老戚”还是他的“戚恩雨工作法”，都是新时代环翠区社区治理工作的生动展现。

二、主要做法

（一）深入基层，体察民意，夯实社区工作基础

自从来到塔山警务区，戚恩雨每天早上六点多就走出家门，先到塔山早市转一圈，然后开车将整个警务区巡视一遍，下午和值班时间再开车巡一遍，剩下的时间就是徒步走访。现在，他已对整个社区的每栋楼、每个场所、每名居住人员都了然于心，被辖区群众亲切地称为“活字典”。

1. 宣传“推销”自己

戚恩雨刚到社区时，面对底数不清、情况不明的陌生环境和群众，经常遇到进门难、交流难、找人难等问题。为了在短时间内打开工作局面，哪里人多他就往哪里钻，主动走进社区向群众宣传“推销”自己，为此，他还编了几句推销自己的话：“我叫戚恩雨，‘亲戚’的‘戚’，以后我就是你们的亲戚，有事就找我。”本以为大家能很快记住他，但出乎意料的是，一个月过去了，居民反应很平淡；不仅如此，每天下片走访时，他经常吃闭门羹，不知道多少次被拒之门外。于是，他又印制了5000多张警民联系卡，不管是扫马路的老大哥、沿街的商贩、看公厕的老大姐，还是楼前屋后乘凉聊天的大姨大叔们，只要遇到，便主动上前打招呼，送上警民联系卡，并自我介绍，走到哪儿就发到哪儿，但经常能看到警民联系卡被大家随手扔得满地都是。

为了拉近与居民的距离，他每天都往社区里跑，不错过与居民广泛接触的任何机会。如果社区搞活动，他就让社区提前通知他一声，

事先做些准备，在活动现场亮相，讲上几句，向居民宣传一下防范知识，给居民提个醒，留下点印象；遇到物业人员清扫垃圾、清扫积雪，他和他们一起干；街上遇到群众求助咨询问题，他就现场解答，遇到说不准的事情，就打电话向业务部门请教，想方设法地帮着解决……时间长了，办的事多了，居民慢慢地就记住了他的名字，从此就不再把他当外人，敢于向他讲真话、反映问题。

2.入门入户走访

戚恩雨按照学到位、想到位、讲到位、走到位、做到位的思路开展入户走访活动：一是熟知社区每栋楼有几个单元、每个单元一梯几户、层高、楼梯是否存在隐患、房屋内部结构、住房面积、是否装单元楼宇防盗门，常住户口家庭人员姓名、身份证号码、工作单位及职业、联系电话、家中车牌号码、是否人户分离，重点人口监管对象的现实表现、空巢老人、困难家庭、居民的身体状况……他注重与居民换位思考，零距离交流，多听多问多记，在各类关联信息（兄弟姐妹及朋友）上下足功夫；二是熟知房屋出租情况，如掌握房东及联系电话，查看租赁合同，了解出租房内人员居住情况，尤其是对人员较多的合租户（盗窃、偷窥、强奸等案件较多），清楚“二房东”并告知其责任和义务；三是熟知企事业单位、“九小”场所[①]和临街商铺负责人的综合信息、房东信息、从业人员信息（来去时间、人员交往、暂住地等）、消防审批情况、人防物防技防措施是否存在隐患等，向大家宣传有关规定，强化内部消防意识。

3.建立工作台账

到社区居民家里走访是戚恩雨每天的必修课。他结合所里的工作

① 指小学校或幼儿园、小医院、小商店、小餐饮场所、小旅馆、小歌舞娱乐场所、小网吧、小美容洗浴场所、小生产加工企业。这些场所因安全意识淡薄，安全措施不到位，存在严重的安全隐患，加上人员密集，一旦发生事故将造成重大人员伤亡，被各地政府列为消防安全综合整治的对象。

安排和警务区实际，有针对性地进行走访，无论每条街、每条巷、每条路、每条道有多长，临街商铺有多少，每栋楼有多高，楼层户数有多少，他每次都采用毛毛雨式的走访，不错过、不漏过一家一户。10多年来，他的走访检查记录由薄变厚，摞起来有3米多高，今天已经演变成了1000多页的电子版台账，翔实记载着社区的变化。这些工作台账在维护社区稳定方面发挥着重要作用，使社区管理实现了质的飞跃。

塔山的大街小巷、楼宇商户都装在戚恩雨的脑子里，哪栋楼住了几户人家、一家多少人、哪家的房子出租了，他随口就能说出来。有一次，一位远在潍坊的老父亲接到离家出走三年的女儿在竹岛大润发用公用电话打来的电话后，举目无亲的老两口立刻来到威海，几经周折却没有找到女儿，情急之下找到戚恩雨求助。没等他们说完情况，戚恩雨就报出了他女儿租住的住址楼号，并帮老两口顺利找到了女儿，这都得益于戚恩雨对社区情况的熟悉。

4.事前准备充分

戚恩雨每次走访前都要做好充分的准备，随身携带的警务专用包装着胶水、剪刀、圆珠笔、日常消防监督检查记录表、出租（承租）房屋登记表、重点人口（监管对象）工作记录表、办理房屋出租登记通知书、手铐、催泪喷射器、警民联系卡、社区民警走访记录簿等。他在走访中高度注重细节，要求自己做到警容严整、轻轻敲门、入户脱鞋、说话面带微笑、主动打招呼、主动出示警察证，遇到问题冷静处置……在社区居民面前，戚恩雨是一个始终温暖有光的警察，他的岗位很平凡，每天的工作虽不像影视剧中的警察那样惊险刺激、风光无限，但他每天穿行在社区的大街小巷，为身边的老百姓答疑释惑、排忧解难，成了群众的“民警亲戚”，给大家带来了安定、安心。

5.及时排查隐患

戚恩雨进每栋居民楼时，总是先从楼外开始看，楼宇防盗门是否好用，防盗网是否结实，居民家的锁芯防盗性能是否足够，都是他考虑的范围。进门后，除了完善住户的信息材料，还要询问有没有接到诈骗电话，有没有进行所谓的“理财”、晚上睡觉前是否关好门窗，用火用电是否安全，等等。

一次入户登记时，他走访登记了一个30多岁的租户，并做了详细记录。后来，经过研判得知，该男子是网上逃犯。戚恩雨凭借过细的入户走访工作基础，与同事重返现场，顺利将其抓捕归案。“犯罪分子见到穿警服的就会天然紧张、戒备，如果当时他负隅顽抗，情势也挺危险。”戚恩雨回忆险情时，仿佛讲述他为群众做的一件件小事那样，总是轻描淡写。

2018年，某社区一栋居民楼内因楼上漏水导致整个一楼住户的物品损坏，直接损失达到3万多元。因为涉及群体多，多次协商不成，事态甚至发展到拳脚相见的地步。戚恩雨来到当事人中间，找律师调解，找公证处定损，自己也多次出面做心理工作，最终事情得到圆满解决。

通过一段时间的不懈努力，他渐渐和群众熟悉了，大家都认识了这个说话爱笑的民警、爱管闲事的民警。他就这样一步一步走进了群众心中，为开展好社区警务工作奠定了基础。

（二）与社区居委会协作，建立良好的工作关系

警务工作是社区工作的重要组成部分。居委会是社区居民的“娘家”，工作范围点多面广，承载的几十项业务与社区民警的职责范围密不可分，塔山警务区就有两个警务室与社区居委会合署办公。

1.与社区工作深度融合

日常工作中，戚恩雨坚持每天带着任务、带着课题进社区，主动作为，将自己的工作自觉融入居委会日常工作之中，与居委会建立了良好的工作关系。居委会掌管的社区居民台账是重要的信息，社区民警与社区工作人员接触得最频繁，一致的目标让他们成为关系密切的合作伙伴。他们一起下社区，一起组织开展各项活动，遇到问题共同

磋商，可以说最大限度地实现了警务工作与社区工作的深度融合，这样做既有效解决了警力不足问题，又使采集的信息资源共享，实现了双赢。

2.建立有效的联动机制

社区党支部十分重视维护辖区社会稳定，始终把维稳工作摆在重中之重的位置。由于社区工作琐碎繁杂，社区民警下片时间难以保障，为切实加强社区综治维稳工作组织领导，针对日益繁重的任务，社区警务室与居委会密切配合，建立了有效的联动机制。

一是充分利用社区居委会居民台账。居委会按照便于管理的原则，把居民区按区域划分责任区，健全完善了“一人一卡，一户一档”，把每个责任区内居民的名字和工作单位全部登记造册。居委会掌握的居民信息比较全，大多都在90%以上。目前，社区人户分离、出租房屋、暂住人员是居委会管理的短板。二是充分激发社区网格员的工作积极性。网格员就生活在他们负责的居民楼里，最清楚居民的东家长、西家短，周围居民也都清楚网格员是社区居委会挑选出来的德高望重的居民，他们在居民中有一定的威信和号召力，工作起来会得心应手得多。三是高度重视社区居民反馈的各类信息。戚恩雨用自己的人格魅力带动影响居民，让更多的居民参与到社区平安建设的活动中来，畅通沟通渠道，主动把警民联系卡送到居民家中，织密安全防范这张网。目前，戚恩雨的警民联系卡已发放10000多张，警民联系卡贴到了社区居民的家中、商户的店里，贴到了回族人拉面馆的收银台上，贴到了维族人经营的烤馕箱上，贴到了沿街小贩的手推车上，贴到了清洁工人的工具箱上，“有事找老戚”现在成了社区居民挂在嘴边的口头语。

3.加强与各方的协作配合

在社区的大力支持配合下，一支加强型的、人人参与的、邻里守望的、管用好用能用的群防群治队伍成立了。三个居委会的18名工作人员、26名社区网格员、159名楼长、4000多名居民和37名物业人员都成了戚恩雨的信息员。通过平时与他们常走访、常联系、常沟通、常服务，戚恩雨想方设法地调动使用好这支队伍，为社区综治工作及平安社区工作提供了有力的保障。

（三）依靠群众，发动群众，健全群防群治安全体系

群防群治是群众性、互助性自防自治活动的简称。具体说来，是指在各级党委、政府和专门机关的指导下，群众自己组织起来，预防和治理违法犯罪活动。群防群治是社会治安综合治理工作的一项重要工作举措。

为了把这一工作落到实处，每栋楼都建立了由楼长、信息员、房东组成的管理队伍，实现了居委会与用工单位齐抓共管的良好局面。为此，戚恩雨组建了三支队伍：第一支是防范宣传队。他把每栋楼的楼长发动起来，组建了159人的防范宣传队，及时把预警信息传到每家每户。第二支是看门望锁队。塔山社区是威海的老居民区，退休赋闲在家的老人数量多。为此，戚恩雨把每栋楼身体健康、热心社会公益事业的退休老人发动起来，组成了一支70余人的夕阳红看门望锁队，统一服装，统一组织，专门负责自己的这片楼，发现情况及时报警，形成“大联防”。第三支是门店联保队。针对辖区门店多、较分散、不便管理的难题，戚恩雨组织500多个门店和经营网点建立了联保队，相邻10个门店为一组，设有组长和副组长，制定了防范、发现、举报等制度，有效防止了拎包扒窃等案件的发生。这三支队伍就像一张安全大网，覆盖了社区的每个角落，让小偷小摸不敢来、来了作案跑不了。一次，住在东窑东街的张大妈看见一陌生男子进了邻居家，手上反常地戴着一副白手套，她赶紧找出联系卡向戚恩雨反映情况，盗贼被迅速赶来的警察当场抓获。

警民连心，利可断金；警民联手，治安不愁；警民联防，平安有

望。在各方共同努力下，塔山警务区彻底扭转了以往的混乱状况，连续多年没有发生一起可防性刑事和治安案件，成了全市警务管理底数清、情况明、信息灵的最佳典范，成了真正的平安社区！2017年12月28日，以戚恩雨为原型的数字电影《片警亲戚》首映式在威海举行。2018年5月23日，“恩雨警务室”揭牌成立，且被山东省公安厅评为一级警务室。

（四）致力源头防控，加大矛盾纠纷摸排调处工作

小社区大社会，小小社区什么样的矛盾纠纷都有，解决好了就像春风化雨、润物无声；解决不好，小纠纷就可能变成大隐患。多年来，为全面贯彻落实公安分局党委和街道党（工）委一系列关于做好综合治理及平安建设工作的要求，戚恩雨始终坚持信息主导警务的理念，把“发案少、秩序好、社区稳定、群众满意”作为最高的工作目标。

1. 全面排查登记

戚恩雨结合社区实际，精心组织建立了一套具有可追溯性的工作台账，对影响社会稳定的矛盾纠纷和不稳定因素、重点人员进行全面深入的排查登记，在动态化管控、常态化巡查、经常性宣传上下功夫，用制度管人，用心化解辖区的矛盾隐患，精心守护社区平安，真正做到“矛盾不上交、平安不出事”，确保群众利益诉求表达渠道畅通和重点人员不失控，确保“两节”、两会等敏感期平稳过渡，确实维护辖区社会大局持续稳定。

2. 织密治安防控网

戚恩雨刚到社区时，针对塔山警务区作为老城区治安防范薄弱的问题，全面加强心防、人防、物防、技防建设，实行区块化管理，织密治安防控网络。每月定期召开一次楼长会，每周召开一次社区网格员例会，及时通报社区治安状况，搜集整理各类信息，强化做好预防工作，全面提升社区治安防范能力。

3.加大巡查力度

针对塔山早市小偷多、打架多、骗子多的情况，戚恩雨每天坚持早上班一个多小时，穿着警服携带公文包在早市从南到北、从东到西转上几圈，用自己购买的相机为每个摊位从业人员照相、办理暂住证（现在叫居住证），遇到问题就现场解决；针对塔山小学、中学两所学校周围经常发生的敲诈学生案件，他主动加班加点地巡逻守候，多次抓获多名未成年敲诈嫌疑人，将他们带到派出所进行批评教育，极大地净化了学校周围的治安环境；针对塔山公园经常发生的抢劫抢夺强奸案件，不断加大巡查力度，每次值班时在此多转上几圈，并建议有关部门安装了监控；针对社区街面经常发生的各类诈骗案件，自觉加大在社区大街小巷的车巡、步巡频率；针对宜家花园家家悦超市小偷多的情况，他主动放弃休息时间，利用超市广播宣传防范知识，尤其是在商场搞促销活动、逢年过节等人员多的时候，自觉赶到商场巡查，对防范意识薄弱的顾客及时提醒。

4.实行网格化管理

对租赁房屋、暂住人口实行网格化管理。在入户走访及在社区人员多的地方，他经常用典型案例宣传租房登记的重要性和办证的必要性，现在，房东和暂住人员登记办证的自觉性有了较大的提高。他在走访中坚持用读卡器逐一进行身份识别过滤，对有前科的人员进行重点管控。做好这项工作既可以为社区居民服务，又可以为侦查破案服务。在日常工作中，他用网格和单元格的形式为每栋楼每户居民建立台账，通过查询台账，及时解决了居民求助的许多问题，抓获了许多违法犯罪嫌疑人，如成功抓获东窑东街4名贩毒人员，受到社区居民的一致好评。

（五）加强宣传教育，提高群众的法治意识

社区作为城市社会的基本构成单位，是法治社会建设的重要阵地，

是实现依法治国的基础单元。提高群众的法律意识，必须从基层抓起，从社区的居民抓起。

1.开设“戚警官讲堂”

为了守住群众的钱袋子，戚恩雨利用社区活动的每一个机会开展“平安大讲堂”活动。工作中，他注意收集市局及分局下发的各类预警信息，并结合辖区实际，把防案件、防火灾、防事故等案例进行汇编，先后整理了数万字的安全防范知识讲座提纲，一有时间和机会，就给辖区的百姓和中小学生上安全防范课，被辖区群众亲切地称为“戚警官讲堂”。几年来，“戚警官讲堂”在街头、厂企、学校、居委会开讲300余次，受教育群众达3万余人次。截至目前，塔山警务区无一起电信诈骗、网络诈骗、套路贷等犯罪案件发生。

2.强化防范意识

强化防范意识可以最大限度地挤压犯罪空间，保护群众的生命财产不受伤害和损失。在平时走访中，戚恩雨把宣传防范知识放在头等重要的位置，即使在节假日和休息时间也养成了到社区转一转的习惯，有重点地带着任务逐家、逐户、逐人地宣传走访，把分局印制的《防范诈骗百招》《防范打击非法集资宣传材料》《防范电信网络诈骗小常识》，以及竹岛派出所结合常见案例编写的《居民安全防范手册》、竹岛街道办事处与威海农商银行编写的《防范非法集资金融诈骗宣传手册》等，通过日常走访发放到社区居委会、企事业单位、学校幼儿园、临街商铺和居民手中，在提高防范意识方面多措并举，使防范宣传没有走过场。尤其是对新来的房东、新开业的商铺、新登记的暂住人员，都一一宣传到位，让每个人都入脑入心，逐个增强“免疫力”，时刻牢记“天上不会掉馅饼”的道理，不为高额回报所动。有一次，辖区一名老人遭遇电信诈骗，诈骗人员利用话术引诱她通过银行转账几十万元，就在临近转账前的几分钟，心生疑虑的老人回忆起戚警官曾经在社区给他们上过的一堂防诈骗课，随手给戚恩雨打了一通电话，一次电信诈骗就这样被成功拦截。“戚警官就是我们百姓身边的亲人，移动的110。如果当时真转了这些钱，真不知道以后的日子该怎么过。”事后，老人专程找到戚恩雨，对他感激不尽。

通过开展形式多样、各具特色的宣传教育活动，辖区居民群众学法、懂法、守法、用法的意识和法律素质不断提高，依法维护自身合法权益的意识和能力也进一步增强，社区由原来的乱到现在的可防性案件为零、电信诈骗为零，案发率逐渐下降，老百姓的满意度也在逐步地提升。

三、经验启示

社区治理是一个长期性、复杂性和艰巨性的过程，竹岛街道塔山社区的实践证明：基础不牢、地动山摇；只有社区干部按照标准、细则把工作做实了、做细了，社区才会平安，社区不和谐因素以及各类风险才会降到最低点。

（一）扎根社区　心系群众

一名合格的社区工作者不仅要扑下身子，还要扎下根子；不仅人要沉到社区，而且心要贴近群众；不仅要让群众看到你的身影，而且要让群众感受到你的热情。只有对社区群众有感情，把群众当亲人、当家人，才能时刻想着群众，真切了解群众的所思所盼，才能真正从实际出发，进行正确有效的工作指导。戚恩雨是唐山大地震的幸存者，对党和人民的关怀与养育时刻铭记在心：“我愿意到最基层、最需要警力的地方，为老百姓做点实实在在的事儿。再苦再累，我不后悔，只要我没有倒下，我就哪儿也不去，我的根儿就在社区，就在社区的老百姓中。这辈子，我就想在民警的岗位上干到退休！”戚恩雨说到做到，十多年来，他每天坚持走街串巷，学习群众语言，体验群众生活，感受群众疾苦，悉心为群众服务。社区工作琐碎繁杂、劳心劳力，但戚恩雨却愿意把一生献给社区。只有把工作当事业干，才能体会到工作的快乐；只有把群众当亲人看，才能对群众有深厚的情感。戚恩雨无疑是把工作当事业、把群众当亲人的人，因此，他收获了快乐，也坚定了扎根塔山的信念。

（二）践行宗旨　服务群众

全心全意为人民服务是我们党的根本宗旨，这是由党的性质决定的。群众利益无小事。党员干部要把群众需要作为第一选择，把群众满意作为第一标准，充分保障群众的利益，想群众之所想，踏踏实实为群众谋福利，让群众好办事、少跑腿、不添堵，让群众真真切切感受到党员干部在为他们服务。戚恩雨从穿上警服的第一天起，就经常在心中默读16年前在党旗下的庄严宣誓：全心全意为人民服务。他说："服务群众就是我最大的人生理想。只有到基层社区为百姓服务，我才感到充实！"戚恩雨整天"泡"在社区里，走到哪儿服务到哪儿，从来不求回报。走访商户，他会提醒哪里要整改，晚上要锁好门；到市场巡逻，他会不停地提醒摊贩收好钱包；遇到需要办居住证的居民，他会马上拍好照片，第二天证件就送到了居民的手里。他常对商户们说，你们经营我来服务，你们挣钱我就开心。到竹岛派出所塔山警务区工作后，他浑身有使不完的劲儿。戚恩雨源源不断的干劲来自责任感的驱使。他认为，社区民警虽然是小岗位，却关系着社会和谐稳定的大局面，担一份责任，就要保一方平安。他注重在基层一线听取百姓呼声，解决实际问题，同时充分发动群众参与社区治理，紧紧依靠群众补齐治安短板，把广大群众的智慧和力量转化为推动工作的强大助力。实践证明，群众路线是党的生命线，党员干部要树立群众导向，坚持一切为了人民、一切依靠人民，实现好、维护好、发展好群众的根本利益，充分发挥群众的积极性、主动性、创造性，不断提高为群众服务的能力和水平。

（三）爱岗敬业　甘于奉献

爱岗敬业是公民道德和职业道德的基本要求，说起来容易，做起来难。爱岗敬业、甘于奉献是一种态度、一种精神，更是一种境界。社区民警本来是个极其普通的岗位，但是戚恩雨却能干一行、爱一行、专一行，恪尽职守，埋头苦干。十多年来，他几乎没有休过节假日，警服没有一天离过身，在这个平凡的岗位上做出了不平凡的成绩。对辖区内哪栋哪户是孤寡老人、困难家庭、老党员，他都默默记在心里，并用自己平凡的举动让他们感受到社会大家庭的温暖，展现了共产党员不计名利、无私奉献的宽广胸怀。如果我们每个人都有这种精神和境界，在工作中少一些计较、多一些奉献，少一些抱怨、多一些责任，定会在平凡的岗位上坚守初心、铸就不凡。

思考题

1. 社区党组织和党员干部如何做好社区工作，让人民群众有更多的获得感、幸福感和安全感？
2. 建设平安社区的过程中，怎样才能让更多的群众参与进来？
3. 戚恩雨扎根社区、服务群众的事迹对你有什么启示？

第三章

文化建设

胶东育儿所“乳娘精神”*

【引言】《威海市精致城市建设条例》第一章第三条规定：“精致城市建设应当坚持以人民为中心，以社会主义核心价值观为引领，贯彻创新、协调、绿色、开放、共享的发展理念，坚持精当规划、精美设计、精心建设、精细管理、精准服务、精明增长，动员社会各界力量参与，促进城市高品质发展。”《威海市精致城市建设规划纲要（2021—2035年）》第四章第三节“加强历史文化保护”中明确要求：“加强古遗址遗迹、特色历史建筑、非物质文化遗产的挖掘整理，推进千里海疆文化、甲午民族精神文化、革命红色文化等优秀传统文化的挖掘阐发、宣传普及、实践养成、保护传承和合理利用，延续精致城市历史文脉。按照传承历史、开创未来的设计理念，强化文化生态空间属性，融入创新的、延续的发展情怀，强化文化品牌创建，提升城市的知名度、美誉度和影响力。”我国妇女解放百余年的历史始终与中华民族伟大复兴的征程同频共振。在艰苦的抗日战争年代，山东省牟海县（今乳山市）乳娘哺育党政军干部子女及烈士遗孤的事迹广为传颂，展示了党同包括广大妇女在内的人民群众的鱼水之情，也是广大妇女以实际行动推动民族独立的光辉写照。

---

* 本案例由中共威海市委党校（威海行政学院）科社教研部讲师彭乐撰写，中共乳山市委党校科研处副主任、高级讲师杨绍平参与。

【摘要】《威海市精致城市建设规划纲要（2021—2035年）》第六章第四节“提高社会文明程度”中明确要求：“推动理想信念教育常态化制度化。深入开展习近平新时代中国特色社会主义思想学习教育，巩固团结奋斗的共同思想基础。加强党史、新中国史、改革开放史、社会主义发展史教育，加强爱国主义、集体主义、社会主义教育。深入实施红色基因传承工程，不断扩大威海胶东红色文化影响力。”在艰苦的抗日战争中，广大妇女响应党的号召，积极参与抗战，为中华民族独立作出了重要贡献。“乳娘精神”是宝贵的精神财富，讲好“乳娘故事”，传承弘扬“乳娘精神”，让“乳娘精神”的思想价值和时代意义在新时代充分体现出来是时代的需要。

【关键词】抗日战争　胶东育儿所　“乳娘精神”

一、背景情况

包括田家村在内的乳山西北部被开国中将吴克华称为“胶东心脏”，乳山是胶东第一个新民主主义社会建设试验区，胶东党政军领导机关先后三次进驻6年，被誉为“小延安”后方根据地。战争年代的乳山，人人支援前线，村村留有党和军队活动的红色足迹。从中共牟海特支、中共牟平县委、中共海阳县委等党组织在境内成立，到1933年北刘伶庄成立中共胶东特委，创建胶东第一个党的统一领导机构，再到1941年“赤色之地”牟海县划定，红色印迹遍布乳山城乡，记录着后方根据地党、政、军、群、干各方力量从觉醒到奋起的历程。在马石山、垛山胶东心脏地带，兵工厂、被服厂、北海银行等众多红色后方保障机构在此孕育发展；新华制药厂、华东国际和平医院、胶东军区卫生部四所，以及东海医院等7家革命医院也先后秘密在乳山建立、驻扎。这里的群众革命基础好，保密意识特别强，在日军进村“扫荡”、威胁、恐吓时，乳山的老百姓守口如瓶，从没有向敌人透露半点秘密。在抗战的烽火中，胶东育儿所也转移至田家村迅速发展起来，在驻扎的6年里，胶东育儿所的乳娘们用生命和鲜血秘密守护着八路军的子女，谱写了一曲军爱民、民拥军的赞歌！

胶东抗战最艰难时期，八路军主力和党政机关面临着生死考验，在日寇的层层包围封锁中被迫频繁转移。为了民族大义，有的同志义无反顾地投身民族解放的最前沿。为解决前方战士和党员干部的后顾之忧，保存革命火种，1942年7月，中共胶东区委决定在牟海县境内组建胶东育儿所，挑选正在哺乳期的当地妇女来哺育党政军干部的子女及烈士遗孤，这些妇女就被称为“乳娘”。

二、主要做法

抗日战争最艰难的时期，八路军主力和党政军机关面临生死考验，被迫频繁转移。有的同志不得不抛下刚刚来到人世的亲生骨肉，留给当地百姓带养。

1942年7月，中共胶东区委决定在牟海县组建胶东育儿所，胶东育儿所的工作是在秘密中进行的，除极少数脱产乳娘外，主要是在周边村为来所的孩子寻找政治可靠、身体健康的不脱产乳娘。这是一项保密性非常强的工作，如果被敌人发现百姓抚养的是八路军的子女，全家会遭到危险的。哪个村有即将给孩子断奶的妇女，或是孩子不幸夭折的妇女，妇救会都会及时通知育儿所，以串门为掩护动员妇女为育儿所哺育孩子。为了不暴露孩子的身份，孩子称乳娘为“妈妈”，随乳娘分散在各村居住。为保护孩子的安全，田家村的党组织安排20多名民兵每两人一组，在村口、胡同口轮流看护，防止陌生人进村，每两小时一轮换，昼夜轮流值班，育儿所在田家村6年间从没有出现过安全问题。尽管乳娘居住分散，但育儿所还是规定每半月进行一次检查，每次检查都要走出百里以外，而且全是崎岖的山路，检查到每个村庄、每个孩子。就是在这样极端艰苦的条件下，300多名红色乳娘和保育员累计养育了1223名革命后代。在日军“扫荡”和多次迁徙过程中，胶东育儿所乳儿无一伤亡。

在硝烟弥漫的年代，乳娘视乳儿如己出，待乳儿胜亲生，在日常照护中疼爱有加，在艰难困苦时呵护备至，在生死考验前挺身而出。她们有的忍痛舍弃亲子保乳儿，有的落入敌掌全力护乳儿，有的在深山雪夜以体温暖乳儿，有的在严冬破冰寻鱼哺乳儿，有的舍命献血救乳儿……“人在孩子就在”是她们的庄严承诺，舍命护孩子是她们的无悔选择，就是刺刀抵在胸口，她们也绝不吐露半点秘密。

为了保密，胶东育儿所的孩子没有姓氏大名，只有小名，甚至兄弟姐妹同在育儿所也互不相识。他们没有父母的概念，只知道有阿姨、叔叔。1945年乳儿宋玉芳出生才三个月、1947年妹妹宋玉芝出生才两个月，就先后被送到了胶东育儿所，两人分别叫爱利和小林，他们一个在大班、一个在小班，彼此不知道是亲姐妹。1953年父母派人去接她们时，阿姨领着宋玉芳去认妹妹。由于姐妹俩没有亲属的概念，宋玉芳对妹妹很淡然，没有亲热劲，阿姨让她叫，她才勉强从牙缝里挤出了一句几乎听不到的“妹妹”。

（一）信念坚定，一心向党

乳娘群体虽然文化水平不高，却有着很高的政治觉悟。在生活条件、生活环境都极端恶劣的情况下，乳娘们在接收上级派送来的孩子时不讲任何条件和困难，待乳儿胜过亲生骨肉，不仅用甘甜的乳汁哺育孩子，用辛勤的汗水呵护孩子，而且用生命和鲜血保护孩子，她们用滴血的乳汁抒写了荡气回肠的生命传奇，“忠心向党，大爱无疆”正是“乳娘精神”的生动诠释，是胶东人民爱党爱国的真实写照。乳娘一心一意跟党走，舍其所有，倾其所能，甘愿为革命胜利贡献力量。

1.姜明真：忍痛舍子保乳儿

1942年9月，东凤凰崖村姜明真听说八路军的孩子需要有人抚养，便果断给自己刚满8个月的孩子断了奶，趁天黑街上无人时秘密从育儿所抱来刚满月的福星。两个月后，鬼子来“扫荡”，她与婆婆带着福星和自己的孩子藏在山洞里，可是两个孩子在一起，只要喂一个，另一个就哭闹。为避免暴露，姜明真狠心把自己的孩子送到另一个无人的山洞。刚返身回来，敌机就开始轰炸，她紧紧地搂着福星，依稀听到自己孩子的哭声。婆婆心急如焚，硬要过去看看，她噙着泪水劝说：“娘，千万别出去，要是被鬼子发现了，福星就保不住了。”鬼子撤走后，婆婆发疯似的冲出去，扒开被敌机炸塌的洞口，看见孙子在山洞里爬来爬去，手脚被石头磨得鲜血直流，嘴上沾满了泥土和鲜血，哭得肚子胀鼓鼓的，不停地咳嗽。回家没几天，孩子就夭折了。“这是日本鬼子欠下的血债！”姜明真强忍着丧子之痛，把全部的爱倾注到福星身上。福星直到4岁，才被亲生父母领走。

那几年，姜明真先后收养过4个八路军子女，而她自己的6个亲生骨肉却因为战乱、饥荒和疏于照顾先后夭折了4个。晚年的姜明真一直守着那间老房，不肯搬到儿子盖的新房子中，她说：“搬了，孩子回来就找不到家了。”

2.尹德芝：将军不忘护子恩

1948年的一天，山东兵团第九纵队司令员聂凤智带着妻子何鸣、7岁的儿子聂庆荣来到令他们终生难忘的东夼村，看望乳娘——尹德芝。一见面，小庆荣就呜呜地哭着扑进尹德芝的怀里。尹德芝泪眼涟涟，把小庆荣紧紧搂在怀里，亲了又亲……

小庆荣1941年6月出生于东夼村。刚满月，聂凤智就要率领抗大分校马上移防。聂凤智、何鸣找到妇救会会长尹德芝说：“大姐，我们想把儿子托付给您，行吗？”尹德芝二话没说：“庆荣是革命的后代，我保证把小庆荣抚养好，保证他的安全，你们就安心打鬼子去吧！”

尹德芝视小庆荣如亲骨肉，把他看得比什么都金贵，每次喂奶，她总是先把小庆荣喂饱，再喂自己的女儿。有一次，尹德芝刚给女儿喂奶，大街上突然传来了呼喊声："鬼子来了，大伙赶快跑啊！"情急之下，尹德芝把女儿撂在炕上，一把抱起小庆荣跳下炕就往外跑，任凭身后的女儿哇哇大哭。聂凤智知道此事后，心里感激不已。

小庆荣4岁时，聂凤智夫妇将他接走了，但是他们一家人却永远忘不了这片土地！此后，两家书信来往不断。聂庆荣无论当兵入党还是提干，都不忘向乳娘尹德芝汇报一声，后来，聂庆荣当了安徽军区司令员，还时常念叨与尹德芝在一起的时光。

3. 宫元花：深山雪夜贴身护

寒冬腊月反"扫荡"时，乳娘宫元花在山里露宿一天一夜，靠棉裤和体温保护了革命后代，被评为"育儿模范"。

山东档案馆里封存了一本1944年编印的小册子，封面上就是一个妇女怀抱着一个孩子坐在雪地上的情景，这位妇女就是故事的主人公宫元花。1941年，草庵村的宫元花成为胶东育儿所乳娘，哺育刚满周岁的小福勇。为专心照顾小福勇，宫元花和婆婆商量着把自己的孩子送到亲戚家寄养。腊月二十，小福勇得了水痘，病情严重，宫元花立即带着小福勇跟随医疗分所边走边治疗，先后辗转马石店、腾甲庄等8个村，连大年都是在外面过的，最终小福勇治愈康复。

1942年冬日的一天，听说鬼子来了，宫元花抱起小福勇，同保育员李玉华一起随乡亲们进山躲避。夜晚，下起了大雪，她们就跑到一棵松树下躲藏。天寒地冻，宫元花和李玉华相对而坐，把小福勇紧紧地抱在怀里。过了一会儿，宫元花发现小福勇的小脚冰凉冰凉的，就赶紧解开自己的宽裆棉裤，把孩子装了进去，用自己的身体为孩子取暖。雪越下越大，气温越来越低，宫元花和李玉华把双手插在对方的胳肢窝里，把孩子捂在中间，为孩子挡着风雪，甚至孩子在她的棉裤里撒尿她也没在意。一天躲藏下来，她们没吃一口东西，一起逃难的老乡给了宫元花一块玉米饼子，她舍不得吃，嚼碎了一口一口喂给了小福勇。1944年，育儿所儿童节大会上，宫元花、李玉华被评为“育儿模范”。

（二）勇于担当，无私奉献

在面临生死大难的时候，胶东乳娘骨子里的慷慨仁义让她们不畏艰险、义无反顾地选择舍生取义、以命相助，用血和泪诠释了责任担当。战乱年代，1223名革命后代交付给乳娘，是生命的重量，更是信任的重量，乳娘们将满腔母爱倾注到乳儿身上。胶东乳娘身上始终体现着胶东妇女的朴实和无私，不讲条件、不计得失、不图回报。尽管自己生活艰难，但为了照顾好乳儿，她们殚精竭虑、无微不至，这种坚守和执着创造了苦难中的人间奇迹，树立了母爱丰碑。

1.矫月志：以命保命终无悔

田家村乳娘矫月志抱养的八路军孩子严重贫血。她不顾自身体弱，反复为孩子献血，以命保命、无怨无悔，竭力兑现照顾好乳儿的承诺。

田家村乳娘矫月志抱养的八路军孩子小名叫生儿。生儿刚来时，面黄肌瘦，老爱哭闹，喂养一段时间后，丝毫不见起色。她十分内疚：“人家爹娘为咱打鬼子，咱连个孩子都看不好，这说不过去啊！”

矫月志抱着生儿找到医务组。经过诊断，生儿患有严重贫血，急需输血。矫月志一听：要血还不简单，咱有的是！她撸起衣袖就把胳膊伸给了大夫。第一天输了200毫升后，生儿没有丁点儿变化，半夜还是不停地哭闹。第二天，矫月志抱着生儿继续输血，仍不见效。第三天、第四天……多天输血后，生儿的脸才刚刚泛红，晚上闹腾得也少了些，但矫月志的脸却变得煞白。大夫怕她身子吃不消，对她说：“你先养养吧，等有血源了再说。”“那得啥时候，再等下去，生儿会没命的！大人受得了，孩子不能等！”矫月志死活不干，又接着输了几天，直到生儿晚上明显不哭闹了，才停止了输血。

育儿所得知矫月志连续多天输血的事情后，送来了几个鸡蛋想给她补补身子，她没舍得吃，也没舍得给生病的丈夫，全部喂给了生儿。生儿的病好了又犯，犯了又好，把矫月志折腾得心力交瘁，时常输血后一头倒在炕上昏睡，最重的一次连续躺了三四天才缓过来。矫月志以命保命，无怨无悔，因为她觉得要对得起生儿的父母，更要对得住自己的良心！

晚年的矫月志一直牵挂着不知去处的孩子，期盼着能再见见当年抱走生儿的那位通讯员，打听点消息。

2. 肖国英：不是亲生胜亲生

乳娘肖国英曾对记者说："八路军帮大伙打鬼子，把孩子交给俺是信得过俺，待孩子必须比俺的更金贵。"

那年，妇救会主任将出生12天的小远落送给肖国英养。小远落瘦得皮包骨头，病恹恹的。肖国英看着心疼地说："孩啊，今后俺就是你的亲娘。"为保证有足够的奶水，一家人将不多的口粮大都给了肖国英。有一次，女儿饿得直嚷嚷："娘，我饿，我快饿死了，给我吃一口吧，就一口。"肖国英看看仅剩下的那点口粮，再看看瘦弱的小远落，还是没舍得让女儿吃上一口。在肖国英的悉心照料下，小远落的身体渐渐好起来。

1942年11月，日军"扫荡"马石山，裹着小脚的肖国英一手抱着小远落，一手拽着女儿，拼命地朝丈夫事先挖好的山洞跑去。眼看着鬼子越来越近，可是半路上女儿累得实在跑不动了，一个劲地哭。情急之下，肖国英一狠心把女儿撂在了灌木丛里，嘱咐她老实待着，然后用草掩上，自己则抱着小远落跑上山。夜里听到鬼子搜山的动静，肖国英紧紧搂着小远落，心急如焚，在山洞里一夜没合眼。鬼子一走，肖国英急忙找到藏女儿的地方，扒开杂草，找到瑟瑟发抖的女儿。让肖国英无比愧疚的是，正是在那个晚上哭了一夜，大女儿落下了终生哮喘的病根。

肖国英晚年病重，只能趴在窗台上隔着窗户往屋外看："桃花开了，远落没有回来；桃花枯了，远落还没有回来，我多想再见见他啊！"

3. 沙春梅：全家护儿齐上阵

抚养育儿所孩子的不乏婆媳共育、全家共养的故事。

1942年，沙春梅家里生活困难，她和婆婆平时挖野菜、吃粗粮，省下细粮隔三岔五地给乳儿小春莲包饺子吃，每次只包一小碗。每当看到她拌馅擀皮，小春莲就站在锅台前看，高兴地问："包饺子吗？"沙春梅总是笑着说："是啊，给你包饺子，你别急啊。"每次吃饺子前，她总是找各种理由将亲生女儿支开。沙春梅与小春莲一直形影不离，冬天怕她冷，就搂在怀里睡；夏天怕她热，就整夜给她扇扇子，从不舍得让小春莲哭一声。

婆婆为了让儿媳妇专心带好小春莲，就把家务活全揽过来，还经常给小春莲讲故事。丈夫杨锡斌当兵回来后，也把小春莲当成自己的孩子，挑水时都要抱着她。小春莲蹒跚学步时，每次见杨锡斌回家，就踉踉跄跄地冲上去要抱抱，杨锡斌高兴得直咧嘴。

小春莲4岁时，亲生父亲派人来接女儿。小春莲一直哭喊着"我不走，我不走"，死死抱住杨锡斌不放手。来接春莲的人实在不忍心，就让杨锡斌把小春莲抱回家接着养。小春莲6岁时还是被接走了，沙春梅不知道哭过多少回，直到去世前还梦见小春莲。婆婆也因想念孩子过度，哭得耳朵都聋了。杨锡斌96岁时，记者问他老伴的名字，他已经记不起来了，但一提起小春莲，老人竟出人意料地说："知道，知道！"

（三）信守承诺，不畏牺牲

在当年恶劣的战争环境下，乳娘与乳儿父母互不认识，但却能毫不犹豫地接过乳儿，接过来的是一个承诺，更是一份责任。1942年冬，日军包围乳山马石山地区进行“扫荡”，育儿所的乳娘和20多个乳儿被围，危急关头，乳娘们大义凛然：“宁可牺牲自己，也要保住孩子，人在孩子在。”在八路军战士和当地群众的掩护下，乳娘们抱着孩子冲出了包围，保育员张敬芝不幸牺牲，育儿所的孩子无一伤亡。乳娘们这种超越亲情的付出，背后的支撑力量是承诺，是大爱。

1. 李秀珍：机智勇敢巧脱险

李秀珍就是山东吕剧《乳娘》女主角的原型。《乳娘》曾获得山东省文艺精品工程奖和泰山文艺奖，2015年9月曾在央视戏曲频道播出。

育儿所的第一个孩子东海就是李秀珍哺育的。东海送来时身体虚弱，坐都坐不稳，在李秀珍的精心照顾下，八个月后强壮了很多。

在反“扫荡”的日子里，李秀珍一刻也不让孩子离开自己，心中只有一个念头：“孩子的爹娘干革命，决不能让孩子受损伤!”有一次，日寇的飞机掠过育儿所的上空，东海正在育儿所玩耍。李秀珍听到后，抱起他就往山上跑。途中，飞机投下了炸弹，李秀珍将身体弯成拱形把孩子护在身下，结果孩子毫发无损，她自己的胳膊却被乱石划出了口子，鲜血直淌。最终，她带着孩子转过山头躲进山洞，保证了孩子的安全。

一次躲避鬼子时，东海以为是做游戏，越跑越笑，发出的声音引起了鬼子的注意。三个伪军和鬼子端着枪朝他们藏身的山洞走来。李秀珍见状忙把东海放到山洞里面，自己跑了出来。“你们要干什么？”李秀珍故意提高嗓门，想要压住东海的声音。但狡猾的鬼子并没上当，一顿搜查后把东海找了出来。李秀珍发疯般地扑向拖着孩子的伪军：“还我孩子，这是我的孩子！”李秀珍大喊着，与伪军撕扯起来。敌人将她推倒在地，拳脚相加。面对伪军的威逼诱惑，李秀珍始终保守秘密，坚称孩子就是自己的。最后，她趁敌人不备抱着孩子跑了出来。

2. 佟玉英：一生牵挂两代情

乳娘和乳儿的亲情超越血缘，超越岁月，这里讲的是一个乳娘一生牵挂两代情的故事。

1947年，马石店村佟玉英正沉浸在丧子的悲痛中，一天傍晚，胶东军区司令部的王儒林、宫本芹夫妇找上门来，把五个月大的女儿小永胜托付给她。看着襁褓里的孩子，佟玉英既激动又担心，激动的是王儒林夫妇这样相信自己，肯把亲生骨肉交给自己抚养，担心的是一旦孩子有个小病小灾的，自己怎么交代。沉思了一阵，最后她还是应诺下来。

从此，佟玉英一家人把小永胜视为掌上明珠，丈夫扛起了所有家务活，让她专心带孩子。佟玉英奶水不多，小永胜常常因为吃不饱哇哇大哭。一家人为奶水的事急得团团转，四处打听催奶的方子，听说喝鱼汤可以催奶，她赶紧催着丈夫到水塘里捞鱼。零下十几度，冻得要命，厚厚的冰面好不容易砸出一个窟窿，费了好大劲才捞上了几条小鱼。佟玉英接连喝了几天鱼汤后，奶水果然多了起来，一家人高兴得不得了。

小永胜一天天长大，佟玉英走到哪里，小永胜就跟到哪里。早春三月的一天里，小永胜跟着在河边洗衣服的佟玉英玩耍，突然，"嗵"地一声，挂在小永胜脖子上的银锁坠入水中。"这把锁可不能丢，这是永胜父母留下的唯一信物！"佟玉英顾不得多想，步入齐腰深的河里，在冰冷的河水中摸了好一阵才摸着那把银锁，而她自己却从此落下了腿痛的病根。

1949年6月，部队南下，王儒林夫妇接走了小永胜。从那时起，一听见外面有孩子的叫喊声，佟玉英就赶忙跑出去看，以为小永胜回来了。1974年的一天，佟玉英收到一封不同寻常的来信，信中写道：爹娘，请你们到北京参加我的婚礼，女儿永胜！此刻，佟玉英激动得好几天睡不着，半夜起来烙永胜最爱吃的油饼，用包袱仔仔细细地包了个里三层外三层，一个劲儿地催着丈夫送她去北京。

乳娘佟玉英不仅抚养了八路军的孩子永胜，还抚养了永胜的女儿和侄女。1976年，永胜的女儿出生了，佟玉英买了一百多块钱的鸡蛋和黍米到北京伺候永胜坐月子，一待就是七个月。又过了几年，永胜的弟弟也有了孩子，佟玉英又主动去帮忙带。在她看来，这些孩子就是她的孙子，一家人其乐融融，不是亲人胜似亲人。几年后，佟玉英去世的消息传到北京，永胜失声痛哭，面向生养她的方向长跪不起！

3.初连英：厚人薄己两重天

乳娘初连英把心血都倾注在乳儿身上，为带好八一、爱国，她给自己的孩子断奶、绑到窗棂上、煮芋头代替奶水，而对育儿所的孩子呵护有加。

1942年，东凤凰崖村乳娘初连英已是两个孩子的娘了。当时她的小儿子正处在哺乳期，当她听说育儿所正在找人哺乳八路军的孩子时，主动请缨，从育儿所抱回一个叫“八一”的孩子。

邻居劝她：“不行啊，你已有个吃奶的娃，再带一个身子怎么受得了！”她笑着说：“他们的父母为革命舍得撂下独根苗，我让自己的孩子吃点苦算什么。”虽然每次喂奶时自己的孩子就争着往怀里爬，初连英还是忍痛给他断了奶。

一个农村妇女拉扯三个孩子的确不容易，白天黑夜，不是这个哭就是那个闹，哄哄这个，喂喂那个，洗刷缝补，忙忙碌碌。为了让八一发育好，初连英经常给她开小灶，从来不舍得让她受委屈，每次做饭前就把自己的孩子绑在窗棂上，再一手照顾八一，一手忙活做饭。孩子急于挣脱，小手被勒出一道道血痕，大哭不止。八一稍有点头疼脑热，她就赶紧抱到七里外的田家村治疗。经过初连英的精心抚育，小八一长得很壮实。

几个月后，八一被接走，初连英又开始带另一个孩子爱国。为了不让自己的孩子与爱国争奶吃，每次做饭时，她都给自己的孩子煮些芋头，在爱国吃奶之前用芋头喂饱自己的孩子，留下奶水喂爱国。初连英对待爱国比对待自己的孩子都好，爱国的娘很放心，直到爱国3岁才将他抱了回去。临走时，初连英看天气冷，怕冻着爱国，就拿自己孩子的棉袍子给爱国穿上，又把自己孩子的长命锁给她戴上。当时，初连英煮了4个鸡蛋给爱国吃，爱国告诉初连英的长女："姐姐，咱不吃，鸡蛋留给娘吃，娘病了。"正坐月子的初连英感动得眼泪直流。孩子走后，初连英见到鸡蛋就掉眼泪，在月子里把眼睛哭坏了，落了个眼病。

三、经验启示

2018年3月8日，习近平总书记参加十三届全国人大一次会议山东代表团审议时指出："红色基因就是要传承。中华民族从站起来、富起来到强起来，经历了多少坎坷，创造了多少奇迹，要让后代牢记，我们要不忘初心，永远不可迷失了方向和道路。"[①]"乳娘精神"就是人民对党、对革命先烈的最好回馈，是人民对党无限忠诚与热爱的最生动展现。

（一）"乳娘精神"是革命精神的重要表现

胶东人民历来就有忠厚纯朴、爱憎分明、追求进步、勇于斗争的光荣传统，很早就接触到了共产主义的思想，知道只有共产党才能带领人民推翻三座大山、翻身得解放的道理，对共产党和人民军队有深厚的感情。抗日根据地建立之后，共产党使广大人民在经济上翻身、政治上解放、文化上提高，尤其是处在社会最底层的广大妇女，彻底打破了禁锢在身上的种种枷锁，取得了应有的社会地位和尊严，她们从内心深处感谢共产党、感谢八路军、感谢人民政府。她们这种感谢、感激、感恩之情表现在行动上就是对共产党的无比热爱、对人民军队的鼎力支持、对革命事业的忠诚奉献，这是"乳娘精神"产生的思想

---

① 中共中央党史和文献研究院第七研究室：《新时代　新发展　新成就——从党的十八大到二十大》第2册，人民出版社2024年版，第1000页。

根源。乳娘也是整个乳山或者胶东母亲形象的重要组成，是革命母亲中的重要代表。

（二）"乳娘精神"是胶东地区优秀传统文化的延续

胶东是齐鲁文化的重要区域，富有爱国爱民、礼法结合、义利并重和开放性、务实性、多元性的特点。齐鲁文化推崇仁爱思想，将"仁"作为基本的道德原则与道德规范之一，有"亲亲而仁民，仁民而爱物"的传统。在传统文化的熏陶下，胶东人民养成了忠心爱国、知恩图报、敢为人先、开拓创新的秉性和品格。当马克思主义传到中国之后，胶东成为较早掀起革命高潮的地区之一。别的地方也有乳娘，也有一些老百姓帮助党政军干部哺育孩子的事，但胶东这样群体性的红色乳娘是全国所独有的。红色"乳娘精神"积淀着中华民族深层的精神追求，我们要传承和弘扬这种精神，不断深化和丰富齐鲁文化的内涵。

（三）"乳娘精神"是践行党的群众路线的体现

在革命战争年代，党组织深深扎根于胶东大地，发动群众、组织群众，与人民同甘苦、共患难，为夺取革命胜利、实现民族解放进行了艰苦卓绝的奋斗。人民群众认识到共产党是全心全意为人民的利益而奋斗的，从心底热爱党、拥护党，从而激发出了高度的革命觉悟。这样一种党群血肉相连、军民水乳交融的光荣传统，世世代代传承，成为实现中华民族伟大复兴的强大精神动力。

讲好"乳娘故事"，传承弘扬"乳娘精神"，让"乳娘精神"的思想价值和时代意义在新时代充分体现出来是时代的需要。2021年7月1日，习近平总书记在庆祝中国共产党成立100周年大会上强调："人民是历史的创造者，是真正的英雄。"[①]"乳娘精神"是宝贵的精神财富，

---

① 习近平：《在庆祝中国共产党成立100周年大会上的讲话》，人民出版社2021年版，第9页。

传承弘扬“乳娘精神”，可鼓舞人心、提升士气、振奋斗志，增添精神动力；学习“乳娘精神”，可以做到立党为公、执政为民、爱岗敬业、无私奉献、心中无我、不负人民，为实现中华民族伟大复兴的中国梦而努力奋斗。

思考题

1. 胶东育儿所“乳娘精神”的时代背景是什么？
2. 胶东育儿所“乳娘精神”的丰富内涵是什么？
3. 胶东育儿所“乳娘精神”的价值体现在哪些方面？

红色胶东天福山起义*

【引言】《威海市精致城市建设条例》第一章第三条规定："精致城市建设应当坚持以人民为中心，以社会主义核心价值观为引领，贯彻创新、协调、绿色、开放、共享的发展理念，坚持精当规划、精美设计、精心建设、精细管理、精准服务、精明增长，动员社会各界力量参与，促进城市高品质发展。"《威海市精致城市建设规划纲要（2021—2035年）》第六章第四节"提高社会文明程度"中明确要求："推动理想信念教育常态化制度化。深入开展习近平新时代中国特色社会主义思想学习教育，巩固团结奋斗的共同思想基础。加强党史、新中国史、改革开放史、社会主义发展史教育，加强爱国主义、集体主义、社会主义教育。深入实施红色基因传承工程，不断扩大威海胶东红色文化影响力。"有着"天赐福地"美誉的天福山能够闻名胶东靠的不是它的外表，而是发生在这里的那段峥嵘历史。这里率先树起了抗日大旗，点燃了胶东抗战的烽火；这里重新燃起了胶东早期党组织的希望，造就了激情昂扬的红色胶东时代；这里走出的英雄部队南征北战，奠基了共和国的红色大厦，为维护我国政治安全、国土

* 本案例由中共威海市委党校（威海行政学院）科社教研部讲师彭乐撰写，于春永参与。

安全、军事安全打下了坚实基础。

【摘要】《威海市精致城市建设规划纲要（2021—2035年）》第四章第三节“加强历史文化保护”中明确要求：“加强古遗址遗迹、特色历史建筑、非物质文化遗产的挖掘整理，推进千里海疆文化、甲午民族精神文化、革命红色文化等优秀传统文化的挖掘阐发、宣传普及、实践养成、保护传承和合理利用，延续精致城市历史文脉。按照传承历史、开创未来的设计理念，强化文化生态空间属性，融入创新的、延续的发展情怀，强化文化品牌创建，提升城市的知名度、美誉度和影响力。”什么是红色胶东？毛泽东曾指出“红色区域”要具备两个条件，一要是共产党领导的区域，二要建立共产党领导的武装和政权。1937年，天福山爆发的天福山起义创建了山东人民抗日救国军第三军，而后建立了抗日民主政权，具备了红色胶东的两大要素。因此，红色胶东从这里走来。

【关键词】红色胶东　天福山　起义

一、背景情况

土地革命时期，胶东爆发了最后一场农民武装暴动——“一一·四”暴动。暴动失败后，幸存人员转战昆嵛山区成立了昆嵛山红军游击队，这支队伍成为天福山起义的骨干力量。在天福山起义当天诞生了山东人民抗日救国军第三军，第三军在人民的支持下，不断壮大，发展成四个军，为全国解放、强军护国作出了历史贡献。波澜壮阔的红色胶东历史展现出鲜明的家国情怀、党民齐心的精神品格，是中国共产党领导中国人民争取民族独立、人民解放、维护国家安全历史的缩写。

二、主要做法

1937年，日寇发动了全面侵华战争，饱受甲午之耻、七子之殇、胶州湾被强占等民族屈辱的胶东再一次面临日寇的蹂躏，国家和人民没有安全可言。但是和以往不同，此时的胶东已经有了铁肩担道义的中国共产党，党带领胶东人民发动了天福山起义。天福山起义就像一粒火种，激发了民众的抗争血性，在中华版图上烧出了激情昂扬的“红色胶东”！

（一）唤醒民众求解放

早在1921年的秋天，邓中夏、王荷波就来到胶东指导党组织的建立工作，在他们的指导下，胶东的第一个党小组于1924年在烟台海军学校诞生，第一个中共县委于1928年在莱阳成立，李伯颜任县委书记。

20世纪30年代，很多知识分子在外求学时加入中国共产党，并于危难之际纷纷回到家乡开展党的活动，其中就有宋澄和刘家语。宋澄，1930年在燕京大学（现为北京大学）读书时加入中国共产党，1931年回到文登，同年底在文登中学组织成立了文登第一个党小组，积极开展抗日救亡运动。文登党小组成员于12月25日发动了红贴事件[①]，红贴事件让文登老百姓第一次切身感受到共产党的影响力。

刘家语就是国务院原副总理谷牧。1932年，他在省立第七乡村师范（文登）读书时担任了七乡师党支部的第一任书记。后来党支部被敌人破坏，他被派到北平（今北京市）联络进步青年。谷牧是家里6个孩子中唯一的男孩，他走了之后，老母亲非常想念他，经常在村口哭

---

① 1931年12月25日晚，回到家乡的中共地下党员宋澄带领小分队成员顶着严寒，冒着危险，把揭露黑暗、鼓励抗日的宣传标语贴满了文登城的大街小巷，催生了文登大地上第一个党小组，拉开了文登反抗反动统治的序幕，史称“红贴事件”。

着喊他的名字。为了避免党组织暴露，谷牧不能给家里写一封信，只能把思乡之情寄托在孩子的身上，给儿子起名叫念远。刘念远19岁时，中印边境战争一触即发，周恩来号召大家送子参军，谷牧第一个站出来将马上高中毕业的儿子送上战场。就这样，刘念远放弃了六天之后的高考，走上前线，开始了他的戎马生活。正是在这种精神的感召下，更多人加入中国共产党，使得胶东的早期党组织发展得很快，但是比较分散，不利于开展工作。针对这种情况，山东省委于1933年发出整顿所属各县成立胶东特委的指示。

根据指示精神，1933年3月，第一届中共胶东特委在现在的乳山市北刘伶庄村成立，张静源任特委书记。从此，胶东地区有了党的统一领导机构。胶东特委成立后，把唤醒群众、组织群众、依靠群众作为党的生命线。

第一届胶东特委主要通过在农村办夜校和教农民认字启发老百姓的觉悟。比如，在教农民认识“权”字时，张静源说：“我们种地的为什么吃不饱，因为没有地权；在家里男人为什么欺负女人，因为有夫权；他们当官的凭什么欺负老百姓，因为他们有政权。所以要想改变自己的命运，就要去争取权利，建立一个没有剥削、没有压迫的公平正义的社会。”这样一讲，老百姓在识字的同时觉悟就逐渐提高了，为党开展工作打下了初步的群众基础。遗憾的是，七个月后，张静源在莱阳遇害，第一届特委遭到了破坏。

1934年2月，第二届胶东特委在文登林子西村成立，常子健任书记。他们组建了一支秘密武装——特务队，用实实在在的行动打击了敌人，鼓舞了群众。7个月后，三名特委委员被捕，第二届特委停止了工作。

1935年1月，第三届胶东特委在文登西院下村成立了。10个月后，第三届胶东特委领导农民发动了一场农民武装暴动——“一一·四”暴动。但这次暴动因敌我力量相差太过悬殊而失败，特委书记张连珠被捕入狱，第三届胶东特委也随之解体。

前三届胶东特委的存在时间加起来仅有两年，充分说明了早期斗争形势的严峻，但新的特委都会在次年成立，这也体现出早期共产党人坚定的理想信念。胶东特委逐步稳固是在第四届，正是第四届胶东特委领导并发动了天福山起义。特委书记理琪是1936年来到胶东的，当时胶东党组织因为“一一·四”暴动的失败被破坏得非常严重。

暴动前，胶东有2000多名共产党员；暴动失败后，仅文登被捕的党员群众就达300多人，被枪杀的革命同志最多一次达到32人。暴动总指挥、特委书记张连珠也被捕入狱，当得知同志们要冒险营救他时，为避免再增加无谓的牺牲，他断然阻止，英勇就义。张连珠就义后，头颅被敌人砍下示众，遗体被作为抓捕共产党人的诱饵没能留下。现在位于栖霞英灵山胶东革命烈士陵园内的张连珠烈士墓地，是一座空坟，他的精神一直激励着后来者不断奋进。

正是通过这一届届胶东特委，老百姓意识到，只有共产党人才是真正可以拿起枪来、豁出命去为老百姓除害的英雄好汉。百姓的心和我们的党贴得更近了，党有了群众基础。

之后，暴动幸存人员转战昆嵛山，成立了昆嵛山红军游击队。昆嵛山红军游击队是土地革命后期我党在北方沿海仅存的红军队伍，他们依托良好的地势同敌人展开了激烈战斗，涌现出很多可歌可泣的英雄人物，其中就包括刘福考。

在1936年6月的战斗中，刘福考身负重伤，为掩护战友撤退，腰部连中两颗子弹，肠子都流出来了，还在坚持战斗。子弹打光了，他一手捂住伤口，另一只手拼命挖土掩藏枪支，然后艰难地向村子爬去，最终被群众发现后背回家。他请父亲把他受伤后藏起来的枪找出来亲手交给组织，又对父亲说：自己受了这样重的伤，应该是活不成了，敌人也一定会来搜查，他是宁死也不肯当俘虏的，恳求父亲动手勒死自己。可父亲怎么忍心下手呢？当村里传来敌人的搜查声时，刘福考的父亲和乡亲们就把他藏在一个枯井里躲过了搜查，可是紧接着敌人又进行了第二次搜查，不把他找出来决不罢休。为了不牵连无辜的群众，一点办法也没有的父亲只能含泪把流着血的儿子背到祖坟地里，颤抖着在树上系了条绳子后转身离开了。父亲走后，刘福考用尽最后一丝力气自缢身亡，年仅21岁。刘福考牺牲后，他的妻子王淑贞接过丈夫的接力棒投身革命。1939年，王淑贞加入中国共产党，入党动机只有两句话：我的入党动机一是给我男人报仇，二是为了将来的幸福。为了这必将到来的幸福，她装疯卖傻传送情报，当妇救会会长带领群众支援革命。新中国成立后，她当了妇女主任，为了大家的幸福不停奔波。王淑贞106岁时，每次有人去看她，她都会拉着大家的手说，她很幸福，能有今天的好日子，真是感谢党，感谢大家伙。

其实，不应该是王淑贞感谢大家，应该是大家感谢她。在那个年代，他们中有的人连名字都没能留下，只能用“老王”“老车”来称呼。他们并不知道光明究竟在哪一天能够到来，身边的人不断倒下，站着的人还要继续前行，靠的是什么？往大里说，靠的是坚定的信仰信念信心，往小里说，未尝不是这份最朴素的家国情怀。这份朴素的情怀需要一个直接领导人——昆嵛山红军游击队队长——于得水的引导。

于得水原名于作海，文登铺集人，是《苦菜花》中于得海、《山菊花》中于震海的原型。于得水出生在一个非常贫苦的农民家庭，15岁开始习武，练就了一身好武艺。疾恶如仇的他带领乡亲们打土豪、除恶霸，成为昆嵛山区家喻户晓的传奇英雄。敌人曾经悬赏1000大洋缉拿他，却总也抓不到，不是他武艺高强，而是每次遇到危险时都有老百姓豁出命救他。天福山起义前夕，他深情地说：“群众是‘水’，没有‘水’就没有我这条‘鱼’，我一辈子离不开群众，一辈子不能忘了群众。”为了铭记群众的恩情，他改名为“于得水”。

有了胶东人民的支持，昆嵛山红军游击队不断发展壮大，成为天福山起义的骨干力量。

（二）天福山上举义旗

天福山起义爆发于1937年底，在日本帝国主义大举进攻我国，华北沦陷、山东危急的关键时刻，国民党军弃守溃逃，中共山东省委毅然担负起领导山东人民抗战的重任，派遣理琪、林一山等一批共产党人来胶东发动抗日武装起义。

理琪，原名游建铎，河南太康人。1936年来到胶东，先后组建了胶东临时特委和临时工委，但都遭到了破坏，理琪也因此被捕入狱。直到1937年11月，理琪经党组织营救出狱。12月15日，根据省委的安排，他再次来到文登，在沟于家村召开紧急会议，传达了省委的指示精神，成立了第四届胶东特委，并且决定9天后发动天福山起义。

1937年12月24日，天福山起义如期举行，理琪庄严宣布山东人民抗日救国军第三军正式成立。这支队伍起初只有80多个人，队员主要是于得水领导的昆嵛山红军游击队队员、张修己发动的农民以及于烺发动的爱国学生和进步知识分子。根据“扩人、扩枪、扩大宣传”的计划，第三军第一大队以武装宣传队的名义奔赴胶东各地发动群众。

随着抗日起义队伍的壮大和形势的发展，为加强对抗日武装和地方工作的领导，1938年初，中共胶东特委成立了胶东军政委员会，标志着胶东特委开始着手建立敌后抗日民主政府，布局根据地建设，体现了胶东党组织强烈的政权意识。

同一天，山东抗日救国第三军（以下简称“三军”）司令部成立。在不到一个月的时间里，“三军”发展到300多人。力量壮大了，胶东特委决定主力西上，奔赴抗战第一线。

1938年2月，日军占领牟平城，胶东特委决定趁敌立足未稳，攻打牟平城，摧毁伪政权。2月13日，在理琪的率领下，“三军”一举攻克牟平城。之后，理琪与20多名干部战士到牟平城南雷神庙开会研究下一步行动，不料被日伪军包围，一场激战就此打响。“三军”战士共击退日军4次进攻、1次火攻，天黑之后胜利突围。当时，雷神庙窗上用的雨搭子，0.8平方米内竟有138个弹洞，从密集的弹孔可以看出战斗是何等激烈。

雷神庙战斗是天福山起义部队西上抗日途中与日军交火的第一仗，首战获胜，极大鼓舞了胶东人民抗战必胜的信心，对胶东子弟兵"敢打必胜"军魂的形成有着重大影响。遗憾的是，在战斗中，理琪因伤势过重壮烈牺牲，年仅30岁。

理琪牺牲后，当地党组织和群众将他的遗体安葬在文登崔家口。1945年，党组织决定把他的遗体移葬到栖霞英灵山。从崔家口到英灵山有200多里山路，本来打算用汽车送，可百姓们不同意，他们说："理琪一个外乡人，和咱非亲非故，却为咱牺牲了。我们不能让他孤零零地走，要送一送亲人。"8个壮汉抬着他的棺椁在沿途村民的自发跪送中一步步前进，200多里山路，始终没有让他落一下地，沾一点泥。此时，距理琪牺牲已经7年了，但百姓们还记得他，愿意用最质朴的方式表达对英雄的敬意。可见，谁把老百姓装在心里，老百姓就把谁永远举在头上。

理琪在胶东废寝忘食地工作，生前没有留下一张照片、一个化名、一副画像。理琪忘却了自己，却唯独没有忘记一个共产党人的初心与使命！

理琪于1936年完成了胶东党组织的第一份正式文件——《给各级党同志的一封信》。这封信和古田会议的精神一脉相承，强调了思想建党的重要性，扭转了"一一·四"暴动失败后的危难局面。

理琪和胶东特委领导的天福山起义不仅指1937年12月24日这一场起义，而是包括持续到1938年9月的整个过程。

（三）浴血抗日战敌顽

"三军"并入八路军序列后不断发展壮大，成为山东纵队的一支生力军。随着人员的快速发展，对武器弹药的需求也越来越大，胶东根据地开始进行兵工生产。到解放战争时期，胶东根据地建立了9个兵工厂，拥有1万兵工，占华东兵工总数的一半，为维护我国军事安全作出了巨大贡献。第三兵工厂制造的轻机枪等武器送到延安参展时，受到周恩来的高度赞扬，他连夸胶东兵工“了不起”，并指示中央科学院到胶东考察。

开国上将许世友曾在山东战斗生活了16年，其中有10年是在胶东度过的，他带领胶东人民同日、伪、顽展开了激烈的战斗，取得了重大胜利。毛泽东夸奖许世友打红了胶东半边天。

许世友疾恶如仇，爱兵如子。1944年7月，任常伦参加胶东军区首届英模代表大会时得知敌情紧张，立刻日夜兼程赶回部队，请求上战场。此时的任常伦已八次负伤，肩膀上还留有敌人的弹片，许世友舍不得他，但任常伦坚决请求上战场。1944年11月17日，在海阳长沙堡战斗中，我军的手榴弹用完了，子弹也打光了，作为排长的任常伦对着全排的战士说：“没有子弹，有刺刀，人在，阵地在！”说着带头冲向日军，与日军展开激烈的肉搏战。他一连刺死多名日军，最后不幸中弹牺牲，献出了年仅23岁的宝贵生命。

赛时礼是文登高村镇人。1938年参加革命，1940年参加八路军，同年加入中国共产党，参加过大小战斗200多次，先后6次负伤，成为特等伤残军人。

1962年，赛时礼离职休养。离休后，他拖着残躯病体，以一个幸存者的崇高责任感开始了自己从未尝试过的文学创作生涯。严重的伤残使他连生活自理都很困难：胸椎受伤造成身体右侧半身不遂；左腿曾被打断，行动极为困难；右眼失明，左眼仅有0.2的视力；右手残废，只能用左手写字，可他以顽强的毅力完成了200多万字的作品——小说《三进山城》，他也被誉为“中国的保尔”。小说讲述了文登城光复的过程。文登城于1944年8月30日光复，在全国来讲也是最早光复的县城，自此，我们的根据地建设更加稳固。

（四）天福铁军展雄风

天福山起义创建的山东人民抗日救国军第三军在战斗中从小到大、由弱到强，一共发展成为4个军，在许世友、聂凤智、吴克华等人的带领下，4个军共歼敌75万多人。

“天福山，我们从这里走来。”这是铭刻在原41集团军某部军史馆内的记忆，也是原27、31、41集团军等广大官兵引以为傲、发自肺腑的铿锵之音。

解放战争时期，27集团军参加了济南、淮海、渡江和上海等战役，涌现出“济南第一团”“潍县团”“淮海战役一等功团”等59个英雄单位和387名英雄个人，歼敌22.5万人，创军级单位之最。27集团军解放上海的当天晚上，天下着雨，27集团军指战员为了不惊扰群众，全部露宿街头。美国研究中国问题的专家鲍大可谈到此时说：“这一幕足以感动全世界。”当时在上海的宋庆龄也对此给予了高度评价。年轻的民族资本家荣毅仁为躲避战乱，本想从上海举家迁往香港，看到这个场景后毅然决定留下来加入到新中国的建设中。

31集团军转战胶东，激战济南，挥师淮海，鏖战浦东，挺进福建，经历大小战斗200多次。“济南第二团”就是这支部队的。

41集团军是一支敢打硬仗的英雄部队，在解放战争中，41集团军从东北一直打到广西，其中最为著名的是辽沈战役中的塔山阻击战。1949年1月，北平和平解放后，该军担任了全城的警备任务，赢得了“仁义之师”的盛赞，并于3月在西苑机场接受了毛主席的检阅。

2019年的国庆大阅兵，100面荣誉旗帜方队中有5面团级旗帜的根在天福山，他们是“潍县团”“济南第一团”“济南第二团”“塔山英雄团”和“白台山英雄团”。如今，他们在贯彻习近平强军思想的同时，也常到天福山寻根，从红色基因中汲取前行力量。

张玉华曾参加2015年的大阅兵，那一年他99岁，他用被子弹打穿过的手掌行了长长的军礼的那一幕，感动了无数国人。张玉华出生在文登营镇张皮村，参加过天福山起义、雷神庙战斗等上百场战斗，在抗战期间，他曾三次负伤。老将军说，每次负伤都是老百姓把他救了过来，他要尽全力去回报国家和人民。他拿出自己的工资，资助各地的贫困群众，据统计，他捐款累计近百万元，捐赠大米累计20多万斤。

2017年9月10日，张玉华老将军于南京逝世，享年101岁，遗嘱中有一条“捐献可用器官”。经过检查，可用的只有一对眼角膜。这对眼角膜，就是这位开国少将最后的奉献。

张玉华老将军将自己的一生都奉献给了党和人民，留给子女的只有留在体内77年的一枚子弹。好多人问他为什么，他的回答却只有一句话：“我职务离休，党员没离休。”张玉华老将军奉献的一生是我们党不忘初心、牢记使命的生动写照，他的精神必将哺育一代又一代共产党人坚守初心，砥砺前行！

如今，这86位将军都已经不在了，随着战争亲历者的逝去，有人说硝烟已经远去。那无形的硝烟呢？如今我们崇尚英雄、学习英雄，就是要从英雄用血肉孕育的红色基因中汲取力量，坚持用总体国家安全观筑起我们新的长城。

（五）党群同心奠根基

天福山起义点燃的胶东抗战烽火，不仅形成了坚强的抗日武装力量，而且形成了坚固的抗日根据地。胶东根据地是全国较早的抗日根据地之一。

在党的领导下，胶东根据地逐步建立起完整的抗日政权体系，党的建设、群众组织建设、经济建设、文化建设、法治建设也全面开展起来。胶东党员由抗战初期的1840名发展到抗战胜利时的63064名，占山东抗日根据地党员总数的1/3。到新中国成立时，胶东党员已经发展到32.4万人，占全国党员总数的1/14。党员人数迅猛增加，充分说明共产党真正赢得了民心，百姓愿意坚定信念跟党走。

同时，党组织引导民众建立的青抗联、妇救会、少先队等群众组织也在革命和建设中发挥了不可替代的作用。

曾当选中央委员、全国人大代表的劳动模范张富贵出生于文登高村一个雇农家庭，小时候饱尝人间苦难。1940年，张富贵的家乡推行“减租减息，提高雇农待遇”等政策，帮他赎回当年抵押的土地，使他获得新生。张富贵常说：“没有共产党就没有俺张富贵，俺一辈子听党的话，跟党走。”为报答共产党的恩情，张富贵在村里成立了拥军组，帮烈属、军属干活。后来，拥军组发展到40多人，他们又到拥军工作落后的村庄去拥军，起了很好的模范带头作用。1943年，张富贵和本村五户农民组织了胶东解放区第一个互助组，有效提高了粮食的产量。

1945年冬，张富贵已经是胶东区特等劳动英雄了，被当时的威海卫市长邀请去做经验介绍。原本约定派人去接他，可第二天一大早，他就扛着一把铁锹，背着一个粪篓子上路了。庄稼一枝花，全靠粪当家。他一边走一边拾粪，篓子满了，就到附近村庄打听谁家是军属，然后把粪偷偷倒在军属家的粪堆上，就这样走了100多里路，背着粪篓进入会场。

1963年4月25日，《大众日报》发表社论《永远保持劳动人民的本色——从张富贵一贯带头参加集体劳动谈起》，社论中引用了张富贵的话：“咱是劳动人民出身，能劳动不参加劳动，就是忘本。一个共产党员，一个党的干部，无论什么时候都应该好好劳动。”

三、经验启示

理琪及第四届胶东特委发动的天福山起义，其实不仅仅指1937年12月24日的一场起义，而是包含持续到1938年9月的过程。这一系列起义，都是在胶东特委的统一领导下举行的。对此，毛泽东曾称赞道："山东工作在同志们艰苦创造中，已获得巨大的成绩，没有八路军和没有足够数量的具有军队经验的干部帮助条件下，地方党已经单独创造出较有战斗力走向正规化的军队，它将成为坚持山东抗战的主力军。"①这是对山东也是对在胶东诞生成长起来的起义部队的充分肯定和褒奖，极大地鼓舞了胶东军民的武装抗日热情。

此时此刻，带着对革命先辈的无比崇敬，我们不禁要问：是什么力量支撑着天福山英雄们义无反顾地投身于争取民族和人民解放的伟大斗争中？是对共产党人初心的坚守。初心关乎使命，正是因为始终坚守共产党人的初心，他们才能在革命斗争中勇担使命，砥砺前行。

百年征程波澜壮阔，百年初心历久弥坚。事业发展永无止境，共产党人的初心永远不能改变。全面建设社会主义现代化国家的新征程已经开启，征途漫漫，惟有奋斗。我们坚持以人民为中心，不忘初心、牢记使命，乘风破浪、扬帆远航，一定能实现中华民族伟大复兴。

思考题

1. 红色胶东精神的时代内涵是什么？
2. 天福山起义的历史背景是什么？
3. 天福山起义的影响是什么？

① 《毛泽东军事文集》第2卷，军事科学出版社、中央文献出版社1993年版，第500页。

永远的怀念

——“两弹一星”元勋郭永怀*

【引言】文化是城市的魂魄，是城市的精气神，尤其是其中的红色文化不仅记录了一个城市发展的红色血脉，更是城市不断发展繁荣的精神动力。党的二十大报告指出，“坚持理论武装同常态化长效化开展党史学习教育相结合，引导党员干部不断学史明理、学史增信、学史崇德、学史力行，传承红色基因，赓续红色血脉”①。威海有着丰富的红色教育资源，传承红色基因并把红色基因转化为推动威海发展的动力引擎，是精致城市由外延式向内涵式发展的应有之义，更是实现全域精致、均衡发展的时代要求。我们要以红色文化浇筑精致城市之魂，用红色精神激发各界力量。

【摘要】本案例描述了“两弹一星”元勋郭永怀热爱祖国、勇于担当、无私忘我的先进事迹。他辗转求学、学有所成，他扬名海外、毅然回国，他扎根大漠、功勋卓越，他甘为人梯、无私奉献，他以身许国、科技报

---

* 本案例由中共威海市委党校（威海行政学院）行政学教研部副教授孙洁、杨鹏飞，干部业余教育处讲师曲艳妮撰写。

① 习近平：《高举中国特色社会主义伟大旗帜　为全面建设社会主义现代化国家而团结奋斗——在中国共产党第二十次全国代表大会上的报告》，人民出版社2022年版，第65页。

国。他是目前唯一以烈士身份被追授“两弹一星功勋奖章”的科学家，也是唯一在核弹、导弹、地球卫星三个领域都作出重大贡献的“两弹一星”元勋。我们永远怀念郭永怀，怀念他视国家利益高于一切的爱国主义情怀，怀念他舍我其谁、勇于担当的政治本色，怀念他克己奉公、无私忘我的奉献精神……

【关键词】郭永怀　爱国主义　政治本色　奉献精神

一、背景情况

百年大党，风华正茂，回顾我们党百余年的奋斗历程，一代又一代共产党人顽强拼搏、不懈奋斗，构筑起中国共产党人的精神谱系。2021年5月28日，习近平总书记在中国科学院第二十次院士大会、中国工程院第十五次院士大会、中国科协第十次全国代表大会上指出：“一代又一代科学家心系祖国和人民，不畏艰难，无私奉献，为科学技术进步、人民生活改善、中华民族发展作出了重大贡献。”①

爱国是中国科学家的核心标签。在民族复兴的路上，他们始终把自身对事业的追求和人生价值的实现同国家富强、民族振兴、人民幸福紧密地联结在一起。他们始终坚持报效祖国为荣、国家利益至上，在创造世界一流的科技业绩中报效祖国。中国科学家传承传统知识分子的家国情怀，践行科学救国、报国、兴国、强国的初心理想，形成了与西方科学家迥然不同的精神气质，塑造出宝贵的中国科学家精神。

伟大时代铸就伟大精神，伟大精神推动伟大事业。在新的百年征程中，面对新的问题和矛盾、风险和挑战，广大党员干部要继续弘扬光荣传统、赓续红色血脉，从广大科学家身上汲取奋发的力量，共同

---

① 习近平：《在中国科学院第二十次院士大会、中国工程院第十五次院士大会、中国科协第十次全国代表大会上的讲话》，人民出版社2021年版，第18页。

为推进中国特色社会主义伟大事业、实现中华民族伟大复兴的中国梦而不懈奋斗。

二、主要做法

今天，让我们一起走进一位优秀共产党员、一位伟大科学家的精神世界。他用自己的一生诠释了什么是无私奉献、以身许国，什么是不忘初心、牢记使命。他就是“两弹一星”功勋科学家郭永怀。

（一）荣成之子　辗转求学

1909年，郭永怀出生于荣成滕家镇西滩郭家村，是家里最小的孩子，上面还有3个哥哥、1个姐姐。他天资聪颖，小时候就表现出过人的数学才能，在十里八乡小有名气。

1926年，郭永怀进入青岛大学附中，又先后考入南开大学、北京大学，在名师的指导下，打下了坚实的数学和物理基础。

1937年，全面抗战爆发，北大停课，郭永怀被迫回到家乡，在原威海中学（今威海市第二中学）执教。郭永怀在威海中学执教时，居住的宿舍和教室之间有一条小路，路边有一个用炮弹皮做成的响钟。这块炮弹皮是甲午战争时威海卫战役留下来的，郭永怀每天往返于这条小路，看着这块承载着国耻民辱的炮弹皮，心里受到了深深的震撼。

外患肆虐、祸迫眉睫，特别是目睹日军飞机轰炸下满目疮痍的家园，他痛感我国航空工业的落后，下定决心一定要学习航空工程技术，不让祖国因落后而再受凌辱。这份科学报国的初心，伴随了郭永怀一生。

1938年春，郭永怀听闻北大、清华、南开三校在昆明组建了西南联合大学，便马上前往求学，并主动放弃了原来的光学专业，师从我国近代力学奠基人周培源教授学习流体力学，开始了航天救国之路。

1939年夏，中英庚子赔款举行留学生招生考试，名额只有20人，而报名人数多达3000人。其中，郭永怀报考的力学专业只有一个名额，他与同学钱伟长、林家翘一起报考了这个专业，并且以同样的分数并列第一，最终三人都被破格录取。

但郭永怀等人的留学行程却一波三折。他们原定去英国留学，结果由于第二次世界大战的爆发，英国取消了接纳外国留学生的计划，郭永怀等人只好继续等待。

三个月后，他们被改派到当时的英联邦成员国——加拿大留学。郭永怀等由昆明抵达上海，然而刚上船就得知，他们需在日本横滨停船三天，并得接受日本政府的签证。当时，我国正处在日本帝国主义的侵略之下，郭永怀与同伴一致决定，绝不接受敌国签证，于是全体下船，拒绝出发。下船的那一刻，他们每个人都明白，也许就再也没有机会出国求学了，但是为了民族尊严，他们毅然决然、义无反顾。

1940年8月，时隔将近一年，他们才得以第三次出发，从上海乘船，历经28天，抵达加拿大多伦多大学，成为该校第一批中国留学生。就这样，郭永怀开始了长达16年的海外生涯。

（二）扬名海外　毅然回国

郭永怀同钱伟长、林家翘一起进入多伦多大学应用数学系，师从数学系主任、著名数学家辛格教授。三人仅用半年时间就获得硕士学位。辛格教授由衷地赞叹道：“想不到中国有这样出色的人才，他们是我一生中很少遇到的优秀青年学者!”

1941年5月，郭永怀进入美国加州理工大学，师从20世纪最伟大的航天工程学家冯·卡门，与钱学森成为同门师兄弟，迈进了尖端科技的探索之门。在这里，郭永怀直奔声障这个世界级难题的研究。

20世纪40年代初期，国外航空工业蓬勃发展，已具有相当高的水平，其标志之一就是飞行速度不断提高。但是，当人们尝试进行跨声速飞行时却遇到了极大的困难。飞机一达到这种速度，受到的阻力就会剧增，支撑飞行的升力也会骤降，同时舵面失灵，头重尾轻，甚至机翼、机身发生强烈振动，随时面临解体的危险，人们称这种现象为“声障”。在20世纪40年代，为了突破声障发生了很多机毁人亡的惨剧，声障被称为“死亡旋涡”。

经过4年的苦心钻研，郭永怀发表了震惊世界的重要论文《跨声速流动不连续解》，与钱学森共同发现并提出了“上临界马赫数”的概念，破解了声障这个世界难题。

他们回答了产生声障的原因以及改进方法，设计人员通过调整飞机机翼等一系列措施，满足了跨声速飞行的需要。1947年，人类首次突破声障，实现了超音速飞行，这是航空航天发展上的又一次重大突破，郭永怀因此跻身世界知名科学家行列。美国航空顾问委员会就是后来主导阿波罗登月计划的现美国国家航空航天局NASA的前身，里面的人物都是当时全世界顶级的航空航天精英，而其中，就有三位中国籍的科学家，他们是郭永怀、钱学森、林家翘。作为同门师兄弟，郭永怀和钱学森结下了深厚友谊。钱学森曾说：“和我最相知的便是郭永怀。”

在此之后，郭永怀被冯·卡门的大弟子西尔斯邀请到美国康奈尔大学一同创办航空研究院，成为该院的三大创立者之一。在康奈尔大学执教的十年，是郭永怀学术研究的黄金时期，也正是在这里，他遇到了自己的人生伴侣——李佩。1948年秋天，两人结婚，开始了宁静而幸福的生活。

当时的郭永怀已是康奈尔大学的终身教授，月工资高达800美元，这还不包括他的稿酬、科研酬劳等收入。当时，他们的生活十分富足，一家三口居住在四层花园别墅，骑马、乘游艇，过得安逸而有情趣。

尽管在国外的生活富足而优雅，但是郭永怀始终初心不改。

中华人民共和国成立后，郭永怀时时刻刻都在为回国做准备。面对同事、好友的挽留，他坚定地说：“我当年出国，就是为了学成后回国！家穷国贫，只能说明当儿子的无能！作为中国人，我有责任回到祖国。”

当时，美国法律规定未公开发表的科研论文手稿，即便是个人的研究成果也不允许带出美国。为了避免麻烦，更为了表明自己要回国的坚定决心，在西尔斯为他举办的午餐会上，他当着全体同事和学生的面将自己多年来积累的讲义和科研手稿全部付之一炬。世界上有一种笑是用心哭出来的，当他面带微笑地将自己饱含十几年心血、几近成书的手稿一页一页地投入火炉中时，谁又能体会其中的百般滋味？

1956年9月初，郭永怀一家登上了回国的轮船。开船前，美国特工突然登船，专门搜查同行另外两位华裔科学家的行李。此时，李佩才理解了郭永怀焚书的良苦用心……

9月30日，他们一家踏上了祖国的土地，一下船，前来迎接的中国科学院广州办事处人员何祚庥就向郭永怀转交了钱学森写给他的一封信。

这是钱学森回国后，写给郭永怀的第二封信了。其实早在钱学森回国前，他们二人就一直在商量回国的事情。因为郭永怀手中还有一项未完成的科研项目，所以比钱学森晚回来一年。

归国后，郭永怀全身心投入我国科技事业中。1962年，郭永怀光荣地加入中国共产党。1957年，他在《光明日报》发表文章《我为什么回到祖国——写给还留在美国的同学和朋友们》，在这篇文章里，这位大科学家阐释了他的报国之心。他还先后当选第二届全国政协委员和第二届、第三届全国人大代表。

（三）“两弹一星” 功勋卓著

郭永怀与周培源、钱学森、钱伟长一起被学术界公认为我国现代力学四大奠基人。归国后，郭永怀主办了当时我国力学界最前沿、最权威的刊物——《力学学报》和《力学译丛》，并翻译出版了《流体力学概论》等多部学术名著。他的《边界层理论讲义》在今天仍然是力学界的经典论著，发挥着重要作用。1958年，郭永怀担任中国科学院力学研究所副所长，在担任力学研究所副所长的10年里，他一边主持所里工作，一边坚持工作在科研一线。当时，力学研究所所长是钱学森同志，但因他身兼数职、工作繁忙，所以实际由郭永怀主持工作。郭永怀开拓了我国高超声速空气动力学、电磁流体力学和爆炸力学等有重要发展前途的新领域课题研究。

20世纪五六十年代，一些中国科学家突然从国际科学界神秘消失，连家人都不知道他们的去向。他们响应国家号召，隐姓埋名，投身到我国核武器研制当中，郭永怀就是其中一位。

1960年，郭永怀被任命为二机部九所副所长，九所就是现在的中国工程物理研究院，负责我国核武器的研制。王淦昌、彭桓武被任命为副所长，他们三人一起形成了我国早期核武器研究的三大支柱。郭永怀主要负责原子弹弹头结构设计、引爆方式等方面研究，领导场外试验委员会。

二二一基地海拔3200米，地处高原断氧层，最低气温零下40摄氏度，气候和生存环境极其恶劣。年过半百的郭永怀和其他科学家一起奋战在青海高原上，他们只能喝碱水、住帐篷，经常吃不饱，饿着肚子搞实验。这些大科学家们很多人原来都在国外过着舒适的生活，但是为了研制原子弹，为了祖国不再受人欺辱，他们扎根荒漠，无怨无悔。

研制原子弹不仅条件艰苦，而且非常危险。因为缺少设备，科研人员就手工制作烈性炸药，这种炸药原料有毒，而且很不稳定，极易爆炸。当时他们只戴着口罩、手套，没有其他任何防护措施，非常危险。据负责制作炸药的三厂老厂长孙维昌回忆，炸药生产车间有一次发生爆炸，他的5位战友当场牺牲，最后，5位烈士的遗体是用脸盆端出来的。

广大科研人员用青春、汗水乃至生命，换来了新中国原子弹的第一声爆响。

我国的第一颗原子弹重量约为1.55吨，爆炸可产生约2.2万吨当量的威力，原子弹爆炸后，我国成为继美国、苏联、英国、法国后第5个拥有核武器的国家。我国的第一颗氢弹爆炸可产生约330万吨当量的威力，从原子弹到氢弹，我国仅用了2年零8个月。

1988年10月24日，邓小平视察北京正负电子对撞机工程时说过："如果六十年代以来中国没有原子弹、氢弹，没有发射卫星，中国就不能叫有重要影响的大国，就没有现在这样的国际地位。这些东西反映一个民族的能力，也是一个民族、一个国家兴旺发达的标志。"①

研制两弹的同时，郭永怀还致力于核弹武器化的研究。他先后领导了我国第一颗核航弹、第一颗核导弹、第一颗热核导弹的研制工作，并且在导弹刚起步时就提出了研究反导系统。

1965年5月14日，我国第一颗核航弹爆炸试验成功，标志着我国拥有了具有实战能力的核武器。

1966年10月27日，我国成功进行了"两弹结合"飞行试验，这次试验成功后，我国组建了一支新的兵种——第二炮兵部队，也就是现在的火箭军。

长征火箭从1965年开始研制，郭永怀主要负责火箭材料与燃料的研究。火箭等航天器在高空高速运动中，与大气层摩擦，能够产生最高1万摄氏度的高温，一般材料都会被烧化，这就是热障，而郭永怀很早就开始研究热障，开展高温烧蚀实验，为我国航天航空研究奠定了基础。

---

① 《邓小平文选》第3卷，人民出版社1993年版，第279页。

郭永怀同时参与了我国第一颗人造地球卫星“东方红一号”的研制。由于郭永怀长期从事这种绝密工作，所以和家人聚少离多。他年幼的女儿过生日时向他讨要礼物，郭永怀满怀歉意地指着天上的星星说，以后天上会多一颗星星，那就是爸爸送你的礼物。1970年4月24日，“东方红一号”卫星成功发射，当《东方红》的乐曲响彻太空时，他的女儿郭芹终于收到了这份迟来的礼物。

（四）儒家情怀　大师风范

1. 甘为人梯、教书育人

郭永怀十分重视人才培养，甘为人梯、教书育人。他与钱伟长一起创办了清华大学力学研究班，并担任了第二届、第三届班主任。

郭永怀还是中国科学技术大学的创始人之一。由于物质在超音速等特定条件下会发生化学变化，因此他在中国科学技术大学设立了一个新的系——化学物理系，并出任该系的首任系主任。这个学科的开办在我国属于首创，为我国的航空航天事业培养了众多人才。郭永怀亲自带的研究生都是我国不同力学领域的带头人。

2. 实事求是、质朴正直

郭永怀爱国敬业、学识渊博，有着迷人的人格魅力。在朋友眼中，他有情有义；在家人眼中，他有责任有担当；在学生眼中，他既是良师又是益友。

时至今日，他的学生提起老师郭永怀时仍然非常激动，他们说，郭先生为人十分低调，总是戴着鸭舌帽，走路靠一边，低首不语，从不张扬。他在学术上要求严谨，在生活中待人谦和，每天只知道工作，对青年一代极力扶持提携。他的学生——空气动力学专家张涵信院士一直记忆犹新的是，他的第一篇论文由郭老师定下题目，初稿被郭老师改得密密麻麻，几乎等同于重写。在发表时，他给老师署名，但郭永怀把自己的名字划掉了，他说：“我从回国之日起，已把个人科研上的得失置之度外，我认为不署名有利于青年人增强独立工作的意识，有利于他们迅速成长。”

他的学生——中国科学院院士、液体物理专家胡文瑞已年近90岁高龄。之前，他来参加威海国际英才创新创业大会，会后，坚持要到郭永怀曾经执教的威海二中去给学生们上一堂科普讲座。讲座一开始，老师“郭永怀”三个字刚刚出口，胡文瑞就泣不成声，一个多小时的讲座，他没喝一口水，全程站立。当被问及为什么一定要来威海二中的时候，他说：“我取得的成绩全都是郭先生给的，我要追随先生的脚步。”

3. 无私奉献、奋斗终身

郭永怀事迹陈列馆里有三页非常珍贵的捐赠文书，捐赠金额是48460元人民币，这笔钱是郭永怀回国前变卖全部家当的所得。那时，2000元就能在北京买下一座四合院，一个普通工人一个月的工资只有二三十元钱。郭永怀的这一举动，震惊了大家，时任中国科学院力学研究所党支部书记杨刚毅亲自找到郭永怀，请他考虑是否全部捐赠、家里生活有没有困难，可郭永怀态度坚决，表示完全没问题，他说：“这本是人民的财产，再回到人民手中也是理所当然的。”对国家如此大方的郭永怀，对自己却非常小气，他的一支钢笔，一直用了很多年。

为自己心爱的女儿买一双棉鞋竟然成为这位慈爱的父亲永远无法实现的愿望。1968年，郭永怀把唯一的女儿郭芹送到呼伦贝尔插队，当时郭芹只有17岁。呼伦贝尔冬天的气温有时低到零下40摄氏度，郭芹想要一双过冬的鞋，就给父亲写信。郭永怀收到来信后，给女儿写了一封回信，信中写道：“布鞋暂没有，你是否画个脚样寄来，待有了货，一定买。手好了没有，初劳动时要注意，过猛和粗心是一样的，都是不对的。”浓浓父爱，跃然纸上。

这封信的落款是11月3日。一个多月后，郭永怀壮烈牺牲，这封信成了郭永怀书写的最后一封家书。作为一个大科学家，他这一生解决了太多的科学难题，他记得住长篇累牍的科研论文、浩如烟海的科研数据，却唯独没有记住女儿的脚有多大，他在信中答应女儿的事情，也永远办不到了。

郭永怀的爱好十分广泛，他喜欢摄影、音乐、集邮，特别是对古典音乐有很高的鉴赏力，但回国后，他把所有爱好都抛之脑后，把自己的全部精力都投入到了祖国的科研事业中。

（五）以身许国　壮烈牺牲

1968年12月，郭永怀和往常一样，率领着攻关队伍在青海高原上夜以继日地工作着。经过大量计算和反复推敲，一组准确数据终于被测算出来。由于这组数据直接关系到第二代导弹核武器的成功与否，所以郭永怀急需赶回北京。其实那时候为了保证安全，周恩来是不允许这些大科学家轻易乘坐飞机的。但为了赶时间，郭永怀还是将整理好的绝密资料层层包裹后装入随身携带的公文包，匆匆赶往机场。

12月5日，郭永怀乘坐的飞机抵达北京机场时，发生了意外，不幸坠毁。飞机残骸散落一地，十几具遗体被烧得面目全非。通过残破的手表，工作人员辨认出了郭永怀。找到遗体时，在场的每一个人都失声痛哭，他们看到了令人震惊的一幕：郭永怀与警卫员牟方东紧紧抱在一起，人们费了很大力气将他们分开后，赫然发现那个装有绝密资料的公文包就夹在两人中间，数据资料完好无损！

郭永怀牺牲时的遗物复制品——被火焰熏黑的眼镜片、手表，连同他生前使用过的纪念印章、计算尺、浪琴怀表，还有烈士证书，都保留在他曾经工作过的办公室——中国科学院力学研究所304房间，深棕色的门上写着“郭永怀副所长办公室”。这间办公室与它旁边的钱学森办公室一起，被中国科学院力学研究所永久保留，每年12月5日，力学研究所的科研工作者都会前去祭奠。

李佩曾说，爱一个人就要活成那个人的模样。她把60万元积蓄和515克纯金铸造的“两弹一星功勋奖章”捐给了中国科学技术大学和力学研究所，她和郭永怀一样，把一切献给了国家和人民。她的学生说，李先生和郭先生是一个人，他们从未分开过。

（六）高山仰止　永远怀念

1999年，中共中央、国务院、中央军委在人民大会堂隆重表彰为“两弹一星”事业作出突出贡献的23位“两弹一星”元勋，其中有个熟悉的名字被再次提起，他就是以烈士身份接受表彰的郭永怀。当时全场一片肃静，紧接着是长时间热烈的掌声，在他牺牲30年零9个月后，党和国家将这份至高无上的荣誉授予了郭永怀，表彰他为祖国作出的贡献。

今天，大家仍然深切缅怀着郭永怀，在他工作生活过的地方，都树立起了纪念他的雕像。

1988年12月5日，李佩将郭永怀的骨灰从八宝山烈士公墓请了出来，埋葬在中国科学院力学研究所内的郭永怀雕塑下面。同时，李佩还将与他一同牺牲的警卫员牟方东烈士的部分骨灰，也安放在雕塑下面。

2017年1月12日，李佩在北京病逝，享年99岁。2017年4月5日，李佩与郭永怀的骨灰合葬在一起。相隔半个多世纪，他们终于团圆了，安眠在中国科学院力学研究所的青松翠柏之下。

2018年，国际小行星中心将编号为212796、212797的两颗小行星永久命名为郭永怀星和李佩星，他们就像两盏明灯，指引我们深深地思索，什么是爱国、什么是责任、什么是爱。

2019年10月1日，在庆祝新中国成立70周年的阅兵和游行仪式上，郭永怀先生的侄孙郭涛作为“两弹一星”元勋后代代表之一，高举郭永怀先生的荣誉牌在致敬方阵礼宾车上驶过天安门广场，祖国没有忘记他，人民没有忘记他。

三、经验启示

一百多年来，中国共产党团结带领中国人民进行的一切奋斗、一切牺牲、一切创造，归结起来就是一个主题：实现中华民族伟大复兴。“两弹一星”事业的成功让伟大的中华民族挺起了脊梁，这是在党的统一领导下，全国“一盘棋”、集中攻关的胜利结果。

在“两弹一星”研制中，广大科技工作者形成和发扬了热爱祖国、无私奉献，自力更生、艰苦奋斗，大力协同、勇于登攀的“两弹一星”精神。科学没有国界，但科学家有自己的祖国。回顾郭永怀传奇而伟岸的一生，他所做的一切源自对党、对祖国、对人民的热爱与忠诚，这种精神无论在任何时代都熠熠生辉。

人的生命是短暂的，在历史的长河中，也许我们只是一粒微不足道的尘埃。我们到底是为什么而活着？我们的一生又该怎样度过？作为一名共产党员，应该如何永葆初心，忠诚于党，忠诚于人民？我们看到了郭永怀用一生书写的答案。

作为一名中国人，郭永怀心中始终装着祖国和人民，将建设祖国作为自己的初心；作为一名科技工作者，他勇攀科技高峰，把科技强国作为自己的使命；作为一名共产党员，他信念坚定、对党忠诚，与党和国家的需要同向同行。他的一生鲜活诠释了何为爱国、何为担当、何为奉献，这是“两弹一星”精神的集中体现，也是郭永怀可贵精神的时代价值所在。

今天，我们已经踏上了全面建设社会主义现代化国家、以中国式现代化全面推进中华民族伟大复兴的新征程。在新的历史起点上，我们该如何继承和发扬郭永怀留给我们的宝贵精神财富呢？

（一）牢固树立国家利益高于一切的爱国主义情怀

何为爱国？爱国就是心有大我，至诚报国。

爱国的基因自古以来就流淌在中华民族的血脉之中，是每一个中华儿女最深层、最持久的情感。正如习近平总书记所讲的，“不论树的影子有多长，根永远扎在土里”①。

郭永怀受邀到康奈尔大学任教时，就向校方表示：“我来贵校是暂时的，将来在适当的时候就要离开。”因此，他在是否申请接触机密资料、是否愿意为美国服兵役的表格栏中毫不犹豫地填了“否”字，这也意味着他永远放弃了在美国从事重要（JM）项目研究的机会。回国后，他曾在《光明日报》上发表了一篇文章《我为什么回到祖国——写给还留在美国的同学和朋友们》，里面写道：“这几年来，我国在共产党的领导下所获得的辉煌成绩，连我们的敌人，也不能不承认，在这样一个千载难逢的时代，我自认为，我作为一个中国人，都有责任回到祖国，和人民一道，共同建设我们的美丽的山河。”②这就是他放弃国外优越生活回到祖国的最初的信念。

从立志求学报国到学成毅然归国，再到壮烈以身许国，贯穿郭永怀一生的正是爱国主义。正是这份炙热的家国情怀，让郭永怀把自己的个人理想同国家、民族的命运紧紧融在了一起，所以他的理想有方向、有生命、有硕果。

在新中国成立初期那段至艰至难的岁月里，大约有5000名侨居海外的科学家凭着强烈的报国之志毅然放弃大好前程回到祖国，与祖国

---

① 《习近平关于实现中华民族伟大复兴的中国梦论述摘编》，中央文献出版社2013年版，第42页。

② 《郭永怀：我为什么回到祖国——写给还留在美国的同学和朋友们》，中国科学院，http://www.casad.cas.cn/zt2022/ysksgs/202108/t20210820_4802654.html，访问日期：2024年2月15日。

人民一起共同建设祖国。没有郭永怀这些科技精英们视祖国利益高于一切的情怀，中华民族就不可能挺起脊梁，不可能奠定在世界的大国地位。国家利益高于一切，是那个年代我们攻坚克难、夺取社会主义建设胜利的信仰之光和精神灯塔。

在不同的历史时期，爱国主义呈现出不同的内涵，习近平总书记指出："实现中华民族伟大复兴的中国梦，是当代中国爱国主义的鲜明主题。"[①]祖国命运与党的命运、社会主义的命运是密不可分的。以中国式现代化推进中华民族伟大复兴，一定是在中国共产党的领导下，在全国各族人民的共同努力下实现的，所以我们必须要深刻领悟"两个确立"的决定性意义，坚持中国道路，弘扬中国精神，凝聚中国力量，厚植爱国情怀，坚持爱国与爱党、爱社会主义相统一。爱国绝不是一句口头的承诺、一时的热血，而是躬身实干的行动。爱国是责任，是担当。

（二）时刻坚守舍我其谁、勇于担当的政治本色

何为担当？担当就是肩有大任，勇担重托。

我们常说，不忘初心、牢记使命，但初心和使命不是光牢牢记在心中就可以的，初心需要践行，使命需要担当。

研制"两弹一星"，是党中央面对当时严峻的国际形势，为了打破核讹诈、保卫世界和平和国家安全，在国内条件十分艰苦的情况下高瞻远瞩做出的战略决策。在原子弹研制之初，我们曾得到苏联的技术援助，但后来，由于苏联单方面撕毁合同，撤走专家，停止设备供应，原子弹的研制陷入困境，他们甚至断言"中国再过二十年也研制不出原子弹"。就是在这样一个内外焦灼的紧迫关头，在我们党的英明决策和坚强领导下，10多万科研人员和参试部队隐姓埋名，踏上了祖国西北的茫茫戈壁。试问，在气候无常、飞沙走石的高原断氧层，在身体

① 《习近平关于全面建成小康社会论述摘编》，中央文献出版社2016年版，第123页。

浮肿的情况下每天还要工作十几个小时，他们真的不累吗？为了取得更好的爆轰效果，郭永怀亲自搅拌炸药，进行爆轰试验，他真的不害怕吗？女儿远在他乡插队、家里妻子状况未知，他真的不牵挂吗？他会累、会怕，也会担心，只是深知自己身兼重任，便把对党、对国家、对事业的忠诚放在了第一位，并且转化成了干事创业的担当。在国家利益面前，他们只有一个信念：尽快研制出国之重器，保护国家和人民的安全。

与郭永怀所处的时代相比，今天我们已经有了较为雄厚的经济与科技实力，但我们更要清醒地认识到，民族复兴，人人有责。新征程上，我们面临的风险更多，矛盾更复杂，内部有人口老龄化、资源环境问题、能源安全，外部有国际金融危机、地缘政治和核事件、恐怖主义……这些新形势新问题容不得我们停留、迟疑、观望，我们必须牢牢接过历史的接力棒，面对大是大非敢于亮剑，面对矛盾敢于迎难而上，面对危机敢于挺身而出，面对失误敢于承担责任，面对歪风邪气敢于坚决斗争，以舍我其谁的精神和一往无前的勇气攻坚克难，把勇气和智慧化作实实在在的行动自觉，方才不负时代、不负先辈。

（三）发扬光大克己奉公、无私忘我的奉献精神

何为奉献？奉献就是行有大德，无私忘我。

奉献是共产党人常讲常新的话题，中国共产党自诞生起，就把全心全意为人民服务写在了鲜红的党旗上。郭永怀的一生正是这样做的。他把奉献融入攻克一个又一个科学难题当中，融入教书育人、培养科技人才的细节之中，融入生死一瞬间的选择当中，所以，奉献是郭永怀不求回报的自觉行为，家与国之间，他选择了国，并毫无保留、倾尽所有。

在“两弹一星”的研制队伍中，有一大批像郭永怀这样的人，他是因受到核辐射患癌，临终前依然说“如果有来生我还选择中国”的

邓稼先；是化名王晶，隐姓埋名17载，许诺“我愿以身许国”的王淦昌；是日夜苦练技术、体重掉了30多斤，三刀车出我国第一颗原子弹核心部件铀球的原公浦；是来自全国各地、各部门成千上万的科学研究人员、工程技术人员、后勤保障人员……他们远离家乡、都市、繁华，舍弃亲情、爱情、名利、地位，怀着“死在戈壁滩、埋在青山头”的壮志，忍受常人难以忍受的艰苦和磨难，付出了常人难以付出的代价和牺牲，写就了为祖国为人民鞠躬尽瘁、死而后已的壮丽史诗，奠定了我国国防安全的基石。他们为此感到光荣和幸福，因为这些奉献，都是值得的！

正是那一代人克己奉公、无私忘我的奉献，共同铸造了坚实的社会主义基业。在改革开放40多年后的今天，一些人认为市场经济强调个人利益和个人价值的实现，更有甚者无视信仰、抛弃理想、损人利己、损公肥私。一滴水只有放进大海里才永远不会干涸，只有集体利益得到维护，个人利益才有保障。时代在发展，社会在前进，但无私奉献的精神永不过时，这种精神不但不能丢，还要继续发扬光大。在今天，奉献就是要求我们正确处理个人与他人的关系，通过“赠人玫瑰，手有余香”，实现“我为人人，人人为我”；就是正确处理个人与集体的关系，通过将“小我”融入“大我”，在实现个人价值的同时，汇聚起民族复兴的磅礴伟力。作为党员领导干部，更应该把无私奉献的精神上升到更高的境界，自觉地把全心全意为人民服务视为自己永恒的宗旨，忠诚于党和人民的伟大事业。只有常修为政之德，常怀为民之心，我们党才能不乏力量源泉和胜利之本。

越是走近郭永怀，走近那个时代，走近那群人，就越能感受到他们崇高而又朴素的情怀。尽管郭永怀是一位世界知名的科学家，为我国科技事业作出了重要贡献，但他和我们一样为人子女、为人父母，和我们一样拼搏奋战在自己的岗位上，我们看似相隔甚远，却又如此接近。今天，我们追随他的初心，了解他爱国、担当、奉献的奋斗历程，不正是在追寻我们自己的初心和使命吗？党的二十大党章修正案在总纲第十自然段增写了关于“不忘初心、牢记使命”的内容，就是在激励我们弘扬伟大建党精神，永葆共产党员的政治本色；就是在提醒我们始终坚持人民至上，全心全意为人民服务；就是要我们从党的百年奋斗史中，从党员先锋楷模身上汲取智慧和力量，坚定走好新时代的赶考之路。

今天，我们要在感受郭永怀博大情怀的同时，从中汲取精神的力量，为实现中华民族伟大复兴的中国梦、实现人民对美好生活的向往继续奋斗！努力创造属于我们这一代人的、无愧于新时代的历史功绩。

思考题

1. 郭永怀留给我们哪些宝贵的精神财富？
2. 在中国特色社会主义新时代，爱国主义有哪些新的内涵？
3. 在平凡的工作岗位上，我们该如何继承和发扬郭永怀勇于担当的精神？

推动交、文、旅深度融合 打造高质量发展新引擎

——威海千里山海自驾旅游公路火爆出圈的成功密码*

【引言】2020年9月22日，习近平总书记在教育文化卫生体育领域专家代表座谈会上强调："文化产业和旅游产业密不可分，要坚持以文塑旅、以旅彰文，推动文化和旅游融合发展，让人们在领略自然之美中感悟文化之美、陶冶心灵之美。"①

【摘要】2018年6月，习近平总书记对威海城市建设并作出"威海要向精致城市方向发展"的重要指示。为深入贯彻落实习近平总书记视察威海重要指示精神，探索具有威海特色的城市发展新路子，近年来，威海市立足资源优势和市场需求，通过资源整合和整体打造，串联全市优质文旅资源，构筑全域、全时、全龄的精品旅游新布局，推进国际滨海休闲度假旅游目的地城市建设，打造出一条以文化为魂、以驿站为点、以公路为线的极具地方特色的千里山海自驾旅游公路，开创了"精致城市·幸福威海"

---

* 本案例由中共威海市委党校（威海行政学院）行政学教研部副教授张远娜、讲师李建勇，财务处孔毅华撰写。

① 《习近平谈治国理政》第4卷，外文出版社2022年版，第311页。

的全新局面。旅游公路开通以来，已成为山东文旅的新IP，20余次入围全国各大OTA平台热门旅游度假目的地、瞬时搜索热度TOP10榜单，入选游客心中最美好的国内滨海休闲城市TOP10，获评2022山东文旅新锐榜“十佳网红自驾线路”、2023年“最受欢迎精品自驾游线路”和《世界旅游休闲城市发展报告》游客心中最美好的10个国内滨海休闲城市，多次登上央视新闻联播等品牌栏目，人民网、新华网、央视网、《中国旅游报》等全国200余家权威媒体对其进行过深度报道。该项目也荣获山东省文化创新奖，入选全国第一批交通运输与旅游融合发展示范十佳案例、全国文化和旅游标准化示范典型案例、文化和旅游部《地方交流》典型案例、山东省优秀创新典型案例、山东省旅游公共服务典型案例。

【关键词】千里山海自驾旅游公路　高质量发展　交、文、旅融合

今年你去威海了吗？这个问题至少能收到4700多万个肯定回答。在年轻人用脚投票的Citywalk中，威海已然出圈。威海这几年的人气有多高？据统计，2021年，威海全年接待旅游总人数4407.3万人次，2022全年接待旅游总人数3541.99万人次，2023年再创新高，全年游客接待量超5000万人次，单日最高客流量85万人次，接近城市常住人口总量的1/3。抖音发布的2023暑期文旅数据报告中，威海排名全国“热门小众旅游城市”榜第二位。威海千里山海自驾旅游公路已位列2023全国首批交通运输与旅游融合发展示范十佳案例榜首。这座后疫情时代火速出圈的海滨城市有什么流量密码呢？让我们一一揭晓。

一、背景情况

威海，一个坐落在山东半岛东端的海滨城市，以其秀美的风光和深厚的历史文化底蕴而闻名。五帝羲仲宾日、春秋不夜建城、秦汉两

帝东巡、北齐文登建县、唐宋海运繁荣、金元全真兴起、明清设卫御倭、甲午奋战悲歌……种种历史风云的变幻，都在这里有迹可循。威海从历史中走来，站在新世纪的门槛上以其独特的地理位置和深厚的历史底蕴，在山东半岛的城市群中显得尤为重要。这里不仅是连接京津冀和长三角的重要枢纽，更是辐射东北亚的重要开放前沿。在国家“一带一路”倡议的映照下，威海正逐步转变为区域中心城市，成为推动地区发展的火车头。但在发展的过程中，威海却遭遇了诸多困惑：

一是经济发展速度变缓，跟不上同梯队城市增速。威海作为我国第一批沿海开放城市，由于人口少、体量小，GDP总量虽不大，人均GDP却一直名列前茅。但是近几年威海的经济发展情况却不容乐观。随着南方经济的崛起，山东经济总量与同梯队的广东、江苏等地差距有所拉大，威海人均GDP排名也在下滑。2017年，威海人均GDP12.68万元，排名全国第15位。2019年，威海人均GDP降至10.45万元，排名跌出前30。2020年，威海人均GDP10.41万元，排在第36位。面对深化新旧动能转换推动绿色低碳高质量发展的时代背景和政策安排，如何处理好经济发展、生态保护和民生改善三者之间的关系，为经济社会发展注入新动能，成为威海迫切需要思考的问题。

二是资源优势尚未充分发挥，文旅产业亟待转型。很多人对威海的印象停留在第一个国家卫生城市、“联合国人居奖”等荣誉中，提到威海的第一印象就是干净、卫生的海滨小城。其实，威海地处北纬37度世界公认的黄金度假带，有上千公里海岸线，山海相拥、岛湾互映、泉城共生，是全国首个、山东省唯一的中国优秀旅游城市群，基本囊括国家公布的74种旅游资源，优质旅游资源覆盖全域。威海市共有A级以上景区49家，其中5A级2家——刘公岛景区、华夏城景区，刘公岛景区有全国爱国主义教育示范基地等30余项国家级荣誉，华夏城景区荣获全国旅游业含金量最高的“中国旅游产业杰出贡献奖”。但从往年数据来看，2016年威海全年接待旅游总人数3909.98万人次，实现旅游总收入519.35亿元，占GDP比重为16.17%；到2020年，全市接待旅游总人数3238.2万人次，实现旅游总收入393.1亿元，占GDP比重为13.03%，整体呈现下滑趋势，旅游对全市经济社会发展的带动作用减弱。另外，威海本身也面临旅游季节与区域分布不均的痛点，季节上夏热冬冷、区域上东热西冷的问题突出。如何进一步发掘资源潜力、破除发展难题，在现有基础上擦亮生态底色、做出产业特色，成为威海文旅产业转型升级面临的重要课题。

三是老龄化问题严峻，城市发展整体活力不足。尽管威海宜居宜游，但由于区位以及城市规模问题，没有吸引大批年轻人前来工作和定居，本土青年也踏上了去外地奋斗的征程，威海逐渐变为人们心目中的“养老圣地”。威海虽然常住人口基本保持平衡，但老年人占比高，年轻人比重低。根据第七次人口普查数据，威海市60岁及以上老年人口占比为27.30%，高于全省平均水平6.4个百分点；65岁及以上老年人口占比为19.26%，高于全省平均水平4.13个百分点，二者均位居全省首位。城市老年人口占比的增加意味着青年人口占比的减少，老年人口对经济消费的带动力不足，造成经济增速放缓，医疗养老等服务压力较大，城市整体活力下降。

二、主要做法

近年来，威海市上下把习近平总书记提出的“威海要向精致城市方向发展”作为总目标总方向总遵循，启动精致城市建设三年行动，成功创建全国首个“美丽城市”建设试点城市，城市面貌发生显著变化，城市功能不断完善提升，市民的获得感、幸福感、安全感更加充实、更有保障、更可持续。在千里山海自驾旅游公路上行驶过的游客都会有这样的印象：宽敞、平坦、整洁自不用说，地面还统一施画彩色的旅游专用标线，主干线道路两侧设有专属的旅游公路立面标识，而在每处驿站和关键节点，亦有规范醒目的立体指向导引系统，通行体验愉悦、方便、高效。可以说，威海千里山海自驾旅游公路出圈的背后，是细节上不厌其烦地推敲与创新。

（一）连点成线：一条路带来万千风景

好的想法往往依赖积极的思考、扎实的调研和丰富的实践。在前期调研中发现，威海旧有的环海路一直是旅游热线，而西部环山路则较为冷淡，甚至有些支线还存在“断头路”的情况；同时通过定位发现，威海大部分热门旅游景点分布于环海路和环山路附近。于是，打通山路和海路，把威海的旅游资源串点成线的想法应运而生。2021年5月，威海千里山海自驾旅游公路项目正式启动。该公路总长度1001千米，其中主线长501千米，由325千米环海路、176千米环山路组成，途经全市4个市（区）、46个镇街、400个村；支线长500千米，延伸至威海境内的景区景点、宾馆酒店、房车营地、特色民宿等，串联起全市90%以上的文化旅游资源。千里山海自驾旅游公路从文化资源整合、品牌升级、强化游客体验等方面入手，将“旅游公路”提升成“公路旅游”，以景引路、以路为景，将威海变成一个没有界线的全域文旅体验区。

1.在建设上，充分发掘整合威海本地文化资源，串点成线带面，构筑起山海文化体验廊道

一是全面盘点威海本地文化资源分布及开发情况，厚植千里山海自驾旅游公路的文化内涵。威海西部以昆嵛山和圣经山的道教文化、马石山的红色文化以及农村田园文化为主，东部以渔捕文化、滨海乡村文化、海洋产业文化为主，其中还穿插历史遗迹、民俗文化、生态文化、城市现代文化等，在此基础上，全市梳理出可以串联的4个滑雪场、8个非遗旅游体验基地、9处天然温泉、15个国家级海洋牧场、49家A级旅游景区、66处公共文化服务设施、80个乡村振兴样板区、194

处精品民宿、474处红色印记。

二是以公路为媒介，通过串联放大资源价值，打造全域旅游新形态。随着东部环海路和西部环山路的全线贯通，威海全域山海景观闭环旅游线已经形成，千里山海自驾旅游公路应运而生。为了更好地服务公路运营，威海在全国首创非高速公路标准化运营模式，率先出台《威海市旅游公路设计规范》地方标准，对旅游公路的总体设计、信息标识系统、慢行交通系统等进行了规范，实现自驾路的标准化和专业化管理，构筑标准化运营体系。

三是以驿站为节点，强化旅游公路服务功能。旅游公路沿线每30～50千米建设1处高品质自驾主题驿站，到2023年底已建成23处。所有驿站紧扣自驾游客的需求，提供停车、加油充电、房车保养、餐饮住宿、卫生间服务、休闲娱乐、共享交通、车辆维修、应急救援、土特产购买、旅游信息推介等基本服务，让游客享受到更全面、更便捷的旅游服务。

2.在运营上，首创多主体参与的非高速公路运营模式，实现共创共建共享

千里山海自驾旅游公路采取政府主导、国企运营、民企参与的运营模式。自驾旅游公路由市委、市政府牵头，文旅、国土、交通、林业、环保、住建、海洋渔业等多部门协同联动，主要发挥政策制定、基础设施建设、服务提供、组织协调、引导扶持等作用。项目整体运营以威海文旅集团为主导，山东高速集团、东方园林集团、投融资信贷机构等多方参与，成立威海市千里山海自驾旅游公路运营管理公司，以市场化机制和专业化平台统筹运营。

在驿站的管理运营上，编制出台了《威海千里山海自驾旅游公路驿站设置及服务规范》地方标准，以标准化管理引领威海自驾旅游市场规范化和品质化发展。该标准对驿站的选址、功能布局、基础服务功能区、延伸服务功能区、附属设施、智慧设施、标志标识、管理制

度、人员要求、服务礼仪、服务内容、安全保障、服务评价与改进等都做出明确规定。在此基础上，政府积极引导市场主体分期分批加盟驿站，加盟不收取任何费用，只要能够达到政府规定的驿站运营资质和条件即可。目前的23个驿站中，有12处由国企或集体运营，11处由民营企业运营。各驿站自主运营、自负盈亏，对于运营效果较好的驿站，政府给予适当奖励。对照驿站建设标准和服务标准，政府定期对各加盟驿站进行查漏补缺，督促驿站完善提升，形成加盟商的良性竞争和评价机制。

3. 在宣传上，顺应新媒体时代要求，多渠道推广营销，提升品牌知名度

一方面，聚焦高端媒体实现“现象级”传播。利用中央、国家、省级等高端媒体集中发力，持续引爆自驾旅游公路IP效应。在央视《晚间新闻》播出《以路为媒，让市场暖起来》，在央视《朝闻天下》《东方时空》等栏目时段投放城市旅游宣传广告；联合新华社推出纪录片《山东威海：千里自驾公路拉动暑期旅游》，实现首播2小时内观看量破百万；在北京天安门地铁站开设“辉煌的中国——威海市文旅主题长廊”，覆盖受众突破4亿人次；新华社《新华每日电讯》《中国日报》《中国旅游报》《中国文化报》等中央及省市级主流媒体围绕千里山海自驾旅游公路持续开展专版、专题深度报道。邀请分管副市长用中、英、俄三语“表白”千里山海自驾旅游公路，实现全网流量1.35亿的现象热度。

另一方面，创新营销手段，打造网红经济热点，释放流量效应。通过旅游攻略短视频、网红达人慢直播、景区云打卡等形式，打造了百余个网红打卡地，向市场高效引流。比如，开展“遇见威海的海”景区慢直播活动，43天累计观看量超过850万；在新华网推出“暑期网红打卡地”系列直播，单场观看量突破50万；开设“千里山海自驾路”互动话题，吸引原创自驾游攻略短视频1030条，累计播放量9700万；

开展潮拍千里山海短视频大赛，话题播放量达到11亿次，其中抖音5.7亿次，快手5.4亿次。

前期扎实的基础打造和创新性的实践探索，让千里山海自驾旅游公路自诞生之日起便创造了多个“第一”——全国第一条市场化运营非高速旅游公路、第一条标准化自驾旅游公路、第一条全域旅游创建示范路、第一条全要素集聚融合发展示范公路。再加上全方位的宣传营销，项目启动当年就接待游客总人数超4407万人次，实现旅游总收入533.52亿元。从景区景点的热闹，到餐饮住宿的红火，再到商场影院的爆满，威海初步实现了旅游发展的乘数效应。

（二）精耕细作：把“流量”变为“留量”

“流量”密码固然重要，但威海更加重视“留量”密码。只有持续探索符合资源特色和产业发展的深层规律，才能让热度继续升温、把“流量”变为“留量”，为打造韧性旅游经济、培育活力产业、赋能社会经济高质量发展提供助力。因此，威海持续聚焦千里山海自驾旅游公路的资源、价值和独特性，通过体验升级、品牌升级、服务升级，打造快进慢游沉浸体验新场景，进一步提升千里山海自驾旅游的质量和水平。

1.升级游客体验，实现从视觉直观体验到深层文化沉浸式感受的新突破

一方面，运用业内领先的特色导视系统加深游客的直观视觉体验。很多游客对千里山海自驾旅游公路独具特色的导视系统印象深刻。威海设置了692处旅游公路立面标识，实施特色旅游标线12.9万平方米。规划建设彩虹路、音乐公路、盘山路、“捉迷藏”公路、荧光步道、3D立体化路段等具有网红特色、感官冲击力强的创意特色路段以及“碧海金滩”北海路段、“牧海耕渔”爱连湾路段、“蓝色港湾”滨海示范路段、“海上仙山”昆嵛山路段等特色路段，把旅游公路打造成为自带流

量的打卡地，让游客充分体验威海的“高颜值”与“深内涵”。其中不乏技术含量高的创新路段，比如音乐公路线段，该路段打破传统公路路面设计模式，利用沟槽与轮胎发生摩擦，在车辆经过时可响起《在希望的田野上》和《歌唱祖国》两首群众耳熟能详的音乐；另外，路侧护栏采用与环境更加协调的景观竹护栏及缆索式护栏，桥梁段护栏采取更加通透的梁柱式护栏，打造自然和谐的休闲旅游公路。

另一方面，按照“一站一文化、一站一内涵、一站一特色”的要求，赋予驿站文化内涵。如以爱情文化为主题的那香海·天鹅湖驿站、以胶东渔村文化为主题的东楮岛·海草房驿站、以哈雷潮流文化体验为主题的孙家疃·哈雷驿站、以温泉康养为主题的天沐温泉·康养驿站等，这些极大提升了驿站的文化体验功能。其中的小五队·抱海驿站、东浦湾·房车驿站、潮汐公社·赶海驿站等17处亲海特色驿站占比达70%以上，形成了独具威海特色的亲海自驾旅游产品。

2.升级品牌体系，探索从品牌形象推广到品牌产品精准营销的新突破

通过实施目的地品牌战略，威海市为千里山海自驾旅游公路量身打造专属的品牌形象、品牌产品和品牌服务，实现自驾路品牌对旅游的有效带动。

品牌形象方面，为千里山海自驾旅游公路量身定制一句广告语——“千里山海　自在威海”，一组歌曲——《山海在路上》《等你来》《遇见》《爱上你》《缘》《守护》《梦想》，此外还有一个Logo、一部宣传片和一本自驾游护照，打造独特的文旅品牌体系。

品牌产品方面，基于威海丰富、独特的文旅资源，以“爱在威海”为主题，以“想见你”“We high！”“等你来”“为你来”为品牌内涵，创意策划“春游—初见”“夏游—热恋”“秋游—重逢”“冬游—表白”独具威海特色的四季文旅品牌产品。推出自驾环游威海行、海鲜之都美食行、牧海耕渔海岛行、不夜海岸露营行、阡陌仙山田园行、表白

胜地暖冬行等36条精品旅游线路。包装打造了红色风“回望历史·坚定信仰”、海上风“海上看威海”、滨海风“滨海亲子行”、乡村风“山不过来我过去”4大主题14大类59款旅游产品以及100多个网红打卡点。通过融入大量旅游新业态、网红打卡地标、夜间旅游和文化体验项目，迎合了大众旅游市场的消费新需求和新特点，主题内容细分更加精准，品牌定位辨识度更高，有效提升了旅游产品的体验性和吸引力。另外，不间断推出200余项近郊游、户外游、周末游等微度假产品，创新举办海鲜美食节、牡蛎文化节、沙雕艺术节等滨海品牌节庆活动，进一步提升威海滨海休闲度假的吸引力。

品牌服务方面，陆续开通和加密“千里山海　自在威海”旅游客运专线、观光专线和环海观光巴士线路的班次，将城市公园、主题驿站、海水浴场、购物商圈、网红打卡点、美丽乡村等资源“串珠成链”，打通车站到景区的“最后一公里”，满足游客和市民滨海休闲、山景观光和都市观光等旅游度假需求；同时开发“自在威海”智慧旅游平台，使用平台无须注册，通过手机号或微信号即可快速登录。通过平台可实现行程预订、线路查询、游览导航、车辆租用、应急救援、购物邮寄、支付结算等各类配套服务。游客既可以对吃、住、行、游、购、娱的单品进行“零点”，又可以根据不同主题、价位、日程选择不同的线路“套餐”，真正实现私人定制、一部手机游威海。

3.升级服务温度，实现从关注“流量”到重视“留量”的新突破

威海以文明的城市风范、温情的人文关怀形成了近悦远来的城市氛围。按照全市上下“一盘棋”的工作思路和模式，威海充分发挥45家市旅游工作领导小组成员单位的综合协调协作职能，多部门、跨行业联动，多次深入实地调研，现场体验旅游服务，研究解决交通疏导、环境提升、服务优化等问题，提出半月湾区域综合提升等旅游设施十大改造升级工程，以及优化交通服务、完善服务设施等旅游服务十大优化提升领域，全面提升威海的城市承载能力，让景点之外的人文关

怀成为“流量”转变为“留量”的持续吸引力。

硬件改造方面，比如投资500万元启动火炬八街“微更新”改造工程，改造人行区域，新修建滨海步道，增加网红景观小品和“最佳拍摄点”等8处标识，对沿街建筑、道路导视牌、交规行驶牌等进行艺术化打造，完善周边停车、餐饮等服务设施，让整条街道更“精致”。再比如，为了解决游客等车问题，高铁站候车大厅的大幅LED屏幕随时显示、播报入站网约车信息，人车匹配平均时间从10分钟缩减到3分钟。“我们不用到处找车，而是到指定位置寻车，确实方便。”淄博游客王婕说。

问题处置方面，围绕自驾旅游公路沿线市场环境综合整治，文旅、公安、市场监管、住建、交通运输等部门与基层密切配合，多部门强化联合执法，在食品安全、交通疏导、安全生产等领域建立市场问题快速联动处置机制，对游客反映的问题接诉即办。比如加强对电动自行车租赁、防溺水等领域的监管，打造“千里山海平安游”旅游警务品牌，成立全省首个文旅信用互认联盟……大家目标一致：让游客乘兴而来、满意而归。除了政府部门，市民也自发加入这场事关城市品牌的行动，因为大家知道“来了就是客”。江苏游客的车子陷在沙里，“鲁K大哥”果断出手相助；青岛游客在大雪天打不到车，偶遇的威海市民主动将其送到酒店……行走在大街小巷，暖心的故事不胜枚举，为威海赢得了诚信文明、热情好客的良好口碑。

游客口碑关乎城市美誉度。2023年，受万千网友点赞、被千万粉丝博主打卡的威海被写进《世界旅游休闲城市发展报告》，入选了“游客心中最美好的10个国内滨海休闲城市”。

（三）放大优势：让旅游路成为致富路、幸福路

千里山海自驾旅游公路不仅是一条旅游路，更是一条致富路、幸福路。依托这条路，威海文旅产业的乘数效应被充分放大，山海优势

被拉长，资源充分涌流，人气进一步聚集，产业加速升级。

1.资源深度结合：打造全域、全时、全龄旅游发展格局

威海持续优化整合全域山海资源，依托千里山海自驾旅游公路构建全域、全时、全龄旅游发展格局。

全域即延长链条，构筑“海陆联动”新模式。突出千里海岸线与千里山海自驾旅游公路两大优势，实施“双千工程”，创新推动海上休闲与陆上自驾有机结合，开通海上看威海“跳岛游”“环岛游”产品和陆上看威海“自在威海旅游直通车”专线，将刘公岛、鸡鸣岛、海驴岛等岛屿资源与小五队·抱海驿站、那香海·英伦风情驿站等自驾资源有机串联，打造海陆相连、陆海统筹的休闲度假旅游产品体系，让游客解锁威海旅游新玩法。

全时即唱响“四季”，推动旺季游变为全季游。“大海”“沙滩”“下雪”一直都是浪漫的代名词，而威海恰恰全都符合条件。为了克服北方旅游夏热冬冷、淡旺季明显的痛点，实现旅游从暑期旺到全季旺转变，威海提前启动“冬游威海”行动计划，从6月就开始蓄能造势：线上在抖音、快手、小红书等平台推出威海雪景系列短视频，“冬天来威海看雪”单条短视频播放量达到上亿人次；线下分赴兰州、济南、苏州等地开展推介活动。围绕温泉、冰雪、天鹅这三张名片，策划观天鹅、泡温泉、品海鲜、玩冰雪、住民宿、拍大片、看非遗、赶大集、购好品、过大年十大主题文旅产品。以“打卡表白胜地”为引领，推出浪漫爱情、幸福生活、健康养生、精致体验、智慧研学、跨年贺岁6条“表白之旅”精品线路和攻略，丰富游客多元化出游选择。还联合区市推出新年音乐会、新春艺术展、牡蛎文化节、康养生活季、天鹅旅游季等40项特色突出、体验性强和参与度高的节庆活动以及冬季全民健身运动会、冰雪嘉年华、冰球锦标赛（U18）、冰雪社区运动会、新年“全国冬泳日”、迎新春“健康欢乐跑”等体育赛事，推动冬游氛围更加浓厚。2023年12月20日，银装素裹的火炬八街再度迎来密集人流。

当周，火炬八街游客接待量近2万人次，为历史同期最高。

“全龄”即精准定位，对接不同年龄段旅游群体的需求。对于能够提高城市活力的青年群体，威海紧紧抓住这个“流量”密码，推出一批深受年轻人喜爱的城市旅游IP，火炬八街、猫头山、小石岛、大相框、灯塔、那香海、鸡鸣岛、新威附路、潮汐公社等一批网红打卡地吸引了全国各地的年轻人来打卡，受到年轻人青睐。“万人同赏日，醉美半月湾”火爆全网，韩乐坊入选抖音最火夜市第二名，国际海水浴场入选全国暑期玩水胜地前五名。

2. 产业深度融合：旅游“一业兴”带动发展“百业旺”

旅游业作为一项综合性产业，具有关联度高、渗透力强、易融合、带动大等特点。千里山海自驾旅游公路整合文化、旅游、工业、农业等全域全要素，深度培育乡村旅游、工业旅游、研学旅游、康养旅游、体育旅游等度假产品，可为一二三产业相关领域发展提供“旅游+”平台，实现农业、渔业、工业、文化、旅游等产业集聚、融合发展。

一是“旅游+”打造新业态。千里山海自驾旅游公路沿线依托渔具、家纺、食品、3D打印等工业优势产业，推出一批工业旅游线路。依托海洋产业，大力发展海洋牧场、海上体育休闲游、海上休闲度假游等旅游新型业态，助力传统渔业企业转型。创新“展会+旅游”“赛事+旅游”“音乐+旅游”等业态，举办精致城市论坛、进口商品博览会、帆船公开赛、铁人三项世界杯、环湖马拉松、里口山百公里越野等展会赛事，以及千里山海沙滩音乐节、新青年音乐节等节庆活动，给城市带来更多热度和活力。依托80个乡村振兴示范片区，提升一批特色度假酒店，规范发展一批星级精品民宿，构建了档次齐备、覆盖面全、特色鲜明的旅游住宿业产品体系。2023年暑期，全市旅游住宿设施预订火爆，带动住宿餐饮消费持续走高。前三季度，全口径住宿业、餐饮业营业额分别增长26%和21.2%。

二是乡村振兴借势扬帆。威海市实施《千里山海乡村振兴路发展规划》，有效带动沿线800个村庄年增收6400万元，千里山海自驾旅游公路带来的“蝴蝶效应”愈发显现，乡村振兴致富路越走越宽广。依托这条路，荣成摘得首批“全国休闲农业重点县（市、区）”这一国字号荣誉，荣成市农业农村局党组副书记、副局长张国华认为千里山海自驾旅游公路功不可没：“荣成先后建成50多处乡村旅游点，依托千里山海自驾旅游公路培育开发了田园综合体、田园艺术景观、创意农业、观光农业、休闲农业、现代农业庄园等新业态，吸引大批游客寻梦田园。”依托这条路，乳山市成功入选全国首批农业现代化示范区，南黄镇打造了集生态采摘、旅游休闲、观光度假、生产科研等于一体的茶文化旅游观光园区。自千里山海自驾旅游公路开通以来，越来越多的人前来旅游研学，茶庄拉动了周边农户种植茶叶，村集体每年能增收100多万元。依托这条路，文登区入选全国农民合作社质量提升整县推进试点县。文登区泽头镇北庄村村民王国强的两亩八分地有了更多的产出，通过土地托管、土地租金、外加打工，他年收入从几千元增至4万元。另外，民宿与驿站作为千里山海自驾旅游公路上的亮点，也带动了农民致富。以好运角旅游度假区为例，截至2023年底，依托千里山海自驾旅游公路，近300千米的度假区段滨海公路新建改建500多个民宿。2023年，全区3个镇110个村的7.5万居民年人均旅游收入达到1.7万多元。

三是文化产业欣欣向荣。借助文旅融合，威海各类文化资源得到了充分发掘、保护和传承。比如，沿海地区的建筑文化——威海最具有代表性的生态民居——海草房借助旅游旺势得到了有效保护和修复，许多游客、画家和摄影师慕名而来。威海独具特色的美食，如干炸小黄鱼、豉汁扇贝、威海起糕、威海清汤、花饽饽、炸甩、乳山喜饼等吸引了全国各地的游客。依托独具特色的“牡蛎文化”开展的探源、品尝、鉴赏等深度体验活动，进一步提升了乳山牡蛎的品牌影响力。实施“山东手造”威海推进工程，集中打造集观赏、游玩、互动、体验于一体的山东手造·威海中心，吸引近百家企业和非遗传承人的近200类、上千款产品入驻，知名度较高的有胶东花饽饽、锡镶工艺品、船模等，使游客可看、可玩、可参与、可带走。手造中心成为集文化交流、文创展示、研学、手造体验、产品售卖、电商直播、孵化培训于一体的综合性空间。

三、经验启示

千里山海自驾旅游公路的打造始终把“威海要向精致城市方向发展”作为总目标总方向总遵循，坚持精当规划、精美设计、精心建设、精细管理、精准服务、精明增长，着力转变城市发展方式，着力塑造城市特色风貌，着力提升城市功能品质，着力改善城市人居环境，着力推进全域精致城市建设。从精心打造到出圈引爆，再到持续引流、推动经济社会发展，威海千里山海自驾旅游公路的成功经验和启示可以总结如下：

（一）经验

威海千里山海自驾旅游公路开通以来，已成为山东文旅的新IP，多次入围全国各大OTA平台热门旅游度假目的地、瞬时搜索热度TOP10榜单，对威海文旅产业和经济社会发展产生了极大影响。其建设经验总结如下：

一是锚定重点。威海把千里山海自驾旅游公路作为市重点工程，形成了市委、市政府统一领导、主管部门牵头抓总、各级政府和相关部门联动、国企整合平台和市场主体运营合作的协作机制，构筑起完整的组织体系、产品体系、工作体系和保障体系，形成全市上下“一盘棋”的工作思路和模式。2023年以来，威海市成立以市政府主要负责人为组长的市旅游工作领导小组，跨区域、跨行业精准协调千里山海自驾旅游公路相关建设和保障工作，研究解决自驾旅游公路建设发展过程中的一系列重大问题。

二是摸到痛点。文旅产业一直是威海的重要支撑，但长期以来，“观光游”“过路游”一直是威海旅游市场的主要构成形式，游客们逛逛景点、买买韩货，最多住一晚，就连夜赶往别的城市，很少有游客留下来慢慢品味这座城市的独特韵味。原因何在？首先是项目单一，过分依赖刘公岛、成山头等大景区，游客看完这些景区后，缺少其他更有吸引力的新项目、打卡点；其次看点过于分散，威海绝大部分景区景点散布于近1000千米的海岸线上，没有形成连通联动，也没有开发出富有特色的旅游线路。千里山海自驾旅游公路正是针对这一痛点，真正有效解决了资源分散、淡旺季明显、区域整合程度不深、高端休闲度假产品不够等实际问题。

三是找准热点。随着汽车进入普通家庭，我国自驾游产业发展已经步入快车道，自驾游越来越成为扩大优质旅游产品供给、创新旅游产品体系、推动旅游高质量发展、更好满足人民群众日益增长的美好生活需求的重要方式。威海旅游业提档升级就瞄准了自驾游这个“热点”，高标准打造总长1001千米的千里山海自驾旅游公路，串联起全市90%以上的文旅资源，把整座城市变成一个没有边界的大景区。有专家指出：“依托大众对户外、康养、周边、近郊游的市场需求，这条公路的启动立足山东，面向全国，既顺应了全国旅游市场的发展趋势，又无限放大了威海的山海优势，通过整合、创意、提升，真正实现激活文旅产业的乘数效应。”

四是突破难点。这条路都要串什么资源？如何串？怎样突出威海的特色和亮点？如何避免旅游市场半年闲？这都是设计之初要面对的难点问题。经过充分调研和反复论证，威海千里山海自驾旅游公路依托威海千里海岸线和西部山景线打造而成，延伸至全市境内的景区景点、宾馆酒店、房车营地和特色民宿等。威海用这样一条路，将海、湾、滩、岛等海景线，与昆嵛山、马石山等山景线串联，实现了山海融合。同时，这条路还实现了威海全域文旅资源的四季融合，以“爱在威海”四季文旅品牌产品的开发构建起全周期、无淡季的旅游新格局，即便是在冬季，观天鹅、泡温泉、吃海鲜、赏雪景、住渔家也能带给游客与众不同的独特体验。

五是打造亮点。好酒也怕巷子深，为了让千里山海自驾旅游公路成为激活文旅消费的爆发点，威海实施了四大营销“引爆”行动，构筑起以自驾旅游公路为核心的品牌形象、品牌产品、品牌服务三大体系。围绕这条公路，威海以发布主题文旅产品、打造精品旅游线路、深植旅游IP品牌、培育网红打卡地等方式打造精品旅游项目，让整条线路亮点频出，全方位、多角度地满足市民和游客的高品质度假需求。

（二）启示

一是以自驾游、体验游为主的旅游新业态符合旅游市场的发展趋势。自2017年起，全国自驾游人数占比已连续多年超过国内旅游人数的60%，自驾游群体的消费水平是普通团队的2至3倍。威海打造全长1001千米的千里山海自驾旅游公路，做热“后备箱经济”，成为拉动旅游消费升级的有效手段。因此，要适应游客出游方式的转变，支持发展省域范围内的自驾游等新业态发展；同时，注重推进全域旅游、康养旅游、乡村旅游等示范创建，着力培育夜间旅游、工业旅游、体育旅游、红色旅游等新业态，补强旅游产业发展链条，激发旅游产业活力。

二是交、文、旅融合的闭环式廊道旅游模式具有广阔的市场空间。千里山海自驾旅游公路的成功，说明通过建设具有交通、生态、旅游、体验、消费等复合型功能的交通旅游服务设施，促进交通线与沿线特色产业、文化资源对接融合，能够形成规模效应，放大资源优势，很大程度上解决文旅产业发展普遍存在的资源分散、区域整合程度不深、高端休闲度假产品不够等问题。有条件的地市可以参考这种模式在区域内形成小型体验廊道，同时可以在地方廊道的基础上搭建省级大廊道，让游客在不同廊道的连接中自由切换，始终处于较佳的心理体验状态。

三是发展全域、全时旅游必须充分发挥文化元素的全季节旅游效应。文化是不受季节制约的旅游资源，建设文化廊道，必须十分重视文化赋能。尤其是在北方，旅游面临的最大问题是受季节影响较大，淡旺季明显，游客也普遍受传统观念影响，冬季很少到山东特别是沿海城市旅游。因此，一方面要注意开发冬季特色文化资源，比如威海开发的天鹅、牡蛎、年货大集等，以此增加淡季吸引力；另一方面要注重发掘红色文化、美食文化、特色手工艺品等不受季节限制的资源禀赋，以浓厚的文化氛围支撑全域、全时旅游体系，培育引导大众形成新型旅游观念。

四是充分发挥多主体力量，让合适的人干合适的事。文化体验廊道建设是新时代推动经济高质量发展的系统性工程，以市场需求为导向，建立一个多方配置、利益共享的培育主体是其基本要求。这个主体中，政府、企业和社会投资人应各司其职，形成合力。千里山海自驾游探索的政府引导、市场运作、企业主导、社会参与、群众受益、永续利用的经营模式，使政府为项目背书，主要承担基础设施建设、初期投资、产权保护、平台搭建、公共服务、市场监管、体制机制建设等工作；国有企业要体现担当精神，尽管初期可能存在亏损情况，但要以自身的信誉和实力撬动私人资本投入，当整个项目产生效益和影响之后，才能吸引更多市场主体加入；市场主体直接对接市场和游客，要充分发挥主观能动性，打开思路，自主运营，提高项目效益。

五是发展文旅产业必须建立一套符合市场经济规律和要求的运行机制。第一，要充分发挥市场主体的作用。市场主体往往因其开阔的运营思路、专业的运营手段、灵活的运营方式，可以实现文化的物态化、活态化、业态化，有助于提高市场效益。比如，千里山海自驾旅游公路的哈雷驿站，其经营者贾春林自己就是摩旅爱好者，他把驿站打造成为集吃、住、玩以及摩托车维修、保养、救援、售后于一体的特色驿站，不仅在国内打出名气，每年还能吸引3000余名外国摩旅爱好者。第二，打开市场需要构筑优质品牌。威海通过打造自驾旅游公路标准体系、品牌形象体系、产品体系三大运营体系，丰富了品牌内涵，提高了品牌价值，为后期引爆市场奠定了基础。第三，要以优化游客体验为导向。市场思维下的顾客就是文旅产业下的游客，体验至关重要。威海开发的智慧旅游平台和微信公众号，通过短视频、网红达人慢直播、打造网红打卡地等做法，都实现了高效引流，整体提升了游客的综合旅游体验。

从“千里海岸线　一幅山水画”到“走遍四海，还是威海”的诚挚邀请，再到“千里山海　自在威海”的火爆出圈，威海旅游品牌的每一次蝶变，不仅是城市旅游形象的刷新，更承载着威海紧跟国家发展战略、紧随改革开放和经济社会发展进程所进行的突破和创新。踔厉奋发新征程，笃行不怠向未来，面对山东省建设绿色低碳高质量发展先行区的重大使命，威海要把握历史机遇，加快建设“快进慢游”的交通体系，推动构建自驾游网络体系，创新自驾游产品体系，不断改善提升自驾游的消费体验和服务品质。从“自驾路”到“国际滨海休闲度假旅游目的地城市”，这些功课都需要威海继续扎扎实实地做好。

思考题

1. 威海文旅产业从之前的难点、痛点到千里山海自驾旅游公路的火爆出圈，旅游业发展的成功密码是什么？
2. 威海千里山海自驾旅游公路的创新实践为全国文旅产业的高质量发展带来哪些有益的经验启示？

聚焦群众文化获得感
打造公共文化服务特色品牌

——环翠区打造“5·23歌咏会”公共文化服务品牌的创新实践*

【引言】推动公共文化服务高质量发展是重要的时代课题。党的十九大报告指出，文化是一个国家、一个民族的灵魂。文化兴国运兴，文化强民族强。党的二十大报告指出，健全现代公共文化服务体系，创新实施文化惠民工程。《威海市精致城市建设条例》要求，加强现代文化资源的挖掘整理、保护传承和合理利用，确定保护办法，强化文化品牌创建，提升城市的知名度、美誉度和影响力。

【摘要】随着公共文化服务体系的构建完善，更好地满足人民日益增长的美好生活需要，培育参与度高、影响面广、深受群众喜爱的群众文化品牌活动成为构建现代公共文化服务体系的一个重要组成部分，也为全方位推进威海精致城市建设贡献积极力量。

党的十八大以来，党中央高度重视公共文化服务体系建设，为贯彻落实习近平总书记关于公共文化服务体系建设的系列重要指示精神，环翠区将为纪念毛泽东于1974年发表的《在延安文艺座谈会上的讲话》而连续举

---

① 本案例由中共环翠区委党校办公室讲师孙英慧撰写。

办50届的“5·23歌咏会”作为创建国家公共文化服务体系示范区的重要工作。歌咏会在内容、形式、参与面、人才队伍培养、文艺创作、文化交流等方面不断创新升级，使其成为环翠区公共文化服务特色品牌，成为独具威海魅力的城市名片和中国合唱艺术的国际品牌。“5·23歌咏会”的社会效益也逐步放大，集合了文化交流、公益培训、艺术普及、志愿服务等，形成了以“5·23歌咏会”为核心，广场纳凉晚会、文艺小分队送戏下乡、“我们的节日”系列文化活动、社区文化节等共同发力的一核多元群众文化活动体系，每年举办各类文艺活动逾万场次，吸引人们积极参与进来唱响爱国主义主旋律，环翠区也获评“中国歌咏之城”。“5·23歌咏会”公共文化服务特色品牌的打造，推动了公共文化事业的持续发展，满足了人民群众对新时代美好生活的新期待。近几年，每年参演歌咏会的人数都在5万人以上，线下观众20余万人次，堪称“音乐的盛会，人民的节日”。

【关键词】“5·23歌咏会”　群众性文化活动　公共文化服务品牌建设　精致城市建设

一、背景情况

2023年5月23日晚，中国（威海）合唱节暨环翠区第50届“5·23歌咏会”在威海大剧院开幕，“文艺进万家　健康你我他——与人民同行·2023山东文艺志愿者在行动”主题活动同步启动。歌咏会在威海市教师合唱团演唱的《杨柳青》中惊艳开场，热情洋溢的歌曲经过完美演绎，迅速带起全场气氛，《合唱者的独白》《嘎达梅林》《咚咚喹》……一曲曲经典曲目或激情澎湃，或优雅婉转，时而跌宕起伏，时而舒缓清扬，给全场观众奉上了一场内容丰富、风格迥异的视听盛宴，让观众感受到合唱艺术的魅力。

歌咏会期间，环翠区组织举办了群众歌咏、授课培训、专场音乐会等110多场次艺术活动，来自全国各地的192支优秀合唱团队同台献艺，为广大群众献上了精彩纷呈的文艺盛宴，进一步推动了合唱艺术在群众中的普及，放大了合唱艺术的社会效应，切实使歌咏会成为“音乐的盛会，人民的节日”。

这样的歌咏盛宴每年都会在环翠区举行一次。关于“5·23歌咏会”的由来，还得从头说起。

环翠区史称“威海卫”，是威海市的核心城区和政治、经济、文化中心，以红瓦绿树、碧海蓝天享誉海内外。环翠区总面积383.11平方千米，海岸线长约43千米，是我国与韩国直线距离最近的城区。环翠区有着悠久厚重的历史底蕴，文化资源丰富，地域特色鲜明，群众文化基础广泛而深远。

环翠区的“5·23歌咏会”起源于1974年，当时，县级威海市（环翠区的前身）为纪念毛泽东发表的《在延安文艺座谈会上的讲话》而举办了这样一场活动，从1974年至2023年连续50年从不间断，这在全国县级市（区）是绝无仅有的。2005年10月，党的十六届五中全会胜利召开，提出了加大政府对文化事业的投入，逐步形成覆盖全社会的比较完备的公共文化服务体系。作为丰富群众业余文化生活的环翠区“5·23歌咏会”，恰好与当时的全会精神高度契合，也为环翠区公共文化服务体系提供了丰富和完善的新契机。党的十八大以来，党中央高度重视公共文化服务体系建设，为贯彻落实习近平总书记关于公共文化服务体系建设的系列重要指示精神，特别是在创建国家公共文化服务体系示范区工作中，环翠区对“5·23歌咏会”不断创新升级，将其打造成为环翠区公共文化服务特色品牌。

2018年6月12日，习近平总书记视察威海，殷切嘱托“威海要向精致城市方向发展”。环翠区作为主城区主动担当，把“精致幸福城”作为奋斗目标，聚焦聚力推进“精致城市·幸福威海”建设，城市活力不断迸发，幸福指数不断提升。正所谓“文章合为时而著，歌诗合为事而作”，在品味幸福、迈向共同富裕的路上，“5・23歌咏会”成为“精致城市・幸福威海”的缩影。

“5・23歌咏会”这一公共文化服务品牌的打造不是一蹴而就的，而是有一个长期的过程，在实际工作中突出了一个“恒”字。从最初的一场小范围歌咏会，到人民群众广泛参与的大型歌咏盛会；从区级范围的歌咏会，到全省歌咏活动，再到国际性歌咏活动；从只是歌咏活动，到带动全区整个群众文化活动大发展大繁荣，“5・23歌咏会”真正成了公共文化服务的金字品牌，成为独具威海魅力的城市名片和中国合唱艺术的国际品牌。

二、主要做法

（一）一以贯之，久久为功，一次群众文化活动催生出一个享誉全国的文化品牌

回顾环翠区“5・23歌咏会”的发展历程，可以分为诞生、传承和发展壮大三大阶段，也使群众文化活动呈现出萌芽、成长、成熟的循序渐进的特征。

1.“5・23歌咏会”的诞生，品牌的萌芽期

20世纪70年代初，在经历了革除“四旧”、肃清封建残余等革命运动后，广大人民群众都觉得文化生活少，且内容形式都比较单一，盼望有内容丰富、形式多样，并且能广泛参与的文化活动。1974年，县级威海市为纪念毛泽东《在延安文艺座谈会上的讲话》的发表举办庆祝活动，庆祝的形式就是举办歌咏大会，这也是首届“5・23歌咏会”。这次歌咏会的名称是“威海市首届群众歌咏大会”，地点在以前的市区灯光球场（现已拆除），参加人员广泛，工、农、商、学、兵都有。演唱的歌曲主要是广大人民群众喜爱的革命歌曲，演唱的形式以大合唱为主。本决定5月23日只演一场，但是由于节目太多，第二天

又继续演了一场，这次歌咏大会一炮打响，演出很成功。第二年，威海市（县级市）认真总结了首次歌咏大会的经验，最后一致同意将这一活动继续开展下去，也以这次歌咏活动为契机，以点带面，来带动全市群众性文化活动的广泛开展。到了1978年，我国的政治、经济、文化等方面都进入了一个新时期，特别是在文化方面，思想解放，文化繁荣，文艺领域更是百花齐放，文艺活动千姿百态。在这样的变化中，"5·23歌咏会"借此东风，活动规模一年大过一年，档次也在不断地提高。1982年，第9届歌咏会举办时，恰逢作曲家、后任中国音乐家协会主席付庚辰来威海开会，便到灯光球场观看了"5·23歌咏会"，现场群众高昂的积极性和高水平的合唱给付庚辰留下了深刻印象。同时，山东省音乐家协会组织全省艺术馆和各市地县文化馆长、音乐干部在威海召开了一次全省群众歌咏活动现场观摩会，在听取了汇报和观摩了现场后，各级领导和专家对演唱活动给予了很高的评价，认为"5·23歌咏会"这一群众性歌咏活动是开展群众性文化活动的样板；同时指出由于有专业人员的参与指导，表演水平也很高，具有广泛的社会影响力。他们一致认为，观摩会开得很成功。当时，山东省人民广播电台、大众日报社和市级各新闻媒体都对这次观摩会进行了集中的宣传报道，提高了"5·23歌咏会"的知名度。

2."5·23歌咏会"的传承，品牌的成长期

1988年，"5·23歌咏会"经历了一个关键的转折阶段。1987年，地级威海市成立，原县级威海市文化馆的设施和人员全部归属地级威海市。刚刚成立的环翠区文化局各方面工作还没有衔接好，各项事务千头万绪，也没有专业的文艺人才队伍。在这困难时刻，刚刚成立的环翠区委、区政府果断做出决定，要克服重重困难，把"5·23歌咏会"继续办下去，不仅如此，还要在形式、内容、规模等方面提档升级，并且要以此为带动，把环翠区的群众文化活动轰轰烈烈地开展起来。之后，在社会各界的共同努力下，刚刚成立的环翠区文化局成功

举办了第15届、第16届“5·23歌咏会”。

1990年，环翠区文化馆成立，正式接管了“5·23歌咏会”的各项工作。从1990年到党的十八大召开期间，“5·23歌咏会”从未间断过。根据区委、区政府的工作要求，“5·23歌咏会”本着因地制宜、普及提高、开拓创新、扩大影响的原则，在形式、内容、参与面、覆盖面等方面不断提档升级、实现创新。表演形式上，仍以之前的大合唱为主，为了使歌咏会更具观赏性，还增加了器乐合奏、独奏、独唱、歌伴舞等新形式。演唱内容上，除了坚持初心，以唱革命歌曲为主，还为适应新时代的要求和发挥广大人民群众的原创精神，增加了一大批反映时代特征的歌曲和广大人民群众自己创作的歌曲。演唱水平也出现了质的飞跃，由首届不分声部的齐唱，提高到二部合唱、四部混声合唱、无伴奏合唱。伴奏上也实现了创新，由单件乐器伴奏逐步演变成由乐队全场伴奏。“5·23歌咏会”的成功举办，使其影响力不断扩大，使得广大人民群众参与文化活动的积极性空前高涨。“5·23歌咏会”的参与面越来越广，涵盖了全区农村、社区、军营、企业、校园和家庭的各个领域和各个层次。活动的不断扩大，使活动只能以主会场和分会场同步的方式进行演出，每届主会场、分会场参演人数达到近万人，观众达20余万人。

2008年以来，为了使“5·23歌咏会”持续发展，向更高层次提升，环翠区先后成立了文学艺术界联合会，同时吸纳曲艺家协会、音乐家协会、舞蹈家协会、摄影家协会等八个协会的专业人员，为“5·23歌咏会”集纳了全区乃至全市的优秀文艺人才。

3.“5·23歌咏会”的发展，品牌的成熟期

党的十八大特别是2014年以来，环翠区以“5·23歌咏会”品牌为牵引的公共文化服务体系建设得到空前发展。根据社会主义文化大发展大繁荣和建设公共文化服务体系要求，环翠区委、区政府认真贯彻中央和省、市有关文化服务体系建设精神，为了贯彻落实社会主义

核心价值观，积极开展了以家庭美德、社会公德、职业道德、个人品德为主要内容的“四德”工程建设活动和“思想道德建设年”活动。为了使这两项活动更好地发挥作用，区委、区政府借“5·23歌咏会”的举办，将这两项活动嵌入歌咏会活动中，为“5·23歌咏会”注入时代元素，使其成为践行社会主义核心价值观的有效载体。

同时，为了打破环翠区群众文化活动冬冷夏热、分布不均的格局，全面繁荣环翠区群众文化体育事业，2015年，经区委、区政府研究决定，环翠区在全区城乡广泛开展了以歌舞、戏剧、健身操以及其他群众喜闻乐见的文化体育活动为主要形式的各类群众性文体活动，同时拿出了专项资金给予相应的扶持，向全区150个村发放了价值近30万元的文化、体育器材。同时，开展“百姓舞台　歌咏环翠”社区文艺评比，每年拿出60多万元用于奖励活动中的先进团体和个人，充分地调动群众的积极性，“5·23歌咏会”得到了更好的发展。

2017年，环翠区“5·23歌咏会”升级为全省歌咏活动。为进一步打造和叫响“全国歌咏之乡”品牌，同时喜迎地级威海市成立暨环翠区设区30周年，环翠区举办了“盛世放歌　唱响山东”山东省2017年群众歌咏比赛暨威海市环翠区第44届“5·23歌咏会”，展示地方特色文化艺术，为各市区间的交流和沟通搭建起了更广阔的平台。

自2018年起，环翠区“5·23歌咏会”升级为国际合唱艺术周，首次邀请了来自俄罗斯、新加坡、韩国、丹麦、爱沙尼亚等国外优秀合唱团队参与，增添了更多文化魅力、更多国际元素，叫响了环翠区全国“歌咏之乡”的名号。合唱周期间，还举办了专场音乐会、基层展演、合唱指挥大师班等10余场活动，对群众免费开放，2万余人受益。2019年，环翠区还承办了10月份的2019中国（威海）国际合唱节，来自国内外的52支队伍、2700余人参加了活动。除了举办多场合唱比赛，还举行了中国音乐协会爱乐男声合唱团专场演出、合唱指挥大师班、合唱进基层等十余场活动，参与活动群众近万人，演出规模和档次均创歌咏会历史之最。2019年11月9日，又在威海大剧院举办“壮阔东方潮　奋进新时代”环翠区庆祝改革开放40周年合唱音乐会，使“5·23歌咏会”有更广阔的舞台，进一步擦亮了威海全国“群众歌咏之城”品牌，助力威海成为国际艺术之城。

2020年，因疫情影响，歌咏会虽延迟举办，但仍是形式多样、亮点多多，再次擦亮环翠区“全国歌咏之乡”这一响亮的文化品牌，环翠区被中国合唱协会授予“合唱基地”，被山东省合唱协会授予“合唱示范基地”。2021年，在中国共产党建党一百周年之际，“5·23歌咏会”突出群众主体，坚持大众参与，特别鼓励村居组建合唱团参与，推动合唱这一文化活动的影响力和拓展面进一步向基层下沉；同时，创新性地采用现场打分+网络投票的方式对参赛节目进行评比，既有效激发了各镇街、村居、单位参与活动的积极性，更依靠网络力量进一步扩大了活动的影响力和知晓度。2022年，外卖小哥等新就业群体也登上了“5·23歌咏会”的舞台，参赛人员中青年占比超80%，展现了环翠区的青春力量。活动期间，通过抖音、快手等平台开设“5·23”有奖话题、“探班5·23”等线上活动，吸引了100余万人次广泛参与，歌咏会越来越新潮，影响力也越来越大。2023年，“5·23歌咏会”首次成为中央音乐学院5·23艺术节的分会场，中央音乐学院全程深度参与，充分发挥高校引领作用，整合共享优秀文艺资源，全面赋能“5·23歌咏会”艺术创新发展。2024年，中国歌咏之乡2024中国（威海）合唱节暨环翠区第51届“5·23歌咏会”如期举办，同时还举办中小学、社会文艺团体、村居、企业、医疗卫生机构等7个专场比赛，打造了一场音乐的盛会。

（二）辐射带动，全面开花，一个公共文化服务品牌带动了一个城市的公共文化活动

“5·23歌咏会”活动的持续蓬勃开展，产生了巨大的辐射带动效

应。环翠区形成了以“5·23歌咏会”为核心，广场纳凉晚会、文艺小分队送戏下乡、“我们的节日”系列文化活动、社区文化节等共同发力的“一核多元”群众文化活动体系，带动了全区公共文化服务繁荣发展。

1.“5·23歌咏会”活动遍地开花

在“5·23歌咏会”的影响下，全区城市、农村群众性歌咏活动遍地开花。很多人通过“5·23歌咏会”爱上唱歌，主动加入文艺社团，环翠区各乡镇街道办事处和大型企业都相继组建了合唱团和艺术团，每年都举办演唱会、歌咏会、歌咏比赛等各种形式的群众性文化活动。鲸园街道创办的社区教育学院免费面向居民提供声乐、合唱、舞蹈、健身操等20余种学习培训。在学院创办的10多年里，已有近万人结业，辐射带动6万余居民参与社区各类文体活动，成为社区居民提升艺术素养、丰富业余生活的大本营。“5·23歌咏会”的舞台是欢乐的海洋，也是幸福的港湾，环翠区的广大群众用歌声尽情抒发着对党和祖国的赞美，抒发着对新生活的热爱，抒发着对美好未来的憧憬。

2.“5·23歌咏会”带动群众性文化活动蓬勃发展

环翠区以“5·23歌咏会”为龙头，广泛开展广场纳凉晚会、社区文化节、文艺小分队进基层送演出等群众性文化活动。全区城乡每年持续时间达3个多月的广场纳凉晚会已经连续举办了33届，这在全国是首屈一指的。一到夏季，成千上万的群众自发到大小广场进行各类自娱性活动，成为威海市夏季一道亮丽的文化风景线。广大城乡市民、农民还自发成立了200多个锣鼓队、腰鼓队、京剧联谊会、庄户剧团、吕剧联谊会等文艺团体，这些文艺团体不仅演出不断，而且长期在市区和农村演出，吸引观众百万人次；此外，连续举办11届的社区文化节、连续举办7届的半月湾国际沙滩音乐节等活动覆盖城乡，也促进了环翠区文化事业的大发展大繁荣。

3.“5·23歌咏会”促使文艺人才队伍不断壮大

“5·23歌咏会”的发展离不开文艺专业队伍的带动。环翠区每年都选派一定数量的专业艺术人才到城市社区、乡镇农村对演出群众进行专业指导和辅导，这些专业人才对“5·23歌咏会”的发展和环翠区的群众文化活动起到了决定性的作用。环翠区的音乐界骨干还发起成立了威海市音乐协会、威海市曲艺家协会、音乐家协会等10多个协会，而且他们都在其中担任主要负责人，在推动“5·23歌咏会”的发展和开展带动群众文化活动方面起到了引领辐射带动的作用。“5·23歌咏会”的舞台是丰厚的艺术土壤，培育出邹树君合唱团、东北村艺术团等200多支成熟的文艺队伍，以及戚建波、曲波、邹树君、夏树忠等一批在国内有影响力的知名音乐家。

4.“5·23歌咏会”成为文艺创作的孵化器

“5·23歌咏会”不仅带动了群众文化活动的全面开花，也成为全区文艺创作的孵化器。环翠区在省级以上刊物发表各类文艺作品5300多件，创作歌曲300多首，获奖60多首。其中，歌曲《中国娃》《常回家看看》《咱老百姓》获全国“五个一工程”奖，《领航中国》获得山东省第三届“泰山文艺奖”和“五个一”精品工程奖，并成为新中国成立60周年国庆大典唯一一首领唱歌曲；由区委宣传部和其他单位联合出品的我国首部原生态鸟类故事片《天赐》是由环翠区文艺工作者主创的第一部在全国发行并打入国际市场的电影作品，在2010年8月举行的第四届德国科隆电影节上，该影片获得“最受观众喜爱的电影”大奖，荣获第28届中国电影“金鸡奖”；以殷树山事迹为原型创作的大型音乐情景剧《齐鲁“时代楷模”——殷树山》社会反响强烈；反映本土人文风貌、道德文化的电影《村头村尾》获2022年度“电影精品项目”等奖项……“5·23歌咏会”真正达到了以文化人、以文惠民、以文兴业的目的，筑牢了城市文明之基。在“5·23歌咏会”的不断涵养和熏陶下，城市软实力得到了全面提升，精致城市建设的内涵和水平也得到不断深化和提高。

5.“5·23歌咏会”成为对外文化交流的窗口

一座精致的城市必定是文化魅力充分彰显、文化服务丰富多彩、文化交流自由活跃的城市。“5 · 23歌咏会”成为环翠区乃至威海市对外文化交流的窗口，促进了对外文化的交流和扩大。随着“5 · 23歌咏会”活动的影响不断扩大，特别是上升为国际合唱节后，国内外游客对威海这座城市有了更多的关注。近年来，多个国内外艺术团体来到威海演出，2023年更是近200支，以此扩大了环翠区乃至整个威海市的国际影响力。2024年，200多支合唱队参与该活动，其中，中国合唱协会的品牌活动“永远的辉煌”第21届中国中老年合唱节落户威海，还举办了纪念甲午战争130周年爱国主义教育主题交响合唱音乐会、第13届山东省“齐鲁风情”青年歌手演唱大赛等。“5 · 23歌咏会”让市民在家门口就能欣赏到国际一流水准的演出，歌咏文化的魅力得到充分彰显，成为精致威海的耀眼名片。

6.“5 · 23歌咏会”成为城市文明形象的展示台

文化是文明的载体，高度发达的文化能够提高一个地区全体人民的精神文明修养。“5 · 23歌咏会”及其带动的广泛的群众性文化活动，陶冶了人们的情操，净化了人们的心灵，提高了人们的文化修养和文明素质，营造出健康、文明、向上的社会氛围，为全区、全市各方面的发展提供了更深刻、更基础、更长远的文化支撑。环翠区先后被评为全国双拥模范城、社会治安综合治理模范城区（国家、省、市）；2014年，威海市以参评第一名的成绩被评为“全国文明城”，且多年荣获这一光荣称号；此外，威海市多年获评“中国最具幸福感城市”（地级市）…… 这些荣誉与肯定，就是精致城市最好的名片。

三、经验启示

环翠区认真贯彻落实习近平总书记关于文化建设的重要论述，以人民群众的文化需要为中心，把从1974年开展的“5 · 23歌咏会”，以建设公共文化服务体系和创建国家公共文化服务体系示范区为契机，创新打造成为享誉全国的公共文化服务特色品牌，满足人民群众对美好生活的新期待，全力开创“精致城市 · 幸福威海”建设新局面。

（一）充分发挥政府的主导作用

根据《中华人民共和国公共文化服务保障法》关于“公共文化服务”的定义，公共文化服务是指由政府主导、社会力量参与，以满足公民基本文化需求为主要目的而提供的公共文化设施、文化产品、文化活动以及其他相关服务。由此可以看出，给广大人民群众提供基本公共文化服务是政府的责任，且政府在其中发挥着主导作用。

5 · 23歌咏活动首先依靠政府层面的主导及公共财政的支撑，这是“5 · 23歌咏会”以及群众性文化活动不断发展的根本保障。“5 · 23歌咏会”活动从发起到传承发展，市、区两级党委政府都发挥了主导作用，在人力、物力、财力等方面为活动提供了根本的保障。尤其是近年来，以创建国家公共文化服务体系示范区为契机，区委、区政府投入数百万元来解决活动的经费问题；另外，以统一筹划、统一调度、统一落实的工作总基调，从顶层进行活动安排，同时充分发动社会力量积极参与，上下互动，齐心协力，形成了齐抓共管的良好局面，为活动的顺利开展提供了可靠保障。同时，出台了《关于在全区开展“百姓舞台　歌咏环翠”系列社区文艺评比活动的实施意见》，以政策激励机制保证活动更好地开展。

（二）充分调动人民群众广泛参与

公共文化的开展，主角是广大人民群众。只有激发人民群众参与文化、创造文化的热情，才能充分发挥公共文化文化育民、文化惠民的作用，满足人民群众的文化需求。

人民群众是活动开展的首要条件。渔家文化是威海的特色文化，渔民捕鱼时的号子是大家熟悉的和喜爱的调子，渔民都喜欢哼几声，爱唱歌而且一群人齐声歌唱是他们的传统。早在20世纪60年代，威海还是个县级市时，很多村镇就有自己的合唱队，村民经常自发组织各类形式的歌咏活动，这就为5·23歌咏活动的产生提供了很好的基础。有了这样雄厚的群众基础，“5·23歌咏会”的传承和发展才有了可能。

（三）高度重视人才队伍建设

公共文化事业的发展全靠政府的主导和保障是不能持续发展的，关键还有人的因素，正如习近平总书记指出的，人才是第一资源。

“5·23歌咏会”及群众性文化活动离不开文艺方面的人才支撑。5·23歌咏活动的持续高质量开展，人才是关键。环翠区为培养人才、提高文艺骨干的业务水平，采取“走出去，请进来”的方法。“走出去”，就是相关文化部门用文件的形式规定每年安排专门时间、专门的文艺人才到学校、军营、企业、镇村进行全方位业务培训；“请进来”就是向更高层次、更高水平发力，请高层次的专业人才对城乡的宣传委员、文化站长、演员在音乐常识、乐理知识、词曲创作等方面进行分期分批的培训。通过“走出去，请进来”的工作方法，为更好地开展群众文化活动奠定了基础，有效助推了群众文化活动的蓬勃发展。

（四）公共文化内容要体现时代性

公共文化发展的主角是广大人民群众，所以群众性是公共文化活动的根基，而要使公共文化事业持续发展，还要紧贴时代脉搏，紧跟时代发展。环翠区在开展“5·23歌咏会”及群众性文化活动中紧跟时代发展，体现人民群众之所需，把“5·23歌咏会”及群众性文化活动开展得充满活力。在内容上，立足打造“团结人民、教育人民”阵地，重点从时代之变、民族复兴中萃取题材，唱响时代主旋律；在形式上，由大齐唱逐步发展到二部合唱、四部混声合唱、无伴奏合唱，并融入器乐演奏、独唱、歌伴舞、诗朗诵等形式，使“5·23歌咏会”及群众性文化活动的档次不断提升，影响力越来越大。特别是近几年来，环翠区以习近平新时代中国特色社会主义思想为统率，以“二为方向”“双百方针”和“三贴近”为指导，解放思想，与时俱进，开拓创新，兼容并蓄，按照高起点、高品位、高档次的标准，全力打造这一文化品牌，使“5·23歌咏会”不仅具有很强的娱乐性、艺术性，而且具有鲜明的时代性、极佳的观赏性和强大的吸引力、感染力，满足了人民群众对文化活动的需求。

（五）坚持深化与科技的融合

数字技术为公共文化发展插上了腾飞的翅膀，环翠区利用“互联网+”和“+互联网”来拓展服务范围、延伸服务渠道、创造服务业态、创新服务方式。2022年，利用“最威海 是环翠”App、今日头条、抖音、快手等新媒体对活动进行图文和短视频预热宣传，100万人次通过“最威海 是环翠”App同步观看全程直播，网络热度持续攀升。2023年的专场比赛也在“最威海 是环翠”App上全程直播。每年夏季的国际沙滩音乐节通过户外大屏、手机App同步直播，点燃了整座城市的激情。全区所有乡镇街道综合文化站均开办了中央网络课堂，实现中心场馆培训、演出同步观看；图书馆、文化馆在线直播舞蹈、声乐、绘画等公益培训，让艺术轻松融入群众日常生活。通过公共文化与现代科技的深度融合，提高了公共文化服务的效能，形成了公共文化事业的持续动力。

环翠区“5·23歌咏会”已经成为享誉全国乃至世界的公共文化品牌。2003年5月，环翠区被山东省音乐家协会授予“全省歌咏之乡”荣誉称号，被中国音乐家协会授予“全国歌咏之乡”荣誉称号。2010年10月，威海市被中国文联和中国音乐家协会授予“全国群众歌咏之城”和“全国群众歌咏活动基地”的光荣称号。2017年，“5·23歌咏会”升级为全省歌咏活动，2018年又升级为国际性歌咏活动。2020年，环翠区被中国合唱协会授予“合唱基地”，被山东省合唱协会授予“合唱示范基地”。经过半个世纪的经典传承和精心打造，这项活动从最初的区级文化活动，逐渐发展为国际性的合唱艺术节。这一公共文化服务品牌如今已成为城市文化的一张名片，丰富了人民群众的精神文化生活，增强了人民群众对文化的参与感、获得感、满足感，让更多市民了解了威海的历史文化，提升了城市文化内涵，也让威海成为一个有文化、有品位、有情趣的精致城市。

环翠区委、区政府下一步思考的是，如何更好地让广大群众从被动的文化活动接受者变为主动的文化活动参与者、创作者；如何更加全面地增进群众的基本文化权益，切实做到文化为民、文化惠民、文化乐民，使公共文化事业持续发展；如何高点定位、提档升级，坚持传统性与时代性相结合、地域文化与现代文化相结合，在活动形式内容、舞台设计、演唱手法等方面进行大胆探索，不断推陈出新，来满足人民群众对美好生活的新期待；如何与科技深度融合，利用“互联网+”和“+互联网”拓展服务范围、延伸服务渠道、创新服务业态、创新服务方式，增强人民群众对文化的参与感、获得感、满足感。

百尺竿头，更进一步。新时代，在习近平新时代中国特色社会主义思想的指引下，环翠区委、区政府认真贯彻落实习近平总书记关于文化建设重要的论述，坚持以人民群众的文化需要为中心，不断推动公共文化服务事业持续发展，让群众更好地享受文化惠民的各项服务，让“精致城市·幸福威海”的文化魅力充分彰显。

思考题

1. 结合本案例，理清“5·23歌咏会”产生、传承和发展的过程，分析思考大力开展群众性文化活动对坚定文化自信和建设社会主义文化强国的必要性和重大意义。

2. “5 · 23歌咏会”在辐射带动群众性文化活动方面发挥了哪些作用？

3. “5 · 23歌咏会”的持续开展，对打造公共文化服务品牌、发展公共文化事业的启示与思考是什么？

立德树人　打造“精致城市”的文化内核

——威海市统一路小学高质量推进优秀传统文化融入的实践探索*

【引言】为深入贯彻落实习近平总书记视察威海重要指示精神，加快“精致城市·幸福威海”建设，威海市相继出台《威海市精致城市建设条例》《威海市精致城市建设规划纲要（2021—2035年）》等一系列相关政策文件。其中，《威海市精致城市建设条例》第3条规定，精致城市建设应当“以社会主义核心价值观为引领”，明确体现了精致城市不仅要治理规范、环境秀美，更要具备深厚的精神内涵，切实做到内精外美、表里如一。持之以恒培育和践行社会主义核心价值观，从城市精神内核方面助力精致城市建设，一个重要途径就是提高全社会思想道德水平，而尤为重要的是从娃娃抓起。小学阶段学生可塑性极大，世界观、人生观、价值观（本文以下简称三观）还没有完全建立，是非对错也不明晰，处于人生品德行为养成的关键时期，这时候就需要用正确的道德标准和文化修养来引导。优秀传统文化作为民族文化的精髓，蕴含着丰富的德育价值，在育人方面具有潜移默化的作用，对小学阶段学生的熏陶至关重要。更何况，每个小学生的背后就是一个家庭，通过小学生的传统文化学习，带动引领家家以德育

---

* 本案例由中共环翠区委党校教师隋惠静、威海市统一路小学教师陈玲撰写。

孩、户户以德治家，从而把优秀传统文化教育的氛围扩展到校外、扩展到家庭，乃至整个社会，营造人人皆学、处处能学、时时可学的优秀传统文化教育生态，才能为提升城市品质、为打造精致威海奠定坚实而广泛的群体基础和精神硬核。正如习近平总书记所指出的，中华优秀传统文化教育抓早抓小、久久为功、潜移默化、耳濡目染，有利于夯实传承中华优秀传统文化的根基。

【摘要】打造精致威海，不仅要有外在“颜值”，更要有内在气质，要做到形与神的有机统一。全体市民整体道德素养的提升，是一个城市文明水准、文化品位和核心竞争力提升的集中体现，是一个城市的重要软实力，关系到城市价值观、城市精神的延续和不断完善，是精致城市建设的真正硬指标，是最为重要的“精致”。本文通过分析获评山东省传统文化示范学校的威海市统一路小学（以下简称统一路小学）高质量推进传统文化融入的实践做法，旨在以点带面，带动辐射全社会道德素养的培育和养成，从而助力威海打造精致城市的文化内核。

【关键词】优秀传统文化　小学　精致城市

打造精致威海，不仅要有外在“颜值”，更要有内在气质，要做到形与神的有机统一。为此，要高质量推进优秀传统文化融入小学教育，要以“润物细无声，欲速则不达”为原则，让优秀传统文化的种子在孩子心中慢慢扎根，为培养具有传统美德精神的未来接班人打好文化基础和道德根基，最终使他们个个争当精致城市文明行为的践行者和引领者。

一、优秀传统文化融入小学教育的背景

“求木之长者，必固其根本；欲流之远者，必浚其泉源”[①]。中华优秀传统文化是中华民族的“根”和“魂”，作为人类文化中唯一未曾断流的文化，具有蓬勃的生命力，同时也为中华民族的伟大复兴保驾护航。面对全球文化融合以及多元文化碰撞的复杂局势，我们唯有传承好优秀传统文化，才能在世界文化激荡中站稳脚跟。所以，“优秀传统文化教育的目的是什么”“如何有效进行优秀传统文化教育”是我们当下需要冷静思考的问题关键。

中华优秀传统文化教育的以文化人作用，对文化的社会遗传、文化创造都具有重要的意义。近年来，我们国家越来越重视中华优秀传统文化在教育中的价值与作用，并发布了一系列政策文件进行指导。2014年3月，教育部颁布《完善中华优秀传统文化教育指导纲要》，第一次对中小学的传统文化教育作了整体规划，提出了各个学段中华优秀传统文化教育的目标和主要任务，强调把中华优秀传统文化教育系统融入课程和教材体系。2017年1月，中共中央办公厅、国务院办公厅印发《关于实施中华优秀传统文化传承发展工程的意见》，提出要“按照一体化、分学段、有序推进的原则”，把中华优秀传统文化全方位融入国民教育的始终，尤其是要“以幼儿、小学、中学教材为重点，构建中华文化课程和教材体系”。2021年1月，教育部印发《中华优秀传统文化进中小学课程教材指南》，对中华优秀传统文化进中小学课程教材的基本原则、总体目标、主题内容、载体形式、学段要求和学科安排等作了统筹设计和科学安排，强调素养导向、系统规划和全科覆盖。“围绕中华优秀传统文化进中小学课程教材‘进什么、进多少、如何进’

---

① （唐）魏徵：《谏太宗十思疏》。

的问题强化顶层设计。”[①]2023年1月，全国教育工作会议上也强调，推动立德树人根本任务取得新的重要进展，加快建立健全促进学生身心健康、全面发展的长效机制。

威海历史悠久，齐商文化、渔捕文化、民俗文化、甲午文化、红色文化均汇聚于此，文化资源种类多样、内容丰富，在传承和赓续优秀传统文化方面有着得天独厚的条件。近年来，在深入贯彻落实习近平总书记视察威海重要指示精神、加快“精致城市·幸福威海”建设的过程中，威海市始终没有忘记以德立市的持续遵循，始终没有放慢未成年人思想道德建设的步伐。多年来，深入实施“四德”工程，持续深化“君子之风·美德威海”建设。深化未成年人思想道德建设，完善青少年思想道德教育齐抓共管机制，深入推进“扣好人生第一粒扣子”主题教育实践活动。其间，地处威海市中心城区的环翠区更是做了大量切实的工作。首先，突出学校教育，筑牢全环境立德树人“主阵地”。基于办学理念和学校特色开发学生可选择的校本课程，做好立德树人工作与三级课程体系建设的有机融合。聚焦帮助未成年人“扣好人生第一粒扣子”的主要任务，结合重要时间节点，开展形式多样的主题教育课程。其次，强化家庭教育，打造全环境立德树人“主引擎”。在推进文明家庭建设的基础上，指导13处儿童友好空间进行适儿化改造，形成了“童享美育·天和启蒙”“童心童治　以融助童”“新阳童行”等特色品牌，拓展了以德育人空间。再次，注重社会教育，打好全环境立德树人“主动仗”。强化厚德环翠品牌建设，打造全环境立德树人品牌项目，心理健康教育、课后服务品牌项目被评为市级全环境立德树人品牌。最后，关注网络教育，唱响全环境立德树人“主旋律”。

① 《〈中华优秀传统文化进中小学课程教材指南〉重点解决了中华优秀传统文化进中小学课程教材的哪些问题？》，中华人民共和国教育部，http：//www.moe.gov.cn/jyb_hygq/hygq_zczx/moe_1346/moe_2870/202103/t20210310_518943.html，访问日期：2024年2月9日。

将网络育人与课堂育人相结合，依托“最威海 是环翠”App、“环翠教体”微信公众号，将思政课变成未成年人真心喜爱、终身受益的课程，把全过程育人、全员育人落到实处。

威海市及环翠区强化未成年人思想道德建设的做法只是一个缩影，它反映了各级党委政府、社会各个层面对此项工作的高度重视，这为优秀传统文化进校园创造了有利条件和优越环境。在此推动下，威海市各级各类学校不断完善优秀传统文化进校园的举措，教育体系越来越完善。在经历一段时间的探索实践和理性思考后，威海市不少地区的教改部门以及学校把优秀传统文化进校园的焦点放在了小学阶段。因为小学阶段的学生处在三观尚在构建、信仰逐渐确立的阶段，优秀传统文化可以指引他们成长为三观正确、品行高尚、志存高远的人。同时，把优秀传统文化融入小学教育，可以重点突破、集中力量、提高实效地办实事、办大事，有效解决师资力量不足、社会氛围不浓、重“教”轻“育”等问题。位于环翠区的统一路小学推进优秀传统文化融入小学教育的方式方法，就是在这一大环境下应运而生的。

二、统一路小学推进优秀传统文化融入的典型探索和创新

统一路小学是一所历史悠久、底蕴深厚、教学严谨、质量过硬的省级教学示范学校。近年来，统一路小学紧紧围绕全环境立德树人根本任务，以书香特色为根，以课程为基，以劳动研学为本，以家校沟通为媒，以培养学生核心素养为目的，秉承“一切活动皆课程，一切课程皆德育”的大德育观，推进落实“以行养德，以行促学”的德育工作格局，为“精致城市·幸福威海”的建设夯实道德根基，贡献小学教育的力量。

（一）着力德育课程建设，强化课程育人

按照课程方案和标准，定期组织德育课教师开展教研培训活动，保障课堂教学质量；深入挖掘各学科蕴含的德育价值，强化学科核心素养与德育的契合；结合学科渗透和课程开发，探求有效多样的学科德育方法和途径；鼓励开发校本课程和精品微课程，让学生在潜移默化中修身养德。学校围绕“明礼课程”中的七礼（仪表礼、清洁礼、学习礼、课间礼、路队礼、集会礼、就餐礼）教育，制定详细的规范，每月围绕一个礼仪主题重点强化训练，通过明礼“三微”（微品、微行、微镜）行动深化推行。素养课程囊括日课程、周课程、月课程、年课程，以活动和体验为载体，培养学生的责任感、人文素养以及正确的价值观，促进知识、能力转化为素养并得以全面提升。

（二）着力校园文化建设，强化文化育人

将优秀传统文化课纳入必修课程，每周1节。开展以中华优秀传统文化为内容的比赛、展演、专题讲座，经常举办经典诵读和演讲比赛。针对学生的年龄特点和学校的“经典诵读工程”，进行系统的、富有梯度的书香环境营建，建立了经典长廊、必读书目长廊、竹简文化墙、藏书票长廊、九大主题阅读区等，不断丰富书香文化环境。每天通过校园广播播放《论语》《三字经》《弟子规》《笠翁对韵》等，学生对这些经典已耳熟能详。上述做法将经典文化的教育性与历史传承性和谐相融。

（三）着力主题活动教育，强化活动育人

利用传统节日开展“我们的节日”系列教育活动，开展“少年传承中华美德”系列教育活动，激发学生的民族自豪感；利用校园节（会）活动、团队活动，采取学生和家长喜欢的活动方式，培养学生

对传统文化的兴趣爱好。在运用好学生校园活动载体的同时，利用校外实践教育基地，将优秀传统文化融入爱国主义教育、科学探索、生态环保、综合实践、艺术教育、安全教育等多领域，有计划地组织开展以弘扬优秀传统文化等为主题的研学旅行活动。学校围绕劳动教育，营造学校、家庭、社会“三位一体”的劳动教育大环境，构建“以劳育德，身心合一”的劳动体验课程群，围绕“家园生活”“校园百岗”“农耕体验”“职场启蒙”“传统节日”五个维度的劳动课程，培养学生知劳动、爱劳动、会劳动、善劳动的好品质。

（四）着力常规管理制度建设，强化管理育人

一是规范学校标准化管理。编撰具有本校特色、操作性强的《学校管理标准化手册》。二是强化学生行为规范和心理健康。以养成教育作为学校常规工作重点，将《中小学生守则》内容贯穿于课程教学、社会实践、校园文化、学校管理全过程，把每一条规则细化出包括阅读、环保、诚信、文明礼仪等诸多方面的子规则，形成序列化、科学化、特色化的评价机制，引导学生自觉践行每一条规则，养成良好行为习惯；制定《中小学生养成教育实施方案》，将文明校园建设、小学生综合素质评价等内容纳入考核机制，强化制度管理。推行“七彩阳光评价”，对学生进行全方位、全过程、激励性评价，评价涵盖素质发展的“德、智、体、美、劳”以及学生的“人文、科学、艺术、实践、健康”等多方面，关注学生发展的内生性和持续性，促进学生的全面发展、多元发展。

（五）着力家庭、社会资源整合，强化协同育人

根据《威海市环翠区教育和体育局关于进一步加强中小学家庭教育工作的实施意见》，努力办好家长学校，积极开发家庭教育课程，采取集中授课和送课进校的形式，每月定期开展家庭教育指导服务工作，

使受益家长占比90%以上。学校成立“知心团队”，吸纳部分年轻教师和具有心理咨询资质的教师，负责实施面向学生的“疏导课程”和面向家长的“家导课程”，有效解决学生的心理问题，解除家长的教育困惑。同时，构建社会共育机制。注重发挥老干部、老党员、老专家、老教师、老模范“五老”人员的作用，定期邀请道德模范进校园，传递正能量；结合社会主义核心价值观传唱活动及文明城市建设工作，积极带动家庭、社会共同参与。充分挖掘社会各类资源，形成教育合力，达到“同频共振、良性互动”的效果。

三、优秀传统文化融入小学教育的经验启示

亚里士多德曾经说过，“教育必须基于三个原则——中庸、可能和适当”[①]。所谓中庸，就是“去其两端，取其中而用之”。所谓“可能”，是指我们要知道孩子的未来具有一切可能性。所谓“适当”，实际上是说我们的教育方式方法一定要符合规律，要适合孩子。落实优秀传统文化进小学，同样也要兼顾这些原则。在2018年就被评为山东省传统文化示范学校的统一路小学高质量推进优秀传统文化融入的经验证明，只有坚持教育的这三个原则，才能让优秀传统文化的种子在孩子心中慢慢扎根，最终才能培养出德智体美劳全面发展的未来接班人，才能为提升精致城市、文明城市建设的精神文化内核贡献力量。

（一）教育工作者的文化育人理念对推进优秀传统文化融入小学教育至关重要

理念是行动的先导，只有深刻认识到优秀传统文化融入小学教育的重要性，才能收获高质量的教育效果。教育工作者对优秀传统文化

① 转引自张法琨选编：《古希腊教育论著选》，人民教育出版社2007年版，第297页。

的感情、认知和教育能力决定了优秀传统文化在校园闪耀光芒、焕发生机的程度。只有在认同文化育人理念、提升自身文化素养的前提下，教育工作者才能用心用情把优秀传统文化的智慧渗透到孩子心里。

一是校长对优秀传统文化教育理念的认同非常关键。统一路小学是一所百年老校，为使这所百年老校既保持优秀的传统，又焕发新的活力，几任校长为此付出了不懈的努力。特别是从2004年开始，围绕“读万卷书，行万里路；立君子品，做有德人”的核心追求，统一路小学校长根据形势发展的需要，依托学校的历史底蕴，采取梯次推进的方式，以经典诵读和传统文化学习为基础，创新开发了经典国学诵读课程、书香社团课等丰富的校本课程，全力打造书香校园。现如今，书香校园已经升级为“书香德育，知行合一”品牌项目，几任校长的心血得到了更多的认可和回报。从统一路小学书香德育的建设经历中，我们可以得到这样的启示，良好的教育离不开良好的学校，一个好的学校离不开一位好的校长。校长的办学理念是深层次思考的结晶，直接决定着学校的发展水平和教学水平。校长对优秀传统文化教育的文化认同、文化育人的理念都直接影响着工作成效。因此，要把优秀传统文化融入小学教育，作为一校校长，首先，要具有传统文化情怀，明了优秀传统文化教育对学生、学校乃至对社会、国家的重要性。其次，要有自主学习的能力。一个学习型的校长，只有在学习中了解、在了解中辨析，才能把有用的、优质的文化传递出去，而且要广泛涉猎，对文化、哲学、历史、艺术、生命科学等都要学习，让自己在灵魂深处逐步具备爱、善、智慧，达到文化认同的高层次。最后，要经常提升专业能力。科学的决策力、改革的创新力以及良好的协调沟通力不是与生俱来的，都需要培养，特别要在教育管理过程中有意识地提升。能力提升的同时就能智慧地挖掘学校的文化内涵，就能更加擅长地构建良好文化氛围，从而使推进优秀传统文化进校园的眼光更长远。

二是强化教师的文化育人理念，打造高质高效课堂。在推行书香校园的过程中，统一路小学根据教师年龄、学科特点，成立“清扬”“静好”教师读写共同体。确立“悦读、擅写、能研、会教”的发展四目标，采用“群组同读+学科研读+个性选读，读写结合，读以致用”的发展三策略，开展“悦”读活动，提高教师的综合文化素质。随着书香德育“双雅”课程架构的推行、具体措施的落实、保障和评价体系的完善，教师队伍由单纯地教变为多元地“研”，由被动地“做”变为主动地“创”，“研—备—教—思—创”等系列教科研能力提升，由单纯的校园“有作为”变成校外“要出彩”，文化育人的基础逐步打牢。统一路小学的做法给了我们这样一个启示，要把优秀传统文化融入小学教育，把学生培养成为全面发展的立体的人，教师的作用是关键中的一个关键。不把文化育人停留在口头上，而是真真正正地落实在课堂上并延伸到课外，那么，教师文化育人的水平必须上升到一个新高度。一方面，要强化教师文化素养培训，为文化育人提供基石。在加大基础培训的同时，重点提升教师的实际工作能力，让他们把学到的知识加工变成符合学生年龄特点的“鲜活”语言，促进优秀传统文化在师生互动中消化吸收，让其中的精髓渗透到学生的心里。另一方面，要健全教师校内考核和社会考评体系。优秀传统文化对学生的德育培养首先要得到教师的文化认同，而教师的认同又基于一个核心关键点，即校内考核和社会考评体系的建立和完善。当前，优秀传统文化进小学存在的一个突出问题是优秀传统文化教育评价体系不健全。因此，要非常注重教师优秀传统文化素养考核，适当增加优秀传统文化进小学实际效果的考核比例，适当增加家长和社会的考评比例。此外，在教师入职和资格准入中加大优秀传统文化素养考查，从教师培养的源头解决问题，夯实优秀传统文化教育进校园的根基。

三是加大教育行政部门的支持和督促，确保文化育人理念贯彻的可持续性。自2018年以来，环翠区教体局着眼于新时代“立德树人”“五育并举”的新要求，通过推进以“优势学科建设、师生大阅读、研学旅行、创客教育”为抓手的素质教育“四项行动”，培养学生的高阶思维能力和乐思善创的做事品质，成就美好环翠教育。如今，这项行动已发展到了3.0版。为保证这项行动的推行，环翠区教体局实施项目化管理，要求各学校围绕“抓什么、怎么抓、抓出什么效果”出台严密的实施方案和推进计划，做到“五个明确”，即明确工作事项、明确预定目标、明确工作措施、明确进度安排、明确成果成效，确保各重点项目扎实有效实施。同时，将这项行动纳入中小学素质教育督导考核范围，围绕四个项目分别设立专门奖项，调动广大学校研究与实践的积极性，树立全区教育发展特色品牌。统一路小学书香德育的成功，正是得益于这项行动的深入有效实施。从上述措施和做法中，我们可以得到这样一个启示，要推动优秀传统文化融入小学教育，教体行政部门宏观调控与学校具体实施的全方位融合十分重要。首先，通过加强对校长和教师的优秀传统文化认同培训，提升校长和教师的站位，努力达到文化认同的高层次。同时，还要周期性地开展中华文化素养提升培训，提升校长和教师的专业化程度，提升校长的管理格局和教师的热爱程度。其次，将优秀传统文化教育成效纳入考核机制，将优秀传统文化教育常态化。最后，建立优秀传统文化教育督导机制，采用周期性检查和随机抽查相结合的方式促进学校各方面的文化育人理念提升，确保优秀传统文化教育有计划、有步骤地落实，并最终渗透到学校工作的方方面面。

（二）科学设计优秀传统文化教育体系是推进优秀传统文化融入小学教育的关键一招

科学合理地建构优秀传统文化教育体系是最复杂、最核心的部分，能够使学科教学和优秀传统文化教育相互促进，使科学素养和人文素养同时提升。优秀传统文化的智慧体现最重要的就是知行合一，所以，统一路小学以“学一点、做一点”为导向，将知识学习、情感体验与价值引导融为一体，形成相互衔接、螺旋上升的一体化优秀传统文化教育内容。

一是以教学方法多样化提升效果。统一路小学能够把优秀传统文化很好地融入小学教育，最关键的一个原因是在雅知和雅行课程有机结合中，教学方式的针对性与灵活性实现了融合统一。比如，在雅知—明礼课程设置后，主要通过循礼—立规—行礼—明礼—评价的流程，组织学生进行分阶段实践和体验。在雅行—研学劳动活动中，囊括常规课程和节日课程的素养课程，以多样化、协同化的途径渗透于其中，实现了理论与实践、课堂与现场的有机结合，从而带来了教学方法的多样化。统一路小学的做法给了我们这样一个启示，让优秀传统文化走进小学生的心灵，不是简单的知识传授能够实现的，而要结合小学生的年龄结构、接受能力、心理变化等多种因素，改进教学方式。在语言类教学中，结合社会背景设计阅读作业，“如果孙悟空遇上新冠疫情，他会怎么做？”这就让学生的主观能动性得以发挥，学生就会主动进行探究，体现出一种思想碰撞和发散思维。可见，语言类教学不能只是摇头晃脑地读经，还要有文化思想的碰撞和文化认同的归属感。在历史类教学中，让学生亲身体验本地人的衣食住行，了解自身所处的社区环境、周围邻居的所说所感等中所渗透的优秀传统文化，从而热爱这一方水土、热爱生命、热爱国家。在艺术类教学中，结合中国非物质文化遗产，运用欣赏、体验、模仿等形式，让学生感知中国艺术的丰富多彩。在德育礼仪教学中，在精心设计的基础上，采用模拟教学方式，让学生带入情感，在关于如何运用道德原则和礼仪规范处理问题的模拟情景中，强化自我的情感体验，促进品德和礼仪的养成。

二是以队伍建设多元化推动发展。统一路小学在优秀传统文化融入小学教育的过程中，大力加强校内教师队伍建设，通过“学有目标、行有方向、做有动力”等措施，特别是让班主任在深耕优秀传统文化方面完成从被动接受到主动思考的转变，从而逐步形成班本管理特色。同时，立足长远、眼光放外，把校外的知名人士、有志之士邀请到学校思想道德建设的队伍中来。这一做法给我们的启示是，做好优秀传统文化进小学的文章，队伍建设要走多元化的道路。一方面，要加强校内师资队伍、班主任队伍建设，在“校本化”“班本色”上下功夫；另一方面，要建好校外三支队伍，在“科学化”“系统化”上下功夫。第一支队伍是理论研究队伍，主要是来自党校、高校的专业老师和专家学者，来自教体部门、中小学校以及社会层面的资深研究人士。第二支是特色人才队伍，主要是来自各行各业的道德模范、劳动模范、身边好人及其他典型人物，来自不同层面的非遗传承人、民间艺人、技艺大师等。第三支是志愿服务队伍，主要由有志于优秀传统文化传播的志愿者组成。

（三）打造家校社优秀传统文化学习共同体是完善优秀传统文化教育体系的重要保障

统一路小学在借助智慧教育、各类媒体平台营造全时空教育环境的同时，以“课程化”“常态化推进”为原则，深耕家校社协同教育新路径。所谓课程化，就是打造“骨干教师”+“精英家长”+“外聘专家”为“家校互动课程讲师团”，通过“亲子成长”“教子有方”“家风传承”等子课程提升家长教育理念，达成家校协同育人目标；所谓常态化推进，就是继续发挥学校群爱会“七部一团”的力量，利用每学期“家长会”“家访”等规定动作，围绕“关键问题”“重点学生”进行沟通，解决需求，破解育子难题。这一做法给我们的启示是，优秀传统文化教育仅仅依靠学校教育是远远不够的，必须在学校教育、家庭教育和社会教育“三位一体”上多加探讨、多下功夫、多出实效，营造人人皆学、处处能学、时时可学的优秀传统文化教育生态。

一是强化与社会文化机构、各类媒体平台合作。学校充分挖掘校外资源，争取教育行政部门的政策支持和平台搭建，使社会文化机构如博物馆、图书馆、爱国主义教育基地、红色教育基地等成为教育资源的重要保障。同时，优秀传统文化教育向深层次推进，离不开各级各类媒体的宣传报道、经验推广。在利用好报纸、电台、电视台等传统媒体的基础上，用好新媒体、新平台促进优秀传统文化教育内化于心；借助移动设备宣传学校的优秀传统文化教育活动，创造性地使用短视频、虚拟现实等新载体新技术，营造高沉浸感、高互动性的学习体验环境，让古人古籍“活”起来、让文物文学“动”起来；为元宇宙发展叠加育人功能，借助虚拟数字人打造、“游戏+教育”让优秀传统文化教育走向更广阔的空间。

二是强化与家长合作。一个学生背后是一个家庭。通过文化宣传引导，可以使自身有资源的家长成为学校开展优秀传统文化教育的重要保障。《中华人民共和国家庭教育促进法》的实施足见国家对家庭教育的重视，我们必须以唯物主义的观点，革故鼎新，从传统中挖掘时代化的“家训文化”，引领家家以德育孩、户户以德治家。尤其要重视对母亲的引导和培训，把优秀传统文化教育的氛围扩展到校外、扩展到家庭，达成统一标准，避免学校一套、家里一套等“两张皮”现象，持续加强孩子的良好习惯养成，在一定程度上让教育回归本真。

三是强化与政府部门合作。政府部门的政策和资金如同两只手保障着优秀传统文化教育的落实。统一路小学就自身需要解决的困难，有针对性、靶向性地争取政策扶持。同时，争取政府的激励资金支持，利用好考核评价体系，鼓励教师作为一线人员研究本校优秀传统文化教育，促进各级各科目的融合研究；争取政府的专项资金支持，让政府相关部门借助多种方式保障优秀传统文化教育资金发放到位，提高学校推进优秀传统文化进小学的积极性。另外，在凝聚“优秀传统文化进小学有助于民族发展和个人成长”的共识上引导各方资源聚集，聚力打造和谐的社会氛围，促使优秀传统文化教育在小学高效、高质推进，从而助推社会主义核心价值观的深度培育与践行，为精致城市建设贡献力量。

四、结语

精致城市建设应当坚持以人民为中心，以社会主义核心价值观为引领，要“表里如一”，在重点建设“面子”工程、秀美环境的同时，更应具备深厚的精神内涵。所以，要持之以恒培育和践行社会主义核心价值观，提高全社会思想道德水平，从提升城市精神内核方面助力精致城市建设。那么，如何提升全民道德素质？对此，社会各界有很多方法举措，本文从优秀传统文化融入小学教育这个角度，希望由小学生素质的提升带动家庭乃至全社会道德素养的进步。学校是精神文明建设的主阵地，也是立德树人的主阵地。在小学教育管理中，德育是十分重要的一部分，简单的、灌输式的说教已经不再适应学生的需求，而中华优秀传统文化中有大量经典的德育素材，推陈出新变换形式渗透给学生，强化其思想内核，以此助推其德、智、体等方面协同快速发展。而且，小学阶段的学生处于三观建立的关键期，处于民族精神和意识的萌芽期，此时的优秀传统文化教育对他们来说更为重要。优秀传统文化融入小学教育，可以促进学生的全面发展，有利于文明行为的养成，助力精致城市建设。

因此，笔者选取在优秀传统文化教育方面具有典型示范性的统一路小学为个案研究对象。为弘扬优秀传统文化，统一路小学因地制宜地分析学校办学基础与特色，创新性地开发了经典国学诵读课程、书香社团课等丰富的校本课程，促进学生的全面多元发展。本着科学性、发展性、校本性和融合性原则，开展“书香德育，知行合一”品牌项目建设，推进形成“以行养德，以行促学”德育工作格局。统一路小学从仔细分析教育政策到逐步开展优秀传统文化进校园活动，落实在课堂内、活动中、校园外，让学生的生活学习浸润着中华优秀传统文化。学生的全面发展，课程的丰富多样，资源的充足保障，使这所百年老校因优秀传统文化教育再现蓬勃发展力。

在新时代，优秀传统文化教育越来越受到重视。政策的支持以及对文化的需求，正加速优秀传统文化教育理论体系的完善和实践模式的系统化专业化。优秀传统文化教育在未来将会更为科学合理，一种文化育人常态化规范化的教育生态环境将会形成，这种教育生态环境必定会为精致城市的建设提供文化内核，为城市价值观、城市精神的延续和不断完善贡献力量！

思考题

1. 优秀传统文化融入小学教育的契合点和关键点在哪些方面？

2. 如何强化家长的文化育人理念？

第四章

社会建设

从“暖心”到“暖社会”

——以荣成市新时代文明实践“暖心食堂”为例*

【引言】2023年1月18日，习近平总书记在春节前夕通过视频连线看望慰问基层干部群众时指出：“尊老爱老是中华民族的优良传统和美德。一个社会幸福不幸福，很重要的是看老年人幸福不幸福。我国社会老龄化程度越来越高，一定要让老年人有一个幸福的晚年，要大力发展养老事业和养老产业，发展公办养老机构和普惠型养老服务，特别要强化对特困、低保、高龄、失能老年人的兜底保障。”①

【摘要】养老问题难点在农村，短板也在农村。随着城镇化建设与社会老龄化步伐加快，农村老年人逐渐成为“孤独的守望者”，其养老问题需要引起高度关注。相关预测显示，“十四五”期间我国老年人口将突破3亿人，我国将从轻度老龄化社会迈入中度老龄化社会，养老服务体系将面临更大的挑战和考验。近年来，威海荣成市通过将多元主体融合，充分利用社会信用体系建设的成果，充分发挥新时代文明实践中心的阵地作用，

* 本案例由中共荣成市委党校经济与法律教研部高级讲师王蕾、高级讲师迟艳艳撰写。

① 转引自民政部编写组：《深入学习习近平关于民政工作的重要论述》，人民出版社2023年版，第55页。

探索了“信用管理+志愿服务+暖心食堂”养老服务模式，不仅解决了农村老年人的“一餐热饭”问题，还带动了越来越多的群众参与村级自治，加速了共建共享共治氛围形成，收到了良好的社会治理效果。

【关键词】信用管理　志愿服务　暖心食堂

一、背景情况

2018年6月，习近平总书记到威海视察指导工作，提出了“威海要向精致城市方向发展”的殷切期望，为威海城市发展指明了前进方向。近年来，荣成市始终牢记习近平总书记嘱托，把“威海要向精致城市方向发展”作为总目标、总方向、总遵循，坚持以人民为中心的发展思想，坚持精准服务，从群众反映的痛点、难点、堵点问题抓起，补短板、提标准，提高城市公共服务体系的现代化、普惠性、精准性服务水平，着力打造有温度的精致城市，让人民群众生活得更方便、更舒心、更美好。

党的二十大报告提出，要“实施积极应对人口老龄化国家战略，发展养老事业和养老产业，优化孤寡老人服务，推动实现全体老年人享有基本养老服务”[①]。据统计，截至2024年6月底，荣成市80周岁以上的农村老人有3.2万人，其中独居、失能、孤寡老人占很大比重。这些老人有的因鳏寡孤独，吃饭没有规律，糊弄一顿是一顿；有的因身体残疾，生活不能自理，一天甚至连一顿热饭都吃不上；有的因子女经济困难，自身又无劳动能力，吃饭成了生活中的最大问题，等等。这些老人能不能安享晚年、共享改革发展成果，事关荣成精致城市建设的目

① 习近平：《高举中国特色社会主义伟大旗帜　为全面建设社会主义现代化国家而团结奋斗——在中国共产党第二十次全国代表大会上的报告》，人民出版社2022年版，第49页。

标能否实现。为此，荣成市把农村老年群体作为精致城市建设的最大牵挂，积极探索符合自身实际又具有本地特色的养老模式，即“信用管理+志愿服务+暖心食堂”养老服务模式，用“暖心食堂”兜底，让这些困难老人都能吃上热饭，用一顿热饭，温暖一群人，实现“暖胃暖心暖社会”的裂变效应。

基于这些考虑，荣成市从2019年开始启动“暖心食堂”建设，主要分四个阶段实施。第一阶段是萌芽阶段。2018年10月，荣成市在全市农村启动大范围的“四清”环境整治。随着整治工作的深入推进，王连街道东岛刘家村有些群众自发给整治队伍送午饭，极大地激励了士气，加快了整治进程。环境整治结束后，东岛刘家村为了把群众的这股热情延续下去，继续为村内的孤寡老人送饭，继而诞生了全市第一家“暖心食堂”，引起各级关注。第二阶段是试点阶段。2019年7月，荣成市挑选20个经济基础好、信用管理好、志愿服务好的村进行试点，推广东岛刘家村模式，经过3个多月的探索，确定了“村党支部统筹调度+志愿队伍全程服务+爱心企业积极捐助”的运作模式，“暖心食堂”模式初具雏形，开始蹚开路子。第三阶段是扩面阶段。从2020年初开始，荣成市组织市民政局、市农业农村局、市委组织部等部门以及各镇街，进行了5次调研座谈，围绕目标任务、运营模式、管理标准、政策保障、责任分工、督导考核六个方面进行研究探讨，制定了《荣成市2020年农村“暖心食堂”建设指导意见》，在全市农村铺开“暖心食堂”建设工作；同年8月，又召开运营保障专题会议，制定《荣成市2020年农村“暖心食堂”长效运营保障指导意见》，持续把“暖心食堂”推向深入，把“点”上的突破升级为“面”上的普惠。第四阶段是深化阶段。一方面，对于已建成的食堂，建立长期稳定运营的机制保障，确保继续发挥作用；另一方面，利用1—2年的时间，进一步扩大覆盖面，力争将“暖心食堂”拓展到全市85%以上的村居，在保障改善民生的基础上，与农业农村重点工作深度融合，带动乡村治理全面提升。

2020年12月15日，荣成市“依托‘暖心食堂’构建新型农村养老服务体系”入选第二批全国农村公共服务典型案例并向全国推介，成为山东省唯一入选的案例。截至2023年底，荣成市已建成514家“暖心食堂”，覆盖全市63%的村居，免费给1.6万名80周岁以上农村老人提供午餐。“暖心食堂”成为荣成市农村居家养老服务的重要载体。

二、主要做法

受传统思想影响，农村普遍把居家养老当成子女孝顺的重要标志，“养儿防老”观念根深蒂固。截至2022年底，荣成市全市80周岁以上农村老人中只有1150人住养老院，占比不足4%，96%以上都是居家养老。随着人口老龄化的加速，在“421”家庭架构下，全家人把精力基本放在孩子身上，对老人的照顾相对不足，家庭养老之困渐显，改变传统养老模式势在必行。荣成市探索“信用管理+志愿服务+暖心食堂”这一养老服务模式，是对农村养老模式的又一创新。这种养老模式充分利用社会信用体系建设的成果和新时代文明实践中心的阵地作用，通过将多元主体融合，以“自愿、志愿、自助、互助”为原则，通过“村级主办、互助服务、群众参与、政府支持、社会支援”的方式，实现老年人“老有所养、老有所医、老有所为、老有所学、老有所乐”，满足老年人养老需求。这一养老模式主要采取以下做法运营。

（一）投入方式新颖，有效解决“钱从哪里来”的问题

食堂开办涉及场地、食材、人工、设施等多个方面，需要一大笔启动资金。粗略估算，一个村在食堂装修改造和餐具厨具配备上需花费6万元左右，按平均每天20名老人用餐来算，“一荤一素一汤”每人每天大约需7元，一年去掉节假日后大约有250天用餐共计约3.5万元，由于烹饪和服务人员都是志愿者，没有工资成本，基本每个食堂投入

约9.5万元就可以正常运营。但这对一些内陆村尤其是经济薄弱村来说，也成了食堂开办起来的最大“拦路虎”，因此，荣成市从多种渠道“寻找外援”借力发展，不给村居增加额外负担，主要采用三种方式。第一，争取扶持，就是将食堂建设与农村幸福院结合起来，用好各级发放给农村幸福院的奖补资金。按照这一方式，山东省补贴6万元，威海市补贴1万元，荣成市再配套2万元，平均每个食堂的扶持资金就能达到9万元，仅这一项，就基本能把食堂张罗起来。第二，内部挖潜，就是整合各部门的专项基金专门用于暖心食堂发展。荣成市已成立市民政局380万元的“暖心基金”，市委宣传部200万元的“助餐志愿基金”，市社会信用中心200万元的“信用奖励基金”，这部分资金重点向经济薄弱村、就餐老人多的食堂倾斜，用于整体提档升级。第三，社会募捐，就是在市民政局设立专项账户，开通社会募捐渠道，发动爱心企业和社会组织捐款捐物。荣成市已累计接收捐款和物资400多万元。“暖心食堂”启动之初，冠通路桥一家企业就捐助了10万元，引起很好的社会反响，被《人民日报》点名表扬。

（二）配餐模式灵活，有效解决“怎么吃饭”的问题

开办“暖心食堂”，各村村情不同，有的适合集中就餐，有的制餐就餐存在场地限制，有的行动不便的老人多，等等。针对不同情况，因地制宜，灵活采用“村级自主制餐、爱心组织配餐、暖心饭盒上门配送”三种模式，满足各种类型村居需要。第一，村级自主制餐，就是由各村主导运营，自己制作饭菜，自己组织就餐。比如王连街道东岛刘家村，用餐场地和厨房设备由村委会解决，食材准备、烹饪加工、就餐服务等全由村内志愿者解决，其中志愿者自带的米面肉菜就能基本保证“一荤一素一汤”需要，还有群众自发送来食材，东西都用不完。占食堂费用大头儿的食材和人工，基本上不花一分钱就能解决。第二，爱心组织配餐，就是经济条件较差的村居只负责提供就餐场地，

制餐则通过引入配餐企业、周边企业食堂免费搭伙、大型养老机构联合助餐等途径解决。比如宁津街道留村，村里提供两间以前的办公用房作为食堂，饭菜则由本村投资的企业负责。中午饭菜送到食堂后村里再组织集中就餐，不仅饭菜质量好，而且运作成本低。第三，暖心饭盒上门配送，就是针对行动不便的老人，由村居通过市场化运营或者自建厨房，把饭菜“点对点”配送到老人家里，不需集中就餐。比如，虎山镇五龙嘴村，村内行动不便的老人和岁数较大的老人有13人，食堂做好午餐后再用饭盒打包，安排8名志愿者按照东西南北分片送餐上门，1名志愿者最多送2户，基本10分钟就能送达，让老人真正感受到了社会温暖。

（三）志愿队伍众多，有效解决“谁来服务”的问题

食堂开办起来容易，但要长久运营下去却不容易。食堂能否长久运营下去，关键在于有没有一支永葆工作热情的服务队伍。荣成市将“暖心食堂”运营与信用体系建设结合起来，优化农村信用管理办法，对参与“暖心食堂”服务的志愿者给予双倍信用积分，迅速调动起农村妇女参与“暖心食堂”服务的积极性。志愿者的广泛参与，成为荣成市“暖心食堂”长久运行下去的灵魂和关键。一是发动社会捐赠。农村群众大多有自己的小菜园，在满足自家食用的基础上常有富余，志愿者在到食堂服务时，带点时令果蔬，基本就能满足食材需要。再加上平时村里群众和社会各界的各类捐助，食材完全不成问题。现在不少村还专门开辟出一块地作为食堂的小菜园，除了提供充足的蔬菜粮食，还对剩余的果蔬进行加工销售。王连街道东岛刘家村，销售食堂没有吃完的果蔬一年就挣了3500多元。二是发动志愿者烹饪饭菜。由“巧厨娘”妇女志愿服务队伍义务承担饭菜烹饪工作，通常3～5人一组，每人每周服务一次，提供两荤一素一汤，一周内基本不重样，甚至从“大锅饭”升级为“个性餐”。在人和镇北齐山村，根据全村69

名服务对象的身体状况、饮食喜好、饮食禁忌等，建立“一人一本账”，精心制作“个性盒饭”，让每位老人都吃得舒心满意，并带动食堂饭菜质量跃上一个新层面。三是发动志愿者进行管理。参照机关食堂标准进行管理，中午集中就餐，由志愿者统一分餐，老人按需添加饭菜，饭后餐具统一清洗消毒，确保老人吃得既营养又卫生。全市成立的“巧厨娘”妇女志愿服务队伍有400多支、1.1万人。越来越多的志愿者参与进来，成为荣成市“暖心食堂”长久运营下去的关键，也是荣成市“暖心食堂”最本质、最核心的特点。

（四）保障机制健全，解决“长期运营”的问题

一是明确发展方向。从食堂运营模式看，村民互助型食堂效果最好，不仅饭菜质量高，而且产生了越来越大的社会治理效应，带动越来越多的群众参与村级自治。因此，荣成市优先鼓励发展互助型食堂，确保食堂成长具有生命力。二是提前做好风险规避。全市每家“暖心食堂”都有食品安全许可证，每名“巧厨娘”志愿者上岗前都办理了健康证，购买了人身保险。针对老人就餐途中摔倒受伤、就餐过程中发生意外等问题，荣成市在食堂开办之初就进行了多轮研究论证，“暖心食堂”在冬天最冷的两个月和大风雨雪等恶劣天气不营业，而是上门为老人送一些食物。经过司法部门和专业律师研判指导后，荣成市出台了《助餐服务协议书》，将可能发生的风险以及相应的责任等都提前明确，以镇街为单位告知就餐老人协议书内容并组织就餐老人签订协议书，让老人既能吃得好又能吃得安全，为食堂运行上了一道“安全阀”。市文明办又与中国人寿保险股份有限公司签订战略合作协议，由中国人寿保险股份有限公司为每位“巧厨娘”志愿者提供20万元的人身意外伤害险和2万元的医疗保险，解除了“巧厨娘”志愿者的后顾之忧。三是实行月度例会机制。荣成市出台了《荣成市2020年农村“暖心食堂”建设指导意见》，围绕食堂运营过程中出现的各种问题，荣成

市实行月度例会制度，由市委副书记牵头，每月4日组织市民政局、市文明办、市农业农村局、市委组织部和相关镇街召开联席会，专门负责解决食堂运营过程中的梗阻问题，确保食堂规范长久运行。四是注重激励回馈。针对“巧厨娘”志愿者，给予志愿服务时长和信用积分双倍奖励，政府设立专门的激励资金，为表彰先进、激励后进，发放不同等级的信用激励奖品，进一步激发“巧厨娘”的服务热情。按村级互助型、集中配餐型、暖心饭盒型的食堂运营模式，荣成市新时代文明实践中心“点对点”奖励“巧厨娘”志愿服务队1万元（村集体收入50万元以上的奖励5000元）、3000元、5000元；对运行优良、服务人群多、社会反响好的“巧厨娘”志愿服务队，给予适当额外奖补。村里定期举行针对“巧厨娘”志愿者的表彰典礼和厨艺大赛，由亲属为志愿者颁奖，营造“一人得奖全家光荣”的获得感和荣誉感。

（五）宣传方式创新，解决“如何引导”的问题

为深化文明实践成果，在服务群众的同时做到宣传群众、引导群众、凝聚群众，特针对“暖心食堂”这一新的文明实践阵地采取丰富多样的宣传方式和各具特色的文明实践活动，将其打造为社会各界的爱心集聚地，进一步滋养社会文明正气。一是开业大张旗鼓。荣成市举行了声势浩大的百家“暖心食堂”集体开业仪式，全市各个镇街、各个村居为“暖心食堂”的开业可谓花样百出，渔家锣鼓、舞狮秧歌、唱歌跳舞、快板宣讲等不同形式的节目轮番上演，“巧厨娘”志愿者拿出最好的厨艺，为老人献上最丰盛的午餐。每家“暖心食堂”的开业都凝聚着一个村所有人的努力和心血，俨然成为村里的头等大事。大张旗鼓的开业仪式在全村营造起爱老助老的浓厚氛围，让老人感受到自己被社会关怀和重视，同时又为“巧厨娘”志愿者树立起受人尊重、服务光荣的形象，吸引更多的人加入其中，将所有村民的心紧紧凝聚在一起。二是用好“餐前一刻钟”。为丰富老人的精神文化生活，全市

"暖心食堂"推行"餐前一刻钟"活动。在"餐前一刻钟"活动中，有的村组织老人看新闻、读报纸、谈体会，将文明实践由宣传引导变成了群众主动参与；有的村通过志愿者和就餐老人交谈，摸排各网格内的相关情况，谁家有个什么难事，会第一时间收集起来，再由网格员跟进解决。不少村的"暖心食堂"成为村里新的议事会。"暖心食堂"升级成为接地气的"民间课堂"，"巧厨娘"志愿者成为基层宣讲员，将村里环境整治、尊老孝亲的暖心故事编成小品或三句半，传递社会正能量。"餐前一刻钟"被老人开心地称为一场十五分钟的"餐桌论坛"。老人谈论的内容从村里的发展变化到田间地头的农耕收成，从党中央的精神到上级的惠民政策。"餐前一刻钟"厨艺才艺齐展示，让老人喜笑颜开，暖胃又暖心。"暖心食堂"不但是老人餐厅，更成为村内的"文明展厅"。三是借力传统节日。荣成市利用好春节、元宵节、端午节、中秋节、重阳节等传统节日及其习俗，依托"暖心食堂"，发动社会各界，举办丰富多彩的庆祝活动和助老行动，在全社会进一步营造尊老爱老的良好氛围。荣成市启动"暖心食堂行——金秋五个一"关爱老年人活动，将每年的重阳节定为"暖心食堂"开放日，市级领导带头走进"暖心食堂"，号召全市企事业单位、社会组织、社工、志愿者为老人开展各项服务。为老人提供做饭、送冬衣、理发洗衣、免费体检、文体娱乐、心理疏导等服务，满足了老人的生活需求、精神需求，也显示了文明荣成孝老爱亲的温度。

三、经验启示

荣成建设"暖心食堂"的最初着眼点是解决农村老人的"一餐热饭"问题，但在不断推进过程中，日益与社会治理融会贯通，产生了意想不到的效果，产生了"一石激起千层浪"的连锁反应，其社会效应远超预期。"暖心食堂"的建设积累了诸多重要经验，为我们在新时代推动养老事业发展、民生建设提供了有益启示。

（一）在治理理念上，要始终坚持以人民为中心的发展思想，不断提高人民生活品质

习近平总书记强调："人民是我们党执政的最深厚基础和最大底气。为人民谋幸福、为民族谋复兴，这既是我们党领导现代化建设的出发点和落脚点，也是新发展理念的'根'和'魂'。只有坚持以人民为中心的发展思想，坚持发展为了人民、发展依靠人民、发展成果由人民共享，才会有正确的发展观、现代化观。"[①]"暖心食堂"的实践是坚持以人民为中心的发展思想的集中体现。

一要把人民利益摆在至高无上的位置，以增进民生福祉为发展的根本目的。为进一步提升农村老年人的获得感、幸福感，解决老年群体"一餐热饭"问题，探索新时代养老新方式，荣成市在对2019年已办起的22个"暖心食堂"充分调研论证的基础上，研究出台了《荣成市2020年农村"暖心食堂"建设指导意见》《荣成市"暖心食堂"文明实践志愿服务工作实施方案》，按照"政府扶持、村级主办、志愿引领、社会参与"相结合的指导原则，致力于将"暖心食堂"建成党和政府关爱特殊群体的暖心驿站、新时代文明实践志愿服务的主要阵地。从"暖心食堂"志愿服务的发展看，从最初的解决高龄老人"吃饱"的需求，到进一步重视老人"吃得放心、吃得健康"的营养搭配问题，再到关注不同老人特殊体质、特殊口味、特殊喜好的饮食搭配问题等，为满足人民群众的需求不断进行改善提升，不断增进人民群众的福祉。"暖心食堂"改变了农村传统养老模式，推动了老年群体由居家赡养变为互助养老，有效解决了人口老龄化加快所带来的农村养老难题，用最小的成本解决了养老这个复杂的社会问题，为中青年解除了后顾之忧，

① 《习近平谈治国理政》第4卷，外文出版社2022年版，第171页。

进一步解放了生产力，为家庭减轻负担，为国家作出贡献。

二要顺应人民希望过上美好生活的新期待，把不断满足人民对美好生活的向往作为党和国家的奋斗目标，着力解决人民群众最关心、最直接、最现实的问题。空巢老人、独居老人、高龄老人的“做饭难”“吃饭难”等问题一直是困扰农村老年人日常生活的主要难题。“暖心食堂”回应了群众的需求，以小切口改善了大民生，改善了农村老年人的生活质量，把原来的财政兜底变成了多元共建，把原来的政府主导变成了社会自治，把原来的居家赡养变成了集中供养，打通了农村养老服务的“最后一公里”，成为农村民生领域改革的“排头兵”和“试验田”。

（二）在治理主体上，要坚持共建共治共享的发展理念，着力打造乡村治理共同体

党的十九大提出要“打造共建共治共享的社会治理格局”①。党的二十大提出要“建设人人有责、人人尽责、人人享有的社会治理共同体”②。“暖心食堂”激发了乡村活力，集聚了各方智慧，加快了共建共治共享乡村治理共同体建设速度。

一要发挥村级组织的带头作用，激发乡村发展的内生动力。以前基层治理工作基本上是以党委政府行政推动为主，群众参与村级自治的主动性没有激发出来。在“暖心食堂”开办之初，都是村居党组织、党员干部和志愿者带头参与、带头服务。村党支部书记一处一处论证房屋，既要位置好还要质量好，选好场地后又忙前忙后搞装修、安空

---

① 习近平：《决胜全面建成小康社会　夺取新时代中国特色社会主义伟大胜利——在中国共产党第十九次全国代表大会上的报告》，人民出版社2017年版，第49页。

② 习近平：《高举中国特色社会主义伟大旗帜　为全面建设社会主义现代化国家而团结奋斗——在中国共产党第二十次全国代表大会上的报告》，人民出版社2022年版，第54页。

调、上设施，把食堂打造成村里硬件设施最好的场所。党员干部和志愿者冲锋在前，带头做饭、带头服务，他们带来的食材甚至比自家吃的都要好。不少党员干部说："宁可自己家里吃得差点，也得让这些老人吃得好点，党员就是要把老百姓放在比自己重要的位置。"这些点滴做法让群众看到了村党支部真心想事干事的为民情怀，看到了党员干部一心一意为群众谋福利的实际行动，产生了很好的示范带动效应。由此，越来越多的群众参与到"暖心食堂"建设中来，基层党组织的凝聚力、号召力也越来越强。"暖心食堂"的实践将农村老人、妇女志愿者、在外子女、党员干部等各个层面的心，像石榴籽一样紧紧地聚在一起。村里的事情大家提、大家议、大家办，大到想上什么项目、发展什么产业，小到当天食堂吃什么饭、演什么节目，人人都能建言献策，人人都能贡献力量，这迅速唤醒了群众的自治意识，越来越多的群众开始凑到食堂说个事，乡村治理"一盘棋"被有效激活。到"暖心食堂"就餐的老人，以及提供服务的志愿者，来自村内各个网格，对网格内的事情都比较熟悉，各网格有什么事情都会第一时间反映出来，村里再安排网格员跟踪解决，很多问题在第一时间就被化解。在网格之外，"暖心食堂"又编织了一张民情民意的"收集网"，成为缓解农村矛盾的"减压阀"，为提升社会治理水平探索出了一条有效渠道。有些村还依托"暖心食堂"开展"村级夜话"活动，组织群众与村干部面对面交流沟通，通过民主协商形式，真正实现了"群众点菜、干部下厨"，不断激发群众参与村级自治的内生动力，加快了"为民做主"向"由民做主"转变，为群众自我管理、自我服务、自我发展创造了条件，为以后开展各项工作奠定了基础。

二要带动全民参与，推动全社会共建共治共享理念的形成。"暖心食堂"能红红火火建起来，得益于荣成志愿服务打下的良好基础，也是新时代文明实践同荣成市委市政府中心工作、民生工程有机结合的重要体现。"暖心食堂"文明实践品牌项目，是服务群众与宣传群众相结合的有效实践。服务群众是宣传群众的前提，宣传群众与服务群众有机统一，在文明实践志愿服务的沃土中孕育出了“暖心食堂”这样一朵“为民助老之花”。全市最初的“暖心食堂”就源于2018年10月东岛刘家村的一次关于文明实践志愿服务的尝试，这个由志愿者运营起来的“暖心食堂”成为全村的爱心集聚地，不但解决了村里老人吃饭问题，更带动了全村向善向上的良好风气。于是，在深厚的志愿服务基础之上，经过多方调研尝试，荣成市开始大刀阔斧地进行“暖心食堂”工程的探索。荣成市在后来推广“暖心食堂”的过程中积极发挥“暖心食堂”的放大效应，引领社区社会组织、社会工作者、社区志愿者、社会慈善机构等社会力量参与基层治理与服务，形成党委政府统一领导、部门密切配合、社会力量协同参与的党建引领协调联动机制，极大地增强了凝聚力和向心力。“暖心食堂”成为密切联系群众的重要载体，巩固了党执政的根基，厚植了党的群众基础，成为拓展新时代文明实践的新阵地，传播党的声音、传递党的温暖。很多村居利用“暖心食堂”积极打造“餐前一刻钟”活动，丰富老人的文化生活。越来越多的村开始利用“暖心食堂”大做文明实践“文章”，将新时代文明实践与“暖心食堂”共同推进，成为增强“餐前一刻钟”活动吸引力的“法宝”。

（三）在治理方法上，要坚持充分利用已有机制，推动各种机制融合发挥最大效用

“暖心食堂”是具有综合效应的服务项目，荣成市充分利用“信用+志愿”机制深入运行的效果，推动了“信用管理+志愿服务+暖心食堂”养老服务模式的形成。在“暖心食堂”的建设中，荣成市充分利用前期信用建设和新时代文明实践的成果，不断拓展信用应用场景，扩大志愿服务覆盖范围。2013年，荣成市率先在山东省启动社会信用体系建设。2018年，荣成市成为全国首批12个社会信用体系建设示范城市中的两

个县级市之一；同年5月，荣成市获批为全国守信激励创新工作试点市，城市信用指数连续3年居全国385个县级市首位。荣成市设立了党政机关、社会法人、自然人、村居组织4个数据库，建立城建、教育、交通、国家公务人员、村居居民等12个子系统，实现“全覆盖、全记录、全奖惩”。2019年，荣成市印发《关于深入推进农村新时代文明实践志愿服务的实施办法》，提出坚持以信用管理为切入点，将信用建设作为推动文明实践志愿服务持久长效的有力抓手。2020年，荣成市印发《荣成市“暖心食堂”文明实践志愿服务工作实施方案》，提出农村志愿者参与“暖心食堂”助餐、送餐等志愿服务，与征信管理、嘉许回馈等直接挂钩。采取村级互助型模式的村居，每提供一餐服务，志愿者个人服务时长认定为4～5个小时；采取暖心饭盒型模式的村居，每提供一餐服务，志愿者服务时长认定为3～4个小时；采取集中配餐型模式的村居，每提供一餐服务，志愿者服务时长认定为2～3个小时。

荣成市发挥社会信用体系的激励优势，结合志愿服务的特点，把“暖心食堂”志愿服务纳入信用记录并为其提供特殊激励。一是针对“巧厨娘”志愿者的服务要求高、难度大等特点，实行志愿服务时长和信用积分双倍奖励。二是政府设立专门的激励资金，为表彰先进、激励后进，发放不同等级的信用激励奖品，进一步提高“巧厨娘”服务热情。三是利用乡风民俗推广传播。村里定期举行针对“巧厨娘”志愿者的表彰典礼和厨艺大赛，由亲属为志愿者颁奖，营造“一人得奖全家光荣”的获得感和荣誉感。这样，参与“暖心食堂”志愿服务，不仅得到了党政部门表彰、志愿组织激励，而且获得了乡里乡亲的赞赏和尊重，推动形成了踊跃参与、争先奉献的社会风尚。

（四）在治理效果上，要坚持弘扬中华优秀传统文化，不断提升社会文明水平

“暖心食堂”传承了中国传统的孝道文化和志愿服务的奉献精神，

弘扬了中华优秀传统文化。一是"暖心食堂"弘扬了中华民族敬老爱老的传统美德。敬老爱老是中国传统美德，更是习近平总书记殷切的嘱托。荣成市"暖心食堂"自创办以来，对乡村文明的传播、乡村友善互助的推广，起到了非常积极的作用。乡村妇女做"巧厨娘"志愿者时热情服务村中老人，完成志愿服务后又将这种优良之风带回了家，更加体贴关爱家中老人，家庭关系更加和睦友善。她们的子女受到这种风气影响，也更加主动地尊敬老人、关心老人。通过"暖心食堂"的志愿服务，敬老爱老的中华传统美德，传承下来、发扬光大。二是"暖心食堂"成为文明风气的汇集地。习近平总书记指出："志愿服务是社会文明进步的重要标志。"[①]随着文明实践志愿服务在荣成市全面推广和深化，全市各项重大重点工作中，都少不了志愿者参与的身影。在推进环境整治、户户通、污水处理、厕所改造等民生工程中，志愿者成为开展工作的中坚力量。在文明实践的滋养下，荣成市的社会风气文明向上，人们的道德素养明显提升。"暖心食堂"带动了一种新的社会风尚的形成，是对社会主义核心价值观最好的阐释，是对中华优秀传统文化中互帮互助、敬老爱老观念的又一次升华。

思考题

1. "暖心食堂"在建设过程中如何与基层治理相结合，产生"一石激起千层浪"的效果？
2. "暖心食堂"对推进基层社会治理具有怎样的启示意义？

① 《习近平书信选集》第1卷，中央文献出版社2022年版，第231页。

以志愿服务推进精致城市精神文明建设高质量发展

——威海长城爱心大本营的探索实践*

【引言】精致城市作为威海市城市发展的方向，是习近平总书记于2018年6月视察威海期间提出的。打造精致城市既是建设现代化高品质城市的重要遵循，也是城市高质量发展的重要内容。党的二十大报告强调，中国式现代化是物质文明和精神文明相协调的现代化，明确了精神文明建设在中国式现代化进程中的重要意义。习近平总书记明确指出，志愿服务是社会文明进步的重要标志。全面建成社会主义现代化强国需要志愿服务同向同行，推进志愿服务现代化是全面建设社会主义现代化国家的题中应有之义。威海向精致城市方向发展，提升城市品质，改善居民生活环境和质量，推进城市精神文明建设高质量发展是其中不可或缺的组成部分，它也是一个城市良性发展并具备城市竞争力的核心要义。实践证明，推进志愿服务现代化成为深化城市精神文明建设的有效路径，是推进精致城市高

---

* 本案例由中共威海市委党校（威海行政学院）科社教研部副教授贺喜焱担任执笔人；课题参与人为中共威海市委党校（威海行政学院）科社教研部副主任、副教授隋书卿，中共威海市委党校（威海行政学院）科社教研部副教授徐丽卿，威海长城爱心大本营创始人刘长城。

质量发展的必要条件。

【摘要】文明是现代化国家的显著标志。加强精神文明建设，提高全社会文明程度，是全面建设现代化国家的重大任务，是促进人的全面发展的必然要求。威海市一直以来致力于物质文明和精神文明均衡发展、相互促进，在原有生态宜居的基础上，倾力打造“君子之风·美德威海”的人文环境，围绕扮靓城市“面子”和做足“里子”，全面推进精致城市建设高质量发展。威海长城爱心大本营（以下简称长城爱心大本营）作为公益组织和社会自主力量的实践者，以“做一支能点亮更多蜡烛的蜡烛”的公益理念不断实践创新志愿服务模式，以实际行动传递了社会正能量和勇于担当的社会责任感，不断发展壮大公益组织规模，在全国具有一定知名度和社会影响力。长城爱心大本营于2019年被国务院残疾人工作委员会表彰为“全国助残先进集体”，2023年被中国助残志愿者协会确定为全国阳光助残志愿服务基地；长城爱心大本营创始人刘长城作为首届全国文明家庭的代表、第六届全国道德模范和“全国助残先进集体”的代表，先后3次受到习近平总书记的亲切会见。针对我国公益事业起步较晚、发展积累不足，以及民众的公益观念和志愿精神还有待进一步提升的现状来说，长城爱心大本营的实践探索为我国志愿服务公益事业发展提供了一个值得参考的范例，同时也成为志愿服务推进精致城市精神文明建设高质量发展的一条有效路径。

【关键词】志愿服务模式　公益理念　精致城市　精神文明建设　高质量发展

一、背景情况

（一）志愿服务是社会文明进步的重要标志

1. 中国式现代化需要志愿服务同向同行

党的二十大报告指出：“从现在起，中国共产党的中心任务就是团结带领全国各族人民全面建成社会主义现代化强国、实现第二个百年奋斗目标，以中国式现代化全面推进中华民族伟大复兴。”[①]并且，该报告明确了中国式现代化是物质文明和精神文明相协调的现代化，指明了精神文明建设在中国式现代化进程中的重要意义。习近平总书记在2019年考察天津市社区志愿服务时强调：“志愿者事业要同‘两个一百年’奋斗目标、同建设社会主义现代化国家同行。”[②]这表明了全面建设社会主义现代化国家需要志愿服务同向同行，为以志愿服务推进精神文明建设高质量发展提出了重大的时代命题。

2. 志愿服务是推进精神文明建设高质量发展的必要条件

志愿服务是人类文明发展到一定阶段的产物，是现代文明社会的重要标志，是人类高贵品质的一种展现，是联结人与人之间互信互爱关系的一条纽带，是群众性精神文明创建活动的有机组成部分，是现代化高品质城市建设的重要遵循。2013年，习近平总书记明确指出：“实现我们的发展目标，不仅要在物质上强大起来，而且要在精神上强大起来。”[③]我们既要有“仓廪实衣食足”的物质生活，还要有“知礼节知荣辱”的社会风气。实践证明，志愿服务、爱心奉献能够有效地提升公民的社会责任感，积聚社会资本，促进公民的全面发展，实现国家的长治久安。党的十八大以来，习近平总书记对弘扬雷锋精神、发展志愿服务事业作出一系列重要指示，肯定了志愿者、志愿服务组织、志愿服务工作者为他人送温暖、为社会作贡献的社会实践，认为志愿服务充分彰显了理想信念、爱心善意、责任担当，是人民有信仰、国家有力量、民族有希望的生动体现。2019年7月，习近平在致中国志愿

---

① 习近平：《高举中国特色社会主义伟大旗帜 为全面建设社会主义现代化国家而团结奋斗——在中国共产党第二十次全国代表大会上的报告》，人民出版社2022年版，第21页。

② 转引自民政部编写组：《深入学习习近平关于民政工作的重要论述》，人民出版社2023年版，第129页。

③ 《习近平谈治国理政》，外文出版社2014年版，第46页。

服务联合会第二届会员代表大会的贺信中提出殷切希望："广大志愿者、志愿服务组织、志愿服务工作者立足新时代、展现新作为，弘扬奉献、友爱、互助、进步的志愿精神，继续以实际行动书写新时代的雷锋故事。"[①]"志愿服务组织是以开展志愿服务为宗旨的非营利性社会组织，志愿服务组织的发育程度是衡量一个国家社会活力的重要尺度。"[②]公民道德品质养成、全社会文明水平提升是一个系统工程，新时代新征程，需要更多志愿服务组织参与进来，以践行社会主义核心价值观为基本遵循，以弘扬志愿精神、奉献国家社会为根本宗旨，助力城市精神文明建设高质量发展。

（二）威海精致城市建设的精神文明底蕴

威海一直以来致力于物质文明和精神文明均衡发展、相互促进，在原有生态宜居的基础上，坚持不忘本来、面向未来，不断厚植城市精神，提升城市能级和城市影响力。

1. 不忘本来

威海三面环海，因海而生，依海而兴，在历史长河中，一代代威海人在生产生活实践中逐渐形成与中华优秀传统基因一脉相承的精神：搏击风浪讲合作，耕海牧渔讲信义，抗击倭寇、保家卫国讲忠勇，对待亲朋、对待社会讲仁爱、讲谦恭。这种精神正是中华优秀传统文化中君子文化的特质显现。

2014年"君子之风·美德威海"建设启动，它具有威海特点，拥有群众心理基础，同时也找到了新时代社会主义核心价值观与中华优秀传统文化融通对接的契合点，成为威海人的城市精神文明的准确表达。它既对应了中华民族自古以来乐善好施、济危扶困的传统美德，同时又与基于公民社会责任意识的现代城市文化精神契合，为威海公

① 《习近平书信选集》第1卷，中央文献出版社2022年版，第231页。

② 顾朝曦：《发展志愿服务组织　壮大志愿服务事业》，《求是》2016年第18期。

益事业的推进提供了良好的公益生态环境。它对增强公民意识与担负社会责任相结合，树立社会主义公益精神，树立奉献友爱、关爱他人和社会的理念，具有强大的引导力量。

2.面向未来

从2018年6月习近平总书记提出威海要向精致城市方向发展以来，威海致力于打造精致城市。经山东省人大常委会批准，《威海市精致城市建设条例》于2020年11月1日开始施行，以人民为中心、引导社会各界有序参与精致城市建设的理念贯穿全篇，着力构建共商共建共享的精致城市建设格局，成为威海建设现代化高品质城市的重要遵循。精致城市不仅要有美好的外形，还必须有高道德素养的人。人的素养在很大程度上决定着城市品位，成为城市文明的灵魂。因此，威海精致城市建设在聚焦城市硬件设施的同时，还注重培养高素质市民。《威海市精致城市建设条例》第73条中明确了志愿服务的建设条款："鼓励和支持建立参与精致城市建设的志愿服务组织，拓宽志愿服务范围，开展多样性志愿服务活动。志愿者参加志愿服务活动的，所在单位应当给予支持。"《威海市精致城市建设条例》不仅延续了君子文化的优秀传统，也以更宽广的发展视角拓展了前期"君子之风·美德威海"的建设内容；不仅深化了对精神文明建设的认识，更体现了既要扮靓城市"面子"也要做足"里子"的决心，表达了对城市品质发展的更高要求。

（三）志愿服务的威海实践

通过落实推进，威海的精神文明建设取得实效。截至2024年3月，威海实名注册志愿者达85.2万人，其中，长城爱心大本营的创始人刘长城和他的志愿服务团队在全国具有一定知名度和影响力。长城爱心大本营于2019年被国务院残疾人工作委员会表彰为"全国助残先进集体"，2023年被中国助残志愿者协会确定为全国阳光助残志愿服务基地；长城爱心大本营的"双自"之门"8+1"公益助残系统项目于2020

年被表彰为全国学雷锋志愿服务“四个100”先进典型，2023年获评山东省“五为”文明实践志愿服务金奖项目；刘长城于2021年被表彰为“全国助残工作先进个人”，2023年被表彰为“山东省先进工作者”。

长城爱心大本营作为志愿服务公益组织以实际行动传递了勇于担当的社会正能量和责任感，书写了“君子之风·美德威海”的新篇章，为精致城市精神文明建设的高质量发展不断注入活力。长城爱心大本营的志愿服务活动多次得到中央电视台《热线12》、新华社等栏目、媒体的宣传报道；2016年12月—2019年5月，刘长城作为首届全国文明家庭的代表、第六届全国道德模范和“全国助残先进集体”的代表，先后3次受到习近平总书记的亲切会见。长城爱心大本营在扶弱助残的公益道路上自始至终体现着公益精神，不断地进行艰辛探索、创新实践，这个案例值得我们认真剖析。

二、主要做法

（一）确立公益理念，推进志愿服务持续开展

长城爱心大本营创始人刘长城投入志愿服务的公益事业，与他的成长经历息息相关。在他12岁时父亲突然离世，周围乡亲们给予他无私的照顾，让他感受到人间温暖，他下定决心：这辈子一定要做个好人，也给别人送去温暖。第一次助残是在1992年的国际盲人节，出于好奇，刚参加工作的他走进了一家盲人推拿店，了解到几位盲人师傅来威海不久，推拿店的生意难以为继，于是他把用来买电视机的300块钱留给了几位盲人师傅，此后还经常来推拿店帮忙。刘长城就这样开始了自己志愿服务的公益事业，他将推拿店“孵化”至9家店，帮助了更多残疾人就业。

在刘长城的影响下，他的家人、朋友以及曾经受过他帮助的人也逐渐参与进来，出力、出钱做公益。2008年，长城爱心大本营注册，

属民政部门登记注册的民非公益组织。根据团队的志愿服务成长过程，长城爱心大本营将“做一支能点亮更多蜡烛的蜡烛”作为团队的公益理念，用自己的公益行动影响他人也参与到志愿公益服务中来，提升人们的公益参与意识，提升社会责任感，用实际行动表达爱、传播爱。长城爱心大本营一直致力于志愿服务，逐步成长为一个以党建为引领，专业人员参与的志愿服务的科学规范组织。

（二）打造“一个中心，九个基地”，推动志愿服务规模壮大

截至2023年底，长城爱心大本营有“一个中心，九个基地”，有登记注册志愿者近8万名，爱心企业60余家；常态化、制度化、品牌化运作品牌志愿服务项目20余项；累计组织开展大型志愿服务、精准扶残助残活动1360余项，为助力乡村振兴、携手残疾人实现共同富裕发挥了模范作用。

威海市有5个基地：一是翠竹基地，以助残为主，通过项目培训实现残疾人就业创收和脱贫；二是张村基地，以“幸福家园”项目为主，主要对环翠区内的外来务工人员子女、留守儿童、贫困家庭子女、残疾人子女等，免费进行道德素养、文明礼仪等方面的成长教育、课程辅导、特长培养和心理辅导等；三是嵩山基地，其作为山东省中日韩残疾人文化艺术作品交流中心，是由中国残联、山东省残联牵头打造的全国首个残疾人作品聚集地；四是文登基地，设有“轮椅上的画家梦”和“轮椅上的电商梦”扶贫助残项目室；五是威海希望之家，即“8+1”基地，这里形成了全国首个全方位系统助残“脱贫+康复”体系。山东省内、威海市外有3个基地：一是枣庄基地，是威海、枣庄两市扶贫协作项目，以残疾人需求为导向，通过成熟的品牌项目经验异地孵化，帮助枣庄建档的贫困残疾人走出家庭，融入社会；二是济南大学城基地，旨在通过与学校开展深入合作，结合大学城实际进行志愿服务项目创新和孵化，影响和带动更多的青年志愿者参与到志愿服务、公益事业中来，

让新时代文明实践活动的种子开遍齐鲁；三是台儿庄基地，设有电商培训室、油画培训室、盲人按摩培训室、项目发展成果展示区等，主要针对台儿庄区肢残者和盲人开展精准助残服务。山东省外有1个基地：辽宁喀左基地，设有紫砂壶制作区、紫砂系列艺术品展示区、电商培训区等多个功能区。通过制作紫砂陶瓷、复制推广长城爱心大本营成熟的助残项目，教授残障朋友紫砂壶生产技艺、电商技能等。

（三）完善志愿服务组织机制，保障志愿服务高效开展

长城爱心大本营在各项志愿服务工作中，积极贯彻落实国家、省、市志愿服务相关政策，以“用行动表达爱、让爱温暖世界”为组织宗旨，将公益助残、脱贫攻坚、乡村振兴、精致城市建设等融为一体，并根据威海市政府制定的关于志愿服务行政管理、财务运营，以及专业人才培养、评价和激励等多方面的规章制度，出台了《长城爱心大本营专职志愿者工作绩效考核办法》《长城爱心大本营关于志愿服务实施、监管、评估办法》等，不断完善了党员志愿服务的相关规章、制度和准则。

长城爱心大本营从一开始就规范管理，以保障志愿服务的规范化和参与社会治理的有效性。其规范运行的保障主要有三个方面：第一，设立理事会作为组织的决策机构。理事由举办者（包括出资者）、职工代表（由全体职工推举产生）推选产生。理事每届任期3年，任期届满，可以连选连任。理事会责权明确，包括设置内部机构，编制内部管理制度、业务活动计划、年度财务预算决算方案，确定从业人员的工资报酬等。第二，设立监事会。监事会有效保障了公益组织及活动的规范运行，监事会成员在举办者（包括出资者）、本组织从业人员或有关单位推荐的人员中产生或更换。监事会中的从业人员代表由本单位从业人员民主选举产生。本单位理事及财务负责人，不得兼任监事。监事会行使的职权包括检查本单位财务，对本单位理事、主任等违反法

律、法规或章程的行为进行监督。第三，制定资产管理使用原则及劳动用工制度。以制度规定，经费必须用于章程规定的业务范围和事业的发展，盈余不得分红，并且执行国家规定的会计制度，依法进行会计核算，建立健全内部会计监督制度，保证会计资料合法、真实、准确、完整。接受税务、会计主管部门依法实施的税务监督和会计监督。组织内部配备具有专业资格的会计人员。会计不得兼任出纳。会计人员调动工作或离职时，必须与接管人员办清交接手续。

（四）积极开展常态化志愿服务，不断创新服务模式

1.常态化志愿服务

长城爱心大本营以政府倡导为导向，以社会需求为服务目标，以“关爱他人、关爱社会、关爱自然”为中心，积极开展常态化志愿服务，在扶贫济困、助老助学、关爱农民工、邻里守望、社区服务、文明引领、道德教育、环境保护、残疾人生活与就业等多个公益领域开展了富有成效的志愿实践活动。根据2022年山东省精神文明建设委员会印发的《关于深化“五为”文明实践志愿服务的实施方案》聚焦“五为”服务，长城爱心大本营结合原有服务项目，从“为老、为小、为困难群体、为需要心理疏导和情感慰藉群体、为社会公共需要服务”五个方面，更新拓展志愿服务。

（1）关爱他人

从2012年开始，长城爱心大本营开展“我是你的眼睛——送盲人朋友回家过年”活动，截至2024年6月，已护送盲人返乡过年720余人次，行程近10万公里。全国各地的志愿者，心手相连，爱心接力，扶残助残的爱心火炬绵延大半个中国，圆了盲人朋友的“回家过年梦”。

长城爱心大本营还先后组织1000余名残障人士出游观光；为孤独症儿童送去康复用的书籍500余册、运动器械200余件；为留守儿童、困难家庭学生送去学习用具、衣服530余套；为农民工子女募集图书4.5

万余册；组织志愿者累计为200余名留守儿童开展课业辅导、亲情陪伴活动；每年春节前夕，组织志愿者下乡为空巢老人、困难家庭送年货送温暖；常态化开展“今天我是你的眼睛”系列助盲活动，志愿者累计陪同280余位盲人逛超市、体验购物，帮助320余位盲人实现了“看”电影愿望，先后10余次组织盲人体验田野采摘活动。

（2）关爱社会

长城爱心大本营充分发挥社会组织方式灵活、措施精准的优势，依托分布在各区域的广大志愿者队伍及爱心企业，对社区进行“拉网式”调查摸底，灵活采取志愿者“点对点”一对一帮扶、志愿者“点对面”一对多帮扶、爱心企业整体帮扶等各种形式，对全市建档立卡的贫困残疾人实施精准帮扶。志愿者定期到贫困残疾人家里进行走访，了解具体情况，根据残疾程度，对有一定劳动能力的残疾人，就近推荐他们到爱心企业就业，或者帮助他们通过学习理发、礼品盒组装、针织品缝纫、洗车等技能实现脱贫增收；对基本丧失劳动能力的残疾人，主要通过定期帮扶、捐助款物，帮助其家庭缓解生活困难。对于特殊残疾人困难家庭，由联系人将详细情况及时反馈到长城爱心大本营本部，由本部制定帮扶办法，实行针对性的重点帮扶。长城爱心大本营组织志愿者、爱心企业先后与5000多名建档立卡的贫困残疾人结成帮扶对子，因户、因人施策，对社区困难群众实行网格化管理，提供个性化立体式精准服务，建立起长效帮扶机制。

每年学雷锋纪念日、志愿者日，长城爱心大本营都会开展“学雷锋·便民服务进社区”公益活动，为社区居民提供义诊、义务理发、法律救助等形式多样的服务，为社区居民提供便利。成立了残疾人志愿服务队，为社区居民提供盲人按摩、残疾人磨刀、残疾人皮具护理等服务，使残障朋友在接受社会帮助的同时把自身的爱传递出去。

（3）关爱自然

2008年以来，在有关部门的大力支持下，长城爱心大本营组织开展了“我为威海造片林”植树、“关爱千里海岸”海洋垃圾清理、“绿动威海·环保健身行”健身环保等系列主题环保公益活动80余次，累计10余万人次参与，为威海绿色生态之城的建设贡献了力量。

2.创新助残志愿服务“三部曲”

残障社会公益服务具有特殊困难性，很多残障人士在受到帮扶后，经过一段时间又开始返贫、返困。由于身心障碍的限制及事实上存在的社会排斥环境，残障人士所遭遇的困境颇具复杂性。残障服务对象的问题与需求往往不是单一的，生理康复、心理调适、关系重构、环境适应、能力增进、权利赋予等均是他们亟须的服务。为了让他们从根本上摆脱贫困，过上有尊严、有希望的生活，长城爱心大本营变“输血型”传统帮扶为“造血型”助残扶贫，创新助残“三部曲”：先扶志——建立自信，再扶智——技能培训，后扶贫——就业致富。

（1）先扶志——建立自信

长城爱心大本营组织志愿者陪同残疾人朋友游览名胜、乘坐高铁、到超市购物、到郊区采摘、参加婚姻配对活动，陪盲人到电影院“看电影”。通过与社会不断接触，受帮扶的残疾人朋友渐渐地放下了思想包袱，性格也变得开朗，愿意向志愿者及其他残疾人朋友打开心扉，对长城爱心大本营产生了信任，对自己也树立起了信心。由此，完成了“扶志”。

（2）再扶智——技能培训

2015年，长城爱心大本营推出了“轮椅上的画家梦”助残脱贫项目，开始了扶智与扶贫。专程从北京请来绘画艺术导师，教残疾人朋友利用泡沫、画刀、画笔等工具进行创作，有的残疾学员一个月就能“出师”。画作完成后，长城爱心大本营将残疾人朋友的作品带到各级绘画比赛上，并通过网络销售为他们获取收入。王刚（化名）就是“轮椅上的画家梦”的受益者之一，他因车祸失去了右腿，一度万念俱灰。经过“轮椅上的画家梦”项目培训，他在绘画中重新找到了生活的真谛，拥有了自己的油画培训工作室，不仅油画作品销往国内外，还帮助了更多残疾人朋友自力更生。

（3）后扶贫——就业致富

长城爱心大本营借助“互联网+”开启精准扶贫公益模式，走上智慧公益的道路。2018年，长城爱心大本营在环翠区嵩山街道打造了山东省首个残疾人文化艺术交流中心。通过这个平台，残疾人文化艺术作品销往全国。同一年，长城爱心大本营喀左基地成立，其通过喀左紫砂壶工艺师开展的线上线下培训，让威海的残疾人学习掌握紫砂壶的制作技术，实现“在家就业”、网上销售。

3.“8+1”：创新助残志愿服务项目

2019年12月，“希望之家——‘双自’之门‘8+1’”助残志愿服务项目正式启动。这个项目在多年扶残助残经验基础上，通过问卷调查、实地调研，根据残疾人的所想所需，探索出接地气、真适用、一站式、集成化的国内首个全方位系统助残“脱贫+康复+辅助就业”培训模式。这个项目于2020年获评全国学雷锋志愿服务“四个100”最佳志愿服务项目，并于2023年山东省“五为”文明实践志愿服务项目大赛中荣获金奖。

“8+1”模式中，“8”是指8个不同的功能区域，包括心理疏导、康复治疗、轮椅起居自理训练、医疗医务自理训练、创业项目培训、浴室洗浴自理训练、轮椅大小便自理训练、轮椅无障碍厨房操作训练等。“1”是指受助者在参加了8个全方位助残体系培训之后，能够积极参与社会公益，关心、帮助其他人。

具体来看，一是“心理疏导”区，有专业的医学志愿者进行有针对性的心理疏导，唤醒心理的希望；二是“康复治疗”区，有专业的志愿者应用治疗器械帮助进行康复训练，唤醒身体的希望；三是“轮椅起居自理训练”区，主要针对截瘫的残疾人上下床所需翻身、起身等能力进行训练，保障其回家后可以自理而不需要其他人帮助；四是“医疗医务自理训练”区，主要训练截瘫的残疾人进行基本的医疗医务自理，如清理导尿管等；五是“创业项目培训”区，在这里可以学习一些创收技能，从而在经济上有所补贴；六是“浴室洗浴自理训练”区，七是“轮椅大小便自理训练”区，这两个区可以帮助残疾人应用装修好的卫生间特殊设施，完成大小便自理、自己洗浴，基本达到生活自理；八是“轮椅无障碍厨房操作训练”区，这个区开展培训所用的厨房设施都根据轮椅的特殊性进行过改造，方便残疾人进行无障碍厨房操作。只要通过一个区的培训训练，就会盖章发证以资鼓励，能够让残疾人更有信心地进入下一项训练。

“双自”之门“8+1”助残志愿服务项目自开始运作至2023年9月，累计组织开展精准扶残助残志愿服务活动240余次，帮助1780余名残疾人解决家庭实际困难，影响和带动930多名残疾人通过技能提升实现人均月收入超过3000元，为助力乡村振兴、携手残疾人实现共同富裕发挥了模范作用。该项目受到了包括新华社、中央电视台、“学习强国”、《中国扶贫》杂志以及人民网、新华网等在内的多家主流媒体平台的关注和持续报道。中央电视台社会与法频道曾就该项目进行过长达1个小时的网络直播，吸引了超过100万人次的点赞支持，取得了良好的社会反响。

三、经验启示

随着精致城市建设的不断推进，威海作为全国文明城市，以社会主义核心价值体系建设为根本，以全面深化公民思想道德建设为抓手，深入推进“四德”工程，持续擦亮“君子之风·美德威海”的闪亮品牌。截至2023年底，全市先后获评国家和省级道德模范23人、国家和省级道德模范提名奖53人，获评市级道德模范262人、市级道德模范提名奖319人；入选“中国好人榜”80人，入选“山东好人榜”490人，评出“威海好人”1100人，涌现出“厚德环翠”“仁孝文登”“诚信荣成”“母爱乳山”等道德文化品牌。传播真善美、传递正能量已经成为威海的时代坐标，不断涌现的道德模范、身边好人、最美志愿者，感召着更多人自觉学习和践行道德典型的崇高品质与模范行为，彰显出城市的温度，也托举起文明的高度，为加快建设“精致城市·幸福威海”提供源源不断的道德滋养和生生不息的精神力量。其中，长城爱心大本营已成长为威海市人数最多、影响力最大的以志愿服务为主导的公益组织，不仅用实际行动传递了社会正能量和勇于担当的社会责任感，还积极参与公益组织的经验交流活动，将自己的创新志愿服务模式无私分享、广泛传播，形成了自己的一套做法和经验。新时代新征程，对于推进志愿服务现代化、不断深化城市精神文明建设、推进精致城市高质量发展，长城爱心大本营提供了可借鉴的经验样板。

（一）志愿服务现代化的核心：志愿者的现代化

习近平总书记在2013年中央城镇化工作会议上强调，“现代化的本质是人的现代化”[①]。只有实现了人的现代化，才能算真正意义上的现代化。中国式现代化是物质文明和精神文明相协调的现代化，威海向精致城市方向发展，提升城市品质，需要硬实力和软实力的同步协调，而志愿服务是社会文明进步的重要标志，是推进城市精神文明建设高质量发展的必要因素。新时代新征程，需要推进志愿服务的现代化，其核心在于作为志愿服务主体的志愿者的现代化。志愿者现代化是志愿者自身现代公民意识全面确立、志愿服务理念与时俱进和素质能力全面提升的过程。在这个过程中，志愿者的服务理念和服务能力要与时俱进、与社会需求相适应，志愿服务由被动转向主动，个人对国家和社会应尽的责任义务同自身应享有的基本权利实现有机统一。

1. 志愿服务理念现代化

思想是行动的先导，志愿服务现代化首先要求树立正确的志愿服

① 《习近平关于城市工作论述摘编》，中央文献出版社2023年版，第98页。

务理念，以此促进志愿服务活动的深入开展。长城爱心大本营在志愿服务实践中逐渐塑造了“做一支能点亮更多蜡烛的蜡烛”的志愿服务理念，用自己的实际行动影响更多的人参与到志愿服务事业中来，使得团队规模持续扩大，并且还就自己的志愿服务模式经验与其他团队分享交流。这使得志愿服务不仅体现了奉献、友爱、互助、进步的志愿精神，还体现了责任、尊重与理解；也不再是志愿者单向度的施与，更是志愿者与服务对象的“双向奔赴”；同时，还将扶贫济困、扶残济弱与扶志、扶智相结合，“8+1”等助残志愿服务项目以“先扶志——建立自信，再扶智——技能培训，后扶贫——就业致富”的创新模式，开展“造血型”助残扶贫，不仅着眼于活动的现时性，更强调了志愿服务的可持续性。

2. 志愿服务能力现代化

现代化社会是一个分工更细、社会协作更加紧密的社会，就志愿服务而言，人们对它的需求也更加多元化、专业化。推动志愿服务专业化的关键在于实现志愿者素质能力的专业化。长城爱心大本营一方面广泛吸纳人才参与到志愿服务中来，并不断强化志愿者队伍的素质与能力建设，加强以专业化为导向的志愿服务培训工作，实现存量志愿者素质能力提升；另一方面积极与其他群团组织、企事业单位、基层群众性自治组织等合作，推动志愿服务专业化发展。比如，拓展“伙伴计划”示范项目，与山东大学（威海）、哈尔滨工业大学（威海）、山东药品食品职业学院、威海职业学院等高校的志愿者团队开展合作，从而不断提升自身的志愿服务能力。

（二）志愿服务现代化的关键：志愿服务组织的现代化

威海着力推进精致城市建设的过程，就是逐步建成面向中国式现代化的高质量发展城市的过程，高质量发展的最终目的就是使人民有获得感、幸福感、安全感，这就需要有与之相匹配的组织制度、组织体系的现代化。党的二十大报告明确提出，要提高全社会文明程度，完善志愿服务制度和工作体系。志愿服务组织是志愿服务活动开展的依托，也是党和政府推动志愿服务发展的着力点。志愿服务组织要实现志愿服务现代化，首先离不开政府的积极引导与帮扶，在政策和资金上的支持——支持其规模化、规范化发展。同时，志愿服务组织需要通过不断完善组织制度安排、组织服务运行模式，努力使组织管理、组织活动同现代化要求相适应。其中，推动志愿服务组织的现代化是关键。

1.组织制度不断完善

志愿者作为服务团队的主体所具有的多元化和复杂性，使得志愿服务组织只有在内部形成高效有序的制度保障才能提供更好的志愿服务。长城爱心大本营在财务运营，以及专业人才培养、评价和激励等多方面出台规章制度，通过建立健全各项管理制度，把志愿服务组织的各项事务纳入制度化、规范化管理的轨道。

2.组织活动内容与时俱进同向发力

志愿服务的高质量发展需要与社会需求、国家发展方向保持一致，同向发力。长城爱心大本营在确定志愿服务的具体内容时，与政府统一规划保持一致，并密切关注人民群众的实际需求。比如，“五为”文明实践志愿服务是山东省当前和今后一个时期社会民生工作的重中之重，长城爱心大本营聚焦“五为”服务，策划主题性志愿服务项目和服务清单，为志愿服务现代化提质增效。

3.组织服务模式不断创新

目前，社会志愿服务组织作为推动志愿服务发展的重要力量，还是面临一些问题，如组织规模小、队伍不稳定、造血功能弱、管理不规范、社会影响小等。只有不断创新志愿服务模式，才能提升志愿服务组织的服务生命力和造血功能，进而提高志愿服务组织的社会影响力，推进志愿服务组织的正向发展。

（1）常态志愿服务与特色志愿服务相结合

长城爱心大本营在建立之初就开始探索实践服务模式，力求突破传统公益束缚。传统志愿服务是一种给予式的帮扶形式，虽能解一时之困，却无法让帮扶对象从根本上摆脱贫困。为了规避传统公益的“一次性”效应，一方面，长城爱心大本营逐渐将开展学雷锋志愿服务活动常态化、项目化；另一方面，伴随着国家政策的不断完善、科学技术的不断进步，在原有模式经验基础上，不断注入“新鲜血液”，开创以社会专业人士为主体的扶弱助残培训模式，应用“互联网+”尝试公益孵化、公益创投、公益营销各种帮扶服务模式，并根据威海自身的区域特色，不断尝试开创新模式。

（2）创新助残志愿服务模式

针对具有特殊困难性的残障社会公益服务，长城爱心大本营变“输血型”传统帮扶为“造血型”助残扶贫，创新助残“三部曲”，并且在志愿服务实践中不断总结、提炼经验做法，成功打造“双自”之门“8+1”助残公益项目。该项目作为全国首创的全方位系统助残“脱贫+康复”体系，不仅让残疾人及其家庭实现了自立、自信、自强，而且提升了长城爱心大本营自身的生命力和影响力。

思考题

1. 志愿服务在精致城市精神文明建设高质量发展中发挥着什么样的作用？
2. 长城爱心大本营的志愿服务实践探索对中国发展志愿服务组织、加强志愿服务和公益组织事业建设有哪些启示？
3. 为实现国家治理现代化，社会志愿服务组织在社会治理中能发挥什么样的作用？
4. 政府在社会志愿服务组织的扶持培育上怎样加大力度？又可以采取哪些措施强化规范引导、加强组织保障？

一任接着一任干　守得一方百姓安

——威海市环翠区东北村社区的共建共治共享之路 *

【引言】党的二十大报告指出："健全共建共治共享的社会治理制度，提升社会治理效能"，"建设人人有责、人人尽责、人人享有的社会治理共同体"。①

【摘要】完善社会治理体系、提升社会治理效能是改善城市生活品质、提高人民幸福感的重要途径，也是精致城市建设的重要一环。社会治理的最重要单元是社区，实现社区治理的共建共治共享至关重要。社区共建，是指鼓励和引导辖区企事业单位、社会组织、居民共同参与社区建设；社区共治，是指社区治理人人参与、人人尽责；社区共享，是指社区群众共同享有治理成果。东北村社区（为便于行文，文中有时简称为东北村）自建立以来，先后四任社区党总支书记、居委会主任，联合辖区各企事业单位开展社区建设，引入社会组织，发动社区居民协商民主，形成了共建共

* 本案例由中共威海市委党校（威海行政学院）行政学教研部教师张远娜、杨鹏飞、李建勇撰写。

① 习近平：《高举中国特色社会主义伟大旗帜　为全面建设社会主义现代化国家而团结奋斗——在中国共产党第二十次全国代表大会上的报告》，人民出版社2022年版，第54页。

治共享的社区治理新局面。

第一任党总支书记、居委会主任张玉秀是东北村社区建设的奠基者，借力辖区内各类机构资源，使东北村社区从没地（办公场所）、没钱、没人，发展到拥有2300平方米的社区党群服务中心大楼，成为当前威海市唯一有自主产业的社区，并初步形成“五联一促”工作模式。第二任党总支书记梁晓莲在“五联一促”工作模式的基础上形成了“社区党建联抓、基础设施联建、公益事业联办、文化事业联兴、社会治安联防”的“五联共建”模式，社区治理再创新成就。第三任党总支书记马燕继承了“五联共建”模式，又借力社会组织，拓展创新了“五社联动”的治理模式，打开了“共治”的局面。第四任党总支书记戚丽丽继续传承前任的治理理念，结合新时代基层自治的大背景，提出民主协商自治模式，引导居民自己的事情自己议，自己的事情自己做，治理的成果大家享，形成了社区治理共建共治共享的新局面。

【关键词】社区治理　传承创新　共建共治共享

一、背景情况

东北村社区，隶属于威海市环翠区环翠楼街道。它既是威海历史最悠久、最具红色渊源、最具商业活力的小区，也是让社区治理者“挠头”的“问题”社区，成为城市发展中的一块“伤疤”。

一是居住环境不佳。社区基础设施老化较为严重，街面、楼体常有破损，电路、供水管网、气路管道等由于年久失修或磨损、老化，经常出现问题。街区缺乏规范的停车管理，长期被当作临时停车场。物业收费率低，物业管理跟不上。居民认为物业“只收钱不办事”，而物业认为居民“少交钱还要多办事”，二者矛盾由此产生。

二是商居矛盾突出，社区管理难度大。这个中心城区繁华商贸地带与老旧开放式居民区相互混杂的社区，流动人口比常住人口还多30%，0.35平方公里内有辖区企事业单位、个体工商户约1000家。商居混住、人员复杂、流动性大等因素导致管理服务难度很大。特别是社区的小吃一条街是20世纪90年代末建设的临时街区，街区两侧乱搭乱建、餐饮商户污水外溢、道路阻塞、噪声大等情况较为普遍，影响了周边居民的生活，导致小吃街内商户、居民矛盾重重。

三是居民归属感和认同感不高。居民参与社区治理的内生动力尚没有完全激发出来，对社区事务的关注度和参与度还有待提高。特别是随着属相街的改造完成，街区人口流动每天都是上万人次，由此带来的商家、业主、居民、游客等群体的问题日益凸显，商居之间交集少，对社区事务的参与度、认同感、归属感普遍较低，给社区治理带来了严峻考验。除了群众，社区党员参与治理的意识也比较欠缺，个别物业公司党员、业主党员不愿亮身份、担责任，把参与社区公共事务看作常规工作之外的负担。

二、主要做法

曾经的“烫手山芋”，现如今已然变为秩序井然、和谐友爱的温暖大家庭。走进东北村社区党群中心，荣誉墙上挂着34块奖牌，这只是社区所获荣誉中的一部分。东北村社区自1980年以来，共获得“全国先进基层群众性自治组织”“全国和谐邻里建设示范社区”“全国妇联基层组织建设示范社区”等国家级荣誉9个，“山东省最美志愿服务社区”“山东省绿色社区”等省级荣誉20个，市级荣誉38个，区级荣誉60个，其中“全国创建文明城市示范点”使威海市实现了创建文明示范社区的历史性突破。

本案例以时间为线索，呈现东北村社区从20世纪80年代至今，如何在历任社区党总支书记、居委会主任的带领下，探索出城市社区共建共治共享的治理之路。

（一）1983—2002年：顺势而为

1983年，东北村社区第一任党总支书记、居委会主任张玉秀拄着双拐来到了这里，一干就是整整20年。在东北村社区工作的头几年，她拄过拐、坐过轮椅，却取得了比常人更好的工作成绩。

20世纪80年代，资源普遍匮乏。当时的东北村社区只有几条狭窄、坑洼不平的土路，长年积水，是有名的“东北洼”，市民常常绕道走。东北村社区居委会全部的家当也只有两间房子、一张桌子和几十把凳子。

张玉秀到居委会后，先将工作重心放在搞活经济上。因为辖区有不少党政军企，她决定“联合”它们借力，这也是“五联一促”思路的源头。最初几年，她几乎每天都去这些党政军企登门造访，联络感情，争取发展资金和合作机会。正是在这个过程中，东北村社区逐渐形成了与辖区单位“思想工作联做、社会治安联防、公益事业联办、环境卫生联抓、文化活动联搞、经济工作互促”的“五联一促”工作模式。

东北村的改变首先从修路开始。为改造“东北洼”常年积水的土路，张玉秀找到了某部队，说服部队出资与社区共同修建辖区道路；回社区后，张玉秀发动居民分片挖下水管道，每家每户都下达任务。通过与部队联合共建，东北村的泥巴路终于变成了柏油路。

辖区大量妇女赋闲在家，为缓解她们的生活压力，张玉秀又想到了联合辖区企业。她找到一家进出口公司，希望通过该公司的进出口通道，将辖区妇女手工绣制的工艺品出口海外。在张玉秀的努力下，居委会和这家公司建立了长期合作关系，由此，20世纪80年代东北村每个妇女每月都能领到20多元工资。

20世纪90年代经济转型期，国企改革使得越来越多的企业职工下岗，张玉秀又想办法整合辖区资源创办社区服务点。她主动同城建单位、房管单位和居民进行沟通以联系房源，以承包经营和租赁的方式实施了餐饮、理发、照相、缝纫等服务项目，解决了60多名下岗职工再就业问题。这也发展了辖区的个体经济。东北村社区居委会在1985年共发展个体户8个，到1996年发展到23个。

为改变“摊、棚、亭”的“小打小闹”式小规模经济，张玉秀又有了大想法：与辖区单位联合办企业。先后成立了环翠楼服装厂、红十字工艺品厂、东北村建筑工程公司等，不仅解决了社区居民的生活困难，也为居委会充实了发展资金。1994年，居委会固定资产达160万元，实现利润30万元，缴纳税金5.71万元。

张玉秀在任期间，充分利用辖区的优势资源搞联合共建，陆续向辖区企事业单位筹资400余万元，投资建设了至今仍在使用的2300平方米社区服务中心，使东北村社区成为当前威海市唯一有自主产业的社区。这个坚实的经济基础正是在张玉秀“联合共建”的思路下积累起来的。当然，社区要发展的不只是经济，还有治安、卫生、文化等，但在张玉秀看来，都可以搞联合来共同建设，这也正是习近平总书记提出的社会治理共建共治共享格局中“共建”的充分体现。

社区治安方面，东北村成立居委会治保委员会，联合派出所、公安局进行综合治理。为方便与派出所民警共同维护社区治安，居委会将年收入2万多元的商铺收回，专门设立了“治安联防办公室”。发动居民配合公安局、派出所破案，盗窃案的破案率达到99%。

居委会与城里派出所成立了5人帮教小组，与问题青年定期谈心，帮助特殊居民解决生活困难。辖区有位劳改人员，刑满释放回来后已经60岁了，生活没保障，身体又有病，情绪非常低落，产生了轻生念头。帮教小组了解情况后，多次登门送温暖，先做通了思想工作，又替他跑规划局、住建局等部门，申请在他院内盖起一间12平方米的商铺对外出租，使他每月有房租收入500多元，解决了他的生活来源问题。

1997年，东北村社区居委会被中宣部命名为“全国创建文明城市示范点”，在全国10个重点宣传的文明城市示范点中居于第2位，这对东北村和威海市来说都是历史性突破。为了实现这一突破，东北村社区居委会费尽了心思。

1995年东北村开始创建全国文明城市示范点，因为辖区地处市中心繁华地带，创建全国文明城市示范点的难度很大，但张玉秀不怕，她又拿出了联合共建这一“良药”，成立了创建文明小区领导小组。她担任组长，聘请辖区内华联商厦、信用社、农机公司等十几家单位的主要领导为名誉组长，又请来工商局、公安局、住建局的领导为成员，利用3年时间推进文明小区建设的相关工作。

居委会首先对辖区所有单位、住户进行摸底，同时对活动进行广泛宣传，层层发动，让“创文明城市示范点”家喻户晓。然后精心组织各类活动，广泛吸引群众参与，引导群众在参与中形成文明行为。当时开展的活动有绿化美化、文明楼院评比、文明家庭评比等。居委会还聘请小区内身体好、责任心强的离退休人员组成文明督查队，对辖区单位和居民进行监督检查，让文明成为习惯。

创建文明城市示范点的3年，培养了居民参与社区共建的意识，大大激发了居民社区共治的积极性，也为东北村形成社区治理人人参与、人人尽责的良好局面打下了基础。

经过一番努力，东北村创建文明城市示范点的工作取得了优异成绩。1997年，东北村社区被中宣部确定为“全国创建文明城市示范点”；2000年，东北村社区居委会被山东省综合治理委员会评为“综合治理先进单位”；2002年，东北村社区被山东省民政厅、山东省原人事厅授予“山东省社区建设示范社区”称号；1999—2002年，东北村社区连续被山东省文明委授予“省级文明单位”称号。

（二）2003—2012年：借势而进

2003年1月1日，张玉秀退休，梁晓莲来到东北村社区任党总支书记、居委会主任，直到2012年11月，她在东北村度过了近10年的时间。她在张玉秀“五联一促”工作模式的基础上，提炼形成了“社区党建联抓、基础设施联建、公益事业联办、文化事业联兴、社会治安联防”的“五联共建”模式，由此共建共治共享格局中的“共建”得以真正实现。

梁晓莲继承张玉秀“联合”企业的工作思路，经常上门拜访辖区企业。企业遇到困难，梁晓莲都会主动帮忙。辖区新开一家大酒店，酒店初到威海拓展业务，人生地不熟，梁晓莲和居委会同事主动去酒店了解情况，帮助其办理营业执照，帮助其工作人员办理暂住户口证，因酒店年轻妇女多，还帮她们办理了育龄妇女准生证，节省了酒店及员工大量的时间和精力。酒店遇到招工难题，居委会整理了辖区新成长劳动力和下岗失业职工的资料，将他们介绍给酒店；后来酒店需要对300多名员工进行培训，一时找不到合适场地，居委会就把自己办公大楼里大大小小的会议室全部腾出来给酒店用；酒店筹备的前3个月，居委会帮其省了上万元资金。酒店非常感激居委会，主动提出帮扶社区里的贫困家庭。辖区企业直接帮扶到户，使社区的共建共治又推进了一步。

随着对辖区企业的了解不断深入，梁晓莲发现有些企业的劳资关系不是十分融洽，企业和企业之间也不算和谐。随着外来务工人员灵活性、流动性不断增强，企业员工的流失率逐年升高，给企业用工带来了很大压力。了解到这些情况后，梁晓莲积极协调环翠区总工会，在辖区所有企业全部建立工会的基础上，成立了东北村社区工会联合会，与企业工会签订了《东北村社区工会集体合同》，还在社区成立了一个义务用工职业介绍中心，在辖区企业之间免费平行转移员工，实现了区内劳动力资源共享，减少了企业间的恶性竞争。在辖区大大小小企业商户之间常有“金店推荐饭店，客房推荐药房”的事情，辖区企业与企业之间的关系融洽了很多。良好的就业氛围吸引了更多的外来务工人员充实到辖区企业中，增加了企业的人力资本。2008年，东北村社区被授予“全国社区商业示范社区”的荣誉称号。梁晓莲本人也因出色的工作获得过许多荣誉，曾获评“全国‘小巷总理’之星”。

由于居委会的积极主动服务，辖区越来越多的单位投入社区共建共治中。辖区的居民区都是老旧小区，基础设施严重老化，各类管道问题频出，居委会主动联系供水、供暖、供气相关部门，对问题管道进行维修或更换。为了最大限度地减少维修对居民生活的影响，居委会找到居民区周边的商家企业，希望它们能一起进行维修，避免重复施工给居民带来生活不便。因为居委会前期对辖区商家企业的积极服务，这些商家企业都非常痛快地答应了居委会的请求，积极配合辖区各项基础设施的改造，联合居民一起进行升级。

在东北村社区工作期间，梁晓莲不断思考如何更有效地做好社区工作。面对庞大复杂、情况各异的社区服务群体，单靠居民委员会工作人员的力量是远远不够的，必须学会巧妙借势，联合共治。2009年10月，东北村社区居委会召开了社区共建会议，环翠区领导、社区各家单位代表都来参加，共同探讨社区共建问题。会上辖区34家单位对居委会工作提出了意见和建议，居委会也提出要与辖区单位协商解决社区建设的有关问题。最后，居委会与各单位签订了《社区共建协议》，决定每季度召开一次由社区各单位参加的联席会议。从此，这34家共建单位都以社区成员的身份积极参与到社区事务中来，希望能为社区建设尽心尽力。这34家单位认领了救助卡、爱心卡，走访了34户困难家庭，帮助这些家庭解决了不少生活困难。另外，不少辖区商家捐款20259元，定向发放慰问金30420元，帮助45名下岗职工再就业。

居委会还整合辖区的医疗资源，与71251卫生院、燕喜堂医药连锁店、社区卫生服务站、金茂物业管理中心等单位联合，为社区患大病的困难户和15个残疾人家庭免费上门诊治、免费送药，免费提供身体保健、优生优育等基本检查服务，让更多的单位在社区共建中发挥自己的优势。

社区工作总会出现这样那样的难题，解决了辖区企业的问题，还有居民更大的难题——物业管理。

由于之前新旧物业公司衔接不及时，社区在长达2年的时间内都处于没有物业公司服务的“空窗期”。回想当时一团糟的小区环境，社区居民都记忆深刻：杂草疯长、垃圾成堆、蚊蝇乱飞、下水道频繁堵塞、污水横流。糟心的环境让居民怨声载道。

梁晓莲萌生了“共治”的想法，社区环境治理不能光靠居委会，得联合居民共同治理。她让居民自己投票选出业主委员会。她带着居委会的工作人员穿梭于威海的大街小巷，选取物业好的小区进行实地调研，了解物业公司的服务质量，把情况反馈给业主委员会。之后采取招标的形式让物业公司“竞争上岗”，由业主委员会作出选择。经过一番招投标，最终居民选择祥云物业公司接管社区物业并一直服务至今。

物业公司“上岗”后居委会趁热打铁，牵头物业公司、业主委员会、居民代表坐下来沟通协商；居民直接向物业公司提出明确需求及服务项目，制定服务标准并进行公示；物业公司接受全体居民的监督。经过一年的努力，东北村小区焕然一新。

整治社区环境的整个过程中，居委会只扮演了中介的角色，居民则发挥了决定和主导作用，这让居民意识到社区治理是大家的事情，“共治”的思想渐渐深入人心。

（三）2012—2017年：造势而起

2012年11月—2017年3月，马燕担任了4年多东北村社区党总支书记、居委会主任。承前启后的马燕在“五联共建”基础上与时俱进，拓展创新出“五社联动”的治理模式。

在国家对社会工作越来越重视的大背景下，社会工作越来越专业化，专业的社工、社会组织、社区志愿者随之涌现。马燕敏锐地捕捉到这些信息，积极联合社会力量，形成了社区、社工、社会组织、社区志愿者和社区单位共同参与社区治理的“五社联动”模式。

东北村社区利用自有办公大楼，建起全市第一家集残疾康复、公益课堂、心理咨询、老年活动等于一体的社区工作站，希望通过专业性的社工服务，满足不同居民的特殊需求。

为了让社区工作站更好地发挥作用，马燕想到了日渐成熟的社工、社会组织和社区志愿者，她积极寻找有相关专业背景的义工和社会组织加入社区工作站。另外，山东大学（威海）、中国人民解放军970医院（威海院区）等单位以及社会上有相关专业特长的义工得知东北村成立社区工作站后，主动和居委会联系，并且建立了长期合作关系。

社区工作站设立了个案辅导室、康复指导站、老年驿站等，并建立起专业社工坐班制度。社区工作站为社区内有需求的儿童、残疾人、孤寡老人等群体，提供九大系列无偿与有偿相结合的专业社会服务项目，减轻了政府的负担，也解决了不少社会问题。

如今，社区工作站拥有专业化社工12人，义工200余人。居民高兴地说：“有这么多懂行的人给我们义务服务，家里有事还有啥可发愁的？居委会真是住到我们心里了！”

除了社工和社会组织，居委会也发动起一大批社区志愿者。居委会根据社区服务发展的需要，组织社区中的闲散人员以及有一定劳动能力和特长的老年人等组成固定的居民志愿服务队，通过举办各类活动，让居民中各类人才都能发挥作用。居委会组织居民志愿服务队利用业余时间开展邻里互助活动，为提高居民参加志愿活动的积极性，还成立了志愿者协会和居民互助协会。

居委会还发动社区志愿者成立了星级服务监督团，由10名社区优秀楼长和党员共同组成，广泛参与社区环境整治、扶老助残、济贫助学、关爱儿童、医疗服务等方面的义务监督和志愿服务，大大提高了社区居民参与公益事业的积极性。

有了社会组织和社区志愿者的加入，社区单位也坐不住了。但各企事业单位日常工作繁忙，难以抽出时间参加社区活动，于是出资聘请了专业人员长年专门负责辖区的安全工作，对辖区机关单位、私营企业、个体商户的消防安全、食品安全等问题进行检查。

2013年12月，社区准备在向阳街安装一批健身器材，正值附近的苏宁广场建设施工。苏宁电器知道社区要安装健身器材的事情后，主动派人送来了水泥和沙子，免费为社区施工安装。此外，辖区晨光眼镜店的志愿者定期开展居民免费检查眼底活动。

在马燕的推动下，东北村社区形成了社区、社工、社会组织、社区志愿者和社区单位共同参与社区治理的“五社联动”模式，出现了前所未有的“共建共治”良好氛围。

细心的马燕非常善于把工作做“精细”，用精细化管理为社区企业和居民服务。

为了让社区老人更便捷地享受居家养老服务，马燕将护理员及社区办公室的电话号码用特大号黑体字打印在纸上，贴到老人家墙上，方便老人有急事时能尽早联系到社区。

威海这个雪窝子每年冬天都有几场大雪，大街小巷很快就落满厚厚的积雪。为了方便社区老人出行，每逢下雪，马燕总是带领工作人员先到老人家门前清扫积雪，给他们清扫完后再去清扫其他地方。

细心的她还注意到，社区一些老人由于身体原因很少出门。为了让这些常年在家的老人能够出去感受一下威海的美丽风光，她主动联系出租车公司，组织30多辆出租车组成“雷锋车队”，载着90多名孤寡、独居老人沿着风景秀丽的环海路进行了行程为30多公里的“幸福海岸线”游览，老人们激动地念叨了好久。

小区物业清扫员老任从聊城老家带着老母亲来到威海，租住在东北村社区，母子二人相依为命。马燕体谅他的不易，组织居委会工作人员和热心居民为他过生日，并请来辖区其他6名物业服务人员共享生日宴。在他43岁生日那天，全然不知情的他被马燕请进居委会活动室，大家一起包饺子、吃蛋糕、唱生日歌，现场一片欢声笑语。他激动地说，好久没有这么温暖的感觉了。

马燕在工作中的爱心和细心，让她在威海市“创建幸福家庭”活动中被评为“最美幸福使者”。

（四）2017年至今：乘势而上

2017年3月，戚丽丽接下了东北村社区党总支书记、居委会主任的担子。面对创新基层治理的大背景，戚丽丽一直在思考如何让社区工作再上新台阶、让社区居民更有幸福感。2018年6月，习近平总书记在山东威海视察，作出了“威海要向精致城市方向发展”的重要指示。这成为威海城市发展的总目标、总方向、总遵循。城市的精致，体现在城市规划、设计、建设、管理、服务和发展方式多个方面。从社会治理的角度看，既要有精细管理，坚持共建共治共享，拿出“绣花”功夫，落细落小落实，做到治理精细化、人性化；又要有精准服务，切实解决群众急难愁盼，以“小切口”改善“大民生”，增加城市情感温度。因此，戚丽丽提出民主协商的“自治”理念，引导居民自己的事情自己议，自己的事情自己做，“共建共治”的成果由大家共享，逐步打造了共建共治共享的社区治理共同体。

有事你吹哨，党员来报到。戚丽丽认为，新时代做好社区工作，必须首先发挥基层党组织战斗堡垒作用和社区党员先锋模范作用，让党员冲在前，才能更好地带动社区居民参与社区事务。因此，社区党总支按照“一名党员分包一名商户”原则，借助“党员吹哨报到+轮值主席”，彻底解决社区治理的难点痛点。通过“党员吹哨报到+轮值主席”两条腿走路的方式，推行行业协会的“轮值主席”机制，同步设立“三色”应哨，分为“黄色攻坚哨”“红色紧急哨”“蓝色日常哨”

三种类型。“攻坚哨”由各党支部书记认领，推行“周办结”制；“紧急哨”由各支委成员认领，“日常哨”由普通党员认领，推行“日办结”制。以小吃一条街拆迁改建为例，在其被划入拆迁范围后，街内商户等各方的矛盾严重激化，做好商户腾退是整个街区改造的重点和难点。面对这一难题，一方面，横向上，按照问题的难易程度，由社区党员应哨，做到一人盯一事、一事一跟踪，确保第一时间就地处理完毕。在街区拆迁时，党员何永志正担任街区共治理事会的轮值主席。面对小吃街内商户之间的激烈矛盾，他全力动员各行业协会负责人与商户挨家挨户拉家常、聊利弊，并利用各方资源协助商户寻找合适的店铺位置，帮助其处理好搬迁事宜。他在任职期间做通全部商户工作，在正式动工的那天，这条老街格外安静，没有一户居民商家提出异议，也没有发生一起上访事件，为属相街开工建设赢得了“开门红”。另一方面，纵向上，针对社区层面难以解决的问题，网格员通过吹哨，让综合执法、公安等部门的专业力量下沉应哨，专门开辟绿色通道，通过简化手续、超前服务、并联推进等方式，“加速度”办理场地使用手续；调用闲置楼宇数据库资源，合理筛选，精准获取，帮助寻找房源、出面协商议价、搬运货品物品、减免相关费用等，实现一站式服务；协调搬迁地所在镇街，开展后续品牌宣传、资金扶持等关怀性服务，确保商户复工复产。截至2023年底，共协商搬离商户49家，累计拆除各类违章建筑6600余平方米。

民事民提、民事民定、民事民办。社区事务一起管，大家的事商量办。戚丽丽想，光靠党员服务还不够，社区是所有居民的社区，必须调动起居民参与社区事务的积极性，才能提高他们对社区的认同感与归属感。2017年，东北村居民的第一大烦心事就是“停车难”。一方面是因为附近商业区停车位有限，很多外来人员将车辆停到居民区中；另一方面是因为居民买车的越来越多，自身停车需求越来越大。社区街道本身就狭窄，沿街小道两侧和居民楼前后停的满满是车，经常出现外面的车开不进来、里面的车也开不出去的现象，车辆剐蹭可以说是家常便饭，道路堵得严严实实，发生紧急情况时消防车根本无法进出。很多居民私自安装隔离桩和地锁、拉钢丝绳等抢占公共区域资源，还有的居民以无法停车为由，干脆不缴物业费。为解决上述问题，社区决定试一试民主协商自治的方法。

居委会工作人员首先用一个月的时间进行前期摸排，对小区早上6点到晚上10点之间白天、晚上停放的车辆分别进行登记、造册。通过分析数据，他们发现既有停车位除了可以满足243户居民的使用需求，还能剩余20个。

有了数据也就有了底气和方案，社区牵头召开了居民代表会议，没想到大家在会上吵得不可开交。第一次，会议从天亮开到天黑也没吵出结果。居委会提议装一个停车杆将小区变成封闭式的，减少外来车辆乱停乱放。结果不少人不同意，因为安停车杆意味着要向居民收钱，有人不愿意掏这笔钱。安了停车杆划出停车位后，有的居民原本私自拉线圈出的停车位也会受影响。好几种声音僵持不下，吵到激烈时会议室的桌子被拍得啪啪响，大家个个脸红脖子粗。

这样激烈的讨论会开了三四次没有任何结果，居委会工作人员就利用早上居民还没上班的时间到其家中做工作。然而她们刚回到办公室准备泡方便面，居民反对抗议的电话又打了过来。

开弓没有回头箭，问题一定要解决。可大家的意见不统一，停车杆就不能安，问题就无法解决。面对这种情况，戚丽丽并不担心，她说："只要居民不动手，任由他们吵，一定要让大家把事情吵透吵明白，这正是居民参与、协商自治的好机会。"因为戚丽丽深知，社区自治的主体是居民，只有让社区居民广泛参与，社区共同体才能真正形成，社区自治才能够实现，哪怕是吵架，也是广泛的参与。就这样吵来吵去开了五六次会后，大家才慢慢平复了情绪，可以坐下来好好谈了。

就这样经过前前后后一共12轮的协商，大家终于决定在向阳街小区安装停车杆，并明确了安装与管理办法。2017年7月1日，停车杆正式使用。

没想到停车杆安上后，仍有居民不买账。在拆除违规隔离桩的过程中有些居民进行阻挠，有对老两口抱住隔离桩不让拆，还对工作人员破口大骂。工作人员顶着压力，一次次上门做老两口的工作，慢慢地老两口终于理解了，拆掉了隔离桩。后来老两口还成了社区工作的骨干，每次社区议事会必参加。

在解决停车问题的半年时间里，社区居民都充分地参与进来，真正做到了自己的事情自己议，自己的事情自己做，打开了协商自治的局面。遇到事情，居民首先想到的就是“大家一起开个会商量商量”。

有了好的实践基础，协商自治就可以制度化推广开来。东北村社区采取了以下办法：一是建立“三会”机制。根据诉求大小、难易、权限，建立小微事务恳谈会、党群民主议事会、重大事项论证会。对于群众能够自行解决的群租户扰民等问题，由楼长、单元长召集小微事务恳谈会解决；对于社区能够解决的问题，由社区党总支召集民主议事会解决，如建设3个社区口袋公园，从选址、设计到施工12次组织居民代表进行协商；对于社区不能解决的问题，由社区组织召开重大事项论证会，上报街道协助解决。二是协商共议疏“堵点”。面对基础设施老化、社区服务管理跟不上等难题，重点把好“五关”，建立起居委会、业委会、物业公司三方联动的社区治理工作机制，解决污水外溢、路面破损等老旧小区治理难题，实现居民物业缴费率及服务满意率“双百”的骄人成绩。三是创新“居民小提案”自治模式。采取“居民提案—民主议事—社区协助—项目实施”的流程，通过民意立项，实现社区管理和居民自治的良性互动。例如，在属相街改造时，要取消街区的173个停车位，为避免引起商户不满，社区将征集的“居民小提案”逐一梳理，制定“提案清单”，经过商户、施工方、居民代表等召开7次民主议事会后，最终将“居民小提案”确定为停车分流方案，成功在一个月内妥善分流57家商户，为属相街开工建设赢得了“开门红”。

治理成果由大家共享。如此，才能为自治共治提供持久动力。停车位改造结束之后，对于小区里剩余的20个车位，具有专业社工知识的戚丽丽有了新的想法。她心里盘算着如何将这次“共治”的结果让所有人“共享”，包括家里没有车的居民。她想，如果将这些车位以每个每年500元的价位全部对外出租，每年会有10000元的公共收入。同时，建立社区的“共享基金项目”，将这笔公共收入纳入社区共享基金，然后按户补贴到居民的物业费中。2018年扣除使用停车杆所需的电费、维修费及其他相关费用，将剩余的钱按户补贴到居民的物业费中，每户能得到30元物业费补贴，到2019年这项补贴达每户40元，而社区每户居民一年所缴物业费多为60～120元，除去40元补贴，每户居民每年缴的物业费只有20～80元钱。这一做法，让居民初步尝到了“共治”所带来的“共享”甜头。

2022年，借助威海市“信用进社区”的政策东风，东北村社区充分挖掘企事业、商铺资源，建立社区、商户、物业和居民四方互通互融的诚信指数兑换体系。由此改变居民到自己所在社区诚信超市兑换物品或打折券的传统模式，升级为各类诚信主体均可在17个社区、600余家商圈企业、20余家物业进行通兑，并拓展就餐优惠、就医便利等惠民应用场景5大类50余处，实现资源全领域覆盖、全场景应用、全商居共享。街区商户通过到社区报到，认领“相约星期六——公益理发”“长者生日宴”等活动参与志愿服务，获得诚信指数赋分。商户在自身品牌价值得到提升的同时，获得在社区53个楼宇科普机上免费进行广告宣传的宝贵机会，这进一步促进了商户与居民的共融共建。2022年，属相街被评为“全省诚信消费满意示范街区”。

“共享”还让居民更积极地参与社区“共建”。为了进一步调动居民参与社区建设的积极性，居委会策划了创建特色楼道的活动。居委会首先让各楼道居民挖掘各自楼道自治的发起人，然后成立特色楼道议事小组，让居民参与各自楼道的设计和施工，自己决定自己楼道的模样。在社区党群服务中心大楼改造时，居委会也想方设法让居民参与进来。在一楼大厅专门打造了一片东北村“记忆空间”，动员老居民参与编写“记忆空间”里的社区大事记。在“记忆空间”旁边，打造了“我的大事我来记”板块，让居民自己记录社区的事情，年底由居民投票产生当年的“社区大事”，然后记录于其中。这让居民在社区建设中有“主人公”的意识，“自治”的理念愈加深入。在这种氛围的影响下，大家都把社区大楼当成自己的“大家”。2018年“七一”建党节前夕，社区老党员自发组织起来绣了一面党旗，将其放在“大家”中最显眼的位置。

居委会还引导辖区儿童参与社区事务，利用假期举办的“夏令营”“冬令营”组织儿童参加一些社区活动。成立儿童议事会及妈妈团，让社区里的儿童可以参与到社区规划、建设中，让他们由被动接受者成为参与者甚至决策者。

社区居民既要有自治的意识，更要有自治的能力。为提升社区居民自治能力，东北村社区引进了专业化的社会组织——威海市诺合悦然公益服务中心，其参与社区项目化运作，引导居民进行专业细致的社工服务。

对东北村社区居民来说，最大的“共享”是在东北村社区生活幸福美满。如今，东北村已经打开了社区治理新局面，这是四代主任从“五联一促”到“五联共建”，又从“五社联动”到“共建共治共享”的实践中一步步走出来的，是在代代传承的基础上，结合新时代新要求创新开拓出来的。“幸福都是奋斗出来的”，这句话在四任党总支书记、居委会主任带领下的东北村得到了充分印证。

三、经验启示

共建共治共享的核心是“共同”，最终目标是“自治”。东北村社区的做法，充分体现了对共建共治共享内涵的准确把握和生动实践，其经验启示如下。

（一）注重党的领导与群众自治相结合，才能让共建共治共享更加广泛

群众路线一直是我们取胜的法宝，基层社会治理需要政府的支持和引导，但更强调的是社会力量的参与。东北村通过强化党建引领，撬动社会力量，激发群众自觉性、主动性，形成了共建共治共享的崭新局面。一是让党员干部身先士卒形成示范效应，除了发动社区党员，还采取“居住地社区为主、单位联系报到社区为辅”的方式，推动各类主体融入社区，主动服务。二是致力于社会治理资源挖潜，增进政府与社会、民众的互信互动，整合各方社会力量，激活各类治理资源，放手发动群众，推动群众自治。例如，属相街综合整治，就集结市场监管、综合执法、交警、环保等部门，制定系统性整改方案，广泛发动商户、小巷管家、居民参与市场治理，共同解决问题。三是创新治理方式，推动公共事务实现群众自议、自决、自治。例如，社区恳谈会、议事会、论证会，都充分发动社区党员、社会组织、辖区居民等各方力量全面参与老旧小区管理服务，促进物业管理与基层治理深度融合。

（二）注重服务群众与引导群众相结合，才能让共建共治共享更加持久

构建社会治理共同体，既强调对人民群众美好生活向往的回应，

也强调人民的主体性和责任感。以往治理过程中，我们偏重于强调政府对群众的服务，相对忽略了对群众的教育引导，部分群众责权利边界不清、维权与担责不统一。针对以上问题，东北村双管齐下，在做好服务的同时加大对社区居民的教育引导。一是引导社区居民增强共同体意识。通过引导，使居民认识到小区的环境卫生、安全保障、邻里关系、管理水平关乎每一个居民，一荣俱荣，一损俱损，从而主动规范自身行为。二是引导社区居民养成规则意识和契约精神。通过“信用+契约”的方式组织社区居民自主制定居民公约，使其在讨论中形成共识，知晓自己的权利义务、言行边界，先达成心理认同，再强调行为遵循，内化于心、外化于行，实现群众自我教育、自我管理、自我服务。

（三）注重政策导向与可操作性相结合，才能让共建共治共享更加稳固

共建共治共享，关键在一个“共”字，但现实生活中个体情况存在较大差异，每个人的时间、精力、觉悟、意愿各不相同。对于怎样才能最大限度调动社会力量又避免形成强制，既解决眼前实际问题又形成长效机制，东北村在操作层面作出了富有成效的尝试。比如，全面摸排社区居民需求，同时就社区报到者有意愿、有能力提供的服务列出清单，通过双向选择“结对子”，形成个性化的任务清单，实现两张清单紧密而有效的联结，把对民生的需求关切落到实处，也使志愿者的善意有的放矢。另外，通过“信用进社区”对诚信指数赋分进行细化，兼顾了硬性约束与软性激励，鼓励居民从小事做起，积每个人的小善为整体环境的大善，在积累中推动道德养成；通过职工回社区报到，以及诚信指数评级向单位的反馈，形成“工作在单位、活动在社区”的管理新机制，引导人们不仅在单位做好员工、好干部，回到社区更要做好居民、好榜样。

思考题

1. 威海市东北村社区是怎样一步步通过联合共治的实践，打开共建共治共享的社区治理局面的？
2. 不同的社区有各自不同的历史和特点，如果要在其他社区推广东北村社区的经验，有哪些值得借鉴，又有哪些需要注意？
3. 如何在与社会组织、社工的共建共治中，提高社区工作人员自身的治理能力？

首善之区的“法律之家”

——威海市环翠区公共法律服务中心打造“一站式”公共法律服务的实践探索*

【引言】2019年，习近平总书记在中央政法工作会议上强调：“政法机关承担着大量公共服务职能，要努力提供普惠均等、便捷高效、智能精准的公共服务”，“要深化公共法律服务体系建设，加快整合律师、公证、司法鉴定、仲裁、司法所、人民调解等法律服务资源，尽快建成覆盖全业务、全时空的法律服务网络”。[①]2022年，他在党的二十大报告中强调：“建设覆盖城乡的现代公共法律服务体系，深入开展法治宣传教育，增强全民法治观念。”[②]

威海市牢记习近平总书记“威海要向精致城市方向发展”的殷切嘱托，

---

* 本案例由中共威海市委党校（威海行政学院）行政学教研部副主任、教授李进成和法学教研部讲师周晓蓉，威海市环翠区司法局党组成员、副局长杨宁和办公室主任姜雪桥、办公室副主任丁超男撰写。

① 习近平：《论坚持全面依法治国》，中央文献出版社2020年版，第248、249页。

② 习近平：《高举中国特色社会主义伟大旗帜　为全面建设社会主义现代化国家而团结奋斗——在中国共产党第二十次全国代表大会上的报告》，人民出版社2022年版，第42页。

在精致城市建设过程中，充分发挥法治的引领规范保障作用。公共法律服务是精准服务的重要方面，威海市环翠区不断创新工作理念，通过建设公共法律服务中心，把法律送到群众指尖，让群众享受零距离法律服务，使群众的参与感、获得感、幸福感、安全感不断提升，为“精致城市·幸福威海”建设提供了有力的法治保障。

【摘要】环翠区是威海市的首善之区，在快速推进城市建设的过程中，群众因生产生活产生的法律纠纷不断增多，对政府公共法律服务的需求呈现出明显的多元化特点，主要表现为服务内容的广泛性、服务质量的专业性、服务时间的快速性、服务收费的公益性、服务方式的便捷性、服务感受的获得性、服务场所的舒适性等。但环翠区原有的公共法律服务体系难以有效承载这些多元化的法律服务需求，群众对公共法律服务的需求与政府公共法律服务的供给之间产生了矛盾。为了有效解决这种供需矛盾，按照中央及山东省关于建设公共法律服务平台的工作要求和精致城市建设要求，环翠区通过整合全区的公共法律服务资源，高标准建设了环翠区公共法律服务中心（为便于行文，本文中有时简称中心）。中心通过为群众提供集法律咨询、人民调解、法律援助、法治宣传教育及社区矫正于一体的“一站式”公共法律服务，有效满足了群众的多元化公共法律服务需求，打造了首善之区的“法律之家”。

【关键词】法律之家　公共法律服务中心　“一站式”公共法律服务　四位一体

一、背景情况

环翠区，威海市市辖区，威海市政府驻地，是威海市政治、经济、文化的中心，被称为威海市的首善之区。党的十八大以来，随着威海经济社会的不断发展，环翠区的城市化进程快速推进，群众在感受城市“成长的喜悦”的同时，也在感受着城市“成长的烦恼”。群众因生产生活产生的法律纠纷不断增多，对高质量公共法律服务的需求日益迫切而强烈，这种需求呈现出明显的多元化特点，表现为服务内容的广泛性、服务质量的专业性、服务时间的快速性、服务收费的公益性、服务方式的便捷性、服务感受的获得性、服务场所的舒适性等。为了回应群众的这种多元化公共法律服务需求，需要对环翠区原有的公共法律服务体系进行完善，搭建一个全新的公共法律服务平台。

环翠区面临的公共法律服务问题是市级至省级层面乃至国家层面面临的共性问题。所以，党的十八大以来，中央到地方都非常重视公共法律服务问题。司法部于2014年出台了《关于推进公共法律服务体系建设的意见》；2017年出台了《关于推进公共法律服务平台建设的意见》；2018年出台了《关于深入推进公共法律服务平台建设的指导意见》；2021年出台了《全国公共法律服务体系建设规划（2021—2025年）》。山东省司法厅于2015年出台了《关于推进全省公共法律服务平台建设的指导意见》；《山东省公共法律服务条例》于2021年1月1日起施行，是全国首部有关公共法律服务的省级地方性法规；山东省司法厅于2022年11月出台了《山东省公共法律服务体系建设规划（2022—2025年）》。上述政策文件对地方公共法律服务平台建设的目标、标准、职责、运行及保障等都进行了明确的规定，提出了明确的要求。

二、主要做法

群众需求、工作要求催生了环翠区的公共法律服务平台。环翠区组织多方力量，调动多个部门，在多方征求意见、多次实地考察的基础上，在环翠区望岛路10号主要街道旁边，总投资450万元，严格按照司法部规定的建设标准，建设了面积达1500平方米的环翠区公共法律服务中心。中心于2018年6月19日起正式投入使用，其作为环翠区首个公共法律服务实体平台，在服务内容、服务主体、服务质量、服务方式等方面进行了全面升级、整体换代，建立了由公共法律服务大厅、法律援助中心、法治宣传教育中心、社区矫正中心构成的“四位一体”的立体法律服务平台，有效整合了分散在全区的律师、公证、法律援助、司法鉴定、调解、社区矫正、法治宣传教育等公共法律服务资源，实现了服务场所和服务质量的双重提升。

环翠区委、区政府集中财力、物力、人力全力建设中心的初心就是要真正为环翠区广大群众提供便捷高效、实惠管用的“一站式”公共法律服务，真正满足群众多元化的法律服务需求，让群众有事首先想到中心、有事愿意来到中心，真正信任中心、喜欢中心，让中心成为全区群众的“法律之家”。

初心引领使命，中心的建成只是第一步，要让中心真正成为全区人民的“法律之家”，需要充分发挥中心的各项服务职能，让中心在公共法律服务方面真正起到作用，让中心真正走进老百姓的心中。为此，中心紧紧立足于公共法律服务大厅、法律援助中心、法治宣传教育中心、社区矫正中心四个主体功能区，充分发挥法律服务的基本职能，同时根据群众法律服务需求的新变化，努力探索，不断拓展新的法律服务职能，不仅让“法律之家”活了，而且让“法律之家”火了。

2020年11月《威海市精致城市建设条例》正式施行，精致城市建设不仅要看硬环境，更要看软环境；不仅要有颜值，更要有内涵。中心紧紧围绕精致城市建设新要求，2021年对中心建设布局、事项清单、服务标准都进行了全方位升级，为推动精致城市建设贡献法治力量。

“找律师、求法援、办公证、寻鉴定、要调解、学法律，欢迎来到环翠区公共法律服务中心，这里能快速便捷地满足您所有的法律需求！”当你踏入中心的大门，首先映入眼帘、传入耳朵的便是中心动画视频简介里的这句风趣活泼的话。这句话也是对中心打造“法律之家”主要做法的形象描述。下面就以中心动画视频简介中出现的四段话为引领，以四个主体功能区为主线，具体分析中心打造“法律之家”的主要做法。

（一）坚持便民原则，精心打造公共法律服务大厅，为群众提供急需的调解咨询等基础法律服务

> “我因琐事与邻居产生纠纷，不想打官司，但又咽不下这口气，怎么办？”
>
> “这里有律师调解员和人民调解员热心帮您解围！”
>
> “我的案子是关于我的不孝子的，我不想让人知道。”
>
> “放心，这里既有开放式的一条龙服务的大厅，又有多个封闭式的咨询室，人性化设计，充分保障您的隐私！”

这段话是对环翠区公共法律服务中心调解类、咨询类法律服务的生动解说，这些法律服务是由中心的公共法律服务大厅提供的。

快速、便捷、私密、低费或免费、场所宽敞而舒适是群众对公共法律服务的普遍性需求，也是基础性需求，是群众多元化公共法律服务需求的重要方面，对法律咨询、非诉调解等法律服务而言尤其如此。群众希望只进一个门就能解决自己的法律问题，基于这种现实需求，中心临主街道在一层设立公共法律服务大厅。公共法律服务大厅专门负责为群众进行现场导引，并提供咨询、调解及其他法律服务。

公共法律服务大厅在场所设置方面，分为前台与后台两大部分。前台设置了引导台、休闲学习区、服务等待区等区域，属于开放式场所，群众可以在此等待。后台则根据法律服务职能设置了律师咨询室、人民调解室、诉调访调对接分流室、社会组织法律服务室、行政复议调解室等多个独立的功能室，属于封闭式场所。这既符合司法部所要求的“前台统一受理、后台分别办理、结果及时反馈”模式，又能充

分满足群众的私密需求。

法律咨询服务，即通过电话或现场形式免费解答群众专业性的法律咨询问题。律师咨询室共有3名工作人员，其中，在编人员1名，选聘优秀律师轮流坐班，每天至少安排1名律师值班。这种法律服务不仅专业、免费，而且由政府提供，群众更放心。

人民调解服务，即在调委会主持下，对纠纷当事人说服规劝，使其在自主自愿的情况下，达成协议以解决纠纷。调解是维护社会稳定的“第一道防线”，环翠区在学习践行“枫桥经验”的基础上，推动形成了多种纠纷化解方式有机衔接的环翠“大调解”工作格局。中心负责对全区各级调解组织的调解工作进行全面指导，对全区各人民调解委员会上报的疑难矛盾纠纷进行集中研究并调处，全面构筑总体网络，确保落实各自职责。

2019年7月，为了更好地服务群众，推动矛盾纠纷多元化解，中心设立了环翠区矛盾预警多元化解指挥中心人民调解委员会，吸收退休法官、心理咨询师等组建调解“智囊团”，集中受理群众来访反映、法院分流、镇街和其他部门移送的矛盾纠纷，实现了统一受理、集中协调、归口分类、依法调处，建立起环翠“大调解”工作格局的中心枢纽。同时，运用“山东智慧调解系统”，通过“一站式”矛盾纠纷调解窗口依法受理各类矛盾纠纷，并对各类矛盾纠纷进行排查预警、受理分流、跟踪调度及督办反馈。

2023年，按照“一中心多用、多中心合一”的原则，环翠区公共法律服务中心与环翠区社会治安综合治理服务中心、环翠区群众权益诉求服务中心、环翠区网格化服务管理中心等整合为环翠区“一站式”矛盾纠纷调解中心。采用“前台后厂”的模式，前台设置了无差别受理等12个窗口，后厂设置了彩虹品牌调解室等7个专业调处功能室。实现了公、检、法、司、信访、人社、市场监管、住建等9个部门常驻，民政、退役军人、自然资源等13个部门轮驻，涉事部门随叫随驻，有效推动了各类矛盾纠纷诉求“只进一扇门、最多跑一地”。

2023年8月7日，在环翠区矛盾预警多元化解指挥中心人民调解委员会调解员的见证下，王某与于某某握手言和，双方自愿签下调解协议书，一场由地界纠纷引发的轻伤害纠纷最终得以化解。

王某和于某某是同村村民，2022年12月，两人因地界纠纷发生争执，王某用拳头殴打于某某面部，致于某某轻伤二级。该案移送至环翠区人民检察院审查起诉后，承办检察官认为该案事实清楚，王某犯罪情节较轻，能如实供述自己的犯罪事实并认罪认罚，只是双方就赔偿金额尚未谈妥故迟迟未能达成和解。在征询双方意见后，环翠区人民检察院、环翠区司法局决定启动“检调对接”程序。2023年8月，该案移交至环翠区矛盾预警多元化解指挥中心人民调解委员会进行调解。

调解员通过电话与双方当事人联系沟通，了解双方家庭情况，从邻里关系、人情世故、法理等多重角度进行沟通调解。经过调解员10多次耐心细致的释法说理，双方当事人最终消除积怨，握手言和。根据调解协议，环翠区人民检察院依法对王某作出相对不起诉的决定。

“本案是发生在农村的一起由琐事引发的轻伤害案件，若以一纸冰冷的起诉书‘一诉了之’，那双方矛盾可能永远得不到化解，受损的关系也无法修复，而且还有再次发生冲突的可能，影响基层社会稳定。在综合考虑双方实际情况，兼顾法理、人情的前提下，促使他们达成和解，能够有效地解开他们心中的疙瘩，真正做到案结事了人和。”环翠区矛盾预警多元化解指挥中心人民调解委员会的调解员说。中心的协调调度有效地配置了全区的调解资源，实现了全区调解组织的有序高效运行，保证群众能享受到高效便捷的调解服务。

社会组织法律服务，是由中心发动各类社会组织，充分发挥社会组织的专业力量为群众提供各种法律服务。这是中心积极引导社会力量参与公共法律服务的生动体现，也是环翠区构建共建共治共享社会治理格局的具体举措。中心成立后，积极与长城爱心大本营志愿服务组织、威海市环翠区心丝带心理健康服务中心、威海市环翠区华益社会工作服务中心等社会组织联系，引导社会组织发挥专业特长，参与法治宣传教育、人民调解、特殊人群帮教及其他公共法律服务。中心多次与社会组织合作开展活动，包括与威海市环翠区心丝带心理健康服务中心合作开展“中国彩虹村”公益项目威海站活动、“风雨彩虹伴我行——把爱和温暖带回家”公益活动；与威海市环翠区飞扬青少年社会工作服务中心合作开展“我的明天更光明”扫黑除恶宣传暨模拟法庭法治宣传教育活动等，为环翠区司法行政工作注入了新能量。

（二）坚持惠民原则，精心打造法律援助中心，为群众提供快捷高效的法律援助服务

“我想打官司，但是付不起律师费怎么办？”

“法律援助中心欢迎您！您只需携带相关材料到我们的服务窗口，工作人员就会根据情况受理您的申请。”

这段话是对环翠区公共法律服务中心法律援助服务的生动解说，其中提到的法律服务是由法律援助中心提供的。法律援助是公共法律服务的重要方面，是为经济困难或特殊案件的当事人无偿提供法律服务的一项法律保障制度，也是司法部要求公共法律服务平台必须提供的一项基本法律服务。

在法律援助中心进驻环翠区公共法律服务中心前的2018年5月，一面写有“儿童保护之神，风清气正典范”的锦旗被送到了威海市环翠区法律援助中心，送锦旗的人是孙某。2018年1月17日，孙某甲（9岁）、孙某乙（1岁）（二人系姐妹）的父母因一氧化碳中毒去世，短时间内引发了23起以孙某甲、孙某乙为被告的被继承人债务清偿纠纷，诉讼标的额总计143万余元。孙某系孙某甲、孙某乙的爷爷，系二人的法定代理人。一家老小、祖孙三人在刚失去亲人后不久便被多次起诉，

成为多个案件的被告。

在一家人孤独无助之时，孙某经亲属介绍找到了某律师事务所巩律师，巩律师在了解情况后建议孙某为两名孤儿申请法律援助。孙某准备好相关材料后便到环翠区法律援助中心为第一个案件申请法律援助，环翠区法律援助中心确认相关情况后，当日便批准了申请，并指派巩律师承办此案。为了方便案件办理，其余22个案件也均由巩律师承办。在巩律师的精心代理下，23个案件经多次开庭审理，终于在2018年5月底审结，最终法院判决的清偿总额约为118万元。孙某甲、孙某乙的法定代理人孙某对案件判决结果较为满意，明确表示认可判决结果、不提起上诉。

这个案例充分展现了法律援助对社会特殊群体的保护作用，也充分证明了法律援助的制度价值。同时，因为上述案件办理时，环翠区公共法律服务中心尚未成立，法律援助中心还没有入驻，所以其间就有一个值得注意的细节：法定代理人孙某在需要法律帮助时，是经亲属介绍才找到了巩律师，在巩律师的建议下才申请了法律援助。也就是说，孙某获得法律援助服务经过了多个环节，由亲属到巩律师，再到法律援助中心，经过了多个地点，也花费了较长时间；假如案件需要公证、司法鉴定，当事人还要奔波于公证机构和鉴定机构。如果此案发生时中心已经成立，那么孙某就能更加快捷高效地获得法律援助服务。此案例表明了法律援助中心进驻中心的必要性和紧迫性。

2018年6月法律援助中心入驻环翠区公共法律服务中心，此后，像孙某一样需要法律援助的群众就不必再多方打听了。2023年10月，刁某（残疾人）在送外卖过程中因行车问题与梁某及其女友发生争执，梁某多次推搡刁某最终致其倒地。刁某受伤后报警，并自行前往医院进行诊治。刁某及其家属就实际产生的医疗费多次与梁某沟通，最终协商未果。为维护自身合法权益，刁某来到法律援助中心申请法律援助，希望通过法律程序解决医疗费问题。法律援助中心接受刁某申请后，第一时间审核刁某提交的材料，认为其符合法律援助条件，指派北京市盈科（威海）律师事务所承办此案。

承办方接受指派后，及时会见了刁某及其家属，详细了解了案件情况，安排了援助律师。援助律师向刁某及其家属讲解了此案的法律要点和解决思路，梳理了证据材料，并就此案向环翠区人民法院提起了诉讼。在开庭审理过程中，援助律师据理力争。最终，法院认定，梁某应对刁某的合理经济损失承担赔偿责任，共须赔付刁某5000余元。刁某的合法权益得到了及时、高效的维护，为表示感谢，他向法律援助中心赠送了写有“为民服务办实事　专业担当树典范”字样的锦旗。

像刁某这样快捷高效地获得法律援助服务的群众越来越多了，自2018年6月以来，法律援助中心累计办案5400余件，受援人数5600余人，“需援助，找中心”已成为群众的共识。这种共识的形成源于法律援助中心“应援尽援，依法维权”的理念和务实创新的工作实践。

为最大限度方便群众，中心开设维权“绿色通道”。在工作流程方面，实行柜台办公，设申请受理、审核审批、指派回访三个窗口，做到“统一受理、统一审查、统一指派”；对符合条件的当事人，尽可能做到案件“当天申请、当天受理、当天指派”。通过工作流程创新，中心有效缩短了办事时限，实现了法律援助服务的快速、便捷，成为名副其实的“绿色通道”。

为提供更加专业的援助服务，中心建立援助律师人才库。中心优化整合资源，组建了119人的刑事律师人才库和181人的民事、行政法律人才库，创建了具有特色的受援人“点援制”和律师“择案制”相结合的双向互动法律援助案件指派制度，得到了山东省司法厅的肯定。

（三）坚持育民原则，精心打造法治宣传教育中心，为群众提供更加智能化、更具吸引力的法治宣传服务

“书本上的法律知识太枯燥，有没有既干货满满又新颖有趣的

去处？”

“有，中心的普法展厅将法与人生紧密结合，介绍了众多涉及民生的法律法规，还融入了互动环节。您可以边玩边学，可以来一回和监狱的亲密接触，更可以体验一回神圣的宪法宣誓！”

上面这段话是对环翠区公共法律服务中心法治宣传法律服务的生动解说，其中提到的法律服务是由法治宣传教育中心提供的。在全媒体时代，以发放纸质宣传资料、举办法治讲座等为主的传统法治宣传教育方式已不能满足群众的需求，也影响了普法的实际效果。群众希望有更现代的、更智能化的、更有吸引力的法治宣传教育方式，针对群众的这种需求，中心专门设立了法治宣传教育中心。法治宣传教育中心占地150平方米，通过内容和形式的双重创新，打造了具有特色的法治宣传教育“环翠模式”。

法治宣传教育中心主要利用展厅开展法治宣传。2022年10月，结合《中央宣传部、司法部关于开展法治宣传教育的第八个五年规划（2021—2025年）》相关要求，中心对原有法治宣传教育中心完成升级改造。中心紧密结合“法”与“人生”两大主题，设立8个板块，主要涉及中国法制史、宪法、民法典、党内法规等多方面内容，主要面向党员领导干部、社区群众、青少年、企业职工、役前新兵等不同群体，针对不同群体的法治需求，开展精准化宣传。中心创新形式，运用新媒体技术，突出时效性强、延展性好两大优势，达到“浓缩即精华，尺寸见方圆”的效果。通过工作人员的生动讲解，普法宣传更加生动化、趣味化，从而将书本上的法律知识深度融入每个人的生活当中，让每个参观者深深地感受到法律就在我们身边，法律与我们的人生密切联系，使群众可以在新颖有趣的氛围中细致入微地感受法、学习法。

中心增设了“法律援助”板块和青少年互动普法区，通过对法律援助相关概念和内容的阐释，以及对相关普法活动和青少年法治文化创作的展示，将通过法律途径维护自身合法权益的种子深植在青少年心中。青少年互动普法区设置了互动答题机以及守法、违法的选择等游戏环节，其中包含了未成年人保护法、家庭教育促进法等中提到的与青少年生活密切相关的法律常识。在这里，青少年既可以在游戏中收获快乐，又可以潜移默化地学习法律知识。

在此，要特别说明法治宣传教育中心的两个创新之举。一是引进了法律咨询AI机器人“法博士”。这位无所不知的“法律超人”就站在中心入口处，虽然个头不大，但法律知识储备惊人，而且记忆力超强。你可以随时与它进行法律交流，它保证有问必答，你们可以书面交流，也可以口头交流。二是在全区率先推行智能普法新模式，更新后的展厅内采用“触点学法”方式。在参观过程中，参观者触摸感应点，更多、更详细的法律知识马上就会呈现出来。这种方式做到了后台资源库的无限度放大和普法内容的不断更新，极大地拓展了普法内容，使有形展厅扩展为无形展厅，使实体展厅扩展为网络展厅。法治宣传教育中心自完成升级改造以来，已累计接待参观学习1.7万余人次。

“我非常喜欢这里，既玩得嗨，也学得嗨！”“不仅能学知识，还能得奖品。”“穿上法官服，感觉自己真威风！”参加“青少年法治训练营”的学生们兴奋地说道。

青少年法治研学项目是中心精心打造的体验式、趣味性专项普法互动活动，其设置了“猜猜短片里有什么”“法与人生大课堂”“小小少年大法官”等环节，突出现场互动和新媒体技术运用，深受青少年及家长的喜欢。例如，在“小小少年大法官”环节，中心专门设置了模拟法庭，并结合青少年家庭教育普法重点，精心编写了4个案例剧本，分别涉及校园暴力、盗窃、纵火、醉驾。参与活动的学生可以选择其中1个剧本事先进行排练，参加活动时穿着由中心专门定做的法官服、律师袍、法警服等职业服装，模拟真实法庭现场。参与学生通过角色扮演，可以详细了解诉讼程序，真实感受法庭的庄严和法律的权威。

青少年法治研学项目通过生动活泼的环节设置和积极互动的参与形式，紧紧抓牢青少年的关注点和兴趣点，成功打造了法治宣传教育的升级版，极大地增加了法治宣传教育中心的附加效应。

（四）坚持化民原则，精心打造社区矫正中心，为群众提供人性化便捷化的社区矫正服务

“我被法院判了缓刑，好后悔沮丧，法院让我到司法局报到……”

“你可以到一层社区矫正中心办理手续，中心将通过报到接收、入矫宣告、电子监管、心理矫治、学习教育、公益劳动等管理措施，使您认清犯罪事实，成为一名守法公民。特别是中心特色的‘1+2+3’心理矫治法，将帮助您调整心态，重新燃起生活的希望！这里还有远程会见室，在监所服刑的环翠区户籍的在押人员符合条件的亲属可以来这里进行远程会见。”

这段话是对环翠区公共法律服务中心社区矫正执法监管的生动解说。社区矫正是与监禁矫正相对应的刑罚执行方式，我国社区矫正的对象包括被判处管制、被宣告缓刑、被裁定假释和被暂予监外执行的四类罪犯。

社区矫正中心主要负责对被判处管制、被宣告缓刑、被裁定假释和被暂予监外执行的人员进行监督教育管理，设置了报到登记室、信息采集室、心理矫治室、远程会见室、社会联络室、教育培训室、宣告室等多个功能室。其中，心理矫治和远程会见是社区矫正中心的两个亮点。

一是心理矫治关爱心理、为心服务。社区矫正中心的心理矫治工作在全市领先，在对社区矫正对象开展行为矫正的基础上，社区矫正中心设置了心理矫治室，在全市率先将心理服务引入社区矫正工作。通过政府购买社会服务的工作模式，与威海市社会组织——威海市环翠区心丝带心理健康服务中心合作，共同为社区矫正对象提供心理服务，是社区矫正中心创新开展社区矫正对象教育管理工作的一种有益尝试。

社区矫正中心建立了功能合理、设施完备的心理咨询室，将心理咨询室划分为心理测试、心理矫治、档案管理三个功能区，配置了多种心理测试和心理矫治工具。聘请国家二级心理咨询师负责开展心理测试工作，对新报到入矫人员全面开展艾森克人格测试，对有一般、严重心理问题的人员进行个案心理辅导。同时，为每名新入矫人员建立心理健康档案，由街道司法所工作人员持续跟踪社区矫正对象的心理变化，并在日常监管中加大心理沟通和辅导力度，促使心理健康服务深度融入社区矫正工作之中。

在为社区矫正对象提供心理服务的同时，社区矫正中心还通过关爱社区矫正对象的未成年子女，使社区矫正对象体会社会关爱，从而安心改造，尽快回归社会。这是社区矫正中心精细化、深层次矫正工作的重要方面。

“我对我所犯的罪行非常后悔，我以后一定会遵纪守法，回报社会，也要好好抚养孩子，困难再大也要把孩子培养成人。”社区矫正对象李某在参加关爱三类特殊人群贫困家庭未成年子女活动后激动地说道。

2020年4月30日，一服刑人员的家属柳某某母女，专程来到中心，送来一面写有“鼎力相助、爱心传递　以人为本、大爱无疆”的锦旗，由衷感谢中心和来自威海市环翠区心丝带心理健康服务中心的志愿者多年来对她们家庭的热忱帮扶。

在押服刑人员、社区矫正对象、安置帮教对象这三类特殊人群的重复犯罪，一直是社会各界比较关注的问题。为促进这三类特殊人群的思想改造，帮助他们尽快回归社会，防止二次犯罪和二代犯罪，中心联合威海市环翠区心丝带心理健康服务中心积极开展关爱三类特殊人群贫困家庭未成年子女活动。20多个家庭共计40余人来到中心，共同参观法治宣传教育中心，接受以宪法为主要内容的法治宣传教育，与智能法律咨询AI机器人进行人机对话，与专业心理咨询师一起做破冰心理游戏，孩子们还收到了共计1.3万元的奖学金和价值2.9万余元的棉衣、书本、足球等礼物。关爱活动让这些特殊家庭感受到了来自社会各界的关爱，对保护未成年人合法权益、促进社区矫正对象等特殊人群改造、推进社会和谐稳定都具有非常重要的意义。

二是远程会见沟通亲情、传递关爱。当前，环翠区很多服刑人员被收押在异地，亲属前往异地监狱探视在押服刑人员存在“距离远、耗时长、花费高”的难题。为了解决这个难题，中心于2018年在全市率先搭建了远程会见平台并投入使用。平台安装了60寸LED显示屏、高清摄像头、安检门等设备，并制定了《远程会见流程图》《远程会见注意事项》等各项规章制度，有效解决了家属由时间、空间、身体、经济等因素导致的会见难问题，既缓解了他们的思念之苦，实现了零距离沟通，又激励了在押服刑人员积极改造、重新做人。

2018年12月24日，中心迎来了第一位使用远程会见平台的在押服刑人员亲属，这也是远程会见平台在全市的首次使用。此次会见过程十分顺利，是在押服刑人员亲属通过视频和服刑人员会见的“家门口会见”模式的首次成功实践。自远程会见平台使用以来，中心成功开展远程会见980余例，疫情期间协助侦查机关开展远程提审320余次，建立了与济南监狱、潍坊监狱、烟台监狱、山东省女子监狱等多个监狱的远程视频联系。

中心“四位一体”的功能职责定位既符合共性要求，即司法部要求的“3+X”建设模式，还具有专业、精细、以人为本的个性特点，充分满足了环翠区群众多元化的公共法律服务需求，真正实现了服务内容的广泛性、服务质量的专业性、服务时间的快速性、服务收费的公益性、服务方式的便捷性、服务感受的获得性、服务场所的舒适性。

中心建成以来，通过全方位的宣传、扎扎实实的工作，努力践行成为广大群众“法律之家”的承诺。辛勤的汗水终于浇灌出美丽的花朵，现在到中心寻求法律帮助的群众日益增多，中心影响力越来越大。中心已累计接待群众来访咨询5000余人次，受理法律援助申请5450次，化解矛盾纠纷6000余次，化解率达95%。“有事找中心”已成为全区群众的一种习惯。

荣誉伴随着成功而来，中心的建设及运行经验得到了上级的充分认可。中心于2018年12月获评山东省公共法律服务示范中心，并于2019年9月成功申请省级公共法律服务标准化试点，2021年3月顺利完成试点任务。

前来观摩学习、考察取经的组织和个人越来越多。中心的公共法律服务大厅已接待观摩考察200余次，其中国家级考察10次，省级考察18次，外地考察12次，市级考察30次，区级考察50余次，接待社会组织观摩50余次，累计接待3万余人次。

行稳方能致远，成绩是一种荣誉，更是一种责任和动力。作为首善之区的“法律之家”，未来，中心将突出公共法律服务的重点，继续提升整体服务效能：一是升级打造阵地，保证服务紧扣需求、与时俱进；二是打造专职调解员团队，促进矛盾纠纷多元化解；三是理顺机制，协调成立社区矫正机构，从而让“法律之家”更亲民、更温暖。

中心为全区群众提供便捷高效、实惠管用的“一站式”公共法律服务的初心不会变，让自身成为全区群众信任、喜欢的“法律之家”的承诺不会变，努力永远在路上！

三、经验启示

通过6年多的实践探索，中心在打造“一站式”公共法律服务方面主要形成了以下三点经验启示。

一是以群众需求为导向进行工作创新。只有紧紧围绕群众的多元化需求进行工作创新，中心才能让群众在公共法律服务中有获得感，才能得到群众的真正认可，才能真正走进群众的心中。中心的多项创新做法都源于群众的特定需求：环翠区矛盾预警多元化解指挥中心人民调解委员会的成立源于纠纷解决的便利化需求；双向互动法律援助案件指派制度源于受援群众与承办律师的双向选择需求；青少年法治研学项目源于青少年对法治宣传的趣味性、体验式需求；心理矫治工作源于服刑人员的心理关爱需求……

二是充分发挥整合协调的独特优势。中心作为公共法律服务平台，整合资源和协调服务是其主要职能，也是其独特优势，只有充分发挥这两项独特优势，才能为群众提供更多更好的公共法律服务。在整合资源方面，中心不仅整合了律师、公证员、司法鉴定人员、人民调解员、基层法律服务工作者等各行业法律服务力量，还将长城爱心大本营、威海市环翠区心丝带心理健康服务中心、威海市环翠区华益社会工作服务中心等社会组织纳入服务网络，实现了法律服务主体的多元化。在协调服务方面，中心加强同律师事务所、各级各类调解组织、公证处、司法鉴定机构、人民法院、信访部门、社会公益组织等机构的工作衔接，充分发挥自身的综合性指挥平台作用。

三是充分运用科技手段实现智慧服务。在信息化、科技化的时代，便捷、高效、专业的公共法律服务需要现代科技来支撑。中心充分运用各种科技手段，通过智慧服务充分满足群众需求。从无所不知的法律咨询AI机器人到“触点学法”，从律师资源的线上查询到服刑人员的远程会见，无不闪烁着科技之光；同时群众可依托中心的实体平台，充分运用“12348”法律服务热线、“最威海 是环翠”App等获得快捷化的公共法律服务。

思考题

1. 环翠区公共法律服务中心在公共法律服务方面主要采取了哪些创新做法？
2. 环翠区公共法律服务中心在打造“一站式”公共法律服务上有哪些经验启示？
3. 如何进一步完善环翠区公共法律服务中心的“一站式”公共法律服务？

“民情夜会” 谱写基层善治新篇章

——乳山市育黎镇的实践探索*

【引言】习近平总书记强调，让老百姓过上好日子是我们一切工作的出发点和落脚点。①创新社会治理，要以最广大人民根本利益为根本坐标，从人民群众最关心最直接最现实的利益问题入手。要坚持社会治理为了人民，把人民群众的小事当作我们的大事，从人民群众关心的事情做起，从让人民满意的事情抓起，采取更多惠民生、暖民心举措，着力解决好人民群众急难愁盼问题。

基层强则国家强，基层安则天下安。基层是改革发展稳定的第一线，是各种矛盾和问题的集聚地。化解基层矛盾纠纷，推动基层善治，必须发动和依靠群众，创新群众工作方法。乳山市育黎镇针对村民“白天忙、晚上闲”这一普遍特点，充分利用晚上闲暇时间，做足做实“夜间解纷”文章，探索形成了以“汇民声、开夜会、抓化解”为主要内容的“民情夜会”预防化解涉村务管理纠纷工作法，有效解决了村民“白天无暇办事，晚上

---

* 本案例由中共威海市委党校（威海行政学院）法学教研部主任、教授林吉爽，讲师张青撰写；于跃海参与。

① 《习近平关于社会主义社会建设论述摘编》，中央文献出版社2017年版，第66页。

无门办事”难题，走出了一条精准收集、超前预防、有效化解的农村解纷治理创新之路。

【摘要】“威海要向精致城市方向发展”是威海经济社会发展的总目标、总方向、总遵循。威海市委、市政府将“精致城市”基本内涵确定为“三高一特”，即高质量发展、高效能治理、高品质生活、特色化发展。精致城市建设需要全领域、全要素、全环节推进，高效能治理是精致城市的基本要素和重要环节，故而推动高效能的基层治理，是全域推进精致城市建设的题中应有之义。近年来，威海围绕推进社会治理现代化，创新形成全域统筹、全面融合、全员参与、全民共享的“四全”市域社会治理新模式。全市各地紧盯群众诉求和纠纷调处，因地制宜、因时制宜，创新实践基层治理。乳山市育黎镇针对自身的农业大镇特点，探索形成了以“汇民声、开夜会、抓化解”为主要内容的“民情夜会”预防化解涉村务管理纠纷工作法，其治理经验入选山东省新时代“枫桥经验”先进典型。

【关键词】基层治理　群众工作　“民情夜会”工作法

一、背景情况

村务是村级公共事务和公益事业的统称。村务，内涵丰富，涵盖范围广，一般包括村级规划、管理制度、生产指导、脱贫致富、土地承包、耕地保护、财务管理、村级换届、计划生育、美丽乡村、治安管理、纠纷调解、民兵组织、关爱老人、妇女组织、公告公示、征兵工作、救灾救助、事务公开、村规民约、文书档案等。广义上，凡涉及村民利益，与本村发展有联系的事务，都属于村务范畴。

村务同农村居民的利益息息相关，且涉及面广、涉及人员众多，往往成为农村矛盾纠纷的汇聚点。育黎镇位于乳山市西北部，辖42个行政村，人口3.3万人，是典型的农业大镇，其矛盾纠纷呈现出农业大镇所具有的特点：一是涉村务管理纠纷比重大。长期以来，农村财务、土地流转、村级公益等方面的涉村务管理纠纷占镇域纠纷总量的75%以上。二是纠纷信息收集不及时。由于村民习惯于白天在田间劳作或离村务工，与村干部“两头不见面”，信息传递存在“时间差”，甚至一些需要紧急解决的问题因为信息掌握不及时而错失最佳处置时机。三是群众参与管理以及纠纷解决渠道不畅通。村民由于忙于劳作，白天很少有闲暇时间，即使想参与村务管理，也心有余而力不足。民主决策、民主协商、民主管理、民主监督，难以落到实处。

对此，育黎镇充分利用村民晚间普遍空闲这一特点，探索形成“每周二晚固定召开+即时召开+提级办理”的“民情夜会”预防化解涉村务管理纠纷工作法。2020年以来，此类纠纷年均下降42.7%，化解率达97.4%。其治理经验得到广泛推广和借鉴。

二、主要做法

（一）“民情夜会”的动因

进入新时代，乡村振兴战略等党的一系列农村政策的实施，为农业农村发展注入了强劲的动力，农村群众参与村务管理的热情日益高涨，追求高效服务的诉求日益强烈，这既为推进基层治理现代化带来了机遇，也对做好群众工作提出了挑战。育黎镇是人口大镇、农业大镇，这决定了其邻里纠纷、土地流转矛盾纠纷等数量较大，农村基层矛盾呈现诱因复杂化、种类多元化、处理疑难化等特点，若不及时预防、化解，就会导致农村矛盾纠纷激化，“小矛盾”容易引发“大纠纷”。镇村干部大部分白天到村处理事务，晚上下班后返回市区，而对育黎镇的大部分村民来说，务农是其主业，到了春秋农忙时节，他们白天一般会在田间侍弄庄稼，到了晚上方能有空闲时间。即便到了农闲时节，大部分村民白天外出务工，每每月上梢头，方才归家。白天在村、晚上回城的“两栖”干部很难与白天忙、夜间闲的群众碰上面，导致“白天无人办事，晚上无门办事”，引发诸多问题。

面对这一现实情况，育黎镇党委、镇政府不禁思考如下问题：如何创新民情民意沟通渠道，掌握纠纷隐患、回应群众诉求？

育黎镇塔庄村的村委夜会做法，启发了育黎镇党委、镇政府的工作思路。

此前，塔庄村村情复杂，是育黎镇比较“出名”的乱村、差村，为改变这一情况，当时的村“两委”就如何解决村民纠纷开展大讨论：因村民普遍白天有事，针对一些诉求仅能通过电话方式进行沟通，难免存在一些误解，难以进行解决。但如果选在晚上吃完饭后对村民诉求进行处理的话，此时村民空闲下来，可以坐下来慢慢协商，也就可以一点一点地对事情进行梳理，进而从源头化解矛盾。而且选择在吃过晚饭后，村民心情比较放松，没有任何拘束，相比白天肯定更愿意敞开心扉、畅所欲言，更容易说出自己的心声。自此，每天晚上村“两委”成员到村委会办公室集合，共同商讨村级事务，同时鼓励村民有事找村委办事，无事找村委看办事。塔庄村村委夜会的实施，有效化解了村内矛盾，使村内日常事务顺利推进，实现了矛盾隐患早识别、早预防、早发现、早化解，以“小夜会”为支点撬动“大和谐”，使塔庄村彻底摘掉了乱村、差村的帽子。

育黎镇“民情夜会”的初衷是对村民之间的纠纷进行调处。村民大多数白天忙于务农、务工，难以坐下来慢慢解决纠纷，而放任事情发展则会激化矛盾，“民情夜会”制度的实施则利用“时间差”，让双方当事人坐下来、静下来，就问题处理、纠纷解决进行沟通协商。同时，仅一名村干部调处，可能存在某一方对结果不认可、认为存在偏颇的情况，“民情夜会”制度则成为“黏合剂”，若诉求人对某一村干部的做法不予认可，其他村干部可及时介入，就双方矛盾再次进行调和，确保矛盾得到有效化解。

随着工作的深入，“民情夜会”在纠纷调处、定分止争的同时，其党建引领基层治理共建的效应逐渐显现出来。当没有亟待解决的矛盾时，村“两委”成员会针对近期的村务工作进行深入研讨，及时通过“民情夜会”进行分析研判，为村子的发展指明方向。如此安排，不仅避免了白天工作的繁忙，还为村干部腾出了更多时间去实地落实、推进各项工作。大多数村“两委”成员文化程度不高，对事件处理倾向于按照公序良俗，那么，借助“民情夜会”，汇集村“两委”集体的经验智慧，将“难”题化为“易”题，有活一起干，有劲一处使，有助于提升村“两委”班子的战斗力和凝聚力。同时，“民情夜会”鼓励村民参加，监督村级事务的开展，保障村民对相关事务的知情权的同时，让群众更加深入地了解相关事务的具体内容，有效地保证群众参与管理、维护自身权益，减少不必要的误解，从而保证了相关工作的顺利开展，减少了工作阻力，密切了干群关系。

（二）“民情夜会”的制度设计

“民情夜会”，顾名思义，即在夜晚召开的处理民情、民意的会议。它巧妙地融合了“民”“情”“夜”“会”四个元素，构建了一个为民服务、情感沟通、错峰办事和集体决策的平台。

“民”，民惟邦本，本固邦宁。习近平总书记曾说，人民就是江山，共产党打江山、守江山，守的是人民的心，为的是让人民过上好日子。我们党的百余年奋斗史就是为人民谋幸福的历史。村民委员会作为基层群众性自治组织，无法脱离民众而单独存在，必须坚持为人民服务的初心和使命。为民服务贵在听民声、知民意，解民忧、暖民心，最基本也最重要的就是了解群众的所思所想所盼，只有认真听取群众反映的热点、敏感问题，找准影响群众切身利益的症结所在，才能更好地帮助群众解决问题和困难，带给群众更多的幸福感、获得感。“民情夜会”正是这一理念的生动体现，它让村干部能够深入群众，倾听群众的声音，了解群众的需求，从而更精准地解决他们的困难和问题，让他们感受到更多的幸福感和获得感。

“情”，处事以情，人人悦服。此处的“情”含义有三：一为了解民情。通过“民情夜会”，将相关人员叫到一起，与群众直接沟通交流，通过与群众面对面的交流，深入了解他们的诉求和心声，避免误解和隔阂；同时，充分发挥村“两委”成员作用，使其切实做好释疑解惑、疏通引导工作，积极引导群众理性合法地表达诉求。二为阐述法情。对于群众反映的问题，凡属法律法规和政策明确规定的，依法依规进行处理；对于群众提出的合理或部分合理要求，但政策法规没有明文规定的，按照公序良俗进行处理。三为巩固感情。处理矛盾纠纷时，村“两委”成员扮演着“和事佬”的角色，因纠纷双方存在感情基础，以情服人、以理服人操作空间大，同时可以做好解释沟通，避免因冷冰冰的法律条文加深矛盾。

“夜”，错峰办事，夜解民忧。“民情夜会”巧解了群众与干部之间的“时间错位”问题。过去，“白天无人办事，晚上无门办事”的情况普遍存在，一些急办的事办不了，一些想说的话说不上，心与心之间的距离渐渐就远了。“民情夜会”实施后，村干部利用晚上空闲时间，通过为群众提供“错时”服务，打破时间的界限，倾听群众心声，收集群众意见，调处各类矛盾纠纷，进一步密切干群关系，彻底践行了“小事不出村，大事不出镇，矛盾不上交，就地解决”的“枫桥经验”。

“会”，会纾民怨，会解民忧。一为会面。当群众发生矛盾时，仅听取一方的陈述容易判错案，加深矛盾。将“法庭”搬入村委会，村“两委”成员化身“法官”，让双方当事人和调解者三方会面，在闲聊中将矛盾化解于无形，真正做到小事不出“村”。二为开会。村干部也大多白天忙于农活儿，无法做到随时对相关事务进行处理，“民情夜会”则使解决这一问题有了依托，保证了村“两委”成员有固定的碰面时间议事办事，有助于提升村“两委”班子的凝聚力与执行力。

（三）“民情夜会”的基层探索

育黎镇坚持党建引领，利用村民晚上普遍空闲这一特点，充分践行新时代“枫桥经验”，抓住矛盾纠纷化解的基层治理“牛鼻子”，以调纷止争促稳定为目标，自2022年9月开始在全镇42个村探索推行了“民情夜会”制度。固定每周二晚上7—8点召开“民情夜会”，主动为民服务，找准矛盾隐患，靠前预防化解，真正实现了“小事不出村，大事不出镇，矛盾不上交”。

1. 汇民声，确定议题

坚持“铁脚板+大数据”双发力，第一时间把村民诉求收集到位。一是夜访民情。对白天不在家的群众，提前沟通，利用晚上时间进行走访，做到“人见到、面见上，充分听取村民诉求意见”，对能现场解决的诉求立即予以答复，不能当场解决的纳入“民情台账”，上报村委会“入账化解”。二是汇集数据。依托镇“一站式”矛调中心，动态梳理汇总网格化服务管理、12345热线等平台受理反馈的纠纷诉求，将适宜村级处理的推送村级“民情夜会”快速办理。三是确定议题。各村召开“两委”会，对“夜访”收集到的诉求、上级交办的事项进行分析研判，将较大矛盾纠纷列为“民情夜会”议题。

2. 开夜会，化解民忧

坚持“有事办事，无事议事”的原则，每周二晚上7—8点组织村“两委”干部、网格员等到村委会办公室坐班夜议村务。一是夜话纠纷。对于议题纠纷，由村“两委”组织，邀请镇包村干部、当事人、调解员等参与，坚持情、法、理相结合，在与当事人谈心谈话中释法明理、化解争议。累计调处邻里纠纷等矛盾1170余起，提供法律咨询服务1480余件。二是提级化解。对于夜会初次调解不成功的问题，及时上报镇“一站式”矛调中心提级化解，由矛调中心主任牵头，组织村干部、主要当事人及群众代表、专职调解员、法庭工作人员等再次召开“民情夜会”，综合运用众事众议、公开听证、合法性审查等方法妥善处理，确保定分止争、群众满意，累计提级化解65件，化解率98.5%。三是夜议村务。“民情夜会”期间，由村党支部书记主持，邀请党员代表、群众代表，针对村民关心的热难点问题、村级产业发展事项等夜会夜谈，充分汇集民智、共商解决方案，保障村民知情权，努力将各类矛盾纠纷预防在源头。

3. 抓落实，跟踪到底

建立落实督办机制，防止“决而不行、行而无果”。一是信用管理。“民情夜会”结束后，引导达成和解的当事人签订承诺书，对于未履行义务的，通过信用警示、村规民约、联合奖惩等手段，倒逼履约践诺。二是跟踪回访。就“民情夜会”所化解的矛盾纠纷安排专人回访，设立“民意感知红黑榜”，将群众满意度与村干部绩效挂钩，促进“案结事了、事心双解”。三是销号管理。由镇“一站式”矛调中心牵头，对“民情夜会”受理的矛盾纠纷逐一建立台账，明确责任人及完成时限，对回访中当事人表示满意且结果落地落实的，予以销号。

“民情夜会”工作法，既了解了民情，收集了民意，化解了民怨；又锤炼了基层干部党性，提升了党员干部为民办事的能力，密切了干群关系。育黎镇通过“民情夜会”，化解村务纠纷，行之有效地解决了许多农村群众反映强烈的“老大难”问题。

2023年7月16日晚，在育黎镇大洼村妇女主任夜访民情时，村民谭某卿反映“同村曲某驾驶农用车将其苹果树撞倒但拒绝赔偿”。妇女主任立即赶赴曲某家中，了解到如下情况：连日降雨导致村内山路被冲毁，曲某驾车为躲避一处深沟而将谭某卿的苹果树撞倒。曲某认为，“如果村级及时整修山路，就不会发生撞倒果树的事情”，因此拒绝赔偿，双方对立情绪强烈。

妇女主任将此事纳入“民情台账”上报村委会，考虑到此事涉及村内山路整修且曲某白天要去市里的一家养鸡场打工，决定将此事纳入“民情夜会”议题予以调解。

7月18日晚7点，由村党支部书记于英华主持召开“民情夜会”，邀请纠纷双方、包村干部、村调解员、驻村法律顾问共同参加，听取双方诉求意见，提出“曲某给予谭某卿1000元经济赔偿”的调解方案。双方均不同意，谭某卿认为赔偿数额过低；曲某表示事情根源是村级对进山道路管护不力，造成群众生产生活不便，应由村集体进行赔偿，最终协商无果。

会后，村干部及村调解员分头做双方思想工作，并将纠纷上报至育黎镇“一站式”矛调中心提级化解。7月25日晚，由镇“一站式”矛调中心主任于波牵头，组织镇专职调解员、村“两委”干部、法庭工作人员、群众代表再次召开“民情夜会”进行调解。经过多方共同努力，最终曲某同意给予谭某卿1000元经济赔偿，但同时要求村级加强山路整修和管护。经村集体研究，考虑山路每年都会被雨水冲毁需要整修，村集体财力难以支撑，且整修不能从根本上消除问题隐患，决定申请上级支持进行山路硬化。

7月26日，大洼村向育黎镇政府提交申请，希望将该路段硬化纳入镇级“民生实事”。经镇党委研究，决定将该段山路列入水库移民项目道路硬化工程。8月30日工程动工建设，9月16日硬化完成，镇“一站式”矛调中心回访纠纷当事人，双方均表示满意。

从夜访民情、排查矛盾，到上报村委会、确定议题，再到召开夜会、化解民忧，又到再开夜会、提级化解，最后跟踪回访、落实到底，形成了一个完整的闭环，将一起剑拔弩张的农村纠纷化解于无形。

（四）“民情夜会”的基层治理成效

当前，“民情夜会”作为基层解纷的一种有效工作方法，在育黎镇全面展开，辖区42个行政村结合本村实际，因村制宜、因事制宜，灵活运用“民情夜会”，基层治理成效显现。

1. 育黎镇龙角山村：巡查走访听民意，化解矛盾暖民心

龙角山村把巡查走访作为发现矛盾点、风险点的重要手段。由村党支部书记挂帅，以村“两委”干部为主力，以村兼职网格员为补充，成立矛盾风险“预警队”，通过日常巡查、入户走访等形式，发现村内存在的矛盾纠纷风险点、安全隐患点。村“两委”干部每周至少利用1个晚上，对各自分包的片区进行入户走访，摸清村民家庭基本情况，及时听取村民各类诉求；每人每年至少对分包户走访2次。村党支部书记每年对所有户至少走访1次。网格员每周至少走访1次网格内的低保困难家庭、残障居民和空巢老人；每季度至少走访1次网格内其他群众；每日在网格内开展巡查走访，听民声、查隐患，并将排查发现的问题通过网格化管理系统及时上报。对收集的村民诉求，能当场解决的当场解决，不能当场解决的全部交由“民情夜会”统一协调解决。通过实施“民情夜会”制度，龙角山村累计收集矛盾纠纷23起，均予以成功调处，解决民生问题30余件，奋力绘就宜居宜业和美乡村建设新画卷。

2. 育黎镇塔庄村：“夜会+服务”，安好“调水闸”

塔庄村把“便民服务”作为减少群众诉求的“调水闸”。提供“错时”服务，利用“民情夜会”为群众办理常规证件证明手续，受理代办服务事项，有效解决了“白天无人办事，晚上无门办事”的矛盾。开展集中议事，按照“有事办事，无事议事”的原则，塔庄村将走访中收集到的群众关心的难点、堵点，作为“民情夜会”的议题进行讨论，研究解决办法、制订工作计划、调度工作落实，把群众的“需求清单”变为村干部的“履职清单”。提供代办服务，由村“两委”干部、村妇女主任、村会计、网格员等组成代办队伍，为村民提供37项代办服务，让服务多跑路，让群众少跑腿。通过实施“民情夜会”制度，塔庄村累计为民代办服务事项1300余件，研究讨论各类村级事务300余项，确定实施“户户通”、美丽乡村等“为民工程”10余项。

3. 育黎镇东纪村：建起“两支强队伍”，推动矛盾化解抓早抓小

在深入贯彻“民情夜会”制度的基础上，东纪村采取了一系列举措以加强社区管理和矛盾调解工作。东纪村配套成立了网格化管理和志愿调解两支队伍，将全村划分为两个网格，在网格内开展巡查走访，听民声、查隐患，并将排查发现的问题通过网格化管理系统及时上报，交村“民情夜会”进行处理。由村调委会牵头，组织法律“明白人”、乡贤、老干部成立志愿调解队，发扬“贴上去”“靠上去”的好做法，把矛盾化解机制前置，将矛盾调解的阵地延伸到炕头、地头，主动上门入户、走进田间地头，将矛盾化解于萌芽。通过实施“民情夜会”制度，东纪村累计调处各类矛盾60余起，为民代办服务事项120余件，提供法律咨询服务40余次，真正做到了“小事不出网格，大事不出村，矛盾不上交”。

4. 育黎镇西纪村：“民情夜会”助力民生服务，小村庄焕新颜

西纪村党支部通过成立“隐患排查服务队”“矛盾化解服务队”两支队伍，为基层治理做好队伍保障。“隐患排查服务队”在网格内开展夜访民情、夜敲家门等志愿活动，队员利用晚上村民空闲在家时间，到村民家中听民声、查隐患，并将排查发现的问题及时上报，将矛盾发现的探头延伸至田间地头、百姓炕头。“矛盾化解服务队”利用每周二晚上与村“两委”干部在村委会办公室开展“民情夜会”，集思广益解决群众问题诉求及村级治理难点痛点，将群众的“需求清单”变为村党支部的“履职清单”。通过实施“民情夜会”制度，西纪村累计调处各类矛盾10余起，为民代办服务事项120余件，提供法律咨询服务近10次，真正做到了“小事不出网格，大事不出村，矛盾不上交”，成功创建“无讼村”。

西纪村在推动社区治理创新方面，独具匠心地结合了“民情夜会”与信用管理体系，通过积分兑换机制与村级服务的融合，创立了独特的“信用币”兑换模式，并始终秉持激励机制的核心理念。每周，西

纪村通过“民情夜会”，对上周村民获取的“信用币”情况进行详尽的梳理与总结，同时公布本周需要村民积极参与的工作任务，并接受村民的自愿报名，对报名的村民进行登记，以此鼓励全体村民积极参与到村庄的日常管理中来，共同成为村庄管理的“主人翁”。西纪村创新发放“信用币”，并与乳山家家悦超市有限公司育黎店达成“信用币”购物协议。“信用币”采用粉、红、绿三种颜色，分为1分、2分、5分3种币值，村民根据自己每次志愿活动获得的积分获取相应币值的“信用币”。自上述工作开展以来，西纪村推行的“志愿+信用”代替零工支出、村保洁员制度，仅保洁员工资一年可节省1.8万元，零工支出节省2.6万元。一系列的信用制度体系建设，使得西纪村形成了“家家都有志愿者，人人争当志愿者”的积极氛围，为村庄的和谐稳定与持续发展注入了新的活力。

当前，育黎镇全体镇村干部将夜访民情作为联系服务群众的重要桥梁，通过一声声暖心的日常问候、一次次细心的政策解答、一个个实际问题的及时解决，切实把共产党人的初心使命根植于心、践之于行，让党员干部与群众之间的情更浓、心更近。

三、经验启示

（一）做好群众工作，必须强化制度设计，突出基础工作

习近平总书记强调，要加强党的领导，推动党组织向最基层延伸，健全基层党组织工作体系，为城乡社区治理提供坚强保证。[①]推动基层群众工作有效运转，需要建立统一领导、协调各方、有序推进的机制，增强党组织的领导力、组织力、牵引力。育黎镇“民情夜会”的整体制度设计，贯穿的一条主线，就是坚持党建引领，发挥好党组织作用。

---

① 《习近平关于城市工作论述摘编》，中央文献出版社2023年版，第14页。

镇党委坚持把基层治理和解决群众诉求作为一项系统工程，统筹兼顾，整体推进，主要领导靠前指挥、系统谋划，高频率开展、高质量落实，以解决群众关注的“身边小事”为突破口，致力于调动基层党组织积极性，真正形成镇村联动。

（二）做好群众工作，必须强化责任担当，突出敢闯敢干

习近平总书记指出，改革推进到今天，比认识更重要的是决心，比方法更关键的是担当。[①]有多大担当才能干多大事业，尽多大责任才会有多大成就。育黎镇坚持群众利益无小事，围绕群众关注的堵点、痛点、盲点问题，在掌握共性规律基础上守正创新，全面把握群众诉求背后的逻辑主线，对症下药，把干部与群众“两头不见面”的劣势变为干部与群众“面对面交流”的优势，把“不可能”变为“可能”，把看似“无解”的难题变为“有解”，及时收集民情民意、听取群众意见建议、回应群众诉求、化解矛盾纠纷。

（三）做好群众工作，必须强化综合施治，突出人人尽责

习近平总书记指出，要完善共建共治共享的社会治理制度，实现政府治理同社会调节、居民自治良性互动，建设人人有责、人人尽责、人人享有的社会治理共同体。[②]基层治理工作任务繁杂，加强基层治理建设，必须有一支“硬核”治理队伍。育黎镇聚焦农村干部、专业矛盾调处员两大队伍。一方面，在农村抓党支部书记、党员、村民代表及网格员队伍建设，引导党支部书记、党员、村民代表及网格员切实履职尽责，在基层治理中充分发挥应有作用。另一方面，专业抓矛盾调处队伍建设，在镇级，配齐、配强镇“一站式”矛调中心工作人员；

① 《习近平总书记系列重要讲话读本（2016年版）》，学习出版社、人民出版社2016年版，第82页。

② 《习近平谈治国理政》第4卷，外文出版社2022年版，第338页。

在村级，公开选拔一批德高望重、处事公道、善做沟通和调解工作的“和事佬”，组建志愿服务调解队，活跃在“民情夜会”中，在谈心说理中将纠纷消解于无形。

（四）做好群众工作，必须强化规律认识，突出方式方法

一是工作要靠前。既治“已病”，更治“未病”。把工作重心从“事后灭火”转移到“事前防火、降火”上来。育黎镇正是坚持预防为主，通过夜访民情，排查矛盾隐患，收集群众诉求，及时掌握苗头性问题、下好先手棋。二是问题要找准。既见“表”，更见“里”。抓住问题的本质，分析问题产生的原因，研判矛盾的风险隐患，盯紧风险点。育黎镇通过召开夜会，商讨问题解决办法，采取措施及时跟进。三是解决要到位。既治标，更治本。防范化解风险隐患，不仅要防止问题激化，更要从根本上解决群众的合理诉求，以点带面解决问题，更为有效地维护群众的利益。育黎镇坚持对群众诉求进行复盘，对带有普遍性的问题，总结形成规律性认识，上升到制度层面进行谋划，以推动问题从根本上得到解决。

（五）做好群众工作，必须强化结果导向，突出问题化解

民心是最大的政治。基层党组织直接面对群众，经常与群众打交道，而做好群众工作，化解各类矛盾，促进和谐稳定，加强基层治理，是党组织的独特优势，也是看家本领。育黎镇聚焦提升做好群众工作能力，坚持夜访民情、排查矛盾，召开夜会、化解民忧，跟踪回访、落实到底。“眼睛向下围着群众转”，紧盯群众反映强烈的难点堵点问题，通过“民情夜会”预防化解涉村务管理纠纷工作法，实现群众诉求事事有回音、件件有着落，不断提升群众幸福感和满意度。

思考题

1. 面对诱因复杂化、种类多元化、处理疑难化的农村基层矛盾，“民情夜会”制度是如何形成的？
2. 育黎镇是如何创造性地运用“民情夜会”工作法的？取得了哪些工作成效？
3. “民情夜会”对我们做好群众工作有什么启发？

第五章

生态文明建设

一张蓝图绘到底

——威海缘何荣膺全国首个"美丽城市"建设试点*

【引言】2018年4月13日，习近平总书记在庆祝海南建省办经济特区30周年大会上的重要讲话中指出："广大干部群众要不忘初心、牢记使命，以'功成不必在我'的精神境界和'功成必定有我'的历史担当，保持历史耐心，发扬钉钉子精神，一张蓝图绘到底，一任接着一任干，在实现'两个一百年'奋斗目标、实现中华民族伟大复兴中国梦的新征程上努力创造无愧于时代的新业绩！"①2023年3月5日，习近平总书记在参加十四届全国人大一次会议江苏代表团审议时发表重要讲话强调："任何时候我们都不能走那种急就章、竭泽而渔、唯GDP的道路。这就是为什么要树牢新发展理念。树立正确的政绩观也就在这里，功成不必在我、功成必定有我。"②生态文明建设以其跨届长期性、取舍困难性，成为正确政绩观的重

---

* 本案例由中共威海市委党校（威海行政学院）校委委员、经济学教研部主任、教授王东普，中共威海市委党校（威海行政学院）经济学教研部讲师牛艳玲、讲师徐超，中共山东省委党校（山东行政学院）马克思主义学院副教授赵萍撰写。

① 习近平：《在庆祝海南建省办经济特区30周年大会上的讲话》，人民出版社2018年版，第21页。

② 转引自本报评论员：《牢固树立和践行正确政绩观》，《人民日报》2023年5月11日。

要检验标尺。

【摘要】1947年刚解放的威海，就立法奖励植树造林和保护树木。此后，历届市委、市政府始终把生态文明建设摆在全局工作的突出位置，压茬推进环境保护和绿色发展，硕果累累：从1990年获评首个国家卫生城市起步，相继荣获全球人居领域最高奖项——联合国人居奖、我国环保领域最高社会性奖项——中华环境奖，获评国家生态文明建设示范市，获批全国“无废城市”建设试点、全国首个“美丽城市”建设试点，实现国家生态文明建设示范区创建市域全覆盖……2018年6月，习近平总书记在威海考察时对威海的生态文明建设给予高度肯定。

【关键词】生态文明　发展初心　“两山”理念　美丽城市

一、背景情况

2023年的威海，线上“火热”，线下“燃爆”。绿色低碳、最美自驾、旅游市场“黑马”、“核风光储”、跨境电商、整车运输、产业链招商等频频“破镜”“出圈”，新华社、中央广播电视总台、《人民日报》、《光明日报》、《经济日报》等中央主要媒体纷纷关注威海，以图文、视频等多种形式，从多个角度聚焦威海发展新成效、新亮点。

威海缘何出圈？威海，与众城最为不同之处，就是她对大自然的那种深深的热爱！

威海以红蓝绿“三原色”著称：她是以甲午海战和天福山起义著称的红色卫城，她是以全国海岸线最长的城市（威海985.9公里海岸线，约占全省1/3、全国1/18）而著称的蓝色滨城，她是以江泽民同志1992年题词“红瓦绿树碧海蓝天　扬威奋进前景广阔”而著称的绿色青城。红色卫城是前人留下的，很出色，但在神州大地遍地红的中国，难免泯然众“红”；蓝色滨城是老天给的，在祖国约18400公里的大陆海岸线上，星罗棋布地分布着众多的海滨城市，也没有什么好稀奇的；唯有绿色青城，是一代代威海人锲而不舍地保下来、建起来的。绿色是威海底色，是敬畏大海的威海人对大自然热爱的颜色，是威海人生产生活不可或缺的一部分，已经浸润到威海人的骨子里而成为一种文化。

一方水土养一方人。历届威海市委、市政府，怎样抓牢历史地形成的威海人文特点，因势利导推进环境保护、绿色发展，一届一届传好生态文明发展的接力棒？其背后所蕴含的深层次问题是：怎样完整、准确、全面地贯彻落实习近平生态文明思想，树立和践行正确政绩观？回答好这些问题，就是威海所要做对的事情。

二、主要做法

一届班子做一件事不难，但以后的历届班子都做这件事，就难了。1947 年以来，威海历届班子始终不忘生态文明建设这个发展初心，始终如一地压茬推进生态保护、绿色发展，用长期坚持的正确政绩观打造出全国生态文明范例城市。

（一）建设时期：威海的生态文明建设初心

万事开头难，万事坚持难。

在电视剧《亮剑》中，李云龙在南京军事学院论文答辩中，有这样一段话："任何一支部队都有自己的传统，传统是什么？传统是一种性格，是一种气质。这种传统和性格是由这支部队组建时首任军事首长的性格和气质决定的，他给这支部队注入了灵魂。从此，不管岁月流逝、人员更迭，这支部队灵魂永在！"城市也是如此，是由最开始的城市性格和气质所决定的。

在美丽的千里山海自驾游公路边，人们印象最深刻的，除了或碧蓝或翠绿的洁净之海，就是那些郁郁葱葱的海防林。海防林都是黑松林，都有70多岁了，它们群“生”于首届威海卫人民政府的政令。在威海市档案馆，我们找到了那份政令。它是1947年刚刚解放的威海卫组建的人民政府所颁布的《威海卫市奖励造林及树木保护暂行条例》，是当前所查到的新中国最早的地方绿化立法。自1894年甲午战争爆发以来，威海历经战火：从1898年开始反抗英租威海卫的斗争到1937年打响胶东抗日第一枪的天福山起义，从许世友将军领导的胶东解放战争到解放威海卫的古陌岭战役，经年累战争得了民族独立、人民解放的同时，满地兵燹、疮痍弥目的威海，举目四望是童山濯濯和沙卷人退。

生态环境破坏易、恢复难，山上植树易，沙滩种树难。最初，人们在海滩上栽植的黑松苗少有成活，即使经常浇水、及时清理海沙，也无法改变树苗成片死亡的结果。聪慧的威海人想了很多办法，最终选择了把黑松苗放在黏土浆里，抹上一层黏土，然后种植到海滩上的方法。这种方法效果很好，黑松苗的成活率大大提高。此后，“山区育苗，黏土包根，海滩种树”，就成为威海老百姓的一项基本操作。几十年如一日，这项操作延续至今，终于造就了绵延上千公里的10万公顷黑松林。这片被世人称为天然大氧吧的黑松林，是威海人用勤劳和智慧造就的独特的亮丽风景，也是威海生态文明建设的发展初心象征。

为了保护海防林，威海涌现出一批时代楷模。“把一生交给党安排”[①]的成山林场党员沈秀芹，就是其中的典型代表，她在与火灾搏斗中英勇牺牲。这种豁出命来也要保护生态环境的性格和气质，在威海一直延续至今。

---

① 1970年6月8日《人民日报》在头版头条刊发的新华社长篇通讯《把一生交给党安排　优秀共产主义战士、回乡女知识青年沈秀芹的先进事迹》，报道了回乡女知识青年、山东省荣成县成山林场副场长沈秀芹因扑救火灾牺牲的光辉事迹和战斗的一生。全篇通讯，除了占据头版头条，还占据了整个第三版。

（二）改革开放新时期：威海的生态文明建设使命

《中共威海地方史》记载，1987年地级威海市刚一成立，市委常委会第一次会议就研究部署了全市环境保护工作。会议提出，威海要以“建设高新技术产业为主的生态化海滨城市”为目标，把保护好环境作为城市发展的首要选择，把“威海市建设成为环境优美的现代化文明城市”。生态化海滨城市和现代化文明城市，尽管是分开讲的，但生态文明的元素已全部涵盖，威海是有据可查的全国最早把生态上升到文明高度，并将生态文明作为城市发展方向的城市。

1.从环保优先到环境立市

在生态文明建设决策支撑下，威海市委、市政府实现了从原来的环保优先到环境立市的理念跃升，坚持一张蓝图绘到底，用系列城市规划把环境立市固化下来。

1992年，在《威海城市总体规划》经山东省政府批准后，威海采取国际征集等方式，陆续编制了《绿地系统规划》《千里海岸市区段风景资源评价》等一系列重点区域和地段的控制性规划。这些规划，坚持一条根本原则，这就是“不求规模，但求精美”，突出整体特色与生态环境的和谐统一、人与自然的和谐共存。

在总体布局上，威海采用沿海岸线、环绕山体的带状组团式结构，把城市划分为9个簇群，利用山、海、河、林、绿地将这些簇群自然分割开来，使之巧妙地分布于山海之间，使工业、商业、文化、旅游度假等功能分区相对独立，最大限度降低中心城市的开发强度和建筑密度。在空间组合上，划出了绿化“红线”、建筑“绿线”、文物保护“紫线”、海岸线“蓝线”，尽量做到不遮山、不挡海，留足空间，确保高度适中、体量适中、间距拉开，避免一景遮百景、一点盖一线、一楼挡一面，形成了“城不压山、城不占海、城不进岛”的独特城市轮廓线。在建筑风格上，确定了48字设计大纲：碧海蓝天、红瓦绿树、多层楼房、楼有间隙、楼楼有别、一栋一式、因地制宜、随坡就势、有进有出、有高有低、白色门窗、淡色墙壁。

威海的城市规划、设计、建设、管理和生态标准是全国标准的源泉，包括规划的连续性、法律性、严肃性、权威性这“四性”，规划一张图、审批一支笔、配套一条龙、管理一盘棋这“四一”，设计的美观、实用、安全、经济“八字方针”，建设的统一规划、合理布局、综合开发、配套建设（先地下后地上）“十六字方针”，管理的政府组织、地方负责、部门协调、群众动手、科学治理、社会监督这“二十四字方针”，都被写进了我国城乡规划法规体系和国家标准体系。李鹏曾号召“全国学习威海的经验”。

这些规划最大限度地实现了人与自然的和谐相处，成为环境立市的基本标准，执行至今，才有了威海的赏心悦目和舒适宜人。

2.从首个国家卫生城市到生态市

为了确保生态文明建设成效，威海改革开放初期就把环境卫生整治作为长期不变的抓手，年年定目标，届届强推进，一年上一个台阶，推进生态文明建设不断升级，日渐厚重。

十年磨一剑。1990年喜获第一个“国家卫生城市”，给威海生态文明建设打了一剂强心针。此后，威海就像开挂一样，在生态文明建设上“打怪通关”，一路畅通无阻：1993年获评“全国环境综合整治优秀城市”；1995年获评“全国造林绿化十佳城市”；1996年被联合国评为全球改善人居环境最佳范例城市，同时获评“国家园林城市”，再次获评“全国环境综合整治优秀城市”；1997年，威海同厦门、大连、珠海、深圳一道获评“国家环境保护模范城市”；1998年获评“中国优秀旅游城市”；2000年再次被联合国评为全球改善人居环境最佳范例城市；2002年形成中国第一个环境保护模范城市群；2003年获得全球人居领域最高奖项——联合国人居奖，这是该年度全球唯一的人居奖。

2003年9月，山东省提出建设生态省目标；2003年12月，原山东省环保局印发《生态市、生态县（市）建设规划编制工作指导意见》。按照相关要求，威海市委于2003年正式确立了建设生态市的目标，明确了通过大力发展生态经济、建设生态社会、改善生态环境、培育生态文化、提高人民生活质量来建设生态市的战略任务。2004年初，由市委、市政府主要领导挂帅的威海市创建生态市工作领导小组成立，组织专家制定和论证规划，制定各区市、开发区和市直各部门的生态市建设目标责任书，编制《威海生态环境监察试点实施方案》——最终由市政府颁布。

2005年4月，威海市第十四届人大常委会第十七次会议审议通过了《威海生态市建设总体规划》，作出《关于建设生态市的决议》，对威海生态市建设的指导思想、基本原则和建设目标提出了具体要求。威海市委、市政府出台了《关于加快推进生态市建设的意见》《关于建设生态威海的决定》。同年9月，威海市委、市政府召开生态市建设工作会议，市政府与各区市政府（管委）、市直有关部门分别签订生态市建设责任书。此后，每年都签订责任书，推动威海生态文明建设突飞猛进发展。

这一时期，威海宁拒外资、不毁环境，成为最早对外来项目设置环保门槛的城市。在外资准入方面，威海规定了“三个不上”——污染环境的不上、耗能高的不上、耗水多的不上，对具有这些特点的项目实行环保“一票否决”。自1992年市委、市政府一票否决了韩国2.5亿美元建设水泥厂的外来投资后，考虑环境因素威海累计拒绝了20多亿美元的外资项目和200多亿元人民币的内资项目，这被写进了2008年11月的《人民日报》通讯。直到今天，威海市为了优化投资环境，先后取消、合并、下放大批审批许可项目，但环保第一审批权和一票否决权雷打不动，“三个不上”雷打不动。

攻坚克难，完成三大百亿产业的出清工作。威海原有三大百亿名产业，分别是以出产优质藻贝类著称的威海湾养殖产业、以生产优质高蛋白饲料著称的鱼粉产业和以享誉海内外的石岛红原产地著称的威海石材产业，三大产业都曾经是威海重要的经济增长源泉和财政收入来源，但污染也都很严重。海水养殖产业上，养殖业主在海面盲目建造网箱、架设吊养筏架而造成养殖密度过大，这远远超过了海洋生态系统的承受能力，造成海水养殖生态系统物流和能流循环受阻或紊乱，引发病害；大量残饵、碎屑、鱼虾粪便，以及养殖工人生活垃圾的分解，产生大量的氮磷营养物质，导致养殖水域富营养化。无规划的海水养殖成为当时近岸海域主要的污染源，甚至有超越陆源污染的趋势，很多居民说："烟囱一喷烟，腥臭难闻，熏得人都睡不着觉。"鱼粉产业上，鱼粉厂的污水含磷、氮多，烧鱼粉的脏水排进海里，使海面漂着一层油，下面的鱼上不来气，就一群群地死了，海洋污染极其严重。石材产业上，采石的人为破坏及其衍生的自然破坏，导致了植被损毁、土地裸露、水土流失、生态环境恶化、自然景观受损等一系列严重生态环境问题。

党的十八大之前，威海市委、市政府在生态市建设过程中，果断决定威海湾海域养殖设施全部清理、鱼粉厂和采石场全部关停，彻底消除生态破坏的产业威胁。其中，取消海水养殖的威海湾，清理违法和破坏生态的低效养殖区27万亩，拆除网箱、看护房等2万多个；20年前威海花3亿元巨资打造了一连串的海滨公园，当时群众意见很大，现在的威海湾和湾畔公园已经成为估值上千亿元的聚宝盆、金矿带。2005年，威海被评为"中国十佳宜居城市"之首；2009年，威海被评为"国家森林城市"。

3.从改革开放30年全国十八个典型地区之一到全国"两山"理念的中央课题调研组和《人民日报》首肯市

在改革开放30周年时，威海成为验证改革开放成功的全国十八个典型地区之一，成为全国"两山"理念的中央课题调研组和《人民日报》首肯市。2007年，为了庆祝改革开放30周年，中央政策研究室、原中央财经领导小组办公室中国特色发展之路课题调研组选取上海浦东新区、江苏昆山、江苏江阴、浙江义乌、浙江温州、福建泉州、山东威海、山东寿光、广东深圳、广东东莞、安徽芜湖、江西吉安、湖南长沙、内蒙古鄂尔多斯、云南丽江、甘肃定西、辽宁沈阳铁西区、黑龙江绥芬河共18个典型地区进行了系列调研，威海是山东省入选的唯一地级市。到2008年下半年，中国特色发展之路课题调研组相继完成了对上述18个地区的调查研究；2008年10月8日，《人民日报》刊登了中国特色发展之路课题调研组的调研综合报告《在中国特色社会主义旗帜指引下开拓成功发展之路——对全国18个典型地区的调研综合报告》。随后，18个典型地区的专项调查报告陆续在《人民日报》上刊发。其中，《充分利用区位比较优势　以对外开放总揽发展全局——山东省威海市经济社会发展调查》（以下简称威海报告）发表在2008年11月3日《人民日报》第8版上。威海报告的编者按指出："威海成功将区位优势、环境优势转化为经济强势和发展强势，走上了一条经济发展与环境保护良性互动、人与自然和谐相处的科学发展之路。"威海报告在分析威海经验时指出："20年来，每一届市委和市政府领导班子都反复强调'既要金山银山、又要绿水青山，绿水青山就是金山银山'，他们都把保护和改善好这片绿水青山作为义不容辞的责任，发展理念由'保护环境'到'保护环境与涵养生态'并重，逐步提升到'生态立市、环境优先，实现人与自然和谐发展'。"这是中央课题调研组在《人民日报》上首次用"既要金山银山、又要绿水青山，绿水青山就是金山银山"的"两山"理念来肯定一个城市的经济社会发展实践和党委政府的正确政绩观，也是威海市成为"两山"理念全国首肯市的语源。

（三）新时代：威海生态治理的现代化

党的十八大把生态文明建设纳入中国特色社会主义事业总体布局后，习近平总书记强调，建设生态文明，必须建立系统完整的生态文明制度体系，用制度保护生态环境。为此，党的十八届三中全会、四中全会明确了包含生态文明建设在内的全面深化改革和全面推进依法治国的顶层设计，威海着力强化生态制度创新，着力推进生态治理体系和治理能力现代化，生态文明建设进入法治化的新时代。

1.建立生态全要素保护的地方制度体系

威海实施《威海生态市建设总体规划》，出台《关于建设生态威海的决定》《关于“生态威海”建设的实施意见》《威海市人民政府办公室关于威海市创建水生态文明城市的实施意见》等一系列政策文件，深入推进生态文明建设各项工作任务。威海各类环境要素标准，都走在了全国前列。

在大气方面，出台《威海市大气污染防治行动计划》《威海市环境空气质量全面优化行动计划》，实施治污、抑尘、除味、控车、增绿五项措施。在水方面，实施《威海市水污染防治行动计划》《威海市饮用水水源地保护办法》，安排部署各项水环境治理和建设任务，实施全过程污染防治。在土壤方面，制定实施《威海市土壤污染防治工作方案》《威海市土壤污染状况详查方案》《威海市土壤环境质量监测网络布点方案》。在岸线方面，出台《关于加强海岸带管理与保护的意见》《威海市海岸带执法巡查办法》《威海市沙滩保护管理办法》等管理制度，严格保护岸线自然资源。在农村环境方面，出台《关于加强农村环境保护工作的意见》《关于加强农村环境管护长效机制建设的意见》，持续开展村容整治活动和村庄绿化行动。在减排方面，稳步推进主要污染物减排，每年印发《威海市节能减排综合性工作实施方案》《畜禽养殖业主要污染物减排工作实施方案》等规范性文件，实施年度减排计划和年度减排重点项目治污减排责任制，每季度对减排项目进行调度并向全市通报，确保重点减排项目按时推进。在开放方面，制定实施《威海市中美海洋垃圾防治“姐妹城市”工作实施方案》。

这套制度体系，系统完备地搭建了威海生态治理体系和治理能力现代化的“四梁八柱”，成为“生态市”这个响当当的金字招牌的硬邦邦的保障。

2.建立并严格落实目标责任制

威海各区市各部门严格落实目标责任制对节能减排负总责，充分利用节能减排倒逼机制，扎实推进转方式调结构；企业主动承担节能减排责任，抓紧实施节能减排项目，积极推广节能环保技术，努力提高资源集约节约利用效率，共同保护好生态环境。这个态势的形成，得益于完善的生态环境保护责任追究制度。

威海建立了区域大气污染联防联控机制，加强燃煤锅炉改造、烟气脱硫脱硝等减排工程建设，强化机动车排气污染防治；加快环境监测预警体系建设，将$PM_{2.5}$纳入常规空气质量监测，加大对河流、海域的监测力度；健全环境质量信息发布机制，定期向社会发布环境监测信息，将生态建设和污染治理置于社会公众监督之下，有效打击各类环境违法行为；加强生态涵养，构建生态安全屏障；推进水系生态建设，特别是水土流失区和生态受损区域的治理修复，加强对城镇集中式饮用水源地的保护，坚决取缔保护区内违规建设项目，严厉查处影响水源地水质安全的违法行为，确保饮用水安全。

在目标责任制下，全市生态文明建设投入的资金不断增加，占一般公共预算支出的比例在17%以上。绿水青山带来了生态依赖型企业这座金山银山。融创国际生态健康城、复星旅游文化集团、幸福连城控股集团等，都在威海安了家。威海依托绿水青山培育新的经济增长点，互联网金融、智慧物流、智能制造、健康养老等新经济新业态破茧而出，在相互融合、相互促进中，来自绿水青山的竞争力日益凸显，产生了良好的经济效益和社会效益。

3.健全资源有效利用、有偿使用和生态补偿制度

威海突出节能、节水、节材、节地、节约矿产资源5个重点，万元地区生产总值能耗不断降低，国家级开发区投资强度不断提高，深度

融入全省绿色低碳高质量发展先行区建设。

一是健全资源有效利用制度。威海加强土地节约集约利用，强化水资源集中管理，严格取水、用水审批监管，加快中水回用工程建设。围绕把水做“活”，威海节约水、广蓄水、引客水、淡海水、用中水、治污水，实现了六水共治。支持华能威海电厂实施海水淡化工程，日产10万吨，缓解市区用水紧张局面。规划建设乳山河、黄垒河、母猪河3个地下水库，为全市增加近亿立方米的储水量。

二是健全资源有偿使用制度。威海加快深化资源性产品价格和税费改革步伐，建立反映市场供求和资源稀缺程度、体现生态价值和代际补偿的资源有偿使用制度与生态补偿制度。完善水、电、燃气、蒸汽、暖气等资源性产品的价格形成机制，推动全社会节约利用资源，并积极探索排污权有偿使用制度。特别强化“亩均论英雄”的土地供给制度。优先保障重点产业、重点区域用地，明确投资3000万元以下的项目不单独供地，国家级开发区、省级开发区土地投资强度分别不得低于每亩360万元、280万元。出台《威海市人民政府办公室关于加强节约集约用地的意见》《威海市人民政府关于开展“亩产效益”评价改革工作的实施意见》，大力开展闲置和批而未供土地处置工作，2018年以来处置闲置土地8000多亩、批而未供土地6300多亩，超额完成省里下达的目标任务。

三是健全城市垃圾、医疗废弃物和工业危险废弃物处置收费制度。全国首批11个“无废城市”建设试点，威海成为山东省唯一的入选城市，主动探索建设“无废航区”“无废景区”，推动“无废城市”建设走出“威海模式”。出台《威海市危险废物管理办法》，大力推进危险废物减量化、无害化、资源化，危险废物安全处置率达到100%。投资5亿多元的工业固体废物处置中心基本建成，处置危险废物种类达到43种，设计处理能力达到13.7万吨/年。全市建成城市污水处理厂8座，城镇污水处理设施实现全覆盖；投入使用生活垃圾填埋场4处、生活垃圾焚烧厂3处，城镇生活垃圾无害化处理率保持100%……切实加强对污染环境行为的市场调节和约束。

四是健全公共资源市场交易制度。按照集中交易、管办分离的原则，威海不断加大整合各类公共资源交易市场力度，建立统一规范的公共资源交易中心，切实加强监督管理，规范公共资源交易行为。健全资源生态补偿制度，将生态补偿费用充分体现到公共资源交易价格中，最大限度地保障公共利益和环境权益。当前的空气质量和水质量生态补偿机制，以主要污染物变化情况为指标，每季度考核奖惩，使污染的公共性和商业性得到确认，实现了跨区域补偿。千方百计集约高效利用资源，大力实施能源和水资源消耗、建设用地使用等总量和强度双控行动，走出了一条具有威海特色的绿色循环低碳发展之路，为威海居民带来了实实在在的获得感、幸福感。

4.完善全民参与的制度运行体系

威海形成了以镇街村居考核机制、村居居民自治机制、产品质量安全机制、社会信用监管机制为主要内容的环境治理体系。这一体系最大的特点，就是全民参与生态文明建设。威海把生态文明理念贯穿于公众宣传教育中，引导当地居民生活方式和消费模式向勤俭节约、绿色低碳、文明健康的方向转变，着力培育绿色学校、绿色社区、环境教育基地典型，将生态文明理念渗透于经济社会生活和管理的各领域、全过程，绿水青山就是金山银山理念深入人心。

其一，打响生态人民战争。人民生态人民建，人民环境人民管。舞好考核指挥棒。出台关于全面加强生态环境保护坚决打好污染防治攻坚战的意见、加强污染源头防治推进“四减四增”三年行动方案，以及打好蓝天保卫战等八大战役作战计划，形成标本兼治的制度体系。

威海出台生态文明建设目标评价考核办法，考核指挥棒指向绿水青山，换来的是各级对以牺牲环境换取发展的“零容忍”。蓝天保卫战治出“一片蓝天”。全面推进“散乱污”企业及集群综合整治，统筹开展车、油、路治理以及机动车船污染防治，实施煤炭消费减量替代，坚持每天必争、每微克必争、每环节必争，环境空气质量四项主要指标均居全省首位，威海是全省唯一连续4年稳定达到国家二级标准的地级市。碧水保卫战守住“一湾清流”。坚持陆海统筹、河海共治，形成“河流—河口—海湾”污染防治联动机制，13条市控以上河流全部达到水环境功能区水质目标。净土保卫战在实现生活垃圾处理城乡全覆盖的基础上，到2022年实现生活垃圾分类全覆盖。为监管插上科技的翅膀。搭建网络化环境监管、物联网移动车载大气监测、生态环境监测监控、环保大数据决策指挥4个平台，形成全领域、立体化生态环境监管体系。在全国设区市第一个组建无人机警务航空大队，将无人机广泛应用到环境整治、扬尘治理、林业病虫害防治等各领域，实现警政一体、资源复用、全域覆盖。针对各种生态顽瘴痼疾，掀起一场场生态文明建设的人民战争。社区全民动手清理小广告、社区低碳爱心淘宝屋（旧物）、学校生态储蓄银行、学校生态超市等组织形式和推广方法，有效实现了生态保护的全民动员、全民动手。

其二，加快提升全民生态素养。威海完善环境教育的全民性、全面性、系统性和持续性机制，利用世界水日、世界地球日、世界环境日等纪念日组织开展“环保开放日”“环保随手拍”等活动，鼓励、引导民间环保组织有序参与环境保护。在市主流媒体开辟“绿色发展生态威海”“环保在线”“优化空气质量在行动”等专栏，全媒体联动，营造良好舆论氛围。借势新媒体，组建政务新媒体矩阵，畅通环保工作与公众良性互动渠道，打造权威信息发布平台、网民互动交流园地、生态文明宣传阵地和环境舆情引导先锋。从关心环保事业的人大代表、政协委员、社区、学校、企业中选聘环保监督员，构筑全方位社会化监督体系。推动环保志愿活动规范化、常态化，成立威海市环保志愿者队伍和威海市青少年绿色联盟，设10支环保志愿服务大队和42个环保社团，将每月第三个周末定为环保志愿者活动日和青少年生态实践活动日。通过开展环保进机关、进社区、进学校、进企业、进农村、进家庭活动，普及环保知识，形成全方位、立体化的环境宣教格局。大力支持市民积极参与绿色产业、绿色旅游业、绿色社区、绿色学校、绿色家庭、环境教育基地、环保志愿者活动等方面的绿色行动，这些常态化的行动就如一簇簇遍地绽放的生态鲜花，是威海生态立市最坚实的政治基础和社会基础。

进入新时代10多年来，威海生态文明建设成效十分显著。山东省考核地级市的8项生态指标，威海全部为全省第一，生态是威海最亮丽的名片，绿色是威海最亮眼的本色，威海在全国率先实现了从破坏环境才能发展到保护环境就是发展的大转变，获得了一系列荣誉：2013年被评为国家级海洋生态文明建设示范区；2015年被评为全国文明城市；2016年获评我国环保领域最高社会性奖项——中华环境奖；2017年被评为中国特色魅力城市；2018年被评为首届健康中国年度标志城市；2019年被评为国家生态文明建设示范市；2020年获批为全国首个“美丽城市”建设试点；2021年被评为首批全国健康城市建设示范市……

每一年、每一个来之不易的国家荣誉，都无可辩驳地证明着作为党和国家“两山转化”实践的全国首肯市，威海历届市委、市政府压茬推进、接力建设生态市的正确政绩观。

2018年6月12日，习近平总书记在威海考察并发表重要讲话强调：“良好生态环境是经济社会持续健康发展的重要基础，要把生态文明建设放在突出地位，把绿水青山就是金山银山的理念印在脑子里、落实在行动上，统筹山水林田湖草系统治理，让祖国大地不断绿起来、美起来。”[①] 习近平总书记对威海生态城市建设的成绩给予了高度肯定，同时也指明了新时代生态文明建设的更高发展方向。

---

① 《习近平在山东考察时强调 切实把新发展理念落到实处 不断增强经济社会发展创新力》，《人民日报》2018年6月15日。

三、经验启示

习近平总书记指出，树立和践行正确政绩观，要“解决好政绩为谁而树、树什么样的政绩、靠什么树政绩的问题”[①]。威海生态文明建设的实践，深刻回答了这三个根本问题。

（一）必须坚持政绩为民而树

“政绩为谁而树”的问题，是关乎为谁执政、为谁用权、为谁谋利的根本问题，也是中国共产党是什么、要干什么的根本问题在政绩观上的体现。人民是我们党执政的最深厚基础和最大底气，我们要牢记把人民至上作为最根本的立场，把为民造福作为最重要的政绩，树立正确的权力观、政绩观、事业观，不慕虚荣、不务虚功、不图虚名，切实做到为官一任、造福一方。在生态文明建设上，良好生态环境是最公平的公共产品，是最普惠的民生福祉。威海生态文明建设硕果，正在给威海人民带来源源不断的生态红利，因此成为历届市委市政府、历任党政干部政绩为民而树的最好验证。

（二）必须树经得起历史评价的政绩

“树什么样的政绩”的问题，是关乎政绩检验标准的根本问题。前人栽树，后人乘凉。人们记不清威海往届大多数党政干部的名字，但威海生态品牌的美誉度、忠诚度和热度，威海4年蝉联中国最具幸福感城市的殊荣，都是对这些人民公仆历史贡献的最好记忆。他们用实际行动诠释了“树什么样的政绩”的根本问题，真正做到了习近平总书记所强调的，“不计较个人功名，追求人民群众的好口碑、历史沉淀之

---

① 《习近平著作选读》第2卷，人民出版社2023年版，第109页。

后真正的评价”[①]。

（三）必须靠一张蓝图绘到底树政绩

“靠什么树政绩”的问题，是关乎政绩实现路径的根本问题。这个路径，除了要靠对党忠诚、对国之大者心中有数，要靠群众路线、狠抓落实之外，关键在于要一张蓝图绘到底。长远的事情，必须一代一代接力干。习近平总书记强调，“大国政贵有恒，不能朝令夕改，不要折腾”[②]，“不要换一届领导就兜底翻，更不要为了显示所谓政绩去另搞一套，不要空洞的新口号满天飞”[③]。特别是，2018年4月13日，习近平总书记在庆祝海南建省办经济特区30周年大会上发表重要讲话指出：“历史从不眷顾因循守旧、满足现状者，机遇属于勇于创新、永不自满者。一切伟大成就都是接续奋斗的结果，一切伟大事业都需要在继往开来中推进。历代经济特区建设者以他们的智慧、勇气、汗水书写了辉煌篇章。今天，海南广大干部群众要不忘初心、牢记使命，以‘功成不必在我’的精神境界和‘功成必定有我’的历史担当，保持历史耐心，发扬钉钉子精神，一张蓝图绘到底，一任接着一任干，在实现‘两个一百年’奋斗目标、实现中华民族伟大复兴中国梦的新征程上努力创造无愧于时代的新业绩！”[④]威海历届市委、市政府，无论形势如何变化，始终坚持生态立市初心不改，靠一张生态蓝图绘到底树政策，散发出最夺目耀眼的光彩。

“一个民族要走在时代前列，就一刻不能没有理论思维，一刻不能

---

① 《习近平关于“不忘初心、牢记使命”论述摘编》，党建读物出版社、中央文献出版社2019年版，第196页。

② 《习近平著作选读》第1卷，人民出版社2023年版，第68页。

③ 《习近平谈治国理政》，外文出版社2014年版，第400页。

④ 习近平：《在庆祝海南建省办经济特区30周年大会上的讲话》，人民出版社2018年版，第21页。

没有思想指引。”[1]威海生态文明建设的长期实践生动表明，用习近平总书记关于树立和践行正确政绩观的重要论述，以及习近平生态文明思想，完整准确全面地武装头脑、因地制宜地指导实践、创造性地推动工作，是创造党和人民所需要的政绩的根本行动指南。

30多年前，时任新加坡总理吴作栋访问威海时说，“这里的空气可以罐装出口”；2023年，厚积薄发的威海火爆出圈，全年接待游客5600万人次，单日来客最高突破85万人次，仅上半年290多万威海人民人均储蓄存款就增加了2000多元，原来生态真能换钱。70余年绿水青山的坚持，换来了今日金山银山的褒奖。按照党的二十大推进美丽中国建设的战略部署，2023年12月27日，中共中央、国务院出台了《关于全面推进美丽中国建设的意见》。作为全国首个“美丽城市”建设示范市，威海将认真总结美丽示范经验，继续全面深入贯彻落实习近平生态文明思想，初心不改、绿水长流、青山恒在，按上述意见要求向着更高水平的美丽城市阔步迈进，在强国建设、民族复兴伟业新征程上，奋力谱写中国式现代化“精致城市·幸福威海”新篇章。

思考题

1. 从威海实践看，如何贯彻落实习近平生态文明思想？
2. 如何做到一张蓝图绘到底？
3. 威海生态文明建设的实践对党员干部树立和践行正确政绩观有哪些启示？

---

① 《习近平谈治国理政》第4卷，外文出版社2022年版，第509页。

从矿山修复到文旅腾飞

——华夏集团对“两山”理念的实践探索 *

【引言】党的二十大报告提出“以中国式现代化全面推进中华民族伟大复兴”，并强调“中国式现代化是人与自然和谐共生的现代化”。①为此，我们“必须牢固树立和践行绿水青山就是金山银山的理念，站在人与自然和谐共生的高度谋划发展”②。2018年6月12日，习近平总书记视察威海，提出“威海要向精致城市方向发展”的殷切期望，这成为威海城市发展的总目标、总方向、总遵循，“绿色”则是精致城市建设的鲜明底色。

【摘要】华夏城生态修复项目的旧址龙山，位于威海里口山脉南端。改革开放初期，龙山成为威海市采矿重地，高峰时期有44个采石场。无节制地乱开滥采，造成龙山伤痕累累，环境破坏十分严重。华夏集团原是

---

* 本案例由中共威海市委党校（威海行政学院）校委委员、经济学教研部主任、教授王东普，经济学教研部讲师胡静、讲师牛艳玲、讲师徐超撰写。案例相关课程获评2021年度全省“干部教育培训好课程”。

① 习近平：《高举中国特色社会主义伟大旗帜　为全面建设社会主义现代化国家而团结奋斗——在中国共产党第二十次全国代表大会上的报告》，人民出版社2022年版，第21、23页。

② 习近平：《高举中国特色社会主义伟大旗帜　为全面建设社会主义现代化国家而团结奋斗——在中国共产党第二十次全国代表大会上的报告》，人民出版社2022年版，第50页。

一家以塔机生产为主营业务的民营企业，2003年，其响应威海市政府“生态立市、荒山绿化”的号召，利用生态修复将龙山采石场打造成为一座绿树成荫、风光优美的生态城。项目完成后，华夏集团将环境治理与旅游开发、富民兴业相结合，打造了集传统文化、海洋特色文化、胶东民俗文化于一体的生态文化旅游项目——华夏城，开拓了一条文旅产业的发展道路，并带动了周边的居民就业致富，实现了从生态效益向社会效益和经济效益的转化。2018年，习近平总书记视察华夏集团，对华夏集团利用生态修复发展文旅产业并带动周边居民致富的做法给予了充分肯定。此后，华夏集团不断将生态修复推向深入，打造以生态文明建设为主题的典范工程，充分体现了精致城市建设的核心要素。

【关键词】生态修复　“两山”理念　绿色发展　文旅产业

一、背景情况

威海，位于山东半岛最东端，土地总面积5822.52平方公里，截至2023年底全市常住人口291.36万人，有着“花园城市”的美誉，是我国第一个国家卫生城市，也是全球改善人居环境最佳范例城市。

龙山，位于里口山东南角，这里曾经绿树成荫，景色优美。然而，从20世纪70年代后期开始，为了满足城市建设对石材的需要，里口山成为采石矿集中区。截至20世纪末，这里累计涌入了26家采矿企业，采石场多达71个，仅龙山区域就有44个采石场。长久采石让山体变得破碎不堪，原本风景秀丽的龙山变成了一个漫天粉尘、支离破碎的采石矿区。矿业开发带来了丰厚的经济利益，但也对自然生态环境造成了破坏，绿水青山和金山银山之间的矛盾逐渐凸显。无节制的乱开滥采造成山体的支离破碎，曾经的龙山模样大变，不复往日的生机。土地损毁、噪声不断、石渣乱撒、粉尘弥漫，不仅严重破坏了当地的生态环境，还给周边居民带来了不便与安全隐患。随着山体完整性及地质地貌景观遭到严重破坏，雨季极易形成渣石流，从而引发山体滑坡，既造成水土大量流失，又污染下游水域，汛期还对下游居民的生命财产安全构成威胁。

2006年3月，习近平在《浙江日报》“之江新语”专栏发表《从“两座山”看生态环境》一文时，对经济发展和生态环境保护这“两座山”的关系作了系统的阐述，指出在实践中人们对“两座山”之间关系的认识会经历三个阶段，第一个阶段就是“用绿水青山去换金山银山，不考虑或者很少考虑环境的承载能力，一味索取资源”[①]。龙山“巨变”便呈现出这样一个发展阶段和发展思路，旧的思路需要改变，如何改变？

二、主要做法

随着经济发展和自然环境之间的矛盾不断凸显，环境污染和资源消耗的问题也日益突出，处理好环境保护和经济发展之间关系的问题变得紧迫起来。人们对“两座山”之间关系的认识进入了习近平所说的第二个阶段，“既要金山银山，但是也要保住绿水青山，这时候经济发展与资源匮乏、环境恶化之间的矛盾开始凸显出来，人们意识到环境是我们生存发展的根本，要留得青山在，才能有柴烧”[②]。

（一）政府搭台，企业唱戏

1994年3月，《中国21世纪议程——中国21世纪人口、环境与发展白皮书》经国务院常务会议讨论通过，其从人口、环境与发展的国情出发，提出了可持续发展的总体战略、对策以及行动方案，生态环

① 习近平：《之江新语》，浙江人民出版社2007年版，第186页。
② 习近平：《之江新语》，浙江人民出版社2007年版，第186页。

境保护问题日益引起各级政府和社会大众的广泛关注。“十五”期间，党中央、国务院提出了树立科学发展观、构建和谐社会的思想。威海积极响应国家政策，实施“生态立市、环境优先”的发展战略，于2002年出台了《威海生态市建设总体规划》，以建设“人居城市”为目标，确立了“生态威海”发展战略，大力开展“青山、碧海、蓝天、净土”四大行动，坚持走人与自然和谐发展的城市化道路。

对于龙山的“沧桑巨变”，威海市委、市政府给予高度重视，先后下发了《威海市矿山生态环境治理保护工作的实施意见》《威海市市区中环路生态地质环境保护治理方案》等文件，把采石场关停和山体修复放在突出位置，明确提出把矿政管理工作重点转移到山体保护上来，“宁可不开发，也不搞破坏”。威海市政府与各区市签订矿山生态地质环境治理责任书，与原威海市国土资源局（今威海市自然资源和规划局）签订“生态市”建设局长目标责任书，提出对破坏环境、影响景观、浪费资源的小矿山、采石场、采矿点坚决予以关闭。为集中搞好威海市区周边采石场治理工作，2005年以来，威海市又下发了《威海市人民政府办公室关于对威海市区周边采石场实行综合治理保护的通知》等文件，按照“谁破坏，谁治理”“谁治理，谁受益”的原则，鼓励社会各界投资实施矿山地质环境治理，在全市建立起矿山地质环境治理恢复机制，形成了政府主导、全社会共同参与的治理格局。

在政府的大力倡导和积极引导下，华夏集团的参与给龙山矿山生态修复带来了转机。华夏集团董事长夏春亭，生在长在龙山脚下，对龙山怀着深切的热爱。党的十一届三中全会使夏春亭走上了创业致富的道路，华夏塔机曾经声名远扬，成为行业翘楚。作为全国人大代表的夏春亭，在北京受到国家领导人的接见和鼓励后，萌发了报答国家回馈社会的想法。回到家乡后，面对龙山的满目疮痍，夏春亭以人大代表的身份向威海市委、市政府建言，主动承担起里口山南端44个采石场修复的重任，龙山生态修复整治的序幕就此拉开。

华夏城生态修复项目采用了“政府引导、企业参与、多资本融合”的模式，企业是生态修复的主体，也是融资主体。华夏集团先后投入2400余万元用于采矿企业搬迁补偿和地上附着物补助等，并租赁了周边村集体荒山荒地2586亩，明确了拟修复区域的自然资源管理权。随着生态修复的不断推进，华夏集团将生态修复与文旅产业、富民兴业相结合，通过市场公开竞争方式取得了223亩国有建设用地使用权，其中150亩用于建设海洋馆、生态文明馆等景区设施，73亩用于建设与景区配套的酒店，为后续生态管护和景区开发奠定了基础。

威海市为支持生态修复工程顺利进行，市委、市政府主要领导多次深入矿山，组织金融、国土、规划、住建等部门召开专题会议解决修复工程实际困难。市政府通过安置、赔偿等方式，关停了龙山区域内26家采矿企业、44个采石场。同时，市政府带领华夏集团负责人以及国土、规划、住建和环保等政府部门负责人专程到矿山修复较好的浙江、广东、广西等地学习先进经验。为解决修山资金问题，威海市政府积极协调相关金融机构，帮助华夏集团贷款13亿元；项目实施期间，威海市各级政府累计扶持华夏集团5.35亿元。

（二）因地制宜，科学筹划，系统治理

华夏城生态修复项目坚持从根本上治理，杜绝短期行为，本着恢复与提高相结合、区域与城市发展规划相结合的指导思想，对山体进行综合治理，使之恢复甚至优于原始生态地质地貌景观，从而促进人与自然的和谐发展。在治理过程中，坚持实事求是、因地制宜、开发与利用相结合，做到了安全治理、从根本治理。

威海市全年降雨量少，面对龙山矿坑最高断面107米、山体损坏严重的现实情况，无法采用挂网喷泥的措施。经过工程人员实地考察，华夏城生态修复项目最终选择难度和繁复度最高但效果最好的客土回填方式，调动人力、物力恢复原有生态。为此，华夏集团从周边购买

大量客土，运输车盘行而上填好每一个矿坑。

部分采石场因双面开采，山体破损严重，采用传统的填埋法修复工程量太大。多方考察后，根据原有破坏情况，规划建设隧道。现已建成6处隧道，并完成了隧道上方的覆土绿化工程，既对原有破坏面给予了整治，又美化了环境，方便交通。

有些山沟周围的山体均被开采，山谷渣石成堆，于是因地制宜将其建成水库，利用水面遮掩来作美化。对于开采最为严重的矿坑，采用黄泥包底的原始工艺，修筑了35个大小塘坝。它们经天然蓄水、自然渗漏后形成水系，为景区内部分景点和植被灌溉提供了水源，改善了局部生态环境，还起到了防火隔离和蓄水池的作用。如今景区内气势磅礴的龙山瀑布景点就是依此法修建的。

在整个项目生态治理期间，华夏集团动用了130多辆工程车，累计搬运土方6456万立方米，取平一座约1530万立方米的山岭，修复矿坑44个，建造水库35座，打通6条隧道共长510多米，使受损的山体换了新颜。

（三）生态提升、文旅谋划，走通“两山”实践

修山过程中华夏集团坚持绿色治理、生态提升，在挡墙和山顶立面处选择种植毛白杨等树型高大、生长快的树种，形成绿化带，利用绿化带对采石场立面和挡墙进行遮挡、美化。在可用的渣石堆坡面上种植乔木、灌木等植物，将不可用的渣石搬运到采石坑作填充物加以利用。清理出渣石堆下的可用土后，再进行绿化。同时，清理好立面上松动的岩石和散落的石块以消除安全隐患。为把华夏城打造成生态城，华夏集团进行科学规划、合理布局，多采用乡土树种，穿插用彩叶树种搭配，形成四季有绿、春季赏花、夏季观果、秋季观叶、冬季赏雪的特色景观。

华夏集团先后投资51.6亿元，历时10多年，对龙山区域实施生态

修复。项目完成时，华夏集团共恢复山体面积近4000亩；栽种各类树木1189万株，龙山区域的森林覆盖率由原来的56%提高到了95%，植被覆盖率由65%提高到了97%；修筑塘坝所形成的水系，彻底改变了原来矿山无水的状况，吸引了野鹿、白鹭、野鸭、野鸡、野兔等几十种野生动物觅食栖息，成功地将生态废墟建设成为山清水秀的生态景区，恢复了区域内的自然生态系统，为威海居民特别是景区周边居民提供了源源不断的高质量生态产品。

习近平指出，人们对绿水青山和金山银山之间关系的认识，“第三个阶段是认识到绿水青山可以源源不断地带来金山银山，绿水青山本身就是金山银山，我们种的常青树就是摇钱树，生态优势变成经济优势，形成了一种浑然一体、和谐统一的关系。这一阶段是一种更高的境界”[①]。

怎样在保护环境的基础上实现可持续发展？如何守住来之不易的绿水青山？华夏集团通过因地制宜、开发与利用相结合的方式，深入践行绿水青山就是金山银山理念，将环境治理与旅游开发、富民兴业相结合，以“文化旅游”为抓手，秉持“旅游搭台、文化唱戏”理念，全力打造展示中华5000多年文化、海洋特色文化和胶东民俗的华夏城景区，探索出一条绿水青山转化为金山银山的可行道路。在曾经的废墟上，一座“环保生态城”拔地而起。

景区内景点各具特色，有最全面展示尧舜禹时期历史文化的禹王宫，有集中展示胶东民俗特色的夏园，有矿坑上面覆土绿化、矿坑下面供游客参观体验的威海人民防空教育馆，有依照矿坑地势而建的气势恢宏的华夏第一牌楼等。其中，国内首个360°旋转行走式室外演艺剧场——《神游传奇》剧场是在千疮百孔的山体上因势建设的山水实景舞台，《神游传奇》秀则展现了中华5000多年厚重的文明传承与自强不

① 习近平：《之江新语》，浙江人民出版社2007年版，第186页。

息、奋斗不止的民族精神，被称为“会跑的实景演艺”，吸引了众多国内外游客。

（四）兴业富民、产业延伸，绿色发展做大做强

习近平总书记强调：“绿水青山和金山银山决不是对立的，关键在人，关键在思路。”①

随着文化旅游的带动，华夏城生态修复项目实现了多方共赢：一方面，促进了企业自身的发展。自2010年华夏城景区边治理边开放以来，共接待游客2000余万人次。景区年收入约2亿元。华夏集团通过文旅产业焕发了活力，2010年成立的华夏文化旅游集团股份有限公司（以下简称华夏文旅），使华夏集团由二产工业转型到三产发展文化旅游产业。华夏文旅从事文化演艺、旅游景区、海洋公园、主题小镇、主题乐园、主题度假酒店等旅游产品的投资、开发、托管与运营业务，华夏集团由一家单一生产建筑机械的工业企业迅速成长为跨行业、多领域的现代化大型企业集团，经营范围涉及文化旅游、建筑机械制造、酒店服务等众多领域。另一方面，回馈了当地百姓。生态旅游产业的发展带动了周边居民的充分就业和景区配套服务产业的繁荣，华夏城景区共吸纳周边居民1000余人就业，人均年收入约4万元；带动了周边区域酒店、餐饮和零售等服务业的快速发展，新增酒店客房4100余间，新增餐饮等店铺约2000家，带动周边居民创业就业1万余人，周边13个村的村集体经济收入年均增长率达到14.8%。华夏城景区环境的改善让周边13个村切实感受到了绿水青山就是金山银山理念带来的巨大变化。绿水青山就是金山银山理念已经真正融入人们心中，变成了人们的自觉行动。华夏城景区实现了生态效益、经济效益和社会效益的有机统一。

---

① 习近平：《论坚持人与自然和谐共生》，中央文献出版社2022年版，第63页。

借助文旅产业的兴盛，2014年华夏集团迈出了“走出去”的第一步，在厦门投资建设老院子景区项目，将位于集美区的一片荒地打造成了一个4A级景区，推出《闽南传奇》秀，使该景区成为除厦门本岛及鼓浪屿之外岛外区域游客量最大的景区。2015年在古都西安浐灞生态区杂草丛生的沙坑上，华夏集团秉承“项目建设与生态治理相结合”的原则建设了西安度假区项目，推出《驼铃传奇》秀，打造西安旅游的新名片。

华夏集团通过产业转型获得飞跃发展，华夏文旅获得了多项荣誉，如获得了中国旅游产业杰出贡献奖——飞马奖“第三届‘文化产业学院奖’，全球文化旅游目的地金奖”，获评国家文化产业示范基地、全国休闲渔业示范基地、中国旅游演艺独角兽、中国文化旅游特色演艺第一秀、2017年中国旅游演艺机构十强、2017年中国旅游演出主题公园类剧目票房十强、2018中国品牌文化影响力十大示范单位、中国生态环保第一城、中国矿坑修复示范单位、山东省文化产业示范园区、山东旅游二十强、山东省文化企业30强等。2017年，华夏城景区荣膺国家5A级旅游景区。2019年，《神游传奇》秀荣获代表世界主题娱乐行业艺术与科学的卓越成就和最高标准的TEA大奖杰出成就奖，华夏文旅是此届唯一获奖的中国演艺企业。

2018年6月12日，习近平总书记考察华夏城生态修复项目，实地察看治理区新貌，对华夏集团通过生态修复促进文化旅游发展、带动周边居民就业致富的做法给予肯定，并鼓励华夏集团把绿水青山做得更好，让周边的人受益更大。

华夏集团按照习近平总书记的指示，将绿水青山文章做大做强，把绿水青山就是金山银山理念作为景区发展的根本遵循，进一步梳理明确发展思路，提升软硬件环境。2019年，华夏文旅完成了废弃矿坑和荒山共414亩的综合治理，栽植树木11万余株。另外，华夏文旅投资25.5亿元，在华夏城打造以生态培训为主的提档升级项目，2021年依据山势建设了1.6万平方米的生态文明展馆，采用“新奇特”技术手段，将观展与体验相结合，集中展现华夏城生态修复过程和成效，宣传习近平生态文明思想。2020年，华夏城景区被自然资源部列入第一批《生态产品价值实现典型案例》，被生态环境部命名为“绿水青山就是金山银山”实践创新基地，引领全国矿山生态修复与开发式治理新风尚。

三、经验启示

华夏集团牢固树立和自觉践行“两山”理念，历经艰苦卓绝的“愚公移山”，探索出一条矿坑生态修复和文旅产业发展的道路，形成了将生态修复、产业发展与生态产品价值实现“一体规划、一体实施、一体见效”的长效机制，实现了生态效益、经济效益和社会效益的良性循环。

（一）要牢固树立和坚持绿水青山就是金山银山理念

矿业开发带来了丰厚的经济利益，但也给自然生态环境造成了严重的破坏。随着威海市委、市政府实施“生态立市、环境优先”的发展战略，各类矿山修复被提上议事日程，成为发展的重要议题。威海市政府与各区市签订矿山生态地质环境治理责任书，与原威海市国土资源局签订“生态市”建设局长目标责任书，要求对破坏环境、影响景观、浪费资源的小矿山、采石场、采矿点坚决予以关闭。华夏集团董事长夏春亭作为全国人大代表在写给威海市领导的报告《关于环山路以西生态保护的几点建议》中提出：“石材的开采破坏了当地长期的生态平衡，建议一是加强总体建设规划，突出生态环境的保护和旅游资源的开发；二是坚决关停龙山区域及城区内所有的采石场，杜绝山体再破坏；三是制定优惠政策，鼓励和倡导有志于生态保护、旅游开发的大企业积极参与到生态环境建设和旅游资源的开发当中；四是环山路以西最好发展生活区，不能兴建工业园。”在威海市委、市政府的高度重视和有力领导下，在企业家的积极参与下，华夏城生态修复项目“凤凰涅槃”成为矿山修复和“两山”理念实践的典型案例，理念是行动的先导，只有树立坚定的理念，才能有效推动全社会绿色转型高质量发展。

生态文明破坏容易，修复起来很难，我们需要进一步认清生态环境与经济发展的关系，避免以牺牲环境为代价来换取经济的一时发展，避免经济发展的短期性和急功近利，要“像保护眼睛一样保护生态环境，像对待生命一样对待生态环境”①，真正实现中华民族永续发展。

（二）生态修复要坚持政府引导、社会参与，实行多元化治理模式

习近平总书记指出，良好生态环境是最公平的公共产品，是最普惠的民生福祉。②因此，生态修复，不仅需要政府主导，还需要全民参与。华夏城生态修复项目是由政府引导搭台、企业参与唱戏而实现的，通过引导社会资本投入，明确了生态修复和产业发展的实施主体。为此，威海市委、市政府确立了“生态威海”发展战略，把关停龙山区域采石场和修复矿坑摆在突出位置，将采矿区调整规划为文化旅游区，同时引入有修复意愿且有资金实力的华夏集团作为修复治理的主体。

为支持华夏集团开展矿山生态修复工程，威海市委、市政府主要领导多次深入矿山，组织金融、自然资源、住建等部门召开专题会议解决实际困难。华夏集团先后投入2400余万元，用于获得中心矿区的经营权，支付采矿企业搬迁补偿和地上附着物补助等，并租赁周边村集体荒山荒地。随着生态修复的不断推进，华夏集团将生态修复与文旅产业、富民兴业相结合，通过市场公开竞争方式取得了国有建设用地使用权，为后续生态管护和区域开发奠定了基础。

---

① 习近平：《论坚持人与自然和谐共生》，中央文献出版社2022年版，第87页。

② 习近平：《论坚持人与自然和谐共生》，中央文献出版社2022年版，第26页。

（三）生态修复要坚持科学规划、系统治理

生态修复是指对生态系统停止人为干扰，以减轻负荷压力，依靠生态系统的自我调节能力与自组织能力使其向有序的方向演化。因此，生态修复主要利用生态系统的自我恢复能力，辅以人工措施，使遭到破坏的生态系统逐步恢复或使生态系统向良性循环方向发展。对于在人类活动影响下受到破坏的自然生态系统的恢复与重建工作，要恢复生态系统原本的面貌，就必须坚持科学规划和系统治理。

华夏城生态修复坚持从根本治理，杜绝短期行为，本着恢复与提高相结合的原则，对山体进行综合治理，使之恢复甚至优于原始生态地质地貌景观，从而促进人与自然的和谐发展。在治理过程中，华夏集团遵循实事求是、因地制宜的原则，做到科学规划和系统治理。为达到最佳生态恢复效果，华夏集团通过土方回填、修建隧道、拦堤筑坝、涵养水源、栽植树木等实施方式，分类开展受损山体综合治理和矿坑生态修复。根据山体受损程度，鉴于南北方气候差异，北方降水量少，以及龙山采石场立面大多超过40米，矿渣矿粉堆积厚的现实情况，山体修复中难以采用挂网喷泥的措施。华夏集团最终选择难度和繁复度最高但效果最好的客土回填方式，调动人力、物力恢复原有生态。针对部分山体被双面开采，山体破损极其严重、难以修复的情况，通过修建隧道以及隧道上方覆土绿化、恢复植被的方式进行修复；对于开采最为严重的矿坑，通过拦堤筑坝、黄泥包底的方式储蓄水源，共修筑了35个大小塘坝，经天然蓄水、自然渗漏后形成水系，成为区内主要水源。

科学规划、系统治理既解决了修复项目缺土缺水的问题，还改善了局部生态环境，实现了项目的整体生态功能发挥。建成后的华夏城在山环水抱之中，绿树葱葱，到处鸟语花香。曾经采石的“九道弯”变成了“九曲情人街”，堆放碎石、废渣的山谷变成了龙湖；巨大的矿坑

变成了胶东民俗馆、《神游传奇》剧场。修复好的华夏城水系发达，吸引了几十种野生动物觅食栖息，成功地将生态废墟建设成为山清水秀的生态景区，为威海居民特别是景区周边居民提供了源源不断的高质量生态产品。

（四）“两山”转化靠思路，文旅发展拓新路

华夏集团选择将环境治理与旅游开发、富民兴业相结合，以“文化旅游”为抓手，秉持“旅游搭台、文化唱戏”理念，全力打造集展示中华5000多年文化、海洋特色文化和胶东民俗于一体的华夏城景区，探索出了一条绿水青山转化为金山银山的可行道路。景区最核心、最具特色的是国内首个360°旋转行走式的室外演艺剧场——《神游传奇》剧场，这是一个在千疮百孔的山体上因势建设的山水实景舞台，本是最难改造的矿坑之一，华夏集团利用20多年从事机械行业的经验，变废为宝，将一个百无一用的矿坑变成了一个实景演艺的大舞台，利用这个舞台创造了“会跑的实景演艺”——《神游传奇》秀，从而实现了世界演艺史上的一次颠覆性革命。《神游传奇》秀开创了自然景观与人文景观相结合的实景演艺先河，游客可在会跑的移动式看台上欣赏水、陆、空全方位的跨时空精彩演艺。该剧场拥有37项演艺机械专利技术，成为世界首创。

思路决定出路。2013年，习近平主席在哈萨克斯坦纳扎尔巴耶夫大学作演讲，提出共同建设“丝绸之路经济带”。“一带一路”倡议为华夏集团的产业布局带来了新的发展契机，华夏集团开始带着特色传奇秀走出去，开启了一条产业延伸、布局全国的道路。随着2014年厦门老院子景区、2015年西安浐灞度假区的建立，以“一带一路”为主题的《闽南传奇》秀、《驼铃传奇》秀获得巨大成功，华夏集团成为行业翘楚。2019年，《驼铃传奇》秀荣膺IAAPA（国际游乐园及景点协会）铜环奖最佳现场演出奖，是该年度全球唯一获此殊荣的演艺项目。

2010年成立的华夏文旅迅速扩展业务，从事领域包括文化演艺、旅游景区、海洋公园、主题小镇、主题乐园、主题度假酒店等旅游产品的投资、开发、托管与运营。

（五）生态修复实现多元价值，生态建设要久久为功

华夏城生态修复项目恢复了区域内的自然生态系统，增加了生态产品供给。龙山区域植被覆盖率由65%提高到97%，修复了水系、栖息地，提高了动植物的多样性，为威海居民特别是龙山区域周边居民提供了高质量生态产品。随后，生态旅游的发展带动了其他产业发展，促进了生态就业。经过不懈的努力，龙山区域的矿坑废墟转变为生态良好的华夏城。华夏城为周边居民提供了大量就业机会，提高了周边居民的收入；带动了周边区域酒店、餐饮和零售等服务业的快速发展，酒店客房、餐饮店铺数量大幅增加；周边13个村的村集体经济收入显著提高。华夏城生态修复项目形成了因矿山修复后生态环境改善而带动社会资本投资、因项目建成带动周边区域土地增值、因盘活土地利用带动产业发展、因产业发展带动生态就业的良性循环，最终实现了生态、经济和社会的综合效益，是绿水青山就是金山银山理念的生动实践。

2018年，习近平总书记视察华夏城后，肯定华夏集团过去所做的工作，鼓励华夏集团再创佳绩。华夏集团牢记习近平总书记嘱托，继续致力于生态文旅建设运营，努力打造中国独具创新性的文化旅游企业集团，于2021年建成展示华夏城生态修复的华夏生态文明馆，将生态文明和“两山”理念实践不断推向深入，实现“把绿水青山就是金山银山的理念印在脑子里、落实在行动上，统筹山水林田湖草系统治理，让祖国大地不断绿起来、美起来”[①]。华夏城生态修复项目充分体现

---

① 《习近平在山东考察时强调　切实把新发展理念落到实处　不断增强经济社会发展创新力》,《人民日报》2018年6月15日。

了“精当规划、精美设计、精心建设、精细管理、精准服务、精明增长”的原则，以绿色发展为“精致城市·幸福威海”建设增添魅力。

思考题

1. 龙山在改革开放初期发生的“巨变”，带来了什么启示？
2. 华夏城生态修复项目实施过程中，有哪些可供借鉴的治理经验？
3. 在华夏城生态修复项目实施过程中，政府、企业各发挥了什么作用？
4. 华夏城生态修复项目选取文旅产业作为突破点，实现了生态效益向经济效益的转化，我们从中可以吸取哪些经验？

以绿色生产力赋能精致城市建设

——荣成市好运角旅游度假区践行“两山”理念的生动实践*

【引言】习近平总书记指出：“我们既要绿水青山，也要金山银山。宁要绿水青山，不要金山银山，而且绿水青山就是金山银山。我们绝不能以牺牲生态环境为代价换取经济的一时发展。”①党的二十大报告强调：“尊重自然、顺应自然、保护自然，是全面建设社会主义现代化国家的内在要求。必须牢固树立和践行绿水青山就是金山银山的理念，站在人与自然和谐共生的高度谋划发展。”②

【摘要】在推动精致城市建设的过程中，荣成市好运角旅游度假区始终坚持低碳生态、绿色发展的基本原则。围绕将多年积累的生态优势转化为实实在在的经济优势，好运角旅游度假区以创建国家级旅游度假区为目标，坚持一张蓝图绘到底，把良好的生态、优质的岸线作为发展最大的优

---

* 本案例由中共荣成市委党校政治教研室高级讲师刘玲玲、高级讲师王红晶、讲师江鹏伟撰写。

① 《习近平关于社会主义生态文明建设论述摘编》，中央文献出版社2017年版，第21页。

② 习近平：《高举中国特色社会主义伟大旗帜　为全面建设社会主义现代化国家而团结奋斗——在中国共产党第二十次全国代表大会上的报告》，人民出版社2022年版，第49—50页。

势、最宝贵的资源，注重保护与开发并重、生态效益与经济效益兼顾，打通了“绿水青山”向“金山银山”转化的通道，跑出了滨海文旅产业高质量发展“加速度”，获评首批“中国慢生活休闲体验区”、省级“绿水青山就是金山银山”实践创新基地，2022年11月入选国家级“两山”实践创新基地。

【关键词】好运角 “两山”理念 实践

一、背景情况

好运角旅游度假区于2012年底成立，覆盖成山、港西、埠柳三镇，位于山东半岛最东端，三面环海，海岸线长112公里，是中国东海岸最早见到日出的地方。好运角旅游度假区区域优势、生态优势明显。

一是地理位置优越。好运角旅游度假区地处中、日、韩三国形成的大三角和青岛、烟台、威海形成的小三角的接合部，地理条件优越。三面环海，山海相依，总陆地面积280平方公里。交通发达，拥有国家级一类开放港口——龙眼港，开通至韩国平泽、仁川客货班轮航线，可通达日本、美国、俄罗斯、中国香港等130多个国家和地区。距大连港约100海里、距天津港约200海里，与韩国大陆相距仅94海里。距威海机场30公里，距威海火车站40公里。

二是自然条件优良。好运角旅游度假区属暖温带季风型湿润气候，气候温和，四季分明，冬暖夏凉，年平均气温12℃，平均年降水量800毫米。负氧离子含量高，每立方厘米有4000多个，是内陆城市的5～10倍，是中国著名的沿海“天然氧吧”，是旅游休闲度假的理想之地。112公里最美滨海岸线，串联河、湖、林、岛、湿地五大生态系统。“海、滩、岛、礁、湖、松”交相辉映，“阳光、沙滩、海水、空气、绿色”等资源要素齐备。鲍鱼、刺参、海带、无花果等特色物产丰富。

三是旅游资源丰富。好运角旅游度假区拥有国家级风景名胜区成山头、国家级大天鹅自然保护区天鹅湖、国家森林公园伟德山、中国黑尾鸥之乡海驴岛、原生态海岛鸡鸣岛、国内现存唯一始皇庙、神雕山野生动物园等众多自然人文景观，拥有河口胶东渔村、虎头角、欢乐家园以及万亩林场、金色沙滩等众多景点景区及旅游资源。

四是文化底蕴深厚。域内成山卫古城设立于明朝洪武年间，清朝雍正年间改卫为县，1939年前是荣成县城所在地；渔民开洋谢洋节，被列入国家级非物质文化遗产保护名录；区域特色民居海草房被誉为中国传统民居的“活化石”；区域特有民间活动成山头吃会已流传上千年。拥有秦汉文化、渔家文化、海草房文化、日主文化、天鹅文化等独特的文化元素，为创造性发展区域文旅产业提供了丰富的人文资源。

自成立开始，好运角旅游度假区确立以旅游产业为主导的发展定位，坚持生态立区，牢固树立绿色发展理念，统筹推进生态环境保护和旅游产业发展，制定重点行业、重点领域的整改方案，先后实施鱼粉制作、海带烫煮、水产品加工等传统行业的污染集中治理；构建环境执法网格化监管体系，加快淘汰落后产能和“散乱污”企业，加强对大气污染、水污染、危险废物等的防治；持续提升区域生态环境承载力，加强城镇污水处理厂的建设及运行管理，严格落实河长制、湖长制、湾长制，把改善河湖湾水质纳入督导考核内容；始终按照“水清、滩净、岸绿、湾美、岛靓”的要求，高标准推进区域生态环境治理修复。好运角旅游度假区$PM_{2.5}$常年在40微克/立方米以下，年环境空气质量优良天数超过340天，是中国著名的沿海“天然氧吧”，是旅游休闲度假的理想之地。

二、主要做法

优良生态环境，是优质均衡发展的精致城市的底色。好运角旅游度假区立足区域山海优势，确立以旅游产业为主导的发展定位，深挖资源旅游潜力，高起点谋划，高标准推进，大项目搭台，大手笔策划，系统推进旅游开发、内涵提升、资源整合、产业融合的实践模式，统筹推进生态环境保护和旅游产业发展，培育绿色生产力，带动百姓依托自然生态资源实现增收致富，推动区域生态产品价值实现，走出了一条生态效益、经济效益、社会效益共赢的“两山”发展之路。

（一）加强生态环境治理，持续守护好绿水青山

为给旅游业高质量发展腾出更多空间，好运角旅游度假区以中央生态环境保护督察为契机，通过抓好岸线整治、生态湿地修复、加强违规用海监管，深入推进生态环境综合治理。

1. 开展大规模环海岸线整治行动

近年来，度假区全面落实河长制、湖长制、湾长制，修复生态湿地100多公顷，完成14条36公里主要河道治理，推进高标准的国家自然保护区生态治理，高质量的朝阳港岸线修复、鸡鸣岛生态岛礁修复等项目，全面打赢黄金岸线“保卫战”。先后拆除各类违规海上平台、养殖设施120多万平方米，收回海区3万多亩，恢复沙滩60多万平方米，关停小码头5处，整治“散乱污”企业150家，关停2处采砂场，恢复岸线生态。以政府和社会资本合作模式引入资金3600万元，启动了成山污水处理厂改造提升和港西污水处理厂建设工程。全区各镇、相关部门加大排查整改力度，以海陆统筹协同治理为抓手，抓牢解决陆源污染这个根本，抓住陆海衔接区域这个重点，抓好海洋生态修复这个关键，推进各项问题整改工作，确保全部问题整改到位，消除海洋生态环境风险隐患，努力建设绿色可持续的海洋生态环境。

2. 实施海岸带保护修复重点工程

为切实维护区域良好生态，打造优美海岸环境，提升生态功能和减灾能力，好运角旅游度假区实施了朝阳港海岸带保护修复工程。岸

线整治范围西起虎头角区域东至小五队区域，总长18.75公里，总投资3.4亿元，其中获批中央海洋生态保护修复资金1.5亿元，共拆除养殖池2163亩，退养还海3822亩，修复生态海堤6.2公里，构建起“盐沼湿地—生态海堤—植被防护带”的生态减灾空间体系。通过海岸防护、沙滩修复与养护、生态海堤建设等有效举措，度假区逐步修复受损的自然岸线，实现了海岸生态系统结构恢复和生态减灾协同增效。

3. 打造最美海岸线

好运角旅游度假区着眼打造最靓地平线、最美天际线，围绕海岸线、山景线和铁路线“三线”，整治建成滨海生态步道141公里，山景线22.6公里绿化工程全部完工，铁路线问题清单在全省率先清零。海岸线滨海步道项目串联沙滩浴场、重点景区资源，增加房车营地、观海驿站、音乐公路等配套设施20多处，实施无废景区、无废小镇创建工作，新建绿化景观、口袋公园、生态湿地等30多处，新增绿化面积800万平方米，打造千里山海自驾旅游公路新亮点，在港西、成山重点推进岚河湿地、天鹅湖湿地两个大型湿地公园建设，造就了“水清、滩净、岸绿、湾美”的良好生态环境。

4. 对海区、河流加强监管巡查

围绕加强违规用海监管，组建城管海上执法中队，整合网格化管理和无人机巡查，建立海陆一体巡查机制，全面落实河长制、湖长制、湾长制，明确区、镇、村三级监管职责，层层压实监管责任，定期对重点海区、河流进行检查航拍，实现岸线松林、沙滩浴场、生态岛礁等的常态化巡查，坚决遏制问题反弹。

（二）突出打造“天鹅”品牌，蹚出旅游发展新路径

为了保护大天鹅及其他鸟类，2000年，山东省政府批复成立荣成天鹅湖省级自然保护区——2007年4月晋升荣成大天鹅国家级自然保护区。荣成大天鹅国家级自然保护区位于黄海西岸、好运角旅游度假

区。保护区内河流、湿地、沙坝等自然生态景观多样、丰富。流经保护区的主要河流包括白龙河、马道河、石水河、华光河等。有生态性能良好的芦苇沼泽、滩涂、浅海及潟湖四种湿地类型。保护区内的沙坝—潟湖体系，属中国少有的典型的沙嘴型湾顶潟湖。保护区是大天鹅的最佳越冬栖息地，每年自10月底左右开始，上万只大天鹅从西伯利亚、蒙古国飞来这里。

1. 守护得天独厚的沿海环境资源

荣成大天鹅国家级自然保护区内海岸湾岬相连，属暖温带季风型湿润气候区，冬天很少结冰，周围环境清洁优美，是最适合天鹅居住栖息的地方。海中鱼虾贝藻等海洋资源丰富，尤其是有天鹅喜欢觅食的大叶藻。近年来，好运角旅游度假区不断加大对生态及动植物的保护力度，积极划定大天鹅生态保护区边界，围绕维系大天鹅的野生属性、预防人为干预出现的驯养倾向，配套制定保护措施。加强沿海排污治理，开展修复湿地、清理淤泥、改造污水处理厂、净化水质等系统工程，大天鹅的饮用水资源得到保障；强化海草床的规模化修复，推进大叶藻增殖等湿地生态系统修复工程，湿地面积持续扩大，栖息环境更加优良，大天鹅越冬食物丰沛，生存环境更加惬意，适宜大天鹅生存的区域不断扩大。

2. 形成广泛参与的大天鹅保护管理模式

2016年起，荣成大天鹅国家级自然保护区给大天鹅装上了定位追踪器，通过追踪和资料分析，对大天鹅开展实时健康监测。保护区工作人员注重对天鹅湖周边进行消毒，定期检查大天鹅粪便，及时发现大天鹅有无疾病，为大天鹅营造卫生安全的栖息环境；天气寒冷水面结冰时，有计划地向水面投放鸟粮，保证大天鹅吃食无忧。发现大天鹅受到伤病困扰，及时捕捉进行疗伤治病、保健康复，然后放飞。周边社区居民视大天鹅为宝贝，形成了与大天鹅和谐相处的习惯，如自觉不燃放鞭炮、不噪声惊扰、不乱投食物等等。

3.积极成为东亚—澳大利西亚迁飞区伙伴关系协定区

东亚—澳大利西亚迁飞区伙伴关系协定（East Asian-Australasian Flyway Partnership，EAAFP）是世界可持续发展首脑会议（World Summit on Sustainable Development，WSSD）于2006年签署的Ⅱ类动议，旨在保护迁徙水鸟、栖息地以及赖其保障的人类福祉。截至2023年底，该伙伴关系协定拥有39个伙伴，包括了18个国家政府。EAAFP为保护地管理者提供平台，促进国家政府、保护地网络站点和当地利益相关方共同合作，确保对具有国际重要意义的水鸟栖息地进行可持续管理，从而推动整个迁飞区的迁徙水鸟得到长期而有效的保护。荣成大天鹅国家级自然保护区是大天鹅最大的越冬地之一，积极加入EAAFP迁飞区保护地网络，成为中国第20个迁飞区保护地网络站点，对加强滨海湿地和湿地生物资源保护具有十分重要的意义。

4.做活“天鹅”经济

近年来，好运角旅游度假区充分发挥“大天鹅之乡”和首批“中国慢生活休闲体验区”的生态旅游资源优势，践行“两山”理念，把生态优势转变为产业优势，围绕做活“天鹅”经济，先后投入3亿多元，对天鹅湖及周边湿地进行综合整治提升，极大改善了大天鹅栖息环境，高标准、高水平打造了省级特色小镇——天鹅小镇，建设了大天鹅科普馆、摄影驿站、美术馆、天鹅驿站等一批功能设施。打造了环天鹅湖旅游经济圈，依托观鸟塔、观赏平台、大天鹅科普馆等设施，打造“1条天鹅观赏长廊”，构筑“1个环天鹅湖民宿集群”。创新组织大天鹅文化节及系列优质文旅活动。自2018年起举办了天鹅保护国际学术交流会、大天鹅保护宣言发布等专项活动，策划了文创产品设计大赛、天鹅主题雕塑展、天鹅湖畔摄影大赛、媒体采风活动、户外帐篷露营地活动等系列文化活动，拍摄了大型人文纪录电影《呼吸·天鹅湖畔》，切实把天鹅文章做深做透，促进生态、文化、旅游、康养产业融合发展，擦亮“天鹅城市”品牌。

5.培树推介“天鹅”品牌

近年来，好运角旅游度假区在“天鹅”品牌走出去上，积极谋新策、出新招、探新路，创新举措层出不穷，让大天鹅飞出“明星范儿”。一是利用“名人效应”。制作短视频，邀请著名央视主持人寄语天鹅胜地，向国内外游客发出“我们一起相约天鹅湖，相遇好运角”的邀请。二是顺应“网红趋势”。利用短视频社交平台的影响力，通过开设热门话题、组织网红“打卡”、策划网红活动等，打响天鹅IP。三是发动“大咖力量”。多年来，好运角旅游度假区通过不间断地组织各类摄影活动，引导鼓励省内外知名摄影家、旅游达人、群众粉丝等来拍大天鹅，发现大天鹅之美、传播大天鹅之美，进而讲好大天鹅故事、叫响“天鹅”品牌、提升区域知名度。

6.天鹅IP带热“冬季游”

大天鹅是荣成的一张鲜亮名片，也是激活冬季旅游、突破发展瓶颈的一把密钥。如今，大天鹅栖息、停留时，好运角旅游度假区的100多家渔家乐一改往年经营“寒暑分明”的景象，不仅打破北方地区的淡季瓶颈，也助推当地渔民的致富转型。为提升服务品质，当地成立了渔家乐协会和旅游合作社，制定渔家乐星级标准，推行民宿信用管理，用标准化、规范化的优质服务吸引游客、打造口碑和品牌。民俗特产也相继“走俏”，曾经的蜢子虾酱、花饽饽、咸水鱼干等“土东西”，现今变成了冬季的“热销品”，供不应求。

（三）推动文旅融合发展，促进旅游业提质增效

1.强化重点片区资源开发

加快推进虎头角片区开发，重点打造海洋艺术小镇，推进了海韵东方、凤栖潮鸣两个项目区建设，加快推进嘉国生态农业项目建设，配套的海韵休闲主题公园基本完工。加快推进朝阳港片区开发，启动实施岸线修复，这被纳入国家海洋生态保护修复项目库，获批中央扶

持资金1.5亿元。完成3.4万平方米养殖设施拆除工作，为后续集中连片开发腾出充足优质空间，同步对接华侨城集团、长隆集团等强企，推进后续文旅产业开发。加快推进马栏湾片区开发，围绕做好“腾笼换鸟”的文章，与山东省港口集团、华夏集团合作，实现海洋运动小镇和生命科技小镇对接商谈。

2.实现重点景区内涵提升

那香海滨海文旅康养小镇加大旅游产品供给，那香海探险世界、大润发购物中心投用，温德姆花园酒店内装施工，苏州外国语学校（一期）、绿茵商贸街主体封顶，规划实施滨海商业街区、奥林匹克酒店，全力争创5A级景区。西霞口景区按照5A级景区标准，提升设施配套和旅游业态，成山头东天门停车场、音乐公路、始皇东巡演绎广场、动物园改造场馆、刘老根大舞台、航海博物馆等完工投用，游客接待量同比增长26%。天鹅湖景区高标准实施天鹅湖北岸区域综合提升，加快配套设施完善，完成1.6公里河道护岸石砌，打造3座景观桥。

3.全面完善文旅设施配套

建成投用旅游服务中心，打造了一级服务中心1处，改造了二级服务中心9处、好运驿站11处，形成了完善的三级游客服务体系；建设各类旅游厕所38处。完善自驾服务体系，协调开通旅游专线、旅游巴士专线及冬季“大天鹅摄影”专线；开通旅游公交环线，实现核心度假产品及景点的互联互通。打造包括沙滩绿道、礁石岸线绿道、湿地绿道三大类型在内的慢行绿道和15公里的滨海绿道，深度增强游客体验。重点打造环海酒店群，实施了温德姆花园酒店、国信东方度假酒店、海草房酒店街区、龙须岛游客中心等11个酒店项目，使之与威海香海豪生度假酒店、那香海人假日酒店一体联动，集群效应进一步显现。建成沙滩守望者、无边界泳池等6处网红打卡地。

4.深化山海资源交融联动

全力抓好做好“1+3+3”文章，坚持把环海一线打造成“一幅山水画、一条产业链”，引导百姓积极主动参与旅游产业发展，带动周边百姓致富，推进港西镇北海、天鹅湖、西霞口景区3个重点板块提升，开发虎头角、马栏湾、朝阳港3个新片区。

5.深化“旅游+”新业态发展

立足好运角多样化的旅游资源，深化“旅游+”融合发展思路，全面推动以滨海特色休闲、康养、文娱、艺术为主题的文旅康养新业态发展。释放蓝色张力，建成钻石沙滩浴场、郊野休闲公园、小五队滨海房车营地和西霞口海钓基地等滨海休闲项目，打造滨海休闲新业态；发挥生态条件优势，建成“春风海岸”康养基地、黑松林探险公园、森林温泉等文旅康养项目，打造滨海康养新业态；挖掘历史文化资源，建成历史人文的“文化海岸”——成山头，推出观日出、赏古迹等文化旅游路线和产品，打造滨海文化体验新业态；围绕传统节庆，突破固有的方式，创新融入游客参与的展演形式，将传统渔家文化打造成为一场游客深度参与的地方文化盛宴。

6.创新策划旅游宣传活动

高水平录制好运角旅游度假区专题宣传片《天之尽头　天鹅海岸》。发挥“大天鹅之乡”的生态资源优势，以“天鹅+文旅”为切入点，策划举办真情告白、亲子露营、创意摄影等活动，累计吸引游客2万多人次。策划“荣成好运角·天鹅季”主题系列活动，推出北纬37.5°真情告白、天鹅摄影大赛、冬季帐篷营地等创意项目，进一步丰富冬季旅游业态。2021年，“好运角天鹅季”短视频社交平台相关话题阅读量逾100万次。开通“中国好运角”微信公众号加强宣传；在北京、济南等主要目的地城市策划旅游推介活动，持续扩大好运角旅游度假区影响力和知名度。

2018年，好运角旅游度假区获评首批“中国慢生活休闲体验区”，成为《山东省全域旅游发展总体规划》重点打造的高端专项度假区。2021年，全区累计接待游客330万人，实现收入28亿元，较设区之初分别增长19.1%、14.7%。

（四）推进村庄景区化发展，助力乡村生态振兴

好运角旅游度假区以实现“生态环境优美、村庄业态丰富、配套设施齐全、管理服务规范”为基本目标，紧紧依托乡村自然风貌，以全域旅游发展理念，大力推进村庄景区化建设。

1.落实村庄景区化建设标准

按照山东省《关于开展全省乡村旅游精品化创建和村庄景区化培育工作的通知》的要求，根据国家A级旅游景区建设标准，明确村庄有鲜明的入口形象，有足够的停车位，有完备的服务中心，有A级标准的旅游厕所，有系统的旅游标识，有休闲、娱乐的乡村景点，有完整的游览线路，有一批旅游经营农户，有健全的管理制度，有成体系的建设方案等“十有”功能，提升村庄整体品位。

2.实施乡村环境景观化行动

以农村村容村貌提升为主攻方向，提升村居环境质量和宜居水平。推进村庄绿化美化，乔、灌、花、草相结合，采用多样化乡土树种草种，做好村旁、路旁、水旁和庭院绿化美化。利用砖瓦、竹木、卵石等乡土材料和旧磨盘、老门窗、废瓦罐等乡土物件，建设街头小品、文化墙和庭院微景观。对村域内湖面、河道、溪流等进行综合整治，全面提升村庄水域景观化、体验化程度。加强村庄主要进出口、旅游道路沿线等可视范围的景观设计、建设提升和后续管理，营造浓郁的乡村特色旅游氛围。

3.注重保护乡村文化旅游资源

突出保护生态环境和本地文化。注重对古镇、古村、古树、古民居、古建筑、古遗址和农业文化遗产、非物质文化遗产等旅游资源进行保护性开发，在保护原有的自然和人文风貌的基础上充分挖掘和利用，实现村庄独特文化、环境与旅游功能深度融合，让更多的自然资

源、原生态文化资源转化为乡村旅游产品，推动村庄的特色化、品质化、效益化发展。

4.培育景区化村庄旅游新业态

围绕游客多元需求开展景区化旅游业态建设，针对不同游客市场实现个性化、差异化、分层化的村庄业态建设。充分发挥山区、滨海、海岛的资源优势，因地制宜，挖掘乡村生态、生产和生活的个性特色。以产业融合为契机，推动村庄景区化建设与农、林、牧、副、渔等传统乡村产业的融合，培育发展乡村休闲度假、研学旅游、观光旅游、养生养老、创意农业、农渔体验等新兴旅游业态。鼓励支持新农人、农创客、大学生、艺术工作者和科技工作者入驻乡村创业创新，推动乡村旅游产品业态和发展水平全面提升。

5.提升景区化村庄配套设施

积极打造和建设便捷的交通，助推乡村旅游提升发展。加强支线旅游交通和通景道路建设，不断提升通景公路品质，推动城市公交服务网络延伸到周边主要景区村庄和乡村旅游点。以旅游公路作为旅游风景线，串联景区化村庄，打造生态富民线风景道。全面加强景区村庄公共服务设施建设，大力推进乡村厕所革命，推进农村公厕合理布局。按照“数量充足、分布合理、管理有效、服务到位、卫生环保和如厕文明”的要求，大力推进农村公厕和旅游厕所改造建设。加快建设完善景区村庄停车场，推进生态停车场（停车点）建设，解决乡村旅游停车难问题。大力推进游客中心（咨询点）、标志标识系统等基础设施建设，材质、设计要突出乡村风貌和地域特色。布局建设具有乡村特色的公共游憩空间。积极打造乡村绿道慢行系统，建设徒步、骑行驿站，形成乡村旅游风景线。

2021年，好运角旅游度假区有港西镇鸡鸣岛村、成山镇车祝沟村、成山镇河口村3个村入围第二批山东省景区化村庄公示名单。2022年，成山镇礼村入围第三批山东省景区化村庄公示名单。

（五）率先布局蓝碳经济，打造蓝色“碳”索“样本”

随着我国碳达峰、碳中和重大决策部署的推进，蓝碳经济迎来广阔的发展前景。好运角旅游度假区成山镇海带养殖面积达2万亩，有着蓝碳研究的自然资源优势，以此为依托，度假区率先布局蓝碳经济，在探索中研究构建海洋藻类碳汇交易制度模式。

借助山东大学海洋研究院、威海市蓝色经济研究院等科研院所以及威海市世代海洋生物科技股份有限公司的专业优势，荣成市积极推进成立全国首个以海洋负排放为研究领域的院士工作站——山东省海洋负排放院士工作站，在好运角旅游度假区成山镇世代海洋万亩海带养殖海域建设围隔海上实验平台。此次围隔海上实验平台的布放是山东省海洋负排放焦念志院士工作站揭牌以来的一个“新动作”。围隔海上实验平台以开发海洋碳汇项目为主要研究内容，获取海带养殖全生命周期过程中产生有效碳汇的相关数据，为太平洋学会团体标准申报提供数据支撑（此次围隔海上实验平台布放前，威海市蓝色经济研究院起草了《海带栽培项目碳汇计量与监测技术指南》，申报太平洋学会团体标准，并于2021年11月通过了标准立项审查）。同时，通过数据分析对养殖藻类海洋碳汇的形成过程和机制进行系统阐释，分析归纳海带养殖对海洋碳汇的影响，并以研究结果为科学依据，积极探索开展海洋碳汇交易试点，争取形成国内首例海草床碳汇交易，推动相关标准的制定和海洋藻类碳汇交易的实施。随着围隔海上实验平台在好运角的投放，威海的“蓝色探索”实现了“从0到1”的突破，标志着海洋碳汇工作从小规模试验转到了真实场景阶段。

2024年1月，荣成农村商业银行、农业银行威海分行、威海市商业银行等多家单位，以每吨79.79元的全国碳市场成交均价，从好运角大天鹅国家级自然保护区购买了共计338.7吨碳普惠减排量，标志着山东省首笔碳普惠海洋碳汇交易落地，也实现了威海市蓝碳交易“零的突破”。这笔交易助力威海海洋生态产品价值实现，为继续探索开展海草床碳汇保险及碳汇保险质押融资等金融产品创新，拓宽企业融资渠道奠定了基础。

三、经验启示

好运角旅游度假区始终坚持生态优先、绿色发展，在践行“两山”理念上持续用力，走出了一条以绿色生产力赋能精致城市建设的新路子。

（一）注重顶层设计，深化体制机制建设

为更好推进“两山”实践创新基地建设各项工作落实，好运角旅游度假区管委会研究成立了由度假区主要负责人任组长的“两山”实践创新基地建设领导小组，下设6个专项工作推进组。领导小组负责统筹协调和组织推进“两山”实践创新基地建设的各项工作，形成区、镇分级管理，部门相互配合、上下联动、良性互动的推进机制，实行定期研究和会商制度，及时解决“两山”实践创新基地创建工作中的重大问题，并对重大事项进行统一部署、科学决策，明确目标责任分工，层层落实，逐项推进，确保任务目标保时、保质、高效地完成。各专项工作推进组牵头单位“一把手”安排部署组织专门力量，列出清单，重点加强对创建成效的督查督办；各部门、各单位根据职责分工，积极配合牵头单位的部署安排，加大对各自分管领域内创建工作的推进力度。由此，形成协调联动、密切配合、步调一致、运转高效的工作格局，确保各项创建工作有机衔接、高效推进。

（二）因地制宜发展生态经济，选准产业发展方向

践行“两山”理念，必须突出地方资源优势，培育独具特色的

产业业态。立足生态优势和环境治理成效，好运角旅游度假区坚持走产业生态化、生态产业化协同的绿色发展之路，加快生态产品价值实现，促进人与自然和谐共生，推动经济高质量发展。一方面，推进产业生态化，加大对原有工业企业的环境污染防治，加快淘汰落后产能和“散乱污”企业，对传统产业进行生态化改造提升，大力发展清洁能源产业、高新技术产业。另一方面，推进生态产业化，突出特色，将生态优势、资源优势转化为实实在在的经济优势，大力发展生态农业、生态工业、生态旅游业，不断促进生态产品价值实现。例如，依托土地资源和特色农产品资源，发展生态农业、休闲采摘农业、农产品加工业等；依托海洋特色和丰富的海产品资源，积极发展海洋生态产业，深入推进西霞口、马山两个国家级海洋牧场建设，大力发展海洋食品产业、海洋科技产业、海洋生物产业，抢先布局蓝碳经济；依托得天独厚的旅游资源，推动滨海旅游、休闲康养等文旅产业高质量发展，充分发挥“大天鹅之乡”的生态资源优势，建设天鹅主题的文创、旅游、科普一条街，引进天鹅主题民宿，打造天鹅小镇，打响“天鹅”品牌，做深做细“天鹅”经济，引爆冬日旅游市场。同时，以创建国家级旅游度假区为目标，打造国内一流的滨海旅游度假康养目的地、幸福产业融合发展示范区，文旅产业蓬勃兴起，聚集效应、规模效应日益凸显。

（三）持续打造“两山”实践基地，不断促进“两山”转化

践行“两山”理念需要绵绵用力，锲而不舍，久久为功。多年来，好运角旅游度假区始终坚持生态优先、绿色发展的取向不动摇，持续拓宽“两山”转化通道并提高转化效率，坚定不移推动度假区经济高质量发展。2020年12月，好运角旅游度假区获评山东省第一批省级“绿水青山就是金山银山”实践创新基地，为威海市唯一获评单位。获评以后，度假区进一步打通“两山”双向转换通道，以“转”提质，大

力建设生态文明样板区、"两山"转化示范区、国内一流滨海旅游度假康养目的地、幸福产业融合发展引领区。在此基础上，启动国家级"两山"实践创新基地创建工作，坚持一张蓝图绘到底。2022年11月，好运角旅游度假区入选国家级"两山"实践创新基地，以此为契机，其进一步加强实践创新，致力为示范引领全国"两山"实践提供更多可复制、可推广的典型案例和经验模式。

（四）大力推进村庄景区化建设，以美丽乡村催生"美丽经济"

2020年，山东省制定《关于开展村庄景区化建设工作的指导意见》，以全域旅游发展理念大力推进村庄景区化建设，推进美丽乡村向美丽经济转型升级。村庄景区化不仅仅是高标准、高要求的建设指南，更是注重保护乡村文化旅游资源、培育旅游新业态的发展方向，是打造乡村振兴"齐鲁样板"的有效途径。度假区加强村庄规划与设计，挖掘历史文化资源，突出乡村特色，将传统村庄转变为具有吸引力的旅游景区，推动乡村振兴与旅游产业的融合发展。例如，入围第二批山东省景区化村庄公示名单的鸡鸣岛村，依托特有的海岛优势和渔村风情，着力发展海岛生态民宿旅游，打造集天然生态、海岛风情、渔家特色于一体的胶东海岛度假目的地，成为名副其实的"海上桃源""避暑胜地"。2022年，村集体收入由2019年的100万元增加至120万元，旅游产业的收入占了村集体收入的84%。

思考题

1. 好运角旅游度假区是如何突出地域优势和资源特色，将绿水青山转化为金山银山的？
2. 好运角旅游度假区是如何因地制宜，培育和打造"天鹅"品牌、做活"天鹅"经济的？
3. 景区化村庄建设在推动"两山"转化中能够发挥什么作用？

创新首席专家制度　引来人才外源活水

——威海市文登区大水泊镇以“耕读小镇”模式引领乡村振兴*

【引言】习近平总书记在党的二十大报告中指出，坚持农业农村优先发展，扎实推动乡村产业、人才、文化、生态、组织振兴。要推动乡村人才振兴，把人力资本开发放在首要位置，强化乡村振兴人才支撑，加快培育新型农业经营主体，让愿意留在乡村、建设家乡的人留得安心，让愿意由城返乡、回报乡村的人更有信心，激励各类人才在农村广阔天地大施所能、大展才华、大显身手，打造一支强大的乡村振兴人才队伍，在乡村形成人才、土地、资金、产业汇聚的良性循环。威海牢记习近平总书记提出的“威海要向精致城市方向发展”的殷切嘱托，颁布全国首部精致城市建设条例，首创精致城市评价指标体系，系统谋划推进精致城市建设。其中，“发展动能创新提质”是精致城市五大发展目标之一。威海市文登区大水泊镇创新实施首席专家制度招才引智，以“耕读小镇”模式为乡村人才振兴注入“外源活水”，走出了一条人力资本助推发展动能提质的实践路径。

【摘要】近年来，位于威海市文登区东部的“耕读小镇”大水泊镇，

* 本案例由中共文登区委党校教师李莉撰写。

通过创新实施首席专家制度，招引了北京大学博士李凌己、清华大学建筑学博士李久太、北京航空航天大学退休教授张海英、国学大师李林等78位高端人才，走出了人才驱动乡村振兴之路。大水泊镇在用制度创新引进人才的1.0版的基础上，用尊重与信任、事业与平台留住人才，完成了人才驱动乡村振兴的2.0版，并正在探索建立新的遵循公序良俗、保证人尽其才的3.0版。2023年，大水泊镇作为威海市唯一乡镇被山东省委、省政府评为“山东省乡村振兴突出贡献奖先进集体”，时任山东省委组织部部长王宇燕和时任中共山东省委党校（山东行政学院）常务副校（院）长白皓专门就“人才带动乡村振兴”课题到大水泊镇调研。人力资源和社会保障部党组成员、副部长吴秀章到大水泊镇“耕读大水·小镇中心”调研专家服务基层工作开展情况。相关做法多次被央视《新闻联播》宣传报道。

【关键词】首席专家制度　人才振兴　新村民计划

一、背景情况

文登区大水泊镇是一个普通农业乡镇，辖区面积123.77平方公里，共有90个行政村，是威海市村庄数量最多的乡镇。交通发达，威海国际机场位于镇政府驻地，威石专用线、309国道自境内通过。威海空港工业园、威海综合保税区均在镇域内。该镇还是威海市最大的西洋参生产基地，是威海市最大的黄精大田规模种植基地。但是因镇域内有文登区饮用水水源地，同时没有自然风景区、人文景点、高端人才等发展优势，该镇经济发展一直处于威海市的中游。

在这样一个客观的“地理空间”里，如何推动乡村振兴战略落实落地？大水泊镇党委辩证地分析该镇的优势和劣势，清醒地认识到该镇为文登区饮用水水源地保护区，不能发展大型的工业企业制造业，缺乏利税增长点。但优势在于，大水泊镇毗邻城区，地理位置优越，威海国际机场就位于镇域内，机场、公路等交通设施便利通达。所以大水泊镇党委在进行产业规划时作出正确的定位，那就是不去盲目地追求大项目、大产业，不唯GDP论，而是选择适合于自身发展的文化产业等第三产业。作为一个普通的胶东乡镇，大水泊镇在发展过程中遭遇了制约乡村发展的普遍问题。

大水泊镇空心化、老龄化严重，90个村中有36个村常住户不足百户，户籍人口3.5万人，实际常住人口仅1.8万人，60岁及以上老年人口占比约63%。根据国际上的通常指标，当60岁及以上老年人口占到人口总数的10%，或65岁及以上老年人口占到人口总数的7%时，一个国家或地区就进入了老龄化社会。行走在村里，很少见到青壮年在劳作，更难见到少儿的身影。

为了发展乡村产业，增加农民的经济收入，2020年底大水泊镇党委、镇政府曾尝试引进藤编产业帮助村民致富。没想到，60岁及以上老人占报名参加藤编工作人员的78%，高龄低效的劳动力状况让原本前景不错的产业还没开始就告吹了。

空心化、老龄化随之带来的是村集体内生动力不足。显然，仅依靠传统农民，来活化乡村、建设乡村远远不够。面对这些困境与问题，大水泊镇决定把引进人才作为突破口。近年来在上级党委和政府的大力支持下，大水泊镇经过努力探索与实践，明确了通过制度创新引智聚力，推进以人才驱动引领乡村振兴的1.0版、2.0版、3.0版的基本思路。

二、主要做法

（一）引凤：创新首席专家制度，引来人才，各美其美

人才是如何选择大水泊的这个问题，是大家十分关心、好奇的。大水泊镇在威海所有乡镇中是没有竞争优势的，没有千里海岸线，没

有独特的自然资源。就这样一个没山没水的乡镇，怎么会吸引来这么多高端人才？

要引进人才，必须搞清楚一个大逻辑：人才和政府是双向选择的关系，人才需要什么，我们能提供什么？我们需要什么，人才能带来什么？只有供需精准对接，人才才能心甘情愿来到大水泊、选择大水泊。为此，首先要转变观念，区分政府视角和人才视角。从政府视角看，乡镇一级资源有限、资金有限、力量有限，要引进优秀的、有想象力的人才简直天方夜谭。但从人才视角看，镇村一级，有他们在城市找不到、得不到的东西，包括情感的寄托、寻根的念想、桃花源的情怀，这也就是习近平总书记讲的乡情乡愁。

调整了工作思路，找对了供需关系，就能找到乡村吸引人才的关键点。从大水泊镇首席专家制度的形成过程看，有这么几个部分是真正吸引人才的：闲置资源、释放情怀和配套制度。

1. 闲置资源

一座废弃的学校，从政府视角看，荒凉破败，影响形象，是招商资源，但很难用起来。但就是这种地方，在人才的眼里，非常美，非常有价值。斑驳的老墙诉说着历史的沧桑，参天的古树承载着厚重的情怀，这座古老的学校，正是大水泊镇首席专家制度的缘起之地，天福山中学。当年推进城市化过程中，为了集中教育资源，这所乡村高中被废弃了。当时大水泊人就觉得非常可惜，想发展产业，但一直没有合适的项目，直到大水泊镇迎来了第一位专家李凌己。

李凌己，清华大学硕士、北京大学博士，在来到大水泊之前，他已经是北京紫光教育机构董事长。他从2003年开始调研了国内200多所中学，然后萌生了自己做一所新式学校的想法，按照国家对创新人才培养的要求办教育。为了实现自己的教育梦，在全国选址的过程中，李凌己跑了山东、四川、安徽等多个地方。2016年一个偶然机会，他听说天福山中学校址因为闲置多年要出售，便来此考察。

介绍一下天福山中学的历史。天福山中学是胶东的历史名校之一，始建于1952年，由国务院拨款筹建，为纪念天福山起义而命名，是山东省内一所具有历史底蕴的高级中学。2015年6月，天福山中学建筑群入选山东省第五批省级文物保护单位。郭沫若为该校亲笔书写校名并题诗："义旗高擎廿五年，学宫新建海东天。继承革命英雄业，开拓红专子弟田。天福原由人力造，前徽专赖后生传。理琪日夜雄狮吼，为国献身要占先。"

一到校园，李凌已就被天福山中学的建筑风貌和历史文化底蕴深深吸引。保留了60多年历史的法国梧桐树群、红杉树群、天福山起义雕塑群和苏联援建教室等无一不在触动着李凌已的心弦，天福山中学就是他理想中的学校，他追求的学校，于是他萌生了将项目落户于此的想法。

但喜欢归喜欢，想要在乡镇建一所民办学校，谈何容易，别说乡镇了，整个文登区都没有一所民办学校。但那时候大水泊的镇领导却看到了李凌已身后的全新可能性：一方面能盘活这所废弃多年的乡村中学，另一方面能借助李凌已的人脉、平台资源吸收更多的优质教育资源，从而引来更多的城市精英。

于是大水泊镇对这件事给予了高度的重视和绝对的理解信任。尽管这中间过程非常艰难，大水泊镇还是拿出最大诚意全力推动项目的落地。审批手续烦琐，就主动查询政策，全程代办；师资队伍薄弱，就积极向上争取政策支持，提升办学的影响力；配套设施无法保障，就主动出资加固楼体，完善水电暖设施设备。就这样，大水泊镇2016年9月与威海紫光实验学校（以下简称紫光学校）签订协议，在不到一年的时间内，学校的基础设施配套、师资队伍建设、各种手续办理全部完成，实现了文登民办高中从无到有的突破，2017年7月第一批学生顺利入学。李凌已说："我们想到的，政府替我们想到了；我们没想到的，政府也替我们想到了。政府已经替我们搭建好了干事创业的舞台，让我们的教育梦想能够留在大水泊。”

当前，紫光学校已完成投资2.2亿元，建设了集自然博物馆（恐龙馆）、钢琴文化博物馆、现代美术馆、校史馆和图书馆于一体的现代化综合楼、2栋学生公寓楼，可容纳学生3000余人。紫光学校自然博物馆（恐龙馆）现收藏恐龙化石等古生物化石500余件，其中有众多化石精品，是全国中小学规模最大的自然博物馆；钢琴文化博物馆展示了17架古钢琴，最著名的可追溯到清朝慈禧宫中的羊角琴；现代美术馆常年展示名家精品美术作品。2022年，在线上生不到5%的情况下，毕业生本科上线率达到64.7%。近几年，紫光学校学生获得600多个省级以上奖项，其中国家级奖项有200多个。

2.释放情怀

每个人心中都有一个陶渊明，人才到农村来真的不是来找工作的，大部分人有一颗事业心，有一定的乡村情怀，有一个陶渊明式的田园梦想。生在农村的李久太一直有一个梦想——在乡村做一个“乌托邦”载体，把“志同道合”“情投意合”的设计师朋友聚集在一起。

如果说，前面提到的李凌己的到来是“偶然中带着必然”，那么李久太的到来则是“纯属偶然”。

李久太，清华大学博士，出生于1980年的他作为国内建筑设计领域的一颗“新星”，已经3次斩获德国红点设计奖——被誉为工业设计界的诺贝尔奖。国内设计业内一度流传这样一个说法：只要李久太参与奖项评比，就一定能够获得大奖。李凌己在改造学校时邀请曾经的清华校友李久太前来帮忙设计、出主意。说者无心，但听者有意，李久太仅仅在一次交流会上提了自己的想法，大水泊镇就把他的想法当成了留住人才的敲门砖。大水泊镇党委、镇政府在一周内对照地图跑遍了该镇的各个角落，最终在三岐山敲定了一处废弃的养貂场作为李久太干事创业的舞台。再见面时，养貂场的钥匙就交到了李久太的手中，“钥匙交给你了，你就说了算，爱怎么干就怎么干！”大水泊镇干部的这番话让李久太有种“被需要、被尊重、被信任”的强烈感受。他卖掉了在北京的房子、车子，押上了创业积累的“奶粉钱”。2017年，李久太曾经的“乌托邦”梦想落地了，威海设计谷拔地而起。在威海设计谷，先后举办了“国际人居节分会场”“国际建筑师沙龙”“威海首届露营节”等活动50多场次。目前设计谷二期30亩土地已完成招拍挂手续，相关规划正在报批，56栋设计师工作室虽未建设，但大水泊镇已提前与中国建筑设计研究院曹晓昕、清华大学建筑学院宋晔皓等45个中国优秀建筑设计个体签订合作协议。2020年，李久太把妻子和两个女儿从北京接来安家，并担任了清华大学乡村振兴工作站文登站站长。

3.配套制度

随着以李凌己、李久太为代表的人才来到大水泊镇，他们也通过自己背后的人脉和资源，源源不断地把朋友、朋友的朋友介绍到这里，那么如何留人成为亟待解决的问题。在双向选择、互相吸引的过程中，如何扮演好自己的角色，是大水泊镇新的挑战和考验。

经与李凌己等人多次研究探讨，大水泊镇创新推出了《乡村振兴首席专家暂行管理办法》及《乡村规划师团队工作细则》，提出了“乡村振兴首席专家”“乡村规划师团队”的概念。该做法得到威海市区级高度认可，被威海市区级推广并沿用至今。

首席专家制度，就是结合每个人才的特点与需求，逐人确定结对村庄，一人一村、一村一品，推动人才的文化特长、资金实力、人脉优势与乡村建设深度结合，同时，对首席专家实施乡村建设项目最高给予200万元建设补贴，对获评文登区特优首席专家的，给予专家和结对村庄共10万元乡村建设发展经费，实现首席专家与结对村庄的双向成就。

乡村规划师制度，就是按照务实管用、乡情兼顾的原则，广泛筛选专业机构规划人才、规划行业领军人才、实用型设计人才等，使其全程参与乡村建设的规划指导、文创设计和细节提升，确保乡村规划能落地、乡村建设不走样。

大水泊镇在人才招引过程中发现，很多人才钟情大水泊，但是落不下来，很重要的一个原因，还是受限于镇域基础条件，生活创业都不方便，缺少一个综合服务平台。为此，大水泊镇盘活镇区老粮管所，建设了总面积4000平方米的“耕读大水·小镇中心”，配套了创业基地、人才公寓、会议礼堂、休闲咖啡、宾馆住宿等功能设施，搭建起了综合服务中心、人才聚集中心、创业孵化中心，解除了人才落地的后顾之忧。

（二）筑巢：用好首席专家制度，留住人才，美美与共

首席专家怎么发挥作用，怎样用事业和平台留住人才，或者说，人才的价值如何与乡村振兴相结合？

大水泊镇党委、镇政府用真诚、尊重与信任，为首席专家创造出良好的人文生态环境及创业舞台，为他们能够在各个领域更好地发挥自身的价值与作用，提供良好的空间与平台。

1. 首席专家＋乡村建设

当前，大水泊镇乃至大部分乡镇在村级建设上仍停留在以上级政策资金扶持为主，包括改厕、户户通工程、自来水及污水改造、美丽乡村建设等，能够依靠自身收入实现乡村建设的村庄仍是少数。同时，上级补助存在指向性及时限性，单纯依靠上级的补助远远不够，并不能全面覆盖乡村建设的方方面面。

2020年文登区推进户户通改造工程，镇村两级负责施工，经最终审计，大水泊镇90个村仅承担的施工费、运输费就超过1500万元，这还不包括后期的维护成本。大家试想一下，如果这1500万元能够集中到一个村，就能让这个村发生翻天覆地的变化，而我们人才的聚集就可以产生这种变化。

初家村，一个非常普通的胶东村庄，有村民130余户、300余人，前面提到的威海设计谷就位于该村西侧的一个山谷。在威海设计谷建设过程中，初家村从上到下为李久太提供了热情服务。李久太被该村的优美自然环境、淳朴民风打动，2019年在镇村两级的邀请和帮助下，他决定留在初家村，与村民一起建设精致乡村。

2017年，意大利南部一个城镇以1欧元出售无人居住的荒宅的消息登上了全球媒体的头条。在闲置房屋流转上，大水泊镇党委、镇政府受1欧元购房政策的启发，组织初家村按照每套房子300元/年的出租价格对全村的闲置房屋进行盘活，租赁期为20年，由租户进行装修改造，20年后所有装修归户主所有。这样既让户主有了租金收入，还让老房子成了新民宿。当年初家村就这样流转了35套房子，李久太还在朋友圈发布了新村民招募计划，招募志同道合的朋友共同建设初家村，就这样他的很多设计师朋友被吸引过来，每人都租了一套闲置民房，按照自己喜欢的风格对房子进行特色打造。甚至一名希腊人——托尼也来到初家村定居，托尼是英国剑桥大学心理学博士，一来到这个村庄就爱上了它的环境及淳朴热情的村民。在李久太的推荐下，托尼把自己在中国的工作室设在了初家村。

这种依靠“首席专家+新村民”发展村庄的建设思路极大地缓解了政府的资金投入压力，房屋改造及周边环境打造由新村民自行投入资金，在盘活闲置房屋的同时改善了村庄的环境。经探索形成这种以人才助力乡村建设的新模式，使初家村成功获评“山东省乡村振兴示范村”。

过去一段时间，在乡村建设理念上存在一个误区，就是按照城市建设的标准建设乡村。白墙、彩钢瓦、绿化草皮、沥青水泥……让乡村没有了乡村的味道。甚至社会资金的投入，有时也会逐渐改变乡村建设的初衷。

在初家村的规划建设过程中，李久太的想法就是把初家村打造成“记忆中故乡的样子”，保留住村庄的自然性、时间感、人情味。他在建设村庄时秉承两个原则：一是尽量保留原生态。对村庄进行改建时，加入时代元素，采用富有设计感的手法，坚决避免大拆大建。比如，村内的道路，没有盲目拆除、铺设水泥，而是在保留原来中间的石头路的基础上，在周边铺撒碎石，非常有乡土气息。二是注重发动农民共同参与。农民对乡村是最有感情、最有归属感的，只要引导好、组织好，完全能够让其主动参与进来。比如，村内铺设的石板路，材料是采石场的废弃边角料，由李久太带领乡亲们义务运回来，一起动手铺设，既经济又美观。

正是这种修旧如旧、建新如旧的建设思路，获得了国家乡村振兴局领导的肯定，吸引其多次到初家村调研。2022年9月，全国“百校联百县兴千村”启动仪式在文登举行，初家村作为“乡村建设”主题调研路线目的地之一迎接了全国各地同行的调研。初家村形成了一条在全国可复制、可推广、可借鉴的村庄建设经验。

2. 首席专家＋特色产业

首席专家来到大水泊，如果仅仅安放乡情乡愁、释放情怀是无法长久的。大水泊镇由首席专家牵头或参与创办农业专业合作社、家庭农场，采取“合作社＋企业＋新农人＋农户”的模式，把人才与特色产业结合，既能够实现人才的理想抱负，又能够在经济上得到效益。同时，专家聚集能够发挥出不同人才的能动性，产生新的化学反应，实现1+1＞2的效果，目前已打造了石磨面粉、大樱桃、参鸡蛋、参鸡汤、大水精酿等特色产业。

口子村位于大水泊镇西部，是大水泊镇重点打造的乡村振兴特色村。目前，该村有多位首席专家对接，他们把自己的事业及产业落在了这里。经李凌己介绍，其合伙人唐立东投资600万元在口子村建立了石磨麦香面粉厂。在该面粉厂的发展过程中，各种人才集聚到一起，各自发挥自身的优势，迅速带动了项目的发展。比如，在原材料采购上，由李林组织在周边村进行收购，确保小麦质量；在产品设计上，由李久太团队按照大水泊特色进行包装；在产品销售上，由新农人于海依托网络销售渠道开拓市场，再由当地网红进行销售；最后由李凌己进行保障，出现滞销情况由紫光学校兜底性购买，从而实现了石磨麦香面粉厂的快速发展。目前，该面粉厂正准备打造面食博物馆。依托人才的聚集效应，口子村还发展了酱酒文化，由贵州富鑫酒业有限公司周菲投资500万元建设的贵州酱酒文化体验馆，主体已封顶，正在进行内部装修。

王方凯是土生土长的大水泊人，早年长期在外打拼，积累了大量的人力资源及专业技术。他考虑到父母年迈需要照顾就动起了返乡的念头。受大水泊镇首席专家制度的感召，王方凯毅然回乡投资创立了精武农场（山东）有限公司，并把自己的资源全部带回家乡，把当地特产西洋参与特色种植结合，构建“农创+”产业生态，形成新型的“1.5农创产业”，推出的参鸡蛋、参鸡汤、参茶、参酒等农创产品营养价值极高。值得一提的是，参鸡蛋，即母鸡吃西洋参的边角料后所产的蛋，其营养价值比普通鸡蛋高3～4倍，胆固醇含量却仅仅是普通鸡蛋的50%。每个参鸡蛋都有单独编号，通过手机小程序以及网页端平台可追溯其整个生产流程。这种鸡蛋在大城市可卖到6元一个。

3. 首席专家+创意文旅

大水泊镇以首席专家为媒引入文旅团队，注入艺术元素，让老村庄焕发新活力，实现了与中国围棋协会、中国油画院等数十个团体的深入合作，涌现出“围棋村”团山村、“舞蹈村”山后孙家村、“漫画村”瓦屋庄村等一批特色文旅村落，累计流转闲置房屋400多栋，完成改造100多栋。

改造后的民宿既是首席专家的工作室，也是他们的家。首席专家有的在大水泊镇常驻，如李林、张海英每年300多天待在这里；有的候鸟式驻留，定期过来居住；有的不定期来授课。为此，大水泊镇探索出了“房屋共享+村民共住”模式，首席专家在的时候，这里的闲置房屋是他们的创意工作室。这里贴近大自然的农村环境，是他们在城市中找不到的。但是他们不可能一直待在这里，平时没人的时候，那些房屋就被当作民宿管理。目前，初家村、瓦屋庄村、团山村、“耕读大水·小镇中心”、威海设计谷等地50多栋民宿进行联合运营，由首席专家团队统一运维，雇用当地村民统一管理，既实现了房屋的管护，增加了群众的收入，又使村集体得到了分红，实现了多赢。

三、经验启示

（一）成效

首席专家制度的效果是什么，或者说，人才对乡村振兴的意义是什么？

1.带动村民致富

在村民增收上，主要体现在三个方面，一是项目投资为村民提供就业岗位；二是特色产业带动，通过对农产品进行包装设计、营销策划、宣传推介等，拓宽农产品对外销售渠道；三是利用网络平台、直播带货，帮助村民销售农产品。

李久太博士入驻初家村后，就把自己定义为初家村的新村民，主动与村里签订了农产品购销协议，让每个引进的新村民每年在村里购买不少于5000元的农产品，并成立了威海薯国演义食品有限公司，流转村里300亩土地种植地瓜，精心设计产品包装、品牌标识，并通过新村民的渠道对外销售。以前1块钱1斤的地瓜，如今到大城市能卖到5块钱，仅这一项，就使集体收入增加3万元、群众增收10万元。值得一提的是，之前文登区遭遇了一场冰雹灾害，苹果受损严重，销路成了问题，李久太博士和他的团队第一时间联合村内网络达人通过网络平台销售苹果，并且优化提升苹果包装，将原来1.5元/斤的苹果直接卖到了3元/斤，挽回了群众损失，受到了群众好评。

新农人于海不仅自己流转土地种植地瓜、白菜、萝卜等农产品，还带着周边村民一起种植，只要按照规定的要求种植，适时打药、浇水，所有农产品均按高于市场价格的价格收购。起初大多数老百姓对这种种植模式相当不认可，仅几个群众跟着种植，结果因种植“烟薯25”尝到了甜头，现在越来越多的群众加入种植大军。

威海设计谷樱桃炸弹工作室，由一对“95后”青年夫妇创立。他们在文登挑选最可口的樱桃，通过精美的网页设计、包装设计等进行产品赋能，将原本5～6元/斤的小樱桃通过物流运送到广州、深圳、上海等地，售价提升到50元/斤。

2.推动社会治理

一方面，引导首席专家积极参与村庄决策，将首席专家聘任为“村委会主任助理”，让其直接参与村“两委”会议、村民大会，为村庄的发展建设出谋划策，招引项目。口子村首席专家李林在党组织的感召下，在口子村递交了万字入党申请书，如今已经成为一名正式的共产党员，还当选了市级人大代表。大水泊镇成立了口子片区联合党委，李林作为党总支书记助理，协助解决了新立庄土地纠纷、马家庄欠薪等一批历史遗留问题。张海英教授因其常年帮助岐阳村引项目、帮助群众销农产，在当地老百姓心中非常有威望。岐阳村的一些花墙、道路等，是由张海英教授设计并带着村民一起动手做的，村庄环境、村民风气都得到了很大提升改善，该村真正从过去的信访老大难变成了现在的和谐文明村。村民有问题，也都愿意找张海英这个老大姐，近几年岐阳村1个热线投诉都没有。

另一方面，加强教育培训，引入“乡村振兴大讲堂”这一概念，利用首席专家的知识、见识来培训干部、培训农民，通过人才的带动，把当地的干部、群众都变成人才。近年来，大水泊镇开展了乡村产业振兴领头雁计划、清华科普讲堂、新农人培训大讲堂等培训活动，接受培训的干部、农民有上千人次。

3.激发乡村活力

人才的到来，聚集了人气，引来了产业，带动了发展，激活了乡村的内生动力。

一是人才的引进激发了农业的活力。首席专家制度带动年轻城市群体返乡创业，威海市文登传福参业有限公司李琳通过与首席专家合作，大学毕业后毅然返回村庄，与威海众程物联科技有限公司合作，为农作物种植提供技术支持和优化提升，主要涉及农业的大数据监测，农业设备的自动控制，以及基于这两者的农业大数据和生长种植可追溯物联网平台。目前，威海众程物联科技有限公司正在与传福参业进行西洋参重茬技术实验。文登区是全国最大的西洋参种植基地，而大水泊镇是文登区种植西洋参面积最大的乡镇，2021年大水泊镇种植规模达1万亩。但是西洋参对土壤养分的吸取极其霸道，凡种植过的土壤多年内难以续种是长久以来限制该产业发展的大难题，如果西洋参重茬实验成功，将是对西洋参产业的颠覆性突破。

二是人才的引进激发了农村的活力。新村民的融入为乡村增添了“人气”，直接激发了农村的活力。一方面，当地村民渐渐摸索出了为入住新村民提供各类服务的门路，与新村民配套的村内产业变得越来越多。比如，瓦屋庄村的村民改造了自己家的房屋打造农家宴；部分村民积极把自家的野生蜂蜜、无公害蔬菜推荐给新村民，通过清洗送货、上门服务等手段服务新村民。另一方面，各类活动的举办让沉睡已久的村庄变得热闹非凡。大水泊镇陆续举办了“第十届中国威海国际建筑设计大奖赛暨人居节文登分会场”“中法营造学会国际建筑师论坛”“中国围棋协会——乡村振兴文登行暨威海围棋村揭幕仪式”“全国乡村建设行动现场培训班暨‘百校联百县兴千村’行动启动仪式的实地观摩点”“威海市（文登）首届露营节”等活动，吸引了大量的关注及流量。大水泊镇通过在威海设计谷举办威海市（文登）首届露营节，借机向游客宣传民俗文化、售卖当地特产，累计吸引游客1.2万人次，成功将网红打卡地“流量”有效转化为发展“增量”。

三是人才的引进激发了农民的活力。人才常年住在村里，通过经年累月的相处，可以把和谐的价值导向、文明的生活理念带到农村，带给农民。

就拿首席专家张海英来说，她是北京航空航天大学退休教授，主要研究乡村文化教育与乡村社会建设的历史与现状，获国家级、省部级和全国性学会荣誉、论文奖数项。在国内外发表研究论文70余篇。她深入乡村，基于深厚的理论基础，运用社会科学的方法论，帮助大水泊镇用人才振兴驱动乡村振兴的模式建构。退休后她扎根于大水泊镇，每年居住在大水泊镇的时间超过300天，跑遍了大水泊镇的每一个村庄、每一片土地，与每一个村的党支部书记进行了对话，上得了炕头，下得了地头，可以说，她用脚步探索出了大水泊镇乡村振兴1.0、2.0、3.0模式，为大水泊镇乡村振兴工作指明了方向。她利用岐阳村的闲置房屋，建设了远山泊书院，每周组织村民开展各类讲座、举办文体活动，带领北京航空航天大学的学生为村民进行农业知识科普，如各种节气的由来，红薯、花生的食用价值等，增强了农民对自己身份的认同感和自豪感。

张海英教授与北京航空航天大学的学生在岐阳村开展的一系列活动，只是大水泊镇校地合作的一个缩影。2020年清华大学乡村振兴工作站在大水泊镇设立，其成为第一批在乡镇设立的清华大学工作站。每到寒暑假，清华大学以及山东大学、北京航空航天大学等名校会派送师生来大水泊镇及周边区域进行实践，这种新模式不仅让校内学生进行了社会实践，同时引进了优质资源，为乡村振兴提供了环保、规划、设计、乡村建设等方面的智力支持与发展思路，实现了多方共赢的新局面。此外，清华大学乡村振兴工作站针对镇域发展需要可以帮助协调清华大学校友平台资源，为乡村振兴建设与发展提供强大的智力支持。北京航空航天大学在大水泊镇成立“北航老教授协会乡村振兴研究基地”，以此平台更广泛地联系和整合高校资源，吸引更多专业人才，助力大水泊镇乡村振兴。

（二）启示

其一，大水泊镇用人才振兴驱动乡村振兴的路径与方法，可以概括为以下三个阶段：用制度创新引进人才，这是大水泊镇引进人才的1.0版；用尊重与信任留住人才，这是大水泊镇引进人才的2.0版；建立新的公序良俗，保证人尽其才，这是大水泊镇引进人才的3.0版。

其中，通过闲置资源、释放情怀、配套制度等吸引人才源源不断地来到大水泊镇，那么为何这些人才能够放着大城市的生活不要，来到大水泊镇并且留下来？对此，可作三点总结。一是感情留人。这些人才虽然在大城市生活，但是在大城市里他们难有存在感、成就感。到了这里后，党委政府、各级部门甚至是村里的村民给了人才想不到的尊重、关心。各种问题、困难都第一时间去解决，党委政府用真诚情谊及热情服务，让他们选择留下，不好意思也不舍得离开。二是事业留人。对于人才的选择，不仅仅局限在种植业、工业等传统意义上的乡村振兴方面，而是扩散到每一个有情怀、有事业心，能为乡村振兴作贡献的层面，涉及农耕、建筑设计、文化教育、艺术、医疗卫生、学术研究等方方面面，然后根据每一个人才的追求与理想，结合乡村振兴的实际情况，帮着人才搭建属于自己的事业舞台。一村一特色、一户一风貌，让人才可以根据自己的想法自由发挥，让每一个人才都可以找到自己的价值，实现情怀与事业的双向成就。比如，“中国漫画村”瓦屋庄村，就是由水墨复兴会会长闫传明打造的，他在村里建设了威海第一个乡村美术馆，在村内墙面上进行漫画创作，沿村内河流打造漫画主题公园，艺术氛围非常浓厚。而且，他还把15名漫画师朋友引到了村里，流转房屋，建设工作室，一起创作，让一个普通山村陆续举办了中国原创动漫展、第一届中国（威海）国际漫画艺术展、当代水墨艺术展等高水平艺术展览，每年参观游客突破4万人次。三是生活留人。专家们留下来是一件非常具体的事情，涉及工作、生活的方方面面，像居住办公、子女入学等问题，镇上都尽可能地提供配套服务，解决人才落地的后顾之忧，让人才放心扎根乡村。目前，大水泊镇已经吸引来自清华大学、北京大学、北京航空航天大学等的专家教授70余人，他们有的常驻，有的候鸟式驻留，有的不定期来授课，打造了紫光学校、威海设计谷、威海马新童医学研究院、空间道文创中心、毕克官美术馆、远山泊书院、天福山书院、孝德书院等诸多产业、机构。大水泊镇初步构建起设计村、漫画村、舞蹈村、围棋村等特色村近20个。

其二，发挥好党委政府的决策力、领导力、执行力，以良好的制度设计作为支撑，是十分必要和重要的；同时，人才引进是一个循序渐进的过程，其中既有偶然，也有必然。乡镇一级党委政府面临财政和行政上的局限与临界。如何把偶然变成必然，把可能变为现实？为此，从社会福利、人事制度等政策空间和制度平台上获得从中央到地方各级党委政府的支持是必不可少的。

其三，随着一批城市中产、优秀人才来到大水泊镇，保证他们从业态上、文化上更好地融入乡村，避免新的生活方式与乡村根本价值之间的冲突，使他们能够在新的公序良俗当中更好地发挥自身在乡村振兴中的作用和价值，是大水泊镇未来工作的重点。

其四，在推进乡村产业发展的过程中需要进一步明确，哪些地方应当由政府负责，哪些地方必须按照市场经济的逻辑去推进。通过制度的建构，把握好政府、社会力量、新老村民这三者责、权、利的内涵与界限。

其五，建立好公共信息平台，打造良好的营商环境，对建立新的乡村建设共同体具有重要的意义。

思考题

1. 小镇为什么能吸引博士来“扎根”?

2. 首席专家制度和新村民计划会带来什么社会效果?

3. 大水泊镇人才驱动乡村振兴的做法有什么借鉴意义?

第六章

安全稳定

织密扎牢渔业安全“防护网”为高质量发展保驾护航

——威海市海洋渔船综合管控的实践探索*

【引言】习近平总书记指出：“统筹发展和安全，增强忧患意识，做到居安思危，是我们党治国理政的一个重大原则。”①党的十九届五中全会首次把统筹发展和安全纳入“十四五”时期我国经济社会发展的指导思想。党的十九届六中全会再次强调要统筹发展和安全。党的二十大报告强调“以新安全格局保障新发展格局”②，这既是对“统筹发展和安全”的继承与发展，也体现了对新征程上贯彻“统筹发展和安全”重大原则的最新实践要求。

【摘要】统筹发展和安全是建设精致城市的内在要求。安全是城市发展的前提，发展是城市安全的保障。威海市在建设精致城市的过程中，树

---

* 本案例由中共威海市委党校（威海行政学院）行政学教研部教师张远娜、杨鹏飞、李建勇撰写。

① 《习近平关于“不忘初心、牢记使命”论述摘编》，党建读物出版社、中央文献出版社2019年版，第55页。

② 习近平：《高举中国特色社会主义伟大旗帜　为全面建设社会主义现代化国家而团结奋斗——在中国共产党第二十次全国代表大会上的报告》，人民出版社2022年版，第52—53页。

牢管好渔船是政治责任的定位，坚决打好打赢渔船管控的攻坚战、持久战。注重领导分包机制、专班推进机制等机制建设，立稳筑牢顶梁柱；注重台账管理、依人管船、依技管船等重点突破，牵牛要牵牛鼻子；注重前端、中间和末端全链条统筹兼顾，打好管控组合拳；注重生产生活主动温情服务，做渔民贴心店小二；注重通过以案释法、舆论引导等营造氛围，倡导遵法守规。威海市渔船管控经验做法在全国海上执法工作会议上被作为典型进行介绍，入选山东省首批统筹发展和安全典型案例等。

【关键词】渔船管控　高水平安全　高质量发展

一、背景情况

威海是中国渔业大市，三面环海，海岸线长近千公里，约占全省的1/3、全国的1/18。管辖海域面积11323平方公里。截至2023年底共有各类在册渔船9873艘（约占全省1/3），其中远洋和近海捕捞船共计4320艘，可停靠码头、港湾等共计309处，从事渔业捕捞、养殖、加工等人员近40万人。2023年，水产品总产量328.43万吨，其中渔业产值464.68亿元，位居中国地级市前列。

海岸线长、管辖海域面积大、渔船多、从业人员多、渔港和渔船停泊点分布广等一系列情况，使得威海一直是中国渔业管理的重点区域。除了这些因素，独特的地理位置也让威海的渔船管控形势尤为严峻、任务尤为艰巨。威海与韩国隔海相望，双方都有各自的渔业作业区。其中，威海渔业从业者要进入中韩渔业协定韩方一侧过渡水域进行渔业作业，需要有韩国颁发的涉韩入渔许可证。近年来受海上渔业资源减少、油价和渔业从业人员工资居高不下、渔获物价格持续低迷等因素叠加影响，威海很多渔船长时间处于亏损状态，部分船东承担着支付工资和还贷付息的巨大经济压力，保收、增收愿望强烈，搏一下、赌一把的心态普遍存在。尽管没有涉韩入渔资格，也可能冒险赴韩国管辖海域非法作业，从而发生越界捕捞事件。渔船非法越界捕捞将从单纯的渔业违法违规问题上升为影响国家外交、安全大局的重要事件。这不仅损害渔民的切身利益，影响我国渔业的口碑，更直接威胁我国的海洋渔业权益，与我们一直倡导的“海洋命运共同体”理念和负责任渔业大国形象背道而驰。因此，对渔船非法越界捕捞的治理和监管已经迫在眉睫。

二、主要做法

威海市以“抓铁有痕、踏石留印”的拼劲和韧劲，勇于担当、主动作为、认真负责，推进渔船管控各项工作向纵深推进，坚决打好打赢渔船管控攻坚战、持久战，确保了渔船管控秩序持续稳定。

（一）管好渔船是政治责任

党中央高度重视渔船管控工作，习近平总书记多次作出重要指示，提出明确要求。2020年8月31日，中央外事工作委员会办公室、农业农村部在威海召开周边涉外渔业综合管理专项督导会议，表明中央严厉整治渔船涉外违规的决心，督促各地全力以赴做好海洋渔船综合管控，确保涉外渔业形势稳定向好。山东省就贯彻落实习近平总书记重要指示批示精神和国家有关部委要求，出台了一系列地方性法规和政策文件，处罚和追责力度都很大，起到了极大的震慑作用。2021年9月，山东省组建了省海洋涉渔综合治理专项行动威海工作组，常驻威海市集中办公，主要任务就是抓好渔船管控工作。

2020年8月31日周边涉外渔业综合管理专项督导会议后，威海市于同年9月7日、10月7日、11月27日、12月20日，先后召开了由市委、市政府主要负责同志主持的渔船管控专题会议，有的会议所有的市委常委都参加了，有的会议的参会人员范围扩大到了镇街这一级，如此高规格、高频率、大范围的专题会议，足以体现威海市委、市政府对渔业管控高度重视，把渔船管控看作一项政治责任，坚决守牢、守住、守好海洋渔船管控防线。自2020年9月以来，威海市委、市政府主要负责同志基本逢市级大会必讲渔船管控、基层调研必看渔船管控、工作督导必查渔船管控。2022年以来，威海市委、市政府主要负责同志共实地调研指导渔船管控工作20余次，对渔船管控工作作出重要批示100余次，充分发挥了"领头雁"作用。

（二）建好机制：立稳筑牢顶梁柱

2020年12月，威海市委、市政府决定在全省率先建立专班推进机制，成立地级市、区市、涉渔镇街"三级专班"，出台《关于彻底根治渔船涉外违法违规问题的意见》《关于进一步规范海洋渔业生产秩序的通知》《关于涉渔"三无"船舶规范处置管理的意见》等重要文件，充分发挥统筹协调、督查督办等作用，推进全市渔船管控工作深入开展。从海洋、工信、公安、人社、市场、海事、海警、外事、纪委监委、网信等部门单位抽调精兵强将组建专班，专班全部实体化运行，专门出台了关于渔船管控责任分工的文件，明确各有关部门在渔船管控上的具体职责，形成联防联控机制，齐抓共管合力大幅增强。具体开展工作时，专班坚持每月工作有重点、每周工作有调度、每季工作有总结，全力推进渔船管控深入开展。海洋与渔业监督监察支队的负责同志讲道："原来找谁都不好使，现在有了专班，工作肯定好干多了。"

在专班充分履行自身职责的基础上，威海还创新推行了"双班同管"和"双线作战"机制。"双班同管"，即联合海上安全专班力量，以出台规范性文件、开展实地督导活动、发布联合工作简报和工作通报、定期召开联席办公会议等方式，统筹推进涉外渔船管理、海上安全监管等工作。"双线作战"，即海洋与公安同时发力，分别由分管渔业和分管公安的两名副市长牵头，一条线管住在册渔船，一条线打击各类违法违规行为，两条线坚持互通有无、共同推进，进一步扩大联防联控机制。

（三）突出重点：牵牛要牵牛鼻子

专班有了，机制建了，不代表工作就一帆风顺了。初期开展工作时依然有很多困难。从客观方面来讲，威海确实面临着船多港多与执法力量不足的矛盾，海上渔船定位以及划线执法都有相当的困难。从主观方面来讲，具体管控工作要下放到镇街，镇街要配备专职工作人员，但镇街干部大多没干过渔船管控，不知道这项工作该怎么干。很多干部对工作不理解、对政策不熟悉，专班工作推进比较慢。另外，部分企业、渔民对整治工作有抵触情绪，大家觉得祖祖辈辈都在传统渔业区打渔，为什么现在就不让了呢？有的渔民打市长热线反映情况，有的找到海洋渔业相关部门要求给个说法，群众的不理解无形中加剧了专班的工作压力。问题纷繁复杂，工作没有头绪、无从下手，成为专班面临的最大问题，必须尽快找到问题的突破口。经过多次研究讨论，专班成员一致认为管好的前提是把事弄明白。也就是说，威海这么多船，哪些船有越界捕捞的可能，这些船的船东是谁，船长是谁，停靠渔港在哪，如果这些都搞不清楚，就不可能管起来。所以专班首先摸清全市渔船基本底数，在此基础上，采取依人管船、依技管船、依船员管船三类重点管控方式，织密"人防+技防"的立体化网络，持续推进综合治理。

1.建立台账，清底数明情况

通过调度汇总、管理系统核查比对、实地走访摸排等方式，专班摸清了各类管理对象底数。截至2023年底，威海在籍在册渔船共9873艘，具体分为近海捕捞渔船、专业远洋渔船、养殖渔船等。其中，管控重点是主机功率44.1千瓦（60马力）以上、具备越界捕捞能力的

2583艘渔船。这2583艘渔船的重中之重是外地人经营、银行贷款量较大、有过违法记录以及常年停靠在外地这四类渔船，其违法违规风险最高。专班要求各区市、涉渔镇街以及海洋行政主管部门等分别建立管控台账，包括船名号、主机功率、船舶所有人、实际经营人、船长等信息。每年根据变化情况于4月底和9月底进行更新，确保底数清、情况明。

2.依人管船，同责任同落实

一是实行领导分包联系制度。威海出台《关于进一步做好市级领导分包涉渔镇街渔船管控工作的通知》，提出市级由市委常委分包联系区市、开发区，市级领导干部分包涉渔镇街，区市、开发区的领导班子成员分包涉渔镇街，镇街党政正职分包渔企、渔港、渔船，明确渔船管控各级同责，形成自上而下齐抓共管局面。累计发布《区市、开发区领导班子成员分包渔船管控责任落实情况》23期，全市23名市级领导、107名县级领导共开展督查活动7341次，指导基层解决渔船管控突出问题1405项。二是强化渔船包保责任制。修订完善渔船包保责任制实施办法，落实一、二、三级包保责任人1747名，全部配备近海渔船北斗监控系统手机应用软件。按照三级包保的责任划分，一级包保责任人为镇街干部，二级为区市渔业行政主管部门干部，三级为区市分管负责同志，每名一级包保责任人分包渔船不超过6艘，确保达到真包真管效果。包保责任人发生变更的，区市渔船管控专班应报市渔船管控专班审批备案，并培训教育到位，严防包保工作出现断档。伏季休渔期间，渔船一、二级包保责任人要严格落实每日查船等制度。开捕后，包保责任人要利用手机监控应用软件等随时掌握渔船动向，发现问题第一时间核查上报处置。对责任落实不到位的包保责任人，严肃追究相关责任。三是划分海上网格，实现海陆联动。在全市共划分渔船、渔港、岸线三类海上网格1486个，配备网格员1062名，推动陆上和海上网格员全员参与渔船综合管控，累计发现上报涉海问题线索2100余条。组织渔政、海岸警察等执法人员，镇街、村居协管人员，以及渔港管理公司工作人员等，开展全天候巡查检查，便于及时发现并处置违法违规行为。四是强化指导培训。工作开展之初，基层普遍存在方法方式不到位的情况：有的镇街对渔港、码头、自然港湾、岸线巡查未做到全覆盖，巡查记录、巡查照片不规范；有的镇街驻守看管人员，与公安、海洋等部门未建立有效联动机制，存在各自为战的问题；有的镇街照搬市里方案，甚至连后者划定的范围都没有更改；部分一、二级包保责任人未掌握分包渔船基本信息，包保责任人变更后未及时向市级备案更新；等等。面对这些问题，专班一方面加强宏观指导，编写了翔实的《威海市海洋渔船综合管控工作指南》用以指导基层工作。每年至少开展1次包保责任人教育培训活动，让包保干部知道政策、要求是什么，知道如何监管包保渔船，明晰岗位职责、提升履职能力，全面提高渔船包保工作质效。在包保责任人调整更换时，及时组织开展包保责任人任前培训、工作交接，使新的包保责任人快速熟悉分包渔船信息和包保工作任务。另一方面以直接下镇街督导的方式，组织开展镇街渔船管控、技术防控、伏季休渔管理、涉渔“三无”船舶整治、渔港管理、市直部门渔船管控、渔船管控“回头看”等专项督导行动30余次，仔细检查镇街各项工作细节，累计发现并整改问题隐患600余项，手把手地指导整改，极大地提升了基层干部的重视程度和办事能力。

3.依技管船，精细化管理提质效

为了解决渔船定位、套牌船识别等关键问题，威海建立市、区市、镇街三级监控平台，在全省率先对渔船进行北斗定位设施升级改造，在全市各渔港加装“电子围栏”和高清摄像头，全面提升技防能力。一是创新“双斗同显”。为了实时掌握渔船位置，威海投入2000万元研发并改进渔船北斗定位通导设备，为每艘主机功率44.1千瓦以上渔船安装北斗防拆卸设施，并加配第二套监控定位设备（卫星示位仪），实现渔船北斗与示位仪“双斗同显”。渔船北斗、示位仪同时离线或出现故障的，必须第一时间向船籍港属地区市渔业行政主管部门报告，并及时归港修复或更换设备，确认“双斗”恢复正常后方可出海作业。威海健全了市、区市、镇街、包保责任人四级渔船动态监控系统，实行日调度、周报告、月通报等机制，对主机功率44.1千瓦以上渔船严格落实每日点名、24小时值班监控等制度，发现“双斗”离线等问题渔船，及时核查处置到位。重点加强临近边线和敏感水域监管，边界线西侧设置3海里、1海里、0海里“电子围栏”，自动对进入其中的渔船进行报警，及时提醒渔船远离边界线和敏感水域。同时加强渔船北斗航行轨迹研判，严厉打击渔船私拆北斗设备等行为，决不让在册渔船离开监管视线。“双斗”配备以来，全市渔船“双斗”日均开启率在99.9%以上，已累计召回并查处私拆北斗设备渔船20艘。二是在全国首创“双脸同验”。基于大数据及最新人工智能技术，在互联网环境下搭建一套核查核录系统，可对渔船及随船人员信息进行核录登记，同时后台可对采集的数据进行综合查询、统计和分析，实现进出港渔船和船员高效核录、查验。积极向农业农村部等上级部门汇报并与之协商、沟通，实现全国渔船和渔业船员基础数据库向威海市开放，彻底消除了数据流通障碍。组织力量摸清全市主机功率44.1千瓦以上渔船底数，完成全市主机功率44.1千瓦以上渔船照片采集工作（每艘渔船需采集照片200余张），建立了全市渔船照片信息底库。目前，“双脸同验”技术已进入应用阶段，初步实现进出港渔船由“粗放管理”向“精细管理”转变。

4.依船员管船，守纪律提素质

一是加强船东管理。专班组织基层辖区对主机功率44.1千瓦以上渔船的所有人（船东）和实际经营人（含经营外地渔船的本地户籍居民这类实际经营人）全部进行台账管理。休渔期间，区市、涉渔镇街均安排包保干部或镇街负责同志同辖区渔船所有人、实际经营人及船长进行见面谈话，全面开展教育培训。所有船主、船东均签订《涉外入渔守法承诺书》《特殊渔船守法经营承诺书》《不经营“三无”渔船承诺书》，守法经营意识显著增强。二是加强职务船员管理。威海组织各区市、协调有关部门在伏季休渔期间开展了3次威海籍职务船员行动轨迹核查行动，严防职务船员参与海上非法捕捞活动，累计核查职务船员3万余人次，重点对休渔期说不出去向等问题船员开展线索核查，压缩违法行为生存空间。督导各级各有关部门创新采取线上与线下相结合、理论培训和实操相结合的方式，全面加大船员培训考试发证力度和频次，累计举办培训班1211期、培训船员56424人次。三是加强普通船员管理。渔船上除了职务船员，还有大量的普通船员，对后者主要是通过涉渔职介机构来进行招收。专班组织各级人社部门牵头，将辖区内涉渔职介机构全部纳入管控，明确行业标准和要求，组织签订涉渔职介机构守法经营承诺书，规范涉渔职介机构人员招聘、信息发布、岗前培训等各个环节，严禁将未取得船员证书的人员推介到渔船用工单位。重点检查涉渔职介机构是否建立用工台账、是否按规定核验船员真实身份、是否违规为涉渔“三无”船舶介绍船员等，依法查处“黑中介”、违规介绍船员等违法违规问题。

（四）统筹兼顾：打好管控组合拳

威海市在突出抓好渔船包保、以技管船等重点工作的同时，也注重全环节、全链条综合整治，打好管控组合拳，渔船管控工作成效显著。

1.前端，港厂双管齐下

一是依港管船。专班采取“步量”近千公里海岸线方式，开展渔港、码头、自然港湾、岸线“百日攻坚”整治行动，全面摸清威海所有可供渔船停靠地点情况，对全市所有渔船停泊点逐个落实责任、逐个整改提升，共明确监管责任人470名，实现近千公里海岸线监管全覆盖。推行渔船渔港组织化管理，鼓励成立渔港管理服务公司，形成“渔船违规，渔港有责”的责任共同体。截至2023年底，在册的77处人工渔港共成立51家渔港管理服务公司，已全部增配高清探头、加装“电子围栏”，实现渔船出港自动报备，严格进出港登记检查，有效发挥依港管船作用。对于其他的渔船可能靠泊地点，组织属地区市、镇街通过设立看护板房、增配摄像头等方式，全部纳入监管范围。二是依厂管船。有些非法越界捕捞渔船在造船时就造了两条“姐妹船”，一条出海作业，一条用于应付平时的检查。因此必须把船厂管起来。由工信、渔业部门牵头，对全市49家修造船厂进行摸底，建立并及时更新台账，纳入管控。组织修造船厂签订不修造“三无”渔船、不为“三无”渔船提供维修补给服务等守法经营承诺书。对修造船厂开展日常执法检查，重点检查管理制度是否规范齐全，是否按规定严格落实造船审批、检验、报备等制度，是否存在“一证多造”等行为，是否保存船舶建造、维修、销售等台账记录，是否为非法船舶提供维修、靠泊等服务。修造船厂必须在厂坞修渔船，要逐船建立台账，并留存有关资料和检查照片。对于发现的问题渔船，修造船厂应严禁该船下坞并第一时间向辖区渔业行政主管部门通报。

2. 中端，“三无”船舶清理、异地联合调查、涉渔综合执法多措并举

一是开展“三无”船舶清理整治行动，实现规范有序监管。涉渔“三无”船舶长期游离在监管体系之外，是涉外违规和安全生产事故的易发高发群体。威海充分发挥基层党组织在渔船管控中的作用，全党动员、全民参与，组织走访摸排110余万户。威海市海洋渔船综合管控工作专班出台《关于涉渔“三无”船舶规范处置管理的意见》，对摸排发现、执法查获的涉渔“三无”养殖船、捕捞船以及“三无”垂钓船分类妥善处置。全市累计排查涉嫌涉渔“三无”船舶11344艘，其中，拆解658艘，纳入镇街规范化管理10686艘。组织开展3次涉渔“三无”船舶集中拆解行动，在全社会形成有效震慑。二是开展异地联合调查与利用通导设备查船行动，维护秩序稳定。组织渔业、公安部门成立

10个异地联合调查组，分赴9省37市，对886处渔港、76464艘渔船开展异地调查，累计摸排威海籍公民、法人经营的外地渔船308艘，依法处置涉嫌违法违规渔船16艘，把“挂靠”渔船管起来。赴公安部、交通运输部、中国海警局等部门，获取船用宽带信息，然后赴浙江、江苏、福建等地船载设备公司调查取证，及时锁定重点渔船及其人员，依法严厉打击。三是开展海洋涉渔综合执法行动，打击违法犯罪行为。围绕全环节、全链条监管，开展了船厂专项检查、海上联合执法、节假日联合执法、加油车船专项整治、专项捕捞渔船资格审查等10余项行动。休渔期间，组织海洋部门开展休渔渔船身份核查，严厉打击“冒名顶替”行为。组织公安部门常态化加大对朝东、朝西海域非法捕捞等严重违法行为的侦查、研判、打击力度。为破解地方无权到禁渔区线外执法的难题，组织海洋部门在全国首次创新渔政执法方式，推行禁渔区线外“管理护渔”理念，实现线内线外“双线同管”，同时选取30余艘渔船作为“护渔船”，协助执法船在禁渔区线外海域清网，使得海上非法布设网具数量大幅减少。累计查获各类违法违规渔船2889艘，办理非法售卖捕捞渔获物案件12起，查处违规涉渔职介17户。开展3次非法布设网具集中销毁行动，收缴并销毁违禁渔具22331套。

3.末端，产运销齐抓共管

一是严管加工企业。无论是正规渔船还是“三无”渔船，无论是合法捕捞还是非法捕捞，渔获物大部分要进行加工，所以要管住加工企业。威海一共有2000余家渔业加工企业，全部纳入管控范围。海产品加工企业或冷库收购渔获物等加工原料时，必须通过正规渠道购买，不得购买无合法来源证明的渔获物（主要包括休渔期或利用“三无”渔船非法捕捞的渔获物），要留存收据或发票等证明材料。冷库不得为非法捕捞渔获物提供储存服务。伏季休渔期间，海产品加工企业、冷库等严禁为非法捕捞渔船提供加水加冰等服务。二是加强冷链运输监管。渔获物往往需要冷藏运输，因此威海把1000余辆冷链运输车全部纳入监管范围。伏季休渔期间威海市开展不间断的执法巡查，不允许任何车辆对违法违规捕捞的渔获物以及无合法来源凭证的海产品进行运输，依法打击运输、转载非法捕捞或无合法来源凭证的海产品等行为。三是规范销售市场。由各级市场监管部门牵头，把全市已取得经营许可证的销售冰鲜海产品的市场、超市、饭店、摊点等全部纳入监管范围。伏季休渔期间，市场监管部门负责对全市所有的市场、超市、饭店、摊点等销售冰鲜海产品的商贩进行检查，依法查处采购和销售无法提供合法来源凭证的海产品这一违法行为。渔业、公安等部门负责对无法提供合法来源凭证的海产品进行倒查，查清非法捕捞渔获物的来源，查明是否存在违规出海偷捕等行为，形成闭环管控。

（五）温情服务：当渔民贴心“店小二”

“今年春节期间，包保责任人来走访，给每条大马力渔船发了8件救生衣，共发放了312件。开海当天，街道又统一购置了156具灭火器，送到了我们这些渔船上。”说起街道对渔船的帮助，渔民张选志连连称赞街道渔船管控工作做得周到、细致。渔民这样的称赞并不是一开始就有的。起初基层在开展渔船管控工作时，部分船东、船长对管控工作抵触情绪较大，认为干部净干一些流于形式、无用的工作，有的是面不见、电话不接，有的则讽刺、挖苦、谩骂，工作开展难度很大。面对这些情况，很多渔船包保责任人意识到，除了依法依规办事和严格管理，更应为分包渔船船东提供贴心服务等。

1.生产方面，主动服务

开海之前，威海市组织辖区所有大马力渔船船东船长、包保责任人、小马力渔船船东召开海上安全教育培训会议，观看《海上安全培训》教育片，开展“开海第一课”安全教育，为开海后海上安全生产兜牢底线。开海当天，包保责任人对各自辖区大马力渔船逐港逐船进行检查，与船东船长、船员谈心谈话，督导船东出海前及时提报渔船安全证书、所有权证书、国籍证书、捕捞许可证、渔船及船员保险、用工合同、船员身份证件及职务船员证书、“开海第一课”培训证明等材料，填报《开渔安全检查表》，确保渔船适航、船员适任。重点检查渔船“双斗”在线、船名牌、线路规范、有限空间作业、厨房用燃料类型、消防救生设备配备等情况，更新完善“一船一档”“一人一册”档案资料。主动对接渔民需求，给渔船、渔民“送安全”“送物资”“送医疗”“送气象预警”，编织起一张海上生产作业的“安全网”。另外，有的镇街针对渔业生产开工程序复杂、资料繁多的问题，以“让船东省事”为目标，将所有纸质文件资料扫描归类电子档，主动与上级业务部门、渔港等联系，根据需要将渔船报备所需电子材料传送至各有关单位，得到船东的一致好评。为船东船员发布天气预警、禁航区域范围等重要信息，打好渔船管控工作“感情牌”。

2. 生活方面，暖心关怀

很多镇街建立联系走访机制，深入了解渔船所有人、实际经营人和船长生产生活情况，积极帮助解决困难。比如新冠疫情期间为他们送去防护服、口罩、消毒液、抗原检测试剂盒等物资，春节前夕开展送对联等活动，强化感情联络。有个包保责任人在与船东家属谈话中发现其在读初中的孩子有辍学情绪，将有关情况上报后，机关干部来到孩子身边，讲道理摆事实，带着真实感情谈，最终打消了孩子的辍学念头，船东及家属表示十分感谢。

（六）营造氛围：为守法遵规安上加速器

威海市通过持续做好有奖举报、以案释法、舆论引导等工作，长效化、常态化巩固渔船管控工作成果。

1. 有奖举报，奖惩分明

威海市出台《关于有奖征集海洋涉渔违法犯罪线索的通告》，将检举揭发涉嫌海洋涉渔“三无”船舶及违法犯罪行为的最高奖励金额提高到10万元，已收到群众举报线索40条，查实5条、兑付奖金40.2万元，调动起广大群众参与检举揭发的积极性。对发现的各类涉嫌违法违规涉渔行为（包括渔船、渔港、涉渔职介、水产品生产经营单位、修造船厂等的涉嫌违法违规涉渔行为），依据相关法律法规进行处置。对法律法规暂未规定的，在海洋渔船严管严控特殊时期，也分别明确了处置办法。比如，渔业企业或个体船东所辖渔船发生非法越界捕捞事件后，除依法处罚外，3年内不得批准其制造、购置或更新改造渔船。又如，对“双斗”同时离线渔船、越线渔船（未进行非法捕捞），一律召回处置。对拒不归港的渔船，由渔业、公安、海警等有关部门单位负责强制召回、依法处罚，并责令停港整顿不少于30天、暂扣或者吊销船长的职务船员证书。再如，对连续5次以上进入临近中朝韩敏感和边界水域内作业渔船，要列入高风险渔船监管范围，并在涉韩入渔和鱿鱼专项捕捞资格方面予以限制。选取10艘涉韩入渔渔船作为海上信息船，发动过往商船，在海上航行或作业期间实时通报其所发现的违法违规行为，增强非法越界捕捞事件防控能力。

2. 以案释法，警钟长鸣

威海市组织在电视台、广播电台等通过滚动字幕、公益广告等形式，持续播放渔船管控警示信息。制作海洋涉渔违法违规典型案例警示片《代价》，并根据最新案例及时修订。印发《关于开展海洋渔船违法违规典型案例警示片宣传工作的通知》，组织在电视台、重点渔港码头以及办证大厅、培训场所等不间断播放警示片，将近年海洋涉渔违法违规典型案例传达到每一位渔业从业者及其亲属，持续营造“不敢违”高压态势。

3. 舆论引导，激浊扬清

威海市通过电视、报纸、短信、短视频、“明白纸”、通告等形式，不间断地向渔企、船东、船长发布渔船管控法律法规、政策规定、管理制度等，帮助渔企、船东、船长算清法律账、经济账、家庭账，打消其违法违规念头。组织各有关部门、单位采取线上线下等多种方式，创新“小手拉大手”“家人叮咛促安全”“小渔儿微视频”等宣传方式，不断强化渔船管控政策法规宣传，做到家喻户晓。制作渔船管控汇报片《聚力攻坚解难题　全力突破谋新篇》，组织在适当场合播放汇报，向上级展示威海市加强海洋渔船综合管控工作做法。对违法违规渔船，经过调查处理之后进行公开曝光。威海市及各区市电视台负责组织在固定频道每天播放海洋涉渔违法违规典型案例警示片——《代价》，不断增强海洋渔业从业人员守法意识，营造“不敢违、不能违、不想违”高压态势。威海市全面梳理渔船管控有关网上舆情风险点，加强对网络平台的全方位监测，及时捕捉苗头性、倾向性舆情线索，做到早发现、早处置。已发布《网上舆情》49期，对有关舆情均及时核查处置。

在持续努力下，从2020年开始，威海市的涉外渔业事件逐年减少，未发生渔船非法越界捕捞事件，海上也很少见到威海市渔船非法捕捞行为，休渔期市场上售卖非法捕捞渔获物现象基本消失，海上管理秩序持续平稳，中央外事委员会办公室、农业农村部和山东省委省政府对威海市的渔船管控工作都给予了充分肯定。2023年3月28—29日，全国海上执法工作会议召开，威海市海洋发展局作为全国唯一受邀发言地级市海洋渔业行政主管部门就加强渔政执法工作作了典型发言（全市共2个案例）。2023年8月，中共山东省委国安办公布“全省首批统筹发展和安全30个典型案例”，威海市“科学管控确保安全保障海洋渔船行稳致远”入选。2023年12月，山东省农业农村厅组织召开全省渔业高质量发展座谈会，威海市围绕以高水平安全护航渔业高质量发展作典型发言（全省共5个地级市作典型发言）。

安全要抓，发展也要抓。一方面要杜绝违法行为，另一方面不能让渔民的生计受到不利影响。2019—2022年，威海市水产品年产量分别为269.79万吨、287.32万吨、307.10万吨、317.05万吨；水产品加工年产值分别为342.72亿元、362.64亿元、432.53亿元、444.69亿元。可见，打击非法越界捕捞行为，并未给渔业整体产业形势带来大的负面影响，这进一步消除了政府的忧虑，进一步坚定了打击涉渔违法行为、共同推进渔业安全和发展的决心。

三、经验启示

（一）发展理念上，必须坚持既要安全，又要发展，用高水平安全保障高质量发展

发展和安全是一体之两翼、驱动之双轮。发展是安全的基础和目的。发展具有基础性、根本性，是解决一切经济社会问题的关键，是解决安全问题的“总钥匙”。只有发展不断推进，社会稳定、国家安全才能具有坚实的基础。安全是发展的条件和保障。实现创新发展、协调发展、绿色发展、开放发展、共享发展的前提是国家安全、社会稳定。没有安全和稳定，一切都无从谈起。以发展促安全、以安全保发展，必须用高水平安全保障高质量发展。渔船管控措施实施以来，渔民群众守法意识普遍增强，渔业生产秩序处于历史最好水平，渔获物的产量有了大幅度的提高。渔船管控，既减少了生产安全事故，还提高了经济效益，这正是统筹发展和安全的意义所在。

（二）责任建设上，必须坚持既要纵向到底，又要横向到边，层层压实

责任压实了，工作也就抓好了。在渔船管控工作中，威海市压实了责任制建设，做到了纵向到底，横向到边。纵向上，压实了市级领导分包责任，市级领导全部分包联系涉渔镇街，亲力亲为、以身作则、以上率下；压实了区市、镇街、村居属地管理责任，将属地内负有管理责任的渔船全部纳入管控范围。横向上，压实了部门监管责任，海洋、公安、海事、市场监管、工信等部门条块结合、包片负责、定岗定责，

形成工作合力；压实了企业主体责任，所有涉渔企业既要抓好经济发展，更要承担管控责任，守好自己的港、看好自己的船、管好自己的人；压实了船务船员责任，船务船员树牢红线意识，增强法治观念，严格持证上岗，依法依规作业；压实了各类包保责任人包保责任，将包保责任落实到渔村、渔企、渔港、渔船，确保渔船包保无遗漏。正是威海市实行最严格的渔船管控制度，层层传导压力，压紧压实责任，确保监管责任纵到底、横到边、全覆盖，才使得渔船管控水平不断提升。

（三）落实执行上，必须坚持既要有锲而不舍的决心，又要有科学的方法

习近平指出，抓落实能不能知难而进、锲而不舍，对领导干部的原则立场是一个现实考验。[①]现实生活中有些干部以人手不足、资金欠缺、权限不够等客观条件作为不抓落实的理由，但事实证明主观态度才是抓落实的关键。做难事，必有得。解决难题是干部综合能力提高的有效途径。刚开始研究渔船管控的时候，大家都头大，都觉着很棘手，但是经过梳理，各个环节都抓下来了，所以认识是第一位的，其他工作也是同样的道理。越是复杂难啃的骨头，往往伴随着越多的问题和困难。出现问题不怕，怕的是被困难和问题击倒。只要有战胜困难的坚定信念，就能够找到解决问题的办法。通过工作复盘，威海市的干部在不断发现问题的过程中，展现出直面困难不退缩的精神状态，千方百计寻求解决问题的有效办法。

（四）工作方法上，必须坚持既要全面统筹，又要重点突破，做到十个指头弹钢琴

习近平总书记指出，必须在把情况搞清楚的基础上，统筹兼顾、

① 《十七大以来重要文献选编》（下），中央文献出版社2013年版，第201页。

综合平衡，突出重点、带动全局，有的时候要抓大放小、以大兼小，有的时候又要以小带大、小中见大，形象地说，就是要十个指头弹钢琴。[①]威海市渔船管控过程中，一方面注重机制建设（领导分包机制、专班推进机制、“双班同管”和“双线作战”等）和突出重点工作（台账管理、依人管船、依技管船、依船员管船等）；另一方面注重统筹兼顾（前端注重依港管船、依厂管船，中端注重“三无”船舶清理、异地联合调查、涉渔综合执法多措并举，末端注重严控产运销各环节），打好管控组合拳。这一套下来，实现了全环节、全链条综合整治，渔船管控工作成效显著。

（五）管理理念上，必须坚持既要严格管理，又要暖心服务，做到既有力度又有温度

威海市渔船管控过程中，一方面持续做好有奖举报、以案释法等，持续营造“不敢违”高压态势；另一方面在生产上主动服务，在生活上暖心关怀。这样，在坚持严格管理的基础上，又注重通过暖心服务，用真心真情去关怀渔民群众，有效解决合理诉求，认真做好宣传引导，以跨前一步的全方位服务赢得渔民群众的理解配合，让他们切实感受到党和政府的温暖与关怀，凝聚起齐心协力的强大力量。

思考题

1. 威海市海洋渔船综合管控有哪些创新做法？
2. 威海市海洋渔船综合管控的做法体现了习近平总书记哪些治国理念和思维？
3. 威海市海洋渔船综合管控的做法对其他工作开展有哪些可借鉴的方面？

---

① 《习近平著作选读》第1卷，人民出版社2023年版，第222页。

小事不下船、大事不出港、矛盾不上交、平安不出事

——威海市孙家疃街道“海上枫桥工作法”的探索实践 *

【引言】基层是一切工作的落脚点，基层治理是国家治理的基石。党的十八大以来，习近平总书记就基层治理作出一系列重要论述，强调“基层强则国家强，基层安则天下安，必须抓好基层治理现代化这项基础性工作”①。面对我国社会的快速发展和深刻变革，新时代“枫桥经验”以深厚的历史根基和丰富的实践智慧，为基层社会治理提供了有效的矛盾预防和化解机制，在社会治理现代化进程中具有重要意义。

威海市三面环海，拥有占全省1/3、长近千公里的海岸线，在册捕捞渔船4320余艘，渔业人口38万余人……这些导致威海涉海矛盾纠纷一度多发频发，给社会治理带来新情况、新问题、新矛盾。为此，威海市以“威海要向精致城市方向发展”为总目标、总方向、总遵循，立足于海洋大市的现实，坚持自下而上探索实践与自上而下总结提炼并重齐抓，在市

---

* 本案例由中共威海市委党校（威海行政学院）法学教研部教师胡健、林吉爽撰写，中共环翠区委党校教师乔煜茗参与。

① 《习近平关于城市工作论述摘编》，中央文献出版社2023年版，第161页。

域，创新形成全域统筹、全面融合、全员参与、全民共享的“四全”市域社会治理新模式；在基层，辖区内孙家疃街道创新探索出以“小事不下船、大事不出港、矛盾不上交、平安不出事”为主旨的“海上枫桥工作法”，有效提升了矛盾纠纷防范化解效能，涉海涉渔纠纷年均下降38.7%。2023年，孙家疃街道“海上枫桥工作法”作为山东省唯一的涉海涉渔领域矛盾化解典型，获评全国新时代“枫桥经验”先进典型。

【摘要】“枫桥经验”是我国基层社会治理的典型模式和改革缩影。20世纪60年代初，浙江省诸暨市枫桥镇干部群众创造了“发动和依靠群众，坚持矛盾不上交，就地解决，实现捕人少，治安好”的“枫桥经验”。此后，“枫桥经验”不断与时俱进，在坚持中焕发生机，在发展中发扬光大。威海市作为“全国市域社会治理现代化试点合格城市”，以建设精致城市为总目标、总方向、总遵循，持续推进社会治理现代化，创造性地把“枫桥经验”从陆上延伸到海上，探索着力破解海上社会治理新问题，走出了一条“小事不下船、大事不出港、矛盾不上交、平安不出事”的极具地域特色的新时代“海上枫桥”之路。

【关键词】海上枫桥工作法　基层治理　经验启示

一、背景情况

随着新时代社会主要矛盾的转化，人民群众对矛盾化解、社会治安、高效服务等方面提出了新的更高要求，这给基层社会治理带来了一系列新问题、新挑战。

基层强则国家强，基层安则天下安。党的十八大以来，习近平总书记多次作出重要指示，要求在社会基层坚持和发展新时代“枫桥经验”。

1963年，作为浙江省社会主义教育运动试点单位，枫桥镇充分发动和依靠群众，开展说理斗争，没有打人，更没有捕人，就把绝大多数一开始被认为非捕不可的“四类分子”制服了。根据毛泽东的指示，公安部派出调查组赶赴枫桥，起草了《诸暨县枫桥区社会主义教育运动中开展对敌斗争的经验》，即“枫桥经验”，其主要精神是“发动和依靠群众，坚持矛盾不上交，就地解决，实现捕人少，治安好”，依靠群众，以说理斗争的形式把绝大多数“四类分子”就地改造成新人。1963年11月，毛泽东批示要求各地仿效，经过试点，推广去做。在同有关负责人谈话中，毛泽东又强调，从诸暨的经验看，群众起来之后，做得并不比你们差，并不比你们弱，你们不要忘记动员群众。自此，“枫桥经验”从枫桥这个古越小镇走向浙江全省，进而根植祖国大江南北，成为政法战线的一面旗帜。

随着经济社会变迁，社会治理方式不断向更高水平转型，“枫桥经验”也在实践中不断巩固、创新、发展，历久弥新。2003年，时任浙江省委书记习近平指示，要充分珍惜“枫桥经验”，大力推广“枫桥经验”，不断创新“枫桥经验”。2013年10月，习近平总书记强调，把“枫桥经验”坚持好、发展好，把党的群众路线坚持好、贯彻好。党的十八大以来，习近平总书记多次对坚持和发展“枫桥经验”作出重要指示，强调各级党委和政府要充分认识“枫桥经验”的重大意义，发扬优良作风，适应时代要求，创新群众工作方法，善于运用法治思维和法治方式解决涉及群众切身利益的矛盾和问题。在党的二十大报告中，习近平总书记又明确提出，“在社会基层坚持和发展新时代‘枫桥经验’，完善正确处理新形势下人民内部矛盾机制”，“及时把矛盾纠纷化解在基层、化解在萌芽状态”。[①]2023年9月20日，习近平总书记在枫桥镇考察时强调指出：“要坚持好、发展好新时代‘枫桥经验’，坚

① 习近平：《高举中国特色社会主义伟大旗帜　为全面建设社会主义现代化国家而团结奋斗——在中国共产党第二十次全国代表大会上的报告》，人民出版社2022年版，第54页。

持党的群众路线，正确处理人民内部矛盾，紧紧依靠人民群众，把问题解决在基层、化解在萌芽状态。”[①]习近平总书记的重要论述，赋予了“枫桥经验”新的时代内涵。

2018年6月12日，习近平总书记在威海视察，作出“威海要向精致城市方向发展”的重要指示，为威海未来发展指明了前行方向、注入了强大动力。精致城市建设需要全领域、全要素、全环节推进，精致性、协调性、融合性发展。以精致为底色防范化解基层矛盾、推进社会治理现代化，既是精致城市建设的重要内核，也是精致城市建设的重要进路。

孙家疃街道隶属于威海市环翠区，地处山东省东北角，威海市区北部，面积17.4平方公里。孙家疃街道地域特征明显，辖区环绕31.5公里的海岸线，森林覆盖率超过50%，这样的地理条件决定了居民人口数量少（户籍人口仅1.6万人）、渔民和流动人口占比大的特点，而且大部分小区为开放式老旧小区，沉淀了十几代人的渔家文化。开发早、环境差、人员杂、商铺多所引发的旧村改造、工程建设、海域承包、环保整治、船员讨薪、家庭矛盾等方面的问题日益凸显，社会治理难度大。

一是涉海矛盾纠纷量大面广。孙家疃街道属于典型的沿海镇街，辖区内的远遥渔港是一个国家级中心渔港，年停靠船舶2万余艘次，年流动渔船民5万余人次，因而该街道的矛盾纠纷呈现出涉海比重大、纠纷类型多的特点：首先是海上渔船民之间的矛盾纠纷。一年中，渔船民大半年漂泊在海上与家人分离，作业环境单调枯燥，特别是渔获物不多的时候，容易焦虑暴躁、发生争执冲突。其次是渔船民与船东之间的劳资纠纷。以往的渔船用工报酬，通常简单口头约定，出海结束后兑付。每逢年关或休渔期，渔船民急于结薪返乡，一旦发生纠纷不

① 《习近平在浙江考察时强调　始终干在实处走在前列勇立潮头　奋力谱写中国式现代化浙江新篇章》，《人民日报》2023年9月26日。

及时化解便容易激化升级。最后是渔船碰撞纠纷。渔船靠岸停泊卸货、集中归港避风时，容易拥挤碰撞，因为水面证据稍纵即逝，纠纷难以化解。

二是海上矛盾纠纷难以处置。海上矛盾纠纷处置面临“预防预警难、海上取证难、部门协调难”三大顽症。预防预警难是因为海上矛盾纠纷往往事先没有征兆，而是一瞬间发生的，如船舶碰撞引发的纠纷。海上取证难是因为在茫茫大海上生产作业发生冲突纠纷时缺少相关的设施设备来及时固定证据。部门协调难是因为涉海涉渔管理部门多，无法确保每次都能步调一致开展工作。

三是公共安全风险加剧。孙家疃是一个拥有丰富旅游资源的海滨旅游胜地，有着众多的旅游景点，如半月湾和猫头山等，旅游旺季各地游客云集。威海还是国内外重大赛事活动的承办地，国际赛事频繁，如国际铁人三项赛、国际沙滩音乐节、威海国际人居节等，随着外来人口和国内外游客潮汐式涌入，出现车辆众多、违规占道、无序管理等问题，造成道路交通安全风险加大，也给社会治安带来了考验。

这些矛盾问题的易发多发、利益诉求的不断涌现、不稳定因素的交织叠加，使得孙家疃基层社会治理面临的形势更加严峻复杂，日益呈现碎片化、分散化、矛盾化的特点，给基层社会治理带来了前所未有的挑战。

二、主要做法

“枫桥经验”自诞生以来，不断丰富和发展，成为我国基层社会治理的一张名片。孙家疃依海而生、凭海而兴、向海图强，孕育了独特而深厚的海洋文化，也孕育了“海味十足”的“海上枫桥工作法”。新时代“枫桥经验”更加强调党的领导，更加彰显法治思维，更加突出科技支撑，更加注重社会参与。孙家疃街道坚持党的领导这一根本原则，坚守以人民为中心这一根本立场，着力解决群众身边急难愁盼的各类问题，全方位整合辖区力量资源，提前消除一些可能引发矛盾的隐患，不断完善矛盾纠纷多元化解机制，争取最快、最有效化解矛盾，持续深入推进基层社会治理创新，成功探索实践了以“小事不下船、大事不出港、矛盾不上交、平安不出事”为主旨的“海上枫桥工作法”。近年来，涉海涉渔矛盾纠纷年均下降38.7%，实现了“发现早、解决快、效果好”的工作目标，提升了人民群众的获得感、幸福感、安全感。

（一）党委领导，彰显红色力量

“枫桥经验”历经六十余载，党的领导始终是贯穿其中的一条主线。新时代党的建设，进一步激活了“枫桥经验”的红色细胞。孙家疃街道强化党委领导，在组织架构、工作机制上创新突破，将新时代党的建设向海上延伸、拓展，推动涉海平安建设。

一是建立组织架构，推动党建力量在海上聚集。创新实施“海上党旗红”品牌工程建设，将党的建设延伸到每片海域、每个港湾、每个船头。针对渔船民党员管理中“陆上找不到党员、海上找不到组织”的突出问题，区分船籍港、作业区、居住地，设立4个“海上流动党支部”，由社区民警担任党支部书记，组织流动渔船民党员重新“入党”和“归建”；根据党员数量、资历经验、工作需要等，划分10个“海上流动党小组”，将81名渔船民党员登记造册，全部纳入组织管理范围，保证了党员离家不离党、流动不流失。

二是创新工作机制，推动党的活动在海上拓展。由于党员渔船民流动性大、作业周期长，孙家疃街道充分利用伏季休渔、船舶修造、避风归港等空档期，推行同上党课、同过党日、同议大事、同评党员的“四同”工作法，与党员渔船民一起亮身份、结对子，把大家拧成一股绳。孙家疃街道为破解流动党员“去向难掌握、管理难落实、活动难开展、作用难发挥”等问题，精准对接辖区“候鸟型”流动党员和海上流动党员两大主体，打造“线上+线下”立体教育阵地，落实“云课堂”“口袋书”“党课上船头”等一系列教育管理新举措，确保流动党员“流动不流失”、学习教育全覆盖。

三是凝聚党员力量，推动党建成效在海上彰显。依托渔船民流动党员和治安积极分子，孙家疃街道成立“铁缆绳”联动救援队、“闻涛”心理疏导队、“风平”海上矛盾化解队、“红帆”治安巡逻队这四支服务队，充分发挥党员渔船民在急难险重关头的先锋模范作用，让“海上党旗红”真正成为团结群众的核心、教育党员的学校、攻坚克难的堡垒。2023年7月21日，一位老人驾驶橡皮艇在孙家疃近海钓鱼时，因风浪太大无法返回。“海上流动党支部”和四支服务队迅速启动应急救援预案，第一时间联系出海船舶做好出海救援准备，同时，民警立即携带救生衣、救生圈、救生绳索等救援装备赶赴现场。为尽快找回失联老人，在当时海上风浪较大、小吨位救援船舶无法出海的情况下，民警迅速协调抗风浪能力较强的大吨位渔船出海搜救。最终，在附近渔民的帮助下，民警历经1个多小时，在褚岛附近海域找到失联老人并将其成功救起。2018年第6号台风“格美”给日本、韩国农渔业造成重创，离日韩较近的孙家疃远遥渔港也面临严峻考验，“海上流动党支部”和四支服务队迎着狂风暴雨巨浪，引导全部渔船安全归港，无一受损。

（二）以民为本，做到服务不缺位

以全方位的服务解民忧、纾民困，是做好矛盾纠纷化解的基础和前提。服务工作做到位，群众的心气顺了，矛盾纠纷的发生概率就会大大降低，即使出现矛盾纠纷，也比较容易有效化解。孙家疃街道能够创出以“小事不下船、大事不出港、矛盾不上交、平安不出事”为主旨的“海上枫桥工作法”，首先在于服务工作的不缺位。

一是社区服务“在身边”。在社区警务室设立“安立方智慧安防”体验馆，设置防诈骗、防盗抢、禁毒禁赌、消防安全、应急救援、船船管理、生态教育、智慧安防等区域，通过图文展示、角色体验以及设备演示等方式，将防范宣传阵地前移至百姓身边，取得了良好社会效果，群众安全防范意识不断增强，辖区可防性案件发生率连续多年明显下降。考虑到渔民长期海上作业容易产生疲倦、寂寞、焦虑等心理问题，街道在渔民集中居住的安海社区，成立了由7名专业人士及医护人员组成的心理咨询室，在渔民出海前对其进行“心理体检”、归海后对其进行“心理复查”，发现问题及时开展心理疏导服务，坚决避免渔民“带病出海”“带病回家”。

二是船管服务“上码头”。针对辖区外地船员多、流动性强、海上联系不便等实际，孙家疃街道依托威海市公安局环翠分局孙家疃边防派出所组建了远遥浅海科技湾区警务室，积极推行便民利民服务举措，把服务送到沿海一线，让出海船员切实感受到了“家”的温暖。警务室建成后，年均为船员办理居住证5000余个，登记出海信息20余万条，提供邮件代办、快递代收代送等便民服务3000余件次。孙家疃街道通过在远遥渔港及周边区域布设的通信基站，推出“惠渔短信套餐”，自动推送包含天气预警、招工用工、出海须知、自救常识、法律法规等内容的提示短信，安装Wi-Fi和电脑，方便船员与家人视频语音通话。此外，街道依托“海疆书香”工程，配备图书杂志和电子书资源，免费提供借阅、下载服务，丰富了渔船民的文化生活。

三是窗口服务“零距离”。以全面深化“放管服”改革为契机，完成户籍窗口进驻孙家疃街道办事处便民服务中心，实现群众办事“就近办、一站办、一次办”，把户籍管理“放管服”改革转化为老百姓看得见、摸得着的政策“红利”。依托“山东微警务”微信公众号，深入推进“互联网+户政服务”，实现户政业务“全面上线、全程在线”，为群众提供网上办事、信息查询、诉求办理和各类警务咨询服务。针对出海船舶和渔船民信息备案、船舶进出港报备不方便不积极等问题，研发船舶出海报备微信小程序，拓展“互联网+民生警务平台”、“爱山东”App边防信息报备渠道，可使渔船民借助互联网和手机应用软件等向边防部门报备出海信息，在提升出海船舶、渔船民边防治安管理效能的同时，极大地方便了渔船民群众。

（三）“三清一快”，实现矛盾不上交

基于渔船作业的流动性和渔船民构成的复杂性，厘清责任、快速解决纠纷是防止矛盾冲突激化的关键。为此，孙家疃街道在具体实践中，探索出矛盾纠纷快调快结的“三清一快”工作法。

所谓“三清”，一是摸清底细。建设“涉海信息采集云平台”，对渔船证照、用工协议、保险凭证等，实行“一船一档、一人一号”动态监管；将渔船用工、薪酬支付等情况纳入信用监测体系，为渔业企业、捕捞船船东等建立信用档案，将违规渔企纳入“黑名单”予以惩戒。二是厘清责任。梳理薪酬标准、用工时长、劳动保险等风险点，形成要素清单，提供合同模板，约定双方权责。三是讲清法理。组织警官、法官、检察官、律师“三官一师”进渔港、上渔船、访渔民，引导渔船民依法维护合法权益。

所谓“一快”，就是快速调处。协调海洋、劳动监察、公安、海事法庭等单位建立协作机制，聘请6名特约调解员入驻多元解纷调解室，对一般性劳资争议以简易程序快速调处，将申请立案的事项交由海事法官依法速裁。

为实现快速调处，孙家疃街道坚持力量、模式、机制“三管齐下”，整合资源、创新模式、健全机制，推动海上矛盾调处的集合创新。

其一，凝聚调解力量。针对海上矛盾纠纷涉及部门多、情况复杂的实际，凝聚各方力量，由社区、派出所、海事、渔政、医院、律师事务所等部门和单位组建了“1+7”矛盾纠纷联调联处、警民议事会、社区民事议办协商、“一社区一法律顾问”、依法维权、信用联合惩戒等工作机制，把调解力量“融”进市场、“伸”进企业、“驻”进社区、“延”

进海域。针对海域承包、船员讨薪等纠纷多发的情况，街道在8个社区分别设立调解室，通过政府购买服务的方式，选聘专职调解员16名，由他们与社区民警、法律顾问、网格员等组成调解团队，实现矛盾联调联处。其中，“海鸥”调解室探索创新了“望闻问切”和“五心”工作法，成功调解各类纠纷300余起，化解涉法涉诉信访问题13件，获得群众一致好评。在此基础上，孙家疃街道建立司法流程对接、调解效果主被动考核等工作机制，实现了调解资源的横向集成、纵向联动，推动了调解资源的共享共用。

其二，创新调解模式。组建以人民调解员、法律顾问、司法所所长、社区民警、专业社工为成员的金牌调解团队，组团式开展矛盾纠纷化解工作，进一步提高纠纷化解成功率。整合海洋、劳动监察、公安、海事法庭等部门专业力量，成立涉海涉渔矛盾纠纷联调团队，为渔船民提供专业更强、视角更全面的纠纷解决服务。打造“你点我调”电子工作台，建立“O2O”线上联调机制，聘用专职人民调解员进驻办公，邀请有公信力、协调力的“船老大”助力，开创“政府统筹、网络联动、社会协作、群众参与”的涉海纠纷化解模式。一次远洋出海期间，渔民王某、邹某搭帮干活儿，因分工问题发生口角继而持械准备动手，小矛盾随时可能升级。“船老大”李某发现后，当即厉声呵止。渔船调解小组成员“大副”张某、“大车”赵某也闻声赶到，将两人分开后分别带至不同船舱内开展安抚教育工作，一边打“法律牌”，阐明流血冲突的法律责任、法律后果，帮助其算清违法犯罪的时间账、经济账、精力账，同时，依托“网络入海”平台，视频连线海事公益律师，由律师进行专业法律宣讲，切实打消两人用暴力解决问题的念头；一边打“感情牌”，引导两人感受家庭责任、同事友情，进一步消除双方怒火。最终经过一番劝解，双方放下干戈，握手言和。2020年以来，孙家疃街道通过线上线下共调解各类涉海矛盾纠纷209起，未发生一起涉稳涉访事件，社会治安大局平安稳定。

其三，健全解纷机制。主要为分层递进解纷机制，具体如下：网格层面，网格员常态化开展矛盾纠纷排查工作，对一般纠纷当场调解，对调解不成的及时上报社区调委会进行调解；社区层面，及时组织调解员、共建力量以及专业调解团队靠上开展纠纷联调工作；镇街层面，通过“吹哨报到”机制，加强与区住建、区人社等部门联动，对疑难复杂纠纷进行重点攻坚突破，严防问题激化、人员上行。

（四）科技赋能，确保平安不出事

孙家疃作为一个渔船民集中的海港性镇街，渔民和流动人口多，人员成分复杂。在开海期渔民出海打渔，整个镇街人员稀少，而一旦遇到风浪天，渔船回港避风，数万渔船民同时上岸，整个辖区人员密集，治安压力陡增。传统的以人力为主的管控方式，已经无法满足新时代基层治理的需要。为此，孙家疃街道积极探索科技赋能平安建设和矛盾化解。

一是构建智慧平台。针对辖区作业渔船多、国际赛事多、外来人口潮汐式涌入的特点，孙家疃街道将视频专网、LTE无线专网、无线通信350兆手台等网络通信设备全部接入，充分发挥综合指挥部门的中枢作用。依托威海自主建设的北斗监控保障平台，24小时实时显示海上渔船所有基本信息及行驶轨迹，及时提醒渔船撤离，减少了越界捕捞引发的各类纠纷隐患。健全完善“三队协同、一室支撑”的勤务机制，安排2名专职民警、4名辅警常态化值守，由值班领导担任指挥长，靠前指挥、多线操作，做好图像跟踪、警情分析、研判支撑等工作，由此实现了扁平化指挥、精准化调度、高效化处置。2021年1月4日，在远遥渔港内，毕某渔船和王某渔船发生碰撞，王某渔船因舵楼受损严重而无法航行。因当天海上风浪较大、船舶操作难度增加，涉事双方均未看清碰撞过程，各执一词、互不相让，争执中双方情绪激动，渔船碰撞升级为肢体冲突。关键时刻，渔港调度指挥中心工作人员通过高清视频监控迅速锁定船东信息，并电话联系涉事双方，安抚双方情绪，引导其向渔业互保协会报案；同时，立即安排工作人员驾船赶赴船舶碰撞港区，将受损渔船拖回岸边。此后，渔港调度指挥中心组织相关部门及涉事双方通过比对分析涉事渔船航行轨迹和船舶碰撞现场录像，对船舶碰撞事件经过进行全面复盘，最终毕某主动表示负此次船舶碰撞事故全责。

二是打造智慧海岸。为严防偷渡、走私等海上案事件，孙家疃街道积极推进“智慧渔港”建设，同步共享全区平安环翠8800余路监控、168个沿海探头和44路码头功能性监控，依托涉海信息系统、进出港人像智能比对系统、红外智能围栏和多维数据地图等科技应用，实现对港区及出海船舶和人员的动态化、可视化监管，确保岸线码头“零事故”、偷渡走私“零发案”。2018年10月，辖区价值30余万元的鲁威渔64078号渔船被盗，民警利用海防视频监控和人像智能识别系统寻踪锁迹，仅用18个小时就成功将犯罪嫌疑人抓获。

三是打造智慧社区。依托物联网、大数据等成果集成，以安全、治理、惠民为建设目标，从公共安全、小区治理、民生服务三个维度出发，在全市率先打造望海山公馆智慧小区，通过智慧消防、物业、门禁、租房管理、社区服务等八大系统，实现了“人过留影、车过留牌、视频覆盖、一键求助”等安防目标，做到了信息掌握到位、矛盾化解到位、治安防控到位、便民服务到位。智慧小区建成后，实现了可防性案件“零发案”，小区业主实实在在享受到了智慧小区带来的“红利”。

三、经验启示

实践证明，“海上枫桥工作法”在空间上已跳出海洋范畴、覆盖陆海全域，在内涵上已不限于矛盾纠纷化解的经验，而成为紧密结合威海实际，在新时代践行党的群众路线、推进基层社会治理现代化、打造“全国市域社会治理现代化试点合格城市”的经验。

（一）坚持党建引领，发挥战斗堡垒作用

中国共产党的领导是中国特色社会主义最本质的特征，是中国特色社会主义制度的最大优势，也是“枫桥经验”产生、发展、创新的根本保证。党的二十大报告提出，“完善社会治理体系”，“健全共建共治共享的社会治理制度，提升社会治理效能”。[①]海上“枫桥经验”能在孙家疃街道的基层社会治理中发挥显著作用，最根本的一个原因就是街道党委和政府坚持党建引领，完善党委领导、政府负责、民主协商、社会协同、公众参与、法治保障、科技支撑的社会治理体系，使海上“枫桥经验”成为基层社会治理的主抓手和共建共享的强依托。

镇街是我国行政权力体系的末端，需要直接面对基层的各种社会问题和矛盾纠纷，但由于其自身权力存在局限性，在其范围内出现的许多矛盾纠纷或者信访问题等不能得到完美解决。基层要实现矛盾不上交、平安不出事、服务不缺位，必须发挥党建统领作用，推动基层党建与基层治理有机衔接，在党委、政府的统一领导下，由各政府部门、社会组织主动参与基层社会治理，各级联动，着力织好覆盖城乡、条块结合、纵向到底、横向到边的基层社会治理网络，有效避免出现“真空地带”和“盲区漏洞”，为打造“全国市域社会治理现代化试点合格城市”奠定扎实基础。

（二）坚持底线思维，严防各类风险

习近平总书记强调，要防范化解政治、意识形态、经济、科技、社会、外部环境、党的建设等领域重大风险，切实把矛盾解决在萌芽

---

① 习近平：《高举中国特色社会主义伟大旗帜　为全面建设社会主义现代化国家而团结奋斗——在中国共产党第二十次全国代表大会上的报告》，人民出版社2022年版，第54页。

状态、化解在基层。安而不忘危、存而不忘亡、治而不忘乱，孙家疃街道坚持矛盾不上交、就地解决的海上“枫桥经验”，就是贯彻落实习近平法治思想的生动实践。严守社会风险第一道防线、把第一道防线当作底线，是这一经验最为突出的特点。基层社会治理的重点是维护稳定，难点在于化解风险。为维护稳定和化解风险，孙家疃街道依托辖区65个社区网络、13个海上网格，建立了23个微信群、QQ群，发展了103名信息员，启动了万元红包奖励机制，从网上网下开展全方位、多领域、深层次的矛盾纠纷排查，及时发现、全面掌握各类矛盾纠纷隐患，及时跟进处置。孙家疃街道立足“抓早抓小、就地化解”的本质内涵，精准掌控政治大局、社会稳定、公共安全、渔业船舶、海上空间等方面存在的突出风险、潜在隐患，既警惕“黑天鹅”事件，也严防“灰犀牛”事件，提升了风险管控的预见性、精准性、高效性。

打造新时代海上“枫桥经验”就是要坚持底线思维，做到守土有责、守土尽责，持续将海上“枫桥经验”作为防范和化解社会风险的治本良策，把基层社会治理的着眼点放到前置防线、前瞻治理、前端控制、前期处置上来，通过建立健全源头治理机制、发现预警机制、应急处置机制、责任落实机制，最大限度地把各类风险防范在源头、化解在基层、消除在萌芽状态，做到“早发现、早调处、早解决”。

（三）坚持人民至上，走好群众路线

党的十九大报告指出，中国特色社会主义进入了新时代，我国社会主要矛盾已经转化为人民日益增长的美好生活需要和不平衡不充分的发展之间的矛盾。进入新时代，人民群众对美好生活的需要呈现多方面多层次多样化的特点，老百姓期盼着治安更平稳、社会更和谐，期待着更公平公正的法治环境。“人民至上”是“枫桥经验”诞生至今创新发展的基本点。从“矛盾不上交，就地解决，实现捕人少、治安好”，到新时代的“服务不缺位”，都彰显了“枫桥经验”尊重人、重

视人、将人民群众的利益放在首位的价值立场。一切为了群众、一切依靠群众，是基层社会治理的核心本质，也是新时代海上“枫桥经验”的宗旨。

打造新时代海上“枫桥经验”，必须牢固树立以人民为中心的发展思想，以新时代人民群众的新需求为导向，紧紧围绕“群众最盼望什么，最关心什么，最怨恨什么”，去抓基层社会治理和平安建设。同时，要以人民群众满意为根本标准，经常倾听群众呼声，切实解决群众反映强烈的热点难点问题，以实际行动赢得群众对基层社会治理工作的支持和拥护，更好地激发人民群众的积极性、创造力，使人民群众自觉主动参与基层社会治理工作。孙家疃街道的“睦邻巡防队”“可心调解队”“候鸟栖息营”等新时代海上“枫桥经验”特色品牌工作，成功之处就在于运用人民的智慧和力量，充分发动和组织群众。新时代海上“枫桥经验”启示我们要始终坚持人民利益至上，把实现好、维护好、发展好最广大人民群众的根本利益作为一切工作的出发点和落脚点，以人民为师，发挥人民群众的首创精神，最大限度地调动群众参与社会治理的能动性、创造性，做到社会治理过程让群众参与、成效让群众评判、成果让群众共享。

（四）坚持科技助力，强化智慧治理

随着基层社会治理要素增多和治理难度增加，单靠传统手段和方法已经难以实现科学高效的基层社会治理。习近平总书记深刻指出：“科技创新，就像撬动地球的杠杆，总能创造令人意想不到的奇迹。”[①] 海上“枫桥经验”通过传统与科技的有机融合，依托人工智能、大数据、云计算、区块链等科技手段，使基层社会治理更加智能、更为高效。提升基层治理水平，必须主动拥抱新一轮科技革命，运用信息化

① 《习近平谈治国理政》第1卷，外文出版社2018年版，第120页。

思维和手段，加强对数据的整合处理、智能研判、深度挖掘和高度共享，并着力构建“互联网+社会治理”的现代警务机制，促进基层社会治理模式的动态化、集约化和精细化。

在社会治理中，重点要围绕“矛盾不上交”，既继承“面对面、接触式”，也创新“键对键、网上见”，使矛盾排查化解渠道更多、效果更好；围绕“平安不出事”，积极运用数据整合共享、信息实战能力强化等科技手段，构建智能化社会治安防控体系；围绕“服务不缺位”，努力创新“互联网+服务”模式，让大数据多跑路，让老百姓少跑腿。新时代海上“枫桥经验”启示我们，只有充分应用现代科技，才能突破人的体力、脑力局限，增强工作的预见性、精准性、高效性，全面推动社会治理质量变革、效率变革、动力变革，实现基层治理模式的跨越式发展。

思考题

1. 如何运用“情理、事理、法理”来解决基层社会矛盾纠纷?
2. 海上“枫桥经验”体现了习近平新时代中国特色社会主义思想所强调的哪些思维?
3. 新时代如何坚持和发展“枫桥经验”?

第七章

党的建设

夯实党建引领底板　点燃商圈“红色引擎”

——环翠楼街道商圈党委打造党建引领商圈发展新模式 *

【引言】党的基层组织是党的肌体的“神经末梢”，是党联系群众、服务群众的重要纽带，是实践党的宗旨的重要阵地。在2018年全国组织工作会议上，习近平总书记指出，要探索加强新兴业态和互联网党建工作，扩大党在新兴领域的号召力和凝聚力。2019年出台的《关于加强和改进城市基层党的建设工作的意见》进一步明确指出，要扩大新兴领域党建有效覆盖，增强城市基层党建整体效应。在党的二十大上，习近平总书记就加强党组织建设作出部署，强调坚持大抓基层的鲜明导向，加强城市社区党建工作，加强混合所有制企业、非公有制企业党建工作；强调加强新经济组织、新社会组织、新就业群体党的建设。这些重要论述为做好新时代新兴领域党建工作指明了前进方向。城市商圈作为城市新兴领域的业态之一，是现代市场经济条件下具有战略意义的城市空间，也是我们党与城市新兴领域中社会新阶层发生直接互动的重要空间。在新形势下，如何加强城市商圈党建工作，把党的组织和工作嵌入区域经济社会发展最活跃的“经络”

* 本案例由中共威海市委党校（威海行政学院）党史党建教研部副主任、讲师宋鸣艳，讲师史晓宁，讲师宋祖豪撰写。

中，为其发展壮大注入“红色基因”、点燃“红色引擎”，已成为城市党建工作面临的一个重要课题。

【摘要】环翠楼街道商圈地处威海市商业中心，区位优势特殊，商圈内有1000多家企业，1.8万余名各类从业人员，在不足2平方公里的范围内，聚集了威高、华联等9家商业巨头，是全市当之无愧的“第一商圈”。

为把人气最旺的区域里的党组织和党员“兜”起来、各项事务“统”起来，让流动的商圈实现长足发展，环翠楼街道党工委在环翠区委组织部的指导下，于2017年6月在这片活跃的经济高地，成立了山东省首个商圈党委——环翠楼街道商圈党委，探索党建引领经济“抱团发展”。

为了给商圈企业商户提供精准服务，实现精准引领，环翠楼街道商圈党委积极探索“三领四开放”党建工作模式，以“政治领航、发展领跑、幸福领先”为目标，通过组织、服务、活动、阵地四个方面的开放，把业主凝聚到商圈，把党员凝聚到支部，把支部凝聚到党委，使商圈成为“区域共建、资源共享、发展共赢”的创业乐园。当前，环翠楼街道商圈党委下设4个党委、2个党总支、36个党支部，有党员408名。商圈党委先后获得了“威海市党建工作示范点”“山东省先进基层党组织”“山东省省级两新组织党建工作示范点”等称号。

【关键词】环翠楼街道商圈　党建引领　“三领四开放”党建工作模式

一、背景情况

党的基层组织是党的肌体的“神经末梢”，是党联系群众、服务群众的重要纽带，是实践党的宗旨的重要阵地。在党的二十大上，习近平总书记强调坚持大抓基层的鲜明导向，加强城市社区党建工作，加强混合所有制企业、非公有制企业党建工作；强调加强新经济组织、新社会组织、新就业群体党的建设。

近年来，随着市场经济的完善和城市化的加快，城市新兴领域蓬勃发展，这主要表现为各种商务楼宇、产业园区、商圈市场、互联网产业等新兴业态的发展。伴随着接纳的从业人员逐年增多，创造的社会财富比重越来越大，城市新兴领域日益成为影响经济社会发展与社会和谐的重要因素。其中，城市商圈作为城市新兴领域的业态之一，是现代市场经济条件下具有战略意义的城市空间，也是我们党与城市新兴领域中社会新阶层发生直接互动的重要空间。在这一形势下，商圈党建工作日益受到重视。

商圈党建，作为近年来出现的一个新概念，顾名思义，就是在城市商圈形成、发展的过程中，紧紧围绕商圈范围拓展、功能扩张、优化服务、加强管理的目标，打破行政区域的界限和各自为政的管理状态，从而形成党建工作区域整合、行业联合、部门配合的新型工作机制。因此，商圈党建，事关党的执政根基、商圈发展以及社会治理。

（一）加强城市商圈党建工作是夯实党的执政基础的迫切需要

随着市场经济的完善和城市化的加快，商务楼宇、商圈市场蓬勃兴起，商圈成为一种新的组织单元，其包含购物、金融、餐饮、休闲、娱乐、旅游、信息、文化等大量现代服务业设施和功能，是人才流、资金流、技术流和信息流的聚集地。商圈经济作为一种新的经济形态，既能够满足城市居民不断增长的物质文化需求，又能够推动区域经济发展和社会进步，是城市经济发展的重要标志，也是城市社会服务和管理的新领域、城市基层党建的新空间。

近年来，伴随着城市商圈中新经济组织、新社会组织（简称“两新”组织）的快速发展，大量新的社会群体应运而生，这当中，有企业或社会组织员工，有海归、创客、自由职业者、网商、“快递小哥”等新兴群体，人员成分多元、流动频繁、社会影响力大。在这样的形势下，单纯依靠行政建制设立党组织、以纵向控制为主要特征的传统单位党建模式已经无法适应时代发展的要求。商圈中党的组织覆盖存在盲区，党的组织设置出现空缺，党的组织阵地不足，活动难以有效开展，党的基层工作基本处于空转状态，党在这个新兴群体中的吸引力、凝聚力、战斗力亟须提升，商圈中大量的有效资源和优秀人才游离于党组织之外。如果党的工作不及时跟进，不能实现两个有效“覆盖”，不仅难以使在商圈中从业的党员保持先进性，而且会对党的群众工作造成不利影响，出现脱离群众失去商圈群体这块阵地的危险，进而影响党的执政基础。

加强城市商圈党建工作十分重要，是党组织融入城市商圈新兴业态，实现对商圈中新的社会群体的领导，进一步夯实党的执政基础的重要举措。基于此，很多地区开始探索党建引领商圈发展的新模式，这种党建模式以组织架构一核化、党建主体多元化、工作方式服务化为主要内容，将党建与商圈发展紧密结合起来，既让商圈在党建引领下跑出加速度，也让党建更好地融入商圈发展中而发挥更大作用。

（二）加强城市商圈党建工作是推动商圈发展的必然要求

城市商圈的主体多数是企业商户，其中有大量的非公有制企业，其经济性质决定了企业的一切行为要以生产经营为主要目标。企业商户平时与党建之间基本无关联，多数企业商户重经营轻思想引领，对开展党建工作认识不到位，有顾虑，担心党组织开展活动会占用时间、人力、财力，干扰企业的正常生产经营，增加成本支出。实际上，商圈党建工作不仅不会干预和干扰企业的生产经营，而且会成为推动商圈企业发展的重要动力。

比如，商圈党组织建立后，可以根据政府制定的公共政策，准确把握经营方向、及时掌握市场信息，对商圈企业的经营活动进行规范，引导它们依法规范自身行为，公平竞争，合法经营，走上健康发展的道路；在企业中开展党建工作，也相当于用党组织的权威和信用为企业提供保障，特别是一些“党员诚信店”的亮身份挂牌，让党建与企业声誉紧密结合，在无形中提高了企业的信誉度；商圈党组织能够为企业解决急难愁盼等问题提供平台，从企业需求出发，为企业提供精准服务，提高解决问题的效率；商圈党组织不仅可以增强党员从业者的归属感，而且可以在急难险重任务前、在优化服务功能上激发他们的先锋模范作用，增强企业的内部活力；商圈党组织还可以搭建公益平台，引导企业参与志愿服务、基层治理，使企业的社会价值更大限度地彰显出来，从而更好地提升企业的品牌效应，助推企业发展，等等。

（三）加强城市商圈党建工作是推进社会治理的重要途径

以党建引领基层治理创新，是新时代基层治理方式与时俱进、国家治理体系和治理能力现代化的必然要求。在基层社会治理中，党的领导起着至关重要的作用，对此，习近平总书记强调，“要创新社会治理体制，把资源、服务、管理放到基层，把基层治理同基层党建结合起来”①。

商圈治理是社会治理的重要部分，其离不开党建引领，仅仅依靠市场主体无法完成。只有加强党组织引领作用，才能在商圈社会中建立良好的社会秩序，实现有效的商圈治理。一方面，城市商圈结构复杂，商圈治理事务繁杂多样，在这样的背景下，需要基层党组织主动嵌入商圈治理中充分发挥核心引领作用，确保商圈的治理方向和内容同党和国家的方针政策相一致，同时面对商圈社会中治理主体多元化的现状，也需要基层党组织发挥协调作用，统筹商圈多元主体发挥协同功能，实现商圈治理有效。另一方面，商圈党建的模式是以商圈社会中的人民群众为中心，通过搭建各种平台为群众提供利益表达的渠道和矛盾冲突解决的场所，使群众的利益得到有效保障，使商圈口碑

① 《习近平关于总体国家安全观论述摘编》，中央文献出版社2018年版，第153页。

和商户营利得到提升，进一步优化党和社会的关系，夯实基层党组织的群众基础，为城市基层社会的有效治理提供保障。

正是在这样一个大背景下，如何加强城市商圈党建工作，把党的组织和工作嵌入区域经济社会发展最活跃的“经络”中，为其发展壮大注入“红色基因”、点燃“红色引擎”，成为城市党建工作面临的一个重要课题。近年来，威海市把习近平总书记提出的“威海要向精致城市方向发展”作为总目标、总方向、总遵循，将基层党建与商圈治理深度融合、一体推进，持续提升商圈治理效能，着力打造“中国之治”的“精致城市党建样板”。环翠楼街道商圈党委在这方面进行了有益探索，走出了一条有效激发商圈活力，引领推动商圈跑出高速度和加速度的路子，让商圈党建在威海市城市基层党建历程中留下了浓墨重彩的一笔。

环翠楼街道商圈地处威海市商业中心，区位优势特殊，商圈内有1000多家企业，1.8万余名各类从业人员，在不足2平方公里的范围内，聚集了威高、华联、振华奥特莱斯等9家商业巨头，有党员408名，是全市当之无愧的“第一商圈”。

随着环翠楼街道各项事业的大力发展，商圈内入驻的企业、白领越来越多，商圈内的党组织和党员也不断增多。环翠楼街道党工委认为，新形势下，原有的条块分割的党建模式已不适用于经济发展的新兴业态，要解决现实中存在的各种问题，必须充分发挥党的组织优势，发挥党组织不可替代的社会整合功能，打造适宜商圈发展的商圈党建。为了把人气最旺的区域里的党组织和党员“兜”起来、各项事务“统”起来，让流动的商圈实现长足发展，环翠楼街道党工委在环翠区委组织部的指导下，瞄准党建这个最大公约数，抓住党组织这个最关键的枢纽，通过打造环翠楼街道商圈党委，给流动的商圈安了一个固定的“家”。

2016年，环翠区委组织部结合环翠楼街道商圈发展的实际情况，针对城市基层党建和“两新”组织党建实际，做出打造环翠楼街道商圈党建的工作安排。2017年6月，环翠楼街道商圈党群服务中心装修完毕，内设服务驿站、联席会议室、温馨角、创业书吧、休闲咖啡吧等功能区，3名工作人员入驻办公，正式对外挂牌“营业”。同年6月6日，环翠楼街道商圈党委正式承办了第一场观摩活动——威海市城市基层党建现场会，这也标志着其作为山东省首个商圈党委正式成立。

环翠楼街道商圈党委成立以来，结合商圈实际，针对商圈存在的问题，开展党建工作与商圈发展有机融合的有益探索，通过系统设计，通盘布局，研判问题点，扩大结合点，打破商圈内企业区域分割、各自为阵和封闭自锁的局面，使不同行业、不同领域经济体成为党建共同体和利益共同体，把商圈的党建优势转化为发展优势，为提升商圈综合竞争力提供支撑，促进了商圈企业抱团合力发展。自成立以来，商圈党委获得了“威海市党建工作示范点”“山东省先进基层党组织”“山东省省级两新组织党建工作示范点”等称号。

二、主要做法

环翠楼街道商圈党委结合商圈企业多、业态多、白领多、思维活等特点，积极探索“三领四开放”党建工作模式，以“政治领航、发展领跑、幸福领先”为目标，通过组织、服务、活动、阵地四个方面的开放，把业主凝聚到商圈，把党员凝聚到支部，把支部凝聚到党委，使商圈成为“区域共建、资源共享、发展共赢”的创业乐园，为商圈党建引领经济发展找到了一条全新的破题之路。

（一）组织开放，圈出区域共同体

针对商圈党员年纪轻、分布散、流动快、组织难覆盖的实际，环翠楼街道商圈党委以“组织共建、党员共管、活动共办”为目标，积极构建“党群一体、共建共管”的区域联盟，实现党建与商圈融合发展。

一是创新组织设置，扩大工作覆盖。在摸清需求底数的基础上，针对商圈内楼宇产权复杂、党员分布散等特点，商圈党委创新采取“业主+企业、楼宇+楼宇、社团+企业、企业+企业、社会组织+企业、社团+社团”等多元组织设置形式，有效将零散的党员凝聚起来，将党建工作责任落实到人。采取商业综合体建党委（党总支）、楼宇建立党支部、规模较小经营商户选派党建指导员等方式，推动党的组织和工作全覆盖。

二是搭建“一体两翼”，拓展组织功能。环翠楼街道商圈积极探索党组织联建和党建带群建、党建促共建的“一体两翼”党建体系。环翠楼街道商圈党委主要依托环翠楼街道党工委而设立，同时，两个联席会——党群联席会和共驻共建联席会——也被设立。党群联席会，主要是汇聚工、青、妇等群团组织的力量，使其共同为商圈企业提供服务。商圈实施工、青、妇群团组织联动，针对没有党员的企业，以商圈党委为核心纽带，建立商圈工会联合会、妇女联合会、团总支等多个群团组织，为企业提供特色服务。其中，妇女联合会下设女商联谊会、女性社会组织服务中心；团总支主要为商圈青年人交友、创新创业提供一片沃土。这些群团组织积极开展活动，服务整个商圈，让广大企业和职工感受到了组织的温暖。共驻共建联席会，主要针对商圈内不少企业党组织不隶属地方的情况，形成与企业的共驻共建，开展党的工作，每月召开工作例会，根据企业、员工需求，共同策划服务活动。共驻共建联席会吸收威海市商业银行股份有限公司、中国人民解放军970医院（威海院区）、威海市立医院、威海市新华书店、威海市国资委、威海市财政局等60多家区域共建单位和环翠楼街道上千名辖区党员积极参与商圈党建共建，组织开展活动300余场。

三是做实“两新”党建，加强组织管理。2022年，按照省市两级关于深化城市基层党建引领基层治理的文件要求，在环翠区委“两新”

工委的指导下，针对环翠楼街道商圈新就业群体集聚的实际，成立威海市首个新就业群体区域党建联合体，设立新就业群体党支部，常态化开展“聚爱暖‘新’‘衣’起六一”“以‘心’暖‘新’”“以心聚‘新’‘新’心相融”等各项活动。2022年，依托环翠楼街道商圈成立行业功能型党组织，启动“骑·先锋”项目，强化快递、外卖行业党员教育管理，通过整合党群服务中心、小巷管家会客厅、户外劳动者驿站等阵地，开展“商圈党群服务中心—驿站—微站”三级“骑·先锋”体系建设，聘请优秀“快递小哥”“外卖小哥”担任社区流动小巷管家，引导其主动参与社区治理，为打造精致、幸福、充满活力的共同富裕先行示范区提供坚强组织保障；设立环翠楼街道商圈流动党员服务驿站，发放“红色大礼包”，号召商圈内的流动党员参加党组织活动，为他们搭建组织平台、开辟活动阵地、拓展服务载体，帮其找到“家”的归属感；创新“订单+点单”的组织生活模式，在日常走访中收集需求，为流动党员量身定制特色活动，做到月月有主题、周周有活动。采取“线上+线下”学习模式，线上，安排商圈党员结对帮扶，定期推送学习教育资料，带领流动党员加强理论学习；线下，组织流动党员跟随商圈第一党支部，参加各项学习，引导流动党员不忘初心，坚定理想信念。

（二）服务开放，精准发力促提升

建设精致城市，需在城市管理和服务上下功夫，全面提升城市管理质量和服务水平，增强城市影响力、吸引力和凝聚力。环翠楼街道商圈党委坚持“服务是最好的管理”这一理念，以“三联三服”为主线，按照“精准服务”这一基本要求，充分利用智慧信息管理平台，为企业提供“一站式”导航，实现“无界式”共享，不断推进政务服务的智能化、便捷化，积极构建“党群一体、共建共管”的区域联盟，引导商圈内各行业抱团发展，当好商圈企业、项目、人才的“贴身管家”，不断做精做细产品和服务。

一是推行“一站式”导航服务，政务服务精准下沉。根据走访中“摸”出的企业需求，商圈党委在党群服务中心设置了管家岗，包括党群服务岗、企业服务岗、综合服务岗，配备了3名专职工作人员，运用“党建+”模式，为企业提供“管家式”服务。围绕企业、党员、员工的实际需求，制定党务服务、政策服务、商务服务、公益服务4大类、19项服务清单，实现“一站式办结、零距离服务”。商圈党委充分利用智慧信息管理平台，不断促进服务的智能化、便捷化，将工商、民政、人社、税务等与企业发展密切相关部门的将近700项业务办理流程整理上传到自助网络平台，并对接全区政务服务大厅，为企业办事提供了极大便利。商圈党委联合环翠区行政审批服务局在商圈党群服务中心升级打造“智慧政务专区”，让商圈企业足不出“圈”就可以办理企业和个体工商户登记、食品经营许可证申请等20余项业务，实现就近一站通办，为企业带来了极大的便利。企业已通过“智慧政务专区”办理业务137项。

二是推进企业互助联动，商务服务精准推送。坚持“党委搭台、企业互动”，通过产业链上、楼宇内、行业中“企业+企业”的党组织组建模式，有效打通企业间的信息壁垒，为企业技术、人才、项目间的合作交流搭建全新平台。商圈党委引导商圈骨干企业陆续成立餐饮、手工艺、新媒体等10个行业联盟，实现各联盟企业抱团取暖、抱团发展；同时，还引导商圈不同行业企业组成“异业联盟”，使联盟企业足不出“圈”就可以找到行业上下游的合作伙伴。

三是实行网格化管理，社会服务精准供给。网格化管理是城市治理精细化的必然要求。《威海市精致城市建设条例》中指出，要按照科学合理、方便治理的原则，对城市管理事项实行网格化管理。环翠楼街道按照地域相近、行业相邻的原则，将商圈划分成11个子网格，在此基础上，整合商圈“1+2+6”的多元网格服务力量，为商圈企业提供全方位专业服务。“1”就是专属网格的网格长，由商圈党委书记担任。“2”就是为每个网格配备1名专职网格员和N名“兼职网格员”，专职网格员由商圈工作人员担任，兼职网格员由企业高管、党员担任。“6”是“六小员”，主要由政务、金融、医疗、物业等领域专业人员组成。为进一步做好网格工作，建立三级响应机制，推行“网格化+吹哨报到”。依托11座楼宇建立了11个网格驿站，常态化开展敲门扫楼行动，随时掌握企业情况，通过吹哨报到，及时解决企业诉求。

2020年春节前后，突如其来的新冠疫情让很多商圈企业措手不及，原本春节假期结束后的正常复工节奏完全被打乱。为了使企业在疫情期间也能得到服务，大年初三一早，环翠楼街道商圈党群服务中心的工作人员全体返岗，投入正常工作。据商圈党群服务中心负责人回忆，从返岗一直到企业复工，党群服务中心所有工作人员日夜连轴转，为辖区企业传达上级政策，解决企业因疫情而出现的困难。企业复工前，他们用几天的时间将商圈里的所有企业走访了一遍，全面摸清企业复工意向需求。同时，党群服务中心建立“一楼一方案、一企一预案”管理模式，依托党建指导员，联合“驻企员”智囊团，每日进行复工复产调度，提供复工政策咨询近3000人次，经协调提供口罩3万余个、消杀物资1.3吨，有力保障了企业第一时间复工复产。

环翠楼街道商圈党委以网格化为抓手，以商圈为载体，以社区为核心，进一步整合资源、盘活存量，充分发挥商圈、住宅圈集中分布的优势，建立起功能更加综合、服务更加完备的社会化服务体系，不断做精做细服务，让商业与居民生活协同发展，真正为老百姓打造“10分钟”休闲、购物的社会经济圈。

（三）活动开放，带出群体高颜值

针对商圈内服务对象多元、思维活跃、作用发挥有差别的实际，环翠楼街道商圈党委围绕党建、创业、公益三大主题，发挥“公转”

引领作用，带动党员、职工、社团“自转”，形成“组织在引领、社团在自转、服务在一线”的联动模式，使商圈精神风貌焕然一新。

一是党委公转强引力。为了把党员凝聚到组织，增强商圈内党员的归属感和荣誉感，商圈党委先后开展“组织找党员，党员找组织”的“双找”活动、“亮身份、树形象”活动等。同时，商圈党委围绕党建、创业、公益三大主题，推出“爱环商”青春定制组织生活菜单，每季度一个主题，突出党性锤炼，力求形式多样，让党员想来、乐来，有效增强党组织的吸引力和凝聚力。商圈党委始终把公益服务作为社会责任，积极组织开展公益活动，引导企业党组织、党员积极参与社会公益事业、履行社会责任，已开展各类公益活动384场次，关爱困难党员、困难儿童等特殊群体3600多人，在东西部协作扶贫中资助145万元，累计捐款捐物1020余万元，得到了社会各界的高度认可，如环商红盟获得“威海市最佳志愿服务联盟”荣誉称号。商圈党委坚持党建引领，不断整合商圈资源、凝聚人心，搭建起了企业合作、行业融合的环商红盟大平台。环商红盟的成员单位已由原来不足百家壮大到现在的400余家。

除此之外，商圈党委还通过各种形式带动商圈建设与精致城市建设相结合，助力精致城市发展。商圈党委坚持打造“精致城市”绿色环保样板，把绿色发展理念贯穿于商圈工作的全过程、全链条，积极引导区域内商铺积极担当、勇于带头，使它们肩负起环境保护的社会责任，激励它们争当环境保护的关注者、生态文明的推动者、绿色生活的践行者，围绕“精致商圈·绿色生活”“无废商圈”等主题，陆续开展“益动环商我采风”“舌尖上的绿色”“迎七一环保晚会”等系列活动，形成了以商圈党委为主导、辖区单位为主体、市民积极参与的工作格局。环翠楼街道商圈随处可见各种绿色环保宣传标语，据商圈党群服务中心负责人介绍，仅商圈绿化区里的环保宣传牌就有400多个，它们由周边企业商户认领制作，每家商户企业认领一个区域进行宣传牌设计并将之投入使用。这种宣传活动，不仅提高了商圈企业商户的绿色环保参与度，更让来往游客深切感受到环保宣传的存在。作为环翠楼街道商圈最大的商业中心，威高广场除了对每家入驻商户进行绿色环保宣传外，也在餐饮服务上下足了功夫，如使用绿色打包盒、减少一次性餐具使用、管控厨房油烟等都体现了对绿色生活方式的倡导。另外，威高广场在垃圾分类方面树立了商圈样板。威高广场建立“一化+四定”机制保障垃圾分类常态化，形成源头分类制度化，保障垃圾分类常态化，使入驻商户有意识主动承担垃圾分类责任。通过开展垃圾分类，商场内商户垃圾大幅度减量，降低了垃圾清运费，使商场每年可节余增收约30万元。威高广场先后获评环翠区垃圾分类示范单位、全国首批绿色商场创建单位。

二是社团自转增活力。在不断增强党委公转引力的同时，商圈党委还鼓励社团自转增强活力。威海福鑫集团党支部在商圈党委引导下，不仅发挥自身优势，打造“为先锋留影”红色品牌，走进企业、社区为党员免费拍摄红影集，还积极引导商圈少儿机构组成少儿教育红联盟，为商圈内的教育机构搭建合作交流的平台；商圈党委的引领，还带动影响了一批政治素质高、思维活跃的青年党员，他们通过商圈党委搭建平台，成立了美食社、墨砚社等社团组织，组织开展各种公益活动，在商圈中传播党的声音，凝聚职工群众，传递青春奋斗的正能量。2019年，商圈党委还引导组建了一支以华艺党支部人员为主的红色乐队。乐队在威海市人民广场、环翠楼公园、红色教育基地、企业、学校等各个角落唱红歌，开红色晨会，宣传红色文化。

商圈党委的公转引领，不断带动和影响商圈企业、党员、职工、社团进行自转，从而实现了“组织在引领、社团在自传，服务在一线”，商圈的凝聚力和向心力进一步增强，商圈的精神风貌更是焕然一新。

（四）阵地开放，搭出共享加油站

针对环翠楼街道商圈内小微企业多、活动阵地少的实际，商圈党委积极发挥引领作用，充分整合区域资源，利用一切可以利用的空间，打造集政策咨询、党建指导、创业辅导、休闲娱乐、公益互助等功能于一体，全方位开放的“一核多点”党建阵地群，让商圈内的企业、党员、职工有地方学习、有地方活动、有地方交流。

一是完善商圈党群服务中心。随着商圈企业的增多，服务需求日益旺盛，商圈党群服务中心原有服务大厅，既要用于观摩，又要给企业做活动场地，经常安排不过来。为此，商圈党委对服务大厅进行扩建升级，服务阵地面积由300平方米扩建至380平方米，服务功能更加强大，阵地开放的核心作用更加凸显。新扩建的服务大厅里，不仅有电脑、社保缴费机、读报机等设备，还添置了微波炉、冰箱等贴心电器，供大家使用。大厅外还安上了电子宣传屏，滚动播放企业招聘信息、文明标语、环保政策等。党群服务中心内设服务驿站、联席会议室、温馨角、创业书吧、休闲咖啡吧等功能区，12小时开放服务，企业预约后就可使用，这解决了企业活动空间不足的难题。

二是打造N节点阵地群。发挥党组织的组织优势、资源优势，一方面建设党员学习教育阵地，联络对接商圈内的大型企业，开放室内会议室、活动室等场所，划片分配，供小微企业预约使用；另一方面建设党员户外活动场地，充分利用商圈中的大型商场、广场，联络对接各物业管理公司，供商圈党委统一调配、开放使用。在商圈党委的带动下，越来越多的爱心企业加入共建共享行列，分享自己富余的空间。原本无人利用的阳光房样板间，被打造成配有红色指示牌、红色书架、微波炉、饮水机、冰箱等服务设施的“共享空间”，为商圈党员读书、座谈交流提供便利，也供职工、环卫工人等户外工作者及其他市民免费使用。

威海福鑫集团总经理王茂芳在设立两个流动爱心驿站的同时，还拿出年租金近十万元的临街店铺，建立爱心驿站，给商圈职工、环卫工人、外卖小哥和其他市民带来一片“夏日清凉”。她说：“商圈是大家共同的家，我们希望与更多‘家人’共享。”当前，已有19个共享学习教育阵地、12个户外活动场所投入使用，筑起了商圈“区域共建、资源共享、发展共赢”党建新高地。

商圈党建工作成效的高低，关键在于是否提升商圈市场发展质效、是否提升商户营商环境、是否提升消费者购物体验。环翠楼街道商圈在党建引领下不仅跑出了好速度，更跑出了加速度，已进驻企业1060家、事业单位50余家，有职工1.8万余名。商圈党委的党建引领与精准服务，充分激发了商圈活力，释放了红色动能，吸引了各大企业争相进驻，“红色引擎”作用大大彰显，商圈党委已然成为航行在蓝色商圈海洋中的一艘红色领航船。

三、经验启示

环翠楼街道商圈党建工作的探索与实践，为加强城市新兴领域党建工作提供了一个可以借鉴参考的模式，商圈党委在推进党建引领商圈发展中，坚持政治领航、发展领跑、幸福领先，与时俱进创新设置、载体和办法，通过“四开放”，以最大包容度和吸引力将商圈从业者紧密聚拢团结在党组织周围，不仅提升了党组织的吸引力、凝聚力、组织力，也更好地组织、动员和凝聚了商圈的党员群众，进一步夯实了党的执政根基，有效促进了商圈的发展。环翠楼街道商圈党建工作的经验启示可总结为以下三个方面。

（一）加强城市商圈党建工作必须创新

商圈党建工作必须创新，商圈市场是新兴业态，存在着大量的新兴群体和新组织，党组织必须以“不变”应“万变”，将创新放在首要位置，激发党建内生动力。

一是创新党组织设置模式，真正把党组织嵌入经济社会发展最活跃的经络中。以协同思维和区域化党建理念，全面构建大党建工作格局，灵活建立区域型功能性党委、综合性党委等，着力提高基层党组织的联动协调能力，推动实现组织共建、党员共管、活动共办、事务共商。针对商圈业态特点，灵活设置党的基层组织。比如，环翠楼街道商圈创新采取的“业主+企业、楼宇+楼宇、社团+企业、企业+企业、社会组织+企业、社团+社团”等多元组织设置形式，就是结合商圈实际做出的尝试，取得了很好的效果。

二是创新党组织活动方式，让党建活动有趣、有益、有活力。要注意运用互联网思维等，创设富有仪式感、神圣感的党建活动，探索党群喜闻乐见的党建载体和方式方法，提升新兴领域党员的荣誉感、企业商户的获得感、员工群众的实惠感。建议运用“互联网+党建”平台建设，充分发挥自媒体时代网络活动特色，实行党员线下线上双向管理；积极引导商圈内的党组织，将党建与经营、先进文化建设、治理创新相结合，通过创新活动载体、服务形式，丰富服务内容，如参与志愿服务、基层治理和服务群众等方面的活动，让组织生活“新”起来、“活”起来，增强参与积极性。

（二）加强城市商圈党建工作必须共融

党建工作必须与商圈共融，把党建服务落实到企业发展的切实需求上，嵌入商圈发展的具体过程中，以“共享”求“实效”。

一是力量共融。理顺条块间党建职责，结合商圈发展实际，创新党建任务指标设置，明确责任科学考核，强化部门协调联动。积极搭建不同党组织间的互动交流平台，通过党建引领，在商圈中形成强大的凝聚力和行动力。结合推进城市基层党建工作，强化区域内党建联席会，联络区域内工、青、妇等组织，共同为商圈服务，形成党建合力；同时，抓好区域内的共驻共建，实现区域内各领域党组织的互联互通。

二是资源共融。坚持重心下移、保障下倾、服务基层、服务一线，加强各层级的党群联动，统筹好资源、资金和力量。充分运用商圈党组织优势，整合区域内各方优势资源，科学谋划、合理布局建设共建共享的高标准党建阵地，同时，注重引领，将商圈内的可用空间充分利用起来，增强阵地效应。积极推动商圈党组织与社区大党委或与区域党建共同体（共驻共建单位）内其他党组织联合开展党员活动，丰富党建活动内容，提升党建规范化水平与党内政治生活质量。

三是发展共融。主动将党建融入企业发展，融入党员群众，加强引领，让抓党建、促发展成为商圈党组织的有力抓手，推动商圈党组织将党的工作与企业发展互促共进，把党建工作融入企业发展的整个链条。比如，将党建工作与企业经营管理结合起来，发挥党组织引领作用，切实推动企业转型升级、青年职工成长成才和先进企业文化建设等；坚持在小微双创、质量发展、减税降费、节能降耗、融资贷款等方面提供帮扶，使新兴领域群体及时获得政策支持、业务指导和创业帮扶等。对党建工作突出的商圈内组织，可给予在同等条件下优先承接政府职能转移、获批公益项目等支持。只有做到充分融合，商圈党建工作才能迸发出强劲的生命力。

（三）加强城市商圈党建工作必须务实

商圈党建必须务实，党建要与商圈建立关联，就必须找到接入点切入，这个接入点就是服务。党建必须服务商圈发展，服务党员群众，以“作为”赢“地位”，实现党组织政治引领。

一是建强阵地，让党员活动有场所，群众有位置。除在商圈建立党群服务中心外，还应开阔工作视野，积极对接商圈内闲置空间资源，搭建活动阵地，免费向新业态党组织和群众开放，积极构建“十分钟党群服务圈”，实现服务便利化。

二是建强队伍，让党建活动有指导。通过选优配强党组织书记、专兼职党建指导员，加强常态性培训锻炼，建强商圈党建“领头羊”队伍、党建指导员队伍，扎实推进党组织规范化建设。机关单位要积极开展与商圈组织的党建结对工作，为商圈党组织提供党建指导与服务，帮助其解决党建及发展问题。

三是建强组织，加强党建政治引领。深入探索做好商圈党建工作的方法和思路，强化党组织的政治功能，为加强党对新兴业态的全面领导奠定更坚实的政治基础。特别要注重做好“人”的工作，坚持以人民为中心，坚持问题导向、需求导向，精准对接需求，以解决问题、促进发展为目标，帮助企业解决实际困难，在潜移默化中增强每名从业人员对党的政治认同、思想认同和情感认同，提升新兴领域党组织组织力、凝聚力、战斗力。

思考题

1. 什么是“三领四开放”党建工作模式？
2. “三领四开放”党建工作模式在引领商圈经济发展、激发商圈活力中发挥了哪些作用？
3. 各地的新兴领域党建，如何借鉴或深化“三领四开放”党建工作模式？

“红色朋友圈” 共走乡村振兴路

——乡山市党建联建助推强村富民的实践探索 *

【引言】全面推进乡村振兴，实现共同富裕，是社会主义的本质要求，也是城乡融合、区域协调发展、城市精致发展的题中应有之义。2018年6月，习近平总书记在视察山东时强调：“农业大省的责任首先是维护国家粮食安全。要把粮食生产抓紧抓好，把农业结构调活调优，把农民增收夯实夯牢，把脱贫攻坚战打好打赢，扎实实施乡村振兴战略，打造乡村振兴的齐鲁样板。”①2018年6月12日，习近平总书记在视察威海时号召，“13亿多中国人要发愤图强”②，嘱托威海要向精致城市方向发展。2020年8月，威海市审议通过的《威海市精致城市建设条例》中明确规定，市、区（县级市）人民政府应当统筹规划精致城市与美丽乡村建设。

【摘要】全面建设社会主义现代化国家，扎实推进共同富裕，最艰巨最繁重的任务仍然在农村，必须逐步缩小城乡差距。山东省乳山市作为威海市的重要县级市，牢记习近平总书记对威海市的殷切嘱托，以“威海要

---

* 本案例由中共乳山市委党校教师王玉丹、王永涛、姜威撰写。

① 《习近平关于国家粮食安全论述摘编》，中央文献出版社2023年版，第121页。

② 《习近平在山东考察时强调 切实把新发展理念落到实处 不断增强经济社会发展创新力》，《人民日报》2018年6月15日。

向精致城市方向发展”为总目标、总方向、总遵循，以建设精致化城乡融合发展先行区为引领，把乡村振兴作为精致城市建设的重要内容。近年来，针对工业化、城镇化快速推进过程中产生的农村空心化、农户空巢化、农民老龄化等问题，乳山市充分发挥党建引领作用，打破就农村抓农村、就村庄抓村庄、就党建抓党建的惯性思维和路径依赖，积极探索党建联建模式，通过建设推广共富党建联盟，引导村庄抱团取暖、共同发展，聚集形成“红色朋友圈”“利益共同体”“命运共同体”，推动党建工作和乡村振兴深度融合，使党建的优势、资源、活力转化为乡村振兴的长板、底板、新板，以方法变革为乡村振兴注入“领跑”动能，实现了群体共富、城乡共富、区域共富、物质精神共富，走出了一条党建引领乡村振兴的新路径，也为实现威海市全域精致擦亮了乡村底色。相关经验做法被中央组织部、中央电视台、新华社、人民日报社等推介，得到全国党建研究会、乡村振兴专家学者普遍认可。

【关键词】乡村振兴　党建联建　共富

一、背景情况

山东省乳山市辖14个镇、1个街道办事处、601个行政村，总人口53.6万人，农村人口41.6万人。在“三农”工作重心转向全面推进乡村振兴的新时期，村庄规模小、资源分散，致富带富能人少、引领发展作用弱，政府投入资金利用率低、农村创新创业氛围差等问题，成了农村发展的制约因素。如何破解瓶颈，改变现状？全面实施乡村振兴战略是必然选择，但其深度、广度、难度不亚于脱贫攻坚。

如何深入落实乡村振兴战略？“由谁来振兴”“靠什么振兴”“怎样振兴”等等，一系列现实问题不容忽视。显然，在新时期新阶段，面临新问题新挑战，如果还是采取传统思维、老办法，乡村振兴只能原地踏步，不可能有大的突破。面对这些问题，近年来，乳山市一直在苦苦思索，经过反复调研、深入探讨后，决定紧紧抓住“党建引领”这个深化乡村振兴、推动发展的“总引擎”。自2018年起，乳山市开始探索农村党建联合发展模式，在南黄镇试点建立全市第一个非建制性综合党委，通过整合镇域各方力量和优势资源共同参与推进乡村振兴样板片区茶叶重点项目建设，迈出了乡村振兴共建、共商、共富、共享的第一步。随后，这一模式逐渐演化为农村“联合党委”“区域化党建综合体”等工作机制并在全市推广，取得了一定成效。

但随着工业化、城镇化的快速推进，农村的产业结构、就业结构、人口结构、治理结构，以及农村居民的生产生活方式，都在发生深刻变化，农村空心化、农户空巢化、农民老龄化等问题也日益突出。原先的区域化党建工作机制已经不足以有效破解农村发展中的各类问题，有些强村发展“势如破竹”，有些弱村却始终“扶不起来”。

如何找出一条推动乡村振兴、实现共同富裕的新路？乳山市这次将目光转到探索组建共富党建联盟破解发展“壁垒”上。

在乳山市深入探索的同时，《中共中央、国务院关于做好2022年全面推进乡村振兴重点工作的意见》提出，要坚持和加强党对“三农”工作的全面领导。山东省《全省村级党组织分类推进整体提升三年行动计划（2022—2024年）》指出，要以党组织联建共建带动区域内村庄融合发展。山东省第十二次党代会报告提出，要打造共同富裕的省域范例。威海市第十六次党代会提出，要全力打造共同富裕先行区，在“精致城市·幸福威海”建设进程中实现群体共富、城乡共富、区域共富、物质精神共富。

运用党建联建形式，推动组织、资源、战略等体系化重塑，让“书记帮书记”“组织带组织”，引导村庄抱团发展、共同发展，聚集形成“红色朋友圈”“利益共同体”“命运共同体”，这是以发展思维贯彻落实各级战略部署的应时之举，也是以变革思维强化党建引领的关键之招。乳山市探索组建共富党建联盟破解发展难题，符合乡村振兴大势，对推动乡村振兴具有十分现实而深远的意义。

二、主要做法

（一）试点先行，六村联合开启“破冰之旅”

进入乳山市腾裕现代农业产业园的大棚内，绿油油的秧苗上挂着一串串沉甸甸的西红柿，长势正旺，空气中弥漫着阵阵清香。村民来往穿梭，将采摘下来的西红柿运出大棚，然后挑选、称重、装筐，准备发往各大商超。

腾裕现代农业产业园横跨洼九埠村、仇家洼村等5个城郊村，由乳山市城区街道城中村腾甲庄村和5个城郊村联合开发而成，是乳山市探索组建共富党建联盟的试点地。

为扎实开展党建联建工作，从2021年开始，乳山市坚持“试点先行、以点带面、逐步推开”，以城区街道作为试点，探索组建共富党建联盟。

“以前，洼九埠村、仇家洼村等5个城郊村可用耕地达2766亩，但过去多数农户基本沿用小麦、玉米轮作等传统种植方式，村集体经济薄弱，缺乏发展后劲。而腾甲庄村总资产超4亿元，村级年收入达1000万元，但现有可用土地不足100亩，无法引进发展新的产业，近年来村集体收入呈现逐年下降趋势。”时任乳山市城区街道党工委书记王平介绍说。

一边是有钱没地，一边是有地没钱，如何破解乡村发展难题？乳山市城区街道党工委抓住试点的有利契机，按照“城中强村+强企+N个城郊弱村”联动发展模式，引导腾甲庄村与5个城郊村合作，建立了城郊特色农业产业示范区共富党建联盟。腾甲庄村以现金方式出资1200万元，成立山东腾裕农业发展有限公司，流转城郊村土地1100余亩，同时吸纳城郊村获批的上级扶持资金200万元入股，引入山东省土地发展集团有限公司、江苏绿港现代农业发展有限公司等强企参与土地开发利用，大力发展大田农业和智能化设施农业。

“我们片区现有38座果蔬大棚，建有1500平方米的控制中心和分拣包装处理中心，年产各类果蔬900吨，产值达到400万元。”腾裕现代农业产业园相关负责人于洋说。

资源共享、项目共建，让原本看起来没什么“油水”的土地变成了优质的农业资产。城郊村按照不低于投资额8%的比例参与分红，每年保底至少收入4万元，同时还可按照每亩700元的标准领取土地流转费，能为村民提供100多个就业岗位。

城区街道组建区域共富党建联盟，通过多维度、全方面整合资源、统筹发力，有效推动各类要素在乡村振兴中竞相汇聚、涌流、裂变，达到了强村富民的预期成效。试点的成功，更加坚定了乳山市组建共富党建联盟的信心，随后共富党建联盟逐步在全市全面推开。

（二）按需联建组织，打破“就村抓村”的路径依赖

“共富党建联盟核心在一个‘聚’字，不仅要聚资源、聚资产，更要聚人心、聚合力。农村情况千差万别，成立共富党建联盟不能‘一刀切’。”时任乳山市委组织部组织二科负责人姜德鹏说。

在组建过程中，乳山市将联盟组建主动权交给基层党组织，不设固定模式，不搞“拉郎配”“上下一般粗”，按照有共同需求、有发展纽带的原则，统筹204个行政村、18家企业、4个社会组织党组织，灵活自由组建多类型共富党建联盟，以组织融合带动区域资源融合，将组织优势转化为乡村产业发展优势。乳山市已重点探索形成了以下5种类型。

第一种类型：“优势互补”型。主要是将地域相近、资源互补的多个村党组织联建，统筹调配人力、项目、资金、土地等，推动区域内

村庄优势互补、聚力发展。这种类型主要是以城区街道探索的城郊特色农业产业示范区共富党建联盟为代表。

第二种类型："产业依存"型。主要是立足特色产业禀赋，通过联建区域党组织，将具有共同发展基础、发展意愿的村企聚集起来，放大规模效应，形成产业优势。比如，乳山市大孤山镇是乳山市著名的姜品大镇，全镇大姜种植面积达到8200亩。乳山市大孤山镇立足大姜这一主导产业，整合镇域202省道、冯乳线这两条主干道路沿线的西林家村、石硼杨家村、大孤山村等9个大姜种植规模较大的村，全区域统筹组建共富党建联盟，9个村的党支部领办合作社组成1个合作社联合社，共同发展大姜产业。联合社已累计流转土地2000亩。联合社的农户可以以低于市场价格购买农资，获得农机服务，还可以享受一对一的技术培训进而提高大姜品质，增加收入。

第三种类型："以强带弱"型。主要是以农村工作片或乡村振兴样板片区为单位，以带动力强的村或合作社为龙头，通过联片打造、成立联合社等形式，推动村与村"联姻"共建，激发村社发展活力。比如，乳山市南黄镇的院后村是镇上的明星村。近年来，在全国巾帼建功标兵、全省"担当作为好书记"、山东省党代表杨秀丽的带领下，院后村探索出以特色产业项目（如胶东花饽饽、百菌园、五彩小麦等）、电子商务、农耕研学为核心的第一、二、三产业融合发展之路，村集体年收入超47万元，村民收入得到明显提高。与之形成鲜明对比的是，院后村周边的东洋水村、南台子村等4个村没有支柱产业，经济基础非常薄弱，村民想致富的心情十分迫切。乳山市南黄镇抓住全市推进共富党建联盟建设的契机，组织先富起来的院后村与周边4个经济薄弱村结对共建，流转土地400余亩，发展羊肚菌、五彩小麦种植项目，带动周边村年均增收8万余元，实现了周边村的自我造血。

第四种类型："企业（项目）带动"型。主要是以农业龙头企业或重点农业项目为依托，推动相关村企等联合成立党建联盟，创新"党组织+项目（企业）+村”发展路径，实现利益捆绑、共同发展。比如，乳山市夏村镇依托葡萄酒产业小镇项目，推动石头圈村、宋家庄村、东泗村等周边10个村与台依湖集团有限公司、绿城理想小镇建设集团有限公司组建共富党建联盟，大力发展葡萄产业，已经形成集生产、研发、培训、观光、康养等功能于一体的完整产业链条。

第五种类型：“城乡联建”型。主要是由镇党委牵头建立区域党建联盟，引导机关事业单位、工业企业到联盟“报到”，推动更多城市资源下沉到农村，打通城乡对接渠道。比如，乳山市诸往镇充分发挥下石硼村红色美丽村庄建设示范带动作用，将该村周边的上石硼村、东尚山村、中尚山村和西尚山村各项资源进行整合，打造了“山里老家”共富党建联盟。在此基础上，积极与乳山市文旅局合作，引进山东正己教育科技有限公司、山东乡村振兴文化产业有限公司，投资1000万元，盘活闲置民宿30多处，同时以红色旅游为引线，将乡村游、农业观光、田园采摘等有机串联，策划推出“红色旅游+乡村休闲+研学实践”乡村旅游线路，实现了以点带面的联动发展效应，年接待游客十余万人次，带动相关村增收上百万元。

（三）多重机制保障，激发融合发展内生动力

2022年4月14日，乳山市徐家镇华隆共富党建联盟联席会议如期召开，联盟成员就联盟年度发展重点任务、村企项目合作方式等重大问题谈想法、提建议。经过多次实地调研、座谈交流，2022年4月26日，华隆共富党建联盟村企合作签约大会召开，区域龙头企业华隆（乳山）食品工业有限公司与17个村党组织领办合作社签订花生种收协议，联盟产业合作规模达到500亩，带动联盟内村集体该年总盈利约85万元。

共富党建联盟组建后，如何推动其实体化、规范化运行？乳山市徐家镇的联盟联席会议正是解决方式之一。在谋划推进共富党建联盟

发展过程中，乳山市从内部制度建设入手，以共同利益为结合点，组织联建成员签订共建协议，建立规划联定、事务联商、人才联育、产业联兴、品牌联创、治理联抓、考核联评“七联”机制，推动区域一体化发展。

乳山市赋予共富党建联盟区域内资源统筹调配权限，联盟内村庄的发展规划、工作计划、资产处置、工程项目建设等，均由联盟讨论决定。每年初研究制定共富党建联盟年度发展规划、重点任务清单，定期向辖区党组织和党员群众通报相关工作进展。统一建立党建联席会议制度，每月召开1次联席会议，每季度联合进行1次“头脑风暴”，协商联盟重大事项。

调配农药、放置水泵、设置喷洒区域……在乳山市南黄镇高效小麦产区，一架农用植保无人机顺利起飞，在麦田间来回穿梭，将农药精准喷洒在小麦上。原先3个小时的工作量，如今20分钟轻松“拿下”，如此高效的农业服务正是乳山市南黄镇农业社会化服务中心提供的众多服务之一。

随着共富党建联盟的组建，一个又一个农村产业项目如雨后春笋般不断涌现。为了保障项目正常运转，乳山市整合农村资源，按照政府主导、主体参与的方式，探索组建了29家集土地托管、机械服务、农产品加工、产品销售于一体的一链式农业社会化服务中心，破解农业资源分散的掣肘，推进农业服务社会化发展。

据了解，农业社会化服务中心可为农户提供土地生产经营全环节、综合性托管服务，还可根据农户的需求，提供耕、种、管、收等单个经营环节的“半托管”服务。

共富党建联盟还牵头组建了83个村党组织领办合作社联合社，推动相同或相似产业连片发展以形成规模效应，推动上下游产业协同发展，并组织联盟内成员社统一注册农产品商标98个，创建农产品品牌47个，为党员群众提供家门口就业岗位3000余个。

为让共富党建联盟项目平稳发展，市级建立党建联建项目评估机制，由乳山市委组织部牵头，联合发改、财政、自然资源等12个涉农职能部门，组建市级党建联建项目评估小组，定期进行可行性研究、运行效益分析，既评估项目运转情况，也评估带动集体增收、群众致富情况，最大限度降低运营风险，避免“富了老板，忘了老乡”。对评估通过项目，同步协调相关部门单位，在手续办理、施工建设、资金支持等方面开辟“绿色通道”。

为确保共富党建联盟项目财务规范化管理，让联建成员心里有本明白账，乳山市采取政府购买服务方式，引进代理记账公司，聘用专业人员专职负责共富党建联盟项目账目管理，同时依托山东省农民合作社财务管理系统，统一推行电子化记账管理，将项目产生的每笔业务款项的信息即时录入系统内电子凭证，生成日记账、明细账和汇总表，使固定资产、权益变动、收益分红、盈余分配等情况一目了然。

另外，乳山市采取政府招投标方式，与各大银行进行竞争性磋商，综合研判信用、收益等各方面因素，筛选确定中国农业银行乳山市支行、山东乳山农村商业银行等4家银行作为联建托管资金集中存放点，从源头上保障共富党建联盟项目资金安全。

（四）众智众力汇聚，合奏共同富裕“交响曲”

“‘众人拾柴火焰高’，共富党建联盟不能一建了之，必须扶上马送一程，集聚众智众力帮助联盟健康长远发展，推动联盟由‘亮点’向‘亮面’扩展，由‘盆景’向‘风景’推开。”乳山市委组织部分管负责同志杨大鹏说。

“各位朋友，咱们的蓝莓都是深井水灌溉，使用的全是有机肥，那入口真叫一个香甜！”在乳山市午极镇蓝莓基地，乳山市“希望的田野”直播带货工作室的主播们，正通过电商直播平台助力出售村里的生态蓝莓。

“保甜吗？”“能存放多久？”互动区里，各种咨询问题一条接一条地弹出来，好不热闹。在主播们热情详细的解说下，仅半个小时就卖出蓝莓200余斤，累计吸引了约2000人次在线观看互动。

“希望的田野”直播带货工作室，在乳山市不是个例。为扩大共富党建联盟产品销售渠道，乳山市坚持电商助力，整合各个镇域资源，集中打造了12个直播带货工作室，培育了178个乡村电商创业网红，重点服务全市20家共富党建联盟，推销547家家庭农场所生产的特色农副产品，逐步构建起“一盟一播一品”新格局，带动村集体和群众增产又增收。

“我们一家人是专门乘高铁来品尝牡蛎的。”游客张先生高兴地说。随着2023年“冬游乳山　畅品牡蛎”旅游季暨第八届乳山牡蛎文化节的开幕，牡蛎宴吸引了各地游客前来“品鲜”。

“这次文化节又能帮助我们联盟村的牡蛎卖个好价钱，老百姓的钱包又会鼓起来。”提起这次牡蛎文化节，海阳所镇副书记兰建喜笑颜开，对依靠文化来带动牡蛎产业发展充满信心。

乳山市是“中国牡蛎之乡”，牡蛎全产业链产值达100亿元。着眼全面加强党在牡蛎产业中的引领作用，为了更好地推动牡蛎产业发展，乳山市委组织部牵头成立牡蛎产业党建联盟，纵向上，依托行业主管部门乳山市海洋发展局和乳山市牡蛎协会，成立行业党委，将职能部门、共建单位、科研院所、社会组织、开发商、物业公司等行业资源纳入其中；横向上，以牡蛎小镇海阳所镇为依托，成立牡蛎产业综合党委，管理辖区内上下游的养殖村、安置区、销售商、电商、古所民宿、康养旅游等，串点成线，打造“15分钟牡蛎产业党建服务圈”。

为更好地推动牡蛎产业发展，乳山市牡蛎产业党建联盟常态化组织开展牡蛎文化节、牡蛎品鉴会等活动。除此之外，各镇街的共富党建联盟还联合举办“农民丰收节”“采摘节”等系列活动，推动联盟产品品牌区域化发展。

打造直播带货工作室、举办各类文化活动是乳山市开展的“八方助力”活动的一部分，除此之外，“八方助力”活动还包括包村部门助力，市级层面安排20个对口部门精准联系帮包共富党建联盟发展，在人才、政策、信息等方面提供支持。坚持人才助力，每年举办2～3次在外人才座谈会，由共富党建联盟党组织书记介绍有关情况，吸引在外优秀人才返乡创业任职，助力联盟发展；坚持政策助力，采取直接补助、贴息、先建后补、以奖代补等方式，市级财政优先支持共富党建联盟内村党组织领办合作社承担生态循环、现代农业产业园建设等项目；在中国农业银行乳山市支行、山东乳山农村商业银行等银行机构开通村党组织领办合作社贷款“绿色通道”。

为充分激活共富党建联盟的“致富引擎”，乳山市立足联盟生产经营需求，在市级层面集中开展“八方助力”“赋能提素”“共富指数”“星级红盟”四大主题活动。

“栽种蓝莓的改良土壤怎么配置？”“株行距定为多少蓝莓能生长得最好？”在田间“红盟讲堂”上，村民积极踊跃提问，农业农村部蓝莓项目首席专家、吉林农业大学李亚东教授耐心地一一解答。乳山市午极镇蓝莓产业党建联盟依托吉林农业大学的专家团队，搭建“产业基地＋田间学校＋专家教授”的农村实用人才培训模式，组织开设“红盟讲堂”，不断培养“土专家”“田秀才”。

着眼提升村干部引领发展本领，乳山市开展联盟干部“赋能提素”活动，建立27个共富党建联盟赋能实践站，安排辖区58名致富能手、产业带头人跨村担任共富党建联盟“发展顾问”，邀请专家开展“线上直播培训＋线下田间课堂指导”，采取小班教学、专家授课、现场指导、擂台比武等方式，帮带提升干部服务乡村振兴的能力水平，指导解决项目发展、生产销售等各类难题200余个。

为激励争先进位、比拼赶超，乳山市坚持市、镇街、村三级联动，每月组织镇街对辖区内联盟进行1次考核，考核结果与辖属村党支部考核挂钩，实行考核分数“联增联减”。市级还开展“星级红盟”评比活动，定期对各联盟的致富、带富等共富核心指数打分评价、通报排名，年底对联盟进行评星定级、挂牌表彰、摘牌警示。

共富党建联盟，重塑了农村基层党组织的政治功能和组织功能，推动各类组织、各种要素联系在一起，不仅以方法变革为乡村振兴注入了“领跑”动能，还在“融合”过程中深刻改变了乡村治理格局。民主议事协商机制更加健全，村居环境建设整治更加优化，村民参与乡村治理的积极性也大大增强……截至2023年底，乳山市共组建义务巡逻队、和事佬调解队、志愿服务队等队伍486支，104个村建设“暖心食堂”，124个村新建群众文化休闲广场，评选出“文明户”、精致农家“示范户”1000余户，“人人讲美德、户户树先锋、村村谋发展”的良好风尚已悄然形成。

三、经验启示

乳山市以党建联建模式，探索建设共富党建联盟，以基层党组织建设为主体，以共同需求、共同利益、共同目标为纽带，在产业、环境、乡风、治理等方面不断创新发展模式，重塑了农村基层党组织的政治功能和组织功能，推动各类组织、各种要素联系在一起，有效破解了制约乡村振兴的人、财、物等难题，也诠释了“大家好才是真的好”的朴素真理，对做好新时代乡村振兴工作有很强的借鉴意义。

（一）要抓住党的领导这个根本

党政军民学，东西南北中，党是领导一切的。始终坚持党对一切工作的领导是党建联建的力量之源。开展党建联建工作涉及条条块块、方方面面，只有把党的建设摆在首要位置，从更高层面建立统一领导、协调各方、有序推进的工作机制，才能将党的组织优势、制度优势更好地转化为推动乡村振兴的领导力、组织力、牵引力。在推进共富党建联盟建设过程中，乳山市坚持党建先行、强化引领的原则，将党建工作作为推动联盟建设的基础性、先导性工作，采取“纵向延伸、横向联动”模式，纵向上将市镇街领导干部和联盟党组织班子成员、联盟覆盖村“两委”干部等联结起来，横向上把联盟覆盖村“两委”干部和党员联结起来，建强了共富党建联盟组织架构。在此基础上，乳山市通过组织、资源、战略等体系化重塑，推动各种红色力量在乡村振兴中“结成一家人”“拧成一股绳”，有效化解了部分农村基层党组织弱化、虚化、边缘化的问题，为不少村庄厘清了发展思路、注入了新的发展动能，推动实现了乡村经济社会发展的华丽蝶变。

（二）要聚焦共同富裕这个方向

实现共同富裕是社会主义的本质要求，是人民群众的共同期盼。开展党建联建推动乡村振兴的最终落脚点要放在带动农民增收致富上，这样，联建工作才会永葆生机和活力。在推进共富党建联盟建设过程中，乳山市始终坚持宗旨意识，牢记“强村富民”这一根本原则，通过党委政府“政策引”、龙头企业“横向带”、产业协会“纵向领”、合作组织“利益联”等措施，推动农业与乡村旅游、生态观光、饮食民俗、电子商务等有效衔接，实现了第一、二、三产业融合发展，有效盘活了村集体资源、资产和资金，推动农村集体经济不断发展壮大，帮助老百姓增收致富。乳山市已打造三大产业振兴示范带，帮助集体经济相对薄弱村普遍实现收入大幅增长，累计用工上万人次，为就业困难户、生活困难群众提供工作岗位若干个。

（三）要坚持按需组建这个前提

共富党建联盟是一种动态调整的组织体系，以解决问题为导向。只有打破行政壁垒，将组建主动权交给基层党组织，强化主动介入意识、主动对接意识和互利共赢意识，因地制宜、按需而建，才能更充分地发挥出联盟的合力作用。在推进共富党建联盟建设过程中，乳山市坚持科学确定联建主体，不仅考虑区位因素，坚持实事求是、因地制宜；而且考虑成员间的联合模式、力量对比，力求实现共富党建联盟效果最大化；还考虑现实需要，综合采用强强联合、以强带弱、工农结合、城乡互动等多种模式，通过自由组合的方式，有效推动了联盟各方感情融和、理念融合、发展融合，创造了“1+1＞2”的发展效果。

（四）要把握资源整合这个关键

党建联建工作是系统建设、整体建设，关键是通过组织下沉、资源下沉，推动联盟内成员由“单打独斗”变为“抱团发力”，实现“集中力量办大事”。在推进共富党建联盟建设过程中，乳山市积极发挥党的组织优势和党组织的整合功能，统筹分析产业结构，立足片区区位优势，统一编制区域经济发展规划，加强横向纵向关联，用党的资源撬动社会资源，统筹推进组织对接、供需对接、服务对接，推动不同性质、不同功能的资源要素有机整合，推动优质资源富集基层、多元化要素聚集乡村，实现了特定空间区域范围内不同村庄之间的优势互补，极大化解了乡村振兴过程中的资源瓶颈，也做到了乡村振兴需要什么，党建工作就提供什么，配好乡村振兴的“拼盘”，真正将资源用在刀刃上，推动联盟内涵式发展、系统性增效。

思考题

1. 如何把农村基层区域内所有党建资源有效整合起来？
2. 共富党建联盟在推进乡村振兴过程中发挥了哪些作用？
3. 在开展党建联建助推乡村振兴中需要注意哪些问题？

制度篇

完善中国特色社会主义制度是一个动态过程，必然随着实践发展而不断发展，已有制度需要不断健全，新领域新实践需要推进制度创新、填补制度空白。

——2024年7月，习近平总书记向党的二十届三中全会所作的《关于〈中共中央关于进一步全面深化改革、推进中国式现代化的决定〉的说明》

威海市精致城市建设条例*

第一章 总 则

第一条 为了促进和保障本市向精致城市方向发展，提升城市品质，改善居民生活环境和质量，根据有关法律、法规的规定，结合本市实际，制定本条例。

第二条 本市行政区域内的精致城市建设，适用本条例。

本条例所称精致城市，是指秉承励精致远、追求卓越的精神，对城市规划、建设、管理、服务等相关要素进行优化和规制，构建的特色鲜明、包容和谐、宜居宜业、安全韧性的生态文明城市类型。

第三条 精致城市建设应当坚持以人民为中心，以社会主义核心价值观为引领，贯彻创新、协调、绿色、开放、共享的发展理念，坚持精当规划、精美设计、精心建设、精细管理、精准服务、精明增长，动员社会各界力量参与，促进城市高品质发展。

第四条 市、区（县级市）人民政府应当加强对精致城市建设的领导，制定精致城市建设规划纲要、指标评价体系和行动方案，将精致城市建设纳入国民经济和社会发展规划以及年度计划。

第五条 市、区（县级市）人民政府应当建立精致城市建设推进工作议事协调机制，负责精致城市建设重大政策研究、重点问题协商

---

* 此条例于2020年8月31日由威海市第十七届人民代表大会常务委员会第二十七次会议通过，2020年9月25日由山东省第十三届人民代表大会常务委员会第二十三次会议批准。

等工作。

市、区（县级市）人民政府城市建设管理主管部门负责精致城市建设的综合协调和监督指导工作。

第六条 鼓励公民、法人和其他组织积极参与精致城市建设活动。

对在精致城市建设工作中做出突出贡献的单位和个人，市、区（县级市）人民政府按照国家有关规定给予表彰、奖励。

第二章 精当规划与精美设计

第七条 国土空间总体规划应当因地制宜，遵循尊重自然、传承历史、绿色低碳、安全韧性的理念，将环境容量、综合承载能力和城市安全作为确定城市定位和规模的重要依据，综合考虑城市功能定位、文化特色、产业发展、便民利民等多种因素，有序协调山、海、城的空间关系，科学规划功能区空间布局，系统保护本市城市总体风貌特色。

详细规划应当统筹现代城市发展与传统街区保护，传承渔耕文化特色和胶东民居特点，重点保护传统街巷格局、古遗址遗迹、传统村落、特色历史建筑等历史文化资源，延续城市文脉，促进城市内涵式发展。

第八条 编制城市建设详细规划和制定城市更新计划，应当将环境卫生、园林绿化、停车场所、农贸市场、公交场站、公共文化、市民健身和社区教育、医疗、养老以及行政服务等公共服务设施纳入规划、计划要求。

第九条 编制城市公共交通发展规划，应当贯彻城市公共交通优先发展战略，建立完善城市公共交通体系和公众出行信息服务系统，优化公共交通线路和站点设置，为公众提供安全可靠、便捷高效、经济适用、节能环保的城市公共交通服务。

城市主要道路应当根据车辆流量、车道数量、公交客运量、公交车流量等情况设置公交专用车道或者公交车辆优先通行信号系统。

第十条 制定绿色出行行动计划应当结合城市建设和改造，按照便捷、顺畅、安全的要求，同步建设立体步行系统和自行车交通系统，完善步行和自行车交通网络体系。

第十一条 绿道规划应当突出本市地貌特色，构建山海互联互通网络体系，并与公共交通网络相衔接。

绿道应当合理配套建设服务驿站，并保持开放状态。

第十二条 编制停车场专项规划应当兼顾资源节约利用和停车需求调控，处理好当前需求与城市长远发展、经济发展与居民生活需求的关系。

第十三条 合理规划各类公园。公园规划应当融合历史、文化、艺术、时代特征等元素，突出公园文化艺术内涵和地域特色，完善文化娱乐、科普教育、健身休闲、调蓄防涝、防灾避险等综合功能。

第十四条 城市公共厕所规划应当综合考虑城市地段功能、周边环境和人员密度等因素，优化点位布局，完善服务功能，方便公众就近如厕。

第十五条 城市应急避难场所规划应当符合安全可靠、交通便利、就近避难、平灾结合的要求，合理确定建设规模和空间布局，满足发生突发性灾害时的应急救助和保障避难人员的基本生存需求。

城市应急避难场所应当设置统一、规范的标识，提供必要的生活和医疗条件，并保持正常使用状态。

第十六条 市、区（县级市）人民政府应当本着节俭、实用、美观的原则，按照有关技术规范编制城市功能照明和景观照明规划。

下列区域应当设置城市景观照明设施：

（一）威海湾陆地向海一侧和刘公岛向陆一侧的山体、堤岸及其主要建筑物、构筑物的立面；

（二）大型广场周边和商业区范围内的主要建筑物、构筑物的立面；

（三）城市主要道路两侧的大型建筑物、构筑物的立面；

（四）标志性建筑物和大型博物馆、展览馆、影剧院、体育场馆等公益性建筑物、三星级以上宾馆等公共场所；

（五）其他应当设置城市景观照明设施的。

第十七条 编制城市地下管线综合规划应当综合考虑城市发展远景和人民防空需要，结合地下空间开发利用、地下管线、道路交通等专项规划，合理确定工程布局、管线敷设方式、管线种类、断面形式、平面位置、竖向控制等建设要素，实现建设规模、时序与城市发展相协调。

第十八条 编制街区改造方案应当因地制宜，注重文明传承、文化延续，保留街区肌理和风貌，体现街区的建筑、历史、文化和经营特色。

第十九条 区（县级市）人民政府应当制定老旧居民小区改造提升规划，组织对小区内破损欠缺的基础设施、公共交通设施和建筑物、构筑物等进行修补更新，完善优化停车出行、园林绿化、文化娱乐、运动健身、卫生医疗、健康养老等服务功能。

第二十条 市、区（县级市）人民政府应当编制水资源保护和利用规划，坚持开源与节流并举，统筹推进海绵城市、节水城市建设。

海绵城市和节水城市的建设目标、技术指标应当作为强制性内容纳入规划。

第二十一条 加快新型智慧城市制度构建。推进互联网、物联网、云计算、大数据和人工智能等新一代信息技术的创新应用，实现深层次信息共享和业务协同，促进城市规划、建设、管理和服务的精准化、智能化、便捷化。

第二十二条 市、县级市人民政府应当制定完善海岸带、山体和水体保护专项规划，明确保护范围、标准和管控要求等，强化保护措施，实现环境资源的永续利用和发展。

已被破坏的海岸带、山体和水体，应当制定生态修复计划并严格落实。

第二十三条 市、区（县级市）人民政府应当统筹规划精致城市与美丽乡村建设。美丽乡村建设应当保持和延续传统格局和历史风貌，兼顾乡村风土民情和居民生活习惯，合理配套建设生活服务设施。

新建、改建、扩建住房和其他建筑物应当与环境相协调，鼓励选用具有乡村特色和地域风格的建筑图样，倡导建设绿色住房。

第二十四条 完善文化遗产管理机制。编制文化遗产保护规划，加强古遗址遗迹、特色历史建筑、非物质文化遗产以及现代文化资源的挖掘整理、保护传承和合理利用，确定保护办法，强化文化品牌创建，提升城市的知名度、美誉度和影响力。

第二十五条 建立城市设计制度。城乡规划主管部门应当依据国土空间总体规划、详细规划和相关专项规划，开展城市设计工作。

城市设计应当包含城市色彩、建筑风格、街道界面、景观照明、公共环境艺术品、户外广告等要素。

第二十六条 城市设计应当尊重城市发展规律，坚持以人为本，保护自然环境，防控重大风险，传承历史文化，塑造城市特色，优化城市形态，创造宜居公共空间。

城市项目设计应当优先考虑地域性特征，追求美观大方、经济实用、布局精巧，不盲目求大求洋。

第二十七条 总体城市设计、区段城市设计和专项城市设计的管控要求应当纳入国土空间详细规划。

区段城市设计、地块城市设计的管控要求应当列入建设项目规划条件。

第二十八条 城乡规划主管部门在审核重大项目和重要地段的建筑设计方案前应当组织相关领域专家进行审查。

专家审查意见应当作为审核建筑设计方案的重要依据。

第二十九条 建立重大项目和重要地段建筑设计方案审核前向社会公示制度。公示内容包括项目位置、用地性质、总平面图、效果图、技术经济指标等。对反对意见比较集中的，城乡规划主管部门应当重新组织论证，论证结果向社会公开。

第三章 精心建设与精细管理

第三十条 城市建设应当遵循生态环保、绿色节能、节约集约、综合开发、配套建设的原则，实现社会效益、环境效益和经济效益的统一。项目建设应当坚持质量优先，科学施工，关注细节，打造精品。

第三十一条 城市精细化管理应当按照注重细节、立足专业、科学量化的原则，理顺管理体制，完善管理机制，细化管理空间，量化管理对象，规范管理行为，创新管理流程，实现城市管理活动的全方位覆盖、全时段监管、高效能治理。

市人民政府应当制定城市容貌标准和城市管理规范，明确市政设施、园林绿化、环境卫生、清雪防滑、垃圾处置、容貌秩序、农贸市场等方面的管理标准规范。

任何单位和个人都应当遵守城市容貌标准和城市管理规范。

第三十二条 市、区（县级市）人民政府和镇人民政府、街道办事处应当按照科学合理、方便治理的原则，对城市管理事项实行网格化管理。

市、区（县级市）人民政府应当建立城市综合管理平台，发现、调度和处理城市管理中的问题，提升城市精细化管理能力和水平。

第三十三条 建立城市管理网格员队伍，负责采集城市管理中的问题信息，并即时上传城市综合管理平台处理。

鼓励市民以多种形式参与城市管理，对发现的问题，可以通过政务服务热线以及其他公共服务网络反映，或者将拍摄的视频、照片传送至城市综合管理平台处理。

第三十四条 鼓励新建建筑工程执行优于国家、地方或者行业标准的建筑节能与绿色建筑标准，推广使用建筑节能新技术、新工艺、新材料和新设备。国有建设用地使用权招标、拍卖或者挂牌公告中，应当明示地块的绿色建筑等级要求。

第三十五条 新建建筑外立面建设和既有建筑外立面改造，应当合理设置空调室外机、太阳能等外置设施设备的位置。没有预留位置的，安装外置设施设备不得妨碍他人正常生活。

市、县级市人民政府可以决定对城市临街建筑的空调室外机、太阳能等外置设施设备实施美化、遮蔽，临街建筑所有人或者设施设备所有人应当协助配合。

第三十六条 建筑物所有人或者使用人、管理人应当保持建筑物外立面整洁美观，对有残损、污损、脱落、严重变色，不符合城市容貌标准的，应当及时修补或者粉刷。登录为不可移动文物的建筑，按照文物保护的规定办理。

第三十七条 城市道路应当保持路面清洁平整，设施完备干净，标线标牌清晰。在人行道上施划临时停车泊位的，不得妨碍行人正常通行。

行车通道和停车区域应当采用不易破损的材料铺装。

禁止擅自挖掘城市道路。

第三十八条 建立建设项目土地出让前和老旧居民小区改造前区域性交通影响评价制度。

交通影响评价的具体实施办法由市、县级市人民政府制定。

第三十九条 公安机关交通管理部门应当组织建设公共停车信息系统，向社会提供停车指引服务。

经营性停车场应当配置停车管理信息系统，并向公安机关交通管理部门开放数据端口。

第四十条 新建、改建、扩建停车场，应当按照一定的比例配置电动汽车专用停车泊位和充电设施设备。鼓励在居民小区停车场所集中设置电动自行车、摩托车充电设施设备。

新建居民小区和改造老旧居民小区应当按照方便市民、便于管理的原则集中设置自行车、摩托车、电动车存放场所。

第四十一条 公安机关交通管理、城市建设管理主管部门可以根据交通状况，在城市道路、街巷施划停车泊位，设置交通标志，明确停车时段。

区（县级市）人民政府可以组织有关部门在建筑退让红线公共区域施划停车泊位。

其他单位和个人不得在城市道路、街巷和建筑退让红线公共区域设置停车泊位，不得擅自占用、损毁、撤除停车泊位及其附属设施。

第四十二条 车辆停放不得长期占用公共免费停车泊位或者公共区域。长期占用的，公安机关交通管理部门和城市建设管理主管部门根据各自职责，通知车辆所有人限期驶离或者处置。

第四十三条 公园、广场应当保持生态优美、环境整洁、功能完善、设施安全。

公众应当遵守公园、广场的管理规定，举止文明，爱护花草树木和各类设施设备，不得有危害他人人身安全和妨碍社会秩序管理的行为。

除养护、施工或者执行公务外，未经管理人同意，汽车、摩托车等机动车不得进入公园、广场的休闲、健身区域。

第四十四条 公园、广场、绿地等公共场所和居民小区应当配套建设全民健身活动场地，配备健身器材。

全民健身设施所在场所的管理单位应当制定设施的使用、安全和卫生等管理制度，定期对设施进行检查、保养和更换。

第四十五条 新建、改建、扩建的道路、公共建筑、公共交通设施、居民小区、居住建筑，应当符合无障碍设施工程建设标准。

下列机构、场所应当优先实施无障碍设施改造：

（一）特殊教育、康复、福利、养老等机构；

（二）国家机关的公共服务场所；

（三）机场、车站、客运码头、金融、邮政、通信、市政公用、商业、旅游等公共服务场所；

（四）学校、幼儿园、医院、图书馆、博物馆、文化馆、美术馆、科技馆、影剧院、体育场馆等单位的公共场所；

（五）城市的主要道路、公园、广场、景区等公共场所；

（六）法律法规规章规定的其他机构、场所。

禁止任何单位和个人占用或者损坏无障碍设施。

第四十六条 户外广告、门头牌匾的设置应当安全牢固、协调美观，符合设置规划、技术规范和城市容貌标准。

城市建成区不得设置立柱式大型广告牌，严格限制设置屋顶广告招牌。

第四十七条 市、区（县级市）人民政府应当采取政策鼓励、服务吸引等措施，引导城市建成区内的各类专业市场和集贸市场进入室内经营。

室内经营场所应当设施完备、环境整洁、通风良好、秩序规范、责任落实，方便交易和服务。

第四十八条 城市建成区可以设置早市、夜市、季节性农副产品临时经营摊点。经营者应当按照规定的地点、时段、范围进行经营，并遵守相关管理规定。

早市、夜市、季节性农副产品临时经营摊点的经营区域由城市建设管理主管部门会同公安机关交通管理部门负责划定。

第四十九条 城市建设管理主管部门应当按照一次性集中建设和改造的原则，建立健全城市管网设施建设和改造综合协调机制，组织电力、通信、广播电视、给水、排水、燃气、热力等管网设施的集中建设和改造活动。

第五十条 电力、通信、广播电视等单位在居民小区敷设线路时应当充分利用管线综合沟和建筑预留通道，不得敷设明线。

建筑物未预留通道的，应当采用开挖沟槽或者铺设线管、线槽的方式敷设。

禁止在建筑物外私自架线拉线。

本条例施行前已经敷设的线路，不符合第一款、第二款要求的，有关单位应当实施改造。

第五十一条 城市绿化应当以空气清新、环境优美、生态良好、自然和谐为目标，统筹平面绿化与立体绿化、道路绿化与园林绿化、山体绿化与城区绿化，实现城市公园化。

具备绿化条件的公共建筑和公用市政设施应当实行立体绿化。鼓励屋顶、阳台、外立面等以建筑物、构筑物为载体的立体绿化。

第五十二条 市、县级市人民政府应当引导和规范在文化、体育、交通等公共建筑和公园、广场、街区等开敞空间配置公共环境艺术品。

下列场所应当配置公共环境艺术品：

（一）建筑面积一万平方米以上的文化、体育等公共建筑；

（二）占地面积一万平方米以上的公园和广场；

（三）机场、车站、客运码头等交通场站；

（四）其他适宜配置公共环境艺术品的场所。

前款规定建设项目的国有建设用地使用权招标、拍卖或者挂牌公告中，应当明示公共环境艺术品配置要求。

第五十三条 市、县级市人民政府应当制定城市家具设置导则，系统配置城市家具。

城市家具应当体现地方特色，突出城市文化，兼具美观、实用和文化传承功能。

城市家具的设置应当保证行人通行的通畅性、安全性，与周围环境保持协调。

第五十四条 全面推行城乡生活垃圾分类投放。生活垃圾分类的实施应当符合本市实际，处理好垃圾分类与运输、处置和方便市民生活之间的关系。

镇人民政府、街道办事处应当按照便民、环保的原则，设置废弃大件生活物品集中投放场所并公示，城市建设管理主管部门应当协调组织定期清运和处置。

提供餐饮服务的单位和个人应当单独收集、存放餐厨垃圾，由符合条件的餐厨垃圾收集、运输企业运送至规定的场所进行处置。

第五十五条 建筑垃圾应当实行资源化、无害化处置，减轻对生态环境的破坏。任何单位和个人不得将建筑垃圾混入生活垃圾，不得擅自设立弃置场受纳建筑垃圾，不得向经批准的建筑垃圾消纳场所以外的区域倾倒建筑垃圾。

车辆运输建筑垃圾应当覆盖密闭，不得洒漏。

第五十六条 露天摆放的垃圾容器应当保持摆放整齐、外观清洁、密闭完好，其所有人或者管理人应当定期清洗、消毒。

禁止任何单位和个人将自用垃圾容器沿街摆放。

第五十七条 建筑施工现场应当实行全封闭围挡。围挡墙应当美观洁净、安全牢固、底边封闭。

建筑施工现场内的堆土和裸露地面应当覆盖或者绿化。

建设单位和施工单位应当加强对施工现场的管理，防止污染环境。

第五十八条 城市道路两侧的环境和秩序管理实行“门前三包”管理责任制。

“门前三包”的责任区域和管理要求由镇人民政府、街道办事处与责任人签订“门前三包”协议确定；对“门前三包”的责任区域和管理要求有争议的，由区（县级市）城市建设管理主管部门确定。

第五十九条 市、区（县级市）人民政府应当建立违法建筑处置机制，明确责任分工，做好违法建筑的防控和治理工作。

第六十条 机场、车站、城市交通站点，大型国际活动承办、接待场所，国际体育赛事和国际展览活动场所，文化、旅游、体育等重要公共文化和体育场馆以及城市应急避难场所，应当设置外文标识。

其他公共场所可以根据需要设置外文标识。法律法规另有规定的，从其规定。

外文标识译写规范由市人民政府外事主管部门确定。有国际通用标识的，优先使用国际通用标识。

第四章 精准服务与精到保障

第六十一条 市、县级市人民政府应当依据城市公共服务设施专项规划，建设完备的公共服务设施，为公众享有教育、科技、卫生、文化、交通、体育、社会福利、生活服务和行政管理等方面的优质服务提供保障。

第六十二条 市、县级市人民政府应当组织编制一刻钟社区生活圈规划导则，加强社区服务场所建设，完善公共服务设施网络，营造舒适方便、环境友好、设施完备、充满活力的社区生活圈。

区、县级市人民政府应当制定邻里中心建设规划，在城市居住区建设集教育、卫生、文化、体育、养老、居家服务等于一体的邻里中心，为居民提供“一站式”服务。

第六十三条 市民文化中心、图书馆、博物馆、文化馆、美术馆、科技馆、城市书房和基层综合性文化服务中心等公共文化设施应当向公众免费开放，并保持正常运行。

鼓励社会资本投资建设的各类文化设施向公众免费开放。

第六十四条 政府投资建设的体育场馆、健身设施和学校体育设施应当按照规定向公众免费开放。

鼓励社会资本投资建设的各类体育健身设施向公众免费开放。

第六十五条 公共厕所和行政事业单位、社会团体、公共服务单位、国有企业、商业服务企业的内部厕所，应当向公众免费开放，法律法规另有规定和不宜开放的除外。

公共厕所应当提供如厕用纸、清洁洗手用品等服务。鼓励公共厕所提供热水洗手等服务。

第六十六条 海水浴场应当建设完备的安全瞭望、救助、安全防护、淡水淋浴、公共厕所等设施设备，配备必要的管理人员和救护人员。政府投资兴建的海水浴场应当免费向公众提供服务。

第六十七条 大型公园、广场，机场、车站、码头等公共场所应当配备必要的应急医疗救护物品，滨海公园还应当配备必要的救生物品，其管理服务人员应当接受必要的医疗救护和救生培训。

第六十八条 公安机关交通管理、交通运输和城市建设管理主管部门应当根据道路交通状况，在客运站点、公共交通枢纽、风景旅游区、商业聚集区、大型医疗机构、公共服务机构等人员集中区域划定营运车辆专用候客点，并设置显著标志。

第六十九条 供水、供电、供气、供热、邮政、通信、广播电视、公共交通等公共服务企业，应当发挥精致城市建设的骨干作用，创新服务机制、优化服务流程、提升服务品质。

鼓励其他各类企业结合企业特点，发挥自身优势，助力精致城市建设。

第七十条 市、区（县级市）人民政府有关部门和公共服务单位应当充分利用智慧城市管理信息平台，向公众提供城市数字地图、交通、气象、医疗、食宿、娱乐等实时服务信息，满足公众多元化信息需求。

第七十一条 市、区（县级市）人民政府应当发挥精致城市建设的主导作用，协调社会各界力量共同推进精致城市建设目标任务的落实。

市、区（县级市）人民政府各部门、单位和镇人民政府、街道办事处，应当按照工作职责和任务分工做好精致城市建设工作。

群团组织、社会组织应当结合本组织工作特性和业务属性，明确定位，发挥优势，协同做好精致城市建设工作。

第七十二条 市、区（县级市）人民政府应当根据各自职责，通过立法、制定规范性文件、设立标准等措施，将本条例规定的内容进行责任分解、措施细化，保障精致城市建设目标和任务的落实。

第七十三条 鼓励和支持建立参与精致城市建设的志愿服务组织，拓宽志愿服务范围，开展多样性志愿服务活动。志愿者参加志愿服务活动的，所在单位应当给予支持。

第七十四条 报刊、广播电视、网络等公共媒体应当发挥宣传引导和舆论监督作用，采用多种形式，解读政策，反映民意，提升全社会的参与意识和公众的自律意识，营造建设精致城市的良好氛围。

倡导自媒体参与精致城市建设的各项公益活动宣传。

第七十五条 鼓励公众对精致城市建设提出建议、参与实践、实施监督，制止和举报妨害精致城市建设的行为。

市、区（县级市）人民政府应当建立健全保障公众参与精致城市建设的体制和机制，为公众有效参与精致城市建设提供必要条件。

第七十六条 市、县级市人民政府应当建立城市体检评估制度，从生态宜居、风貌特色、交通便捷、多元包容、安全韧性等方面，定期对城市进行评价。

第七十七条 市人民政府应当定期组织开展精致城市载体评选活动，对体现精致理念的居民小区、街道、公园、公共厕所、绿道步道、校园、城市书房等予以表彰。

第五章　法律责任

第七十八条 对违反本条例规定的行为，法律、法规对其法律责任已经作出规定的，从其规定。

第七十九条 市、区（县级市）人民政府或者有关部门及其工作人员，在精致城市建设工作中不履行本条例规定的职责，玩忽职守、滥用职权、徇私舞弊的，对直接负责的主管人员和其他直接责任人员依法给予处分；构成犯罪的，依法追究刑事责任。

第八十条 违反本条例第三十五条第一款规定，安装空调室外机等外置设施设备妨碍他人正常生活的，由城市建设管理主管部门责令限期改正；逾期未改正的，处二千元以上一万元以下罚款。

第八十一条 违反本条例第四十一条第三款规定，擅自设置、占用、损毁、撤除停车泊位及其附属设施的，由公安机关交通管理部门或者城市建设管理主管部门责令改正，可以处五百元以下罚款。

第八十二条 违反本条例第四十二条规定，车辆所有人在规定的期限内拒绝驶离、处置或者无法与车辆所有人取得联系的，由公安机关交通管理部门或者城市建设管理主管部门将车辆拖移至指定的场所存放。

公安机关交通管理部门或者城市建设管理主管部门应当定期通过公共媒体公示被拖移车辆信息，车辆所有人应当及时认领处置。

第八十三条 违反本条例第四十三条第二款规定，在公园、广场从事危害他人人身安全或者妨碍社会秩序管理行为的，由公安机关依照《中华人民共和国治安管理处罚法》的有关规定予以处罚。

违反本条例第四十三条第三款规定，驾驶汽车、摩托车等机动车进入公园、广场的休闲、健身区域的，由城市建设管理主管部门责令改正；拒不改正的，处五百元以上五千元以下罚款。

第八十四条 违反本条例第五十条第一款、第二款规定，电力、通信、广播电视等单位未按照要求敷设管线的，由城市建设管理主管部门责令改正；拒不改正的，处一千元以上一万元以下罚款。

违反本条例第五十条第三款规定，在建筑物外私自架线拉线的，由城市建设管理主管部门责令改正；拒不改正的，处五百元以上二千元以下罚款。

第八十五条 违反本条例第五十六条规定，有下列情形之一的，由城市建设管理主管部门责令限期改正；逾期未改正的，对单位处二千元以上二万元以下罚款，对个人处二百元以上二千元以下罚款：

（一）未保持垃圾容器摆放整齐、外观清洁、密闭完好或者实施定期清洗、消毒的；

（二）将自用垃圾容器沿街摆放的。

第六章 附 则

第八十六条 本条例下列用语的含义：

（一）绿道，是指以绿化为特征，供市民运动健身、休闲游憩的自行车骑行、步行以及骑行步行兼有的慢行道路。

（二）服务驿站，是指供绿道使用者途中休憩、交通换乘等场所。

（三）公共环境艺术品，包括城市雕塑、壁画、绿化造景等艺术作品和艺术化的景观灯光、水景、城市家具等公共设施。

（四）城市家具，是指城市中为公众生活、出行等提供公共服务的指路标志、垃圾容器、站点、座椅等配套设施，一般设置在街道、广场、绿地或者其他公共部位，是城市生活、环境和景观的重要组成部分。

（五）一刻钟社区生活圈，是指在十五分钟步行可达范围内，配备生活所需的基本服务功能与公共活动空间，形成安全、友好、舒适、便捷的社会基本生活平台。

第八十七条 本条例自2020年11月1日起施行。

案例教学工作规程（试行）*

第一章　总　则

第一条　为提高本校（院）案例教学课程质量，根据《中国共产党党校（行政学院）工作条例》，依照本校（院）教学、科研相关制度，制定本规程。

第二条　党校（行政学院）教学案例是指能够有效满足教学需要，经认真选择、深入调研、客观记述、精心编写而成，反映具有一定代表性的真实情境或事件的文字材料。它是在忠于事实的前提下，就某个组织的行为或事件，有目的地进行专业加工所形成的用于满足干部培训要求的事例。

党校（行政学院）案例教学，是根据干部教育培训目标，选择已经开发入库的合适案例，引导学员精读故事情景、讨论既设问题以锻炼其理论运用能力的一种教学方式；使用案例教学方式的课程，就是案例教学课程。

第三条　案例教学是重大教学创新，突出教师主导、学员主体，教师是焦点问题设计者、群体互动引导者、思想碰撞启发者、自主探究鼓励者、内在潜能激发者、能力提升促进者和情景信息提供者，学员是事实材料发掘者、教学进程参与者、头脑激荡体验者、现实经验

* 此规程由中共威海市委党校（威海行政学院）习近平新时代中国特色社会主义思想实践案例研究中心制定，于2017年12月在中共威海市委党校（威海行政学院）经济学部试行，2020年12月进行初次修订，2023年12月进行第二次修订。

建构者、解决问题探索者、实践能力内化者、创新思维开拓者。

案例教学应当因人、因时、因地而异。

第四条 案例教学应坚持与讲授教学、现场教学等相结合原则，鼓励在案例教学之前先行安排与本案例相关的党的创新理论讲授课程，鼓励在讲授课程与案例课程之间增加若干现场教学环节，以加深学员对案例的理解。

第五条 案例教学工作规程是案例教学过程的一般要求，主要包括教学案例开发、案例教学实施、教学评价与反馈、成果转化等过程的操作规则。

第二章 教学案例开发

第六条 教学案例开发是根据教学目标要求，组织专业人员对案例进行采编、设计使之成为宜于教学使用题材的过程，是完成案例开发的必经步骤或阶段，主要包含十个步骤。

（一）确定通过案例教学要解决的现实问题，必须有矛盾冲突；

（二）选取案例调研的点位及范围；

（三）确定可以应用的现有学术框架，必要时可以创新理论点；

（四）取得案例调研点的许可和支持；

（五）充分占有二手资料，拟订案例调研提纲并送达调研目标组织以供准备；

（六）进入调研现场，收集一手案例资料；

（七）进行案例典型性分析，评估案例调研成果，确定案例开发价值，决定是否追加调研；

（八）按照教学案例文体和学习目标要求，拟订写作计划，撰写教学案例；

（九）案例文本需经目标组织审核，并在教学应用前取得目标组织同意；

（十）提交教务处、科研处审核入库。

第七条 教学案例的选题与组织筹备，遵循以下规则。

（一）选择拟开发的案例，应该有明确的、范围适当的学习目标；综合性强、覆盖面大；配备信息含量大、线索清晰的案例说明；设计发人深思的疑难问题或冲突情节；经过努力就能获得相关的信息；简洁明快，一般应当包含人物和故事情节。

案例应当具有实在性、完整性、典型性、启发性。其中，典型性是指具有独创性或省以上先进性。

（二）干部教育培训教学案例主要来源于我市各行各业的先进典型事迹，以及各级党政干部在实际工作中面临的不易解决的难点问题，案例创造者为教学案例开发的目标组织。

（三）拟开发教学案例的教师，应当通过文献检索等形式进行先期调研，文献检索包括但不限于中国知网和中央、省、市主流媒体的报道（包含纪要、记录、讲话、方案等），形成文献综述式的《文献检索研究报告》，作为案例开发立项申请书的附件。

接到申请书后，科研处按照规定程序组织评审立项，教务处依程序备案；开发合格的案例，符合《中共威海市委党校（威海行政学院）实施教学和智库建设创新工程暂行办法》规定的，可以申报精品案例。

（四）在案例开发项目立项时，确定案例开发小组，成员包括：牵头教师即小组负责人、参加教师，小组外设指导专家。小组指导专家全面把控案件开发质量，一般由校（院）领导、中央或省委党校（行政学院）专家领导、本校（院）部门负责人或教授担任；牵头教师即小组负责人，就是开发执行负责人，一般由本校（院）高级职称教师担任；参加教师，可以根据实际情况，由小组负责人选择或由科研处组织双向选择。

（五）在《文献检索研究报告》的基础上，由小组负责人组织本组成员，结合上述案例选择标准，群策群力、集体攻关，确定案例开发的目的和用途，确定主题和议题并识别和遴选关键问题。

开发小组应当明确教学目标和案例主题之间的关系，找准理论与实际的联结点，参照本校（院）课题立项申请书中的研究计划，编制《教学案例开发计划书》，该计划书需要重点明确拟调研的目标组织和个人以及调研的目的和问题等。

（六）小组负责人应当明确各参加教师的职责，进行具体明确的分工，可以确定其中一人为小组秘书；参加教师应当各负其责，按时认真完成任务，提交各类文本，最终由负责人统筹整合。

第八条　确定目标组织后，小组负责人需要组织访谈与调研。

（一）负责人与目标组织进行沟通，向其介绍案例的性质和作用，取得目标组织同意。目标组织明确接受调研后，需要确定具体联络人，提出教学案例写作需要的帮助，明确组织可以提供哪些层次、哪些级别、哪些深度的帮助；要确定目标单位的联络人，并与联络人确认具体的访谈事宜，互相交换联络人的信息，索要目标组织的相关资料。

（二）根据案例主题，识别确定受访对象，可以请组织提供接受访谈人员的名单，也可以根据组织联络人的介绍来识别正式访谈的对象，剔除不知情不相关者。之后根据收集的素材和案例的主题撰写访谈提纲。访谈提纲应尽量详细、避免重复，于访谈前交受访人，帮助受访人理清思路，有针对性地进行信息收集。

（三）在访谈过程中，应注意倾听和引导，对一些敏感问题可旁敲侧击，对一些涉及隐私的问题可委婉提问，注意方式方法。为保证案例真实性和便于后期案例编撰，在目标组织同意前提下，访谈要录音乃至录像。

（四）指导专家应创造条件，使项目组尽量对目标组织进行实地考察，掌握目标组织的真实资料、一手素材，弥补访谈提纲未涉及的问题。

访谈的具体方法详见《案例萃取办法（试行）》。

第九条 小组负责人要结合文献以及访谈与调研成果，组织小组成员进行案例编写，包括案例萃取、编写《案例文本》、编写《案例使用说明》。案例萃取是对案例精华的提炼；案例文本是给学员阅读的材料；案例使用说明是教师的备课依据。

（一）小组将收集的素材、访谈获取的信息、目标组织提供的资料等零散的资讯归到一起，进行甄选整合，按照《案例萃取办法（试行）》设定的规则，群策群力，集体研究，提炼出党的创新理论指导实践的具体形式，评估其典型性、先进性、可推广可复制性，完成案例萃取。在此基础上，研究如何通过案例文本设计，启发学员指导实践、推动工作的理论运用能力的提升，集体编制写作大纲和框架，形成案例文本思路。

（二）根据大纲和框架，编写《案例文本》暨学员手册，其基本结构和编写要求，包含案例标题、首页注释、中英文摘要、关键词、背景信息、案例正文、案例思考题、案例使用说明、附件等基本信息，具体详见《习近平新时代中国特色社会主义思想实践案例研究中心教学案例编写规范及示例》。

（三）《案例文本》成稿后，需提交指导专家进行政治把关，其后再提交目标组织并询问案例中是否存在情节表述不当或数据不实之处，进一步修改完善后定稿。

定稿后，应与目标组织签订教学案例授权书，防止使用时出现争议问题。

（四）依托《案例文本》编写《案例使用说明》。按照教学目的与用途、理论依据与分析、问题设定、分析思路、总结归纳等进行教学设计，形成《案例使用说明》文本。

（五）将全部案例开发材料，包括《文献检索研究报告》《教学案例开发计划书》《案例文本》《案例使用说明》和萃取记录，全部提交科研处、教务处备案，提交中心审核并将符合条件的纳入本校（院）案例库，作为教学使用备选案例，同时办理本教学案例开发项目结项手续。

未纳入本校（院）案例库的，一般不得进入主体班次，也不得参加上级各类评审。

案例教学试讲参照讲授课程，但学员参与环节采取说课方式。

第十条 开发的教学案例最终要应用于课堂，经过教学实践检验。在每次案例教学后，小组都要根据学员的表现与反馈、教学组织的发现与建议，对案例进行再加工。

随着时间推移，虽然案例中蕴含的原理会继续适用，但案例的内容却会过时，有的理论也会出现变化；因此，小组应当根据形势变化，随时对案例进行更新、维护与修改，以更好满足新的教学需要。

案例再加工以及更新、维护与修改的内容，每次均应累进叠加纳入库存案例档案之中，形成1.0、2.0等多个版本。

第三章 案例教学实施

第十一条 案例教学课程，按照教师和学员课前准备、教学导入、学员讨论、交叉辩论、总结讲评、撰写报告等步骤实施。

第十二条 教师的课前准备，主要包括以下六项。

（一）案例教学应由教学组实施，教学组一般就是项目开发小组，不少于三人，至少包含指导专家和助教各一人。

小组负责人应当明确小组成员在案例教学过程中的分工，其中案例教学主持人一般由小组负责人担任，确保每组有教师观察记载评估学员表现。

（二）明确教学目的、重点、难点等教学思路，科学预测学员研讨可能会出现的情况，做好预案。

（三）撰写包含主持词、教学进度表、学员讨论题和讨论方案、主持课件等主要内容的主持教案。

（四）了解学员，重点掌握学员专业背景和工作部门，以便在设计问题和主持研讨时能够充分考虑学员因素。

（五）按照本校（院）新课试讲要求，完成教研部试讲和全校（院）试讲。考虑案例教学的特殊性，试讲主要以主持课件、《案例文本》和《案例使用说明》为依据，阐明教学思路特别是教学目的、学术框架以及党的创新理论的实践运用等。

（六）案例教室的设计和桌椅摆放应符合分组要求，白板、投影等设备按需配备。

第十三条 学员的课前准备，主要包含以下四项。

（一）至少提前三天阅读《案例文本》，掌握案例内容、研讨问题。

（二）明确教学过程要求，包括讨论形式、发言时间、分析报告撰写要求等。

（三）根据教学需要，以学员专业或职业相似为依据，一般将学员分为四个小组。

（四）阅读《案例文本》时对于有疑问的地方，小组可以课前自行研讨，对于相关理论可以预习。

第十四条 案例教学的课堂教学过程，一般分为教学导入、分组讨论、发言辩论、学员点评、教师点评和撰写报告等阶段。

（一）教学导入，包括导入性问题及向学员介绍教学目的、教学团队分工、教学步骤、研讨发言流程、板书要求、注意事项等。

（二）在个人初步阅读和课外分析案例材料基础上，主持教师要组织小组进行课堂讨论。课堂讨论要求各组成员紧紧围绕设定的问题逐项讨论、自行讨论，每个成员都积极主动地、创造性地参与讨论，保证人人都有发言时间，大家互相启发、补充，分工协作、鼓励支持，畅谈自己的想法和意见，逐渐找出问题症结所在，形成团队共识，谋求最佳的解决方案，最后按照板书要求，将本组讨论结果写成板书，以备集体讨论使用。

项目教学团队应以学员为主体，教师主导方向做催化，注重输出、成果和实效，交替运用“头脑风暴法”“团体列名法”“鱼骨头法”“结构化讨论法”，鼓励学员发散思维，让各种观点交互碰撞，使学员心理产生共鸣、形成共识。

主持教师主要维持课堂秩序，控制讨论节奏，把握讨论时间，在各小组出现不懂题意、找不到思维起点、疑惑与争议较大、辩论僵持不下等现象时，及时加以引导点拨。

（三）选择一二两个小组，由其推荐的学员代表，各自结合本组板书，在规定时间内，向全班学员陈述本组讨论首个案例问题的基本意见特别是建设性意见。

在本组其他成员补充后，主持教师应引导两个小组根据本方与对方回答的不同之处，展开小组间辩论。辩论时可以质问、反驳，但不得进行人身攻击。

主持教师要创造良好的自由讨论环境气氛，启发学员积极参与、主动思考，同时进行必要的引导，学员间与本案例无关的辩论应予制止，学员的论述离题时引导其重回主题，问题的讨论陷于重复时引导其调整角度，要分析的问题基本清楚时应当及时转移方向，讨论陷入反复的争执时则对不同的观点进行评价或先行搁置，最后再评价。

教学团队教师在学员讨论过程中，不参与争论，也不发表权威性意见。一方面，鼓励学员充分表述自己对问题的理解及分析并影响其他学员，同时注意汲取他人的见解；另一方面，在学员未自发辩论或辩论不充分的时候，根据不同小组的板书意见，寻找各组意见的不同之处，引导观点不同的双方进行辩论，使案例讨论紧紧围绕中心问题展开。

学员发言时要求逻辑清晰、有理有据，把握分寸、层次分明，言简意赅、遵守时间，发言情况作为学员考核的一个重要参考依据。

（四）在一二两组完成辩论后，主持教师组织三四小组选派的代表，对一二两组的学员表现进行点评，要求三四小组代表结合本组讨论板书，明确表示对一二小组观点支持或否定的态度，三四小组其余成员也可以补充；其中，点评小组有独到观点的，要重点介绍；其间，一二小组学员可以反驳。

主持教师在上述流程结束后，要发表结题意见，结题意见要围绕问题和教学目的总结出学员的肯定性表现，对于存在争议的方面和明显错误观点，要运用马克思主义的世界观和方法论，引导学员形成正确的解题思路和方法。

（五）教师结题之后，第一个问题的分析讨论结束。主持教师要组织第二个案例问题的陈述、辩论和点评，这个过程除了一二小组与三四小组的位置和角色互换，其余流程同上。

（六）在所有问题的讨论、陈述、辩论、点评环节均结束以后，项目教学团队教师要及时进行归纳、汇总评价。

一是讲评案例分析的组织与实施情况。通常包括课前准备情况，课堂发言积极性、创造性。对组织与实施的讲评以鼓励或提出希望为主，以调动学员学习的自主性为出发点。

二是对学员的分析结论、产生的解决方案和所采用的分析方法进行客观的评判，包括语言的层次性、实践性，各种方案的优缺点，以及实践中运用这些方案应注意的问题。评判应突出各种方案的优缺点及运用时应注意的问题，但一般不限定标准答案。

三是发现指导案例实践的理论，要能够对案例所述现实问题进行理论概括，从本质上加以说明。

（七）结合学员陈述、辩论和教师归纳、汇总评价，学员各组要写出《案例分析报告》。案例分析报告应当对本小组在案例阅读、小组讨论、课堂发言等方面进行全面总结，特别要重点突出解决了哪些问题、还有哪些问题尚待解决等，完善本小组对案例分析的观点和方案，并积极借鉴其他小组的建设性意见和观点。

《案例分析报告》不仅锻炼和培养学员的综合分析能力、把握全局能力、书面表达能力和临场应变能力，而且是修改教学案例的基础和后续课堂教学的起点，其撰写情况作为对各小组评估的一项重要依据，该评估影响各小组每位成员的考核。

第四章　教学评价与反馈

第十五条　学员评教师和课程，参照教务处的评教方法，由教务处组织进行。

第十六条　教师评学员，由教学团队全体教师，根据每位学员在课堂教学中的表现赋分，按照《习近平新时代中国特色社会主义思想实践案例研究中心案例教学学员表现评估表》，逐项填写完成对学员的评估。

第十七条　学员评教情况，由教务处汇报给分管教学的副校（院）长，由其反馈本人；本人再转达其他成员教师，并组织全组成员讨论改进方法。

第五章　成果转化

第十八条　根据案例开发和案例教学的实际情况，教学组可分别以案例和案例教学为对象进行深入研究，形成党的创新理论的实践运用成果及党校（学院）实践教学创新成果和实践教学规律研究成果。

教学组可以根据学员表现，设立师生共研项目，吸收有关学员参加研究。

第十九条　中心每年推荐典型案例，参加各级各类党政机关和党校（行政学院）、干部学院、社会主义学院等系统的好案例评选，不断扩大成果社会影响力。

第二十条　根据每年案例开发和教学情况，中心可以组织编撰习近平新时代中国特色社会主义思想威海实践案例教材，正式出版或成册印发。

第六章 保 障

第二十一条 中心建立本校（院）案例库，每个教研部确保充足的案例供应；中心的案例，每年更新率不少于10%。

第二十二条 市委党校（行政学院）每年从创新工程专项经费中拨付一定资金，专门用于案例教学的教学科研、教材开发、管理运行等。

第二十三条 案例课程与讲授课程同等赋分，获得精品课、优秀教学奖等奖项与讲授课程享有同等待遇。

第七章 附 则

第二十四条 情景模拟等实践式课程的开发和教学，除另有规程外，参照本规程执行。

第二十五条 威海市社会主义学院案例教学课程参照本规程执行。

第二十六条 本规程自发布之日起施行，由校（院）习近平新时代中国特色社会主义思想实践案例研究中心负责解释。

案例萃取办法（试行）*

第一条 案例萃取是根据文献检索、调研访谈、资料，通过科学的流程、方法、步骤和工具，整理、提炼目标组织和人员的隐性知识、技能、原理，将之显性化并指导实践的过程。

案例萃取决定案例教学质量。

第二条 案例萃取是党校（行政学院）案例、现场、情景模拟等实践教学小组工作的技术要领和规则，要求小组成员全部参与，充分发表意见，不允许不作为。

案例萃取一般分为预判、访谈、合议、提炼四个环节。

第三条 预判是在案例萃取的具体实践中，借助一定的工具和流程，按照萃取方向对被萃取者的成功经验进行判断筛选的过程。

预判的目的是缩小范围、锁定话题。

第四条 小组各成员要在充分阅读《文献检索研究报告》《教学案例开发计划书》基础上，了解案例如下基本情况。

（一）完成工作事项的出发点或遵循的原则，是围绕教学目的形成的观念。

（二）完成工作事项的具体措施，侧重于方法论。

（三）完成工作的先后顺序，即步骤。

（四）完成工作事项的手段，主要指工具，如具体物品、平台等。

---

* 此办法由中共威海市委党校（威海行政学院）习近平新时代中国特色社会主义思想实践案例研究中心制定。

（五）在能够实现复制效应前提下的特色和绝技，这是案例的亮点。

第五条 小组各成员从上述基本情况中，根据目标组织完成各项任务的难度、重要性和频率来识别其中的关键任务，根据完成关键任务的技术难点或关键环节来识别其中的关键挑战，根据完成关键任务过程中容易出现的错误或雷区来识别其中的关键痛点，并将关键任务、关键挑战、关键痛点的识别文本提交小组负责人。

小组负责人逐条整理、制成三个列表，完成缩小范围的预判任务。

第六条 小组负责人将三个列表再返回各位小组成员，由各位小组成员对三个列表中的内容按照重要性进行降序排列，从高到低的重要性标准如下：

（一）选项最全的优先选择。

（二）包含方法、步骤的优先选择。

（三）可复制、传播的优先选择。

（四）队伍急需的优先选择。

（五）有特色、有亮点的优先选择。

第七条 小组负责人根据小组成员每表内容的排序情况，按每项内容的选择多少加总进行重新排列，形成新的三个列表，从而完成锁定话题的任务，作为案例开发和访谈中寻找标志性事件的重点方向。

小组负责人征求指导专家意见，进一步完善后，完成预判任务。

第八条 访谈是指通过访谈人和受访人面对面的交谈来了解受访人的心理和行为的心理学基本研究方法。访谈的主要目的是案例还原。

访谈人应预先列出包含但不限于以下六个环节的提纲：

（一）被萃取者（目标组织和受访人）的基本情况介绍。

（二）按第七条在锁定话题范围内列举问题。

（三）对于被采访的主题，受访人的认识理解。

（四）达成目标是怎么做的，具体的操作流程。

（五）操作过程中获得成功的典型案例。

（六）操作下来的感悟和认知。

提纲最迟于访谈前一周送达受访人。

第九条 访谈基本要求如下：

（一）访谈一般安排两人进行。其中，一人主要负责提问，另外一人主要负责记录，允许录音录像时可调整为主问和补问；二人应当协调配合，相互补充。

（二）提问人要注意控制时间、节奏、内容，不要生硬地否定对方观点，也不要随口附和对方观点，对明显荒唐的观点可以委婉质疑。

（三）提纲未必包括所有问题内容，如访谈中发现提纲中未包括但很重要的内容，应追问，并加入提纲中。

（四）记录人要注意配合提问人，适当参与提问，不可随意打断提问人思路。

（五）访谈中要注意细致、准确，涉及名称、数据、过程要精确地记录，并得到确认和核实。

（六）访谈时可根据对象情况不按提纲顺序提问，但要尽量涉及锁定话题的所有问题。

第十条 访谈人应当预先做好理论准备，对访谈涉及的理论框架有系统、深刻的理解，能够敏锐识别最佳实践者的可复制的成功关键要素。

访谈中应注意以下事项：

（一）调整心态，预估时间，快速行动。

（二）提前预约足够的访谈时间。

（三）提问建议先开放再封闭。

（四）避免主观下结论。

（五）锻炼速记能力，越详细越好。

（六）一定要记录受访者本人的金句。

（七）多维度收集素材。

第十一条 根据访谈提纲特别是锁定话题，访谈人引导受访人“讲故事”，采集其围绕主题所经历的典型或关键事件的详细资料。

访谈一般可以分为背景、任务、行动、结果四个环节，基本内容如下。

（一）背景访谈：访谈事件发生的原因，涉及的相关人、时间、地点等；影响该事件成功或失败的因素；如果不接受这个任务可能会出现的后果。

（二）任务访谈：当时面临的主要任务和目标；当时认为完成这个目标可能遇到的阻力或挑战；接到任务后在当时情况下的想法。

（三）行动访谈：采取的具体行动步骤；在整个任务、整个事件中的各种角色；其他相关利益人的反应和做法及对任务达成的影响。

（四）结果访谈：最后的结果怎样，产生了怎样的影响，对此结果有何感想？

完成上述四个环节后，请受访人分享一个印象最深刻的事例；阐明该事例完成的具体方法或步骤、用到了哪些工具和如何使用这些工具、选择这样的方式的理由，进行由面到点的精准访谈。

第十二条 记录应当依照下列标准：

（一）尽量记录下对方所有观点，建议使用电脑记录。

（二）记录人不能加入个人观点和看法。

（三）注意受访人发表观点的背景，没有前提的观点等于没有观点。

（四）注意分析访谈对象的真实意思表示。

（五）记录中要注意将重点标注出来。

（六）记录人要尽可能记录下所有谈话内容。

（七）提问人要尽可能记下所有问题的主要观点。

（八）访谈总结要按照访谈总结模板进行。

第十三条 访谈结束后，小组应整理访谈记录、撰写《访谈纪要》，详细记录所获信息，尽可能保留受访者原话，记录受访者的外在形象和谈吐风格等。《访谈纪要》是后续课程设计的重要“原材料”，也是后续深入研究的重要素材，应当认真整理。

（一）按照访谈记录模板进行整理。

（二）及时整理（尽可能当天整理）。

（三）作为重要文件要予以存档。

（四）整理要全面，不可简单列一两条。

（五）鼓励输入电脑，书写整洁、条理清晰亦可。

第十四条 合议是在《文献检索研究报告》《访谈纪要》基础上，小组成员通过寻找关键词及合并同类项等进行信息整理，以确定关键任务、关键挑战、关键痛点中的标志性事件的过程。

合议时小组成员应当全体参加，每位成员必须发言并形成书面材料。

第十五条 合议时，访谈双方确认过的重要内容，访谈中受访人特别强调的重要方面，直接导致成功的重要因素，均可直接确认为标志性事件。

小组成员对于标志性事件的实在性、完整性、典型性、启发性存在争议时，可以举手表决或无记名票决；相持不下时，由小组负责人提交指导专家决定。

标志性事件的典型性，小组应当专门评估。首先在中国知网等学术平台上进行检索，比对评估其是否具有独创性；如其不具独创性，则应经横向比较确定其是否具有省以上先进性。既不具有独创性，又不具有省以上先进性的，不得列入本中心案例库。

第十六条 提炼是在合议基础上，深入研究分析标志性事件从而产生独到观点的过程，是从感性认识向理性认识的飞跃。

案例的思想性主要体现在好的观点上面。好的观点应当具有创新性，就是想别人所未想的观点；深刻性，深入事件的本质、能给人以启发、引起反思的观点；逻辑性，符合因果规律等。

提炼观点应坚持社会主义核心价值观、抓住标志性事件的指向和实质、推理和想象合情合理。

第十七条 提炼观点可以采取以下方法：

（一）多角度分析。从利益、思想、素质、制度、技术维度分析具体问题、提炼观点。其中，利益、思想和素质同主体相关，更多地体现为主观方面的问题；制度和技术更多地体现为客观方面的问题。

（二）逆向分析。从相反的角度思考问题、提炼观点，也可以理解为换位思考，或者排除法。

（三）假设推理分析。根据非现实情境，抽象出其实质成分并提炼观点得出逻辑结论的思维过程。

第十八条 小组运用上述方法集体研究，每人发言且形成书面材料，提炼出关于本案例的若干基本观点；再将这些基本观点，与党的创新理论对照比较，确定该案例体现与运用了党的创新理论的哪些具体内容，完成案例萃取工作。

第十九条 根据案例萃取情况，把党的创新理论指导实践这一主题，把提炼的若干基本观点这一骨干，把干部培训目标这一方向，融入《案例文本》和《案例使用说明》的撰写之中，以确保案例开发的质量和方向。

第二十条 本办法最迟三年修订一次。

附件1：习近平新时代中国特色社会主义思想实践案例研究中心教学案例编写规范及示例

附件2：习近平新时代中国特色社会主义思想实践案例研究中心案例教学学员表现评估表

附件1

习近平新时代中国特色社会主义思想实践案例研究中心
教学案例编写规范及示例

一、案例的结构

1. 案例文本（学员手册）。案例文本是案例内容的原始性材料，除了为保密或其他不便于公开的信息，案例文本是对案例对象（目标组织）的真实描述。案例文本用于学员阅读，是学员案例讨论的材料。

2. 案例使用说明（教师指导书）。案例使用说明是指导使用案例的老师组织案例教学和案例讨论的指导书，包括教学目的与用途、思考题目、分析思路、理论依据及分析、背景信息、关键要点、教学计划等内容。

二、案例文本的基本结构（发学员）

1. 标题：以不带暗示性的中性、描述性语言为宜（目标组织名+主题）。

2. 首页注释：编写者、指导教师、案例性质、版权、案例真实性等。

3. 摘要及关键词：应精练，能概括出案例的主要内容，不作评价性分析或不提倡导性建议，中文摘要300字以内，关键词3～5个。

4. 引言/开头：点明时间、地点、决策者、关键问题等信息。

5. 背景介绍：行业、单位、主要人物、事件等相关背景，主要用于说明该案例主题的政策与实践、理论与研究的背景以及案例对象的相关情况，1500字左右。

6. 主题内容：对案例主题内容的描述，在背景信息之后。篇幅为8000～15000字。要注意原创性、叙事性、情节性、冲突性、真实性与可读性，不要分太多小点。

7.结尾：或小结，或提问，或自然淡出。

8.研讨问题：引起讨论，启发思考，要紧密结合案例内容、教学目标，提示学员理论指导实践的思考方向，一般以4～6题为宜。

9.学员要求：指向培养目标，服务课程教学，聚焦能力提升，包含人人发言等课堂表现要求和板书等技术要求，基本原则是“点到不说透”。

10.推荐阅读。

三、案例使用说明的基本结构（发教师）

1.教学目的与用途：教学目标，适用范围、对象与课程。

2.教师分工：明确每名教师的具体课堂职责。

3.理论依据与分析：该案例依托的理论，明确具体框架，进行具体分析。

4.问题设定：提示学员理论结合实践的思考方向，以2～5题为宜。

5.分析思路：给出案例分析的逻辑路径。

6.背景信息：教师需要掌握的案例进展性、背景性信息。

7.关键要点：案例分析的关键所在，包含相关理论、关键知识点、关键能力点。

8.教学建议：时间安排、环节安排、人数要求、教学方法、活动建议等。

9.课件：课堂主持使用。

10.附件：与案例相关的图表、附录等。

示例一：案例文本的具体格式

案例名称（宋体、加粗、三号、居中）*

编写者（宋体、加粗、小四、居中）

摘要（宋体、加粗、小四）：本案例描述了……（宋体、小四）

关键词（宋体、加粗、小四）：人力资源、××、××（宋体、小四）

案例正文（宋体、四号）

引言（宋体、加粗、四号）：2018年10月的一天，……（宋体、小四）

组织简介（宋体、加粗、四号）：××单位成立于1988年，……（宋体、小四）

图1 ××单位的组织结构图（宋体、五号、居中）

案例背景（宋体、加粗、四号）：2003年，××单位外部竞争环境发生了巨大的变化。……（宋体、小四）

关键人物（宋体、加粗、四号）：××来到单位已经多年了。……（宋体、小四）

面临问题（宋体、加粗、四号）：在××会议上……（宋体、小四）

尾声（宋体、加粗、四号）：到底应该怎么办？××（关键人物）陷入了沉思……（宋体、小四）

（案例正文字数：××××）

---

* 本案例由中共威海市委党校（威海行政学院）×××教授（或副教授、讲师）撰写，版权归中共威海市委党校（威海行政学院）所有。未经允许，本案例的所有部分不能以任何方式与手段擅自复制或传播。由于保密的要求，本案例对有关名称、数据等作了必要的掩饰性处理。本案例只供课堂讨论之用，无意暗示或说明某种行为是否有效。

示例二：案例使用说明的具体格式

××案例使用说明（宋体、加粗、三号、居中）

编写者（宋体、加粗、小四、居中）

一、教学目的与用途（宋体、加粗、四号）

1.本案例主要适用于×××课程，也适用于……（宋体、小四）

2.本案例的教学目的……（宋体、小四）

二、启发思考题（宋体、加粗、四号）

1.你如何看待××单位的××问题?（宋体、小四）

2.单位采取了哪些办法?你如何看待单位的做法?（宋体、小四）

3.从管理角度如何分析?（宋体、小四）

4.如果你是单位负责人，面临这个局面你将如何决策?（宋体、小四）

三、分析思路（宋体、加粗、四号）

教师可以根据自己的教学目标（目的）来灵活适用本案例。这里提出本案例的分析思路，仅供参考。（宋体、小四）

1.从……管理的角度思考……（宋体、小四）

2.寻找内在的原因……（宋体、小四）

3.从……角度解读……（宋体、小四）

4.解决……问题的思路在于……（宋体、小四）

四、理论依据及分析（宋体、加粗、小四）

1. ××理论1。依据该理论的具体分析……（宋体、小四）

2. ××理论2。……（宋体、小四）

3. ××理论3。……（宋体、小四）

4. ××理论4。……（宋体、小四）

五、背景信息（宋体、加粗、小四）

1.关于××单位的××信息……（宋体、小四）

2.后来发生的情况……（宋体、小四）

六、关键要点（宋体、加粗、小四）

1. ……才是解决问题的根本。在案例分析中，这是一个需要强调的关键点。（宋体、小四）

2.解决问题必须……（宋体、小四）

七、课堂计划建议（宋体、加粗、小四）

本案例可以作为专门的案例讨论课来进行。如下是按照时间进度提出的课堂计划建议，仅供参考。（宋体、小四）

整个案例讨论课的课堂时间控制在150分钟以内。（宋体、小四）

课前计划：提出启发思考题，请学员在课前完成阅读和初步思考。（宋体、小四）

课中计划：简要的课堂前言，明确主题（5分钟）。（宋体、小四）

分组讨论问题（共30分钟），告知发言要求。（宋体、小四）

小组发言（每组5分钟，控制在25分钟）。（宋体、小四）

引导各组代表在全班发言，引发组间对抗并组织进一步讨论（60分钟）。（宋体、小四）

教师进行归纳总结（30分钟）。（宋体、小四）

课后计划：如有必要，请学员采用报告形式给出更加具体的解决方案，包括具体的职责分工，为后续章节内容做好铺垫。（宋体、小四）

八、相关附件（宋体、加粗、小四）

本案例包含如下附件……（宋体、小四）

附件2

习近平新时代中国特色社会主义思想实践案例研究中心
案例教学学员表现评估表

<table>
<tr><th colspan="10">案例教学学员表现评估表</th></tr>
<tr><td rowspan="2">培训时间</td><td rowspan="2" colspan="2">年　月　日　时—　时</td><td rowspan="2">课程名称</td><td rowspan="2" colspan="2"></td><td rowspan="2">教学项目组</td><td>负责教师</td><td>参加教师</td><td rowspan="2"></td></tr>
<tr><td></td><td></td></tr>
<tr><td colspan="10">评分标准：
1.可根据要求增加相关项。
2.采用5分制，即每项按5分总和平均，四舍五入；5分为一直表现出色；4分为多数时候表现出色；3分为良好；2分为低于标准；1分为表现不好；0分为一票否决。
3.前4项为负向激励项，有情形之一且情节严重者一票否决，情节不严重的记2分或1分；后4项为正向激励项，只要发生即记5分；以上8项未发生者，一般记4分。
4. 5分学员一般不超过10%，4分学员一般不低于70%。
5.现场或研讨时不必打分，参加教师只记录或录制发生事件，固定事实。</td></tr>
<tr><td rowspan="2">学员姓名</td><td colspan="2">学习态度</td><td colspan="3">现场表现</td><td colspan="3">研讨表现</td><td rowspan="2">总和平均分</td></tr>
<tr><td>1.积极参加</td><td>2.遵守纪律</td><td>3.服从指挥</td><td>4.盯紧学员</td><td>5.踊跃提问</td><td>6.发现分析问题能力</td><td>7.提出对策建议能力</td><td>8.民主集中能力</td></tr>
<tr><td></td><td></td><td></td><td></td><td></td><td></td><td></td><td></td><td></td><td></td></tr>
<tr><td></td><td></td><td></td><td></td><td></td><td></td><td></td><td></td><td></td><td></td></tr>
<tr><td></td><td></td><td></td><td></td><td></td><td></td><td></td><td></td><td></td><td></td></tr>
<tr><td></td><td></td><td></td><td></td><td></td><td></td><td></td><td></td><td></td><td></td></tr>
<tr><td></td><td></td><td></td><td></td><td></td><td></td><td></td><td></td><td></td><td></td></tr>
<tr><td></td><td></td><td></td><td></td><td></td><td></td><td></td><td></td><td></td><td></td></tr>
<tr><td></td><td></td><td></td><td></td><td></td><td></td><td></td><td></td><td></td><td></td></tr>
<tr><td></td><td></td><td></td><td></td><td></td><td></td><td></td><td></td><td></td><td></td></tr>
<tr><td></td><td></td><td></td><td></td><td></td><td></td><td></td><td></td><td></td><td></td></tr>
</table>

续表

总计									
负责教师签字/日期					教务处负责人签字/日期				
学员表现评估/建议 优点： 缺点：									

现场教学规程（试行）*

为规范现场教学，提高教学质量，促进现场教学与教学管理工作科学化、规范化、制度化，结合中共威海市委党校（威海行政学院）实际，制定本规程。

第一章　总　则

第一条　现场教学规程是现场教学的操作规范，是为了提高学员对党的具体创新理论的实践转化运用能力，在具体理论讲授基础上，通过现场教学将该理论代入具体实践，以实现教学目标的理论与实践相结合的综合性教学方法。

第二条　现场教学是我校（院）创造的“1+N+1”基本教学模式的中间环节。

第一个“1”即一堂讲授课，就是指学员要掌握的党的具体创新理论。

“N”即若干现场教学课，就是围绕党的具体创新理论，把课堂中的问题带到现场，将教学由灌输变成互动，把素材变为教材，具有体验性、多元化、互动性等特征，能够促使培训对象在“听、看、问、思、研”中观察事物、思考问题，在互动研讨中升华思想认识，是一种互动的、立体的教学模式。

* 此规程由中共威海市委党校（威海行政学院）习近平新时代中国特色社会主义思想实践案例研究中心于2016年制定，2018年、2023年分别进行了修订。

第二个“1”即一堂研讨课，就是在现场教学结束后，学员要把第一个“1”讲的党的具体创新理论与现场教学的所看所感所思所悟结合起来，研讨形成党的具体创新理论如何指导威海实践的理性认识，掌握理论指导实践的方法，实现习近平新时代中国特色社会主义思想凝心聚魂的具体化、实在化。

第三条　现场教学是党校（行政学院）的重点工作，相关部门必须以做好现场教学工作为着眼点和落脚点，遵循现场教学工作规律，强化现场教学工作规范意识和责任意识，严肃认真地组织、落实，相互协调配合，保证现场教学的高效顺利进行。

第二章　现场教学组织与领导

第四条　现场教学工作实行分级负责制。分管教学副校（院）长任教学总设计，教务处、办公室、学员中心、信息部、行政处等负责组织和协调，教学工作由各教研部负责组织落实，教学项目组具体实施。

第五条　教学项目组。

（一）项目负责人应有较高的学术水平，有丰富教学经验，教学效果良好。

（二）项目负责人组建教学团队。

第三章　现场教学基地的选择和确定

第六条　现场教学基地是宣传地方形象、展示工作亮点、突显培训特色、促进教学互动的重要平台与载体。在教学基地的选择上，要紧紧围绕党和国家的方针政策，围绕威海市委市政府的中心工作、亮点工作、特色工作，进行精当筛选。

第七条　现场教学基地的选择实行校（院）招投标和教研部申报相结合的方式。

（一）校（院）招投标。由教务处立足威海市情，精选一批待开发现场教学基地，以招标投标方式引导教师踊跃参与，聘请第三方专家学者或者机构本着公平公正公开原则择优立项。

（二）教研部申报。由各教研部根据相关专业和研究领域，选择具备相应现场教学条件的单位，编写相应立项申请书，提交教务处申报。

第八条 教务处负责对拟建基地条件进行审核，并组织有关人员前往拟建基地现场考察论证，研究确定教学基地的教学价值和可行性。

第九条 经教务处审核的现场教学基地立项申请报校（院）委会审定，通过后按相关规定进行基地建设。

第十条 校（院）对现场教学基地实行统一挂牌，标牌统一制作。

第十一条 现场教学基地的条件等见《现场教学基地管理办法（试行）》。

第四章 现场教学基地调研

第十二条 基地调研。通过现场观摩、聆听讲解、座谈交流等方式对现场教学基地进行全方位立体化调查走访，系统客观地收集信息并研究分析。

（一）教务处负责组织至少一次全部门多角度多元化调研。调研人员一般包括，主管教学副校（院）长、项目组教师，以及教务处、办公室、学员中心、行政处、培训进修处等相关部门及基地所在地区市党校（行政学院）相关人员。调研成员根据各自工作性质和行业特长，有选择地重点调研。

（二）项目组教师至少进行三次调研。

第十三条 调研的一般程序。

（一）教学项目组填写调研申请提交教务处审核。

（二）经教务处审核的调研申请报主管教学副校（院）长审批通过。

（三）教务处负责与现场教学点及其所在地方党委、政府和有关部门做好沟通，提前发函联系洽谈，将调研考察、现场教学活动主题和目的、参与调研的人员、具体时间安排、现场教学点及参观流程线路的安排、现场教学点情况介绍人员、需配套的现场教学场地和设备等，与现场教学点及其所在地有关部门协商协调予以落实。

（四）教务处拟订调研计划，传达办公室、行政处等相关部门，提出具体需求。调研计划一般包括调研主题、参加人员、调研时间、调研地点、调研路线、注意事项等要素。

（五）办公室负责公务车辆租用及路线制定；通知调研参加人员出发时间、上车地点。

（六）行政处财务科室负责协调配合调研费用报销工作。

第五章　备　课

第十四条　备课是教师开展教学工作的基础性环节，认真备课是保证教学质量的基础。项目组教师应遵循现场教学的要求进行充分备课，做好授课准备。

第十五条　确定教学主题。教学主题在现场教学中起着提纲挈领的作用，对主题设计的基本要求是高度聚焦，把握重点，主线引领，贯穿始终。

第十六条　设计教学方案。围绕教学主题设计教学方案，教案应包括案例教材、教学目的、教学要求、主要内容、讲授重点、教学步骤、思考题目、主讲教师、点评专家、教学地点、联系人员等要素。

教案具体要求参照《习近平新时代中国特色社会主义思想实践案例研究中心教学案例编写规范及示例》。

第十七条　部门集体备课。教研部组织项目组相关人员召开集体备课会并通知教务处，由主讲教师介绍现场教学的整体构思、理论框架、重点和难点，然后进行集体讨论，提出改进意见。

第十八条　部门内部试讲。主讲教师根据备课会的改进意见，对教学方案和课程计划进行修改完善，并在教研部内进行试讲。

第十九条　二级试讲。教研部内部试讲通过后向教务处申请二级试讲，教务处根据二级试讲申请情况，提出实施方案，报教学指导委员会审批；教学指导委员会批准后，教务处组织实施；试讲结束后，教务处汇总整理试讲评议结果，报教学指导委员会同时反馈至教学项目组。

第二十条　试讲通过后进入主体班次教学计划的，安排进入主体班次课堂。

第六章　教学实施

第二十一条　印发教材。项目组提前将相关资料印发给每位学员，介绍教学基地基本情况、教学流程、时间安排、考察路线，明确现场教学的要求，提出思考题目，引导学员主动思考分析；教学资料由教务处统一印制并交学员中心发放。

第二十二条　课程导入。在前往教学基地的大巴车上，项目组教师简要讲解现场教学的主题、背景，以及主题背后的政策依据和实践依据等相关内容。导入尽量做到简洁明快，用20～30分钟的时间完成，可以借助音像资料同步进行，使导入切实发挥概括介绍和激发兴趣的作用。

第二十三条　现场观摩。现场观摩过程中，由讲解员负责引领学员实地考察并逐点讲解，教学基地的资深专家或负责人与学员互动交流。涉及教学主题的理论指导、国外发展趋势、国内研究现状等文献检索领域问题，由随同的项目组成员回答。

第二十四条　现场小结。在返回校（院）的大巴车上，由项目组教师对现场观摩环节进行简单的总结，对接下来的分组研讨环节提出具体要求。

第二十五条　交流研讨。返回校（院）后组织学员分组研讨，学员结合自学教材、现场观摩和总结归纳，就教学主题和思考题目进行讨论。分组研讨结束后，每个小组推举学员代表进行班级发言，交流成果。

第二十六条 点评提升。在学员研讨交流发言后由项目负责人作综合点评，把学员讨论的观点回归到现场教学主题上来，运用理论分析、研究、深化现场教学的内容。通过点评提升，形成现场教学的闭环管理。

第二十七条 教学实施的一般流程和各部门主要职责。

（一）教务处制订教学计划，确定现场教学班次、时间，将学员手册印发至现场教学项目组及课程相关人员。

（二）教务处收集现场教学相关资料并统一印制。

（三）项目组根据课程安排准备现场教学计划报教务处，教学计划内容一般包括：现场教学主题、现场教学时间地点、各现场教学点所需时间、项目组参加人员、教学步骤、教学所需设备等。

（四）教务处与现场教学点及其所在地方党委、政府和有关部门做好沟通，提前发函联系洽谈，将现场教学时间、教学步骤流程、参加人员情况、参观流程线路的安排、现场教学点情况介绍人员、需配套的现场教学场地和设备、现场教学点有无保密要求或其他注意事项等，与现场教学点及其所在地有关部门协商协调予以落实。

（五）教务处修订现场教学计划，主要包括现场教学主题、现场教学时间、现场教学地点、到达现场教学点时间、参加现场教学人员及数量、学员餐饮安排、学员研讨安排等要素。

（六）教务处将修订后的教学计划传达项目组、学员中心、办公室、信息部、行政处等相关部门，提出具体需求。

（七）学员中心负责提前向学员发放现场教学相关资料；准备教师用扩音器及学员耳机等教学设备；通知学员课程安排、出发时间、上车地点；出发和转场时清点人数；维持现场纪律，提醒学员注意事项；确保教学过程中的人员安全。

（八）办公室负责公务车辆租用及行车转场路线制定；确保车载话筒、影音播放等功能完备；原则上现场教学所有人员集中乘坐同一车辆，特殊情况需分乘车辆的，务必保证所有车辆能同频收听行车讲解；确定出发时间及上车地点并通知教务处、学员中心和教学项目组。

（九）信息部负责准备研讨教室，确保教学影音设备、手持话筒、翻页笔、书写板及板擦等教学设施完备无损坏。

（十）教务处安排现场教学餐饮事项。

（十一）教务处在现场教学结束后，与现场教学点简要总结课程情况，反馈教学信息并表达感谢。

（十二）行政处财务科室负责协调配合现场教学费用报销工作。

第七章　教学提升

第二十八条　课程结束后，项目组负责人组织召开课程总结会议，邀请教务处负责人及相关人员参加，讨论课程存在问题和解决方案。

第二十九条　项目组根据课程总结会议精神完成本课程总结，不断完善课程内容。

第八章　教学工作考核评估

第三十条　教学工作考核是检验、评价学习效果和教师教学工作质量的重要手段，是调控教学工作的重要手段。

第三十一条　现场教学工作考核评估的主要内容有：

（一）对教师教学质量的考核评估。一般包括：授课教师的教学组织能力、课堂掌控能力、知识储备、学术水平、应变能力、表达能力等是否达到预期的要求，是否完成了教学预期目标。

（二）对学员学习过程的考核评估。包括学习态度是否端正，是否遵守纪律，服从教师安排，有序参观；学员通过现场教学是否坚定了理想信念，是否产生了行为上的改变，是否提升了理论联系实际和独立思考及解决问题的能力等。

具体考核学员的方法参照《习近平新时代中国特色社会主义思想实践案例研究中心案例教学学员表现评估表》。

（三）对现场教学基地的考核评估。包括现场教学基地是否有利于教学主题的实现，是否符合了校（院）和学员的培训需求，提供给学员的内容是否与时俱进，是否能够激发学员的学习兴趣。

第三十二条 现场教学考核评估手段。可以采取问卷调查、座谈、访谈和研讨交流等方式。

第九章 教学档案

第三十三条 教学档案是真实反映教学工作开展情况的重要载体，是课程教学目标和学员学习效果达成的基础性支撑。教务处和项目组都要高度重视并加强现场教学档案管理工作。

第三十四条 凡在现场教学项目中直接形成的具有保存价值的文字、图案、实物、声像媒体等资料均属教学档案。教务处和项目组在教学筹备整个环节应随时注意归档资料的收集和整理，力求保持教学档案的真实性、系统性和完整性。

第十章 现场教学成果转化

第三十五条 建立现场教学成果转化机制，推动教学科研咨政融合发展。

第三十六条 项目组教师进行现场教学理论研究，从现场教学实践中多角度、多层面、多领域挖掘研究课题，形成科研成果。

第三十七条 鼓励学员撰写现场教学调研报告，相关研究成果择优作为咨政报告上报市委市政府。

第十一章 保 障

第三十八条 在中心建立校（院）现场教学课程库，每个教研部确保充足的现场课程供应；中心的课程，每年更新率不少于10%。

第三十九条 现场教学经费保障。校（院）每年从创新工程专项经费中拨付一定资金，专门用于案例教学的教学科研、教材开发、管理运行等。

第四十条 案例课程与讲授课程同等赋分，获得精品课、优秀教学奖等奖项与讲授课程享有同等待遇。

第十二章 附 则

第四十一条 现场教学课程开发中，现场案例的萃取，参照《案例萃取办法（试行）》执行。

第四十二条 本规程自发布之日起施行。

现场教学基地管理办法（试行）*

第一章　总　则

第一条　现场教学是党校（行政学院）干部教育培训的重要内容之一，对指导学员理论联系实际、加强党性锻炼具有不可替代的作用。

现场教学基地为学员学习观摩、体验生活、党性锻炼、专题教育等教学活动提供相应的条件和必要的服务。现场教学基地的建设和管理直接关系到现场教学的质量。为充分发挥现场教学基地在教学中的重要作用，加强和规范基地管理，提高干部教育培训质量，特制定本办法。

第二条　现场教学基地是指具有一定规模且相对稳定的供学员学习体验、实践锻炼的场所。建立现场教学基地，是切实增强党校（行政学院）教师和学员理论联系实际能力的必然要求，是党校（行政学院）走向社会、充分利用社会资源办学的重要途径。

第二章　现场教学基地的建立

第三条　基地建立的基本原则。

（一）“共建共管”的原则。现场教学基地由校（院）与相关基地共建单位协商确定，并按照各自承担的职责和义务共同建立、共同管理。

---

*　此办法由中共威海市委党校（威海行政学院）习近平新时代中国特色社会主义思想实践案例研究中心于2016年制定，2018年、2023年分别进行了修订。

（二）“互惠互利”的原则。校（院）利用基地共建单位的条件实施现场教学活动；基地共建单位借助校（院）的科研、师资力量开展培训、咨询等活动。

（三）动态性原则。稳定核心基地，发展松散型基地，实现对现场教学基地的动态管理，一些条件好、发展稳定的基地可以相对固定，而有些基地则要根据实际情况作动态调整，以保证基地的质量和合作效果。校（院）优先支持可更多地容纳校（院）师生的现场教学基地的建设。

第四条　基地应具备的基本条件。

（一）基地共建单位具有与校（院）长期合作的积极性。

（二）在某一方面具有特色或能满足完成现场教学任务的要求。

（三）就近设点，相对稳定，节约教学经费开支。

（四）能满足学员食宿、学习、劳动保护和卫生安全等方面的要求。

第五条　基地建立的程序。

（一）由校（院）有目的、有计划、有步骤地选择具备相应现场教学条件的单位，协商确定，对符合条件者，可在协商后达成初步意向。

（二）校（院）负责对拟建基地条件进行审核，必要时组织有关专家前往拟建基地现场考察论证。

（三）将现场教学基地建设方案报市委组织部，要求给予相应支持。

（四）校（院）对现场教学基地实行挂牌，标牌统一制作。

第六条　校（院）与基地共建单位应承担的职责和义务。

（一）在国家政策许可范围内，校（院）在人才培训、委托培养、课程进修、咨询服务、信息交流等方面对基地共建单位优先提供服务。

（二）校（院）应主动与基地共建单位加强协作，结合该单位实际和发展情况制订切实可行的现场教学计划，推荐安排兼职指导教师，共同组织、实施学员现场教学任务的落实。

（三）基地共建单位应根据校（院）制订的现场教学计划，为学员开展教学活动提供相应的条件和必要的服务，优先满足校（院）教学的需要。

（四）教学期间，校（院）与基地共建单位应确保学员、指导教师及生产人员的安全，对相关人员进行纪律、安全教育。

第三章　现场教学基地的建设与管理

第七条　现场教学基地在校（院）委的领导下，由教育职能科室依据各类干部教育培训班次教学计划等要求，具体实施基地的建设与管理工作。

在习近平新时代中国特色社会主义思想实践案例研究中心、教务处和各教研部，打造党校（行政学院）与现场教学基地的常态化沟通交流平台，明确分工，责任到人，确保各环节衔接紧密，确保每个现场教学基地都有负责部门。

第八条　现场教学基地建设与发展规划，要纳入校（院）教育事业总体发展规划，基地建设、撤销等需报校（院）办公室备案。

第九条　要加强对现场教学基地的指导与管理，建立定期检查指导工作制度。办公室要保存关于基地建设、管理、检查指导等各项工作的资料，建立现场教学基地档案。

第十条　校（院）制定相应的现场教学基地建设评估标准，定期组织对基地工作进行检查和评估，研究新的基地成立和原有基地的保留与撤销。

第十一条　校（院）对现场教学基地实行动态管理，每三年对其进行一次更新，对于连续三年未能承担现场教学任务的单位，视为自动解除协议。

第四章　保　障

第十二条　人员配备。基地需配备专职讲解人员；党校（行政学院）对讲解员适当培训，协助其完善讲解稿件。

第十三条　经费保障。根据需要，支付场地租用、讲解员讲解、设备使用等费用，对现场教学基地予以一定的经济补贴。

第五章　附　则

第十四条　本办法自印发之日起施行，由中共威海市委党校（威海行政学院）负责解释。

附　录

精致城市建设相关媒体报道

以精致为底色推进城市治理现代化

近年来，山东威海推行以政治（党建）引领、自治基础、法治保障、德治教化、智治支撑、信治激励和网格化服务管理的“六治一网”市域社会治理新模式，加快建设“精致城市 · 幸福威海”，走出一条沿海城市推进社会治理现代化的特色之路。2020年威海蝉联全国文明城市荣誉称号，获评全国最具幸福感城市，社会治安满意度测评位列全省第一名，被中央政法委确定为首批全国市域社会治理现代化试点城市。

精准破难　群众“忧心”变“舒心”

当前，群众诉求日益多元，很多还是历史遗留问题，解决难度大。威海从物业管理、房产办证、纠纷化解等这些容易让群众忧心的事情入手，精准治理城市居民“身边的烦恼”。

物业管理是城市社区管理工作的重要组成部分，在威海，全市物业服务类投诉曾一度位列热线投诉前三位。针对这一痛点，威海市探索创新“红色物业”模式，建立“市物业行业党委—区市行业党总支—物业企业党组织”三级组织架构，将党建引领贯穿始终，把党组织触角从社区下沉到城市小区、街巷、楼栋，辐射到户、到人。同时，推行社区、物业企业“双向进入、交叉任职”，全面健全市、县、镇三级物业纠纷人民调解委员会，建立起“街道吹哨、部门报到”和“物业管理+执法”联动机制，从体制机制上创新突破业委会组建履职和维修资金统筹使用两大关键问题，畅通联系服务群众“最后一米”。2020年涉及物业的投诉率历史性下降到0.4%，缴费率从68%上升至87.2%。

向精致城市方向发展。曾经的威海充满“成长的烦恼”：不动产权证办理难、闲置项目和“半拉子”工程处置难、低效闲置用地盘活难、城市建设管理服务不精致不文明、群众不满意。为解决这些问题，威海奏响了精准化解的“四部曲”：启动中心城区低效用地规划整治工作，对40处、1.9万亩利用粗放、用途不合理的城镇存量建设用地进行再开发；整合优化12345政务服务热线、城管数字平台、“六治一网”网格员系统等平台运行机制，快速高效解决1284个城市管理服务中不精致、不文明、群众不满意的问题；闲置项目和“半拉子”工程处置盘活行动完成219个。特别是房产证办证难问题，是老百姓的一块心病，留下诸多信访隐患。威海成立了解决城市建设领域矛盾纠纷问题领导小组，采取“办证、办税”两线并行方式，开展“走进社区、巡回办证”便民服务，将办证大厅下沉到社区，让群众在家门口就能办证领证，累计解决约15.3万套房屋办证难问题。

精细治理　城市有“面子”更有“里子”

威海始终把城市作为一个没有边界的“大景区”来打造，从顶层设计入手，研究制定威海市精致城市建设条例和评价指标体系，成为全国唯一一个把“精致城市建设”上升到法律层面的地级市。通过一个个具体问题的排查、整改、落实，城市不仅从“脸面上”看是眉清目秀、光鲜亮丽，“脖子后面”的灰也清洗干净。

作为国家智慧城市试点，威海发挥新技术优势，实施海陆空综合治理，把深入推进智能互联、精确管控作为提升社会治理能力、建设精致城市的重要抓手和支撑，着力打造立体、智慧、创新的全域治理体系。

威海是海洋渔业大市，有国内捕捞渔船4325艘、专业远洋渔船361艘，渔业人口35万余人，涉海治理任务艰巨。任何涉海问题都不是孤立的，根源都在陆上，最终解决还是要靠海上、陆上共同用力。威海全面打好系统治理、依法治理、综合治理、源头治理、专项治理组合拳，成立由两名分管副市长牵头的执法和管控2个工作专班，着力斩断非法捕捞生产、船载终端服务、船员非法招募组织等5大非法利益链，有效净化和规范海洋生产环境秩序。

威海很早就成立国内首个正式列编的无人机警务航空大队，将无人机视频指挥通信系统融入公安LTE专网，建立19项无人机接处警、信访维稳等常态化合成作战机制，围绕服务乡村振兴、农村环境整治、近海环境秩序维护、安全生产与应急救援等重大任务形成5大类、33项政务航空应用计划，全方位服务精致城市建设。

精妙引导　信用加减释放效能

威海自2012年开始培育发展信用体系，2017年成功创建国家信用示范城市，2019年以来坚持全区域创建、全社会覆盖、全场景应用的原则，实施“信用五进”工程，信用体系已覆盖到全市所有机关事业单位、登记市场主体和适规常住人口，城市信用监测综合指数稳居全国地级市前列，信用治理正在加快提升市域社会治理软环境，释放出越来越显著的治理效能。

威海下辖的荣成市2012年在全国县级市率先启动信用体系建设，连续9年不断完善提升，成为信用建设“县级范本”。威海及时总结推广荣成经验，在所辖区市全面推进信用体系建设。搭建以“一网三库”为核心的公共信用平台，已全面覆盖各区市，归集数据2.45亿条，涵盖全部常住人口和市场主体，并通过“信用威海”网站及手机App实现一站式实时查询。荣成市综合信用指数位居375个县级市第一。

开展信用进企业、进校园、进机关、进农村、进社区“信用五进”工程，发挥信用在优化营商环境、创新社会治理上的重要作用。党政机关带头讲诚信、用信用。威海市委、市政府年初对重点工作和民生实事作出公开承诺，年中组织评议问效，年底对账考核评价。广大市场主体强化契约精神。在22个行业管理部门建立红黑名单制度，实现与市、县两级相关部门942台电脑终端的信息共享和奖惩联动。2019年以来累计发布红黑名单2.56万条，累计实施联合奖励4125个、联合惩戒1712个，2980多家企业完成信用修复退出黑名单。打造“信财银保”融资服务平台，将中小企业的信用评价转化为可抵押、可变现的“优质资产”，已发放“信用”贷款1088笔、63亿元。广大市民愈发重视个人诚信。18岁以上居民都有了自己的“海贝分”，556个加分项、1492个扣分项的评价标准及一系列奖惩措施，引导社会崇善向上。

以“信用+”推动重点领域创新突破，营造“知信、守信、用信”良好氛围。推行“信用+便民服务”，创建红色信用银行、信用超市、信用商业联盟、积分存折等2610处（种）应用场景，出台66项“信易贷”“信易游”“信易购”等市级信用惠民措施和493项县级、3944项镇级信用激励政策，设立信用基金6230余万元，对达到积分条件的市民实行奖励优惠。推行“信用+志愿服务”，以信用积分为激励，带动志愿服务呈现爆发式增长，每4个人中就有1个志愿者，活跃度保持在53%以上。推行“信用+社会治理”，充分将“德、法、信”融为一体，将无形的内心约束转化为有形的行为规范，有效破解社会问题“靠法律惩戒成本高、靠道德约束力度弱”的困局。

《瞭望》2021年第21期

风情画、工笔画、简笔画 威海："精致城市"画中来

什么才称得上"城市让人民生活更美好"？山东省威海市给出的答案是——始于精致，终于幸福。

3年多来，威海市探索创建"精致城市"，印发实施了国内首部精致城市条例，群众在"简单、细微"的随处可见中体会幸福，实现"千里海岸线，人在画中游"。

首创精致城市条例，做靓"风情画"

地处山东半岛最东端的威海，三面环海，环境优美，是我国第一个国家卫生城市，曾两次获得联合国人居奖。每到春节前夕，上万只大天鹅从西伯利亚飞抵威海，"万顷湖天碧，一池雪花白"使人如临仙境。

威海市委书记张海波说，从自然条件和发展基础来看，威海具备打造"精致城市"的天然优势。

建设"精致城市"，国内尚无先例。张海波说，威海规划先行，重在顶层设计，一张蓝图绘到底。为此，威海实施了国内首部"精致城市"条例——《威海市精致城市建设条例》。2021年，威海发布实施了全国首部"精致城市"评价指标体系，大到道路综合整治、人行道建设，小到沥青及水泥混凝土路面养护、小游园建设管理、园林绿化养护都有明确的技术导则。

初入威海，无论是驾车骑行，还是漫步乡间城市，都能领略特色海滨景观，人人惊叹其清新之美。这背后，是威海围绕"三条线"规划进行的环境综合整治。

首先是“铁路线”。威海注重整治铁路、高速公路沿线的违章建筑、坟头、垃圾，搞好绿化美化，让干净整洁成为人们对威海的第一印象。

其次是“海景线”。为了让“水清、岸绿、滩净、礁奇、湾美”，威海建设了千公里滨海步道，市民、游客得以漫步海边尽享美景。

最后是“山景线”。威海城区依山就势而建，新修建的环山路打通城乡，同时提升山间环境，推进城市建设一体化。

一批体现精致理念的亮点项目也逐步建成开放，生肖街等独具民俗特色的商业街区成为广受威海市民欢迎的“打卡地”。

化解“成长的烦恼”，勾勒“工笔画”

建设“精致城市”，既要扮靓“面子”，更需做实“里子”。威海市长闫剑波说，近年来，威海市瞄准群众最不满意的地方，以精准笔锋细绘城市肌体，化解城市“成长的烦恼”。

新官理旧账，化解城市建设领域矛盾。因种种原因，威海有十几万套城中村改造的商品房无法办理不动产权证。威海从2018年起开展城市建设领域矛盾纠纷化解行动，解决了15.3万套房屋“办证难”问题，解除了困扰群众10多年的“闹心事”。

修复“老伤疤”，处置闲置项目及“半拉子”工程。走进威海高新区的迪尚服装技术中心样品车间，一件件样衣由设计图稿变成精致的成品。集团董事长朱立华说：“这里曾闲置了8年，我们积极参与政府的盘活处置，打造成服装技术中心。”威海市精致城市建设办公室副主任梁晓东说，威海巧用“整体盘活”“腾笼换鸟”“项目重组”“破产重整”等办法，盘活处置219处闲置项目，变“包袱”为“财富”。

给城市“提神”，整治城区低效用地规划。面对低效用地“晒太阳”与用地指标紧缺的矛盾，威海市探索出“好吃的”与“难啃的”一起咬、“肥肉”与“瘦肉”一起吃等搭配处置办法，以拆除重建、改变功能用途、改造外观风貌等不同方式，重新优化配置40多个地块约1300公顷低效用地，让城市“减脂瘦身”。

去年，威海上榜“2020中国最具幸福感城市”。《半月谈》记者发现，像路不平、灯不亮、草不绿、狗不拴等不精致、不文明、群众不满意的小事情都有着落、有人管。

地方干部介绍，威海用好“市民通”App、12345政务服务热线、“啄木鸟”问题反映机制等，调动群众参与“精致城市”建设的积极性。在山东省2020年群众满意度调查中，威海再列第一。

追求精明增长，智绘“简笔画”

城市漂亮了，经济怎么发展？威海市明确提出精明增长，不求总量，但求质量，在创新中要效益，以小舍得求大获得，实现“N-1>N”的效果。

“威海拥有全省最长的海岸线和得天独厚的深水港，适合发展炼油、化工、钢铁、水泥等重工业项目。但考虑到生态环境，威海将重污染项目全部拒之门外。”闫剑波说。

生态修复，也能创造经济效益。建筑采石曾是威海的一大传统产业，却也给威海留下了巨大的废弃矿坑。华夏集团投资51.6亿元，将其改造为一座山水游乐园，成为威海市的网红景点，年游客量达200多万人次。

除了向生态要效益，更从创新谋发展。几年前，威海远航科技董事长王仕玮作为国家“千人计划”学者，怀着创业梦想回国，身上只有一台样机和产品专利。威海高新区迅速评估企业发展潜力，帮他申请到30亩地建厂，银行提供了个性化融资支持，使企业成为技术领先的“隐形冠军”。

沿着千里海岸线，威海市聚集着11所高校，361家省级以上研发平台，形成了一条空间联结、产业联动、要素聚集的创新链，串起众多创新园区、研发资源与创新企业。张海波说，威海对每个创新项目都持续跟踪，世界500强的美国惠普和德国马夸特、韩国三星重工、日本软银，都在威海安家落户。

威海市建设“精致城市”的探索具有时代意义。中共山东省委党校（山东行政学院）公共管理教研部主任王格芳等专家认为，威海的探索说明，以权威、严肃、科学的系统工程思路抓好顶层设计，做到“规划一张图，审批一支笔，建设一盘棋，管理一个法”，是凝聚城市精神、精准定位城市风格的好办法。

《半月谈》2021年第14期

读懂精致城市发展的“辩证法”

“威海要向精致城市方向发展”——这是2018年6月12日习近平总书记在山东省威海市考察时作出的重要指示。不久前记者在实地采访中了解到，近年来威海市牢记嘱托，将“向精致城市方向发展”作为总目标总方向总遵循，围绕正确处理好破与立、表与里、显绩与潜绩、点与面关系进行了一系列创新性实践探索，取得了良好成效。威海推进城市治理现代化过程中的经验做法，对于我国城市建设中存在的“重外延轻内涵、重建设轻设计、重管理轻服务、重发展轻保护、重硬件轻人文”等共性问题有一定的借鉴价值。

一段时间以来，随着威海城市边界扩张，用地指标紧张和土地闲置浪费的矛盾日益突出。住房与房地产、物业管理、商品房开发与销售等城建领域的问题，群众反映强烈。农村生活环境的公共服务和基础设施不完善问题较为突出……这是精致城市建设必须直面的现状。为此就要破除思维窠臼和路径依赖，通过“顶层设计”推动理念、模式、机制的系统创新。而作为地级市的政策设计，要接地气、可实操。《威海市精致城市建设条例》及随后出台的《威海市精致城市评价指标体系》与“五项技术导则”构成了法律、指标、标准的“三部曲”，凸显了治理创新的科学化。采访中了解到，这些设计“致广大而尽精微”，特别是“五项技术导则”，用具体数据语言回答了“精致城市究竟什么样”，让道路、人行道、路面养护、小游园、园林绿化等工作都可量化、可操作。

2021年3月，《威海城市体检报告》初稿出炉，涵盖了生态宜居、健康舒适、安全韧性等85项“体检”指标，细致到连过街设施的间距、林荫道路的数量、人均社区体育场地面积等都有具体衡量。“这是对城市发展进行的综合评价，可清晰梳理出规划、建设、管理等领域存在的不足”，市住房和城乡建设局副局长梁晓东表示，体检发现的深层次问题不仅会成为“对症下药”的重点，也会被反馈到自然资源和规划等部门，提前反映到在编的国土空间规划等政策设计中。

精致城市的现代化水平，要看地标建筑撑起的天际线，更要看万家忧乐组成的地平线。漫步威海，口袋公园、城市雕塑等星罗棋布，山海相拥、岛湾相映，处处皆风景。世昌大道是东西向的主干道，沿路向东，骆驼公园、康乐园等如城市绿洲装点着街景，满足了市民对诗和远方的渴望。立足“山在城中、城在海中”的特色，威海出台了城市风貌保护条例，将城市作为一个没有边界的“大景区”来打造，率先开展第四代设计“精雕细刻”，实现了城市设计的全覆盖。

位于市中心黄金地段的新威附路，承载着数辈威海人的记忆，但因建设年代较早，楼房平房交错，停车杂乱、业态单一，公共服务设施不齐全，是典型的老旧街区。对此威海没有一拆了之，也没乱搞房地产开发，而以“绣花”功夫“微改造”。环翠区相关负责同志介绍，“我们坚持‘修旧如旧’，很多地方使用旧砖旧瓦，既节省了资源，也展现了街区古色古香的韵味。”如今沿街商铺鳞次栉比，门头招牌各具特色，成为吸引年轻人“打卡”游览、休闲、消费的新地标。不贪大媚洋、千城一面，不急功近利、无序扩张，让外来客人叫好，让本地市民称便。紧扣发展功能短板和群众美好生活需求，威海探索走出了一条内涵式集约化发展的新路子。

向精致城市方向发展，躲不开历史遗留问题。威海也曾充满“成长的烦恼”：不动产权证办理难、闲置项目和“半拉子”工程处置难、低效闲置用地盘活难等。对此，威海市委书记张海波说：“解决历史遗留问题，是涉及群众切身利益的民心工程，是‘精致城市·幸福威海’建设的重要抓手。”

既尊重历史、实事求是原则，又宽严有度、依法依规，目前威海已累计解决16万套房屋的“办证难”问题，221处闲置项目及“半拉子”工程被盘活，完成低效用地规划整治8000余亩。具体工作中，威海将12345政务服务便民热线、网格化服务管理平台和数字化城市管理平台、其他热线以及信访等平台优化整合，多口汇集、部门内部联动、办理一门反馈，办理结果及时回访，把群众满意度与绩效考核挂钩，构建起诉求解决的协同高效闭环机制。具体政策上，处置闲置项目及“半拉子”工程上，一手抓存量盘活，给予调整容积率、土地出让年限延期等优惠政策，变“包袱”为“财富”，一手抓增量控制，避免产生新的“包袱”。具体方法上，对各方面的办证诉求，变被动接访为主动解决，公开宣介有关政策，将办证大厅下沉到社区，便利群众在家门口办证、领证。

精致城市建设的“打开方式”，可以分为宽口径和窄口径两个维度：宽口径统领全局，坚持“以人为核心的城镇化”，按照“产城人”融合发展思路来提升城市品质，用精致理念统领各领域建设；窄口径则精雕细刻，注重精当规划、精美设计、精心建设、精细管理、精准服务、精明增长。比如把精致理念一体贯彻到美丽乡村建设中，以中心城区全面推广带动城乡部分试点、逐步推进，扎实开展改厕、污水处理、垃圾分类、饮水安全、清洁供暖、道路硬化、环境提升等。

由点及面的方法，不仅运用于外在形象“硬环境”，更可贯穿在底蕴内涵“软环境”。威海创新“六治一网”社会治理模式，推动政府治理同社会调节、居民自治良性互动。荣成市夏庄镇甲夼马家村，靠信用积分与村级事务、村民福利相挂钩，让曾经的“脏乱差”变成了“整洁新”，过去的上访村变成全镇考核的冠军村、全市文明村。“一次志愿活动计一颗星，四颗星换一红旗，每月公示排出等级高低”，村党支部书记马永泉讲道，全村老少都坐不住了，一个人星少，全家脸上没光。威海通过“信用+志愿服务”活动，有效地将群众组织、发动起来，目前全市每4人中就有1名志愿者。

自山东省开展群众满意度调查14年来，威海市有12次位居榜首，2020年、2021年两次获评“中国最具幸福感城市”。威海的精致城市理念与实践，如把解决好人的问题作为价值取向、把体制机制顶层设计作为重中之重、把系统思维贯穿城市治理始终等，对同等规模的城市治理提供了有益启示。

人民网2022年3月2日

一座山海城市的新时代使命

一代人有一代人的历史使命。

2018年6月12日，习近平总书记视察威海时提出“威海要向精致城市方向发展”，赋予了新时代威海以新的重大历史使命。

一座城有一座城的路径选择。

殷切嘱托化为不竭动力。全市上下坚持以“威海要向精致城市方向发展”为总目标总方向总遵循，边实践、边总结、边提升，一批批“威海经验”在全国“打样”，一件件民生实事办到百姓心坎上，一个个城市“成长的烦恼”被精准化解，一张张“闪亮名片”惊艳世界……日新月异的“精致城市·幸福威海”图景徐徐展开。

科学擘画：叫响“威海经验”，树起“精致样板”

城市如人，也有独特的品格和魅力。

放眼威海，“精致”不仅是城市高质量发展的高度概括，更是对人民群众高品质生活的生动诠释。精致理念不仅融入城市顶层设计、发展逻辑、治理模式，更体现在大街小巷、一砖一瓦、一草一木上，外化于市民的文明言行、礼貌举止中。

人民城市人民建，人民城市为人民。威海市第十五次党代会以来，威海市始终坚持高起点规划引领城市发展。2018年以来，更将主线聚焦到如何建设精致城市，建设怎样的精致城市上来。

精致城市建设没有先例可循。牢固树立以人为核心的城市观，威海市委、市政府坚持自上而下、布局谋划，科学擘画、审慎落笔。

挑战之下，愈显定力。威海以精致理念为“中轴”，统领经济社会发展各方面，实施了精致城市建设三年行动，努力做到精当规划、精美设计、精心建设、精细管理、精准服务、精明增长。

不久前，经过区域开发强度、城市组团规模、人口密度、建筑高度等八方面85项指标的“体检”，2021年度威海成功印上“健康”的标签。依据这份“体检报告”，威海市将谋划项目、制定政策。

三年磨一剑，威海的精致城市建设不仅有法可依，更有章可循。“首部”“首个”“唯一”等高频词，点亮了“精致威海”的奋进足迹：

制定全国首部精致城市条例《威海市精致城市建设条例》；完成全国首个“美丽城市”建设试点城市任务，发布实施全国首部精致城市评价指标体系，全省首批完成城市体检，获批城市体检省级试点城市；发布全国首部红色物业建设规范……一批“威海经验”树起了有标准、可量化、可借鉴的“威海样板”。

时间是忠诚的见证者。2021年12月31日，威海第二次站上“中国最具幸福感城市”（地级市）的领奖台，为精致城市建设三年行动画上圆满句号。

精致征程没有终点。威海市委十五届十二次全会提出，要在精致城市建设上争先，深刻把握高质量发展、高品质生活、高效能治理、特色化发展“三高一特”内涵品质定位，打造环境优美、建筑精致、功能完善、设施一流、治理高效、秩序井然的精致城市样板。

瞄准新方向和深水区，“精致威海”再出发。眼下，《威海市精致城市建设规划纲要（2021—2035年）》已经印发实施，威海市计划到2025年牢牢站稳全省高质量发展第一方阵，到2035年基本建成高水平社会主义现代化城市。

坚持问题导向：化解“成长烦恼”，办好“身边实事”

精致城市建设是一项系统工程。坚持问题导向，威海由表及里科学发力。

敢于直面城市建设中的历史遗留问题，威海市首先奏响了化解城市成长的烦恼“四部曲”，目前已解决15.98万套房屋办证难问题，盘活处置221个闲置项目及“半拉子”工程，启动了40个地块、总面积1.9万亩低效用地整治项目库。

一场场攻坚、观摩，强力推动着威海的精致进程。2018年以来，威海市不仅出动无人机航拍、搜索全城“看得见”的“不精致”，还派出小分队查找“看不见”的“不精致”，更形成“六治一网”市域社会治理模式及“1+2+N”平台体系等长效机制，守护提升人民群众的获得感、幸福感、安全感。

“买这里主要就是相中小区的红色物业服务，住着肯定特别安心、放心、暖心。”刚在威高花园小区购买了新房的市民王建华笑着说。实施红色物业建设两年，威海市有关物业的群众满意率从57%上升到了90.5%。

瞄准精致、落脚幸福，是威海不变的为民初心。近年来，威海市每年都梳理规划出一批为民办实事项目，以“小切口”改善“大民生”。

一座座高颜值的口袋公园，拼成市民家门口的“诗与远方”。春节期间，市民姜辉每天的行程表里总有个特殊的安排——到市区几处小游园逛逛，“这几年，咱威海建起不少的特色小游园，我们在家门口就能赏景、锻炼，真是方便！”

2018年以来，威海市已累计实施了26条瓶颈路打通工程、23个停车场项目、9座过街天桥项目，改造245个老旧小区，加装电梯48部，新建改造公厕88座，建设口袋公园224处、城市书房41处，改造提升菜市场15处，建设社区食堂47处。

覆盖“全域”，精致城市建设包括城市和乡村、外在面貌和内在服务、硬实力和软实力等方方面面。

在威海市制定的《精致小城镇建设重点项目实施方案》里，精心筛选规划设计、基础设施、公共设施、民生保障等4大类、90项重点项目，打造了一批规模适度、产业集聚、功能集成、要素集约的特色小城镇。

城市尽显“精致范儿”，乡村也要“美”起来。将精致城市建设与乡村振兴相结合，威海市依托各乡镇的地域特色和资源禀赋集中建设80个乡村振兴样板片区，让“精致画卷”也在希望的田野上铺展开来。

这个春节，荣成市俚岛镇烟墩角“天鹅经济”火热，民宿一房难求。每年，这里吸引游客约10万人次，旅游总收入近1000万元。

利当下，谋长远。一个个重大基础设施建设项目正全速推进：2023年12月建成通车莱荣高铁威海段、2022年底建成5000多个5G基站……未来，威海的城市功能将更加完善。

打造名片：提升美誉度，成就网红城市

一张张闪亮的“城市名片”，印证着威海城市形象和美誉度不断攀升的五年。

威海市第十五次党代会以来，威海市连续三次获评“全国文明城市”，是“全域一片红”的地级城市；空气质量连续五年达到国家二级标准，常年“领跑”全省；山东省连续14年开展群众满意度调查，威海有12年排名全省第一；威海成功创建第四届公共文化示范区……

城市形象和美誉度是最好的营商环境。

2018年，首届山东儒商大会上。威海用“读你，千里海岸线，一幅山水画；懂你，千里海岸线，一条创新链；爱你，千里海岸线，一个创业梦”三句话，向四海宾朋发出共建创新链、共圆创业梦的邀请。

2021年，全球第三、国内唯一的世界级专业堆焊公司威尔汉姆拒绝了周边城市抛出的“红绳”，舍近求远与威海结下“好姻缘”。问起原因，企业负责人坦言：“对威海的第一印象特别好。”

“精致威海”火遍线上、线下。根据《中国潮经济·2021网红城市百强榜》，威海成功跻身百强，在山东省入围城市中排名第四。

去年10月，北京游客薛强本来计划来威海自驾3天。却因偶遇“千里山海自驾旅游公路”停留了1个月，并把自己的亲朋好友都介绍过来了，“威海不愧是‘网红城市’，太美了！”

“千里山海自驾旅游公路”开通以来，单日自驾客流量最高突破40万人次，来威自驾游客占比达70%以上。定制游、高端游等复合型度假产品有效拉动景区收入“倍速”增长。2—3天“深度体验游”占比提升80%。

“听”威海故事，赴山海之约。春节前，火“出圈”的《千里山海·自在威海》组歌“上新”《缘》《守护》和《梦想》3首曲目。组歌7首曲目全部“上线”，深情传唱着千里山海故事。

精致城市建设凝聚起的综合实力，向世界展示着国际化城市威海的魅力风采。

2020国际乒联男女世界杯开幕式上，国际乒联CEO史蒂夫·丹顿用流利的汉语说：“非常感谢中国，感谢山东威海！”

在全球体育赛事“停摆”8个月后，国际乒联男、女世界杯赛史无前例地“合二为一”在威海市举办。21个国家和地区的42名运动员在这里赛出了成绩和水平，向国际社会展现了关键时刻的大国担当和威海形象。

去年5月，世界目光再次聚焦威海——第四届威海市市长国际经济咨询委员会年会召开。这一次，19位咨委会委员围绕城市建设提出百余条“锦囊妙计”，推动着威海市继续迈向高品质国际化城市。

根据上海社科院城市与人口发展研究所评估显示，威海首轮“城市国际化三年行动计划”成效指标完成情况达93.5%，“Weihai”一词的Google搜索指数由20~40分进阶到40~60分区间。

扬帆起航风正劲，牢记嘱托再出发。锚定产业现代化、城市国际化、新型城镇化、发展绿色化、治理现代化发展方向，威海将不断开创“精致城市·幸福威海”建设新局面。

人民日报客户端2022年5月24日

威海：精致城，幸福人

生活在精致城市是种什么体验？在威海百姓的心中，或许有许多答案——

是出门处处有花园、花园处处是美景；

是路不平、灯不亮、狗不拴等不精致、不文明、群众不满意的小事情都有人管、有着落；

是更快捷的出行，更方便的就医；

…… ……

一个个看似不相关的场景，无不指向这座城市发展的核心理念——坚持以人民为中心，聚焦市民衣食住行和所急所需精准发力，给市民一城精致，一城幸福。

更精致

“一二三四，转！”4月27日上午，在威海经开区广安社区顺心园内，俏夕阳模特队正在练习舞步。队员刘佳晨说：“下楼就能见绿、见花、锻炼身体，老少都享福了，日子比蜜甜！”

居民争相打卡的顺心园，在一年前，还是一块闲置废地，建筑垃圾、生活垃圾乱堆乱放，废品收购点、违法建筑星罗棋布，经过整治后，摇身一变成了“俏模样”。大伙儿都说，这个公园同它名字一样，顺心顺意。

顺心园不是个例。近几年，威海市打造“口袋公园”可谓见缝插针，只要一有小型空地被盘活，首先想到的就是给居民建口袋公园。四五千平方米可以是一个公园，两三百平方米也可以是一个公园。有数字统计，启动精致城市建设以来，全市建设口袋公园245处，市民基本实现“300米见绿、500米入园”，威海成为名副其实建在花园里的城市。

随着精致城市建设深入推进，在威海，越来越多的公园不仅仅满足于绿化的卖点，开始跳出“几棵树、几块草坪、几张凳子”的传统设计，在细微处下狠功夫，在有限空间内叠加更多功能，全力满足百姓对美好生活的更高期待，让公共服务落地“最后一公里”。

金线顶公园一开园，就火出圈。这里不仅有篮球场，还兼具网球场、休闲广场、婚庆广场等多种功能，每一项看似平常，无不是周边居民所盼所需。曾在欧洲生活的丁香兰经常来此打卡，她说：“无论从建筑风格还是功能设置来看，公园都非常人性化。”

瞄准精致、落脚幸福，是威海不变的初心。近年来，威海累计实施26条瓶颈路打通工程、23个停车场、9座过街天桥建设项目，改造老旧小区273个，加装电梯68部，新建改造公厕110座，建设口袋公园245处、城市书房41处，改造提升菜市场15处，建设社区食堂46处，机关企事业单位停车场全部错时开放，万人拥有公共文化设施面积等多项指标位居山东省首位。

2022年，民生微实事被首次写入了威海市政府工作报告中，再次向社会释放出鲜明信号：只要是群众关心的事，就不辞其“小”、不厌其“细”；只要是群众关心的事，就一定“政有所应”“政有所为”。

更贴心

天还没黑，温泉明珠小区东南角的篮球场上，已经聚集了不少打球的人。一时间，拍球声、奔跑声、说笑声好不热闹。

但在半年前，这里还是另外一副样子。“那个时候，路不平整，别说打篮球了，走都不稳当。”小区物业经理张爱超说，小区共有3680户，1万多居民，人多，自然事儿就多，遇见问题大伙意见不统一，解决起来难度不小。“那种无力感，就像一拳打在了棉花上。”

有困扰的不只温泉明珠一个小区。威海现有住宅小区中，40.8%是2005年底前建成的。近半数小区都有基础设施老化、配套设施不全等“病症”，而部分新建小区也或多或少存在着物业服务质量不高、维修资金使用难等糟心事。

新旧问题交织，物业、业主各有各的委屈，各有各的诉求，“物业不规范——业主不满意不缴费——影响物业服务”的死结越缠越紧。

2019年4月，威海提出“党建引领红色物业”的破局思路，创新构建“2+3+5”工作格局，即社区“党建联席会议制度”、镇街“党建联盟”两大平台共同发力，社区、物业企业、业委会党组织三大引擎同频驱动，驻区单位、居民群众、法律工作者、志愿服务者、社区工作者五支力量协同配合，并建立分级预警、“吹哨报到”和“物业+执法”等机制，凝聚多方联建、聚力攻坚的工作合力，党建、发展、治理成为“一张网”，全力破解社区治理的死结。

据统计，红色物业启动以来，威海常态化整治物业难点问题超

10万件，业主满意度由57%上升至90.5%，物业缴费率由68%上升至87.2%，形成《红色物业建设规范》等一批原创性成果。

让群众感觉满意、舒心、美好，是精致城市建设的初衷，也是精致威海发展的终极目标所在。这座城市，在全领域用生动实践书写人民至上。

市民张成华没想到，简单一通12345政务服务热线电话，十几分钟后，小区楼下晚上工地施工的聒噪就“静音”了。“速度真快，还管用”。

高效背后，是“1+2+N”民生服务平台优化的结果。以往，一个热线工单由市转区，区转街道，即便是前前后后各环节无缝衔接，仍然平均需要602分钟。如今，省去了“二传手”，市民撂下电话的瞬间，任务单就由市直派到距市民最近的街道乡镇，用时不超1分钟。

按照“1+2+N”的思路，威海整合市12345政务服务热线、“六治一网”综合治理平台和数字化城管平台等各民生服务平台，多口受理市民诉求，接听电话的同时，每一个环节都在为响应、解决市民诉求而努力奔跑，并“跑”出了好成绩：市12345政务服务便民热线群众满意率达到96.84%，按期办结率达到99.99%，同比分别提高2.92个百分点和0.12个百分点。

更智慧

城市管理要像绣花一样精细。如今，威海正全力开发、设计、实施越来越多的智慧场景，给城市装上“智慧大脑”，实现更高效的管理、更精准的服务。

一个烟头，从高楼一扇窗户抛下，火星划过夜色。

楼下高清探头迅速捕捉，根据轨迹，可以分析出抛物来自哪一层哪一户，更快更准确地找出涉事人员。

这是威高花园熙和苑小区的一个智慧应用。威海新建小区全部按四星级智慧小区标准打造，现有小区结合老旧小区综合整治，按照三星级标准分期分批改造，每年创建100个星级智慧小区。改造后的智慧小区全部接入全市智慧物业管理信息平台，实现智慧出行、智慧报修、智慧投诉、智慧评价、智慧养老等需求。目前，全市约1/3的住宅小区已经接入智慧物业管理信息平台，未来2—3年内可实现全域住宅小区上线管理。

进家，可以过上向往已久的“智慧”生活；出门，也一样被“智慧”场景包围。

目前，112路公交车崮山区域日均班次增加了13个。调整的背后，是市公交集团通过大数据客流分析发现，每天由崮山区域至威海站以南方向的乘客，约占全部客流的62%。

利用数据分析评估线路运营情况，掌握客流出行特征，正是威海市“智慧大脑”一次常态化的应用。

“慧”感知、“惠”生活的故事，正在这个城市各处上演：一部手机随时随地可以预约挂号；幼升小招生报名可以“一网通办”，报名过程变得轻而易举；甚至连找停车位、找公厕等应用场景，也被打包“装”进了市民手机中……

智慧城市，不仅让百姓可感、可知、可及，城市管理也在充分挖掘大数据富矿，从而实现由事后应对处置向事前有效防范转变。

目前，威海市城市运行指挥平台已打造宏观经济、交通出行、生态环境、社会治理、防汛抗旱等10个应用场景，通过遍布全城的传感器、摄像头，实时感知城市生命体征，努力实现“治未病”“防未然”。

对威海而言，始于精致，终于幸福，“精致”不仅是城市的鲜明标识，也是幸福生活的生动诠释。2021年12月30日，威海百姓用自己的切身感受、用对城市的热爱，将威海又一次“送”上了“中国最具幸福感城市”的领奖台。在山东省群众满意度调查中，威海连续12年排名全省第一。

精致城市的答卷，人民是最好的考官，幸福是最美的答案。2022年2月召开的威海市第十六次党代会提出，牢记习近平总书记的殷切嘱托，坚持“人民城市人民建、人民城市为人民”，在精致城市建设上持续用力，全领域、全要素、全环节推进精致城市建设，不断增强全域发展的精致性、协调性、融合性。

新华社客户端2022年5月25日

党建引领“红色物业”转型升级以人为本

——威海市坚持以人民为中心创新推动物业服务高质量发展纪实

“推动社会治理和服务重心向基层下移，把更多资源下沉到基层，更好提供精准化、精细化服务”“完善共建共治共享的社会治理制度”“加强和创新社会治理”，是党的十九届四中、五中全会强调的关于社会治理的内容。而作为社会治理“神经末梢”的物业管理服务，由于同群众生活、社会和谐息息相关，直接影响着人民群众的获得感、幸福感、安全感。《中共中央关于制定国民经济和社会发展第十四个五年规划和二〇三五年远景目标的建议》（以下简称《建议》）明确要求“加快发展现代服务业”“加快发展物业等服务业”“加强公益性、基础性服务业供给”。住房和城乡建设部、中央政法委、中央文明办等十部门日前联合印发《关于加强和改进住宅物业管理工作的通知》（以下简称《通知》），要求加快发展物业服务业，推动物业服务向高品质和多样化升级，满足人民群众不断增长的美好居住生活需要。2020年全国住房和城乡建设工作会议提出，推动物业服务企业大力发展线上线下服务业。如何才能实现物业管理服务的高质量建设和转型升级？关键还得靠基层的创新实践。

近年来，山东省威海市始终坚持以人民为中心的发展思想，紧紧围绕习近平总书记2018年6月在威海视察时作出的“威海要向精致城市方向发展”的重要指示精神，借助山东省推行“齐鲁红色物业”建设之机，以全面加强党的领导为切入点，在统筹联动上下功夫、在建章立制上求突破、在整改提升上见实效，最大程度把党的政治优势、组织优势转化为社区治理优势和市民幸福指数，成功探索出一条“党建引领、系统谋划、全域推进、动态提升”的“红色物业”发展新路径。截至目前，市级12345物业投诉率下降6.8%，保持在0.4%左右，物业缴费率达到87.2%，业主满意率90.5%，生动践行了以人民为中心的发展思想。“红色物业·情暖万家”，成为威海市又一张靓丽名片。

坚持党建引领　实现党的组织和工作有效覆盖

《通知》明确从坚持和加强党对物业管理工作的领导、落实街道属地管理责任、推动城市管理服务下沉、构建共建共管共治共享格局等方面，推动物业管理融入基层社会治理体系。威海市在推进物业管理服务品质提升方面，始终坚持党建引领，全面贯彻新发展理念，把“党是领导一切的”政治原则贯穿全过程、各方面，以提升组织力为重点，推动物业行业党组织有效覆盖、全面过硬，为“红色物业”和基层治理提供坚强组织保证。

一是健全组织体系。建立市物业管理行业党委、区市物业管理行业党总支、街道“红色物业”党建联盟、社区党组织四级管理体系。支持引导物业服务企业设立党组织，对拥有25名以上员工且无党员的物业服务企业开展“清零”行动。威海市现有物业服务企业383家（管理住宅小区1344个）、物业服务企业党组织183个、党员1180名。“红色物业”工作开展以来，新成立物业服务企业党组织155个、发展党员110名，党组织覆盖率提升了54.7%。制定“红色物业”党建和服务标准15条，推行物业服务企业和业主委员会（以下简称“业委会”）党组织建设，开展党组织“标准化+过硬支部”建设，建成100个红色引擎示范点，物业行业由以往的党建薄弱点、空白点，转变为基层治理的支撑点、发力点。

二是加强阵地建设。市级层面，高标准建设了2200平方米的“红色物业”党建服务基地，设有“红色物业”党员之家、文化智慧中心、文化长廊等多个单元，融党建活动举办、文创展示、智慧物业平台综管、物业行业教育培训、工作成果展示等功能于一体，打造全市“红色物业”党建主阵地、文化主窗口、智慧总枢纽、培训大本营、争先强引擎。区市层面，因地制宜打造了8个分中心，把“红色物业”基地建成辖区党建引领、文化支撑、科技驱动、人才培养的“大熔炉”。社区层面，严格落实物业服务用房配置要求，统一设立党群驿站和服务窗口，列支不少于3万元专项经费，多层次、多渠道为业主提供服务，打造了锦宏社区“五彩连厢”“红色威高幸福+”等12个品牌项目。

三是强化考核激励。将“红色物业”推进情况纳入党组织书记抓基层党建工作述职评议考核。对物业服务企业，建立由住房和城乡建设部门、街道党工委、社区党组织、党员居民代表共同参与的“四位一体”考核机制，党员居民打分比例不低于50%，党建领导小组、城市基层党建联席会等定期组织督导调研、现场观摩。考核结果与政府扶持政策等挂钩，已发放疫情防控奖励、星级物业项目补助等各类资金1520万元。开展物业服务企业信用评价，实施联合奖惩，约谈物业服务企业16家。

坚持统筹联动　构建共建共管共治共享新格局

党建引领是前提，为民服务是根本。威海市“红色物业”建设始终坚持以人民为中心原则，把加强和改进住宅物业管理作为保障和改善民生、创新基层社会治理的重要举措。坚持用脚步丈量责任、用真情服务群众，聚焦停车管理、卫生保洁、违章搭建等焦点难点问题，建立以党组织为核心的“一核多元、多级联动”机制，形成持续向小区下沉、一线汇聚的工作合力。

一是建立直接联系服务机制。线上，与威海市广播电台合作，开设“安居威海·聚焦物业你呼我应”栏目，物业主管部门每周接受“在线问政”，市民业主线上交流、反馈问题累计达20万人次，其中物业管理类问题处结率100%。线下，威海市住房和城乡建设部门、组织部门牵头成立“红色物业志愿服务队”，确定8个治理难点社区（小区）作为直接联系点，指导各区市建立联系点128个。建立定期走访和回访制度，对6万户居民开展“红色物业服务提升大走访”和回访活动，收集群众诉求，推动问题解决。截至目前，已解决停车位不足、乱堆乱放等问题3100多个。

二是建立多级协调联动机制。依托区市“红色物业”联席会议制度和镇街“红色物业”党建联盟，统筹住房和城乡建设、组织、公安、应急管理等部门力量，不定期集中会商解决物业管理问题。建立“啄木鸟”和“物业+执法”问题反馈及处理机制，由物业服务企业对小区开展自查，建立问题整改台账，提交属地物业主管部门和社区党组织，依托街道吹哨报到“全响应”平台，将问题反馈给相关执法部门，限时整改、销号管理。持续开展自查自纠、“把脉问诊”、攻坚提升等整治行动，累计排查整治物业管理难点问题7万余件、新划制停车线8万多处、新增停车位2.5万多个，基本实现“小事不出小区、大事不出社区”。

三是建立多渠道共治共享机制。深化驻区机关事业单位党组织和在职党员“双报到”制度，加强与工会、团委、妇联等群团组织合作，开展“巾帼助力红色物业”等公益活动。组织物业服务企业党组织、党员到社区报到，签订党建联建协议，开展“与业主同心·创精致小区”活动，实施回应诉求马上就办、晒物业服务账单、全员岗位大练兵、安全生产教育、历史问题清零5大专项行动，同时每年联合实施“爱在一七”等党建服务项目1160余个。组织物业服务企业党组织和党员开展“红色物业·初心崇善”活动，成立红色志愿者U站，发展志愿者2000余名，认领400多户困难家庭跟踪服务，“红色物业”日渐成为弘扬正能量、引领新风尚的城市窗口。

威海市创新构建的“红色物业”共建共管共治共享新格局，用实践证明了《建议》提出的“推动社会治理重心向基层下移，向基层放权赋能，加强城乡社区治理和服务体系建设，减轻基层特别是村级组织负担，加强基层社会治理队伍建设，构建网格化管理、精细化服务、信息化支撑、开放共享的基层管理服务平台”的重要性和科学性，为加强和创新市域社会治理、推进市域社会治理现代化提供了可借鉴的经验做法。

坚持科学创新　厚植“红色物业”高质量发展动能

威海市通过树牢“发展是第一要务，人才是第一资源，创新是第一动力”的理念，紧扣物业服务行业深层次、结构性问题，深入基层一线调研，坚持科学创新，不断拓展行业发展空间，加快全面转型升级速度。

一是勇于打破制度瓶颈。经过20多轮修改补充和完善，《威海市物业管理办法》出台，同时配套制定了一系列政策文件，在维修资金统筹使用和业委会组建履职等关键问题上大胆创新。实现了商品房维修资金部分统筹和房改房维修资金全部统筹，扩大维修资金应急使用范围，提高了使用效率。针对业委会组建难、履职弱问题，允许镇街在特定情况下组建物业管理委员会代行业委会职能。制定了《关于加强业主委员会党建工作推进“红色物业·精致社区”建设的意见》，提出符合条件的小区由镇街牵头成立业委会，不再需要小区业主申请。目前，全市1344个住宅小区中已成立业委会或物业管理委员会的小区占比达94%，提前完成省定目标。

二是加快行业科技赋能。抢抓新基建战略机遇，加快互联网、人工智能、5G（第五代移动通信技术）等先进技术在物业管理领域的深度应用，搭建全市智慧物业综合信息服务平台，实现缴费、报修、投诉、评价等业务“掌上办”。同时在全省率先全面推开智慧小区建设，新建小区全部按四星级智慧小区标准打造，每年创建100个星级智慧小区。现有小区按照三星级标准分批改造，2020年已改造小区95个，力争2025年前让548个老旧小区“旧貌换新颜”，实现智慧化管理，惠及26.5万户居民。

三是加强人才队伍建设。制定行业自律公约，成立了自律监督、教育培训、矛盾纠纷调解等8个专业委员会，公开遴选40名物业服务企业精英担任委员会委员。启动物业行业精英培养计划，实施“头雁、栋梁、种子、智匠、青林”素质提升工程，每年培训3000人次以上，不断提高人才队伍素养。实施物业服务企业“攀登”计划，通过整合、兼并、重组等方式，不断壮大企业规模，每年培养3~5家重点企业，尽快改变“群山无峰”局面，为行业高质量发展注入更多源头活水。2020年9月8—9日，山东省加强“齐鲁红色物业”建设提升社区治理水平工作推进会在威海市召开，与会人员现场考察了威海市“红色物业”党建基地等5个观摩点，对威海市“红色物业”工作给予充分肯定，该工作具有“系统谋划、全域推进、动态提升”3个特点，可复制性和成长性很强。

加码转型升级　真情服务擦亮“红色物业”品牌

“改革只有进行时、没有完成时。”物业管理服务更是如此。在威海市住房和城乡建设局局长、市精致城市建设办公室主任宋修德看来，威海市的“红色物业”建设虽然取得了阶段性成效，但仍有不少弱项短板。下一步，威海市将结合“齐鲁红色物业”三年行动，对“红色物业”工作现状、深层问题、发展目标和路径等深入分析，实施“品牌提升年、亮点惠民年、全面精致年”三年行动计划，着重在关键环节创新突破和市域层面规范提升上下功夫，探索一套完整的可复制可推广的经验做法，把物业服务行业真正打造成基层党组织联系服务群众的重要平台、推动基层治理和城市治理现代化的重要载体，提升城市凝聚力和影响力的重要品牌。

一是继续强化党建引领，持续加强行业党的建设。全面落实“红色物业”党建和服务标准15条，推进物业服务企业“双覆盖”提质攻坚行动，实现企业党组织应建尽建，小区党的工作全面覆盖。发挥100个红色引擎党建示范点带动作用，通过“红色管家”落地和“双向进入、交叉任职”等方式，加强居委会、业委会党的建设，推动“红色物业”党建联盟、联席会议制度等平台长效化，夯实条块协同发力的前沿阵地，真正把居民家门口的“关键小事”办好，让群众感受到“红色物业”的温度。

二是坚持因地制宜，不断健全“1+X”政策体系。抓好《威海市物业管理办法》的宣传、落实及配套政策制定，在政策制定和落实中，充分考虑合规性、可操作性，确保政策严谨周密、接地气能落地。完善“物业+执法”机制，加快改革物业价格收费机制，建立健全以信用管理为基础的新型行业监管机制。顺应社会治理重心下移趋势，探索政府购买服务项目向物业服务企业有序开放。

三是坚持精准高效，加快提高行业智慧化水平。发挥市级“红色物业”党建基地智慧枢纽作用，运行全市智慧物业综合信息服务平台，满足业主智慧出行、智慧缴费、智慧报修、智慧投诉、智慧评价、智慧养老等需求，并与智慧城市运行中心有序对接，逐步实现综合服务精准匹配、精准监督、精准反馈，为市民提供全方位智慧体验。

四是坚持滚动整改，持续整治小区热点难点问题。对私搭乱建、乱堆乱放、停车秩序等热点难点问题长期盯防、循环整改，特别是把“啄木鸟”问题反馈机制常态化，开展物业小区星级评价，一件接着一件干，一年接着一年干，以实际行动满足群众美好生活需求。结合住房和城乡建设领域矛盾纠纷排查整治，督导各区市集中啃掉一批居民反映强烈的“硬骨头”。加强小区基层自治，有效推动业委会组建并真正发挥作用，力争到2022年全市居民小区业委会组建率达到80%以上，打通基层治理的“神经末梢”。

五是坚持分批分类，加快补齐老旧小区管理短板。抓住国家政策机遇，加快改造失养失修失管严重、市政配套设施不完善、公共服务和社会服务设施不健全、居民改造意愿强烈的老旧小区，优先实施供热、供气、供排水等基础类项目改造。同时，分类创新摸索适合老旧小区的物业管理模式，实现应纳尽纳、应管尽管。

六是坚持德才兼备，培育高素质的物业服务队伍。以满足人民日益增长的美好生活需要为核心，引导行业适应消费理念和消费结构深刻变化，推动物业服务企业加快发展线上线下生活服务，积极开发家政服务、房屋租赁、居家养老等物业产品，扩大优质服务供给。实施多层次人才培养计划，组织开展“红色物业·情暖万家”“红色物业·初心崇善”等各类特色公益活动，争取用3年时间培育350个市级示范点，以真抓实干讲好“红色物业”故事，用真情服务擦亮“红色物业”品牌，打造成一支全心全意为人民服务的高素质物业服务队伍。

威海市委书记张海波表示，“威海要向精致城市方向发展”既是习近平总书记对威海市的殷切嘱托，也是威海市城市工作的总目标总方向总遵循。他表示，近年来，威海市用精致理念统领政治、经济、文化、社会和生态等方方面面，实现精当规划、精美设计、精心建设、精细管理、精准服务、精明增长。从城市最需要的短板补起，升级硬环境；从群众最期盼的事情做起，优化软环境；从社区最基本单元抓起，构建共建共管共治共享格局。今后，威海市将进一步理清思路，推动“红色物业”工作再上新台阶，用心用情将事关群众切身利益的民生实事办好办实，让“精致城市·幸福威海”底色更靓、成色更足！

《中国建设报》2021年1月21日

精致城市建设相关重大事件

2018年6月12日，中共中央总书记、国家主席、中央军委主席习近平到山东威海考察，提出“威海要向精致城市方向发展”的殷切期望，为威海城市发展指明了前进方向。

2018年6月27日，中国共产党威海市第十五届委员会第五次全体会议召开，审议通过《中共威海市委关于深入学习贯彻习近平总书记视察山东重要讲话精神的实施意见》，要求注重精当规划、精美设计、精心建设、精细管理、精准服务，让“精致”城市成为威海的新名片。

2018年7月1日，《威海市海岸带保护条例》正式施行。这是威海市首部海岸带保护地方性法规，也是全省首部地级市出台的海岸带保护专项法规。

2018年12月23日，中共威海市第十五届委员会第六次全体会议要求，把习近平总书记指示的“威海要向精致城市方向发展”作为总目标总方向总遵循，努力争当全省走在前列排头兵，努力开创“精致城市·幸福威海”全新局面。

2019年1月，威海市首届“精致城市”评选活动启动。

2018年12月26日，威海市住房和城乡建设局加挂市精致城市建设办公室牌子。

2019年4月24日，威海市正式出台《威海市精致城市建设三年行动方案》，以“六个精”为主线，提出6大类30项重点任务，建立包含385个项目的三年行动项目库，科学勾画出精致城市建设路线图。

2019年4月29日，威海市被生态环境部公布为“无废城市”建设试点，成为山东省唯一试点城市。

2019年4月29日至30日，首届威商大会召开，大会以“诚邀四海嘉宾共建精致威海”为主题。

2019年6月12日，在北京市召开的第二次政法工作创新交流会上，介绍威海市“以社会治理创新助推精致城市建设”有关经验。

2019年10月8日，栖霞街特色商业步行街改造项目启动。

2019年11月16日至17日，在湖北十堰市召开的中国生态文明论坛年会上，威海市被生态环境部授予“国家生态文明建设示范市”称号。

2019年11月29日，威海获评全国首个“美丽城市”建设试点。

2019年12月13日，城区环山快速路主干道路全线贯通。

2019年12月29日，威海市荣获“2019社会治理创新典范城市”。

2020年2月，威海市在山东省率先创建儿童友好城市。

2020年8月30日，威海市获得2020中国国际化营商环境建设标杆城市奖。

2020年9月8日至9日，加强“齐鲁红色物业”建设提升社区治理水平工作推进会在威海市举行。

2020年9月27日，全国首个以总体国家安全观为主题的教育培训基地——总体国家安全观刘公岛教育培训基地试运行；2021年6月，总体国家安全观教育展馆深化提升和基地二期工程完工。

2020年9月30日，文莱高速公路通车。

2020年10月10日，华夏城被生态环境部评为第四批“绿水青山就是金山银山”实践创新基地。

2020年11月1日，《威海市精致城市建设条例》正式施行，为全国首部精致城市建设的地方性法规。

2020年11月12日，威海市获评“2020中国领军智慧城市”。

2020年11月18日，2020中国幸福城市论坛在杭州举行，威海市荣获“2020中国最具幸福感城市”（地级市）称号。

2020年11月19日，西部环山路通车。

2020年11月20日，在全国精神文明建设表彰大会上，威海市及荣成市、乳山市蝉联“全国文明城市”称号，威海市成为全国唯一实现全国文明城市创建“全域一片红”的地级市。

2021年1月1日，《威海市山体保护条例》施行。

2021年1月6日，荣成市被全国爱国卫生运动委员会命名为2018—2020周期国家卫生城市（区），威海市国家卫生城市创建工作实现市域全覆盖。

2021年1月24日，威海市“六治融合、一网联动以市域社会治理现代化助推精致城市建设”典型经验被评为全国“2020社会治理创新十佳示范”。

2021年2月23日，威海市发布精致城市建设六项地方标准，包括《威海市精致城市评价指标体系》和《威海市城市道路综合整治技术导则》《威海市沥青及水泥混凝土路面养护技术导则》《威海市城市道路人行道建设技术导则》三项市政导则以及《威海市小游园建设管理技术导则》《威海市城市园林绿化养护技术导则》两项园林导则。

2021年5月1日，千里山海自驾旅游公路启动。

2021年7月22日，威海市以地方标准形式出台了全国首部《红色物业建设规范》，自8月1日起正式实施。

2021年8月3日，全省首部对外开放领域的综合性地方法规——《威海市城市国际化促进条例》施行。

2021年9月30日，威海市入选首批省级城市体检试点城市。

2021年10月12日，乳山市被生态环境部评为第五批国家生态文明建设示范区，威海市全域建成国家生态文明建设示范区。

2021年10月17日，以“城市治理现代化”为主题的第十六届清华大学公共管理高层论坛在威海市举行。

2021年11月18日，以海洋负排放为研究领域的院士工作站——山东省海洋负排放焦念志院士工作站在威海南海新区揭牌。

2021年11月29日，威海市入选先进制造业百强市。

2021年12月7日，《威海市精致城市建设规划纲要（2021—2035年）》印发实施，以“六个精”为逻辑主线，涵盖“五化”重点任务的各个层面，是统筹指导全市精致城市建设的重要依据。

2021年12月30日，2021中国幸福城市论坛以线上线下相结合形式在北京召开，威海市再次荣获“2021中国最具幸福感城市”（地级市）称号。

2022年1月1日，《威海市停车管理和服务条例》施行，从体制机制、规划建设、执法管理等方面对停车管理服务加以规范，助力精致城市品质提升。

2022年1月7日，威海市入选新一批国家创新型城市建设名单。

2022年1月，威海市在山东省2021年度群众满意度调查位列第一（这项工作开展了14年，威海市有12年排名第一）。

2022年2月17日，中国共产党威海市第十六次代表大会提出，牢记“威海要向精致城市方向发展”殷切嘱托，全力打造共同富裕先行区，奋勇争当强省建设排头兵。

2022年6月，威海市成为全国青年发展型城市建设试点。

跋

落笔山水间　城市焕新颜

——山东威海以高品质生态环境支撑高质量发展的实践探索*

夏日时节的山东威海半月湾景区，碧海蓝天、海鸥飞舞，风景如画的海岸风光让众多游客沉醉其中。“这里空气清新、环境优美，来了就不想走。”外地游客祝庆显兴奋地说。

三面环海、群峰拱卫，威海市因生态宜居闻名，三季有花、四季有色，处处体现着自然之美、生态之美。

2018年6月，习近平总书记在山东威海考察时强调，良好生态环境是经济社会持续健康发展的重要基础，要把生态文明建设放在突出地位，把绿水青山就是金山银山的理念印在脑子里、落实在行动上，统筹山水林田湖草系统治理，让祖国大地不断绿起来、美起来。

2024年，光明日报社记者与相关专家学者组成的调研组来到威海，就当地如何将发展“含绿量”与生态“含金量”同步提升、生态建设与经济发展有机结合，如何深入践行绿水青山就是金山银山理念、不断激活绿色发展新动能，进行调研。

---

* 本文原载于《光明日报》2024年6月14日“红船初心专刊”，收入本书时作了部分改动。本文由光明日报调研组撰写，调研组成员包括：光明日报社记者赵秋丽、李志臣；山东省社科联党组书记、副主席刘为民；山东大学教授张林波，副研究员乔元波；中共威海市委党校（威海行政学院）教授王东普。

美丽蝶变　谱写人水和谐新篇章

6月，威海华夏城景区，满眼翠绿，鸟语花香，游人如织。很难想象，以前这里是尘土飞扬、满目疮痍的采石场。

沿着栈道一路攀登，从高处俯瞰，原本的采石立面，现在是景色秀丽的九曲街；原本的渣土矿坑，现在建起仿古建筑、民俗馆。华夏集团经过多年努力，修复矿坑44个，栽植各类树木1189万株，寸草不生的渣石矿坑摇身一变，成为生态良好、风光旖旎的国家5A级旅游景区，彻底改善了周边生态环境。

行至龙山花谷步道，讲解员赵静向游客介绍起一条路的变化："随着华夏城全面复绿，这条'生态路'成了周边居民的'共富路'。目前，周边1万多名居民实现家门口就业，有13个村集体收入年均增长14.8%……"

具体可感的变化，让当地村民深有感触。华夏城景区员工、环翠区嵩山街道张家疃村村民孙万里说："通过生态修复，环境一天天变好，我和许多村民都来到华夏城就业。旅游旺季，月工资能拿到9000多元。"

矿坑废墟变绿水青山，绿水青山变金山银山，华夏城的蝶变是威海生态修复治理工作的缩影。生态修复治理还原美丽自然风貌，与居民共享绿色。调研组了解到，2018年以来，威海市共落实废弃矿山修复治理资金10亿多元，完成200余处废弃矿山修复治理，修复治理面积600多公顷。

做好兴水用水文章，绘就人水和谐新图景，威海市持续推进幸福河湖建设，让群众共享生态福利。

在威海市文登区，杜营河如一条缎带穿城而过。该河流先后被评为山东省"2021年省级美丽幸福示范河湖"、"2022年淮河流域幸福河湖”。

但在多年前，杜营河沿岸垃圾乱堆乱放，河水发臭、漂浮物多。如今，走在岸旁，河水清澈，河畔建有抱龙河国家级水利风景区、文登学公园等，春夏之际还有黄脚银鸥与白鹭栖居，生态环境十分优美。

近年来，威海市强化水域规划治理工作，通过清淤疏浚、生态修复、建立智慧河湖体系等举措，大力提升河道水质，稳步改善水生态环境。以杜营河幸福河湖建设为例，文登区按照“一轴三带三区辉映”的总体布局，以杜营河干流为轴，打造花卉种植、果蔬采摘、生态养殖等生态产业发展带，连接天福山红色文化旅游、召文台历史人文景观游览、于家庵村文旅教育体验等特色文化观光区，有力推动产业融合发展。

算好“生态账”，吃上“生态饭”，随着杜营河的水生态越来越好，与之相关的富民产业也在蓬勃发展。文登区文登营镇东杜梨村地处杜营河左岸，建有120多亩的大型桑葚休闲采摘园。

东杜梨村党支部书记孙东军指着杜营河介绍：“现在河两岸的芝樱花和油菜花海，正逐渐成为网红打卡地，游客多了，我们村的桑葚采摘也成了‘香饽饽’。”眼下，杜营河全力打造生态系统复苏、水韵人文交织、经济产业发展的幸福河湖体系，逐步实现“美丽河湖”向“效益河湖”“智慧河湖”的转变。

不仅仅开展河湖综合治理与生态修复，在海洋生态保护修复上，威海建立了海域海岛海岸带整治修复项目库，统筹推进生态人工鱼礁、海上综合平台和旅游配套设施建设，实施岸线整治修复和环境综合保护，加快培育海洋“新六产”，推动海洋牧场由粗放型经营向精致渔业转型。2023年，桑沟湾获评第二批美丽海湾优秀案例。

夏季来临，地处黄海之滨、山东半岛东端的桑沟湾国家级海洋牧场迎来旅游旺季，游客可以在这里体验海鲜捕捞，感受耕海牧渔的乐趣。桑沟湾国家级海洋牧场以立体、生态、循环发展为特色，充分利用海洋资源开展参与性、娱乐性、体验性俱佳的活动，满足人们的多元旅游需求。

“通过海洋牧场吃上‘牧场养殖+观光旅游’饭，不仅让海水养殖产业焕发新生，更带动周边乡村居民就业，我们就是实实在在的受益者。”桑沟湾国家级海洋牧场相关负责人于永超说。

生态宜居 不断提升居民幸福感

日落时分，吹着海风，再来上一杯温热的咖啡……这是来自小石岛咖啡店“I AM JOJO小石岛·日落店”的美好与惬意。

以日落为背景，来自浙江杭州的游客苏荀怡拍摄了一段“来威海看海”的视频。她说：“以前只知道威海是世界宜居城市，没想到这里连一砖一瓦都那么精致。”

威海依山傍海，凭借其坐拥山海的高颜值，吸引无数游客慕名前来。

威海提升城市“含绿量”，打造城市绿色空间格局，增强居民生活幸福感。

调研组了解到，近年来，威海立足自然优势，围绕里口山系构建“一环五联五纵五横”的快速通道体系，加快构建以昆嵛山、海岸带以及羊亭河等河流为主体的“一屏一带十廊多核”生态空间格局，山海一体、蓝绿交融的生态空间为高品质生活奠定了基础。

“我们通过整治城区低效用地，精心打造园林绿化，有266个口袋公园及166公里滨海生态步道，让‘推窗见绿、出门进园’成为现实。”时任威海市住房和城乡建设局局长、市精致城市建设办公室主任李瑞玲边走边向调研组介绍，威海在城市建设中处处以绿色为点缀，把“生态线”变成群众生活的“幸福线”。

威海像设计景区一样设计城市，保持当地“大山海、小珠链”的特色城市风貌。比如，相继出台城市风貌保护条例，编制城市风貌保护规划和保护名录，高标准开展铁路沿线、海岸线、环山路沿线“三线整治”，先后完成沿海养殖征迁、岸线生态修复等整治修复工作，实现了“水清、岸绿、滩净、湾美”的目标。

良好生态环境是最公平的公共产品，是最普惠的民生福祉。时任威海市委书记闫剑波表示，威海市依托已有的生态资源，通过污染治理、生态修复和改善农村人居环境等，提升优质生态产品供给能力，打造宜居宜业的高品质生活环境。

威海荣成市被称为“中国大天鹅之乡”。这里四季分明，既有海岸线、海岛等优美自然风光，又有海草房、胶东民俗、红色印记等历史人文景观，宜居宜游宜业。

“围绕用好这些优质资源，我们深度融入威海千里山海自驾旅游公路布局，对450公里市镇公路和滨海步道进行全面升级，将全市90%的景点、民宿、海洋牧场等资源串点成线，将荣成市全域连成一个没有边界的大景区。”时任荣成市文化和旅游局党组书记、局长董昭胜介绍，在这里可以感受“一桌最海鲜、一个房车梦、一池天鹅舞、一腔故里情、一城仁爱风”“五个一”主题活动的魅力，可以体验乡村游、研学游、房车游等带来的惬意，感受“天之尽头、天鹅海岸”旅游品牌的风情。

“高颜值”带来“大流量”。据了解，包括火炬八街、小石岛、新威附路在内，威海拥有近百处免费网红打卡点。2023年，威海旅游从春暖花开火到白雪皑皑，全年接待游客5907万人次，游客人数增长66.8%，旅游收入增长69%。

依托优势　持续激活发展新动能

走进位于文登区的山东颐阳集团西洋参生产加工车间，一批批西洋参原浆饮品经过灌封、灭菌、烘干、包装等工序走下生产线，准备发往浙江、广东等地。

“西洋参对周边环境要求较高，生态环境要绿色健康。”时任山东颐阳集团董事长于海先说。文登是我国西洋参最大主产区，种植面积稳定在5.5万亩，年产鲜参8000多吨，已培育30余家加工企业，品牌价值达116.43亿元。

威海依托生态优势，把丰富的生态资源转化为经济发展要素，以生态产品价值实现推动经济结构调整，实现生态产业化和产业生态化，将优质的生态产品培育成为绿色发展新动能。

在与黄海造船厂毗邻的威海朗盛新能源科技有限公司堆场边，一艘装载着6支长111.5米超大型风电叶片的货轮驶离码头。10小时后，货轮到达位于渤海中部的山东龙口海上风电项目场地，进行装机。

“这里曾是一个闲置8年的船厂。”时任威海朗盛新能源科技有限公司行政经理林志强说，公司将盘活这片土地，打造集生产、安装、运维、中转、部装于一体的“海上风电母港+产业园综合体”。

“除了丰富的海洋资源，三面环海的区位优势还给荣成带来了绿色低碳的海洋能源。”威海海高园（石岛管理区）风电专班负责人宋保额介绍，石岛处在山东半岛风电规划区域的相对中心位置，具有得天独厚的风能和海域条件，上海玻璃钢研究院有限公司与中国电力工程顾问集团有限公司初步达成框架协议，双方将依托朗盛新能源风电装备产业园，在石岛共建海上风电产业基地，吸引更多世界500强企业入驻。

时任荣成市发展和改革局党组书记、局长殷波告诉调研组，近几年，随着山东省能源结构调整，荣成市地域优势愈发凸显，“核、风、光、储、氢”新型能源体系加速完备，各类能源项目被频频列入省级规划。华能、国核两个示范电站落户荣成市，石岛湾核电厂址规划装机总量820万千瓦，附近8处国管海域海上风电场址被列入《山东海上风电发展规划（2021—2030年）》，装机容量1600万千瓦；核电供暖首期工程可实现450万平方米清洁供暖，可满足荣成中心城区需求一半以上。

如今，以风电、水电、核电、光伏发电为代表的新能源“绿电”，已成为威海实现产业转型的重要抓手。

威海乳山市凭借独特的海域风能资源优势，将海上风电装备制造确定为该市“加速突破，跨越追赶”发展的主要方向，全力推进风电引领新能源产业“乘风起势”，顺利进入山东省三大海上风电装备制造产业基地行列。

昆嵛山间，文登抽水蓄能电站年平均发电量为27.1亿千瓦时，是山东省装机规模最大的抽水蓄能电站，在发电的同时，还具有调峰、填谷、调频、储能等多重功能，是名副其实的“充电宝”，每年可满足106万户家庭的用电需求，每年可为山东电网节约标煤13.23万吨，相应减少二氧化碳排放31.12万吨，节能减排效益显著。

…………

核风光储门类齐全，各项千亿级能源项目持续推进，威海市成立新能源建设工作专班，以战略眼光全面统筹清洁能源发展等各项工作，调整能源结构步伐，绿色低碳高质量发展正变成现实。

从万亩荒滩到现在一条条四通八达的道路、一栋栋承载着高端产业的高楼、一片生机盎然美丽如画的生态园区，威海火炬高技术产业开发区双岛湾科技城被温润的自然环境环抱着，良好的生态环境日渐成为这里的一张金名片。

时任威海火炬高技术产业开发区商务局副局长石建坤说，这里集聚着电子信息与智能制造、医疗器械与生物医药两大优势产业集群，工信部威海电子信息技术综合研究中心、郭永怀高等技术研究院（威海市产业技术研究院）等平台也坐落于此，形成了支撑威海火炬高技术产业开发区高质量发展的产业隆起带。

如今，绿色低碳正为这座城市蓄足新动能。结合发展实际，立足优势特色，威海认真梳理并持续培育壮大八大产业集群、十条产业链，优化升级产业结构，带动经济发展“量质齐升”。

威海推进高水平保护和高质量发展的经验启示

威海干部群众牢记习近平总书记殷殷嘱托，把生态文明建设放在突出地位，坚持生态立市、环境优先、绿色发展，深入践行绿水青山就是金山银山理念，走出一条以生态优势带动生态旅游，依托生态环境保护发展生态产业的特色路径，让绿色低碳“新风”吹拂城市的山山水水，为高质量发展不断增添新动能，绘就人与自然和谐共生的新画卷。

党建引领，大力推进生态文明建设。坚持以党建为引领，将党建工作与生态文明建设融合，构建党委领导、政府主导、企业主体和公众共同参与的现代环境治理体系。良好生态环境是最普惠的民生福祉，坚持生态惠民、生态利民、生态为民，重点解决损害群众健康的突出环境问题，不断满足人民日益增长的优美生态环境需要。

持之以恒，不断增强生态文明建设内生动力。生态文明建设是一个需要长期努力、爬坡过坎、久久为功的过程。要坚持绿色发展的信念不动摇，坚持绿色发展的思路不动摇，坚持绿色发展的目标不动摇，坚持一张蓝图绘到底。各级领导干部要将生态文明理念印在脑子里、落实在行动上，始终坚持绿色发展超越。

激发动能，统筹推进生态产业化和产业生态化。“环境就是民生，青山就是美丽，蓝天也是幸福。”通过激发绿色新动能，大力发展清洁能源、海洋产业、旅游产业、高端产业集群等，寻求经济发展与环境保护之间的平衡点，把生态环境资源转化为发展资源，把生态优势转化为经济优势，实现生态产业化和产业生态化。

绿色发展，不断拓宽生态产品价值转化路径。生态产品价值实现是将生态环境转化为可交换消费的生态产品，使生态产品转化为生产力要素，融入市场经济体系，发挥好市场在生态环境资源配置中的重要作用，用搞活经济的方式充分调动社会各方参与生态环境保护的积极性，用发展经济的方式建立起“绿水青山”与“金山银山”相互转化的长效机制。积极探索生态产品价值实现路径，通过共享生态红利，将生态产品的开发经营作为产业发展的一部分，在经济发展中实现生态保护，在生态保护中实现经济发展，走出一条人与自然和谐共生的现代化之路。